Alain Robbe-Grillet

Planmäßige Sanierung nach französischem und nach deutschem Insolvenzrecht

Eine rechtsvergleichende Untersuchung unter Berücksichtigung der französischen Insolvenzrechtsreform von 2005

2., unveränderte Auflage

UTZ

Herbert Utz Verlag · München

Rechtswissenschaften

Herausgegeben von

Prof. Dr. Thomas Küffner
küffner maunz langer zugmaier, München

Band 54

Zugl.: Diss., 2006

Bibliografische Information der Deutschen Nationalbibliothek:
Die Deutsche Nationalbibliothek verzeichnet diese Publikation in der Deutschen Nationalbibliografie; detaillierte bibliografische Daten sind im Internet über http://dnb.d-nb.de abrufbar.

Alexas_Fotos | pixabay.com | #686414

frühere Ausgabe: ISBN 978-3-8316-0721-1

ISBN 978-3-8316-8202-7

Printed in EU
Herbert Utz Verlag GmbH, München
www.utzverlag.de

Inhaltsübersicht

Inhaltsverzeichnis

Abkürzungsverzeichnis

In der vorliegenden Arbeit werden die folgenden französischen Abkürzungen verwendet:

AJDAff.	Actualité juridique Droit des affaires (Fachzeitschrift)
Art.	Artikel
Banque	Revue Banque (Fachzeitschrift)
Bull. Civ.	Bulletin des arrêts des chambres civiles de la Cour de cassation (Entscheidungssammlung des Kassationshofs)
C. assur.	Code des assurances (Versicherungsgesetzbuch)
C. civ.	Code civil (Bürgerliches Gesetzbuch)
C. Com.	Code de commerce (Handelsgesetzbuch)
C. douanes	Code des douanes (Zollgesetzbuch)
C. mon. fin.	Code monétaire et financier (Geld- und Finanzgesetzbuch)
C. sécurité soc.	Code de la sécurité sociale (Sozialversicherungsgesetzbuch)
C. trav.	Code du travail (Arbeitsgesetzbuch)
Cass. Civ.	Entscheidung eines Zivilsenats des Kassationshofs (ggf. gefolgt von der Nummer des Senats)
Cass. Com.	Entscheidung des Handelssenats des Kassationshofs
Cass. Crim.	Entscheidung des Strafsenats des Kassationshofs
Cass. Req.	Entscheidung der Überprüfungskammer (Chambre des requêtes) des Kassationshofs
Cass. Soc.	Entscheidung des für Arbeits- und Sozialangelegenheiten zuständigen Senats des Kassationshofs
CE	Conseil d'État (oberstes Verwaltungsgericht)
CGI	Code général des impôts (Steuergesetzbuch)
D.	Recueil Dalloz (Fachzeitschrift)
D. Aff.	Dalloz Affaires (Fachzeitschrift)

DC	Entscheidung des Conseil constitutionnel (Verfassungsgericht)
DH	Recueil hebdomadaire de jurisprudence Dalloz (Fachzeitschrift)
Dr. Soc.	Droit des sociétés (Fachzeitschrift)
Gaz. Pal.	Gazette du Palais (Fachzeitschrift)
INSEE	Institut national de statistiques et d'études économiques (Amt für Statistik und Wirtschaftsforschung)
JCP	Jurisclasseur périodique/La Semaine Juridique (Fachzeitschrift)
JCP E	Jurisclasseur périodique – édition entreprises (Fachzeitschrift)
JO	Journal officiel (Amtsblatt)
Jour. not.	Journal des notaires et des avocats (Fachzeitschrift)
NCPC	Nouveau code de procédure civile (franz. ZPO)
PA	Petites Affiches (Fachzeitschrift)
Quot. jur.	Quotidien juridique (Fachzeitschrift)
Rev. huiss.	Revue des huissiers (Fachzeitschrift)
Rev. jur. com.	Revue de jurisprudence commerciale (Fachzeitschrift)
Rev. proc. coll.	Revue des procédures collectives (Fachzeitschrift)
RJDAff.	Revue de jurisprudence de droit des affaires (Fachzeitschrift)
RTDCiv.	Revue trimestrielle de droit civil (Fachzeitschrift)
RTDCom.	Revue trimestrielle de droit commercial (Fachzeitschrift)
TC	Tribunal de commerce (Handelsgericht erster Instanz)
TGI	Tribunal de grande instance (Zivilgericht erster Instanz)

Die französische Rechtsprechung wird wie folgt zitiert:

Beispiel für eine Entscheidung 1. Instanz:

TC Paris, 21. Sept. 1989, D. 1991. Somm. 4

→ Entscheidung des Handelsgerichts von Paris vom 21. September 1989. Fundstelle: Dalloz 1991, Sommaire Seite 4.

Beispiel für eine Entscheidung 2. Instanz:

Paris 15. Mai 1998, D. Aff. 1998. 1048

→ Entscheidung des Berufungsgerichts von Paris vom 15. Mai 1998. Fundstelle: Dalloz Affaires 1998, Seite 1048.

Beispiel für eine Entscheidung des Kassationshofs:

Com. 17. Januar 1956, JCP 1956. II. 9601

→ Entscheidung des Handelssenats (*chambre commerciale*) des Kassationshofs (*Cour de cassation*) vom 17. Januar 1956. Fundstelle: Jursiclasseur périodique (La Semaine Juridique) 1956, 2. Teil, Seite 9601.

Einleitung

Spätestens seit der ersten Ölkrise zu Beginn der siebziger Jahre des vergangenen Jahrhunderts und der sich daran anschließenden wirtschaftlichen Rezession hat man sich in Europa sowie in den meisten westlich geprägten Industrienationen verstärkt mit der Frage der Rettung von in die Krise geratenen Unternehmen befasst. Das Insolvenzrecht, das traditionsgemäß die Verwertung des Vermögens eines Schuldners und die anteilsmäßige Verteilung des Erlöses an die Gläubiger zum Gegenstand hatte, war in den meisten Rechtsordnungen des 20. Jahrhunderts noch vorwiegend als Gesamtvollstreckungsrecht konzipiert. Haftungsverwirklichende Aspekte standen dabei im Vordergrund und neben einer bestmöglichen Gläubigerbefriedigung diente das Insolvenzrecht klassisch auch der Bestrafung des Schuldners, der sich etwas zuschulden hatte kommen lassen, sowie der Aufrechterhaltung des Gleichgewichts der wirtschaftlichen Ordnung, aus der die leistungsschwachen Marktteilnehmer ausscheiden. Der mit der Wirtschaftskrise verbundene Anstieg der Unternehmensinsolvenzen, der damit einhergehende steigende volkswirtschaftliche Schaden sowie das in vielen europäischen Nationen erstmals seit Vorkriegszeiten wieder auftretende Phänomen der Massenarbeitslosigkeit führten jedoch zunehmend zu Überlegungen, ob auf insolvenzrechtlicher Ebene nicht auch Instrumente zum Erhalt von Unternehmen geschaffen werden könnten.

Vor diesem Hintergrund erfolgten in den vergangenen Jahrzehnten in so gut wie allen europäischen Ländern bisweilen tiefgreifende Insolvenzrechtsreformen, darunter auch in Deutschland, wo das zum Teil noch aus dem 19. Jahrhundert stammende Konkurs- und Vergleichsrecht durch die Insolvenzordnung vom 5. Oktober 1994 abgelöst wurde. Allein seit deren Inkrafttreten am 1. Januar 1999 wurden die nationalen Insolvenzregelungen zahlreicher anderer europäischer Länder geändert, im Allgemeinen mit dem Ziel einer Optimierung bestehender bzw. der Schaffung neuer Sanierungsinstrumente. Als jüngste Beispiele dieser Bemühungen seien erwähnt: das italienische Gesetz vom 8. Juni 1999 bezüglich des sog. Sonderverwaltungsverfahrens, das auf die Sanierung von Unternehmen von nationaler Bedeutung abzielt; das zum 1. Januar 2004 in Kraft getretene schwedische Gesetz vom 4. Juni 2003, das insbesondere die Verbesserung der langfristigen Sanierungsfähigkeit von Unternehmen zum Gegenstand hat; oder das spanische Gesetz vom 9. Juli 2003, das zum 1. September 2004 eine umfassende verfahrensrechtliche Neugestaltung bewirkt hat, und schließlich die gegenwärtige

Reform des niederländischen Insolvenzrechts. Jüngst hat sich auch Frankreich durch ein Gesetz vom 26. Juli 2005 mit einer neuen Insolvenzregelung ausgestattet, die mit Wirkung zum 1. Januar 2006 das Insolvenzrecht teilweise tiefgreifend geändert hat.

Den Insolvenzregelungen dieser (und anderer) Staaten ist gemein, dass jede für sich Alternativlösungen zu den klassischen konkursrechtlichen Zerschlagungsverfahren vorsieht, um das Unternehmen entweder unter dem alten Rechtsträger fortzuführen oder an einen Dritten zu übertragen. Die Besonderheit dabei ist, dass die Schuldenlast auf das »neue Unternehmen« bzw. dessen Rechtsträger – d.h. je nach Art der Sanierung auf den bisherigen Rechtsträger oder den Übernehmer – grundsätzlich nicht übergeht, sondern im Rahmen des Insolvenzverfahrens getilgt wird. Dies geschieht, indem die bei Verfahrenseröffnung bestehenden Forderungen gegen den Insolvenzschuldner ganz oder teilweise erlassen und/oder gestundet werden. Das Mittel hierzu ist regelmäßig ein Plan, der in seiner Eigenschaft als Schuldentilgungsplan insoweit an diverse Institute (Vergleiche, Concordate) europäischer Konkursregelungen der Vergangenheit anknüpft. Das moderne Insolvenzrecht ermöglicht jedoch in aller Regel, dass über diesen Tilgungsaspekt hinaus auch weitere Sanierungsmaßnahmen im Plan oder im Verlauf des Planverfahrens getroffen werden können. Zu denken ist dabei etwa an sanierungsbegleitende Personalmaßnahmen sowie an Änderungen der bestehenden vertraglichen oder gesellschaftsrechtlichen Struktur des Schuldners. Die Insolvenzregelungen spiegeln diesbezüglich unterschiedliche Plangestaltungsmöglichkeiten wider, die von der wirtschafts- und sozialpolitischen Schwerpunktlegung des Gesetzgebers, von der Rechtstradition des jeweiligen Landes und nicht zuletzt von der Kreativität der Gesetzesverfasser abhängig sind.

Mindestens ebenso unterschiedlich präsentiert sich im internationalen Vergleich die verfahrensrechtliche Gestaltung des jeweiligen Sanierungsinstrumentariums. Während in einigen Staaten wie z.B. Deutschland auf ein einheitliches Insolvenzverfahren gesetzt wird, im Rahmen dessen mittels eines Insolvenzplans Alternativen zur Unternehmenszerschlagung vereinbart werden können, halten andere Rechtsordnungen einen mehr oder minder umfangreichen Katalog verschiedener Verfahrensformen zur Rettung des Unternehmens und/oder dessen Rechtsträger bereit. Darunter finden sich z.T. Verfahrensformen, die vor dem Eintritt der eigentlichen Insolvenz greifen und die somit deren Abwendung dienen, sowie andere, die erst nach Eintritt der Insolvenz und anstelle der Verfahren mit liquidativer Ausrichtung zum Tragen kommen. Größere Unterschiede lassen sich auch bei der Verteilung der

Entscheidungskompetenz hinsichtlich der Annahme des Plans feststellen: Während in vielen Rechtsordnungen die Abwicklung der Insolvenz in den Händen der Gläubiger liegt, die als unmittelbar Betroffene über die Art des Verfahrens (Zerschlagung oder Sanierung) entscheiden, liegt in anderen Ländern die Entscheidungsbefugnis gerade im Fall einer Sanierung bei anderen Verfahrensorganen, etwa dem Gericht oder gar bei der Exekutive.

In der vorliegenden Untersuchung wird das Insolvenzplanverfahren nach der deutschen Insolvenzordnung dem französischen Insolvenzrecht und seinen verschiedenen Sanierungsverfahrensarten gegenübergestellt. Aufgrund der in beiden Ländern fortdauernden Aktualität der Thematik der Sanierung in der Insolvenz, ferner aufgrund des ähnlichken wirtschaftlichen und sozialpolitischen Umfelds, schließlich aufgrund der zunehmenden Internationalisierung des Wirtschaftslebens sowie des insolvenzlichen Rechtswesens, das insbesondere mit dem Inkrafttreten am 31. Mai 2002 der sog. europäischen Insolvenzverordnung eine besondere Konkretisierung erfahren hat, bietet sich dieser Vergleich an.

Ausgangs- und Schwerpunkt des Vergleichs stellt dabei das französische Recht in der am 1. Januar 2006 in Kraft getretenen Fassung dar.

*

* *

Die Arbeit ist in folgende vier Hauptteile gegliedert:

Im ersten Teil werden die historischen Wurzeln des französischen und des deutschen Insolvenzrechts sowie die Rechtsentwicklung in beiden Ländern bis hin zu den jeweiligen jüngsten Insolvenzrechtsreformen dargestellt (Kapitel 1). Danach wird der Stellenwert der Sanierung als eigenständiges Verfahrensziel in den Insolvenzregelungen beider Länder sowie deren verfahrensrechtliche Struktur erläutert (Kapitel 2).

Im zweiten Teil werden die außergerichtlichen Sanierungsverfahren untersucht. Der Schwerpunkt liegt dabei auf dem französischen *Conciliation*-Verfahren, das seit der Reform von 2005 nicht nur wie bisher zur Abwendung der Insolvenz, sondern bei eingetretener Zahlungsunfähigkeit ggf. auch zur Insolvenzbewältigung dienen kann (Kapitel 3).

Gerichtliche Sanierungsverfahren, die bei eingetretener Insolvenz zum Tragen kommen, werden im dritten Teil der Untersuchung erörtert. In Frankreich ist dies das *Redressement judiciaire*. Es werden zunächst die Eröffnungsmodalitäten des Insolvenzverfahrens nach französischem und nach deutschem Recht (Kapitel 4) sowie die Organe des Verfahrens verglichen (Kapitel 5). Danach wird der Ablauf des Sanierungs- bzw. Insolvenzplanverfahrens nach beiden Rechtsordnungen dargestellt, von der Erstellung eines Sanierungsplanentwurfs bis hin zur Einstellung des Verfahrens (Kapitel 6). Die inhaltliche Gestaltung des Sanierungsplans wird am Ende dieses Teils dargestellt, mit besonderem Blick auf die Auswirkungen des Plans auf die Rechtsstellung der Gläubiger und der anderen Beteiligten (Kapitel 7).

Im vierten und letzten Teil dieser Arbeit wird das sog. *Sauvegarde*-Verfahren erörtert. Diese Verfahrensform, die in Frankreich mit der Reform von 2005 neueingeführt wurde, dient der Abwendung der Insolvenz vor Eintritt der Zahlungsunfähigkeit. Verfahrensrechtlich ist sie jedoch stark an das *Redressement judiciaire* angelehnt, mit dem sie sich einen Großteil der Regelung teilt (Kapitel 8).

Erster Teil: Historische und dogmatische Grundlagen des Insolvenzrechts

Im Folgenden wird zunächst die Insolvenzrechtsentwicklung in Frankreich und in Deutschland dargestellt, von den Frühformen der römischen Exekutionsverfahren bis hin zu den Regelungen des auslaufenden 20. Jahrhunderts (Kapitel 1). Anschließend werden die Grundzüge des gegenwärtigen Insolvenzsystems in beiden Ländern mit besonderem Blick auf ihre verfahrensrechtliche Struktur und Zielsetzung vorgestellt (Kapitel 2).

Kapitel 1:

Übersicht über die Entwicklung des Insolvenzrechts in Frankreich und in Deutschland

Im Folgenden wird die Entwicklung des Insolvenzrechts in Frankreich und in Deutschland dargestellt, von der Entstehung eines konkursspezifischen Rechts bis hin zu den Regelungen, die in beiden Ländern galten, als die jüngsten Reformen des Insolvenzrechts durchgeführt wurden. Aufgrund der einführenden Funktion dieser Darstellung sowie der Reichhaltigkeit der Materie können die einzelnen Insolvenzregelungen und -lehren, die innerhalb der vergangenen zweitausend Jahre entstanden sind, nur summarisch präsentiert werden. Es werden vielmehr die wesentlichen Etappen geschildert, die aus rechtshistorischer Sicht für die Entwicklung des Insolvenzrechts in Frankreich und in Deutschland maßgebend waren.

Der Ursprung des Insolvenzrechts kann im römischen Recht gesehen werden, in dem kollektive Gesamtvollstreckungsverfahren erstmals entstanden sind. Diese Verfahren sowie ihre Weiterentwicklung in den norditalienischen Handelstädten des Mittelalters werden in Abschnitt A dargestellt. Auf der Grundlage dieses römisch-italienischen Rechts entstanden in Frankreich und in Deutschland Insolvenzregelungen, denen gemein war, dass sie zumeist nur auf Lokal- oder Provinzialebene galten und das Phänomen der Insolvenz i.d.R. nicht in seiner Gesamtheit erfassten. Die insolvenzrechtlichen Verfahrensformen bis zum 19. Jh. in Frankreich und in Deutschland werden in Abschnitt B aufgeführt. Anschließend wird in Abschnitt C die Rechtsentwicklung seit den großen Kodifikationen des 19. Jh. (*Code de commerce*, Konkursordnung) geschildert, seit denen Frankreich und Deutschland umfassende und territorial weitgehend einheitliche Insolvenzregelungen besitzen. Schließlich werden in Abschnitt D die wesentlichen Schritte in der Konzipierung von Art und Funktion der Insolvenzabwicklung mit besonderem Blick auf die Sanierung aus rechtsvergleichender Sicht zusammengefasst.

A. Das römische und das norditalienische Recht

I. Das römische Recht

Die römische Rechtsgeschichte erstreckt sich über ca. eintausend Jahre, vom Beginn der Republik 510 v. Chr. bis zur Kodifikation Justinians 528 bis 534 n. Chr. In dieser breiten Zeitspanne wurden Vollstreckungsverfahren entwickelt, in welchen einige der wesentlichen Grundsteine des späteren Insolvenzrechts Europas gelegt wurden. In Rom galten sukzessiv – zum Teil aber auch gleichzeitig – verschiedene Vollstreckungsformen, zunächst in Form von Personal-, später von Vermögensexekution.

1. Personalexekution

Die Personalexekution ist die älteste Vollstreckungsform, die uns aus der römischen Zeit bekannt ist[1]. Sie diente dazu, dem Gläubiger ein Druckmittel gegen seinen Schuldner zu verschaffen, um diesen zur Zahlung oder zum Abarbeiten seiner Schuld zu bewegen. Es handelt sich also um eine Vollstreckungsart, durch welche die Gläubiger nur mittelbar, d.h. über die Person des Schuldners, an dessen Vermögen herankommen können.

Das Verfahren ist bereits im Zwölftafelgesetz (451 v. Chr.) geregelt und geprägt durch einen stark pönalen Charakter: Wenn der Schuldner binnen 30 Tagen seine – von ihm anerkannte oder durch Urteil festgestellte – Geldschuld nicht zahlt, haben die Gläubiger das Recht, ihn *per manus iniectionem* in Gewahrsam zu nehmen. Ist nach weiteren 60 Tagen und wiederholter Vorführung des Schuldners vor dem Praetor die Zahlung immer noch nicht erfolgt, kann der Schuldner getötet oder *trans Tiberim* als Sklave verkauft werden. Wird ersteres vollzogen, teilen sich die Gläubiger noch seine Überreste[2].

Das Tötungs- und Verkaufsrecht des Gläubigers wurde durch die *Lex Poetelia* von 313 v. Chr. abgeschafft[3]. Die Schuldknechtschaft als Recht, den Schuldner für sich arbeiten zu lassen, blieb jedoch wesentlich länger in Geltung. Es ist ungewiss, ob sie ebenfalls abgeschafft oder ab einem gewissen

---

[1] Ausführlich hierzu Kaser, Das römische Zivilprozeßrecht, 1966, § 20.

[2] XII tab. 3.6.: *Tertiis nundinis partis secanto. Si plus minusve secuerunt se fraude esto.* (Abgedruckt in Wesel, Rechtsgeschichte S.162)

[3] Uhlenbruck, FS 100 Jahre KO S. 7.

Zeitpunkt faktisch nicht mehr angewandt wurde. Sie wurde durch die Vermögensvollstreckung ersetzt.

2. Realexekution: *Venditio*, *Cessio* und *Distractio bonorum*

Wann genau die Möglichkeit einer direkten Vollstreckung auf das Vermögen des Schuldners Einzug in das römische Recht fand, ist ungewiss[4]. Sie entstand im Rahmen des Formularprozesses und wurde aber später auch im Kognitionsverfahren sowie im Zivilverfahren der nachklassischen Zeit in grundsätzlich unveränderter Form angewandt[5].

Die Realexekution ist eine praetorische Schöpfung, die im Edikt detailliert geregelt war. Das Verfahren beginnt mit dem Antrag eines Gläubigers vor dem Praetor bzw. Statthalter, welcher ein Dekret erlässt, kraft dessen das Vermögen des Schuldners in Besitz genommen werden darf. Die Einweisung in den Besitz (*missio in possessionem*) bzw. die Einweisung in das Vermögen (*missio in bona*) betrifft zwar nur den antragstellenden Gläubiger, jedoch erfolgt sie zugunsten aller Gläubiger. Damit möglichst viele der Gläubiger eines selben Schuldners der *Missio* beitreten können, wird sie durch *Proscriptio* öffentlich bekannt gemacht. Die Gläubiger ernennen dann einen *Magister bonorum*, dessen Aufgabe es ist, die *Venditio bonorum* durchzuführen, d.h. das Vermögen des Schuldners in seiner Gesamtheit einem *Emptor bonorum* zu übertragen. Letzterer wird somit Gesamtnachfolger des Schuldners und muss als Gegenleistung zum Erwerb seines Vermögens die Gläubiger befriedigen. Die Höhe der Befriedigung richtet sich nach der zwischen *Creditores* und *Emptor bonorum* getroffenen Vereinbarung und erfolgt *par condicio omnium creditorum*, d.h. anteilsmäßig. Bei der Erstellung der Verteilungsquote müssen aber etwaige Aussonderungs- und Vorrechte mancher Gläubiger, insbesondere der Pfandgläubiger und des Fiskus berücksichtigt werden. Der Schuldner wird jedoch durch die *Venditio* von seinen Altverbindlichkeiten nicht vollständig befreit: Sollte er nach der Verteilung zu neuem Vermögen kommen, so haftet er den Gläubigern weiterhin für den nichtgetilgten Teil ihrer Forderungen.

Verglichen mit dem Personalvollstreckungsverfahren verkörpert die *Venditio bonorum* einen bedeutenden Fortschritt. Nicht nur sichert sie den Gläubigern regelmäßig eine bessere Befriedigung[6], sie erscheint vor allem

[4] Kaser, Röm. Zivilprozeßrecht § 57; Wesel, Rechtsgeschichte S. 181.

[5] Kaser, Röm. Zivilprozeßrecht §§ 76, 96.

[6] Kaser, Röm. Zivilprozeßrecht § 57.

nach heutigen rechtsethischen Maßstäben wesentlich angemessener und humaner, was die Behandlung des Schuldners betrifft. Dennoch hatte sie den Nachteil, dass der Schuldner durch sie infam wurde. Deshalb wurden im Lauf der Zeit weitere Formen der Vermögensvollstreckung entwickelt, die im Wesentlichen dazu dienten, den Schuldner vor dem mit der *Venditio bonorum* verbundenen Ehrverlust zu bewahren. So wird zu Beginn der Kaiserzeit die *Cessio bonorum* eingeführt[7]. Sie muss vom Schuldner beantragt werden, bildet somit eine freiwillige Vermögensabtretung an die Gläubiger. Sie hat zur Folge, dass den Schuldner weder Infamie noch Schuldknechtschaft trifft. Ansonsten verläuft die *Cessio* wesentlich in derselben Weise wie die *Venditio*[8]. Da die *Cessio* ursprünglich nur in Ausnahmefällen angewendet wurde, bestand die *Venditio* weiterhin, bis diese schließlich gänzlich außer Gebrauch kam[9].

Einen weiteren Schritt in der Entwicklung des römischen Vollstreckungsrechts bildet die Einführung, noch im Rahmen des Formularprozesses, der *Distractio bonorum*. Es handelt sich hierbei um die Vollstreckung in einzelne Vermögensgegenstände des Schuldners. Dieses Verfahren wurde ursprünglich nur ausnahmsweise durchgeführt, es sollte nur besonders schutzwürdigen Personen zugute kommen. Diese Personen waren der unmündige Erbe des Schuldners, später auch weitere Geschäftsunfähige, sowie die Mitglieder des senatorischen Hochadels. In den übrigen Fällen konnte die *Distractio* wohl mittels entsprechender Vereinbarung von den Gläubigern beschlossen werden[10]. Im Kognitionsverfahren hat sich dann die Spezialexekution als Regelverfahren durchgesetzt[11].

Der Ablauf der *Distractio bonorum* ist dadurch gekennzeichnet, dass keine *Missio in bona* stattfindet, da der Schuldner grundsätzlich sein Vermögen behält. So trifft ihn auch weder Infamie noch Schuldknechtschaft. Anstelle des Magisters tritt ein vom Praetor ernannter *Curator*, der für die Verwertung der betroffenen Vermögensteile zuständig ist.

---

[7] Kaser, Röm. Zivilprozeßrecht § 61.

[8] Vgl. hierzu Kaser, Röm. Zivilprozeßrecht § 61.

[9] Seuffert, Konkursprozeßrecht S. 5.

[10] Dies ist umstritten. Vgl. Kaser, Röm. Zivilprozeßrecht § 60.II.3.

[11] Kaser, Röm. Zivilprozeßrecht § 76.II.2.

II. Das norditalienische Statutarrecht des Mittelalters

Nach dem Zerfall des weströmischen Reichs (476) geriet das hochentwickelte Vollstreckungssystem Roms ebenso wie das übrige römische Recht weitgehend in Vergessenheit. Welche Vollstreckungsformen an seine Stelle traten, lässt sich schwer systematisieren. Im Frankenreich jedenfalls galt grundsätzlich, dass jeder Stamm sein eigenes Recht anwendete, sodass vereinzelt immer noch römisches Recht gebraucht wurde, wie etwa unter der gallischen Provinzialbevölkerung[12]. Dies war allerdings nur noch römisches Vulgarrecht, also nicht mehr das oben beschriebene, sondern ein stark vereinfachtes[13].

Nachdem das Reich Karls des Großen in Verdun geteilt wurde (843), hat sich längere Zeit nichts Wesentliches geändert. Ein auf dem Grundsatz *par condicio omnium creditorum* beruhendes Konkursverfahren gab es nicht. Zwar konnte gegen den Schuldner ein sog. vorsorgliches Zwangsverfahren geführt werden, doch die Inbesitznahme seines Vermögens erfolgte ausschließlich zugunsten des Gläubigers, der das Verfahren initiiert hatte[14]: Vollstrecken konnte der Erstzugreifende.

Im 12. Jh. fand in Europa ein bedeutender wirtschaftlicher, sozialer und geistiger Aufschwung statt[15]. Insbesondere durch die zunehmende Rolle von Städten und Fernhandel ab dieser Zeit wurde das Konkursrecht, um den Bedürfnissen der Praxis gerecht zu werden, wiedergeboren. Es waren die norditalienischen Handelsstädte, die im Hohen und Späten Mittelalter als erste komplexere Vollstreckungsverfahren in ihren Statuten einführten[16]. Dass ebenfalls im 12. Jh. erstmals in Bologna das römische Recht wieder gelehrt wurde, dürfte der Grund sein, weshalb dieses statutarische Vollstreckungsrecht auf der Basis der römischen Verfahren entstand.

Die Vollstreckung erfolgt grundsätzlich im Weg des gerichtlichen Arrests und erstreckt sich auf einzelne Vermögensteile des Schuldners, selbst wenn mehrere Gläubiger vorhanden sind. Ist dieser aber zahlungsunfähig, was

---

[12] Desurvire, Histoire S. 20.

[13] Wesel, Rechtsgeschichte S. 293.

[14] Seuffert, Konkursprozeßrecht S. 10 ff.

[15] Wesel, Rechtsgeschichte S. 294 ff.

[16] So z.B. die Statuten von Brescia, Ferrara, Florenz, Genua, Padua, Parma, Verona, Vicenza in ihren sukzessiven Formen.

sich etwa aus seiner Flucht ergibt, so wird der Generalarrest betrieben[17]. Dieses Konkursverfahren ist in den verschiedenen Statuten teilweise unterschiedlich geregelt, weist im Allgemeinen aber große Ähnlichkeit mit dem römischen Recht auf. So wurden aus letzterem die *Missio in possesionem* sowie die *Cessio bonorum* übernommen, ebenso der *Curator*, der das Vermögen des Schuldners verwertet und – unter Berücksichtigung etwaiger Vorrechte – den Erlös anteilsmäßig verteilt. Ähnlich wie zuletzt in Rom wird auch in den Statuten der Vergleich zwischen Schuldner und Gläubigern generell begünstigt

Die Rolle von Gläubigern und Gericht ist im Vergleich zum römischen Recht indessen genauer, bisweilen auch etwas anders formuliert. Die Gläubiger treffen ihre Entscheidungen innerhalb einer Versammlung, zumeist nach dem Majoritätsprinzip nach genau definierten Mehrheitserfordernissen. Mitunter ist auch die Aufstellung eines zusätzlichen Gläubigerausschusses möglich. Ähnlich wie in Rom besitzt das Gericht eine Aufsichtsfunktion, insofern es zuständig ist für die die Bekanntmachung des Falliments und die Forderungsanmeldung. Darüber hinaus hat es aber auch das Vermögen des Schuldners zu arrestieren und zu inventarisieren – nach römischem Recht wurde dies vom antragstellenden Gläubiger durchgeführt. Als weitere Neuerung des Statutarrechts ist anzuführen, dass das Gericht ebenfalls für Fragen bezüglich der Konkursanfechtung zuständig ist und dass das Konkursverfahren in gewissen Städten nur Kaufleute betrifft.

B. Das Insolvenzrecht in Frankreich und in Deutschland bis zum 19. Jahrhundert

I. Frankreich

1. Frühe konkursrechtliche Verfahrensformen

Bereits Ende des 12. Jh. breitete sich das römisch-italienische Konkursrecht nach Südfrankreich aus, wo traditionsgemäß das schriftliche römische Recht galt (*pays de droit écrit*). Die durch das norditalienische Statutarrecht modernisierte *Venditio bonorum* wurde in ihren wesentlichen Merkmalen übernommen[18], ebenso gegen Ende des 13. Jh. die *Cessio*, mittels welcher

[17] Kohler, Konkursrecht S. 13; Seuffert, Konkursprozeßrecht S. 7.

[18] Hilaire, Introduction historique Rn. 194.

dem zahlungsunfähigen Schuldner die Infamie erspart werden konnte[19]. Der italienische Begriff *Fallimento* ergab so die französische *Faillite*[20].

In Nordfrankreich (*pays de droit coutumier*) galt hingegen Gewohnheitsrecht. Jedoch wurde das traditionelle gewohnheitsrechtliche Vollstrekkungssystem, beruhend auf dem Privileg des Erstzugreifenden, der fortschreitenden Entwicklung von Handels- und Geschäftsleben schnell bald nicht mehr gerecht. So hielt insbesondere der Grundsatz der gleichmäßigen Gläubigerbefriedigung zwar später als im Süden des Landes, doch immerhin zu Beginn des 14. Jh. Einzug in die vorherrschende *Coutume* von Paris, später in die meisten anderen[21].

Ebenfalls im Norden des Landes wurde zudem eine spezifische Konkursform für Kaufleute eingeführt, die auf den großen Markt- und Handelsplätzen (sog. *foires*) anzuwenden war. Dort waren die negativen Auswirkungen der Zahlungsunfähigkeit wegen der Fluchtgefahr der oftmals durchreisenden Schuldner besonders ausgeprägt. Diese Konkursform ist dem norditalienischen Statutarrecht grundsätzlich sehr ähnlich, übertrifft es aber teilweise an Strenge: Nicht nur wird der Schuldner eingekerkert, sein Vermögen in einer Art Selbsthilfeverfahren der Gläubiger beschlagnahmt, liquidiert und der Erlös anteilsmäßig unter diesen verteilt. Es wird ihm überdies die Möglichkeit einer mit der *Cessio bonorum* vergleichbaren freiwilligen Vermögensabtretung verweigert[22].

Wie die ersten Konkurs- bzw. konkursähnlichen Verfahren in Nordfrankreich entstanden sind, kann nicht abschließend gesagt werden. Es scheint aber unwahrscheinlich, dass das dort angewandte Gewohnheitsrecht – insbesondere das Recht der *Foires*, das mit dem statutarrechtlichen *Fallimento* entscheidende Ähnlichkeiten aufweist, eigenständig, ohne Einfluss des römisch-italienischen Rechts entwickelt wurde. Eine faktische Beeinflussung des Gewohnheitsrechts durch das römisch-italienische Insolvenzrecht erscheint dagegen wahrscheinlich. Denn selbst wenn im Norden generell keine eigent-

[19] Hilaire, Introduction historique Rn. 195.

[20] Der Schuldner wird bezeichnet als *Failli:* derjenige, der seine Pflichten »verfehlt« hat.

[21] Hilaire, Introduction historique Rn. 194.

[22] Diese handelsspezifische Konkursform entstand in der Champagne und breitete sich auf weitere Handelsplätze Frankreichs aus, insbesondere nach Lyon zu Beginn des 15. Jh. (Vgl. insgesamt Hilaire, Introduction historique Rn. 193).

liche »Rezeption« stattgefunden hat, wurden vor allem ab dem Beginn der Kompilierung der *Coutumes*[23] Problematiken, die von ihnen nicht erfasst waren, durch Heranziehung des römischen Rechts beantwortet. Dies geschah, indem man entweder bestehende *Coutumes* im Sinn des römischen Rechts auslegte oder, wenn dies nicht möglich war, Letzteres gewohnheitsrechtlich anwandte[24]. Das tatsächlich angewandte Recht wies daher oftmals ebenso römisch-rechtliche Züge auf wie dort, wo eine regelrechte Rezeption stattgefunden hatte, wobei die Unterscheidung zwischen faktischer Beeinflussung und Rezeption des römischen Rechts ohnehin nicht immer klar ist[25]. Die Gesamtvollstreckung gehört jedenfalls zu jenen neuen Fragen, die ab dem 12.-13. Jh. eine wachsende Bedeutung erhielten und die durch den Rückgriff auf bestehende *Coutumes* nicht in befriedigender Weise zu beantworten waren, mithin die Heranziehung des römischen Rechts aus praktischen Gründen erforderten.

2. Erste Versuche einer einheitlichen Konkursregelung

Der Konkurs war zu Beginn des 16. Jh. in den verschiedenen Teilen Frankreichs so unterschiedlich geregelt, dass die Materie fast unüberschaubar geworden war. Darum – und auch um seine stetig wachsende politische Macht zu untermauern – erließ der König Ordonnanzen, die im gesamten Land anzuwenden waren und den Konkurs in zunehmend präziserer Weise reglementierten[26]. Diese Akte betrafen zunächst nur gewisse Teilaspekte des Konkurses, in der Regel im Sinn des italienischen Statutarrechts und des damit verwandten Recht der *Foires*[27]. So bestimmte Karl IX. in einer Ordonnanz

[23] Die wichtigsten Coutumes wurden in Frankreich ab dem 13. Jh. in sog. *coutumiers* schriftlich erfasst. Ein Überblick über die darin enthaltenen Konkursregelungen findet sich bei Kohler, Konkursrecht S. 17 ff.

[24] David/Jauffret-Spinosi, Systèmes de droit Rn. 41.

[25] »*Expansion et influence, ou réception? Les deux formules sont employées, sans qu'elles dénotent de façon nécessaire, à vrai dire, d'une plus grande romanisation du droit ici et là.*« (David/Jauffret-Spinosi, Systèmes de droit Rn. 40).

[26] Der Eingriff des Königs in das Rechtswesen hielt sich im Allgemeinen jedoch immer in einem verhältnismäßig engen Rahmen, selbst als die Monarchie ihre absolutistischste Prägung erfuhr und Frankreich durchwegs einer einheitlichen Zentralgewalt unterworfen war.

[27] Kohler, Konkursrecht S. 19 ff. (der ebenfalls einen guten Überblick über die verschiedenen Ordonnanzen liefert). Dieser Einfluss des Statutarrechts erklärt sich im Wesentlichen durch die starke Präsenz italienischer Kaufleute in Lyon, das zum wichtigsten

von 1560, dass diejenigen, die betrügerischen Bankrott begingen, durch den Tod bestraft werden sollten[28]; in einer Ordonnanz von 1609 regelte Heinrich IV. unter anderem die betrügerische Vermögensabtretung vor Eintritt der Zahlungsunfähigkeit und führte weitere repressive Maßnahmen ein; der Grundsatz der gleichmäßigen Gläubigerbefriedigung wurde in einer Ordonnanz von 1629 beschlossen.

1673 erlässt Ludwig XIV. eine Ordonnanz, die erstmals (und einmalig) vor dem *Code de commerce* von 1807 eine allgemeine Konkursregelung enthält. Sie geht zurück auf Colbert, der in seinem Willen, Handel und Industrie zu entwickeln und im Sinne der materialistischen Lehre zu rationalisieren, über die steigende Zahl von Konkursfällen besorgt war. Daher fällt die darin enthaltene Konkursregelung verhältnismäßig lang aus: von den insgesamt zwölf Titeln sind ihr drei gewidmet (25 Artikel).

Im Allgemeinen stellt die Ordonnanz von 1673 eine Synthese der damals vorherrschenden, insbesondere auf der Grundlage des Statutarrechts entwickelten konkursrechtlichen Grundsätze dar. Der Zeitpunkt der Eröffnung des *Faillite*-Verfahrens wird bestimmt: wenn der Schuldner flüchtig ist oder er seine Zahlungen eingestellt hat, bzw. wenn ein Gläubiger auf seinem Eigentum Siegel hat anbringen lassen. Nach der Eröffnung können die Gläubiger Sicherungsmaßnahmen treffen und das Vermögen des Schuldners inventarisieren. Alle Forderungen – sofern sie angemeldet wurden – werden mit der Verfahrenseröffnung fällig.

Der Schuldner wird mit der gewohnten Härte behandelt: Die Zahlungseinstellung allein reicht aus, um ihn in Haft zu nehmen; die Eröffnung des Konkursverfahrens bringt die traditionellen Rechts- und Ehrenverluste mit sich. Bei dem Bankrott, der in den Art. 10 bis 13 des 11. Titels der Ordonnanz geregelt ist und einem eigenständigen Verfahren unterliegt, droht dem

---

Handelsplatz Frankreichs geworden war und dessen Handelsbräuche für das gesamte Land maßgebend wurden.

[28] Art. 143 der Ordonnanz von 1560: »*Tous banqueroutiers et qui feront faillite en fraude seront punis extraordinairement et capitalement.*« Dieser oft zitierte Satz wurde später in der Ordonnanz von 1673 wiederholt. Es ist allerdings unsicher, inwiefern diese Bestimmung in die Praxis umgesetzt wurde. Man bemerkt jedoch, dass das Zwölftafelgesetz bis ins 17. Jh. und darüber hinaus offensichtlich die Grundlage des französischen Konkurses bildete (Desurvire, Histoire S. 27).

Schuldner weiterhin die Todesstrafe[29]. Diesen schweren Folgen kann er jedoch in verschiedener Weise entgehen: Noch vor der Eröffnung des Verfahrens kann er vom Kanzler eine sog. *Lettre de répit* bekommen, durch welche er zeitweilig vor jeglicher Vollstreckungsmaßnahme geschützt wird. Die *Lettre de répit*, gesondert geregelt im 9. Titel der Ordonnanz, sollte dem als schutzwürdig erachteten Schuldner zugute kommen und wurde – eben aufgrund der Strenge der konkursrechtlichen Sanktionen – zum Teil ziemlich oft erteilt[30]. Ist das Verfahren dennoch eröffnet, so kann der Schuldner durch die im 10. Titel der Ordonnanz reglementierte freiwillige gerichtliche Vermögensabtretung (*cession de biens judiciaire*) zumindest die Infamie vermeiden. Schließlich reglementiert die Ordonnanz den Vergleich (*concordat*) zwischen Schuldner und Gläubigern. Der Vergleich, durch welchen dem Schuldner entweder Stundung oder Erlass gewährt wird, bedarf der Zustimmung von Gläubigern, die mindestens dreiviertel der Gesamtforderungen halten, sowie einer gerichtlichen Bestätigung. Diese letzte Art der Insolvenzbewältigung wurde in der Praxis auch von den Gläubigern favorisiert, weil dadurch die hohen Kosten und die Langwierigkeit des Verfahrens vermieden werden konnten[31].

Die Konkursregelung nach der Ordonnanz von 1673 blieb trotz aller Bemühungen eine unvollständige. Zunächst fällt auf, dass der Begriff der *Faillite* darin nicht definiert wird. Deshalb war es die Jurisprudenz, die zusätzlich zur Zahlungseinstellung forderte, dass der Schuldner sich in einer Lage befand, in der es ihm tatsächlich unmöglich war, seine Schulden zu begleichen, und ggf. dass der Betrieb bereits eingestellt worden war. Aber auch weitere grundlegende Fragen wurden in der Ordonnanz nicht klar beantwortet, wie die des Anwendungsbereichs der Regelung – nach heutiger überwiegen-

---

29 Die Todesstrafe scheint jedoch nur in Ausnahmefällen verhängt worden zu sein. Üblicherweise wurde der Bankrotteur zur Zwangsarbeit verurteilt, zusätzlich zu den Sanktionen der *Faillite* (Szramkiewicz, Histoire Rn. 472).

30 Die Praxis der *Lettre de répit* bestand bereits seit König Ludwig dem Heiligen (Szramkiewicz, Histoire Rn. 451). Es gab noch weitere ähnliche Schutzakte zugunsten des Schuldners, die vom Königlichen Rat oder von den Gerichten erlassen werden konnten, wie insbesondere die *arrêts de surséance* bzw. *arrêts de défenses générales* (vgl. Hilaire, Introduction historique Rn. 200).

31 Die konkursrechtlichen Bestimmungen der Ordonnanz von 1673 werden ausführlich bei Szramkiewiecz, Histoire Rn. 439 ff., sowie bei Kohler, Konkursrecht S. 21 ff. erläutert.

der Meinung war die Regelung der Ordonnanz keine spezifisch kaufmännische, insbesondere weil das Verfahren vor dem ordentlichen Gericht stattfand[32]. Schließlich regelte die Ordonnanz nicht das Liquidationsverfahren, dessen Gestaltung demnach fast vollständig in den Händen der Gläubiger lag. Es war üblich, dass die Gläubiger aus Gründen der Kostenersparnis durch Vertrag einen Verwalter (*syndic*) und zwei Gläubigervertreter (*directeurs*) ernannten, welche die Verwertung vornahmen. Der Erlös wurde nach einer komplexen Rangfolge verteilt, welche nach der Natur der veräußerten Sache (Liegenschaft oder bewegliche Sache) unterschiedlich gestaltet war[33].

Die Lücken der Regelung von 1673 wurden durch Richterrecht und ergänzende Akte des Königs (*déclarations*) gefüllt. Eine umfassende Erfassung der Konkursabwicklung wurde aber erst mit dem *Code de commerce* von 1807 erreicht[34].

II. Deutschland

1. Die mittelalterlichen Stadtrechte

Nach deutschem Gewohnheitsrecht war die Insolvenz, ebenso wie in Frankreich, zunächst nicht gemeinschaftlich organisiert. Insbesondere in Sachsen galt lange Zeit, dass der erstzugreifende Gläubiger für sich allein einen pfandrechtsähnlichen Beschlag auf das Vermögen des Schuldners erwarb[35]. Doch bereits Ende des 13. Jh. begann man, zunächst in der Hanse, dann in weiteren Städten, sich von diesem Grundsatz zugunsten eines kollektiven Vollstreckungssystems abzuwenden. Die Einführung des letzteren war – ähnlich wie in den norditalienischen Handelsstädten – zum großen Teil bedingt durch die Erfordernisse des sich rasch entwickelnden Wirtschaftslebens.

---

[32] Dieser Ansicht: Hilaire, Introduction historique Rn. 197; Szramkiewiecz, Histoire Rn. 442 ff., der ebenfalls die These der nicht spezifisch kaufmännischen Natur der Regelung aus Literaturnachweisen und Rechtsprechung aus dem 18. Jh. ableitet. Das Handelsgericht war nur für rein kaufmännische Fragen zuständig und die spezifisch kaufmännischen Regelungspunkte der Ordonnanz, wie z.B. die bezüglich der Buchführung, galten nur für Handelsleute.

[33] Einzelheiten bei Szramkiewiecz, Histoire Rn. 462 ff.

[34] Vgl. unten Kapitel 1, Abschnitt C.I.1.

[35] Uhlenbruck, in: FS 100 Jahre KO S. 9.

Schon der Lübische Kodex von 1294 sieht eine vom Verwalter durchgeführte Befriedigung *par condicio omnium creditorum* vor. Kennzeichnend für sämtliche Stadtrechte ist, dass der Vergleich als beste Lösung der Insolvenzbewältigung angesehen wird: so nach der Nürnberger Reformation von 1564 und vor allem nach dem Hamburger Stadtrecht von 1603-1605, das die Mehrheitserfordernisse genau definiert (der Vergleich bedarf der Zustimmung der Gläubiger, die mindestens Dreiviertel der Forderungssumme halten) und das reguläre Konkursverfahren nur zulässt, wenn ein Vergleich nicht zustande gekommen ist. Nach und nach wird auch die *Cessio bonorum* eingeführt, deren Hauptzweck es ist, dem »unschuldigen Gantmann«[36] die Härte des Konkursverfahrens zu ersparen. Namentlich das Bayerische Landrecht von 1616 unterscheidet zwischen dem vergleichswürdigen Schuldner, der »aus unvermeidlicher Not und unvorhergesehenen Unglücksfällen ohne sein Verschulden« insolvent wurde, und jenem, der es aus Leichtsinn geworden war[37].

Insgesamt bestehen zahlreiche Gemeinsamkeiten zwischen dieser neuen Konkursgestaltung, die in ähnlicher Weise in den meisten größeren Städten bis zum 16.-17. Jh. galten, und dem römisch-italienischen Recht, sodass davon ausgegangen wird, dass das italienische Konkursrecht (im Zug der Rezeption) übernommen worden ist[38].

2. Das Konkursrecht der Neuzeit

In Spanien besteht seit dem Mittelalter ein Konkursrecht, das eigenen, vom römisch-italienischen zum Teil grundlegend abweichenden Grundsätzen folgt. Insbesondere die Konzipierung des Konkurses als eine Art Selbsthilfeverfahren der Gläubiger hat in Spanien keinerlei Anklang gefunden: Aufgrund einer Rechtstradition, die bis auf die *Lex Visigothorum* zurückgeht, liegt die gesamte Konkursabwicklung (Beschlagnahme des schuldnerischen Vermögens, dessen Verwaltung, Verwertung und Verteilung) in den Händen des Gerichts[39]. Die zentrale Rolle des Gerichts kommt ebenfalls durch das in Spanien geltende Prinzip der *Vis attractiva concursus* zum Ausdruck, wonach das Konkursgericht für sämtliche Streitigkeiten im Zusammenhang mit dem Ver-

---

[36] Freiburger Stadtrecht von 1520 und Frankfurter Reformation von 1578.

[37] Zu diesen Stadtrechten insgesamt vgl. die ausführliche Darstellung von Kohler, Konkursrecht S. 29 ff.

[38] Kohler, Konkursrecht S. 30.

[39] Kohler, Konkursrecht S. 23.

fahren zuständig ist. Dies gilt ebenso für die *Cessio bonorum*, die aus Italien übernommen wurde, um den Schuldner vor der Personalhaft zu bewahren: auch ihre Abwicklung wurde vollständig in Richterhand gelegt[40].

Dieses System beeinflusst ab dem Ende des 17. Jh. zunehmend das bis dahin von römisch-italienischen Grundsätzen geprägte deutsche Konkursrecht. Grund hierfür ist die Ausstrahlung der Schrift *Labyrinthus creditorum*, verfasst vom königlichen Rat Salgado de Samoza, der darin die spanische Form der *Cessio bonorum* eingehend systematisierte. Der Einfluss von Salgado auf die deutsche Jurisprudenz ist zum einen auf die Klarheit seiner Ausführungen zurückzuführen, die insbesondere das Schrifttum stark beeindruckte[41]. Zum anderen suchte man insbesondere in der Zeit nach dem Dreißigjährigen Krieg, in welcher sich die Konkursfälle häuften, nach neuartigen Formen der Insolvenzbewältigung: Somit hatte die Anpassung des deutschen gemeinen Konkursverfahrens an das spanische System auch das Ziel, die Konkurswelle praktisch einzudämmen.

Nach der neuen Konkurskonzipierung verläuft das Verfahren wie folgt: In einem Präliminarverfahren prüft das Gericht – ab dem 18. Jh. inquisitorisch, mitunter von Amts wegen – ob die Verfahrensvoraussetzungen (Insolvenz des Schuldners und Gläubigermehrheit) gegeben sind[42]. Es erlässt daraufhin ein Eröffnungsdekret, arretiert das Vermögen des Schuldners und ernennt einen provisorischen *Curator*[43]. Die Gläubiger – einschließlich der Hypothekengläubiger – werden durch öffentliche Bekanntmachung aufgefordert, in der gesetzten Frist ihre Forderungen anzumelden. Diese werden im anschließenden Liquidations- und Prioritätsverfahren festgestellt, ebenso deren Rang; im Streitfall entscheidet dasselbe Gericht in einem gesonderten

---

40 Kohler, Konkursrecht S. 24.

41 Der Einfluss Salgados auf das deutsche Schrifttum wird ausführlich erörtert bei Endemann, Dt. Konkursverfahren S. 52 ff.: Die 1677 veröffentlichte Abhandlung Staubers *Positiones de judicio concursus universalis* weist bereits einen gewissen Einfluss Salgados auf. Dieser Einfluss zeigt sich wesentlich deutlicher in den für die künftige Rechtspraxis maßgebenden Werken von Brunemann (1688) und Ludovici (1709).

42 Seuffert, Konkursprozeßrecht S. 14 ff.

43 Vgl. Kohler, Konkursrecht S. 35ff.: Zur Wahrung der Interessen des Schuldners wird ggf. auch ein *contradictor* ernannt, welcher mitunter zugleich *Curator* sein kann (so die preußische Hypotheken- und Konkursordnung von 1722).

Feststellungsverfahren[44]. Unter Aufsicht des Gerichts wählen die Gläubiger den endgültigen *Curator*, der – wiederum unter gerichtlicher Kontrolle – das Vermögen des Schuldners verwertet. Schließlich ist auch die Verteilung des Erlöses Sache des Gerichts, denn sie erfolgt nach einem von diesem festgelegten Verteilungsplan. Dieser Plan kann innerhalb einer bestimmten Frist angefochten werden, was ggf. zu weiteren Verhandlungen und einer neuen Gerichtsentscheidung führt[45].

Diese Form der Konkursabwicklung wurde fast einstimmig negativ gewertet. Hauptkritikpunkt ist seit jeher die Konzentration des Verfahrens beim Gericht und die damit verbundene Langwierigkeit der Insolvenzabwicklung. Kohler, der im Übrigen beklagt, dass der Vergleich – »die Seele des Konkursverfahrens« – in diesem System keine wesentliche Rolle spielt, schreibt aufschlussreich: »Man kann sich die Erledigung der Ganten im gemeinen Konkursverfahren nicht langwierig und schleppend genug denken«[46]. Eng verknüpft mit diesem Vorwurf ist auch derjenige der Ergebnislosigkeit für die Gläubiger.

Zwar war man sich dieser Nachteile schon bewusst, als in vielen Teilen Deutschlands das römisch-italienische System gerade eingeführt worden war[47]. Dennoch wurden noch bis weit in das 19. Jh. hinein Konkursregelungen getroffen, die vom spanischen Leitbild grundsätzlich nicht abweichen[48]. Erst die Konkursordnung von 1877 sollte zu einem stärker gläubigerorientierten Verfahren zurückkehren[49].

---

[44] Seuffert, Konkursprozeßrecht S. 15 ff. Die Gläubiger werden unter Berücksichtigung ihrer Privilegien und Vorrechte in der Regel in fünf unterschiedliche sog. Klassen eingeteilt.

[45] Seuffert, Konkursprozeßrecht S. 18.

[46] Kohler, Leitfaden S. 37. Die gleiche Kritik wird für das spanische Verfahren ein wenig vehementer formuliert: »... ein einförmiges, spießbürgerliches, doktrinäres (...), übergründliches, schleppendes Verfahren der Gerichte« (S. 28).

[47] Uhlenbruck, in: FS 100 Jahre KO S. 9, weist auf eine märkische Verordnung vom 13. September 1718 hin, in deren Art. 34 beklagt wird, dass die Konkursprozesse »fast unsterblich« seien.

[48] Z.B. die Hannoversche Zivilprozeßordnung von 1850 und die Bayerische Zivilprozeßordnung von 1869 (vgl. Kohler, Konkursrecht S. 36 ff).

[49] Vgl. unten, Abschnitt C.II.

C. Das Insolvenzrecht in Frankreich und in Deutschland im 19. und 20. Jahrhundert

I. Frankreich

1. Die Konkursregelung im *Code de commerce* von 1807

Es war ein besonderes Anliegen Napoleons, Frankreich einheitliche Gesetze und eine einheitliche Gerichtsbarkeit zu verschaffen. Somit wurde noch am Ende seines Konsulats der *Code civil* verkündet (März 1804), den er persönlich mitgestaltete. Während der Kaiserzeit folgten ein Zivilprozessbuch (*code de procédure civile*), ein Strafgesetzbuch (*code pénal*), ein Strafprozessbuch (*code de procédure criminelle*), sowie 1807 ein Handelsgesetzbuch (*code de commerce*), in dessen drittem Buch der Konkurs und der Bankrott geregelt waren.

Die Gestaltung des Konkursrechts im *Code de commerce* geht zum Teil auf Napoleon selbst zurück, der dieses Gebiet aus volkswirtschaftlichen Gründen für äußerst wichtig hielt. Es fällt auf, dass von den insgesamt 61 Sitzungen des *Conseil d'Etat*, die dem *Code de commerce* gewidmet waren, lediglich vier unter dem Vorsitz Napoleons gehalten wurden, von diesen vier aber drei den Konkurs betrafen. Als Reaktion auf diverse Untreueskandale wollte er den Handel generell und den Konkurs insbesondere moralisieren bzw. unter staatliche Kontrolle bringen[50]. Sein Einfluss auf den Inhalt des *Code* zeichnet sich somit hauptsächlich durch eine strenge Haltung gegenüber dem insolventen Gemeinschuldner aus[51].

Mit der Eingliederung der Konkursregelung in den *Code de commerce* ist das Konkursverfahren – erstmals, wie es scheint – auch ein spezifisch kaufmännisches geworden[52]. Seine Bezeichnung als *Faillite* verrät einen

[50] Saint-Alary-Houin, Entreprises en difficulté Rn. 14. Der Conseil d'Etat hat sich allerdings geweigert, den Konkurs, wie Napoleon es wollte, unter staatliche Kontrolle zu bringen: Das Verfahren findet vor dem Handelsgericht statt, das ausschließlich mit Kaufleuten besetzt ist (Szramkiewiecz, Histoire Rn. 757).

[51] Hilaire (Introduction historique Rn. 202) bemerkt, dass diese Strenge durchaus dem damaligen Zeitgeist entsprach.

[52] Saint-Alary-Houin, Entreprises en difficulté Rn. 14. Nichtkaufleute unterlagen indessen der sog. *déconfiture*, die im *Code civil* allerdings nur ansatzweise geregelt war.

Bezug zum römisch-italienischen *Fallimento*, ebenso die Härte, die den Schuldner trifft. So hat dieser die Zahlungseinstellung in einer äußerst kurzen Frist von drei Tagen bei der Geschäftsstelle des Handelsgerichts zu melden. Für sämtliche Zahlungen, die er in den letzten 10 Tagen zuvor gemacht hat, wird eine betrügerische Absicht vermutet, sodass ihre Anfechtung erleichtert wird. Vor allem aber wird er inhaftiert und unterliegt dem »bürgerlichen Tod« (*mort civile*), d.h. er wird infam, was unmittelbar an die römische *manus iniectio* erinnert. Darüber hinaus ist das Bankrottdelikt so weit gefasst, dass fast jeder Konkurs auch strafrechtliche Folgen mit sich bringt.

Auch unter weiteren Gesichtspunkten weist die Regelung von 1807 Ähnlichkeiten mit dem italienischen Recht auf, bzw. der darauf beruhenden Ordonnanz von 1673[53]: Das Verfahren wird von den Gläubigern bestimmt, welche innerhalb einer Versammlung nach dem Mehrheitsprinzip Entscheidungen treffen; dem Richter (*juge-commissaire*) kommt im wesentliche nur eine Aufsichtsfunktion zu; der Zeitpunkt des Eintritts der Zahlungsunfähigkeit kann rückdatiert werden; das Verfahren endet mit der Verwertung des Vermögens des Schuldners und der anteilsmäßigen Verteilung des Erlöses.

2. Reformen der Konkursregelung des *Code de commerce*

Ab 1838 wurde die Konkursregelung des *Code de commerce* regelmäßig, wenn auch in unterschiedlichem Maß, geändert. Der wesentliche Anlass dieser Novellierungen war die Behandlung des Schuldners, die – je nachdem – als zu hart oder zu mild angesehen und entsprechend angepasst wurde. In diesem Zusammenhang entstanden neuartige Verfahrensvarianten, die im Wesentlichen dem Gedanken Rechnung trugen, wonach der redliche Schuldner besser behandelt werden sollte als der unredliche. Die Funktion des Konkursverfahrens blieb dennoch grundsätzlich dieselbe: den Schuldner bestrafen, durch dessen Eliminierung den Handelsverkehr insgesamt schützen und die Verbindlichkeiten tilgen. Erste Ansätze dafür, dass ein Insolvenzverfahren der Sanierung des Unternehmens unabgängig von der Person des Schuldners dienen sollte, finden sich erst in den Insolvenzgesetzen von 1967.

Im Folgenden werden die Grundlinien der wichtigsten Reformen von 1838 bis 1967 dargestellt. Auf die zahlreichen kleineren Änderungsgesetze, die im Lauf dieser knapp 130 Jahren verabschiedet wurden, wird nicht näher eingegangen.

[53] Vgl. hierzu Kohler, Konkursrecht S. 22.

a) Die Reformen von 1838 und 1889

Die äußerste Strenge der Regelung von 1807 führte dazu, dass das ordentliche Konkursverfahren so weit es ging vermieden wurde. In der Praxis fand es kaum Anwendung, die Zahlungsunfähigkeit wurde fast immer im Weg eines außergerichtlichen Vergleichs zwischen Schuldner und Gläubigern geregelt. Mit einem Gesetz vom 28. Mai 1838 versuchte man, diesen Zustand zu ändern. Das Verfahren wurde grundsätzlich beibehalten, jedoch verbesserte man ein wenig die Lage des Schuldners: Eine Einstellung des Verfahrens mangels Masse war von nun an möglich; vor allem wurden die Strafen, die dem Schuldner drohten, reduziert.

Die 1838 durchgeführte Modernisierung des Konkursverfahrens wurde schnell als unzureichend empfunden. Insbesondere nach dem Preußisch-Französischen Krieg von 1870-1871 kam verstärkt der Wunsch nach einem liberaleren Verfahren auf. Das Konkurssystem sollte nicht nur weniger streng, sondern sachgemäßer gestaltet werden. Deshalb wurde neben der *Faillite*, die unverändert als Regelkonkursverfahren bestehen blieb, ein zweites Verfahren, mit der Bezeichnung *Liquidation judiciaire*, durch ein Gesetz vom 4. März 1889 eingeführt.

Zweck dieses neuen Verfahrens war es, dem von der Praxis bevorzugten Vergleich einen gesetzlichen Rahmen zu geben. Es sollte daher jenem Kaufmann zugute kommen, der unverschuldet in die Insolvenz geraten war, wobei die Beurteilung der Redlichkeit des Schuldners im Ermessen des Gerichts lag. Der Ablauf der *Liquidation judiciaire* unterschied sich im Wesentlichen dadurch von der *Faillite*, dass der Schuldner die Verfügungsgewalt über sein Vermögen behielt – der Verwalter (*syndic*) indessen hatte lediglich eine Aufsichtsfunktion. Das Verfahren sollte zu einem Vergleich führen, der zwei Formen haben konnte: die des *Concordat simple*, das dem Schuldner die Fortführung seines Geschäfts ermöglichte; oder die des *Concordat par abandon d'actif*[54], durch welches der Schuldner einen Schuldenerlass erhielt und im Gegenzug sein Vermögen den Gläubigern überließ. Nur wenn kein Vergleich zustande kommen konnte, wurde die *Faillite* durchgeführt.

Das neue Institut der *Liquidation judiciaire* wurde von der Praxis überwiegend positiv bewertet. Sie erschien insbesondere deshalb zeit- und zweckgemäß, weil sich die unverschuldeten, durch die Industrialisierung

---

[54] Eine erste Regelung des *Concordat par abandon d'actif* findet sich bereits in einem Gesetz vom 17. Juli 1856.

bedingten Insolvenzen ab Ende des 19. Jh. mehrten. Zudem konnten damit die Gläubiger regelmäßig eine höhere Befriedigungsquote erzielen als im traditionellen *Faillite*-Verfahren[55].

b) Die Reform von 1935

Zu Beginn des 20. Jahrhunderts, insbesondere nach dem Ersten Weltkrieg, wurde der Wunsch zur Rückkehr zu einem strengeren Konkursrecht wieder lauter. Grund der Kritik am geltenden Recht war, dass gewisse betrügerische Handlungen nicht mit der gebotenen Konsequenz erfasst wurden. In der Tat hatte sich die Zahl der Kapitalgesellschaften, deren Geschäftsführer nicht die kaufmännische Eigenschaft besaßen und somit nicht dem konkursrechtlichen Haftungssystem unterlagen, seit dem Ende des vorigen Jahrhunderts stark vermehrt[56]. Dies führte dazu, dass eine etwa durch Veruntreuung von Gesellschaftsvermögen verursachte Zahlungsunfähigkeit keinerlei Folgen für die verantwortlichen Geschäftsführer hatte. Daher wurden am 8. August 1935 drei Gesetzesdekrete (*décrets-lois*[57]) beschlossen, von denen eines das konkursrechtliche Haftungssystem im *Code de commerce* wieder verschärfte: Im Fall der Veruntreuung von Gesellschaftsvermögen konnten die dafür verantwortlichen Personen in den Konkurs der Gesellschaft miteinbezogen werden. Ferner konnten Mitglieder des Verwaltungsrats einer Aktiengesellschaft auch wegen Bankrott verurteilt werden sowie unter gewissen Bedingungen – ähnlich wie die Kaufleute – ihre bürgerlichen Rechte verlieren[58]. Weitere Texte der folgenden Jahre bestätigten diese Rückkehr zur Strenge. Insbesondere konnten die Führungsorgane von Kapitalgesellschaften verurteilt werden, für

---

[55] Saint-Alary-Houin, Entreprises en difficulté Rn. 16.

[56] Die Gründung von Aktiengesellschaften wurde 1867 erleichtert – eine amtliche Genehmigung war von nun an nicht mehr erforderlich. Die Gesellschaft mit beschränkter Haftung wurde durch ein Gesetz vom 7. März 1925 in das französische Recht eingeführt bzw. aus dem deutschen Recht übernommen.

[57] Das *Décret-loi* war ein Akt der Exekutive, der aufgrund einer parlamentarischen Ermächtigung eine Materie regelte, die nach der Verfassung im Kompetenzbereich des Gesetzgebers lag; es hatte den Rang eines parlamentarischen Gesetzes. Solche Gesetzesdekrete wurden während der III. und IV. Republik (1877 bis 1940 bzw. 1946 bis 1958) häufig angewendet, um unbeliebte Maßnahmen durchzusetzen, die im regulären Gesetzgebungsverfahren wegen wechselnden parlamentarischen Mehrheitsverhältnissen voraussichtlich gescheitert wären.

[58] Saint-Alary-Houin, Entreprises en difficulté Rn. 18.

einen Teil der Schulden der insolventen Gesellschaft mit ihrem persönlichen Vermögen zu haften[59].

Der zweite Aspekt der Reform von 1935 bestand darin, die Rolle der gerichtlichen Organe im Konkursverfahren zu stärken. Somit konnte insbesondere mit einem weiteren Gesetzesdekret vom 30. Oktober 1935 eine gewisse Beschleunigung und Vereinfachung des Konkursverfahrens erzielt werden.

c) Die Reform von 1955

1955 wurde das Insolvenzrecht erneut grundlegend reformiert. Die bisherige Regelung im dritten Buch des *Code de commerce* wurde bis auf die Vorschriften bezüglich des Bankrotts aufgehoben und ersetzt durch zwei Verordnungen vom 20. Mai 1955, in welchen einerseits das Konkursrecht, andererseits das Berufsrecht der Konkursverwalter geregelt wurde[60]. Diese Neuregelung stand für einen kurzen Zeitraum außerhalb des *Code*, bis eine Ordonnanz vom 23. Dezember 1958 die erste der beiden Verordnungen von 1955 darin einfügte.

Die Zweispurigkeit des Verfahrens blieb von der Reform unangetastet, die Verfahren wurden aber zum Teil erheblich modifiziert. So wurde der repressive Charakter der *Faillite* verstärkt, sie diente ausschließlich der Eliminierung und Bestrafung des Schuldners, der sich in irgendeiner Weise etwas hatte zuschulden kommen lassen (Unredlichkeit oder Missmanagement/Fehlleitung). Ihm drohte weiterhin eine Gefängnisstrafe, eine Rehabilitationsmöglichkeit war in der Regelung von 1955 nicht vorgesehen[61]. Dagegen wurde die in *Règlement judiciaire* umbenannte *Liquidation judiciaire* zum reinen Vergleichsverfahren und bildete fortan das Regelverfahren. Im Übrigen wurden verschiedene Aspekte modernisiert (u.a. Vereinheitlichung von Fristen, verbesserte Informations- und Veröffentlichungsmaßnahmen).

---

[59] Gesetz vom 16. November 1940 für den Verwaltungsrat der AG; Gesetzesdekret vom 9. August 1953 für die Geschäftsführer von GmbHs.

[60] Décret n° 55-583 und Décret n° 55-603 vom 20. Mai 1955.

[61] Hilaire, Introduction historique Rn. 211.

3. Das Insolvenzsystem nach der Reform von 1967

Das französische Insolvenzrecht wurde bereits 1967 erneut grundlegend geändert. Die Regelung von 1955 wurde insgesamt aufgehoben und an ihre Stelle traten ein Gesetz Nr. 67-563 vom 13. Juli sowie eine Verordnung Nr. 67-1120 vom 22. Dezember 1967, welche die bisherigen Insolvenzabwicklungsformen – Konkurs und Vergleich – tiefgreifend umgestalteten. Dieses neue Konkurs- und Vergleichsrecht wurde durch eine Ordonnanz Nr. 67-820 vom 23. September und eine Verordnung Nr. 67-1255 vom 31. Dezember 1967 um ein neuartiges vorsorgliches Vergleichsverfahren ergänzt. Alle diese Texte traten zum 1. Januar 1968 in Kraft.

a) Die Neugestaltung von Konkurs- und Vergleichsverfahren

aa) Der Anwendungsbereich von Konkurs- und Vergleichsverfahren

Seit 1807 unterlagen grundsätzlich nur Kaufleute der Konkursregelung. Im Lauf der Zeit hat sich aber ein Großteil des Geschäftslebens durch die zunehmende Verwendung von nichthandelsrechtlichen Vereinigungsformen in den bürgerlich-rechtlichen, nichtkaufmännischen Bereich verlagert. Dies hatte zur Folge, dass insbesondere die nach dem Zweiten Weltkrieg zunehmend an Bedeutung gewinnenden bürgerlich-rechtlichen Immobiliarinvestitionsgesellschaften (*sociétés civiles immobilières*), landwirtschaftlichen Genossenschaften (*coopératives agricoles*) und Vereine (*associations*) im Insolvenzfall keinem geordneten Konkursverfahren unterlagen. Dies änderte sich mit dem Gesetz vom 13. Juli 1967, wonach sämtliche juristischen Personen des Privatrechts dem Verfahren unterliegen[62]. Die kaufmännische Eigenschaft spielt als Kriterium für die Anwendbarkeit des Konkursrechts daher nur noch bei natürlichen Personen eine Rolle: Solche, die nicht Kaufleute sind, unterliegen ihm weiterhin nicht. Diese – beachtliche – Erweiterung des Anwendungsbereichs des Konkursrechts erklärt, weshalb die Materie fortan nicht mehr im *Code de commerce*, sondern in außenstehenden Gesetzen geregelt war.

---

[62] Darunter fallen nach der französischen Konzeption der juristischen Persönlichkeit insbesondere auch die Personengesellschaften (mit Ausnahme der stillen Gesellschaft – *Société en participation*). Ist der Schuldner kein Kaufmann, so ist nicht das Handels-, sondern das ordentliche »Großinstanz«-Gericht (*Tribunal de grande instance*) materiell zuständig.

bb) Funktionswandel des Insolvenzrechts

Nach der Regelung von 1955 hing die Art der Insolvenzabwicklung von den Handlungen des Schuldners ab: Hatte er sich nichts zuschulden kommen lassen, wurde das Vergleichsverfahren eingeleitet; ansonsten musste eine *Faillite* durchgeführt werden. In der Praxis führte dies dazu, dass sanierungsfähige Unternehmen wegen allein von ihrer Geschäftsleitung zu vertretende Missstände liquidiert werden mussten und umgekehrt, dass versucht wurde, Unternehmen zu retten, die aus wirtschaftlicher Sicht kein reales Sanierungspotential hatten, nur weil deren Führung sich nichts zuschulden hatte kommen lassen.

Diesen Zustand wollte der Gesetzgeber von 1967 nicht länger hinnehmen: Das Gesetz vom 13. Juli unterscheidet somit zwischen dem Schicksal des Unternehmens an sich und dem seiner Geschäftsleitung. So hängt nach Art. 7 die Wahl zwischen Konkurs- und Vergleichsverfahren ausschließlich von wirtschaftlichen Erwägungen ab: Erscheint eine Sanierung (im Sinn einer Unternehmensfortführung) möglich, so eröffnet das Gericht das Vergleichsverfahren, andernfalls wird das Konkursverfahren eingeleitet. Das Vergleichsverfahren heißt weiterhin *Règlement judiciaire* und ist dadurch gekennzeichnet, dass der Schuldner, der durch die Verfahrenseröffnung die Verwaltungs- und Verfügungsrechte über sein Vermögen nicht verliert (der Verwalter hat lediglich eine Aufsichtsfunktion), ein Moratorium ausarbeitet, das nach Annahme durch die Gläubiger vom Gericht bestätigt wird. Das Konkursverfahren, das bislang als *Faillite* bezeichnet wurde, wird in *Liquidation des biens* umbenannt und dient nun ausschließlich der Tilgung der Verbindlichkeiten durch Verwertung des schuldnerischen Vermögens und Verteilung des Erlöses unter den Gläubigern, ist mithin zum reinen Liquidationsverfahren geworden. Der Begriff *Faillite* hingegen findet sich nur noch in der Bezeichnung der Sanktionen, die gegen geschäftsführende Organe des Unternehmens verhängt werden können, die sich etwas haben zuschulden kommen lassen. Diese Sanktionen greifen nun unabhängig davon, ob das Unternehmen einem Konkurs- oder einem Vergleichsverfahren unterliegt und kann sowohl aus zivil- als auch aus strafrechtlichen Maßnahmen bestehen[63].

[63] Die strengste zivilrechtliche Sanktion war die *Faillite personnelle* (persönlicher Konkurs), welche den traditionellen Ehren- und Rechteverlust zur Folge hat, der das Verbot, einen gewerblichen Betrieb zu führen sowie den Verlust des Wahlrechts und des Rechts, gewählt zu werden, mit sich brachte. Bei den strafrechtlichen Sanktionen wird weiterhin zwischen dem einfachen und dem betrügerischen Bankrott unterschieden. (Zu

Durch die Einführung eines rein wirtschaftlichen Kriteriums für die Wahl der Verfahrensart sowie durch die von letzterer unabhängige und fakultative Bestrafung der Geschäftsleitung vollzieht die Regelung von 1967 eine ebenso weitreichende wie neuartige »Trennung von Mensch und Unternehmen«, die bis heute ein Grundstein der französischen Insolvenzkonzipierung geblieben ist[64].

cc) Rolle der Gläubiger

Die Reform von 1967 bestätigt die Tendenz vorangegangener Reformen, das Verfahren mehr und mehr in die Hände gerichtlicher Organe anstelle der Gläubiger zu legen[65]. Zum einen sind nun alle – selbst die gesicherten – Gläubiger verpflichtet, ihre Forderungen anzumelden und einer Prüfung zu unterziehen. Zum anderen sind die Gläubiger weiterhin in einer sog. *Masse des créanciers* vereinigt[66], doch dieses Organ hat im Wesentlichen nur noch eine nennenswerte Befugnis: die Annahme oder Zurückweisung des Vergleichs im Fall des *Règlement judiciaire*. Ansonsten entscheidet das Gericht u.a. über die Verfahrensart, die Bestellung des Verwalters (*syndic*) und des beauftragten Richters (*juge-commissaire*), die Bestätigung des Vergleichs und die Sanktionierung der Geschäftsführer des schuldnerischen Unternehmens. Dem beauftragten Richter kommt ebenfalls eine wichtige Rolle im Verfahren zu, indem seine Zustimmung – und nicht die der Gläubiger – zu bestimmten Rechtsgeschäften des Verwalters erforderlich ist. Im neueingeführten vorsorglichen Vergleichsverfahren indessen spielen die Gläubiger eine noch bescheidenere Rolle.

---

den verschiedenen Sanktionen insgesamt vgl. Saint-Alary-Houin, Entreprises en difficulté Rn. 27).

64 Zur Trennung zwischen Mensch und Unternehmen (*Distinction de l'homme et de l'entreprise*) vgl. insbesondere Saint-Alary-Houin, Entreprises en difficulté Rn. 25 ff. sowie Ripert/Roblot, Droit commercial II Rn. 2807.

65 Ripert/Roblot, Droit commercial II Rn. 2808 ff.; Saint-Alary-Houin, Entreprises en difficulté Rn. 29.

66 Das Institut der *Masse* (das nicht mit dem gleichlautenden deutschen Begriff der Konkurs- bzw. Insolvenzmasse zu verwechseln ist) bestand schon unter der Konkursregelung von 1955. Die rechtstheoretische Besonderheit dieses Organs ist, dass die *Cour de cassation* ihr die Rechtspersönlichkeit zuerkannt hat (Com. 17. Januar 1956, D. 1956 S. 265; JCP 1956. II. 9601), was u.a. bewirkt, dass sie ein eigenes Vermögen besitzt, getrennt von dem des Gemeinschuldners.

b) Die Einführung eines vorsorglichen Vergleichsverfahrens

Mit der Ordonnanz vom 23. September und den beiden Verordnungen vom 31. Dezember 1967 wird das französische Insolvenzrecht um ein neues vorsorgliches Vergleichsverfahren ergänzt, bezeichnet als *Procédure de suspension provisoire des poursuites*. Die verschiedenen Voraussetzungen hinsichtlich der Eigenschaften des Schuldners zeigen, dass es ein Ausnahmeverfahren ist: So kann es nur gewissen Unternehmen zugute kommen, die in finanzielle Schwierigkeiten geraten, aber (noch) nicht zahlungsunfähig geworden sind – in diesem Fall muss ein Konkurs- oder Vergleichsverfahren eröffnet werden. Ferner muss von vornherein eine rasche und gänzliche Sanierungsperspektive bestehen. Vor allem kann es nur von Unternehmen in Anspruch genommen werden, deren Stilllegung der nationalen oder regionalen Wirtschaft einen ernsthaften Schaden zufügen würde.

Das Verfahren läuft in zwei Phasen ab. In der ersten wird dem Schuldner ein dreimonatiges Moratorium gewährt, das sowohl ein gegen sämtliche Gläubiger gerichtetes zeitweiliges Vollstreckungs- als auch ein gegen den Schuldner gerichtetes Verfügungsverbot bewirkt. Während dieses Zeitraums erstellt der Schuldner mit Hilfe eines Kurators (*curateur*) einen Sanierungsplan, der das Sanierungskonzept und die Art der Tilgung der Verbindlichkeiten enthält. Die zweite Phase besteht aus der Umsetzung des Plans und kann bis zu drei Jahren dauern. Scheitert die Umsetzung des Plans, so kann das Gericht zu jeder Zeit einen Anschlusskonkurs bzw. -vergleich eröffnen.

Die Gläubiger spielen in diesem Verfahren so gut wie keine Rolle. Sie verfügen über kein Vertretungsorgan, sind im Gegenzug aber auch nicht verpflichtet, ihre Forderungen anzumelden. Der Sanierungsplan, der regelmäßig eine Kürzung ihrer Forderungen vorsieht, wird unter Umständen gegen ihren Willen allein vom Gericht beschlossen, wirkt aber gegen Alle[67].

---

[67] Zur *Procédure de suspension provisoire des poursuites* insgesamt vgl. Ripert/Roblot, Droit commercial II Rn. 2804 ff.; Saint-Alary-Houin, Entreprises en difficulté Rn. 30 ff.; Gröniger, Franz. Insolvenzsystem S. 68 ff.

II. Deutschland

1. Die Konkursordnung von 1877

a) Entstehung und Grundlagen der Konkursordnung

Mitte des 19. Jh. bietet in Deutschland das auf Regional- oder Stadtebene gehandhabte Konkursrecht ein zersplittertes Erscheinungsbild. Dies wird insbesondere vom Handelsstand beklagt, der aufgrund des mit der raschen Industrialisierung verbundenen sich stetig entwickelnden und komplexer werdenden Geschäftslebens eine Vereinheitlichung der Konkursregelung fordert[68]. Darüber hinaus scheint mit der Reichsverkündung von 1871 und der von Bismarck vollzogenen politischen Einigung Deutschlands die Zeit für eine allgemeine Rechtsvereinheitlichung endgültig gekommen[69].

1870 begann das Preußische Justizministerium, am Entwurf eines gemeinsamen Konkursgesetzes für den Norddeutschen Bund zu arbeiten. Nach 1871 wurde – unter Mitwirkung nicht nur von Juristen, sondern auch von Vertretern des Handelsstands – die Ausarbeitung eines Konkursgesetzes für das Deutsche Reich fortgesetzt. Am 10. Februar 1877 schließlich wurde eine »Konkursordnung für das Deutsche Reich« (KO) nebst Einführungsgesetz veröffentlicht; sie trat, zusammen mit den anderen drei Reichsjustizgesetzen (GVG, StPO und ZPO) zum 1. Oktober 1879 in Kraft[70].

Als Vorläufer und wichtiges Vorbild der KO gilt die Preußische Konkursordnung von 1855. Diese wiederum ist stark beeinflusst vom französi-

---

[68] Uhlenbruck, in: FS 100 Jahre KO S. 13.

[69] Der Gedanke einer umfassenden Insolvenzregelung für sämtliche deutsche Staaten im Weg der Kodifikation fand einen nicht unerheblichen Anklang in der Rechtswissenschaft noch bevor Deutschland in politischer und administrativer Hinsicht vereint war. So forderte Justus Thibaut bereits 1814 eine Gesamtkodifizierung von Zivil-, Straf- und Prozessrecht. Diese Ansicht konnte sich aber gegen die gegensätzliche Auffassung der von Savigny geleiteten sog. historischen Schule nicht durchsetzen. (Zu diesem »Kodifikationsstreit« vgl. Wesel, Rechtsgeschichte Rn. 281, sowie Hattenhauer, Europäische Rechtsgeschichte, Rn. 1649 ff.).

[70] Zu den aufwendigen Vorbereitungsarbeiten der KO und zum Gesetzgebungsverfahren, vgl. Kohler Leitfaden S. 52 ff.; Seuffert, Konkursprozeßrecht S. 22 ff.; sowie die ausführliche Abhandlung von Thieme, in: FS 100 Jahre KO S. 35 ff.

schen *Code de commerce* in seiner Fassung nach der Novellierung von 1838[71]. Zum Teil ist dies der Grund, weshalb die KO unter gewissen Gesichtspunkten von der gemeinrechtlichen Konkurskonzipierung Abstand nimmt und zu römisch-italienischen Prinzipien zurückkehrt.

So liegt das Verfahren nach der KO wieder weitgehend in den Händen der Gläubiger (Grundsatz der Gläubigerautonomie), die über ihre Vertretungsorgane – Gläubigerversammlung und ggf. Gläubigerausschuss, dessen Bestellung und Zusammensetzung von der Versammlung entschieden wird – an der Konkursabwicklung maßgeblich beteiligt sind. Diese Beteiligung kommt im Wesentlichen dadurch zum Ausdruck, dass selbst Entscheidungen, die grundsätzlich im Aufgabenbereich des Konkursverwalters liegen, oftmals nur mit Zustimmung der Gläubigerversammlung bzw. des -ausschusses getroffen werden können[72]. Das Konkursgericht indessen entscheidet über die

---

[71] »Aus dem französischen Gesetze stammen insbesondere die Verschärfung der Anfechtbarkeit, die Bestellung eines Richterkommissärs, der Unterschied zwischen dem einstweiligen und dem definitiven Verwalter, die Beseitigung der präkludierenden Wirkung des Gläubigeraufgebots, die Regulierung des Accords (...), die Zulassung von Abschlagsverteilungen vor der vollständigen Liquidation der Aktivmasse, die Verweisung der bestrittenen Forderungen zu besonderen Prozessen. Auch die Scheidung zwischen dem kaufmännischen und dem gemeinen Konkurse ist darauf zurückzuführen, dass das französische Recht das im Handelsgesetzbuche vorgesehene Verfahren nur gegen Kaufleute vorgesehen hat«. (Seuffert, Konkursprozeßrecht S. 21 ff.). Vgl. auch Kohler, Konkursrecht S. 52 ff.

[72] Der Konkursverwalter muss die Zustimmung der Gläubigerversammlung bzw. des Gläubigerausschusses (sofern vorhanden) einholen, »wenn ein unbeweglicher Gegenstand aus freier Hand, oder das Geschäft oder das Warenlager des Gemeinschuldners im Ganzen, oder das Recht auf den Bezug wiederkehrender Einkünfte veräußert werden soll« (§ 134 Nr. 1 KO), ebenso »wenn Darlehen aufgenommen, fremde Verbindlichkeiten übernommen, zur Masse gehörige Gegenstände verpfändet, oder Grundstücke erstanden werden sollen« (§ 134 Nr. 2 KO). Der Gläubigerausschuss hat z.T. auch ein eigenständiges Zustimmungsrecht (bei gewissen Verwaltungs- und Verfügungshandlungen des Verwalters, vgl. § 133 KO; bei Verteilungen, vgl. § 150 KO). Ferner hat der Verwalter Gläubigerversammlung und -ausschuss regelmäßig über die Geschäftsführung zu unterrichten. Schließlich hängt die Wahl des Verwalters selbst vom Willen der Gläubiger ab: Der zu Eröffnung des Verfahrens vom Gericht einberufene Verwalter kann jederzeit durch Beschluss der Versammlung ersetzt werden. In der Praxis hat dies zur Folge, dass der Verwalter im Allgemeinen im Sinn (wenn auch nicht im ausschließlichen Interesse) der Gläubiger handelte.

Eröffnung und die Beendigung des Verfahrens, im Übrigen hat es hauptsächlich Organisations- und Kontrollfunktionen[73].

Hinsichtlich der Rolle des Gerichts werden auch weitere Grundsätze des alten Rechts nicht in ihrer Allgemeinheit in der KO übernommen. Insbesondere die *Vis attractiva concursus* wird insoweit aufgegeben, als das Konkursgericht nicht mehr für sämtliche verfahrensbezogene Streitigkeiten zuständig ist[74]. Zwar sind die Forderungen beim Gericht anzumelden, das sie im Allgemeinen Prüfungstermin in die Konkurstabelle einträgt. Wird jedoch eine Forderung bestritten, so wird darüber außerhalb des Konkursverfahrens, im Weg des ordentlichen Feststellungsprozesses entschieden.

Schließlich unterscheidet die KO deutlicher als vordem zwischen den »normalen« Gläubigern, die den Verfahren uneingeschränkt unterliegen (Konkursgläubiger) und den anderen, die zum Teil davon überhaupt nicht betroffen sind (Aus- und Absonderungsberechtigte, Massegläubiger).

Die KO ist während ihrer etwa einhundertzwanzigjährigen Geltungsdauer bis zur Verabschiedung der Insolvenzordnung fast unverändert geblieben. Zwar wurden bereits im auslaufenden 19. Jh. konkrete Novellierungsanstrengungen unternommen[75], doch es erfolgte lediglich eine bedeutende Novellierung durch ein Gesetz vom 17. Mai 1898, die dazu diente, die KO dem gerade verabschiedeten BGB anzupassen. Grund für diese Beständigkeit war hauptsächlich die Qualität und Klarheit[76] der gesetzlichen Regelung, die lange Zeit jegliches Reformbestreben als überflüssig erscheinen ließ.

---

[73] Zur Rolle des Konkursgerichts vgl. Jauernig, Zwangsvollstreckungs- und Insolvenzrecht (20. Aufl. 1996) S. 178 ff. »Das Gericht steht somit im Hintergrund und spielt eine relativ bescheidene Rolle. Dafür mag ursprünglich die Vorstellung mitgespielt haben, dass die Gläubiger in einer Art von Selbstverwaltung den Konkurs durchführen« (S. 179).

[74] Man erinnere sich daran, dass die hauptsächliche Kritik am gemeinen Konkursverfahren dessen Langwierigkeit betraf, welche nicht zuletzt durch die umfassende Zuständigkeit des Gerichts verursacht wurde (vgl. oben Kapitel 1, Abschnitt B.II.2).

[75] 1893 wurde dem Reichstag ein parlamentarischer Gesetzentwurf vorgelegt, der verschiedene Reformvorschläge des Handelsstands enthielt. Die Novellierung konnte jedoch nicht vollzogen werden und das Verfahren endete 1894 nach der Untersuchung des Entwurfs durch eine Reichstagskommission (vgl. hierzu Uhlenbruck, in: FS 100 Jahre KO S. 19 sowie die dort angegebene Literatur).

[76] »Die deutsche Konkursordnung ist allgemein als das gelungenste der vier Reichsjustizgesetze bezeichnet worden, das sich durch klaren Aufbau, energische Entwicklung

b) Verfahrensarten

aa) Das Konkursverfahren

Die Regelabwicklungsform in der KO ist das Konkursverfahren, welches das traditionelle Ziel einer gleichmäßigen Befriedigung aller Gläubiger eines gemeinsamen Schuldners (Gemeinschuldner) mittels Verwertung dessen Vermögens und anschließender Verteilung des Erlöses verfolgt. Das Verfahren wird auf Antrag des Schuldners oder eines Gläubigers vom Amtsgericht eröffnet. Allgemeiner Konkursgrund ist die Zahlungsunfähigkeit[77]. Der Gemeinschuldner verliert mit der Konkurseröffnung die Verwaltungs- und Verfügungsbefugnis über sein Vermögen zugunsten des Verwalters. Dieser hat insbesondere die Konkursmasse zu erfassen, zu verwalten, zu verwerten und den Erlös unter den Gläubigern, deren Forderungen verfahrensmäßig in die Konkurstabelle eingetragen wurden, zu verteilen.

bb) Das Zwangsvergleichsverfahren

Eine Alternative zum Konkursverfahren bildet der Zwangsvergleich, der eine einvernehmliche Konkursbewältigung zwischen Schuldner und Gläubigern ermöglicht. Das Zwangsvergleichsverfahren kann nur im bereits eröffneten Konkursverfahren eingeleitet werden, nach dem allgemeinen Prüfungstermin und vor der Genehmigung der Schlussverteilung. Die Eröffnung setzt einen Antrag des Schuldners voraus, der u.a. nur dann zulässig ist, wenn der Schuldner gewisse »Würdigkeitsvoraussetzungen« erfüllt[78]. Der Vorschlag muss die vorgesehene Befriedigungsart beinhalten, die regelmäßig auf Teilerlass und Stundung basiert, wobei auch den betroffenen Gläubigern häufig neue Sicherheiten angeboten werden können[79].

---

der richtigen und zuträglichen Prinzipien sowie durch eine einfache und schlichte Sprache auszeichnet« (Uhlenbruck, in: FS 100 Jahre KO S. 17).

[77] Die Überschuldung ist nur bei juristischen Personen sowie dem nichtrechtsfähigen Verein und gewissen Personengesellschaften Konkursgrund (§§ 207, 209 und 213 KO).

[78] Die Zurückweisungsgründe des Antrags von Amts wegen sind in § 175 KO gelistet und sollen verhindern, dass ein als unzuverlässig erscheinender Schuldner die Gunst eines Zwangsvergleichs genießt.

[79] Jauernig, Zwangsvollstreckungs- und Insolvenzrecht (1996), § 58.II. Die Gläubiger müssen allerdings gleichbehandelt werden: Eine Ungleichbehandlung ist nur mit Zustimmung des Betroffenen zulässig (§ 181).

Nachdem sich der Gläubigerausschuss zum Vorschlag geäußert hat, bedarf dieser der Annahme durch die Gläubiger im sog. Vergleichstermin. Nach einem mündlichem Vortrag des Schuldners wird über den Entwurf abgestimmt. Der Zwangsvergleich bedarf der Zustimmung durch die einfache Mehrheit der anwesenden Gläubiger und die Dreiviertelmehrheit der Forderungsbeträge aller Stimmberechtigten[80].

Nach der Annahme durch die Gläubiger bedarf der Zwangsvergleich einer Bestätigung durch das Konkursgericht. Das Gericht stellt insbesondere sicher, dass der Zwangsvergleich bestimmte Mindestquoten enthält, d.h. dass für jeden Gläubiger eine Befriedigung von mindestens 20% der Forderung gewährleistet ist. Andernfalls ist der Zwangsvergleich von Amts wegen zurückzuweisen. Der bestätigte Zwangsvergleich wirkt »für und gegen« jeden nicht bevorrechtigten Konkursgläubiger, sodass auch diejenigen durch ihn gebunden sind, die dagegen gestimmt haben.

2. Insolvenzregelungen außerhalb der Konkursordnung

a) Die Vergleichsordnung

Eine einvernehmliche Insolvenzbewältigung war nach der KO nur im Weg des Zwangsvergleichs möglich. Da die Eröffnung des Zwangsvergleichsverfahrens aber das Vorliegen eines Konkursgrunds voraussetzte, konnte es nur relativ spät eingeleitet werden. Nicht selten war die finanzielle und wirtschaftliche Lage des Gemeinschuldners derart kritisch, dass ein Zwangsvergleich nicht mehr zustande kommen konnte. Dieses Nachteils war man sich bereits in den ersten Jahren der Geltung der KO bewusst[81], dennoch dauerte es exakt 50 Jahre, bis ein Verfahren eingeführt wurde, das dazu diente, den Konkurs abzuwenden. Dieses Verfahren wurde in einer Vergleichsordnung (VglO) von 1927 geregelt, die durch die Novelle vom 2. Februar 1935 umfangreich reformiert wurde.

---

[80] Stimmberechtigt sind nur diejenigen Gläubiger, in deren Rechte eingegriffen werden soll. Dies sind immer nur nichtbevorrechtigte Gläubiger, d.h. weder Massegläubiger, noch Gläubiger bevorrechtigter Forderungen; die Absonderungsberechtigten sind nur in Höhe ihres Ausfalls oder ihres Verzichts stimmberechtigt.

[81] Kohler, Konkursrecht S. 54 beklagt, dass das deutsche Recht – im Gegensatz zum französischen Recht von damals – keinen »Präventivakkord«, also keinen konkursabwendenden Vergleich kennt: »Seine Einführung ist ein Gebot dringender Notwendigkeit«.

Das Vergleichsverfahren ist eng verwandt mit dem Zwangsvergleichsverfahren[82]. Es weist jedoch mehrere Besonderheiten auf. So behält der Schuldner die Verfügung und die Verwaltung über sein Vermögen, der Verwalter hat lediglich eine Überwachungsaufgabe. Wenn die Zulässigkeitserfordernisse des Antrags fehlen, muss das Vergleichsgericht von Amts wegen über die Eröffnung eines Anschlusskonkurses entscheiden. Vor allem sind die die Mindestquoten betreffenden Anforderungen erheblich höher als im Zwangsvergleich: Den Gläubigern muss eine Befriedigung (in bar) von mindestens 35% ihrer Forderungen, bzw. 40% bei Zahlungsfristen von mehr als einem Jahr gewährt werden.

b) Die Gesamtvollstreckungsordnung

In der DDR galten bis 1976 die KO und die VglO. Sie wurden zum 1. Januar 1976 abgelöst durch die Gesamtvollstreckungsverordnung vom 18. Dezember 1975, die den politischen und wirtschaftlichen Gegebenheiten der DDR besser entsprach. Nach dem Beitritt der DDR zur Bundesrepublik Deutschland wurde beschlossen, das Gesamtvollstreckungsrecht von 1975 im Wesentlichen für die neuen Bundesländer in Kraft zu behalten[83]. Die Verordnung wurde nur geringfügig geändert und am 13. Mai 1991 als Gesamtvollstreckungsordnung (GesO) veröffentlicht.

---

[82] Die Initiative liegt ausschließlich beim Schuldner, der seinen Antrag nur stellen kann, wenn er vergleichswürdig ist; das Vergleichsgericht hat die Zulässigkeit des Vorschlags zu prüfen; die Eröffnungsgründe decken sich mit den Konkurseröffnungsgründen; seine Annahme erfolgt im Vergleichstermin durch eine mehrheitliche Entscheidung der Vergleichsgläubiger, die den nichtbevorrechtigten Zwangsvergleichsgläubigern entsprechen; auch im Vergleichsverfahren ist eine doppelte Kopf- und Summenmehrheit erforderlich; die vom Vergleich betroffenen Gläubiger müssen gleichbehandelt werden; eine gerichtliche Bestätigung ist erforderlich, damit der Vergleich rechtskräftig wird, wobei sich der Richter an die in § 79 VglO aufgezählten Versagungsgründe halten muss; die Wirkungen des bestätigten Vergleichs treffen alle Vergleichsgläubiger.

[83] Eine Angleichung an das West-Recht, d.h. eine Rückkehr zum erst 15 Jahre zuvor aufgehobenen Konkurs- und Vergleichsrecht, wäre ohnehin provisorisch gewesen, da 1990 die Insolvenzrechtsreform schon seit mehreren Jahren im Gang war und eine einheitliche Regelung somit in Aussicht stand. Vor allen hätte diese Angleichung zur Folge gehabt, dass zwischen 1990 und 1999 in der Rechtspraxis sukzessiv – aufgrund des Fortbestehens aufgehobener Regelungen in nicht abgeschlossenen Fällen z.T. aber auch gleichzeitig – bis zu drei verschiedene Insolvenzregelungen zur Anwendung gekommen wären.

Dieses Gesamtvollstreckungsrecht, das bis Ende 1998 auf dem Gebiet der früheren DDR galt, erwies sich als wenig praktikabel. Die GesO – ebenso wie die Verordnung von 1975 – ließ aufgrund ihrer Kürze (23 Paragraphen) viele Fragen offen, namentlich die der Unternehmensinsolvenz. Diese spielte in der Planwirtschaft der DDR so gut wie keine Rolle, gewann aber mit der Wiedervereinigung sehr schnell wieder an Bedeutung. Die ostdeutschen Unternehmen erlebten in den Jahren nach dem Beitritt eine »Pleitenwelle«, deren Ausmaß selbst in Fachkreisen nicht vorhergesehen wurde und zu deren Bewältigung sich die GesO als äußerst ungeeignet erwies. Die Unzulänglichkeiten der gesetzlichen Regelung konnten in der Insolvenzpraxis nur umständlich und mit Hilfe der analogen Anwendung von KO, VglO – ab 1994 teilweise auch InsO – korrigiert werden[84].

D. Vergleichende Zusammenfassung

I. Vergleichende Aspekte in der Insolvenzrechtsentwicklung

1. Insolvenzrecht und Rechtsvergleichung

In Rom wurde der Schritt von der Personal- zur Vermögensvollstreckung vollzogen, indem mit der *Venditio bonorum* ein Verfahren eingeführt wurde, das eine direkte Verwertung des Vermögens des Schuldners ermöglichte. Damit eng verbunden ist der Grundsatz der Gläubigergleichheit, also das zwangsweise Zusammenführen der Gläubiger in eine Art Verlustgemeinschaft, der zeitgleich entstand und den Kern des Konkursverfahrens bildet[85]. Beide Grundsätze der direkten Vermögensvollstreckung und der Gläubigergleichheit, zusammengeführt im Institut der *Missio in bona* verstehen sich als die weiterentwickelte, abstrahierte Form des ursprünglichen Zugriffs auf die Person des Schuldners (*manus iniectio)*. Die *Missio* stellt eine

[84] Zur GesO insgesamt vgl. Jauernig, Zwangsvollstreckungs- und Insolvenzrecht (1996), §§ 65 f. sowie die dort angegebene Literatur.

[85] »Das Rechtsinstitut ›Konkurs‹ beruht auf dem Prinzip der Verlustgemeinschaft der Gläubiger in den Fällen, in denen das Vermögen des Schuldners nicht mehr ausreicht, um die Forderung eines jeden von ihnen zu befriedigen« (Uhlenbruck, in: FS 100 Jahre KO S. 6).

Eigenkreation des römischen Rechts dar, die gewissermaßen aus dem Nichts, ohne Hilfe eines fremden Vorbilds, zustande kam[86].

Ein solcher Schritt wurde weder im französischen noch im deutschen Mittelalter in dieser Form wiederholt: Zwar hat man sich – gewohnheitsrechtlich, wie es scheint – von der Personal- zugunsten einer Realexekution abgewandt. Doch der wesentliche Punkt der Gläubigergleichheit musste erst aus dem römisch-italienischen Recht übernommen werden. Die Übernahme beschränkte sich allerdings nicht auf den Grundsatz *par condicio omnium creditorum,* vielmehr wurde das gesamte Insolvenzsystem Roms in seiner durch die norditalienischen Handelsstädte weiterentwickelten Form eingeführt.

Damit hat man in Frankreich und in Deutschland im Grunde fremdes Recht übernommen. Die weitere Entwicklung zeigt, dass dies kein Einzelfall geblieben ist. Die Ausstrahlung des Werks von Salgado de Samoza hat in den meisten Teilen Deutschlands erneut eine umfangreiche Anlehnung der Konkurspraxis an ein fremdes – diesmal das spanische – Insolvenzrecht bewirkt. Im 19. Jh. hat der *Code de commerce* von 1807/1838 die Konkursregelungen vieler europäischer und auch nichteuropäischer Länder maßgeblich beeinflusst; mitunter wurde die französische Konkursregelung insgesamt und unverändert für wirksam erklärt, beispielsweise in der Türkei sowie in Polen, Belgien, Griechenland, Ägypten und Italien[87]. Auch in Deutschland hat sich der *Code de commerce* insbesondere auf die Gestaltung der Preußischen KO von 1855 ausgewirkt, welche wiederum als wichtigste Grundlage zunächst anderer regionaler Konkursregelungen (insbesondere der Bayerischen Zivilprozessordnung von 1869), dann der KO von 1877 diente[88]. Letztere schließ-

[86] »Es war ein ungeheurer Fortschritt, als man den Gläubigern das Recht bot, unmittelbar und ohne Zutun des Schuldners auf sein Vermögen zu greifen. (...) Es zeugt von der großen Schöpferkraft des römischen Rechts, dass es im Institut der *missio in bona* den Gedanken der Gläubigergleichheit so kräftig durchgeführt hat« (Kohler, Konkursrecht S. 8).

[87] Ausführungen zur Ausstrahlung des Konkursregelung des *Code de commerce* außerhalb Frankreichs finden sich bei Kohler, Konkursrecht S. 40 ff. Darüber hinaus hat der *Code de commerce* mit seinen gesellschaftsrechtlichen Vorschriften auch die Grundlagen des Aktienrechts der meisten europäischen Ländern gelegt (hierzu vgl. Hattenhauer, Europäische Rechtsgeschichte Rn. 1725 ff.).

[88] Vgl. oben, Kapitel 1, Abschnitt C.II.1.a.

lich hat zur Neuformulierung der Konkursregelungen von Ungarn, Holland, Argentinien, Österreich und Japan erheblich beigetragen[89].

Man stellt also eine häufige und teilweise tiefgreifende Wechselwirkung zwischen französischer, deutscher sowie weiterer namentlich europäischer Insolvenzregelungen fest. Dass man sich in der – zum Teil entfernten – Vergangenheit nicht gescheut hat, fremdes Recht entweder insgesamt zu übernehmen oder es in großem Umfang zu kopieren, ist aus heutiger Sicht bemerkenswert, zumal man daraus erste Ansätze einer rechtsvergleichender Methodik zu erkennen vermag, noch bevor die Rechtsvergleichung als eigener wissenschaftlicher Bereich entstanden war[90]. Dies überrascht nicht zuletzt angesichts der Schwierigkeiten, die in den vergangenen 40 Jahren die Bemühungen um die Schaffung eines europäischen Insolvenzrechts begleitet haben.

2. Exkurs: Europäisches Insolvenzrecht

a) Gescheiterte Versuche einer Harmonisierung des Insolvenzrechts

Erste Versuche einer einheitlichen europäischen Insolvenzregelung wurden bereits kurze Zeit nach der Gründung der EG unternommen: Schon im Februar 1960 wurde ein erster Sachverständigenausschuss zusammengestellt. Dennoch kam man während mehrerer Jahrzehnte – wenn überhaupt[91] – nur zu sektoriellen Erfolgen, hauptsächlich im Bereich des sozialen Insolvenzrechts[92]. Auf die Harmonisierung des gesamten Insolvenzrechts im Sinn der Schaffung eines gemeinsamen Insolvenzverfahrens wurde allerdings früh ver-

[89] Uhlenbruck, in: FS 100 Jahre KO S. 17.

[90] Die Rechtsvergleichung als besonderer Zweig der Rechtswissenschaft ist erst im Lauf des 19. Jh. entstanden ist – der erste Lehrstuhl für Rechtsvergleichung wurde 1831 am *Collège de France* gegründet. Zur Geschichte und zum Zweck der Rechtsvergleichung vgl. David/Jauffret-Spinosi, Systèmes de droit Rn. 2 ff.

[91] Bezeichnend für die Schwierigkeiten, das Insolvenzrecht auf europäischer Ebene zu erfassen, ist, dass Konkurs- und ähnliche Verfahren vom Geltungsbereich des Brüsseler Übereinkommens vom 27. September 1968 über die gerichtliche Zuständigkeit und die Vollstreckung gerichtlicher Entscheidungen (GVÜ), der grundsätzlich die »Zivil- und Handelssachen« umfasst, gemäß Art. 1 Abs. 2 Nr. 2 ausdrücklich ausgenommen sind. (Zum Geltungsbereich des GVÜ vgl. insbesondere Schack, Internationales Zivilverfahrensrecht Rn. 97 ff.).

[92] Vgl. insbesondere die Richtlinien 77/187 vom 14. Februar 1977 und 80/987 vom 28. Oktober 1980, die Maßnahmen zum Schutz der Belegschaft vorsehen.

zichtet. Dies wurde damit begründet, dass die bestehenden nationalen Regelungen zu unterschiedlich seien, um eine Angleichung zu erlauben[93]. Daher beziehen sich sämtliche Projekte, die seither im Rahmen der EG/EU sowie des Europarats entstanden sind, fast ausschließlich auf formelles Insolvenzrecht. Konkretisiert wurden sie während mehrerer Jahrzehnte im Wesentlichen durch einige bilaterale Abkommen, die in aller Regel nur die Anerkennung von ausländischen insolvenzbezogenen Gerichtsentscheidungen zum Gegenstand hatten[94].

Seit dem Anfang der achtziger Jahre beschäftigt man sich wieder verstärkt mit der Frage einer umfassenderen, wenn auch auf verfahrensrechtliche Aspekte beschränkten Harmonisierung des Insolvenzrechts. Während die diesbezüglichen Bemühungen zunächst scheiterten – ein Übereinkommensentwurf von Juni 1980 wurde nach Stellungnahme der Kommission 1985 endgültig aufgegeben[95] –, wurde im Rahmen des Europarats im Juni 1990 nach zehnjährigen Vorbereitungsarbeiten eine Konvention über bestimmte internationale Aspekte des Konkurses vorgelegt[96]. Dieser sog. Istanbuler Vertrag wurde nie wirksam, da er zwar von sieben Staaten (darunter Frankreich und Deutschland) unterzeichnet, aber nur von einem ratifiziert wurde. Zu Beginn der neunziger Jahre wurden die Arbeiten im Rahmen der EU wieder aufgenommen. So entstand 1995 ein Übereinkommen, das im Wesentlichen den Inhalt des Istanbuler Vertrags von 1990 übernahm, aufgrund des Widerstands von Großbritannien aber ebenfalls scheiterte[97].

Zuletzt haben Deutschland und Finnland im Mai 1999 einen Text in Form eines Verordnungsentwurfs vorgelegt. Dieser Text ist nach Stellungnahme der Kommission, des Parlaments und des Wirtschafts- und Sozialausschusses am 29. Mai 2000 in geänderter Form vom Rat der EU angenom-

---

93 Vgl. Saint-Alary-Houin, Entreprises en difficulté Rn. 1132.

94 So hatte Frankreich fünf solcher Abkommen mit der Schweiz (1869), Belgien (1899), Italien (1930), Monaco (1950) und Österreich (1979) unterzeichnet; Deutschland dagegen nur zwei – mit den Niederlanden (1962) und mit Österreich (1979).

95 Zu diesem Entwurf vgl. Saint-Alary-Houin, Entreprises en difficulté Rn. 1149 ff.

96 Vgl. hierzu Saint-Alary-Houin, Entreprises en difficulté Rn. 1136 ff.

97 Zum Übereinkommen von 1995 vgl. Vallens D. 1995, 307 ff..

men worden[98]. Er ist am 31. Mai 2002 für alle Mitgliedsstaaten mit Ausnahme von Dänemark in Kraft getreten.

b) Die Verordnung vom 29. Mai 2000

Mit 47 Artikeln und einer ausführlichen Präambel (33 Erwägungsgründe) ist die Verordnung vom 29. Mai 2000 ein umfangreicher Text. Doch ebenso wie die vorherigen gescheiterten Versuche regelt auch sie nur gewisse verfahrensrechtliche Fragen. Dies wird im Erwägungsgrund Nr. 6 wie folgt begründet:

»Gemäß dem Verhältnismäßigkeitsgrundsatz sollte sich diese Verordnung auf Vorschriften beschränken, die die Zuständigkeit für die Eröffnung von Insolvenzverfahren und für Entscheidungen regeln, die unmittelbar aufgrund des Insolvenzverfahrens ergehen und im engen Zusammenhang damit stehen. Darüber hinaus sollte diese Verordnung Vorschriften hinsichtlich der Anerkennung solcher Entscheidungen und hinsichtlich des anwendbaren Rechts, die ebenfalls diesem Grundsatz genügen, enthalten.«

Eine Harmonisierung des materiell-rechtlichen Insolvenzrechts ist nach wie vor ausgeschlossen. In Erwägungsgrund Nr. 11 heißt es explizit:

»Diese Verordnung geht von der Tatsache aus, dass aufgrund der großen Unterschiede im materiellen Recht ein einziges Insolvenzverfahren mit universaler Geltung für die gesamte Gemeinschaft nicht realisierbar ist.«

Dass man gerade in den vergangenen Jahrzehnten hinsichtlich der Vereinheitlichung des Insolvenzrechts nur mühsam zu einem im Übrigen partiellen Erfolg gekommen ist, kann mit Blick auf die französische und deutsche Rechtsgeschichte überraschend wirken. Denn im Gegensatz zu früheren Zeiten ist man heute trotz der schnell voranschreitenden europäischen Konstruktion nicht mehr bereit, eine fremde Insolvenzregelung zu übernehmen, selbst wenn diese völkerrechtlichen oder gemeinschaftlichen Ursprungs ist. In der Tat sind in den Regelungen der Mitgliedstaaten viele, oftmals grundlegende Fragen wie z.B. der Anwendungsbereich des Insolvenzrechts, die Voraussetzungen der Verfahrenseröffnung, oder gar die Ziele des Insolvenzverfahrens sehr unterschiedlich konzipiert. Diese Unterschiede sind nicht zuletzt auf rechtshistorische Gründe zurückzuführen, wie aus dem vorstehenden Über-

---

98 Verordnung 1346/2000 des Rates vom 29. Mai 2000 über Insolvenzverfahren (EG-Abl. L 160 vom 30. Juni 2000, S. 1 ff.).

blick über die Entwicklung des französischen und des deutschen Insolvenzrechts hervorgeht. Auf der Grundlage der umfassenden Kodifikationen des 19. und des anfangenden 20. Jh. (*Code de commerce*, KO, VglO) haben sich jeweilige nationale Rechtstraditionen entwickelt, deren stetige Festigung ein immer größer werdendes Hindernis auf dem Weg zur Harmonisierung des materiellen Insolvenzrechts darstellt.

II. Die Funktion des Insolvenzrechts in der Rechtsgeschichte

1. Die Sanktionierung des Schuldners

Die Bestrafung des Schuldners zählt von Beginn an zu den Hauptzwecken des Insolvenzrechts. Die Personalexekution des frühen römischen Rechts darf insofern hauptsächlich als Racheakt der Gläubiger angesehen werden. Die Sanktionierung desjenigen, der sein Wort nicht gehalten hat, steht daher besonders dann im Vordergrund, wenn es um Kaufmannsrecht geht, wie in den französischen *Foires* und den deutschen Städten des Mittelalters, freilich auch im *Code de commerce*. Aus vorwiegend ethischen Gründen hat man sich von diesem Gedanken im Lauf des 19. und 20. Jh. zwar zunehmend distanziert, jedoch nicht vollständig verabschiedet: Was von Staat zu Staat variiert, ist der Stellenwert des Sanktionsapparats innerhalb des Insolvenzsystems – präsent ist er allemal. Hierbei stellt man fest, dass in Deutschland früher als in Frankreich die Bestrafung des Schuldners nicht länger als das Hauptziel des Verfahrens angesehen wurde; die KO von 1877 war in dieser Hinsicht erheblich neutraler als die damaligen französischen Gesetze. Heute hat die moralische Prägung der Bestrafung des Schuldners allgemein nachgelassen, aber in beiden Ländern (sowie in den allermeisten anderen auch) wird dem Insolvenzrecht allein schon aus marktwirtschaftlicher Gründen die Funktion zugewiesen, kreditgefährdende Personen aus dem Geschäftsverkehr zu ziehen.

2. Die Gesamtvollstreckung in das Vermögen

In Frankreich und in Deutschland folgte die Übernahme des römisch-italienischen Rechts hauptsächlich dem Ziel einer anteilsmäßigen Befriedigung der Gläubiger aus dem Vermögen des Schuldners. So wurde in beiden Ländern aus der *Venditio bonorum* das Regelinsolvenzverfahren – in Frankreich zumindest bis 1955. Die Bezeichnung des Verfahrens hat sich teilweise geändert: In Deutschland wurde es lange Zeit Gantprozess oder -verfahren genannt, ab dem 19. Jh. regelmäßig Konkurs; in Frankreich galt bis 1967 die traditionelle Bezeichnung *Faillite*, später wurde daraus die *Liquidation des biens*. Der vermögensrechtliche Aspekt des Verfahrens ist seit dem römischen Recht in seinen Grundlinien jedoch unverändert geblieben: Sowohl Konkurs als auch *Faillite* dienen dazu, alle Gläubiger eines gemeinsamen Schuldners, der nicht in der Lage ist, alle seine Verbindlichkeiten zu tilgen, durch Verwertung seines Vermögens und anschließende gleichmäßige Verteilung des Erlöses zu befriedigen.

Auch die *Cessio bonorum* wurde übernommen und in ihren Grundzügen beibehalten, insofern sowohl in Frankreich als auch in Deutschland neben dem regelmäßigen Konkursverfahren in aller Regel auch die Möglichkeit einer einvernehmlichen Insolvenzabwicklung bestand[99]. Dass der Vergleich (in Frankreich stets *Concordat* genannt, während das entsprechende Verfahren sukzessiv als *Liquidation judiciaire* und *Règlement judiciaire* bezeichnet wurde) ebenso wie das Konkursverfahren zum Wesen des Insolvenzrechts gehört, belegen die Schwierigkeiten, die in der Praxis entstanden, nachdem die ersten großen Konkurskodifizierungen des 19. Jh. (*Code de commerce* von 1807/1838 und KO von 1877) kein Vergleichsverfahren vorgesehen hatten. In beiden Ländern musste, um den Anforderungen der Praxis gerecht zu werden, ein solches wiedereingeführt werden, was in Frankreich durch die Reform von 1889 und in Deutschland durch die Verabschiedung der VglO von 1927/1935 geschah.

Aus dem römischen Recht stammt schließlich auch das sowohl dem französischen als auch dem gesamten deutschen Vollstreckungsrecht zugrunde liegende Regel-Ausnahme-Verhältnis: Ein kollektives Gesamtvollstreckungsverfahren (Konkurs- oder Vergleichsverfahren) ist insbesondere nur dann durchzuführen, wenn eine bestimmte Vermögenslage des Schuldners – grundsätzlich die Zahlungsunfähigkeit – eingetreten ist; ist dies nicht gegeben, können Gläubiger nur im Weg der Einzelzwangsvollstreckung befriedigt werden. Historisch ist die Spezialexekution (*distractio bonorum*) nach der Generalexekution erschienen, weil der Abschied vom Gedanken der Gesamterfassung – zunächst des Schuldners selbst, dann seines Vermögens – einen weiteren Schritt in der Rechtsentwicklung erforderte. Längere Zeit galt dann die *Distractio* auch nur als Ausnahmeverfahren. Doch noch während der

---

[99] Die bedeutendste Ausnahme hierzu bildete das Konkursrecht der *foires*, das keinen Vergleich zuließ (vgl. oben Kapitel 1, Abschnitt B.I.1).

Kaiserzeit hat sich der Regelcharakter der Spezialexekution endgültig durchgesetzt[100] und dieser Ansatz gilt bis heute.

3. Erste Ansätze eines Sanierungsrechts

Die verschiedenen Vergleichsverfahren, die aus dem römischen Recht übernommen und in verschiedenen Ausprägungen weiterentwickelt wurden, dienten vorwiegend dem Schutz des Schuldners vor dem Verlust seiner bürgerlichen Rechte, verknüpft mit dem Gedanken, die Gläubiger könnten dadurch ein besseres Ergebnis erzielen als mit der Durchführung eines Konkursverfahrens. Dass im Weg eines Insolvenzverfahrens ein Unternehmen etwa aus wirtschaftlichen oder sozialen Gründen saniert werden konnte bzw. sollte, war fast allen Regelungen in Frankreich und in Deutschland fremd und stellt allenfalls ein dem Schuldner zugute kommenden Nebeneffekt dar. Es liegt allerdings auf der Hand, dass in einem vorindustriellen überwiegend von Landwirtschaft und Einzelkaufleuten geprägten Zeitalter die Begriffe Unternehmens- und Arbeitsplatzerhalt nicht dieselbe Bedeutung hatten wie heute. Die Frage der Unternehmenssanierung stellte sich mithin nicht in der Weise, wie man sie heute versteht, zumal ohnehin moralische Überlegungen wie die oben angeführten regelmäßig im Vordergrund standen. Die erste ansatzweise Verwirklichung eines Sanierungsgedankens kann lediglich in der französischen Insolvenzregelung von 1967 gesehen werden, wo mit dem Grundsatz der Trennung von Mensch und Unternehmen der Erhalt dieses als solches erstmals eine grundsätzliche Bedeutung erlangt. Eine besondere Ausprägung erhielt dieser Gedanke in der *Procédure de suspension provisoire des poursuites*.

Welcher Stellenwert die Sanierung in den gegenwärtigen Insolvenzregelungen Frankreichs und Deutschlands hat, wird im folgenden Kapitel untersucht.

[100] Vgl. hierzu oben Kapitel 1, Abschnitt A.I.1.

Kapitel 2:
Das französische und das deutsche Insolvenzsystem

Im vorliegenden Kapitel wird zunächst auf den wirtschaftlichen Hintergrund in Frankreich und in Deutschland eingegangen, der die Reformüberlegungen des Insolvenzrechts in beiden Ländern insbesondere seit der ersten Ölkrise maßgeblich beeinflusste und die Frage der Sanierung in den Mittelpunkt der damals initiierten Reformen rücken ließ (A). Anschließend werden die Rechtsquellen des geltenden Insolvenzrechts in Frankreich und in Deutschland dargestellt (B), bevor die verschiedenen Verfahrensarten und deren Zielsetzung im Überblick vorgestellt werden (C).

A. Die Frage der Sanierung im Mittelpunkt der Insolvenzrechtsreform

Überlegungen zu einer umfassenden Neuordnung des Insolvenzrechts gehen zurück auf die wirtschaftliche Rezession, die Anfang der siebziger Jahre des vergangenen Jahrhunderts eingetreten ist. In Frankreich wie in Deutschland sollte die durch die erste Ölkrise von 1973 hervorgerufene Konjunkturschwäche über Jahrzehnte hinweg anhalten, was in beiden Ländern einen dramatischen Anstieg der Insolvenzstatistik verursachte. Neben dem Eintritt von spektakulären Großkonkursen überkam Frankreich und Deutschland eine regelrechte »Pleitenwelle«, die ganze Wirtschaftszweige in ihrem Bestehen bedrohte, in Frankreich z.B. die Textilindustrie, den Bau oder den Vertrieb von Büro- und EDV-Bedarf[101].

1985 präsentierte sich die Insolvenzstatistik somit wie folgt:

Jahr	**1970**	**1971**	**1972**	**1973**	**1974**	**1975**	**1976**	**1977**
Frankreich*	11.823	11.797	10.802	11.572	10.217	16.156	14.346	15.853
Deutschland**	4.267	4.507	4.619	5.578	7.814	9.297	9.402	9.591

Jahr	**1978**	**1979**	**1980**	**1981**	**1982**	**1983**	**1984**	**1985**
Frankreich*	17.570	17.408	20.629	17.065	20.895	22.474	25.020	26.425
Deutschland**	8.743	8.334	9.153	11.687	15.959	16.144	16.789	18.909

* Eröffnete Insolvenzverfahren. (Quelle: INSEE, zit. bei Saint-Alary-Houin, Entreprises en difficulté Rn. 4). ** Eröffnete und mangels Masse abgewiesene Konkursverfahren (einschl. Anschlusskonkurse) sowie eröffnete Vergleichsverfahren. (Quelle: Statistisches Bundesamt, Fachserie 2, R 4.1, 12/98, S. 6).

101 Saint-Alary-Houin, Entreprises en difficulté Rn. 4.

Hierbei lassen sich weniger die absoluten Zahlen der Insolvenzstatistik vergleichen – dafür weisen sowohl das wirtschaftliche Umfeld und die unternehmerische Struktur als auch die gesetzliche Definition und Handhabung der Insolvenz in beiden Ländern zu große Unterschiede auf. Es lässt sich aber eine sehr ähnliche proportionale Zunahme der Insolvenzen feststellen: Die Zahlen haben sich zwischen 1972 und 1980 praktisch verdoppelt. In den achtziger und neunziger Jahren setzte sich diese Entwicklung weiter fort, die Insolvenzfälle häuften sich auch in Frankreich trotz der neuen Regelung. In Deutschland lässt sich eine relative Abwärtsbewegung der Statistik lediglich zwischen 1987 und 1992 feststellen, der darauffolgende Aufwärtstrend kulminierte im letzten Geltungsjahr von KO, VglO und GesO, mit insgesamt 33.977 eröffneten und mangels Masse abgelehnten Verfahren[102].

Der eben beschriebenen faktischen Zunahme von Insolvenzen konnte weder die französische Insolvenzregelung nach der Regelung von 1967 noch das deutsche Konkurs- und Vergleichsrecht entgegenwirken. Die Unzufriedenheit mit der jeweiligen Gesetzeslage kam in beiden Ländern durch zweierlei Kritik zum Ausdruck.

Zum einen wurde beklagt, dass das Insolvenzverfahren seinem historischen Zweck – der Gläubigerbefriedigung – immer weniger gerecht wurde. In ihrer Funktion als Generalexekutionsinstrumente scheiterten die jeweiligen Konkursverfahren insoweit, als die durchschnittliche Quote in den zwei Ländern ähnlich niedrig war: In Frankreich wurden die ungesicherten Forderungen zu 95% überhaupt nicht ausbezahlt, in den übrigen Fällen erhielten die Gläubiger bestenfalls 10% der Höhe ihrer Forderung; auch die gesicherten Forderungen wurden durchschnittlich nur in Höhe von 30% bis 40% ihres Betrags ausbezahlt[103]. In Deutschland war die Situation für die Gläubiger ähnlich schlecht: Zum Stichjahr 1985 betrug die durchschnittliche Deckungsquote – sofern ein Konkursverfahren überhaupt eröffnet und der Antrag nicht mangels Masse abgewiesen wurde – vergleichbare 34,2% für bevorrechtigte und 7,5% für nicht bevorrechtigte Forderungen. In den Folgejahren haben sich die

[102] Quelle: Statistisches Bundesamt, Unternehmen und Arbeitsstätten – Fachserie 2, Reihe 4.1.

[103] Angaben bei Saint-Alary-Houin, Entreprises en difficulté Rn. 37.

Zahlen vor allem für die einfachen Konkursgläubiger weiter verschlechtert, sodass 1998 die Deckungsquote bei 33,9% bzw. 4,1% lag [104].

Zum anderen musste festgestellt werden, dass sämtliche Alternativen zum Liquidationsverfahren in der Insolvenzpraxis eine an Bedeutungslosigkeit grenzende Rolle spielten. In diesem Zusammenhang gibt die Insolvenzstatistik Aufschluss nicht nur über die Zahl bzw. die Zunahme der Insolvenzfälle insgesamt, sondern auch über die Art ihrer Abwicklung: In den letzten Jahren vor der Reform von 1984/1985 wurde in Frankreich in über 85% der Fälle ein Liquidationsverfahren durchgeführt, in den wenigen übrigen Fällen, in denen ein *Règlement judiciaire* initiiert wurde, kam es nur in etwa 5% der Fälle zur Umsetzung eines rechtskräftigen Vergleichs[105]. Eine absolute Ausnahmeerscheinung blieb zudem die *Suspension provisoire des poursuites*, die so gut wie nie zum Tragen kam. In Deutschland war die Lage nicht besser: Im Jahr 1985 wurden lediglich 105 Vergleichsverfahren eröffnet, 1998 waren es sogar nur noch 30, was etwa 0,12% der insgesamt 24.432 Insolvenzverfahren entspricht[106].

Mit dieser Entwicklung wurde die Insolvenz von einer hauptsächlich privaten, auf die Bereinigung der Schuldverhältnisse zwischen einem Schuldner und seinen Gläubigern ausgerichteten Angelegenheit auch zu einem Phänomen von zunehmend wirtschaftlicher und sozialer Dimension. Der steigende finanzielle Insolvenzschaden, der unbestrittene Anteil der Unternehmensniedergänge am Anstieg der Arbeitslosigkeit führten in beiden Ländern zur allgemeinen Ansicht, das Insolvenzrecht müsse künftig effektivere Mittel zur Rettung von Unternehmen bieten als bisher. Dementsprechend hat man sich in den vergangenen 30 Jahren auch auf parlamentarischer Ebene verstärkt mit dem Gedanken einer Erneuerung der Insolvenzregelung auseinandergesetzt, was in beiden Ländern zu Reformen größeren Ausmaßes geführt hat, die in Deutschland mit der Insolvenzordnung von 1999 und in Frankreich mit der Reform von 2005 (vorerst) ihren Abschluss gefunden haben. Diese Rechtsentwicklung wird im nachfolgenden Abschnitt dargestellt.

---

[104] Die Angaben beziehen sich auf das frühere Bundesgebiet. Zu diesen Zahlen insgesamt vgl. Statistisches Bundesamt, Unternehmen und Arbeitsstätten – Fachserie 2, Reihe 4.1, S. 9.

[105] Vgl. Saint-Alary-Houin, Entreprises en difficulté Rn. 37.

[106] Die Angaben beziehen sich auf das frühere Bundesgebiet. Vgl. Statistisches Bundesamt, Unternehmen und Arbeitsstätten – Fachserie 2, Reihe 4.1, S. 6.

B. Quellen des Insolvenzrechts

I. Frankreich

Im Folgenden wird die Struktur des französischen Insolvenzsystems vor (1) und nach der Reform von 2005 vorgestellt (2).

1. Bis 31. Dezember 2005 geltende Insolvenzregelung

a) Die Gesetze von 1984, 1985 und 1989

- Das Insolvenzgesetz Nr. 85-98 vom 25. Januar 1985:

Keine sieben Jahre nach Inkrafttreten der Insolvenzregelung von 1967 wurde bereits eine erste Kommission zur Reform des Insolvenzrechts einberufen (die sog. *Commission Sudreau*), die im Februar 1975 ihren Bericht vorlegte. Bis 1981 wurden einige weitere Reformkommissionen gebildet und insgesamt drei Regierungsentwürfe vorgelegt, von denen jedoch keiner die Zustimmung des Gesetzgebers fand[107]. Nach den Präsidentschafts- und Parlamentswahlen von Mai/Juni 1981 wurde die Reform des Insolvenzrechts von Grund auf wiederaufgenommen. Dank der klaren Mehrheitsverhältnisse in der Volksvertretung konnte sie diesmal auch zu Ende gebracht werden: Der am 14. Juni 1983 vorgelegte Regierungsentwurf wurde am 25. Januar 1985 in Form eines Gesetzes Nr. 85-98 betreffend die Sanierung und die gerichtliche Liquidation von Unternehmen verabschiedet[108]. Dieses Gesetz löste die zuvor geltenden Regelungen über *Règlement judiciaire*, *Liquidation des biens* sowie *Procédure de suspension provisoire des poursuites* ab[109].

Am 27. Dezember 1985 wurde von der Regierung die Ausführungsverordnung dieses Gesetzes erlassen, welche in fast gleichem Umfang und gene-

---

[107] Regierungsentwürfe vom 15. November 1977, 12. April 1979 und 6. Juli 1981. Vgl. hierzu Soinne, Traité Rn. 10 f.

[108] Loi n° 85-98 relative au redressement et à la liquidation judiciaires des entreprises, in Kraft getreten am 1. Januar 1986.

[109] Das Gesetz Nr. 67-563 vom 13. Juli 1967 und die Ordonnanz Nr. 67-820 vom 23. September 1967 wurden gemäß Art. 238 des Gesetzes vom 25. Januar 1985 aufgehoben.

rell dem Aufbau des Insolvenzgesetzes folgend dessen rechtstechnische Umsetzungsmodalitäten beinhaltet[110].

- Das Gesetz vom 1. März 1984:

Noch vor dem Insolvenzgesetz vom 25. Januar 1985 wurde am 1. März 1984 ein Gesetz Nr. 84-148 verabschiedet, in dem verschiedene Regelungen zur Vorbeugung (*prévention*) der Insolvenz und zur gütlichen Abwicklung von in Schwierigkeiten geratenen Unternehmen getroffen wurden[111]. In der Vorstellung des Gesetzgebers soll der Eintritt der Insolvenz vor allem durch eine verbesserte Transparenz der Unternehmenslage vermieden werden. Hierzu werden zum einen den größeren Unternehmen erschwerte, zukunftsbezogene Rechnungslegungspflichten (*comptabilité prévisionnelle*) auferlegt, die es ermöglichen sollen, Risiken möglichst frühzeitig zu identifizieren. Zum anderen sieht das Gesetz sog. Frühwarnverfahren (*procédures d'alerte*) vor, die verschiedenen Personen innerhalb und außerhalb des Unternehmens – Belegschaft, Gesellschafter, Wirtschaftsprüfer – sowie dem Präsidenten des Handels- bzw. Großinstanzgerichts zur Verfügung stehen, um bei den ersten Anzeichen einer anormalen Geschäftslage die Leitung des Unternehmens zum Handeln oder zumindest zum Abgeben von Erklärungen zu bewegen. Ist das Unternehmen in Schwierigkeiten ohne bereits insolvent bzw. zahlungsunfähig zu sein, in welchem Fall ausschließlich ein Verfahren nach dem Gesetz Nr. 85-98 zulässig ist, sieht das Gesetz schließlich auch ein spezifisches insolvenzabwendendes Vergleichsverfahren (*règlement amiable*) vor, das auf eine einvernehmliche Lösung mit den Gläubigern abzielt[112].

Ergänzt wird das Gesetz vom 1. März 1984 durch eine Ausführungsverordnung vom 1. März 1985, deren Regelungsinhalt größtenteils in bereits bestehende gesellschafts- und arbeitsrechtliche Texte eingefügt wurde.

- Das zweite Gesetz vom 25. Januar 1985:

Zeitgleich mit dem Insolvenzgesetz Nr. 85-98 wurde ebenfalls am 25. Januar 1985 ein zweites Gesetz Nr. 85-99 verabschiedet, welches das Berufs-

---

[110] Décret n° 85-1388 relatif au redressement et à la liquidation judiciaires des entreprises.

[111] Loi n° 84-148 relative à la prévention et au règlement amiable des difficultés des entreprises, in Kraft getreten am 1. März 1985.

[112] Dieses Verfahren wird heute bezeichnet als *Conciliation*. Hierzu vgl. unten Kapitel 3.

recht verschiedener nichtgerichtlicher Organe des Insolvenzverfahrens regelt[113]. Der Großteil dieses Berufsrechts findet sich indessen in zwei Verordnungen, beide vom 27. Dezember 1985: eine Ausführungsverordnung Nr. 85-1389 des genannten Gesetzes und eine Gebührenverordnung Nr. 85-1390.

- Das Gesetz vom 31. Dezember 1989:

Die letzte Etappe der Insolvenzrechtsreform betraf die von den Texten von 1984-1985 nicht erfasste Verbraucherinsolvenz. Aufgrund der wachsenden Verschuldung von privaten Haushalten im Lauf der achtziger Jahre hat der Gesetzgeber beschlossen, erstmalig auch diesen Aspekt der Insolvenz zu regeln. Somit wurde am 31. Dezember 1989 ein Gesetz Nr. 89-1010[114] verabschiedet, das in die Verbraucherordnung (*code de la consommation*) eingefügt wurde. Das Gesetz sieht ein insgesamt komplexes Verfahren administrativen Charakters vor, das auf den Abschluss eines Schuldenbereinigungsplans mit den Gläubigern abzielt[115].

b) Weitere Gesetzesänderungen

- Die Novellierung von 1994:

Ähnlich lang wie die Ausarbeitung und die Verabschiedung des Gesetzes Nr. 85-98 gestaltete sich auch dessen Novellierung. Bereits von den Verfassern des Insolvenzgesetzes von 1985 wurde empfohlen, nach einer zweijährigen »Testperiode« eine erste Bilanz zu ziehen und das Gesetz ggf. zu überarbeiten[116]. Diese Überarbeitung des Gesetzes Nr. 85-98, zusammen mit derjenigen des Gesetzes vom 1. März 1984, fand jedoch erst 1994 statt, mit der Verabschiedung eines Gesetzes Nr. 94-475 vom 10. Juni 1994[117]. Entspre-

[113] Loi n° 85-99 relative aux administrateurs judiciaires, mandataires judiciaires à la liquidation des entreprises et experts en diagnostic d'entreprise.

[114] Loi n° 89-1010 relative à la prévention et au règlement des difficultés liées au surendettement des particuliers et des familles.

[115] Das Verbraucherinsolvenzverfahren wird im Rahmen der vorliegenden Arbeit nicht näher untersucht.

[116] Zur Vorgeschichte der Novellierung des Gesetzes Nr. 85-98 vgl. Saint-Alary-Houin, Entreprises en difficulté Rn. 78 f.

[117] Loi Nr. 94-475 relative à la prévention et au traitement des difficultés des entreprises, in Kraft getreten am 1. Oktober 1994.

chende Änderungen der einschlägigen Verordnungstexte erfolgten durch die Gesetzes-Ausführungsverordnung Nr. 94-910 vom 21. Oktober 1994.

Die Reform von 1994 versteht sich als eine Novellierung, insofern die bestehenden Gesetze und Verordnungen nicht insgesamt ersetzt, sondern einzelne Vorschriften geändert, hinzugefügt oder entfernt wurden. Die Gesetze von 1984 und 1985 blieben als solche erhalten, ebenso blieb deren Gesamtausrichtung unangetastet, wenngleich teilweise tiefgreifende Neuerungen vorgenommen wurden, wie z.B. die Einführung der Möglichkeit für das Gericht, das Liquidationsverfahren in Verbindung mit der Entscheidung über den Eröffnungsantrag *ab initio* anzuordnen. Generell wurden mit der Reform eine Optimierung der Insolvenzvorbeugung sowie eine gewisse Vereinfachung des Insolvenzverfahrens nach eingetretener Zahlungsunfähigkeit angestrebt. Ferner sollte die Lage der Gläubiger verbessert werden – namentlich die Banken hatten seit 1985 stets beklagt, dass selbst die gesicherten Gläubiger im Insolvenzverfahren »geopfert« würden. Nicht zuletzt wurde auch die Regelung des Insolvenzplans empfindlich modifiziert, insbesondere wurden die Voraussetzungen des Übertragungsplans (*plan de cession*) insgesamt verschärft, um gewissen Missbräuchen dieses Instituts, die in der Vergangenheit festgestellt wurden, entgegen zu wirken[118].

Der Novellierung von 1994 folgten einige punktuelle Gesetzesänderungen, wie z.B. die Erweiterung des Anwendungsbereichs des Gesetzes Nr. 85-98 auf Landwirte durch ein Gesetz vom 30. Dezember 1988[119]. Von der Reform von 1994 nicht betroffen war das Verbraucherinsolvenzverfahren nach dem Gesetz vom 31. Dezember 1989, das unabhängig vom Unternehmensinsolvenzrecht – hauptsächlich in den Jahren 1995[120] und 1998[121] – umfassend geändert wurde.

- Der neue *Code de commerce*:

Das Insolvenzrecht war bis vor wenigen Jahren in den verschiedenen oben genannten Gesetzen verstreut, die sich ebenso wie zahlreiche andere

---

[118] Eine ausführliche Darstellung der Neuerungen der Reform von 1994 im Vergleich zum vorigen Recht findet sich beispielsweise bei Chaput, JCP 1994. I. 3786 ff.

[119] Vgl. hierzu unten, Kapitel 4, Abschnitt A.I.1.c.

[120] Die Änderungen erfolgten durch das Gesetz Nr. 95-125 vom 8. Februar 1995 und waren überwiegend verfahrensrechtlicher Natur.

[121] Gesetz Nr. 98-657 vom 28. Juli 1998.

wirtschaftsrechtliche Regelungen[122] außerhalb des Handelsgesetzbuchs befanden. Die damit verbundene Unübersichtlichkeit der Materie galt allgemein als unbefriedigend, der weitgehend inhaltslos gewordene *Code de commerce* wurde seinem Namen nicht mehr gerecht. Ende 1999 wurde somit die lang ersehnte Neukodifizierung des Handelsrechts und der benachbarten Gebiete mit der Verabschiedung eines Gesetzes Nr. 99-1071 vom 16. Dezember in die Wege geleitet, zusammen mit der Kodifizierung anderer Rechtsgebiete[123]. Auf der Grundlage dieses Gesetzes, das die Regierung ermächtigte, verschiedene verstreute Gesetze in ein neues Gesetzeswerk zu kompilieren[124], wurde ein *Nouveau code de commerce* als Anlage zu einer Ordonnanz Nr. 2000-912 vom 18. September 2000 erlassen. Darin finden sich u.a. die hauptsächlichen der o.g. insolvenzrechtlichen Regelungen wieder: Das VI. Buch des *Code de commerce*, das von in Schwierigkeiten geratenen Unternehmen (*des difficultés des entreprises*) handelt, beinhaltet in einem ersten Titel die Regelungen des Gesetzes vom 1. März 1984 über die Insolvenzvorbeugung und -abwendung und in einem zweiten Titel das Gesetz Nr. 85-98 über das Insolvenzverfahren. Das zweite Gesetz vom 25. Januar 1985 wurde in Titel 1 des VIII. Buchs (*de quelques professions réglementées*) integriert. Das Gesetz von 1989 über die Verbraucherinsolvenz dagegen verblieb nach wie vor in der Verbraucherordnung.

Diese Neukodifizierung versteht sich als eine sog. *Codification à droit constant*, was bedeutet, dass die verschiedenen Gesetze grundsätzlich in ihrer jeweils aktuellen Form, ohne inhaltliche Änderungen übernommen und lediglich neu aufgegliedert wurden[125]. Der neue *Code de commerce* bewirkt daher

---

[122] Im Gegensatz zu Deutschland wird das (Unternehmens-)Insolvenzrecht in Frankreich dem Wirtschafts- (*droit des affaires*) und nicht dem Prozessrecht zugeordnet. Die traditionelle Zuordnung zum Handelsrecht ist seit der Erweiterung des Anwendungsbereichs der Insolvenzregelung auf Nichtkaufleute (vgl. bereits oben Kapitel 1, Abschnitt C.I.2 sowie unten, Kapitel 4, Abschnitt A.I.1) trotz der Eingliederung der Gesetzestexte in den neuen *Code de commerce* im Grunde nicht mehr aktuell.

[123] Im Rahmen dieses breiten Kodifikationsvorhabens sollten insgesamt neun neue *Codes* geschaffen werden.

[124] Diese Möglichkeit des Eingriffs der Exekutive in den Kompetenzbereich der Legislative aufgrund einer Ermächtigung des Parlaments ergibt sich aus Art. 38 der Verfassung vom 4. Oktober 1958 (vgl. hierzu Arrighi de Casanova/Douvreleur, JCP vom 10. Januar 2001, S. 62).

[125] Abgesehen von zahlreichen redaktionellen Anpassungen wurden Änderungen nur in wenigen Fällen vorgenommen, wenn sie aus Gründen der Harmonisierung der Rechts-

im Wesentlichen eine Neunummerierung der Gesetzesvorschriften. Dabei sei angemerkt, dass der *Code de commerce* ausschließlich Gesetzesregelungen im formellen Sinn beinhaltet, weshalb den neuen Vorschriften stets ein »L« (für »*Loi*«) vorangestellt wird[126]. Die einschlägigen Verordnungen bestehen vorerst außerhalb des *Code de commerce*.

- Das Reformprogramm der Handelsgerichtsbarkeit:

Ende 1997 wurde vom Justizministerium ein umfangreiches Umstrukturierungsprogramm der Handelsgerichtsbarkeit (*réforme de la justice commerciale*) initiiert. In diesem Rahmen wurden im Juli 2000 drei Gesetzentwürfe vorgelegt betreffend die Änderung des Berufsstands der Verwalter und anderer Organe des Insolvenzverfahrens, die Umstrukturierung der Handelsgerichte sowie die Änderung des Berufsrechts der Richter. Die Reformtexte sind auf ungeahnten Widerstand unter den Insolvenzverwaltern und den Richtern gestoßen und haben gar zu Streiks in der französischen Rechtspflege im Jahr 2001 geführt. Das Programm konnte in der vergangenen Legislaturperiode nicht zu Ende geführt werden und wurde in der darauffolgenden mit unterschiedlichem Erfolg fortgeführt. Jedenfalls ist der Teil des Programms, der die Änderung des Berufsstands der Verwalter und anderer Organe des Insolvenzverfahrens betrifft, trotz seiner fast einstimmigen Ablehnung unter den Praktikern[127] durch ein Gesetz vom 3. Januar 2003[128] zu geltendem Recht geworden.

---

lage oder der Normenhierarchie geboten erschienen. Letzteres hat insbesondere dazu geführt, dass gewisse im formellen Sinn gesetzliche Vorschriften nicht in den *Code de commerce* integriert wurden, weil sie Verordnungsrang hatten und umgekehrt, dass gewisse Verordnungsvorschriften übernommen wurden, weil sie Gesetzesrang hatten. Weiteres hierzu im Begleitbericht zur Ordonnanz vom 18. September 2000, sowie bei Arrighi de Casanova/Douvreleur, JCP 10. Jan. 2001 S. 62 ff.

[126] Beispielsweise befand sich die Vorschrift des ehemaligen Art. 1 des Gesetzes Nr. 85-98 nach der Kodifizierung im Jahr 2000 in Art. L. 620-1 C. com. Seit dieser ist die Nummerierung der Vorschriften im Übrigen nicht mehr eine fortlaufende, sondern sie gibt den Aufbau des *Code de commerce* wieder (ob dies den Umgang mit dem umfassenden Gesetzeswerk erleichtert, sei dahingestellt...): Die erste Ziffer jeder Artikelnummer bezieht sich auf das jeweilige Buch des *Code de commerce* (im genannten Beispiel Ziffer 6), die zweite, auf den entsprechenden Titel (im Beispiel Ziffer 2) und die dritte, auf das Kapitel (0 im Beispiel, weil das erste Kapitel erst bei der dritten Vorschrift beginnt); nach dem Bindestrich wird durchnummeriert.

[127] Vgl. etwa Soinne, Rev. proc. coll. 2001, S. 117 ff.

[128] Gesetz Nr. 2003-7 vom 3. Januar 2003, Änderung des Achten Buchs des *Code de commerce*.

Diese Reform ist im Wesentlichen gekennzeichnet durch eine verstärkte disziplinarische Einrahmung der betreffenden Berufsstände und die Schaffung zusätzlicher Anforderungen im Hinblick auf die beruflichen Zulassungsvoraussetzungen und die Fortbildungspflichten.

2. Seit 1. Januar 2006 geltende Insolvenzregelung

Bereits wenige Jahre nach der Reform von 1994 wurde in Frankreich erneut über eine umfassende Änderung des Insolvenzrechts debattiert – trefflich wird bisweilen angemerkt, dass sich dieses mittlerweile in einem Zustand der »Dauerreform« befindet[129]. Konkrete Schritte wurden eingeleitet durch einen am 1. Dezember 1998 vom Justizministerium veröffentlichten Diskussionsentwurf zur Reform der Gesetze vom 1. März 1984 und vom 25. Januar 1985 bzw. des VI. Buches des *Code de commerce*[130]. Der Inhalt dieses Entwurfs wurde größtenteils von einem Referentenentwurf (*avant-projet de loi*) von Oktober 2000 aufgegriffen[131]. Am 12. Mai 2004 wurde ein »Gesetzentwurf zum Erhalt von Unternehmen« (*projet de loi de sauvegarde des entreprises*) der Nationalversammlung vorgelegt[132]. Nachdem zwei parlamentarische Ausschüsse eingesetzt wurden und im Februar 2005 über diesen Text berichteten[133], verabschiedete das Unterhaus am 9. März 2005 den in seinen Grundzügen unveränderten Gesetzentwurf im ersten Durchgang[134]. Der Entwurf wurde nach Einleitung des parlamentarischen Eilverfahrens dem Senat vorgelegt, der am 30. Juni 2005 etwa die Hälfte der Vorschriften des Reformentwurfs unverändert annahm. Die übrigen Regelungspunkte wurden innerhalb eines von Abgeordneten und Senatoren paritätisch besetzten Ausschusses

---

129 Der Ausdruck (»*la réforme permanente*«) stammt von Soinne, Traité, Rn. 25.

130 Vgl. Feugère/Teboul, Gaz. Pal. 1999.688 ff., sowie Pérochon/Bonhomme, Entreprises en difficulté Rn. 18.

131 Vgl. Teboul, Gaz. Pal. vom 8./9. Dez. 2000, S. 2 ff.

132 *Projet de loi n° 1596 de sauvegarde des entreprises*, am 12. Mai 2004 von Justizminister Dominique Perben der Nationalversammlung (*Assemblée nationale*) vorgelegt.

133 Rapport n° 2095 fait au nom de la commission des lois constitutionnelles, de la législation et de l'économie générale de la Réublique sowie Avis n° 2099 présenté au nom de la commission des finances, de l'économie générale et du plan sur le projet de loi (n° 1596) de sauvegarde des entreprises.

134 Projet de loi (n° 392) adopté le 9 mars 2005 par l'Assemblée nationale en première lecture après déclaration d'urgence de sauvegarde des entreprises.

abgestimmt[135] und am 13. Juli 2005 endgültig verabschiedet. Nachdem das Verfassungsgericht die Verfassungsmäßigkeit des endgültigen Gesetzestexts bestätigt hatte[136], wurde das Gesetzgebungsverfahren mit der Verkündung am 26. Juli 2005 des Gesetzes Nr. 2005-845 zum Erhalt von Unternehmen abgeschlossen[137]. Dieses Gesetz ist zum 1. Januar 2006 in Kraft getreten[138].

Das Reformgesetz von 2005 ändert das bisherige Insolvenzsystem in mancherlei Hinsicht, kaum finden sich Bereiche, die von der Reform nicht betroffen sind. Dabei haben rechtsvergleichende Betrachtungen eine nicht unerhebliche Rolle gespielt[139] – einige Reformpunkte gehen teilweise unmittelbar auf ausländische Rechtsordnungen (insbesondere das US-amerikanische *Chapter 11*-Verfahren, vereinzelt aber auch auf das deutsche Insolvenzrecht) zurück[140]. Gegenstand der Reform waren unter anderem:

- die Optimierung der verschiedenen Frühwarnmechanismen (*prévention*), die insbesondere durch eine engere Zusammenarbeit zwischen Wirtschaftsprüfer und Betriebsrat, eine verschärfte Kontrolle des Gerichts bei nicht fristgerechter Vorlage des Jahresabschlusses und verbesserte Publizitätsmaßnahmen hinsichtlich Steuerschulden erreicht werden soll;
- diverse einzelne Anpassungen des Liquidationsverfahrens;
- die Modernisierung der Haftungsregeln der Geschäftsführer und anderer Personen, mit denen insgesamt auf eine konsequentere Trennung zwischen Mensch und Unternehmen abgezielt wird.

---

[135] Vgl. Assemblée Nationale n° 2459/Sénat n° 467, Rapport fait au nom de la Commission Mixte paritaire chargé de proposer un texte sur les dispositions restant en discussion du projet de loi de sauvegarde des entreprises, 8. Juli 2005.

[136] DC Nr. 2005-522 v. 22. Juli 2005.

[137] Loi n° 2005-845 du 26 juillet 2005 de sauvegarde des entreprises (JO Nr. 173 v. 27.07.2005).

[138] Art. 190 des Gesetzes Nr. 2005-845.

[139] So hat insbesondere der Senat im Juni 2004 ein Gutachten Nr. LC 135 in Auftrag gegeben, in dem der Gesetzentwurf vom 9. März 2005 im Licht der Insolvenzrechte von den USA, Deutschland, Australien, Kanada, Spanien, England/Wales, Neuseeland und den Niederlanden untersucht wird.

[140] Vgl. beispielsweise die Darstellung der deutschen Insolvenzrechtsreform im Bericht Nr. 2095 der Nationalversammlung, S. 42 ff.

Der eigentliche Schwerpunkt der Reform betraf jedoch die verschiedenen Sanierungsverfahrensformen vor und nach Eintritt der Insolvenz. Dem bisherigen Recht wurde vorgeworfen, es wäre Ausdruck einer staatlich gelenkten, von Interventionismus und Nationalisierungspolitik geprägten Wirtschaftspolitik. Als solche habe die bisherige Regelung in der heutigen Marktwirtschaftsordnung keine Daseinsberechtigung mehr[141], zumal sie in der Praxis nicht zu den erhofften Ergebnissen geführt habe. Dementsprechend richtete sich das Augenmerk des Gesetzgebers insbesondere auf die vorinsolvenzliche Phase der Unternehmenskrise, was u.a. in der Schaffung eines zusätzlichen Verfahrens zur Insolvenzvorbeugung resultierte[142]. Das Gesetz vom 26. Juli 2005 schafft, indem es insbesondere die Auslöser sowie den Zweck dieser Verfahren, ferner die Mitwirkungsrechte der Gläubiger in der Gestaltung des Verfahrens z.T. neu definiert, einen insgesamt stark abgeänderten verfahrensrechtlichen Rahmen, der vom französischen Gesetzgeber zutreffend als »neue Architektur des Insolvenzsystems« bezeichnet wird[143] und in den nachfolgenden Abschnitten dieser Untersuchung näher erläutert wird.

Neben dem Gesetz vom 26. Juli 2005 besteht als zweitwichtigste Rechtsquelle der neuen Regelung eine Umsetzungsverordnung Nr. 2005-1677 vom 28. Dezember 2005[144]. In dieser besonders ausführlichen Verordnung (363 Artikel) sind überwiegend rechtstechnische und verfahrensrechtliche Fragen geregelt. Sie löst die Verordnung Nr. 85-1388 vom 25. Dezember 1985 fast vollständig ab, obgleich ein Großteil von deren Regelungsinhalt übernommen wurde.

II. Vergleichende Betrachtungen

a) Die Insolvenzordnung

Die Reform des deutschen Konkurs- und Vergleichsrechts wurde, wie in Frankreich, Mitte der siebziger Jahre eingeleitet. Der durch die erste Ölkri-

[141] Vgl. die allgemeine Begründung zum Gesetzentwurf vom 12. Mai 2004, S. 3 ff.

[142] Zur *Procédure de sauvegarde* vgl. Unten Kapitel 8.

[143] Sénat-Gesetzgebungsausschuss, Bericht Nr. 335 vom 11. Mai 2005, S. 55.

[144] Décret Nr. 2005-1677 du 28 décembre 2005, pris en application de la loi n° 2005-845 du 26 juillet 2005 de sauvegarde des entreprises (JO v. 29.12.2005).

se von 1973 hervorgerufene Anstieg der Insolvenzstatistik veranlasste das Bundesministerium der Justiz (BMJ), in den Jahren 1976 bis 1977 eine Untersuchung durchzuführen, die zeigte, dass eine tiefgreifende, strukturelle Reform des gesamten Insolvenzsystems notwendig geworden war[145]. In diesem Zusammenhang wurde 1978 eine Kommission für Insolvenzrecht einberufen. Dies war der Auftakt zu Reformarbeiten, die u.a. aufgrund der Wiederherstellung der deutschen Einheit etwa 10 Jahre länger als in Frankreich andauern sollten. Die Kommission legte 1985 und 1986 zwei Berichte vor, deren Vorschläge mit Änderungen in den 1988 vom BMJ vorgelegten Diskussionsentwurf eines Gesetzes zur Reform des Insolvenzrechts übernommen wurden. Nach erneuten Debatten wurde zum Ende des darauffolgenden Jahres ein Referentenentwurf ausgearbeitet, von welchem der im April 1992 dem Parlament vorgelegte Regierungsentwurf[146] nicht grundsätzlich abweicht. Nach ausgiebigen Änderungen durch den Rechtsausschuss des Bundestags[147] wurde die Insolvenzordnung am 21. April 1994 vom Bundestag verabschiedet[148]. Der Bundesrat hingegen hat im Mai 1994 den Vermittlungsausschuss angerufen, um eine Reihe von Änderungen durchzusetzen. Dies gelang jedoch nicht; man konnte sich lediglich auf die Verschiebung des Inkrafttretens des neuen Gesetzes um zwei Jahre, d.h. zum 1. Januar 1999, einigen. Dem stimmten sowohl der Bundestag am 17. Juni als auch der Bundesrat zu und am 8. Juli 1994 wurde die Insolvenzordnung (InsO) verabschiedet[149].

Die Insolvenzordnung ist am 1. Januar 1999 in Kraft getreten und löste die gesamte bisherige Insolvenzregelung – im Wesentlichen KO, VglO und GesO – ab[150].

---

145 Smid, Kommentar, Rn. 11.

146 BT-Drs. 12/2443 und 12/3803.

147 BT-Drs. 12/7302 und 12/7303 vom 19. April 1994. Eine Übersicht der vom Rechtsausschuss vorgenommenen Änderungen bietet Hofman, DriZ 11/1994, S. 415 f.

148 BR-Drs. 336/94 und 337/94.

149 Insolvenzordnung vom 5. Oktober 1994 (BGBl. I S. 2866). Näheres zum Gesetzgebungsverfahren bei Hofman, DriZ 11/1994, S. 411 ff.

150 Die Aufhebung von insgesamt neun Gesetzen und Verordnungen folgt aus Art. 2 EGInsO.

b) Insolvenzrechtliche Nebengesetze

Das neue deutsche Insolvenzrecht ist aus formeller Sicht dadurch gekennzeichnet, dass es fast vollständig in einem einzigen Gesetz – der Insolvenzordnung – erfasst ist. In der Tat gehörte zu den ausdrücklichen Zielen der Insolvenzrechtsreform nicht nur die territoriale Vereinheitlichung der Insolvenzregelung, d.h. die Beseitigung des Nebeneinanders von Ost- und Westrecht, sondern auch die Schaffung eines einheitlichen Insolvenzverfahrens in materiell- und verfahrensrechtlicher Sicht. Das Bestehen von mehreren, in separaten Gesetzen geregelten Verfahren, wie es bislang mit KO und VglO der Fall war, wurde allgemein beklagt und die Beseitigung dieses Zustands seit Beginn der Reformdiskussion einstimmig gefordert[151]. Als wichtiges eigenständiges Insolvenzgesetz kann genannt werden das mit der Insolvenzordnung zeitgleich verabschiedete Einführungsgesetz zur Insolvenzordnung (EGInsO)[152], dessen Gegenstand im Wesentlichen die Anpassung an die InsO von nicht insolvenzspezifischen Gesetzen ist[153].

Anders als in Frankreich nach der Reform von 1984/1985 wurden somit (fast) alle Aspekte der Insolvenz zeitgleich in einem Gesetz neugeregelt. Das aus gesetzestechnischer Sicht unterschiedliche Ergebnis der Insolvenzrechtsreform in beiden Ländern – ein Haupt- und verschiedene Nebengesetze nebst Ausführungsverordnungen in Frankreich, eine einzige Gesetzesordnung in Deutschland – wird heute dadurch relativiert, dass seit der Einführung des neuen *Code de commerce* auch in Frankreich die Insolvenzregelung einheitlich in einem Gesetzbuch enthalten ist.

Unterschiedlich gehandhabt wird in beiden Ländern die Regelung der Verbraucherinsolvenz. In Frankreich ist sie nach wie vor in der Verbraucherordnung angesiedelt, in Deutschland ist sie Gegenstand eines gesonderten Abschnitts in der Insolvenzordnung. Letzteres wurde im Übrigen teilweise energisch kritisiert und bisweilen wurde eine Lösung nach französischem Muster gefordert: Die Integration in die Insolvenzordnung von verbraucherbezogenen Aspekten der Insolvenz, wie etwa die Restschuldbefreiung oder das Verbraucherinsolvenzverfahren, wurde entgegen dem Willen des Bundes-

---

[151] So die Feststellung der Regierung, vgl. Balz/Landfermann, Insolvenzgesetze S. 151.

[152] Einführungsgesetz zur Insolvenzordnung vom 5. Oktober 1994 (BGBl I S. 2911).

[153] Vgl. insbesondere EGInsO Teil 1 (Neufassung des AnfG) und Teil 2, Artt. 3 bis 101 (Änderung von Gesetzen).

rats durchgesetzt, der während des gesamten Gesetzgebungsverfahrens – zuletzt noch vor dem Vermittlungsausschuss – diese Fragen außerhalb der Insolvenzordnung geregelt haben wollte[154].

Strafrechtliche Regelungen schließlich befinden sich in Deutschland nicht in der Insolvenzordnung sondern wie schon unter der Geltung der KO im Strafgesetzbuch[155], wohingegen in Frankreich straf- und haftungsrechtliche Bestimmungen in den *Code de commerce* integriert wurden, wo sie in einem gesonderten Abschnitt im Anschluss an die Regelung der verschiedenen Verfahrensarten enthalten sind[156].

c) Änderungen des neugeregelten deutschen Insolvenzrechts

Seit einigen Jahren lässt sich auch in Deutschland eine zunehmende gesetzgeberische Aktivität im Bereich des Insolvenzrechts feststellen. Während die KO über ein Jahrhundert lang fast unverändert geblieben war, wurde die Insolvenzordnung allein zwischen ihrer Verabschiedung und ihrem Inkrafttreten bereits neunmal geändert. Zwar handelt es sich bei diesen sowie späteren Änderungen überwiegend nicht um grundlegende inhaltliche Reformen des Insolvenzrechts, da es sich in fast allen Fällen um Anpassungen handelte, die sich aus der Modernisierung anderer Rechtsgebiete ergaben, wie etwa den im Jahr 2001 erfolgten Reformen des Miet-[157] und des Zivilprozessrechts[158/159]. Es gab jedoch auch weiter reichende inhaltliche Änderungen der Insolvenzordnung. So hat sich schon im ersten Jahr nach Inkrafttreten der InsO herausgestellt, dass die neuen Institute des Verbraucherinsolvenzverfahrens und der Restschuldbefreiung in der Insolvenzpraxis weit weniger zur Anwendung kamen, als sich der Gesetzgeber erhofft hatte. Die ersten Erfahrungen haben gezeigt, dass der Zugang zu diesen Rechtsinstituten oftmals

---

[154] Vgl. Hofman, DRiZ 11/1994, S. 415 ff..

[155] Vgl. die §§ 283 ff. StGB.

[156] Titel V des 6. Buchs des *Code de commerce* (Artt. L. 650-1 ff. C. com.).

[157] Gesetz zur Neugliederung, Vereinfachung und Reform des Mietrechts (Mietrechtsreformgesetz) vom 19.6.2001 (BGBl 2001 I S. 1149).

[158] Gesetz zur Reform des Zivilprozesses (Zivilprozessreformgesetz) vom 27.7.2001 (BGBl 2001 I S. 1887/3138).

[159] Zuletzt wurde die Insolvenzordnung durch das Justizkommunikationsgesetz vom 22.3.2005 (BGBl 2005 I, S. 837) geändert.

gerade denjenigen Schuldnern verweigert wurde, die sie am dringendsten benötigten[160]. Daher wurde mit einem Gesetz vom 26. Oktober 2001[161] eine Reihe von teilweise tiefgreifenden Gesetzesänderungen umgesetzt, die insgesamt auf eine Erleichterung des Zugangs zum gesetzlichen Verbrauchersanierungsapparat in Fällen von Massearmut abzielen[162].

Ein weiterer Teilbereich der neuen Insolvenzregelung, der allerdings die hier behandelte Thematik nur am Rande betrifft, ist ebenfalls umfassend geändert worden: das internationale Insolvenzrecht. Das Inkrafttreten der Verordnung 1346/2000 des Rates (EuInsVO) am 31. Mai 2002 hat die Bundesregierung veranlasst, diesen bislang von InsO und EGInsO weitgehend ausgeklammerten Regelungsbereich zu normieren. Obgleich die EuInsVO in Deutschland unmittelbar rechtswirksam ist, wurde durch ein Gesetz vom 14. März 2003[163] die zuvor spärliche Regelung von Art. 102 EGInsO durch eine ausgiebige Regelung über die Durchführung dieser Verordnung ersetzt sowie ein neuer elfter Teil, der das im Verhältnis zu Nicht-EU-Staaten anwendbare autonome internationale Insolvenzrecht regelt[164], in die Insolvenzordnung eingefügt.

---

[160] Vgl. die allgemeine Begründung zum Entwurf des BMJ zum Gesetz vom 26. Oktober 2001 (BT-Drs. 14/5680), Punkt A.1.

[161] Gesetz zur Änderung der Insolvenzordnung und anderer Gesetze (BGBl. I S. 2710), in Kraft getreten am 1. Dezember 2001.

[162] Eingeführt wurden insbesondere die Möglichkeit einer Stundung der Verfahrenskosten (vgl. die neueingeführten §§ 4a ff. InsO) sowie ein gewisser Vollstreckungsschutz während des außergerichtlichen Einigungsversuchs eingeführt (vgl. § 305a neu InsO). Ferner können nach Ablauf der Kündigungsfrist entstandene Ansprüche aus dem Mietverhältnis über die Wohnung des Schuldners nicht mehr während des Verfahrens geltend gemacht werden. Eine allgemeine Erleichterung der Restschuldbefreiung wird dadurch erzielt, dass die sog. Wohlverhaltensperiode von 7 auf 6 Jahre verkürzt wurde. Außerdem müssen Forderungen aus unerlaubter Handlung wie die übrigen angemeldet werden.

[163] Gesetz zur Neuregelung des internationalen Insolvenzrechts vom 14. März 2003 (BGBl. I S. 345).

[164] Vgl. die §§ 335-358 InsO.

C. Verfahrensstruktur und -ziele

I. Frankreich

Das aus den Gesetzen von 1984 und 1985 resultierende Verfahrensinstrumentarium (1) wurde durch die Reform von 2005 teilweise empfindlich modifiziert (2).

1. Rechtslage vor der Reform von 2005

Die Insolvenzregelung nach den Gesetzen von 1984/1985 beinhaltete drei Verfahrensarten, die teils der Insolvenzvorbeugung, teils der Insolvenzabwicklung (nach Eintritt der Zahlungsunfähigkeit) dienten: Auf der Ebene der Insolvenzvorbeugung gab es das sog. *Règlement amiable*, das den Rahmen für eine weitgehend außergerichtliche Einigung zwischen Gläubigern und Schuldner bot, solange dieser noch nicht zahlungsunfähig war. War die Zahlungsunfähigkeit bereits eingetreten, konnten zwei mögliche Verfahrensarten zum Tragen kommen:

- Das als *Redressement judiciaire* bezeichnete Sanierungsverfahren, das auf die Erstellung eines Plans abzielte. Der Plan regelte entweder die Fortführung unter dem bisherigen Rechtsträger oder die Übertragung des Betriebs. Für kleinere Betriebe war ein sog. vereinfachtes *Redressement judiciaire* vorgesehen, das in der Praxis in den allermeisten Fällen zum Tragen kam.
- Das Liquidationsverfahren (*liquidation judiciaire*). Dieses konnte *ab initio* im Urteil, in dem über den Insolvenzantrag entschieden wurde, angeordnet werden. Das Gericht konnte aber auch nach der Eröffnung eines *Redressement judiciaire* in ein Liquidationsverfahren übergehen, wenn sich nach der Eröffnung des Sanierungsverfahrens herausstellte, dass eine Rettung des Unternehmens nicht möglich war.

Vereinfacht stellte sich die Verfahrensstruktur unter dem bis 31. Dezember 2005 geltenden Recht wie folgt dar:

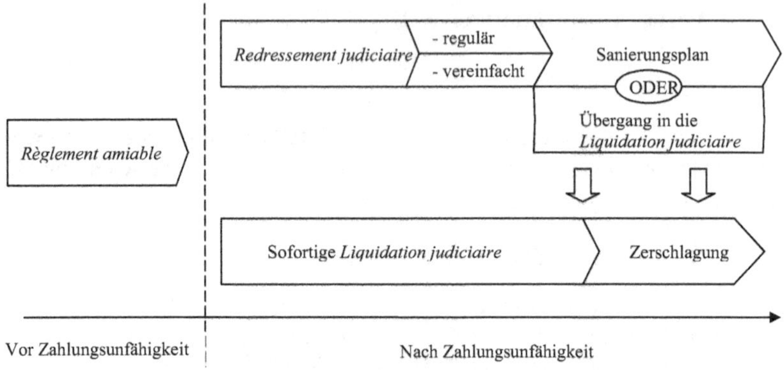

In diesem System, dessen Zentralbegriff das »Unternehmen« (*entreprise*) war, stellte die Sanierung das vorrangige Ziel dar[165]. Dementsprechend genoss das *Redressement judiciaire* gegenüber dem Liquidationsverfahren eine vorrangige Stellung – das letztere griff gewissermaßen akzessorisch: Wenn weder eine Fortführung noch eine Übertragung möglich erschien, sollte das Unternehmen liquidiert werden[166]. Dieser Vorrang der Sanierung war in der ursprünglichen Fassung des Gesetzes von 1985 besonders stark ausgeprägt, insofern bei Insolvenzantragsstellung ausschließlich ein Sanierungsverfahren eröffnet werden konnte – die Liquidation konnte allenfalls nachträglich angeordnet werden. Die Realitätsfremdheit dieser Regelung wurde zu Recht heftig kritisiert[167], sodass 1994 die Möglichkeit eingeführt wurde, unmittelbar das Liquidationsverfahren zu eröffnen. Dafür musste entweder der Betrieb

---

[165] Zur Bedeutung des Begriffs des Unternehmens und dem Stellenwert der Sanierung in der französischen Insolvenzregelung vgl. insbesondere Saint-Alary-Houin, Entreprises en difficulté Rn. 47; Soinne, Traité Rn. 13 sowie Gaz. Pal. 1985. 2. S. 400 ff.; Vasseur, JCP. E. 1985. II. 14569.

[166] Art. L. 620-1 Abs. 2 Satz 3 C. com. a.F.

[167] Diese Kritik ist der wesentliche Grund, weshalb gegen das Gesetz Nr. 85-98 i.d.F. vom 25. Januar 1985 insgesamt ein Vorwurf der Realitätsfremde formuliert wurde, wie etwa (nicht ohne Ironie) bei Frison-Roche, D. 1994. II. Chron. S. 19: »*Cette loi téléologique, on serait tenté de dire cette loi eschatologique, était splendide. Elle avait la rectitude et l'assurance des choses rêvées. Elle n'était pas loin d'avoir un côté enfantin.*«

vollständig eingestellt sein oder eine Sanierung sich als offensichtlich undurchführbar erweisen[168].

War keine dieser beiden Voraussetzungen erfüllt, war ein *Redressement judiciaire* durchzuführen, dessen Zielsetzung im ersten Artikel der Regelung, Art. L. 620-1 Abs. 1 C. com. a.F., wie folgt definiert war:

- der Erhalt des Unternehmens,
- die Fortführung des Betriebs und der Beschäftigungsverhältnisse und
- die Tilgung der Passiva[169].

Hierbei stellte sich die Frage, ob diese Zielsetzung eine generelle, funktional mit einer Präambel zu vergleichende Einführung darstellte oder ob es sich um eine für die Verfahrensbeteiligten und -organe (insbesondere das Gericht) verbindliche Bestimmung handelte. In der Literatur wurde regelmäßig Letzteres vertreten und die Vorschrift dahingehend ausgelegt, dass unter den darin festgelegten Zielen eine Rangordnung herrscht: Das Insolvenzverfahren diene erstens der Unternehmensrettung, zweitens der Fortführung des Betriebes und dem Erhalt der Arbeitsplätze, und erst drittens der Tilgung der Verbindlichkeiten[170].

Es wurde aber auch zurecht vor einer allzu strengen Auslegung in diesem Sinn gewarnt und darauf hingewiesen, dass keine der gesetzlichen Zielvorgaben für sich allein genügen kann, um die gewählte Abwicklungsart ausreichend zu legitimieren[171]. Die drei Faktoren müssten zumindest ansatzweise gegeben sein, wenn auch nicht zwangsläufig in gleichem Maß. Nicht hinnehmbar wäre z.B. die Durchführung eines Sanierungsverfahrens, einzig um (u.U. nur wenige) Arbeitsplätze zu retten, wenn etwa durch eine Unternehmensübertragung zu einem symbolischen Preis (1 €) die Gläubiger völlig leer ausgehen würden. Aus der Rechtsprechung war jedoch keine einheitliche Auslegung von Art. L. 620-1 C. com. a.F. zu entnehmen, es finden sich u.a.

---

[168] »*La liquidation judiciaire peut être prononcée sans ouverture d'une procédure d'observation lorsque l'entreprise a cessé toute activité ou lorsque le redressement est manifestement impossible*« (Art. L. 620-1 Abs. 3 C. com. a.F.).

[169] »*Il est institué une procédure de redressement judiciaire destinée à permettre la sauvegarde de l'entreprise, le maintien de l'emploi et de l'activité et l'apurement du passif*« (Art. L. 620-1 Abs. 1 C. com. a.F.).

[170] Saint-Alary-Houin, Entreprises en difficulté Rn. 46 m.w.N.

[171] Soinne, Traité, Rn. 29.

Entscheidungen, in denen das eben erwähnte Beispiel richterlichen Zuspruch gefunden hat[172].

2. Rechtslage nach der Reform von 2005

Der Grund, weshalb das französische Insolvenzrecht erneut reformiert wurde, beruht im Wesentlichen auf der Feststellung, dass die Ziele der bisherigen Regelung in der Praxis nicht erreicht wurden. Zwanzig Jahre nach der großen Reform von 1984/1985 und 10 Jahre nach der Novellierung von 1994 wurden dieselben Kritiken gegen die jeweils geltende Regelung formuliert. Bemängelt wurde insbesondere, dass der Anteil von Zerschlagungen nach wie vor in ca. 85% bis 90% der Fälle den Ausgang des Verfahrens darstellte, wie die folgende Statistik zeigt[173]:

Ausgang der eröffneten Verfahren
Handels- und Großinstanzgerichte (1994-2003)

	1994	**1995**	**1996**	**1997**	**1998**
Sanierungspläne	6.475	8.062	8.605	7.427	7.140
Zerschlagungen	42.964	46.263	51.810	52.124	45.787
Gesamt	**49.439**	**54.325**	**60.415**	**59.551**	**52.927**
Anteil Zerschlagungen (%)	86,9	85,16	85,76	87,53	86,51

	1999	**2000**	**2001**	**2002**	**2003**
Sanierungspläne	6.039	4.945	4.458	4.390	4.699
Zerschlagungen	42.364	38.196	38.062	39.389	39.842
Gesamt	**48.403**	**43.141**	**42.520**	**43.779**	**44.541**
Anteil Zerschlagungen (%)	87,52	88,54	89,52	89,97	89,45

Quellen: Assemblée Nationale-Gesetzgebungsausschuss, Bericht Nr. 2095 vom 11. Februar 2005, S. 32 f. (für die Jahre 1994 bis 2002); Sénat-Gesetzgebungsausschuss, Bericht Nr. 335 vom 11. Mai 2005, S. 29 (für das Jahr 2003).

---

[172] Vgl. z.B. Toulouse, 16. Apr. 1987, PA 20. Jun. 1987, S. 5ff., wo das Berufungsgericht zunächst feststellt, dass die gesetzlichen Verfahrensziele einer Rangordnung (»*ordre des priorités*«) unterliegen, und dass eine (in diesem Fall übertragende) Sanierung der Liquidation stets vorgezogen werden muss, selbst wenn dadurch die Verbindlichkeiten teilweise oder gar nicht getilgt werden (»*même si elle ne permet pas d'assurer l'apurement total ou partiel du passif*«). Ähnlich: Versailles, 9. Juli 1986, Gaz. Pal. 1986. 2. 570; Colmar, 18. Nov. 1987, D. 1988, Somm. 42.

[173] Vgl. Sénat-Gesetzgebungsausschuss, Bericht Nr. 335 vom 11. Mai 2005, S. 24.

Ein Schwerpunkt der Reform von 2005 bestand daher, wie schon erwähnt[174], in der Wiederherstellung der Effektivität des gesetzlichen Sanierungsapparats. Um dies zu erreichen, hat der Gesetzgeber zwar einen Großteil der früheren Regelung inhaltlich weitgehend unverändert übernommen, gleichzeitig aber wurden insbesondere auf der Ebene der Verfahrensauslöser die »Karten neu gemischt« und das Gesamtbild der Verfahrenslandschaft daher stark modifiziert:

- Das bisherige *Règlement amiable*, das ausschließlich eine Insolvenzvorbeugungsfunktion hatte, kommt fortan auch für die Insolvenzbewältigung nach eingetretener Zahlungsunfähigkeit zum Tragen, wenn diese seit weniger als 45 Tagen vorliegt, und wurde zu *Conciliation* umbenannt.
- Ein zusätzliches Insolvenzvorbeugungsverfahren, genannt *Procédure de sauvegarde*, wurde eingeführt. Im Unterschied zur *Conciliation* handelt es sich dabei um ein gerichtliches Verfahren, das weitgehend wie das *Redressement judiciaire* abläuft und auf die Erstellung eines Fortführungsplans unter dem alten Rechtsträger abzielt.
- Das *Redressement judiciaire* wurde beibehalten. Anders als die *Sauvegarde* greift es jedoch nach wie vor nur bei eingetretener Zahlungsunfähigkeit, zielt aber ebenfalls – grundsätzlich – auf einen Eigensanierungsplan ab. Die Zweispurigkeit zwischen regulärem und vereinfachtem Verfahren wurde abgeschafft.
- Das Liquidationsverfahren schließlich stellt nun den Rahmen nicht nur für die Einzelverwertung sondern auch für die übertragende Sanierung (Übertragungsplan) dar. Zudem wurde ein vereinfachtes Liquidationsverfahren eingeführt, das die Abwicklung kleinerer Insolvenzfälle erleichtern und beschleunigen soll.

Nach der Reform von 2005 ergibt sich somit folgendes Verfahrensbild:

---

[174] Vgl. oben Abschnitt B.I.2.

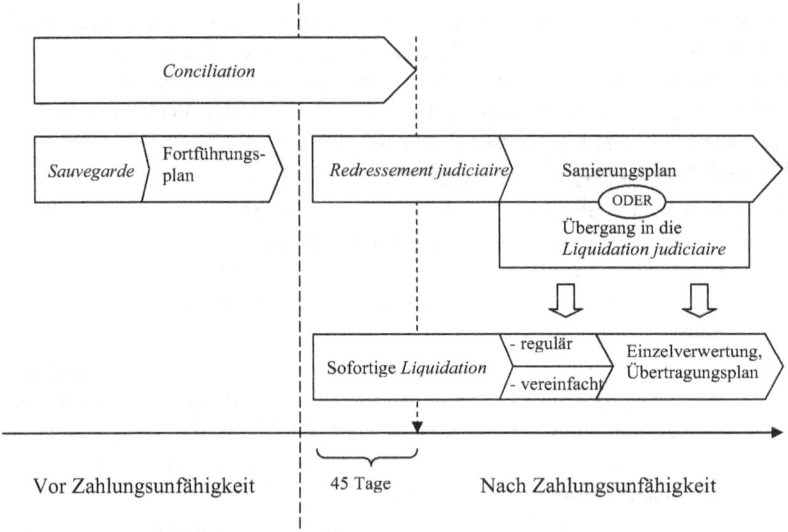

Der Schwerpunkt des Gesamtsystems liegt noch deutlicher als zuvor auf der Sanierung. Dem Schuldner stehen nun sowohl vor wie auch nach Eintritt der Zahlungsunfähigkeit je ein außergerichtliches und ein gerichtliches Sanierungsverfahren zur Verfügung, wobei dem Liquidationsverfahren lediglich eine Residualfunktion zukommt in Fällen, in denen keine Rettung möglich ist[175]:

Außergerichtliche Sanierung	*Conciliation*	vor oder nach eingetretener Insolvenz
Gerichtliche Sanierung	*Sauvegarde*	vor eingetretener Insolvenz
	Redressement judiciaire	nach eingetretener Insolvenz
Gerichtliche Liquidation	*Liquidation judiciaire*	nach eingetretener Insolvenz

[175] Jeantin/Le Cannu, Entreprises en difficulté, Rn. 196.

Die Zielsetzung der einzelnen Verfahren ist dabei weitgehend identisch geblieben. Hinsichtlich des *Redressement judiciaire* wurde die dreistufige Zielbestimmung von Art. L. 620-1 C. com. a.F. in Art. L. 631-1 C. com. n.F. fast unverändert beibehalten. Dieser Vorschrift zufolge dient das Verfahren der Fortführung der Aktivität, dem Erhalt der Arbeitsplätze und der Tilgung der Verbindlichkeiten. Die Bezugnahme auf die Aufrechterhaltung des Unternehmens als erstes Verfahrensziel dürfte hauptsächlich aus Gründen der sprachlichen Vereinheitlichung in Fortführung der Aktivität umbenannt worden sein, da das französische Wort *Sauvegarde*, wie es im alten Text verwendet wurde, durch die Schaffung eines neuen, ebenfalls als *Sauvegarde* bezeichnetes Verfahren missverständlich gewesen wäre. Damit sind jedoch keine inhaltlichen Unterschiede zur alten Regelung verbunden[176]. Neben dieser »offiziellen« Zielsetzung einer Eigensanierung scheint es jedoch möglich, im Rahmen des *Redressement judiciaire* auch einen Übertragungsplan zu schließen, auch wenn dies nicht das erklärte Ziel des Verfahrens darstellt[177].

Das *Sauvegarde*-Verfahren wiederum wird im Gesetz vom 26. Juli 2005 als »Reorganisationsverfahren« definiert und die Reorganisation erhält eine ebenfalls dreifache Zielsetzung: die Fortführung der wirtschaftlichen Tätigkeit, den Erhalt der Arbeitsplätze und die Tilgung der Verbindlichkeiten[178]. Mit Ausnahme des Zusatzes »wirtschaftlich«, ist diese Definition also identisch mit der des *Redressement judiciaire*. Neu im französischen Gesetz ist dagegen die Verwendung des aus dem angloamerikanischen Raum stammenden Begriffs der »Reorganisation«, der die Fortführung des Unternehmens unter dem bisherigen Rechtsträger bezeichnet. Inhaltlich ist damit dasselbe wie mit dem Begriff *Redressement* gemeint, der im Insolvenzverfahren verwendet wird[179].

Für die *Conciliation* besteht keine vergleichbare allgemeine Zielsetzung. Im Gesetz definiert ist hingegen die Aufgabe des Konziliators. Diese besteht darin, die Schließung eines Vergleichs zwischen dem Schuldner, seinen Gläubigern und ggf. üblichen Geschäftspartnern zu fördern, um die

---

[176] Assemblée Nationale-Gesetzgebungsausschuss, Bericht Nr. 2095 vom 11. Februar 2005, S. 190.

[177] Vgl. unten Kapitel 6, Abschnitt A.I.3 sowie Kapitel 7, Abschnitt A.I.1.b.

[178] Art. L. 620-1 C. com.

[179] Jeantin/Le Cannu, Entreprises en difficulté, Rn.194.

Schwierigkeiten des Unternehmens zu überwinden[180]. Diese Zielsetzung ist ein wenig detaillierter formuliert als in der alten Regelung, von ihrem Grundgedanken her entspricht sie jedoch der des ehemaligen *Règlement amiable*.

Schließlich enthält die neue Regelung erstmals auch eine gesetzliche Zielbestimmung der Liquidation – diese dient der Beendigung der Aktivität des Unternehmens oder der Realisierung des Vermögens des Schuldners mittels einer Global- oder Einzelverwertung seiner Rechte und Vermögenswerte, wenn der Schuldner zahlungsunfähig und eine Sanierung offensichtlich unmöglich ist[181].

II. Vergleichende Betrachtungen

1. Die Verfahrenseinheit in Deutschland

In Deutschland ist die insolvenzrechtliche Verfahrensstruktur grundlegend anders konzipiert als in Frankreich. Die Vereinheitlichung des Insolvenzverfahrens stellte in Deutschland ein ausdrückliches Ziel der Insolvenzrechtsreform, die zur Verabschiedung der Insolvenzordnung geführt hat, dar. Die zuvor herrschende Zweispurigkeit von Konkursverfahren einerseits und Vergleichsverfahren andererseits galt allgemein als nicht zufriedenstellend, und es war weitgehend unstrittig, dass es künftig nur ein Verfahren geben sollte[182]. Deshalb besteht in Deutschland seit Inkrafttreten der Insolvenzordnung ein einheitliches Insolvenzverfahren und nicht wie in Frankreich eine Mehrzahl von Verfahren, die sich jedes für sich bezüglich Zweck und Auslöser unterscheiden.

Die Einheit des deutschen Verfahrens kommt vorwiegend in der Anfangsphase zum Ausdruck, insofern Antragsstellung und Verfahrenseröffnung für die Art der späteren Abwicklung nicht ausschlaggebend sind. Im weiteren Verlauf relativiert sich dies stark, denn spätestens ab dem Berichtstermin kommen verfahrensrechtliche Besonderheiten zum Tragen, die sich aus der beschlossenen Abwicklungsart – Insolvenzplan oder Regelverfahren –

---

[180] Art. L. 611-7 Abs. 1 Satz 1 C. com.

[181] Vgl. Art. L. 640-1 C. com.

[182] Bork, Insolvenzrecht, Rn. 13; Braun/Uhlenbruck, Unternehmensinsolvenz, S. 168 ff.

ergeben[183]. Wie in den folgenden Abschnitten gezeigt wird, greift die Regelung des Insolvenzplans (§§ 217 ff. InsO) nicht nur ergänzend sondern teilweise auch anstelle der Bestimmungen des Regelverfahrens. Das ergibt sich besonders deutlich aus § 217 InsO, wo klargestellt wird, dass mit dem Insolvenzplan »die Befriedigung der absonderungsberechtigten Gläubiger und der Insolvenzgläubiger, die Verwertung der Insolvenzmasse und deren Verteilung an die Beteiligten sowie die Haftung des Schuldners *abweichend* von den Vorschriften [des Regelverfahrens] geregelt werden« können. Daher ist der Vorgang, der zur Erstellung und Annahme eines Insolvenzplans führt, durchaus als eine eigene Verfahrensart anzusehen. Dementsprechend besteht mit der Unterscheidung zwischen Insolvenzplanverfahren und Regelverfahren faktisch eine verfahrensrechtliche Zweispurigkeit, die in gewisser Weise das Pendant zur französischen Teilung zwischen *Sauvegarde* und *Redressement judiciaire* einerseits sowie *Liquidation judiciaire* andererseits darstellt.

Jede dieser Verfahrensstrukturen hat ihre Vorzüge. Mit dem Nebeneinander von mehreren Verfahrensarten soll in Frankreich erreicht werden, dass für jeden Sachverhalt ein bestmöglich zugeschnittener verfahrensrechtlicher Rahmen zur Verfügung steht. Darüber hinaus sollen besonders auf der Ebene der Insolvenzvorbeugung Anreize für den Schuldner geschaffen werden, möglichst frühzeitig entweder ein gerichtlich geordnetes Verfahren einzuleiten oder im Weg einer gütlichen Einigung die Zahlungsunfähigkeit abzuwenden. Eine entsprechend differenzierte Herangehensweise ist aufgrund der Einheitlichkeit des Verfahrens im deutschen Recht nur ansatzweise möglich. Insbesondere auf der Ebene der Insolvenzvorbeugung ist kein Spezialverfahren vorhanden, das mit der *Conciliation* oder der *Sauvegarde* vergleichbar wäre – nach deutschem Recht kommen auch bei noch nicht eingetretener, sog. drohender Zahlungsunfähigkeit[184] dieselben Regeln wie bei eingetretener Insolvenz zum Tragen. Auf der Kehrseite führt die Vielzahl von Verfahrensarten in Frankreich dazu, dass das Gesamtsystem an Übersichtlichkeit zu verlieren droht[185]. Die teilweise Überschneidung der Eröffnungsgründe, die zu einem gewissen (vom Gesetzgeber bewusst in Kauf genommenen) Konkur-

---

183 Smid, BB 1999. 2: »Die vom Gesetzgeber angestrebte Einheitlichkeit des Insolvenzverfahrens bezieht sich allerdings nur auf die einheitliche *Einleitung* eines Verfahrens, das sowohl die Liquidations- als auch die Sanierungsoptionen aufweisen kann«.

184 Vgl. unten Kapitel 3, Abschnitt A.II.

185 Jeantin/Le Cannu, Entreprises en difficulté Rn. 202.

renzverhältnis zwischen den verschiedenen Abwicklungsarten führt, lässt die Frage offen, wie sich dieses komplexe System in der Praxis bewähren wird und ob darin insbesondere die Gläubiger aufgrund der klaren Favorisierung von Sanierungsmechanismen angemessen berücksichtigt werden.

2. Ziele des Insolvenzverfahrens

Ebenso wie in Frankreich – in der Literatur wird bisweilen gesagt: nach französischem Vorbild[186] – hat auch der deutsche Gesetzgeber der Insolvenzregelung eine Zielbestimmung des Verfahrens vorangestellt. In § 1 Satz 1 InsO heißt es: »Das Insolvenzverfahren dient dazu, die Gläubiger eines Schuldners gemeinschaftlich zu befriedigen, indem das Vermögen des Schuldners verwertet und der Erlös verteilt oder in einem Insolvenzplan eine abweichende Regelung insbesondere zum Erhalt des Unternehmens getroffen wird.«

Die Festschreibung dieses Prinzips im Gesetz erklärt sich nicht zuletzt durch die während der gesamten Dauer des Reformvorhabens anhaltende Debatte über die verfahrensrechtliche Ausgestaltung der Sanierung und ihren Stellenwert im Vergleich zur Regelabwicklung im neuen Recht. Immerhin war es aufgrund des drastischen Anstiegs der Insolvenzstatistik ein wesentliches Anliegen seit Beginn der Reformarbeiten, Mechanismen zu schaffen, die das Überleben einer größeren Zahl von Unternehmen sichern sollten. Die Frage nach dem Verhältnis von Unternehmenserhalt und -zerschlagung stand umso mehr im Vordergrund, als man ausländische Regelungen vor Augen hatte, in welchen die Sanierung eindeutig favorisiert wurde, wie beispielsweise das französische Recht und vor allem das US-amerikanische *Chapter 11*-Verfahren. Den Bruch mit der deutschen konkursrechtlichen Tradition hat der Gesetzgeber indessen nicht vollzogen und § 1 InsO stellt klar, dass trotz allen Bemühungen, die Zerschlagung zu vermeiden, das Insolvenzverfahren weiterhin dem historischen Zweck der (bestmöglichen) Tilgung der Schulden dient: »Das Insolvenzverfahren dient der Verwirklichung der Vermögenshaftung in den Fällen, in denen der Schuldner zur vollen Befriedigung aller Gläubiger nicht mehr in der Lage ist[187].«

---

[186] Vgl. Münchener Kommentar zur InsO, Einleitung Rn. 1.

[187] Vgl. Balz/Landfermann, Insolvenzgesetze S. 202 sowie S. 152, Begründung zu § 1 RegE und allgemeine Begründung, in der die gemeinschaftliche Haftungsverwirklichung als Hauptzweck des Verfahrens präsentiert wird. In der Literatur wird die auf-

Damit stellt die Sanierung in Deutschland allenfalls ein Sekundärziel des Insolvenzverfahrens dar, das in Betracht kommen kann, wenn es sich nicht zulasten der Gläubigerbefriedigung auswirkt[188]. Konkretisiert hat dies der Gesetzgeber an verschiedenen Stellen, namentlich in § 251 Abs. 1 Nr. 2 InsO, demgemäß ein Insolvenzplan, der für manche Gläubiger ungünstigere Folgen hätte als ein Regelverfahren, nicht bestätigt werden darf. Dass die französische Konzeption, wonach in einem Insolvenzverfahren primär die Sanierung des schuldnerischen Unternehmens bezweckt wird, nicht übernommen wurde, kommt in der allgemeinen Begründung der Insolvenzordnung deutlich zum Ausdruck:

> »Es gibt wirtschaftpolitisch keine Gründe, die Sanierung des Schuldners generell vor der übertragenden Sanierung des Unternehmens zu bevorzugen oder auch nur irgendeine Art der Sanierung stets und überall der Zerschlagungsliquidation vorzuziehen«[189].

Dies hat zwar auch der französische Gesetzgeber von 1994 aufgegriffen, da die zwischen 1986 und 1994 gemachten Erfahrungen gezeigt haben, dass die zwingende Eröffnung eines Sanierungsverfahrens in jedem Sachverhalt nicht praktikabel ist. Darüber hinaus aber haben die jeweiligen gesetzlichen Zielvorgaben unterschiedliche verfahrensrechtliche Auswirkungen im Hinblick auf die Rangordnung unter den verschiedenen Arten der Insolvenzabwicklung: Während in Frankreich nur dann liquidiert wird, wenn ein Planverfahren nicht durchführbar erscheint, sind in Deutschland Regel- und Insolvenzplanverfahren in ihrer Eigenschaft als Abwicklungsmodalitäten grundsätzlich gleichrangig, ungeachtet des Ziels des Verfahrens, das stets in der Tilgung der Verbindlichkeiten besteht.

Diese Gleichrangigkeit von Plan und Regelverfahren kommt in der Insolvenzordnung umso mehr zum Ausdruck, als ersterem keine eigenständige (Sanierungs-)Funktion zugeordnet wurde. Zwar stellt er das wohl besser geeignete Sanierungsinstrument dar, zumindest sofern eine Eigen-

---

grund ihrer Deutlichkeit wenig auslegungsbedürftige Vorschrift des § 1 Satz 1 InsO überwiegend ebenso verstanden, vgl. z.B. Braun, Insolvenzordnung, § 1 Rn. 3.

[188] Der bisweilen vertretenen Ansicht, der Erhalt des Unternehmens sei ein gleichrangiges Ziel des Insolvenzverfahrens (vgl. z.B. Bork, Insolvenzrecht Rn. 355: »Die Insolvenzordnung erkennt in § 1 S. 1 den Erhalt des Unternehmens als gleichrangiges Verfahrensziel an«) kann man sich hier nicht anschließen.

[189] Allgemeine Begründung zum RegE, in: Balz/Landfermann, Insolvenzgesetze S. 143.

sanierung in Frage kommt, doch wie aus dem Wortlaut von § 1 Satz 1 InsO »insbesondere« hervorgeht, sind durchaus weitere Planformen denkbar, etwa ein Übertragungs- oder ein Liquidationsplan[190]. Dass ein Insolvenzplan stets den der Sanierung übergeordneten Zweck der gleichmäßigen Gläubigerbefriedigung verfolgen muss, ergibt sich noch deutlicher auch aus § 217 InsO, wo ausschließlich darauf Bezug genommen wird.

Ein weiteres ausdrückliches Verfahrensziel stellt gemäß § 1 Satz 2 InsO die Befreiung des Schuldners von seinen restlichen Verbindlichkeiten dar. Es handelt sich hierbei um die in den §§ 286 ff. InsO geregelte sog. Restschuldbefreiung, die dem Schuldner-natürliche Person unter Einhaltung gewisser Voraussetzungen nach Einstellung des Insolvenzverfahrens zugute kommen kann. Tatsächlich aber dürfte die Restschuldbefreiung eher als ein Nebeneffekt des Insolvenzverfahrens anzusehen sein – ein eigenständiges Ziel des Verfahrens könnte sie höchstens aus Sicht des Schuldners darstellen, während für die Gläubiger die Tilgung der Verbindlichkeiten nach wie vor das Hauptziel ist. Eine entsprechende Restschuldbefreiungsregelung findet sich ebenfalls im französischen Gesetz, wo sie jedoch nicht als Verfahrensziel definiert wird[191].

[190] Näheres zu den Insolvenzplantypen unten Kapitel 7, Abschnitt A.I.2.

[191] Vgl. unten Kapitel 7, Abschnitt B.I.1.a.

Zweiter Teil: Außergerichtliche Sanierungsinstrumente

Bereits während der Insolvenzrechtsreform von 1984/1985 hat der französische Gesetzgeber nach Wegen gesucht, krisengefährdete Unternehmen vor einem möglichen Eintritt der Insolvenz zu bewahren. Deshalb wurde mit dem Gesetz Nr. 84-148 vom 1. März 1984[192] eine Reihe von Instrumenten eingeführt, die in unterschiedlicher Weise im Vorfeld des Insolvenzverfahrens zum Zuge kommen. Im Gegensatz zu diesem sind diese Instrumente dadurch gekennzeichnet, dass sie trotz einer gewissen Mitwirkung des Gerichts weitgehend außergerichtlich ablaufen und keinerlei Zwangsmaßnahmen gegenüber dem Unternehmensträger beinhalten. Vielmehr dienen sie der Aufspürung möglicher Risiken und der Unterstützung des Unternehmens bei deren Bewältigung. Zu diesen Instituten zählen insbesondere:

- Die *Ad hoc*-Verwaltung (*mandat ad hoc*): Auf Antrag der Unternehmensleitung bestellt der Gerichtspräsident einen Insolvenzexperten und definiert im Einzelfall den Umfang seines Auftrags und seiner Befugnisse. Dies stellt eine besonders vertrauliche Möglichkeit dar, ein Unternehmen frühzeitig im Hinblick auf die Abwendung des Insolvenzeintritts zu beraten, da der Beschluss, in dem der Verwalter bestellt wird, nicht veröffentlicht wird. Die *Ad hoc*-Verwaltung wurde von der Rechtsprechung geschaffen, bevor sie im Zug der Reform von 1994 auch einen (wenngleich knappen) gesetzlichen Rahmen erhielt[193].
- Die sog. Alarmverfahren (*procédures d'alerte*): Es sind mehrere Mechanismen vorgesehen, die dazu dienen, bei Eintritt von Ereignissen, die möglicherweise erste Krisenanzeichen darstellen, eine erhöhte Transparenz zu schaffen. Damit sollen die Entscheidungsträger im Unternehmen dazu bewegt werden, geeignete Maßnahmen zu treffen, um den Eintritt der Insolvenz i.e.S. zu vermeiden. Das Gesetz vom 1. März 1984 hat in diesem Zusammenhang eine Reihe von Bestimmungen in die einschlägigen gesellschaftsrechtlichen Regelungen eingefügt, die es den Gesellschaftern von Kapitalgesellschaften (AG,

[192] Vgl. oben Kapitel 2, Abschnitt B.I.1.

[193] Art. L. 611-3 Abs. 1 C. com.

KGaA, sog. vereinfachte Aktiengesellschaft – *SAS,* GmbH) ermöglicht, die Geschäftsführung zu befragen. Allgemein verfügen auch der Betriebsrat und der Wirtschaftsprüfer über die Möglichkeit bzw. Pflicht, in abgestufter Weise Auskünfte über risikoträchtige Vorgänge im Unternehmen zu erhalten. Bei Scheitern der Klärungsversuche endet das Alarmverfahren des Wirtschaftsprüfers mit einer Benachrichtigung des Präsidenten des zuständigen Handels- oder Großinstanzgerichts, der ggf. die Geschäftsführung des betroffenen Unternehmens vorlädt. Die Vorladung kann im Übrigen im Rahmen des eigenen Alarmverfahrens des Gerichtspräsidenten auch von Amts wegen erfolgen, wenn dieser von Umständen, welche die Kontinuität des Betriebs gefährden könnten, Kenntnis erlangt.

Darüber hinaus wurde mit dem Gesetz vom 1. März 1984 ein spezifisches Verfahren geschaffen, mit dem im Weg eines Vergleichs zwischen dem Unternehmen und seinen Gläubigern der Eintritt der Insolvenz vermieden werden soll: das sog. *Règlement amiable.* Dieses weitgehend außergerichtliche Verfahren, das mit der Reform von 2005 in *Conciliation* umbenannt wurde und seitdem auch bei eingetretener Zahlungsunfähigkeit zum Tragen kommen kann, wird im Folgenden näher untersucht und dem deutschen Recht gegenübergestellt.

Kapitel 3: Die *Conciliation* französischen Rechts

Im Folgenden werden sukzessiv untersucht die Grundcharakteristika und Eröffnungsgründe der *Conciliation* (A), die Modalitäten der Verfahrenseröffnung (B), das weitere Verfahren (C), bevor abschließend Angaben zur Praxis der *Conciliation* bzw. dem Vorgängerinstitut *Règlement amiable* gemacht werden (D).

A. Grundcharakteristika und Eröffnungsgründe

I. Die *Conciliation* nach französischem Recht

Die *Conciliation* ist geregelt in den Artt. L. 611-4 bis L. 611-15 C. com. sowie in den Artt. 15 bis 39 der Durchführungsverordnung Nr. 2005-1677 vom 28. Dezember 2005. Diese Vorschriften beinhalten zu einem großen Teil den Regelungsinhalt des früheren *Règlement amiable*, der stellenweise allerdings bedeutend ergänzt wurde. Neben dieser allgemeinen Regelung besteht auch ein spezifisches, weiterhin als *Règlement amiable* bezeichnetes Verfahren für landwirtschaftliche Betriebe. Dieses Verfahren, das in den Artt. L. 351-1 bis L. 351-7 der Landwirtschaftsordnung (*code rural*) geregelt ist, wird hier nicht näher untersucht[194].

1. Insolvenzvorbeugung

Das *Règlement amiable* in seiner ursprünglichen Fassung nach dem Gesetz von 1984 war ausschließlich als Insolvenzvorbeugungsinstrument konzipiert. Dieses Verfahren, dessen Bezeichnung wörtlich »gütliche Abwicklung« bedeutet, bezweckte die Ausarbeitung und Schließung eines Vergleichs zwischen dem betroffenen Unternehmen und den Gläubigern unter der Mitwirkung eines Konziliators, um den Eintritt der Zahlungsunfähigkeit zu vermeiden. Der Effizienz der Sanierung wegen verlief das Verfahren weitgehend informell und vertraulich, um die Lage des Unternehmens durch Bekanntmachung seiner finanziellen Probleme nicht weiter zu verschärfen.

[194] Vgl. hierzu ausführlicher Ripert/Roblot, Droit commercial II Rn. 2845-1 ff.; Saint-Alary-Houin, Entreprises en difficulté, Rn. 294 ff.

Mitunter gab es schon ähnliche Verfahrensformen in der Vergangenheit[195]. Vor allem das *Règlement amiable* weist einen direkten Bezug zur *Procédure de suspension provisoire des poursuites* von 1967 auf[196], an deren Stelle es 1984 trat. Nach der ursprünglichen Regelung von 1984 richtete sich das *Règlement amiable* nur an solche Unternehmen, die eine Vorkalkulation (*comptes prévisionnels*) hielten. Da aber gemäß demselben Gesetz vom 1. März 1984 nur Unternehmen einer bestimmten Größe verpflichtet waren, eine solche Vorkalkulation zu führen, und letztere von allen anderen als zu aufwendig erachtet wurde, um sie freiwillig zu halten, waren kleine und mittelständische Unternehmen vom *Règlement amiable* faktisch weitgehend ausgeschlossen. Das Verfahren hatte somit einen ähnlich beschränkten Anwendungsbereich wie die *Procédure de suspension provisoire des poursuites* von 1967, die ebenfalls größeren Unternehmen vorbehalten war[197]. Durch das Gesetz vom 10. Juni 1994 wurde der Anwendungsbereich des *Règlement amiable* bedeutend erweitert und kam fortan allen kaufmännischen und handwerklichen Unternehmen sowie allen juristischen Personen des Privatrechts zugute[198]. Mit der Reform von 2005 schließlich wurde der Anwendungsbereich des nun als *Conciliation* bezeichneten Verfahrens zusätzlich erweitert und ist nun auch auf bürgerlich-rechtliche Einmann-Unternehmensformen, etwa allein tätige Freiberufler[199], anwendbar[200].

Die Grundfunktion des bisherigen *Règlement amiable* als Insolvenzvorbeugungsinstrument wurde mit der Reform von 2005 beibehalten, insbesondere hinsichtlich des Eröffnungstatbestands. Dieser versteht sich gemäß Art. L. 611-4 C. com. als »Schwierigkeiten rechtlicher, wirtschaftlicher oder

[195] So z.B. das *règlement transactionnel pour cause de guerre* nach einem Gesetz vom 2. Juli 1919 oder das *règlement amiable homologué* nach einem Gesetz vom 25. August 1937 (vgl. hierzu Saint-Alary-Houin, Entreprises en difficulté, Rn. 259).

[196] Zur Procédure de suspension provisoire des poursuites vgl. oben Kapitel 1, Abschnitt C.I.3.b.

[197] Das Kriterium war allerdings ein anderes, vgl. oben Kapitel 1, Abschnitt C.I.3.b.

[198] Vgl. die Artt. L. 611-3 und L. 611-5 C. com. a.F.

[199] Dies war unter dem früheren Recht anders, vgl. z.B. Douai, 18. Februar 1997, Dr. sociétés 1998 Nr. 10, Anm. Chaput: Ein Architekt, der seine Tätigkeit selbstständig ausübte, konnte unter dem bis 31.12.2005 geltenden Recht kein *Règlement amiable* beantragen.

[200] Art. L. 611-5 Abs. 1 Satz 1 C. com.

finanzieller Natur« (*difficulté juridique, économique ou financière*)[201]. Die Definition des Tatbestands entstammt der vorletzten Reform von 1994 und wurde damals bewusst weit gehalten – die frühere Regelung i.d.F. von 1984 bezog sich nur auf finanzielle Schwierigkeiten, was als zu eng empfunden wurde[202]. Rechtliche Schwierigkeiten i.S.v. Art. L. 611-4 C. com. können sich beispielsweise auf die Erfüllungs- oder Änderungsmodalitäten von Verträgen beziehen, wirtschaftliche auf die Natur gelieferter Waren oder Lieferungsfristen[203].

Ergänzt wurde der so definierte Eröffnungsgrund durch das Reformgesetz von 2005 dahingehend, dass die Schwierigkeiten nicht wie bisher bereits eingetreten sein müssen – fortan kann es sich auch um lediglich vorhersehbare, noch nicht eingetretene Schwierigkeiten handeln[204]. Damit erhofft sich der Gesetzgeber eine zusätzliche Erweiterung des Anwendungsbereichs der *Conciliation.*

2. Insolvenzbewältigung

Die Insolvenzrechtsreform von 2005 hat den rein insolvenzvorbeugenden Charakter des früheren *Règlement amiable* aufgehoben, indem die *Conciliation* fortan auch bei bereits eingetretener Zahlungsunfähigkeit greifen, mithin sowohl der Insolvenzabwendung wie auch der Insolvenzabwicklung dienen kann. Einzige Anforderung ist, dass die Zahlungsunfähigkeit seit nicht mehr als 45 Tagen eingetreten ist[205]. Dieser Zeitraum wurde gewählt, um einerseits dem Umstand Rechnung zu tragen, dass die üblichen Lieferantenzahlungsziele 30 Tage betragen, und andererseits damit die *Conciliation* nicht in Situationen initiiert wird, in denen bereits seit längerem eine Zahlungsunfähigkeit besteht, die aus diesem Grund offenkundiger sein dürfte als eine erst

[201] Art. L. 611-4 C. com.

[202] Der frühere Tatbestand der »*besoins ne pouvant être couverts par un financement adapté aux possibilités de l'entreprise*« bestand zwischen 1994 und 2006 als ein zusätzlicher Eröffnungsgrund, der inhaltlich allerdings von dem allgemeinen Tatbestand der »finanziellen Schwierigkeiten« bereits erfasst gewesen sein dürfte (Dieser Ansicht: Chaput, JCP 1994.I.3786 Rn. 19). Wohl aus diesem Grund wurde er im neuen Recht nicht übernommen.

[203] Beispiele bei Saint-Alary-Houin, Entreprises en difficulté, Rn. 265.

[204] »*…avérée ou prévisible…*« (Art. L. 611-4 C. com.)

[205] Art. L. 611-4 *in fine* C. com.

vor kurzem eingetretene und somit den praktischen Erfolg eines Sanierungsversuchs aussichtslos erscheinen ließe[206].

Mit der Einführung dieses zweiten Eröffnungsgrunds wird vor allem eines bezweckt: Es soll verhindert werden, dass eine laufende *Conciliation* zugunsten eines Insolvenzverfahrens i.e.S. unterbrochen wird, wenn während des ersteren die Zahlungsunfähigkeit eintritt und der gütliche Einigungsprozess dadurch unterbrochen wird[207]. Dass somit das weitgehend privatautonome *Conciliation*-Verfahren im direkten Wettbewerb zu klassischeren Insolvenzabwicklungsformen wie *Redressement* oder *Liquidation judiciaire* steht, hat der Gesetzgeber in Kauf genommen. Gleichzeitig aber wurde der Gläubigerschutz, wie er noch im bis 31.12.2005 geltenden Recht vorgesehen war, im Rahmen der *Conciliation* aufgegeben[208]. Daher wird diese nur in solchen Sachverhalten in Frage kommen, wo eine Einigung mit den Gläubigern und eine Sanierung des Unternehmens überwiegend wahrscheinlich erscheinen. Ist dem nicht so oder scheitert letzten Endes der Sanierungsversuch, wird in ein Insolvenzverfahren übergegangen, wenn der Zustand der Zahlungsunfähigkeit eingetreten ist.

II. Die drohende Zahlungsunfähigkeit nach § 18 InsO

1. Zweck der drohenden Zahlungsunfähigkeit

Der Zweck des *Règlement amiable* a.F. bestand darin, Unternehmen, die nicht zahlungsunfähig waren, aber es zu werden drohten, einen verfahrensrechtlichen Rahmen für eine Sanierung zu bieten. In Deutschland gab es ein entsprechendes Institut bis zum Inkrafttreten der InsO nicht. Nach der VglO von 1935 war ein Vergleich, der auf die Sanierung des Schuldners abzielte, erst dann möglich, wenn der Schuldner bereits zahlungsunfähig oder überschuldet war, also wenn seine Lage bereits derart kritisch war, dass eine Sanierung oftmals nicht mehr möglich war. Daher konnte man das Verfahren nach der VglO nur insofern als »konkursabwendend« ansehen, als es nicht nach den Vorschriften der KO abgewickelt wurde; es war aber nicht dafür

---

206 Sénat-Gesetzgebungsausschuss, Bericht Nr. 335 vom 11. Mai 2005, S. 101.

207 Sénat-Gesetzgebungsausschuss, Bericht Nr. 335 vom 11. Mai 2005, S. 46.

208 Assemblée Nationale-Gesetzgebungsausschuss, Bericht Nr. 2095 vom 11. Februar 2005, S. 58.

konzipiert, den Eintritt der Zahlungsunfähigkeit bzw. der Überschuldung zu verhindern[209]. Eine konkursvorbeugende Sanierung war lediglich außergerichtlich möglich, was wiederum den Nachteil hatte, dass sie oftmals am Widerstand einzelner Gläubiger scheiterte.

Diese Lage wurde auch im Hinblick auf das französische Recht bemängelt, das mit dem Vorläufer der jetzigen Regelung – der *Procédure de suspension provisoire des poursuites* – ein präventives, insolvenzabwendendes Sanierungsverfahren schon seit 1967 kannte[210]. Im Zug der Insolvenzrechtsreform wurde schließlich der neue Insolvenzgrund der drohenden Zahlungsunfähigkeit eingeführt (§ 18 InsO)[211], der – neben anderen Neuerungen wie insbesondere der Insolvenzplan oder die Restschuldbefreiung – ein Kernstück der Reform bildet. Dieses neue Institut hat genau denselben Zweck wie in Frankreich das *Règlement amiable* bzw. heute die *Conciliation* in ihrer Insolvenzvorbeugungsfunktion: Es soll dem Schuldner ermöglichen, frühzeitig, noch vor Eintritt der Insolvenz i.e.S. (Zahlungsunfähigkeit, Überschuldung), im Rahmen eines gerichtlich geordneten Verfahrens rechtliche sowie wirtschaftliche Sanierungsmaßnahmen durchzuführen[212]. Es verfolgt das Ziel, den durch die zunehmende Zahl von Insolvenzen bedingten volkswirtschaftlichen Schaden einzudämmen, mithin dem Funktionsverlust der bisherigen insolvenzrechtlichen Sanierungsinstrumente (Vergleich, Zwangsvergleich) entgegenzuwirken[213]. Die Einführung dieses neuen Insolvenzgrunds bewirkt damit – ebenso wie in Frankreich die sukzessiven Formen von insolvenzabwendenden Vergleichsverfahren – nichts Geringeres als einen teilweisen Funktionswandel des Insolvenzrechts hin zu einem präventiven Sanierungsinstrument.

---

[209] Braun/Uhlenbruck, Unternehmensinsolvenz, S. 284: »Es war einer der schwerwiegendsten Fehler der Vergleichsordnung von 1935, dass in § 2 Abs. 1 Satz 3 VglO der Vergleichsantrag unter den gleichen Voraussetzungen zulässig war, unter denen das Konkursverfahren beantragt werden konnte. Liegt der Konkursgrund einmal vor, ist es für eine Sanierung viel zu spät.«

[210] Vgl. Gröniger, Franz. Insolvenzsystem S. 71 f.

[211] Das Konkurs- bzw. Insolvenzstrafrecht (§§ 283 ff. StGB) kannte bereits einen als drohende Zahlungsunfähigkeit bezeichneten Begriff. Seine Tatbestandsmerkmale unterscheiden sich jedoch von der drohenden Zahlungsunfähigkeit nach § 18 InsO. Vgl. hierzu Nerlich/Römermann, Kommentar, § 18 Rn. 19 ff.

[212] Braun/Uhlenbruck, Unternehmensinsolvenz, S. 284; Kübler/Prütting, Kommentar, § 18 Rn. 1.

[213] Nerlich/Römermann, Kommentar, § 18 Rn. 9 ff.

Damit enden jedoch die Gemeinsamkeiten zwischen der französischen *Conciliation* und der deutschen drohenden Zahlungsunfähigkeit. Wie später gezeigt wird[214], enthält das deutsche Recht keine gesonderte Verfahrensform außerhalb des Insolvenzverfahrens, um eine außergerichtliche Sanierung zu ermöglichen.

2. Tatbestandsmerkmale der drohenden Zahlungsunfähigkeit

Nach § 18 Abs. 2 InsO droht der Schuldner zahlungsunfähig zu werden, »wenn er voraussichtlich nicht in der Lage sein wird, die bestehenden Zahlungspflichten im Zeitpunkt der Fälligkeit zu erfüllen«. Diese Legaldefinition ähnelt dem ersten der vorstehend erläuterten Eröffnungsgründe der *Conciliation,* indem – wie in Frankreich seit der Reform von 2005 – Bezug genommen wird auf künftige potenzielle Schwierigkeiten. Zwar erscheint die Bezugnahme auf eine mögliche Zahlungsunfähigkeit in § 18 Abs. 2 InsO restriktiver als Art. L. 611-4 C. com. , wo zumindest seit der Reform von 1994 jegliche Art von Schwierigkeiten die Verfahrenseröffnung begründen kann. Doch die Tragweite dieses Unterschieds muss relativiert werden, denn es dürfte sich auch in der französischen Praxis kaum ein Schuldner finden, der die Eröffnung einer *Conciliation* beantragt, ohne dabei finanzielle Schwierigkeiten geltend zu machen in Gestalt einer voraussichtlichen Unmöglichkeit, seinen künftigen Zahlungspflichten nachzukommen. Daher dürften in Frankreich in den allermeisten Fällen auch »rechtliche« oder »wirtschaftliche« Schwierigkeiten in letzter Konsequenz zur drohenden Zahlungsunfähigkeit führen.

Demgegenüber wird überwiegend für eine weite Auslegung von § 18 Abs. 2 InsO plädiert. Zunächst wird die Gesetzformulierung »die bestehenden Zahlungspflichten« regelmäßig dahingehend verstanden, dass nicht nur noch nicht fällige sondern auch noch nicht begründete Verbindlichkeiten, deren Entstehung wahrscheinlich erscheint, in die Wertung miteinbezogen werden müssen[215]. Da grundsätzlich von einer *Worst case*-Betrachtung auszugehen ist, werden auch bestrittene Forderungen den bereits begründeten gleichgestellt[216].

---

[214] Vgl. unten Abschnitt C.

[215] Bork, Insolvenzrecht, Rn. 89. Gleicher Ansicht: Braun/Uhlenbruck, Unternehmensinsolvenz, S. 285 und Kübler/Prütting, Kommentar, § 18 Rn. 7, wo als Beispiele für solche Eventualverbindlichkeiten Lohnforderungen, Sozialabgaben, Lieferantenverbindlichkeiten, Ausgaben für Kapitalbeschaffung sowie Miet-, Leasing- und Pachtausgaben genannt werden.

[216] Nerlich/Römermann, Kommentar, § 18 Rn. 26.

Des Weiteren definiert das Gesetz nicht den für die Wertung der drohenden Zahlungsunfähigkeit zu berücksichtigenden Zeitraum, sodass bisweilen vertreten wird, dass dieser mehrere Jahre betragen kann[217]. Schließlich sollte die Frage, ob im Einzelfall die Zahlungsunfähigkeit droht, für die das Gesetz nur das allgemeine Kriterium der Wahrscheinlichkeit vorsieht, im Zweifel positiv beantwortet werden, was sich aus dem gesetzgeberischen Willen ergibt, eine möglichst früh angesetzte Sanierung zu fördern[218].

Besondere Voraussetzungen oder Einschränkungen im Hinblick auf den Schuldner sieht die Insolvenzordnung darüber hinaus nicht vor: Ein Insolvenzverfahren kann aufgrund einer drohenden Zahlungsunfähigkeit über das Vermögen eines jeden Schuldners eröffnet werden, der die allgemeinen Bedingungen der §§ 11 und 12 InsO erfüllt[219]. Die Systematik ist eine ähnliche im französischen Recht, wo der Adressatenkreis der *Conciliation* grundsätzlich derselbe ist wie für die übrigen Insolvenzverfahrensformen. Dieser Kreis ist seit der Einbeziehung von Freiberuflern durch die Reform von 2005 ähnlich weit gefasst wie in Deutschland und in beiden Ländern können die im Geschäftsleben relevantesten Unternehmens- und Gesellschaftsformen im Weg eines präventiven Vergleichs- bzw. Insolvenzverfahrens saniert werden.

B. Die Eröffnung des Verfahrens

I. Der Eröffnungsantrag

1. Französische Regelung

Die Initiative der *Conciliation* liegt ausschließlich beim Vertretungsorgan des Schuldners. Adressat des Antrags[220] ist der Präsident des Handelsgerichts, wenn es sich um ein Handelsunternehmen oder ein handwerkliches

[217] Kübler/Prütting, Kommentar, § 18 Rn. 6. Nerlich/Römermann, Kommentar, § 18 Rn. 25, plädieren allerdings für eine mittelfristige Betrachtung von maximal zwei Jahren, da der Zeitraum überschaubar bleiben sollte.

[218] Dieser Ansicht: Braun/Riggert/Kind, Neuregelungen der Insolvenzordnung, S. 82 f.; Nerlich/Römermann, Kommentar, § 18 Rn. 32.

[219] Ausführlicheres hierzu vgl. unten Kapitel 4, Abschnitt A.I.2.

[220] Der Antrag ist in Form einer *requête* zu stellen, welche im Allgemeinen die regelmäßige Antragsform der nichtstreitigen Gerichtsbarkeit darstellt (im Gegensatz zur *assignation* in Streitsachen).

Unternehmen handelt[221], ansonsten der Präsident des Großinstanzgerichts[222]. Die örtliche Zuständigkeit bestimmt sich gemäß Art. 1 Abs. 1 der Verordnung Nr. 2005-1677 nach dem Sitz des Schuldners oder, falls dieser seinen Sitz außerhalb Frankreichs hat, nach dem Mittelpunkt seiner hauptsächlichen Interessen in Frankreich.

Der Gerichtspräsident prüft, ob die Eröffnungsvoraussetzungen gegeben sind. Hierbei hat der Antragsteller gemäß Art. L. 611-6 C. com. bei Antragstellung Angaben zu seinen wirtschaftlichen, sozialen und finanziellen Verhältnissen sowie ggf. zu seinem Finanzierungsbedarf und den Mitteln, diese zu decken, zu machen[223].

2. Vergleichende Betrachtungen

Der Eröffnungsantrag eines Insolvenzverfahrens wegen drohender Zahlungsunfähigkeit weist zweierlei Besonderheiten auf in Bezug auf die Antragsberechtigung und auf die Antragspflicht, die anders gestaltet sind als im Regelfall eines Antrags wegen (eingetretener) Zahlungsunfähigkeit oder Überschuldung.

Zum einen ist nach § 18 Abs. 1 InsO allein der Schuldner berechtigt, die Eröffnung zu beantragen. Bei juristischen Personen und Gesellschaften ohne Rechtspersönlichkeit liegt dieses Antragsrecht bei allen Mitgliedern des Vertretungsorgans oder allen persönlich haftenden Gesellschaftern gemeinschaftlich, ansonsten – abweichend von § 15 InsO, dessen Vorschrift bei Zahlungsunfähigkeit oder Überschuldung zum Tragen kommt – nur sofern sie vertretungsbefugt sind (§ 18 Abs. 3 InsO). Zwar wurde während des Gesetzgebungsverfahrens in Deutschland wie in Frankreich ein erweitertes Antragsrecht in Erwägung gezogen: In Deutschland wollte die Kommission für Insolvenzrecht ursprünglich die Verfahrenseröffnung wegen drohender Zahlungsunfähigkeit auch auf Gläubigerantrag zulassen; in Frankreich sah der Regierungsentwurf des Gesetzes vom 1. März 1984 die Möglichkeit der Eröffnung des *Règlement amiable* von Amts wegen und auf Antrag der Staatsanwaltschaft vor. In beiden Ländern fanden diese Vorschläge jedoch nicht die Gunst

[221] Art. L. 611-4 C. com.

[222] Art. L. 611-5 Abs. 1 Satz 2 C. com.

[223] Welche Unterlagen im Einzelnen vorzuweisen sind, ergibt sich aus Art. 15 der Verordnung Nr. 2005-1677. Im Fall bereits eingetretener Zahlungsunfähigkeit muss der Antrag das genaue Datum deren Eintritts beinhalten (Abs. 2 der Vorschrift).

des Gesetzgebers[224]. Sowohl das deutsche Insolvenzverfahren wegen drohender Zahlungsunfähigkeit wie auch die französische *Conciliation* sind somit ausschließlich als Sanierungsinstrumente auf freiwilliger Basis konzipiert.

Zum anderen besteht bei Vorliegen einer drohenden Zahlungsunfähigkeit i.S.v. § 18 InsO keine Antragspflicht. Dies entspricht auch der französischen Regelung, nach der die *Conciliation* bei Vorliegen eines Eröffnungsgrundes eröffnet werden kann aber nicht muss, wodurch erneut der freiwillige Charakter dieses Verfahrens zum Ausdruck kommt. Eine Antragspflicht besteht nach französischem Recht nur hinsichtlich der eigentlichen Insolvenzverfahren, d.h. des *Redressement* oder der *Liquidation judiciaire,* welche den Eintritt der Zahlungsunfähigkeit voraussetzen[225]. Ähnlich verhält es sich nach deutschem Recht, in dem eine Antragspflicht nur in den Fällen von (eingetretener) Zahlungsunfähigkeit oder Überschuldung vorgesehen ist.

II. Die Entscheidung des Gerichts

1. Französische Regelung

a) Die Informationsmöglichkeiten des Gerichtspräsidenten

Um eine möglichst sachgerechte Entscheidung über den Eröffnungsantrag zu ermöglichen, ist vorgesehen, dass der Gerichtspräsident in zweierlei Weise informiert wird: Zum einen sind mit der Antragsstellung gewisse Pflichtauskünfte verbunden, die in jedem Fall erteilt werden müssen; zum anderen stehen dem Richter, wenn er diese Auskünfte für unzureichend erachtet, weitere, teilweise außerordentliche Ermittlungsbefugnisse gegenüber Dritten zu.

Welche Auskünfte zwingend bei Antragsstellung erteilt werden müssen, ergibt sich aus Art. 15 der Verordnung Nr. 2005-1677 vom 28. Dezember 2005. Dieser Vorschrift zufolge müssen dem Antrag beigefügt werden eine Aufstellung sämtlicher Forderungen und Verbindlichkeiten samt ihrer Fälligkeitsstruktur, eine Auflistung der wichtigsten Gläubiger, eine Aufstellung aller gewährten und erhaltenen Sicherheiten, die Liste der außerbilanziellen Ver-

---

[224] Für Deutschland vgl. Nerlich/Römermann, Kommentar, § 18 Rn. 1 ff. und 8; für Frankreich vgl. Ripert/Roblot, Droit commercial II, Rn. 2840.

[225] Vgl. die Artt. L. 631-4 Abs. 1 sowie L. 640-4 Abs. 1 C. com.

pflichtungen, sowie – sofern vorhanden – die Jahresabschlüsse, die Finanzplanung, die Aufstellung der freien und verwertbaren Vermögenswerte und der fälligen Verbindlichkeiten der letzten drei Jahre (Abs. 1). Ist der Antrag durch eine bereits eingetretene Zahlungsunfähigkeit begründet, so muss zudem deren Eintrittsdatum angegeben werden (Abs. 2). Nachdem der Antrag gestellt worden ist, wird gemäß Art. 16 Abs. 1 der Verordnung der gesetzliche Vertreter des Unternehmens geladen, um weitere Auskünfte mündlich zu erteilen.

Sind aus Sicht des Gerichtspräsidenten die so gewonnenen Auskünfte unzureichend, ist es ihm möglich, weitergehende Informationen von Dritten zu erhalten. Zu diesem Zweck räumt ihm Art. L. 611-6 Abs. 2 C. com. dreierlei Ermittlungsmöglichkeiten ein: Zunächst verfügt der Gerichtspräsident über dieselben Informationsmöglichkeiten aus Art. L. 611-2-I Abs. 2 C. com., die ihm im Rahmen seines sog. Alarmverfahrens zustehen[226], d.h. er ist befugt, von den Wirtschaftsprüfern, der Belegschaft, den öffentlichen Behörden, den Kranken- und Vorsorgekassen sowie dem zentralen Bankregister für Zahlungsunregelmäßigkeiten (dem französischen Pendant zur SCHUFA) diverse Auskünfte anzufordern, die geeignet sind, ihm ein genaues Bild der wirtschaftlichen und finanziellen Lage des Unternehmens zu verschaffen (*tout renseignement de nature à donner une exacte information sur la situation économique et financière de l'entreprise*). Des Weiteren kann der Gerichtspräsident entsprechende Auskünfte auch von Bank- und Finanzinstituten anfordern. Diese weitreichende Auskunftsbefugnis besitzt – ebenso wie jene, die sich aus Art. L. 611-2 Abs. 2 C. com. ergibt – einen außerordentlichen Charakter, insofern sie gleichermaßen ungeachtet etwaiger entgegenstehender Vorschriften wirkt. Dies hat insbesondere zur Folge, dass das Bankgeheimnis nicht zum Tragen kommt. Schließlich räumt Art. L. 611-6 Abs. 2 C. com. dem Gerichtspräsidenten die Möglichkeit ein, ein Sachverständigengutachten über die wirtschaftliche, soziale und finanzielle Lage des Unternehmens einzuholen[227]. Dies bietet sich vor allem bei komplexeren Sachverhalten an. Der

[226] Vgl. hierzu die einleitenden Ausführungen zu Beginn dieses Teils.

[227] *Rapport sur la situation économique, sociale et financière de l'entreprise.* Die Natur dieser Begutachtung ist indes nicht eindeutig: Da sie außerhalb eines Prozesses angeordnet wird, ist sie nicht eine gerichtliche Begutachtung (*expertise judiciaire*) i.S.d. französischen Zivilprozessordnung, deren einschlägige Vorschriften folglich nicht anzuwenden sind. Es handelt sich aber auch nicht um eine gütliche Begutachtung (*expertise amiable*), da zwar das geprüfte Unternehmen die Kosten der Begutachtung trägt, die-

Gerichtspräsident ist bei der Wahl des Sachverständigen frei, in der Regel wird ein sog. *Expert en diagnostic d'entreprise*[228] beauftragt, das Gutachten in Form eines Finanz-Audits zu erstellen.

b) Der Eröffnungsbeschluss

Erachtet der Gerichtspräsident den Antrag als begründet, erlässt er einen Eröffnungsbeschluss in Form einer *Ordonnance*[229]. In diesem Beschluss wird der Konziliator bestellt, der seit der Reform von 2005 vom Antragsteller vorgeschlagen werden kann.

Bis zur Reform von 1994 war die Frage der Natur dieses Beschlusses im Hinblick auf die gegen ihn zulässigen Rechtsmittel strittig. Einigkeit herrschte im Schrifttum lediglich darüber, dass damals das *Règlement amiable* kein streitiges Verfahren war. Für einen Teil der Literatur war der Beschluss ein einfacher außergerichtlicher Justizverwaltungsakt (*acte d'administration*

---

se jedoch ggf. gegen dessen Willen angeordnet werden kann. Vgl. hierzu Saint-Alary-Houin, Entreprises en difficulté Rn. 271.

[228] Die *Experts en diagnostic d'entreprise* sind eine besondere Gruppe von Sachverständigen, die im Rahmen eines *Règlement amiable* (fortan wohl einer *Conciliation*) oder eines Insolvenzverfahrens vom Gericht bestellt werden können. Sie sind in einer vom Gericht geführten Liste eingetragen. Ihr Status ist geregelt in den Artt. L. 813-1 und L. 813-2 C. com. Weiterführend hierzu vgl. Saint-Alary-Houin, Entreprises en diffi-culté, Rn. 436 ff.

[229] Der Begriff *Ordonnance* ist hier zu unterscheiden vom gleichlautenden rechtshistorischen (Akt des Königs; vgl. oben Kapitel I, Abschnitt B.I.1) bzw. verfassungsrechtlichen (Akt der Exekutive, der aufgrund einer besonderen Ermächtigung des Parlaments erlassen wird und Gesetzesrang hat; vgl. Art. 38 der Verfassung vom 4. Oktober 1958; zum ähnlichen Institut des *Décret-loi* in der III. und IV. Republik vgl. oben, Kapitel I, Abschnitt C.I.2). Im französischen Zivilverfahrensrecht wird allgemein als *Ordonnance* diejenige gerichtliche Entscheidung bezeichnet, die von einem Einzelrichter erlassen wird. Hierbei handelt es sich um ein *Jugement*, d.h. ein Urteil (Civ. 2ème, 5. Januar 1983, D. 1984.I.R.120), worunter man grundsätzlich jede Art von gerichtlicher Entscheidung versteht (vgl. hierzu Vincent/Guinchard, Procédure civile Rn. 1196). Daher ist die Übersetzung des Begriffs *Ordonnance* nicht eindeutig: In der Regel haben *Ordonnances* eine Entsprechung im deutschen Recht in Form eines Beschlusses (z.B. der Pfändungsbeschluss, *Ordonnance de saisie*) oder einer Verfügung (z.B. die einstweilige Verfügung, *Ordonnance de référé*). Im Fall der *Conciliation* erscheint die für nichtstreitige Verfahren typische Entscheidungsbezeichnung »Beschluss« am zutreffendsten.

extra-judiciaire)[230], der als solcher nicht angefochten werden konnte. Nach einer anderen Auffassung stellte der Beschluss eine Entscheidung im Rahmen eines Verfahrens der freiwilligen Gerichtsbarkeit im Sinn von Art. 25 NCPC dar, mit der Folge, dass eine Berufung grundsätzlich statthaft ist[231]. Diese letzte Ansicht wurde von der Rechtsprechung bevorzugt[232], bevor sie auch in der Verordnung Nr. 94-910 vom 21. Oktober 1994 bestätigt wurde. Gegenwärtig sieht Art. 19 Abs. 1 der Verordnung Nr. 2005-1677 vor, dass der Beschluss, in dem der Antrag auf Bestellung eines Konziliators abgewiesen wird, binnen 10 Tagen durch den Schuldner im Weg der Berufung angefochten werden kann.

2. Vergleichende Betrachtungen

Das Vorliegen eines Eröffnungsgrunds muss sowohl nach französischem wie auch nach deutschem Recht gerichtlich festgestellt werden. Die Modalitäten dieser Feststellung sind in den beiden Rechtsordnungen jedoch unterschiedlich gestaltet.

Ein erster Unterschied besteht darin, dass die Insolvenzordnung nicht genau bestimmt, welche Auskünfte der Schuldner bei der Antragstellung zu erteilen hat. In § 20 Abs. 1 Satz 1 InsO wird nur generell gefordert, dass der Schuldner diejenigen Auskünfte zu liefern hat, »die zur Entscheidung über den Antrag erforderlich sind«. Der Knappheit dieser Formulierung steht die Ausführlichkeit der in der französischen Regelung vorgesehenen Liste von Unterlagen entgegen, die der Schuldner seinem Antrag beizufügen hat. Die französische Lösung kann in den Fällen, in welchen die geltend gemachten Schwierigkeiten relativ problemlos ersichtlich sind, zu unnötigen Komplikationen führen, zumal die Zusammenstellung aller benötigten Informationen einen in der Regel nicht unerheblichen Aufwand seitens des Schuldners erfordert. Andererseits bewirkt diese weitreichende Informationspflicht eine Arbeitsentlastung für den Richter, denn konkret läuft die Gesetzesregelung darauf hinaus, dass der Schuldner das Vorliegen des Eröffnungsgrundes nachzuweisen hat, sodass der Richter von Anfang an über eine umfangreiche Dokumentation über die Lage des Unternehmens verfügt.

---

230 Zum Begriff des Justizverwaltungsakts nach französischem Recht vgl. Ferid/Sonnenberger, Franz. Zivilrecht 1/1 Rn. 1 F 49.

231 Zu diesem Streit, vgl. Saint-Alary-Houin, Entreprises en difficulté, Rn. 272 und die dort angegebene Literatur.

232 Vgl. z.B. Chambéry, 3. November 1986, D. 1988.163.

Eine solche Nachweispflicht besteht nach deutschem Recht nicht: Der Schuldner fügt seinem Antrag lediglich diejenigen Informationen über seine finanzielle Lage bei, die nach seiner Einschätzung erforderlich sind. Ein Mindestmaß an Auskünften über seine finanzielle Lage wird der Schuldner in der Regel jedoch von sich aus liefern. In der Literatur wird vertreten, dass zumindest ein Finanz- und Liquiditätsplan vorgelegt werden sollte, da ohne ihn eine Prüfung der drohenden Zahlungsunfähigkeit nicht möglich erscheint[233]. Aus demselben Grund sollte dem Gericht auch ein Vermögens- sowie ein Gläubiger- und Schuldnerverzeichnis vorgelegt werden[234]. Wenn das Gericht die ihm gelieferten Auskünfte jedoch für unzureichend hält, so hat es gemäß § 5 Abs. 1 InsO weitere Informationen selbst zu ermitteln. Eine erweiterte Auskunftspflicht des Schuldners besteht ansonsten nur im Fall von § 18 Abs. 3 i.V.m. § 15 Abs. 2 InsO, d.h. wenn der Antrag nicht von allen vertretungsberechtigten Mitgliedern des Vertretungsorgans einer Gesellschaft bzw. persönlich haftenden Gesellschaftern gestellt wird. Der Antragsteller hat sodann die drohende Zahlungsunfähigkeit glaubhaft zu machen, was konkret bedeutet, dass er sie umfangreicher dokumentieren muss. Selbst wenn der eigentliche Grund dieser Regelung die Vermeidung von gesellschaftsinternen Unstimmigkeiten ist, so bewirkt sie auch eine gewisse Entlastung des Richters bei der Prüfung des Insolvenzgrunds.

Ein zweiter Unterschied zur *Conciliation* betrifft die Befugnisse, die dem Richter bzw. Gericht bei der Ermittlung von weiteren Informationen zustehen. Diesbezüglich zeichnet sich die französische Regelung dadurch aus, dass der Richter befugt ist, auch vertrauliche Informationen über die Vermögensverhältnisse des Schuldners von Dritten einzuholen, etwa von Wirtschaftsprüfern und Banken, deren jeweiliges Berufsgeheimnis in diesem Fall nicht zum Tragen kommt. Diese äußerst pragmatische Lösung ist im Übrigen für die Eröffnung des Insolvenzverfahrens (*Redressement judiciaire*) in gleicher Weise ausgestaltet[235]. Einen solchen direkten Zugriff auf Informationen, die im Besitz von Dritten sind, erlaubt die Insolvenzordnung nur, nachdem das Verfahren eröffnet worden ist oder, im Vorverfahren, wenn ein sog. starker vorläufiger Verwalter eingesetzt worden ist. Dieser – wie auch der Insol-

[233] Vgl. Braun/Uhlenbruck, Unternehmensinsolvenz, S. 284 f.; Kübler/Prütting, Kommentar, § 18 Rn. 10; Nerlich/Römermann, Kommentar, § 18 Rn. 28 und 44.

[234] Jauernig, Zwangsvollstreckungs- und Insolvenzrecht, 21. Aufl. (1999), § 54.III.2.

[235] Vgl. unten Kapitel 4, Abschnitt B.III.1.a.

venzverwalter im eröffneten Verfahren – rückt in die Rechsstellung des Insolvenzschuldners ein, sodass ihm insbesondere kein Bankgeheimnis entgegen gehalten werden kann[236]. In den übrigen Fällen jedoch gilt, dass Auskünfte vom Gericht beim Schuldner eingeholt werden müssen. Letzteren trifft insoweit dieselbe allgemeine Auskunfts- und Mitwirkungspflicht nach § 97 InsO wie während des Ablaufs des eröffneten Verfahrens, da gemäß § 20 Abs. 1 Satz 2 diese Vorschrift für das Eröffnungsverfahren entsprechend gilt. Bestehen Zweifel hinsichtlich der Richtigkeit oder Vollständigkeit der erteilten Auskünfte, so stehen dem Gericht mehrere Möglichkeiten zu, wahrheitsgemäße Aussagen zu erzwingen. Es kann anordnen, dass der Schuldner eine eidesstattliche Versicherung abgibt[237] oder dass er vorgeführt, angehört und ggf. für eine Dauer von bis zu sechs Monaten in Zwangshaft genommen wird[238]. Diese Möglichkeit, den Schuldner bzw. seinen organschaftlichen Vertreter, wenn der Schuldner keine natürliche Person ist[239], bereits vor der Eröffnung des Insolvenzverfahrens in Haft nehmen zu lassen, ergibt sich aus § 98 Abs. 2 InsO, die gemäß § 20 Abs. 1 Satz 2 im Eröffnungsverfahren Anwendung findet[240]. Sie stellt eine Neuerung der Insolvenzordnung dar und versteht sich gewissermaßen als eine Erweiterung der nach der Verfahrenseröffnung angeordneten Zwangshaft.

Allerdings sind eidesstattliche Versicherung und Zwangshaft Instrumente, die nicht zwangsläufig dazu führen, dass das Gericht die erforderlichen Auskünfte (wahrheitsgemäß) erhält. Die Aussage kann trotzdem unrichtig sein oder gar verweigert werden. Ob insbesondere die Zwangshaft im Rahmen eines Verfahrens, dessen Eröffnung auf einem freiwilligen Antrag des Schuldners beruht, überhaupt eine Rolle spielt, darf bezweifelt werden.

---

[236] Beck/Depré, Praxis der Insolvenz, § 5 Rn. 34.

[237] § 20 Abs. 1 Satz 2 i.V.m. § 98 Abs. 1 InsO.

[238] Im Gegensatz zur Haftanordnung nach § 901 ZPO setzt § 98 InsO nicht voraus, dass das Gericht den Schuldner zunächst zur Abgabe einer eidesstattlichen Versicherung auffordert und die Haft ausschließlich dann anordnet, wenn der Schuldner dieser Aufforderung nicht nachkommt. Sie kann auch unabhängig davon angeordnet werden.

[239] § 21 Abs. 3 Satz 2 InsO analog.

[240] Nicht etwa aus § 21 Abs. 3 InsO, der zwar eine Regelung der Zwangshaft während des Eröffnungsverfahrens enthält, diese aber der Sicherung der (künftigen) Insolvenzmasse dient.

C. Das weitere Verfahren

I. Französische Regelung

Es werden sukzessiv untersucht die Ausarbeitung des Vergleichs (1) und der Inhalt und die Wirkungen des Vergleichs (2).

1. Die Ausarbeitung des Vergleichs

a) Der Konziliator

Der Zweck der *Conciliation* ist die Erstellung eines Vergleichs, die dadurch erleichtert werden soll, dass die Verhandlungen zwischen Schuldner und Gläubigern unter der Obhut eines Konziliators (*conciliateur*) gestellt werden. Dieser wird im Eröffnungsbeschluss vom Gerichtspräsidenten bestellt für einen Zeitraum von maximal vier Monaten, der um einen weiteren Monat verlängert werden kann[241]. Der Richter ist frei, jede beliebige Person als Konziliator zu ernennen; in der Regel handelt es sich um einen *Expert en diagnostic*, einen Insolvenzverwalter, einen Wirtschaftsprüfer oder einen Rechtsanwalt[242]. Seit der Reform von 2005 steht es dem Schuldner jedoch frei, bei Antragsstellung einen Konziliator vorzuschlagen[243]. Die Vergütung des Konziliators wird im Einvernehmen mit dem Schuldner festgesetzt[244].

Die Aufgabe des Konziliators ist gemäß Art. L. 611-7 Abs. 1 C. com., den Abschluss eines Vergleichs mit den hauptsächlichen Gläubigern und ggf. Geschäftspartnern des Schuldners zu fördern. Die Rolle des Konziliators ist somit weitgehend informell konzipiert und besteht im Wesentlichen darin, durch Überzeugungsarbeit – er besitzt keinerlei Zwangsgewalt und auch keine genau definierten Berufspflichten, wie etwa ein Insolvenzverwalter – den Schuldner gegebenenfalls von Restrukturierungsmaßnahmen zu überzeugen und die Gläubiger und Vertragspartner des Schuldners dazu zu bewegen, Erlasse, Stundungen oder sonstige geeignete Maßnahmen zu gewähren[245].

[241] Art. L. 611-6 Abs. 3 C. com.

[242] Saint-Alary-Houin Entreprises en difficulté, Rn. 273.

[243] Art. L. 611-6 Abs. 3 Satz 2 C. com.

[244] Artt. 40 ff. der Verordnung Nr. 2005-1677 vom 28. Dezember 2005.

[245] Saint-Alary-Houin, Entreprises en difficulté, Rn. 274.

In der bis 31.12.2005 geltenden Regelung hatte der Konziliator eine weitere Funktion, die darin bestand, den allgemeinen Betrieb des schuldnerischen Unternehmens zu fördern. Dies wurde als problematisch angesehen, da es zu Abgrenzungsschwierigkeiten mit dem Aufgabenbereich der Geschäftsleitungsorgane, der durch die Eröffnung des damaligen *Règlement amiable* unangetastet blieb, führen konnte, etwa wenn die Zahlungsunfähigkeit während des Verfahrens eintrat und auf Handlungen des Konziliators zurückzuführen war[246]. Es sollte daher vermieden werden, dass sich der Konziliator auch nur ansatzweise an der Leitung des Unternehmens aktiv beteiligt und aus diesem Grund wurde dieser zweite Aufgabenbereich des Konziliators im Zug der Insolvenzrechtsreform von 2005 ersatzlos gestrichen.

b) Das Vollstreckungs- und Verfügungsverbot

Die Ausarbeitung des Vergleichs war nach der ursprünglichen Regelung von 1984 eine rein privatautonome Angelegenheit – der Richter konnte sie in keiner Hinsicht beeinflussen, die Stellung der Gläubiger wurde durch die Verfahrenseröffnung nicht angetastet. In der Praxis hatte dies oftmals zur Folge, dass einzelne Gläubiger Druck auf den Schuldner und/oder die übrigen Gläubiger ausübten und einen Vergleich zu ihren Gunsten erzwangen, indem sie während der Verhandlungen drohten, Einzelzwangsvollstreckungen zu betreiben[247]. Damit war das damalige Institut des *Règlement amiable* insgesamt dem Risiko der Zweckentfremdung ausgesetzt, was den Gesetzgeber dazu veranlasste, das Verfahren strenger einzurahmen. So wurde im Zug der Reform von 1994 das aus der Insolvenzregelung von 1967 bekannte Institut der *Suspension provisoire des poursuites* wiedereingeführt[248]. Ähnlich wie nach der Ordonnanz vom 23. September 1967 war es dem Richter fortan möglich, ein allgemeines Vollstreckungs- und Verfügungsverbot zu verhängen,

---

[246] Vgl. bereits Teboul, Gaz. Pal. 8. Dez. 2000, S. 3 f. sowie unten, Kapitel 8, Abschnitt A.II.1.

[247] Ripert/Roblot, Droit commercial II, Rn. 2841[1].

[248] Vgl. oben Kapitel 1, Abschnitt C.I.3.b. Der Begriff der *Suspension provisoire des poursuites*, der wörtlich »zeitweise Einstellung der Rechtsverfolgung« bedeutet, wurde übernommen. Doch er bezeichnet nicht wie unter der Regelung von 1967 das gesamte Vergleichsverfahren, das weiterhin *règlement amiable* hieß, sondern dem Wortlaut des Begriffs besser entsprechend nur das Vollstreckungs- und Verfügungsverbot, das im Rahmen des *Règlement amiable* angeordnet werden konnte.

damit während der Erstellungsphase des Vergleichs einzelne Gläubiger nicht bevorzugt werden.

Die Wirkungen der *Suspension provisoire des poursuites* waren im Wesentlichen dieselben, wie unter der Regelung von 1967: Zum einen wurde sämtlichen Gläubigern, deren Forderungen vor dem Beschluss entstanden waren, untersagt, gegen den Schuldner auf Zahlung oder auf Beendigung eines Vertrags wegen Verletzung einer Zahlungspflicht zu klagen. Zum anderen durften keine Einzelzwangsvollstreckungen betrieben werden und laufende Vollstreckungen wurden unterbrochen. Schließlich bewirkte die *Suspension provisoire des poursuites* während ihrer Dauer eine Reihe von Einschränkungen der Verfügungsrechte des Schuldners: So war ihm untersagt, Verfügungsgeschäfte vorzunehmen, die über Maßnahmen des Tagesgeschäfts hinaus gingen, Hypotheken oder Pfandrechte (*nantissements*) zu gewähren oder einzelne Gläubiger, deren Forderungen vor der Anordnung des Vollstreckungs- und Verfügungsverbots entstanden waren, zu befriedigen. Zahlungen, die entgegen diesem Verfügungsverbot erfolgten, waren nichtig. Ausnahmen waren in lediglich zwei Fällen vorgesehen: bei Löhnen und Gehältern oder, in den übrigen Fällen, wenn der Gerichtspräsident die Zahlung genehmigte.

Dem Vollstreckungsverbot aus der Regelung von 1994 wurde jedoch vorgeworfen, es habe nicht zu den erhofften Ergebnissen d.h. zu einem tatsächlichen Anstieg der *Règlement amiable*-Verfahren geführt. Von Beginn der Reformarbeiten wurde erwogen, diese Maßnahme aus der Gesetzesregelung zumindest für den Zeitraum bis zur gerichtlichen Bestätigung des Vergleichs gänzlich zu streichen und somit zur ursprünglichen Regelung von 1984 zurückzukehren[249]. Mit dem Wirksamwerden des Vergleichs dagegen sollte nach wie vor *ipso jure* ein Vollstreckungsschutz des Schuldners während der gesamten Umsetzungsphase verbunden sein, freilich unter der Voraussetzung, dass auch der Schuldner seine darin festgelegten Pflichten erfüllt.

Das Reformgesetz von 2005 hat diesen Vorschlag von Praxis und Literatur aufgegriffen und die Möglichkeit eines Vollstreckungsschutzes während der Ausarbeitungsphase des Vergleichs abgeschafft. Dadurch können jedoch in der Praxis gewisse Schwierigkeiten entstehen. Denn ein weitgehend dereguliertes und fast gänzlich außergerichtliches Verfahren wie die *Conciliation* mag für Unternehmen durchführbar sein, die sich noch in einem sehr frühen

[249] Vgl. bereits den Referentenentwurf von Oktober 2000, dargestellt bei Teboul, Gaz. Pal. 8. Dez. 2000, S. 3.

Krisenstadium befinden wie z.B. dem der »voraussichtlichen rechtlichen, wirtschaftlichen oder finanziellen Schwierigkeiten«. Dort kann man noch am ehesten davon ausgehen, dass laufende betriebsbedingte Verbindlichkeiten vorerst pünktlich weitergezahlt werden können. Doch spätestens wenn Zahlungsunfähigkeit eingetreten ist, kann davon nicht mehr ausgegangen werden. Um zu vermeiden, dass in solchen Fällen die *Conciliation* an Vollstreckungen einzelner Gläubiger scheitert, sieht Art. L. 611-7 C. com. vor, dass der Richter, der das Verfahren eröffnet hat, auf Antrag des Schuldners sog. Zahlungsfristen nach den Artt. 1244-1 C. civ. anordnen kann[250]. Dadurch wird indirekt ein vergleichbares Ergebnis erzielt wie mit der unmittelbaren Anordnung eines Vollstreckungsschutzes zugunsten des Schuldners.

2. Der Vergleich

a) Inhalt des Vergleichs

Weder das Gesetz noch die Verordnung schreiben vor, wie der Vergleich inhaltlich zu gestalten ist. Der Schuldner, die Gläubiger und ggf. die Vertragspartner des Schuldners können daher jede beliebige Vereinbarung treffen, die sie als geeignet erachten, dem Unternehmen aus seinen Schwierigkeiten heraus zu helfen. Im Gesetz wird der Vergleich stets als *Accord* (Akkord, Vereinbarung) bezeichnet, was dessen privatautonomen Charakter hervorhebt. Inhaltlich handelt es sich regelmäßig um einen Sanierungsplan[251], der nicht viel anders gestaltet sein muss als im Fall eines Insolvenzverfahrens[252]. Der planmäßige Charakter kommt dadurch zum Ausdruck, dass der Vergleich in aller Regel nicht nur die Tilgungsmodalitäten bestehender Verbindlichkeiten zum Gegenstand hat, sondern dass darin ebenfalls eine Reihe von zukunftsbezogenen Sanierungsmaßnahmen vorgesehen sind, die dazu dienen, dem Unternehmen dauerhaft aus der Krise zu helfen. Hierbei kann es sich grundsätzlich um jegliche Art von Restrukturierungsmaßnahmen rechtlicher, wirtschaftlicher oder finanzieller Natur handeln, wie z.B. die Schlie-

[250] Zu diesen Zahlungsfristen vgl. unten Abschnitt 2.b.bb.

[251] Im sehr ähnlich konzipierten insolvenzabwendenden Vergleichsverfahren nach der Ordonnanz von 1967 wurde der Vergleich ausdrücklich als *plan de redressement* (also Sanierungsplan) bezeichnet (vgl. oben Kapitel 1, Abschnitt C.I.3.b).

[252] Die formalen Unterschiede zum Sanierungsplanverfahren, das wesentlich enger reglementiert ist, sind jedoch gewichtig, wie unten in Kapitel 6 gezeigt wird.

ßung von nicht rentablen Betriebsteilen, einen mehr oder minder umfangreichen Personalabbau, die Veräußerung von Geschäftszweigen oder die Entwicklung von neuen Produkten und Absatzmärkten. Handelt es sich um eine Gesellschaft, so wird regelmäßig eine Kapitalerhöhung oder ein Kreditrahmen in Form von Gesellschafterdarlehen vorgesehen werden, um das Eigenkapital wiederherzustellen und die Finanzlage der Gesellschaft zu bereinigen[253]. Die Art und der Umfang dieser Sanierungsmaßnahmen werden stets im Einzelfall ausgehandelt, doch der Konziliator soll dabei eine wesentliche Beratungsrolle spielen.

Damit Restrukturierungsmaßnahmen tatsächlich durchgeführt werden können, werden im Vergleich in aller Regel auch Kürzungen der Rechte der Gläubiger vereinbart. Der Vergleich hat insoweit die Funktion eines Schuldenbereinigungsplans oder eines Moratoriums, als eine Sanierung regelmäßig nur dann Aussicht auf Erfolg haben wird, wenn die Gläubiger dem Schuldner einen Teil seiner Schulden erlassen oder stunden. Diesbezüglich sind die Gläubiger frei zu entscheiden, ob und inwieweit sie dem Schuldner einen Erlass oder einen Zahlungsaufschub gewähren. Infolgedessen ist ihre Lage oftmals unterschiedlich: Manche verzichten auf ihre Forderung in vollem Umfang, andere nur teilweise, weitere überhaupt nicht; ebenso werden gewisse Gläubiger einen Zahlungsaufschub insgesamt verweigern, die übrigen ihn möglicherweise in unterschiedlichem Maß gewähren.

b) Wirkung des Vergleichs

aa) Bestätigung und gerichtliche Anerkennung des Vergleichs

Nachdem der Vergleich zustande gekommen ist, wird er vom Gerichtspräsidenten bestätigt. Er wird dadurch rechtswirksam und das *Conciliation*-Verfahren ist damit beendet. Zudem erhält der Vergleich auf Antrag des Schuldners eine »gerichtliche Anerkennung« (*homologation*), diesmal jedoch nicht vom Gerichtspräsidenten sondern vom Gericht. Die Anerkennung wird erteilt, wenn die folgenden drei Voraussetzungen erfüllt sind:

- Es liegt keine Zahlungsunfähigkeit vor bzw. der Vergleich hat die Zahlungsunfähigkeit beseitigt.

---

[253] Beispiele bei Saint-Alary-Houin, Entreprises en difficulté, Rn. 282 und Ripert/Roblot, Droit commercial II, Rn. 2841-2.

- Der Vergleich ist geeignet, den Fortbestand des Betriebs zu sichern.
- Die Interessen der am Vergleich nicht teilnehmenden Gläubiger werden durch den Vergleich nicht verletzt[254].

Diese gerichtliche Anerkennung bewirkt, dass während der gesamten Umsetzungsphase des Vergleichs der Schuldner vor Einzelzwangsvollstrekkungen durch Vergleichsgläubiger geschützt ist[255]. Kommt der Schuldner seinen im Vergleich festgelegten Pflichten jedoch nicht nach, wird dieser hinfällig und auch der mit der gerichtlichen Anerkennung verbundene Vollstrekkungsschutz erlischt.

Die Wirksamkeit des Vergleichs hängt jedoch nicht von seiner gerichtlichen Anerkennung ab. Ein nichtanerkannter Vergleich ist – gleichermaßen wie Vergleiche, die zwischen 1984 und 1994 im Rahmen des *Règlement amiable* geschlossen wurden[256] – als eine rein privatautonome Vereinbarung anzusehen und wirkt *inter partes* auf der Grundlage von Art. 1134 Abs. 1 C. civ.[257] Wird der Vergleich jedoch zusätzlich gerichtlich anerkannt, so bewirkt dies, dass er veröffentlicht wird und auch Dritten gegenüber wirksam (*opposable*) ist, wovon der Gesetzgeber sich eine erhöhte Rechtssicherheit verspricht[258]. Zudem hat dies möglicherweise einen Einfluss auf seine Rechtsnatur[259]. Aus Sicht der Gläubiger dürfte der konkrete Vorteil einer gerichtli-

[254] Art. L. 611-8 Abs. 2 Nr. 1 bis 3 C.com.

[255] Art. L. 611-10 Abs. 3 C. com.

[256] Das Institut der gerichtlichen Bestätigung wurde erst durch die Reform von 1994 eingeführt.

[257] Der gesetzesmäßig geschlossene Vertrag bindet die Vertragsparteien wie ein Gesetz: »*Les conventions légalement formées tiennent lieu de loi à ceux qui les ont faites*«.

[258] Vgl. Assemblée Nationale-Gesetzgebungsausschuss, Bericht Nr. 2095 vom 11. Februar 2005, S. 161 f.

[259] Die Frage der Natur des anerkannten Vergleichs stellt sich in sehr ähnlicher Weise wie für den Insolvenzplan (vgl. unten Kapitel 6) und ist gleichermaßen nicht eindeutig geklärt. Allgemein beschäftigt sie das Schrifttum in geringerem Maß als im Fall des Insolvenzplans. Wenn sie erörtert wird, dann – ebenso wie im Fall eines Übertragungsplans (*plan de cession*) im Rahmen des Insolvenzverfahrens (ausführlicher hierzu vgl. unten Kapitel 7) – überwiegend unter dem Gesichtspunkt der Anfechtbarkeit wegen mangelbehafteter Willenserklärung: Ist man der Ansicht, dass der Vergleich durch die gerichtliche Anerkennung seinen vertraglichen Charakter nicht verliert, so muss man einem Beteiligten, der beispielsweise einen Irrtum geltend macht, das Recht zugestehen, den Vergleich anzufechten. Diese Lösung erscheint begründet, da der Vergleich im

chen Anerkennung darin liegen, dass ihnen die Beschlussform einen Vollstreckungstitel verschafft, für den Fall, dass der Schuldner seinen Verpflichtungen nicht nachkommt[260].

Die Stellung der nichtteilnehmenden Gläubiger wird jedoch auch durch einen gerichtlich anerkannten Vergleich nicht angetastet. Sie können daher grundsätzlich gegen den Schuldner vollstrecken, allerdings nur insoweit das Gericht dem Schuldner keine Zahlungsfristen nach den Artt. 1244-1 ff. C. civ gewährt hat.

bb) Gerichtliche Zahlungsfristen nach den Artt. 1244-1 ff. C. civ.

Um zu verhindern, dass Einzelzwangsvollstreckungen durch Gläubiger, die nicht am Vergleich teilgenommen haben, diesen zum Scheitern bringen, kann der Gerichtspräsident auf das allgemeine bürgerlich-rechtliche Institut der gerichtlich angeordneten Zahlungsfristen (*délais de paiement*) nach den Artt. 1244-1 ff. C. civ. zurückgreifen. Diese Möglichkeit ist im Rahmen der *Conciliation* von Art. L. 611-8 Abs. 2 Nr. 3 C. com. ausdrücklich vorgesehen. Gemäß Art. 1244-1 ff. C. civ. kann dem Schuldner einer Geldforderung ein zusätzlicher Zahlungsaufschub – der häufig als »Gnadenfrist« (*délai de grâce*) bezeichnet wird – gewährt werden, ohne dass hierfür das Einverständnis des betroffenen Gläubigers eingeholt werden muss. So kann z.B. die Fälligkeit der Forderung auf einen späteren Zeitpunkt verlegt oder eine Ratentilgung gerichtlich angeordnet werden. Bereits eingeleitete Vollstreckungen werden für die Dauer der gewährten Frist ausgesetzt.

Der Gerichtspräsident entscheidet nach Ermessen[261] – er muss nach der allgemein gehaltenen Formulierung von Art. 1244-1 Abs. 1 C. civ. lediglich die Lage des Schuldners und die Bedürfnisse des Gläubigers berücksichtigen. Darüber hinaus sind dem richterlichen Ermessen zwei Schranken gesetzt:

- Erstens darf die gewährte Zahlungsfrist zwei Jahre nicht überschreiten, was insbesondere zur Folge hat, dass der Gerichtspräsident den Zah-

Rahmen der *Conciliation* im Gegensatz zum Insolvenzplan auch ohne gerichtliche Anerkennung wirksam sein kann.

[260] Chaput, JCP 1994.I.3786, Rn. 27.

[261] Die Anerkennung eines freien Ermessensspielraums der Tatrichter (*pouvoir souverain des juges du fond*) nach Cass. Civ 2ème, 10. Juni 1970 (Bull. civ. II, Nr. 201) und Civ. 2ème 28. März 1973 (Bull. civ. II, Nr. 101) bewirkt, dass die Entscheidung vom Kassationshof nicht geprüft wird.

lungszeitpunkt genau festlegen muss[262]. Dabei ist er nicht befugt, die Frist zu verlängern oder mehrere Fristen von jeweils weniger als zwei Jahren zu erteilen[263].

- Zweitens ist die Erteilung von Gnadenfristen bei bestimmten Forderungen ausgeschlossen, was teilweise aus dem Gesetz selbst – Art. 1244-1 Abs. 4 sieht dies ausdrücklich für Alimentenforderungen vor – oder aus der Rechtsprechung hervorgeht[264].

Vom Kassationshof wurde ferner entschieden, dass Zahlungsfristen nach den Art. 1244-1 ff. C. civ. nicht erteilt werden dürfen, wenn dem Schuldner ein Zahlungsaufschub für dieselbe Forderung bereits im Rahmen eines Verbraucherinsolvenzverfahrens nach den Art. L. 331-1 ff. C. consom. gewährt wurde[265].

3. Folgen der Nichterfüllung des Vergleichs

a) Die Aufhebung des Vergleichs

Im Vergleich wird der Zeitrahmen für die Ausführung der geplanten Maßnahmen festgelegt. Im Gegensatz zur Regelung von 1967, nach welcher die Umsetzung des Plans maximal drei Jahre betragen durfte, gab bereits die Regelung von 1984/1994 keine zeitliche Obergrenze vor und dieser Ansatz wurde vom Reformgesetz von 2005 beibehalten. Somit können die Parteien eine beliebige Umsetzungslaufzeit vereinbaren. Während dieses Zeitraums hat der Schuldner die vereinbarten Verpflichtungen zu erfüllen. Ist dies nicht der Fall, wird der Vergleich gemäß Art. L. 611-10 Abs. 5 C. com. insgesamt auf-

---

[262] Civ 2ème, 7. Januar 1998, JCP 1998.I.129, Nr. 12.

[263] Civ 1ère, 6. Juli 1959, D. 1959.393.

[264] So sind Gehaltsforderungen vom Anwendungsbereich der Art. 1244-1 ff. C. civ. ausgenommen (Soc. 18. November 1992, RTDCiv. 1993.611). Umgekehrt hat die für Handelssachen zuständige Kammer des Kassationshofs entschieden, dass im Rahmen eines *Règlement amiable* Zahlungsfristen nach den Art. 1244-1 ff. C. civ. gegen Steuerforderungen zulässig sind (Com. 16. Juni 1998, D. 1998.429; RTDCom. 1998.918). Diese Entscheidung ist für die Effizienz der Sanierung von großer Bedeutung, da Steuerforderungen nicht selten einen erheblichen Anteil der Gesamtverbindlichkeiten ausmachen.

[265] Civ. 1ère, 16. Dezember 1992, D. 1994 Somm. 18.

gehoben. Dabei ist die Natur der nichterfüllten Verpflichtung unbeachtlich[266]. Ähnlich wie eine Nichtigkeitserklärung (*annulation*) ist eine solche Aufhebung rückwirkend[267] und versetzt die Parteien zurück in den vorigen Stand.

Im Hinblick auf die Folgen der Aufhebung ist Art. L. 611-10 Abs. 5 C. com. nicht ganz unmissverständlich. Diese Vorschrift besagt, dass der Gerichtspräsident die Aufhebung des Vergleichs sowie die Verwirkung sämtlicher gewährten Zahlungsfristen (»*la déchéance de tout délai de paiement accordé*«) anordnet; über das Schicksal der anderen Maßnahmen, wie etwa der gewährten Erlasse, wird indessen nichts gesagt. Teilweise wird das Gesetz dahingehend ausgelegt, dass im Fall der Aufhebung des Vergleichs die gewährten Stundungen hinfällig werden, nicht aber die anderen von den Gläubigern gewährten Maßnahmen, die weiter bestehen bleiben sollen[268]. Dies hätte allerdings zur Folge, dass, wenn im Vergleich überhaupt kein Zahlungsaufschub sondern ausschließlich Erlasse vereinbart worden sind, der Schuldner seine vertraglichen Pflichten verletzen könnte, ohne dass dies für ihn irgendwelche Folgen hätte. Aus diesem Grund sollte die Vorschrift von Art. L. 611-10 Abs. 5 C. com. wohl eher dahingehend ausgelegt werden, dass sie sich ausschließlich auf die gemäß Art. 1244-1 ff. C. civ. erteilten Zahlungsfristen bezieht. Dass der Gesetzgeber ausdrücklich die Aufhebung dieser Gnadenfristen vorgesehen hat, würde insofern verständlich sein, als die Aufhebung des Vergleichs an sich keinerlei Auswirkungen auf sie hat, da sie unabhängig von diesem erteilt werden. Dass sie aber aufgehoben werden sollen, liegt auf der Hand, wenn man bedenkt, dass sie den betroffenen Gläubigern gegen ihren Willen auferlegt wurden. Sie könnten wohl nicht beibehalten werden, wenn auf der anderen Seite diejenigen Gläubiger, die in einen Zahlungsaufschub eingewilligt haben, von ihren Pflichten befreit würden. Diese Auslegung führt zu dem Schluss, dass die Verletzung einer Pflicht aus dem Vergleich durch den Schuldner sowohl zur Aufhebung des gesamten Vergleichs als auch zur Aufhebung der zusätzlich vom Richter gewährten Zahlungsfristen führen muss.

---

[266] Bis zur Reform von 1994 konnte nur die Verletzung einer Pflicht finanzieller Natur eine Aufhebung (*résolution*) begründen.

[267] Vgl. Art. 1183 C. civ.

[268] Vgl. Saint-Alary-Houin, Entreprises en difficulté, Rn. 298.

b) Die Eröffnung eines Anschlussinsolvenzverfahrens

Bis zur Reform von 2005 kam als weitere Sanktion der Nichterfüllung des Vergleichs auch die Eröffnung eines Insolvenzverfahrens in Betracht[269]. Hierbei stellte die Nichterfüllung des Vergleichs einen besonderen Eröffnungsgrund dar, ohne dass das Vorliegen der Zahlungsunfähigkeit gesondert nachgewiesen werden musste. Dieser Automatismus stieß auf zunehmende Kritik und wurde im neuen Recht schließlich aufgegeben, sodass fortan ein Insolvenzverfahren nur dann eröffnet werden kann, wenn der materiellrechtliche Tatbestand der Zahlungsunfähigkeit erfüllt ist. Im Rahmen dieses Anschlussverfahrens wurden durch die Reform von 2005 die Rechte der Gläubiger, die an einer vorangegangenen *Conciliation* teilgenommen haben, jedoch erheblich gestärkt: Sofern sie dem Schuldner neue Kredite (*avances de trésorerie*) gewährt oder ihm neue Güter oder Dienstleistungen geliefert bzw. erbracht haben, werden sie im anschließenden Insolvenzverfahren (und gleichermaßen im Rahmen eines *Sauvegarde*-Verfahrens) bevorrechtigt befriedigt[270]. Dies darf unmissverständlich als eine »Belohnung« der Vergleichsgläubiger, die einen aktiven Beitrag zur *Conciliation* geleistet haben, angesehen werden[271]. Die daraus folgende Ungleichbehandlung zwischen diesen Gläubigern und den »einfachen« Insolvenzgläubigern im Anschlussverfahren, die kein Vorrecht genießen, weil ihre Forderungen außerhalb des Vergleichs (etwa während dessen Umsetzungsphase oder noch vor der Eröffnung der *Conciliation*) entstanden sind, hat der Gesetzgeber in Kauf genommen. Diesbezüglich sei angemerkt, dass zwischen der Verabschiedung des neuen Gesetzes am 13. Juli 2005 und seiner Bekanntmachung am 25. Juli 2005 Verfassungsklage erhoben wurde, u.a. mit der Begründung, dass dieses neue Vorrecht das Gläubigergleichbehandlungsgebot verletze. Das Verfassungsgericht (*Conseil constitutionnel*) hat die Klage abgewiesen mit der Begründung, zum einen dass es nicht gegen das Gleichbehandlungsgebot verstoße, »unterschiedliche Sachverhalte unterschiedlich zu behandeln«, und zum anderen dass Ungleichbehandlungen aus Gründen des Gemeinwohls (*intérêt général*) hingenommen werden können, sofern stets gewährleistet ist, dass die Ungleichbehandlung dem Gesetzeszweck entspricht[272].

---

[269] Vgl. Art. L. 621-3 C. com. a.F.

[270] Art. L. 611-11 C. com.

[271] Sénat-Gesetzgebungsausschuss, Bericht Nr. 335 vom 11. Mai 2005, S. 130.

[272] DC 2005-522 vom 22. Juli 2005 (bei Verfassung unveröffentlicht).

Eine weitere Stärkung der Stellung der Vergleichsgläubiger im Anschlussverfahren kommt dadurch zum Ausdruck, dass sie darin von möglichen Haftungsansprüchen weitgehend freigestellt sind. Es wurde richtigerweise darauf hingewiesen, dass in der Praxis die Bereitschaft zu Sanierungsbeiträgen denkbar gering ausfallen würde, wenn dies im Fall des Scheiterns des Sanierungsversuchs und der Eröffnung eines Anschlussinsolvenzverfahrens als Insolvenzverschleppung angesehen werden könnte. Den Vergleichsgläubigern sollte somit eine gewisse Immunität gegen mögliche spätere Haftungsklagen gewährt werden. Das Gesetz vom 26. Juli 2005 hat diesen Gedanken aufgegriffen: Art. L. 650-1 C. com. bestimmt nun, dass Gläubiger für etwaige aus der Gewährung von Finanzierungshilfen resultierende Schäden nicht haftbar gemacht werden können. Ausnahmen zu dieser Haftungsfreistellung bestehen bei Vorsatz (*fraude*), in den Fällen von Einmischung in die Angelegenheiten des Schuldners[273] oder wenn dem Gläubiger im Gegenzug unverhältnismäßige Sicherheiten gewährt wurden[274]. Diese Haftungsregelung sollte in der ursprünglichen Fassung des Gesetzentwurfs ausschließlich für die *Conciliation* gelten, sie wurde jedoch verallgemeinert und gilt nun sinngemäß auch für die übrigen Verfahrensformen[275]. Auch diese Regelung hat gewisse Bedenken in Bezug auf ihre Verfassungsmäßigkeit hervorgerufen und war ebenfalls Gegenstand der vorstehend erwähnten Verfassungsklage, doch auch hier hat das Verfassungsgericht die Verfassungsmäßigkeit der Neuregelung anerkannt[276].

II. Vergleichende Betrachtungen

Die *Conciliation* ist ein eigenständiges Verfahren, das im Vergleich zu den anderen Insolvenz- und Insolvenzvorbeugungsverfahrensarten weitgehend informell ausgestaltet ist. Dies geht bereits aus der geringen Anzahl von Vorschriften, die der *Conciliation* im *Code de commerce* gewidmet sind, hervor.

---

[273] Was im Wesentlichen dem Tatbestand der faktischen Geschäftsführung entspricht, vgl. Sénat-Gesetzgebungsausschuss, Bericht Nr. 335 vom 11. Mai 2005, S. 442.

[274] »*Les créanciers ne peuvent être tenus pour responsables des préjudices subis du fait des concours consentis, sauf les cas de fraude, d'immixtion caractérisée dans la gestion du débiteur ou si les garanties prises en contrepartie de ces concours sont disproportionnées à ceux-ci.*« (Art. L. 650-1 Abs. 1 C. com.)

[275] Vgl. Sénat-Gesetzgebungsausschuss, Bericht Nr. 335 vom 11. Mai 2005, S. 439

[276] DC 2005-522 vom 22. Juli 2005.

Zudem sind die meisten dieser Vorschriften dispositiver Natur – so ist die Beantragung und die Anordnung des Vollstreckungsverbots fakultativ, die gerichtliche Anerkennung des Vergleichs zum Teil ebenfalls. Das Insolvenzverfahren nach der Insolvenzordnung ist dagegen grundlegend anders konzipiert: Die drohende Zahlungsunfähigkeit stellt lediglich einen besonderen Eröffnungsgrund des ansonsten einheitlichen Insolvenzverfahrens dar. Im Vergleich zu einem Verfahren, das wegen Zahlungsunfähigkeit oder Überschuldung eröffnet wird, ergeben sich dadurch gewisse Besonderheiten in der Eröffnungsphase, danach aber ist die allgemeine Regelung der Insolvenzordnung anzuwenden.

Ein Vergleich zwischen dem äußerst einfach gestalteten französischen Verfahren und der komplexen Regelung der Insolvenzordnung ist wegen dieser unterschiedlichen verfahrensrechtlichen Grundkonzipierung und des weitgehend informellen Charakters der *Conciliation* daher nur bedingt möglich[277]. Einige Aspekte der deutschen Regelung können dennoch hervorgehoben werden, denn sie zeigen, dass unter gewissen Gesichtspunkten die französische *Conciliation* ihr ähnlicher ist als die anderen Verfahrensformen wie etwa die *Sauvegarde* oder das *Redressement judiciaire*.

So ergibt sich aus dem deregulierten Charakter der *Conciliation* eine große Flexibilität für die Beteiligten, die selbstständig eine auf die besonderen Umstände des Einzelfalls zugeschnittene Lösung vereinbaren können. Hervorzuheben im Rahmen dieser Untersuchung ist, dass diese Aspekte der *Conciliation* – Deregulierung, Flexibilität und Gläubigerautonomie – auch zu den Schwerpunkten der deutschen Insolvenzrechtsreform gehörten. Die Beteiligten können im Rahmen des Insolvenzverfahrens zwar nicht jede beliebige Maßnahme treffen, doch zumindest haben sie zwischen verschiedenen Alternativen, die im Gesetz vorgesehen sind, die Wahl. Zwei dieser Institute sind in Verbindung mit einer Verfahrenseröffnung wegen drohender Zahlungsunfähigkeit von besonderer Relevanz: der Insolvenzplan (1) und die Eigenverwaltung (2).

1. Der Insolvenzplan nach den §§ 217 ff. InsO

Ausgehend davon, dass mit der *Conciliation* die Eigensanierung durch den Schuldner angestrebt wird, erscheint das Insolvenzplanverfahren nach den

---

[277] Ein ausführlicher Vergleich zwischen dem Insolvenzverfahren nach französischem und nach deutschem Recht findet im nachfolgenden Teil 3 statt.

§§ 217 ff. InsO das am ehesten vergleichbare Institut im deutschen Recht. Dies dürfte besonders im Hinblick auf die Insolvenzvorbeugung d.h. bei einem wegen drohender Zahlungsunfähigkeit nach § 18 InsO eröffneten Insolvenzverfahren zutreffend sein, in welchem Fall sich das Insolvenzplanverfahren anstelle des liquidationsorientierten Regelverfahrens besonders anbietet[278]. Der Plan als wichtigstes Sanierungsinstrument in der Insolvenz wird unten in Kapitel 6 ausführlicher erörtert. An dieser Stelle der Untersuchung sollen nur einige seiner Grundzüge hervorgehoben werden, die zeigen, dass eine Reihe von Gemeinsamkeiten zwischen der französischen Konzeption der *Conciliation* und dem deutschen Insolvenzplanverfahren bestehen. Im Einzelnen können genannt werden:

- Der Zweck des Insolvenzplans: Mit einem Insolvenzplan können Schuldner und Gläubiger den Ausgang des Verfahrens weitgehend frei bestimmen, da die Insolvenzordnung keinen zwingenden Inhalt für den Insolvenzplan vorschreibt. Daher können ebenso wie im Rahmen der *Conciliation* beliebige Sanierungsmaßnahmen (Stundungen, Erlasse, Restrukturierung usw.) vereinbart werden.
- Die Planinitiative: Ähnlich wie im französischen Verfahren kann der Schuldner bereits im Voraus einen Sanierungsentwurf erstellen und somit dem Gericht schon bei der Antragstellung eine sog. *Prepackaged*-Lösung vorlegen.
- Die Annahme des Plans: Das Insolvenzplanverfahren ist weitgehend privatautonomer Natur. Art und Umfang der geplanten Maßnahmen werden von den Beteiligten ausgehandelt, ggf. unter Mitwirkung eines Sachwalters, dem hierbei ähnlich wie dem *Conciliateur* eine besondere Beratungsfunktion zukommt. Der Plan bedarf grundsätzlich der Zustimmung des Schuldners und der Gläubiger.
- Die Wirkungen des Plans: Im Gegensatz zum französischen Vergleich, der nur gegen diejenigen wirkt, die ihm zugestimmt haben, bindet der Insolvenzplan u.U. auch die Gläubiger, die gegen ihn gestimmt haben[279]. Da das Gericht in Frankreich aber unabhängig von dem Vergleich auch Zahlungsfristen nach den Art. 1244-1 ff. C. civ.

[278] Kübler/Prütting, Kommentar, Rn. 13; Nerlich/Römermann, Kommentar, Rn. 17 und 50.

[279] Zur Obstruktionsregelung nach § 245 InsO vgl. unten, Kapitel 6 Abschnitt B.II.3.b.

verhängen kann, kann in dieser Hinsicht das Ergebnis in beiden Ländern durchaus ähnlich ausfallen[280].

Ein gewichtiger Unterschied betrifft jedoch die Möglichkeit für die Gläubiger, nach Verfahrenseröffnung gegen den Schuldner zu vollstrecken. Während im deutschen Insolvenzverfahren auch im Fall einer Verfahrenseröffnung wegen drohender Zahlungsunfähigkeit das Vollstreckungsverbot nach § 89 InsO zum Tragen kommt, wurde in Frankreich der Vollstreckungsschutz im Rahmen der *Conciliation* durch die Reform von 2005 aufgehoben. Die Aufgabe dieses Schutzes, der als eine Ureigenschaft des Insolvenzverfahrens angesehen werden kann, verstärkt sicherlich den privatautonomen Charakter der *Conciliation*, wenngleich dieser durch die gleichzeitige Möglichkeit, dem Schuldner Zahlungsfristen nach den Artt. 1244-1 ff. C. civ. zu gewähren, relativiert werden muss.

2. Die Eigenverwaltung nach den §§ 270 ff. InsO

In der *Conciliation* behält der Schuldner die Verwaltungs- und Verfügungsbefugnis über sein Vermögen. Dies entspricht nicht § 80 InsO, dessen Vorschrift zufolge die Verwaltungs- und Verfügungsbefugnis mit der Eröffnung des Verfahrens auf den Verwalter übergeht[281]. Doch auch nach deutschem Recht kann beschlossen werden, dass der Schuldner die Insolvenzmasse weiterhin selbst verwaltet. Die sog. Eigenverwaltung kann unter den gesetzlichen Voraussetzungen vom Gericht entweder bei Verfahrenseröffnung oder nachträglich angeordnet werden, wenn die erste Gläubigerversammlung es beantragt. Sie dürfte vorzugsweise dann Anwendung finden, wenn eine Sanierung angestrebt wird, etwa in Verbindung mit einer Eröffnung wegen drohender Zahlungsunfähigkeit und/oder einem Insolvenzplanverfahren. Wird sie beschlossen, so tritt ein Sachwalter anstelle des Insolvenzverwalters, dessen Funktion gewisse Gemeinsamkeiten mit dem französischen Konziliator in der *Conciliation* vorweist. So wirkt insbesondere der Sachwalter gemäß § 284 Satz 2 InsO bei der Ausarbeitung des Plans durch den Insolvenzschuld-

[280] Die Regelung der Art. 1244-1 ff. C. civ. hat keine Entsprechung im deutschen Recht.

[281] Die französische Regelung über die Verwaltung und Verfügung der Masse im Insolvenzverfahren ist wiederum anders konzipiert, insofern der Übergang der entsprechenden Befugnisse auf den Verwalter keinen grundsätzlichen Charakter hat. Er stellt lediglich eine von mehreren Alternativen da, die als gleichrangig anzusehen sind. Näheres hierzu unten Kapitel 6, Abschnitt C.I.1.

ner »beratend« mit. Er kann aber auch von der Gläubigerversammlung beauftragt werden, den Plan selbst aufzustellen.

Aufgrund dieser Gemeinsamkeiten können einige der bislang in Frankreich mit dem *Règlement amiable* gemachten Erfahrungen zur Beurteilung der Praxisrelevanz des deutsch-rechtlichen Insolvenzverfahrens wegen drohender Zahlungsunfähigkeit herangezogen werden.

D. Die außergerichtliche Sanierung in der Praxis

I. Frankreich

Statistiken zum neuen Institut der *Conciliation* sind noch nicht verfügbar. Auch hinsichtlich des *Règlement amiable* wurde keine Gesamtstatistik geführt, sodass es nicht möglich ist, eine exakte Aussage über die tatsächliche Relevanz dieses Instituts in der Praxis zu geben. Vereinzelt finden sich Zahlen für ein bestimmtes Gericht und einen bestimmten Zeitraum, wie etwa das Handelsgericht von Paris, bei dem in den ersten Geltungsjahren der Regelung vom 1. März 1984 weniger als fünf Vergleiche pro Jahr geschlossen wurden[282]. Nach 1991 soll die Zahl sich etwas erhöht haben, was auf die damalige schwere Krise des Immobiliensektors zurückzuführen sei, welche die Betroffenen verstärkt dazu veranlasst habe, gütliche Lösungen zur Abwendung der Insolvenz zu suchen[283]. Aktuellere Angaben gibt es kaum und wenn doch, dann sind sie oftmals nur bedingt aussagekräftig, wie etwa die Statistik für die Jahre 2000 und 2001, ebenfalls vom Pariser Handelsgericht, wonach in diesen Jahren je 11 bzw. 24 Anträge auf Bestellung eines Konziliators im Rahmen der Vorbeugung (*prévention*) gestellt wurden[284].

Allgemein scheint es, dass das *Règlement amiable* in der Praxis eine geringe Anwendung fand. Dies bestätigt die bislang einzige landesweit durchgeführte Zählung, die für die Jahre 1996-1997 von der Hauptversammlung der Handelsgerichte (*Conférence générale des tribunaux de commerce*) im Rahmen einer Studie von April 1998 vorgenommen wurde. An dieser Zählung

[282] Genaue Zahlen in: Lamy commercial (2001), Rn. 2426.

[283] Ebenda, Rn. 2427.

[284] Quelle: Internet-Seite des Pariser Handelsgerichts (www.greffe-tc-paris.fr). Diese Zahlen geben also keinen Aufschluss über die Vergleiche, die tatsächlich geschlossen worden sind, ebenso wenig über deren Erfolgsquote.

haben 196 von damals insgesamt 227 Handelsgerichten mitgewirkt sowie fünf von sieben Großinstanzgerichten in Elsass/Lothringen. Ihr zufolge wurden in den o.g. Jahren jeweils 532 bzw. 419 Konziliatoren bestellt, in etwa 35% bzw. 44% der Fälle konnte kein Vergleich zustande kommen oder der Vergleich wurde nicht erfüllt, wobei zum Zeitpunkt der Zählung ein Teil der Verfahren noch anhängig war. Der Erfolg des Verfahrens konnte definitiv in ca. 42% bzw. 56% der Fälle festgestellt werden[285]. Diese an sich nicht schlechte Erfolgsquote darf nicht darüber hinwegtäuschen, dass es nur in äußerst wenigen Fällen überhaupt zur Bestellung eines Konziliators gekommen war, woran auch die festgestellten Jahresschwankungen zwischen 1996 und 1997 nichts Wesentliches ändern. Den durchschnittlich ca. 500 jährlichen Bestellungen von Konziliatoren, die wiederum in etwa 50% der Fälle zu einer Abwendung der Insolvenz führen konnten, war die um ein Hundertfaches höhere Zahl von eröffneten Insolvenzverfahren gegenüber zu stellen, die sich in den beiden untersuchten Jahren auf je 56.606 bzw. 58.046 belief[286].

Die Nutzung des außergerichtlichen Sanierungsverfahrens fällt im Ergebnis also eher enttäuschend aus[287]. Dies war nach allgemeiner Ansicht im Wesentlichen darauf zurückzuführen, dass die meisten der für ein *Règlement amiable* in Frage kommenden Unternehmen nicht mehr lediglich mit »Schwierigkeiten rechtlicher, wirtschaftlicher oder finanzieller Natur« konfrontiert waren, sondern dass der Zustand der Zahlungsunfähigkeit bereits eingetreten war[288]. Infolgedessen konnte unter der alten Regelung auch keine außergerichtliche Insolvenzabwendung mehr zum Tragen kommen, sondern es musste ein Insolvenzverfahren eröffnet werden.

Der Grund, weshalb das *Règlement amiable* in der Praxis nicht bzw. nicht rechtzeitig in die Wege geleitet wurde, war zu einem großen Teil auf

---

285 Die genannte Statistik ist im Internet auf der Seite der Generalversammlung der Handelsgerichte (www.cgtribc.org.) abrufbar.

286 Quelle: INSEE, Annuaire statistique de la Justice 1996-2000, S. 87.

287 Die anderen Vorbeugungsinstrumente, die einen nicht freiwilligen Eingriff in die unternehmerischen Angelegenheiten beinhalten, wie etwa die verschiedenen Alarmverfahren, spielen so gut wie keine praktische Rolle (vgl. Saint-Alary-Houin, Entreprises en difficulté, Rn. 64). Allein das Institut der *Ad hoc*-Verwaltung scheint etwas öfter Anwendung zu finden: Der o.g. Studie der Generalversammlung der Handelsgerichte zufolge wurden in den Jahren 1996 und 1997 986 bzw. 1081 Verwalter bestellt, mit einer Erfolgsquote von 40% bis 50%.

288 Lamy commercial, Rn. 2426.

strukturelle Schwächen und Unklarheiten der damaligen Gesetzesregelung zurückzuführen, die die Antragstellung für die Adressaten der Regelung insgesamt nicht attraktiv genug machte. Hauptkritikpunkte waren in diesem Zusammenhang:

- die uneinheitliche Regelung der gerichtlichen Anerkennung des Vergleichs (*homologation*),
- die zeitliche Begrenzung des Vergleichsverfahrens auf damals drei Monate mit einer Verlängerungsmöglichkeit für einen weiteren Monat. Dieser Zeitraum wurde als zu kurz empfunden, was in der Praxis dazu führte, dass vor der Stellung des Antrags auf Bestellung eines Konziliators eine *Ad hoc*-Verwaltung gewissermaßen als Vorbereitungsphase für den *Règlement amiable* durchgeführt wird[289] sowie
- das Vollstreckungs- und Verfügungsverbot, das hauptsächlich aus zwei Gründen als faktisches Hindernis für einen Erfolg des *Règlement amiable* angesehen wurde. Zum einen hatte der Vergleich für Bürgen des Schuldners keine befreiende Wirkung. Da es vor allem in kleineren Unternehmensstrukturen (z.B. Einmann-GmbH) aber praktisch oftmals der Gesellschafter/Geschäftsführer selbst ist, der sich persönlich für die Geschäfte des Unternehmens verbürgt, brachte die Eröffnung eines *Règlement amiable*, mit dem damit einhergehenden Risiko, dass ein Vollstreckungs- und Verfügungsverbot angeordnet wird, für ihn überhaupt keinen Vorteil. Zum anderen und vor allem wurde dem Institut der *Suspension provisoire des poursuites* vorgeworfen, es verleihe der Angelegenheit einen stark prozessualen Charakter, wodurch die Schwierigkeiten des Unternehmens offenkundig würden. Da das Vollstreckungsverbot Gegenstand von diversen Publizitätsmaßnahmen (z.B. ein Vermerk in das Handelsregister) war, wurde das Unternehmen in der Tat in eine Lage versetzt, die aus Sicht eines Dritten der eines insolventen Unternehmens ähneln konnte. Dadurch konnte sich dessen Finanz- und Kreditlage u.U. zusätzlich verschärfen und somit die Effektivität der Sanierungsbemühungen gefährden.

Wie vorstehend gezeigt, wurden diese Schwächen im Zug der Reform von 2005 größtenteils beseitigt. So wurde insbesondere die Vertraulichkeit des Verfahrens verbessert, indem aufgrund der Aufgabe des Vollstreckungsverbots erst der Beschluss, in dem der Vergleich gerichtlich anerkannt wird

[289] Assemblée Nationale/Sénat, Bericht Nr. 3451/120 vom 5. Dez. 2001, S. 26 f.

(also nachdem die *Conciliation* durchgeführt worden ist), Gegenstand einer Veröffentlichung ist. Dadurch verspricht sich der Gesetzgeber einen Anstieg der Eröffnungsanträge und einen Abbau der psychologischen Hürden bei den Betroffenen, namentlich beim Schuldner, der Krisenansätze oftmals nicht wahrhaben will und ein gerichtliches Schuldenbereinigungsverfahren, sei es noch so wenig geprägt von richterlichen Eingriffen, stets mit dem Gedanken des Konkurses und des persönlichen Scheiterns assoziiert. Die Zukunft wird zeigen, ob sich diese Hoffnung bewahrheiten wird und ob krisengefährdete Schuldner rechtzeitig das Instrument der *Conciliation* nutzen werden.

Unstrittig dürfte hingegen sein, dass die Einführung der Zahlungsunfähigkeit als ein zweiter Eröffnungsgrund zu einem statistischen Anstieg der *Conciliation* im Vergleich zum früheren *Règlement amiable* führen dürfte. Die Überschneidung mit dem Eröffnungsgrund des regelmäßigen Insolvenzverfahrens wird unweigerlich zu einem gewissen »Wettbewerb« zwischen außergerichtlichen und gerichtlichen Sanierungsverfahrensformen führen. Dass ferner dieser Wettbewerb regelmäßig zugunsten der für den Schuldner attraktiveren *Conciliation* ausfallen dürfte, hat der Gesetzgeber hingenommen – das *Redressement judiciaire* wird somit zum Verfahren, das in Frage kommt, wenn entweder die *Conciliation* ausgeschlossen erscheint (etwa weil die Zahlungsunfähigkeit seit mehr als 45 Tagen eingetreten ist) oder weil eine vorangegangene *Conciliation* bereits gescheitert ist. Ein wesentlicher Ansatz bei der Einführung dieses zweiten Eröffnungsgrunds war darüber hinaus die Vermeidung einer Unterbrechung des gütlichen Sanierungsverfahrens, wenn während dessen Dauer die Zahlungsunfähigkeit erst eintritt[290]. Ausschlaggebend ist im Krisenfall nach wie vor, dass Sanierungsmaßnahmen möglichst frühzeitig eingeleitet werden. Wie sich das Zusammenspiel zwischen *Conciliation* und der übrigen Sanierungsinstrumente gestalten wird, bleibt abzuwarten.

II. Vergleichende Betrachtungen

In Deutschland wird seit Inkrafttreten der Insolvenzordnung eine nach Eröffnungsgründen klassifizierte Statistik der Eröffnungen von Insolvenzverfahren geführt, die sich in Bezug auf die drohende Zahlungsunfähigkeit wie folgt präsentiert:

[290] Sénat-Gesetzgebungsausschuss, Bericht Nr. 335 vom 11. Mai 2005, S. 46.

	1999	2000	2001	2002
Verfahrenseröffnungen wegen drohender Zahlungsunfähigkeit	4.754	2.593	266	323

Quelle: Statistisches Bundesamt, Fachserie 2, R 4.1, 12/02, Tabelle 10.

Es lässt sich ein besonders starker Unterschied feststellen zwischen den beiden ersten Geltungsjahren der Insolvenzordnung und den Jahren 2001/2002, in denen die Zahl der Verfahrenseröffnungen wegen drohender Zahlungsunfähigkeit um etwa das Zehnfache gesunken ist. Vermutlich kann die hohe Zahl im Jahr 1999 teilweise auf die Euphorie und die breite Informationskampagne, die das Inkrafttreten der neuen Regelung begleitet haben, zurückgeführt werden. Dass sich in den Folgejahren die Zahl der Eröffnungen um etwa 300 stabilisiert hat und in der Zukunft möglicherweise auch nicht wieder bedeutend ansteigen wird, dürfte zu einem nicht unwesentlichen Teil dieselben Gründe haben wie in Frankreich hinsichtlich des *Règlement amiable*: die Haltung der Schuldner, die oftmals aufgrund einer Art Verdrängungsreflex insolvenznahe Problematiken solange von sich weisen, bis die Zahlungsunfähigkeit nicht mehr lediglich eine Drohung darstellt, sondern bereits längst eingetreten ist. Die regelmäßig gehegte Hoffnung, die Krise aus eigenen Kräften überwinden zu können, dürfte in Deutschland umso mehr den Grund für eine nicht rechtzeitige Krisenbewältigung mittels der neuen gesetzlichen Sanierungsinstrumente bilden, als der Bezug zum Regelinsolvenzverfahren – zum »Konkurs« – noch ausgeprägter ist als in Frankreich. In dieser Hinsicht bildet der Ansatz in Frankreich, anders gestaltete Sanierungsmechanismen wie die *Conciliation* zur Verfügung zu stellen, eine mögliche Antwort auf das hier wie dort wohl bekannte Phänomen des Hinauszögerns seitens der Schuldner. Obgleich die Vorgängerinstitute der *Conciliation* zumindest quantitativ nicht zu den erhofften Ergebnissen geführt haben, bleibt abzuwarten, ob die neue Regelung einen praxisgerechteren Rahmen zur Krisenbewältigung in der Frühphase darstellt.

Wie im nachfolgenden Teil gezeigt wird, stellen jedoch sowohl die französische als auch die deutsche Insolvenzregelung Instrumente zur Verfügung, die eine Sanierung auch nach bereits eingetretener Zahlungsunfähigkeit bzw. Überschuldung ermöglichen.

Dritter Teil: Gerichtliche Sanierungsinstrumente nach Eintritt der Insolvenz

Im Folgenden wird untersucht, welche Instrumente die französische und die deutsche Insolvenzregelung bereithalten, um die Sanierung nach Eintritt der Insolvenz in einem gerichtlich geordneten Verfahren zu ermöglichen. Der Begriff »Sanierung« bezieht sich hierbei sowohl auf die Eigensanierung (Fortführung des Unternehmens unter dem bisherigen Rechtsträger) als auch auf die Fremdsanierung (Übertragung des Unternehmens an einen Dritten). Ausgangspunkt bildet jeweils die französische Regelung des *Redressement judiciaire*. Dabei sei angemerkt, dass die neue Gesetzessystematik des *Code de commerce* an das neue *Sauvegarde*-Verfahren anknüpft, dessen Vorschriften größtenteils auf das *Redressement judiciaire* anzuwenden sind. Sonderregelungen befinden sich im Titel III des VI. Buches[291]. Die Regelung der *Sauvegarde* wird anschließend in Teil 4 gesondert dargestellt.

In Teil 3 werden somit sukzessiv untersucht:

- die Eröffnungsvoraussetzungen des Verfahrens (Kapitel 4),
- die Organe des Verfahrens (Kapitel 5),
- die Etappen des Planverfahrens (Kapitel 6) sowie
- die inhaltliche Gestaltung des Sanierungsplans (Kapitel 7).

[291] Artt. L. 631-1 bis L. 632-4 C. com.

Kapitel 4:

Die Eröffnung des Verfahrens

Nachfolgend wird die Anfangsphase des Insolvenzverfahrens, von der Antragsstellung bis zum Erlass des Eröffnungsurteils bzw. -beschlusses geschildert. In einem ersten Abschnitt wird der materielle Anwendungsbereich der Insolvenzregelung nach französischem und nach deutschem Recht dargestellt (A). In diesem Rahmen soll zunächst festgestellt werden, ob sich aufgrund der unterschiedlichen Rechtstraditionen hinsichtlich der Eigenschaft des Schuldners – grundsätzliche Beschränkung des Verfahrens auf Kaufleute in Frankreich, allgemeine Anwendung auf Privatpersonen in Deutschland – heute noch nennenswerte Unterschiede im Anwendungsbereich des Insolvenzrechts ergeben (A.I). Danach werden die jeweiligen Insolvenztatbestände verglichen, also primär der Begriff der Zahlungsunfähigkeit, der in beiden Ländern ein Verfahrensauslöser ist, neben weiteren besonderen Eröffnungsgründen (A.II). In einem zweiten Abschnitt wird der formelle Ablauf des Eröffnungsverfahrens nach französischem und nach deutschem Recht geschildert (B): Nach der Regelung der Gerichtszuständigkeit (B.I), werden die Modalitäten der Antragsstellung (B.II) sowie die Tätigkeit des Gerichts im Eröffnungsverfahren (B.III) erörtert.

A. Materiell-rechtliche Eröffnungsvoraussetzungen

I. Der Schuldner

1. Französische Regelung

Mit dem *Code de commerce* von 1807 wurde grundsätzlich festgelegt, dass das Insolvenzverfahren nur auf Kaufleute bzw. Handelsgesellschaften anzuwenden ist. Von diesem Grundsatz hat man sich im Lauf der Zeit gelöst, insbesondere mit der Reform von 1967, welche die Eröffnung eines Insolvenzverfahrens über das Vermögen einer jeden juristischen Person des Privatrechts ermöglichte[292]. Die Tendenz zur Erweiterung des Anwendungsbereichs

[292] Vgl. hierzu oben, Kapitel 1, Abschnitt B.I.

des Insolvenzrechts hat sich mit den Gesetzen von 1985 bestätigt: Seitdem steht der Begriff des Unternehmens (*entreprise*) im Mittelpunkt des Insolvenzrechts. Daran hat auch die Reform von 2005 nichts geändert – die Überschrift des sechsten Buchs wurde lediglich sprachlich angepasst, um der Erweiterung des verfahrensrechtlichen Instrumentariums Rechnung zu tragen, die Bezugnahme auf das Unternehmen ist erhalten geblieben[293]. Die kaufmännische Eigenschaft spielt daher nur noch bei natürlichen Personen eine gewisse Rolle, ist aber nicht mehr das einzige Kriterium für die Anwendbarkeit der Insolvenzregelung, da das Gesetz vorsieht, dass auch andere natürliche Personen als Kaufleute dem Insolvenzverfahren unterliegen. Bei Vereinigungen ist heute allein das Kriterium der juristischen Persönlichkeit maßgeblich.

Bis zum Inkrafttreten der Reform von 2005 konnte ein Insolvenzverfahren über das Vermögen der folgenden Personengruppen eröffnet werden: Kaufleute (a), privatrechtliche juristische Personen (b), sowie Handwerker und Landwirte (c). Seit der Reform von 2005 ist eine weitere Kategorie insolvenzfähiger Personen hinzugekommen – die der selbstständig tätigen natürlichen Personen (d). Zudem bestehen gewisse besondere Insolvenzeröffnungsfälle, die mit der Reform von 2005 jedoch erheblich reduziert wurden (e).

a) Kaufleute

Nach Art. L. 631-2 Abs. 1 C. com. sind zunächst Kaufleute (*commerçants)* insolvenzfähig. Die Definition des Kaufmanns geht auf den ehem. Art. 1 C. com. in der Fassung von 1807 zurück, der im heutigen Art. L. 121-1 C. com. unverändert beibehalten wurde. Nach dieser Vorschrift ist derjenige Kaufmann, der Handelsakte (*actes de commerce*) als regelmäßige Erwerbstätigkeit (*profession habituelle*) ausübt. Handelsakte sind Geschäfte, die in den Artt. L. 110-1 und L. 110-2 C. com. limitativ aufgelistet sind. Nach gefestigter Rechtsprechung setzt die Anerkennung der Kaufmannseigenschaft ferner voraus, dass die Tätigkeit nach Art. L. 121-1 C. com. im eigenen Namen und auf eigene Rechnung erfolgt[294].

[293] Das 6. Buch des Code de commerce ist jetzt betitelt »Des difficultés des entreprises«.

[294] Demnach sind beispielsweise angestellte Handelsvertreter (Civ. 15. März 1912, DP 1912.1.303) oder Versicherungsmakler (Cass. Req. 8. November 1933, D.H. 1933.586) keine Kaufleute.

Eine natürliche Person, die die Kaufmannseigenschaft erwirbt, ist verpflichtet, sich in das Handels- und Gesellschaftsregister (*registre du commerce et des sociétés*) einzutragen. Nach Art. 7 Abs. 1 der Verordnung vom 30. Mai 1984 über das Handels- und Gesellschaftsregister[295] hat diese Eintragung innerhalb von 15 Tagen nach Beginn der Handelstätigkeit nach Art. L. 110-1 oder L. 110-2 C. com. zu erfolgen[296]. Die Registereintragung wirkt stets deklaratorisch, d.h. ihr Vorliegen oder ihr Fehlen hat keinerlei Auswirkung auf die kaufmännische Eigenschaft, die unabhängig davon besteht oder nicht besteht. Der Eintragung kommt lediglich eine Publizitäts- und Beweisfunktion zu, insofern mit ihr die widerlegbare Vermutung verbunden ist, der Eingetragene sei Kaufmann. Ist er es nicht, so können – gemäß der französischen Rechtsscheinlehre (*théorie de l'apparence*)[297], die hier eine gesetzliche Konkretisierung erfahren hat – Dritte, welche die wahre Lage nicht kannten, sich auf diese berufen. Dieses Recht besteht nur dann nicht, wenn der Dritte bzw. die Behörde die Lage des Betroffenen tatsächlich kannte. Der Kaufmann, der seiner Eintragungspflicht nicht nachkommt, kann sich seinerseits nicht auf diesen Umstand berufen, um sich seinen kaufmännischen Pflichten zu entziehen[298].

Der französische Begriff des Kaufmanns entspricht insoweit weitgehend dem des Kaufmanns kraft Gewerbebetriebs nach § 1 HGB, also dem sog. Musskaufmann bzw. – seit der Handelsrechtsreform von 1998[299] – dem Istkaufmann. Die Kaufmannseigenschaft hängt von der tatsächlich ausgeübten Tätigkeit ab, die Registereintragung wirkt nur deklaratorisch. Aus verglei-

[295] Décret n° 84-406 du 30 mai 1984 relatif au registre du commerce et des sociétés.

[296] Dieselbe fünfzehntägige Frist gilt für juristische Personen, sofern sie weder eine Gesellschaft noch eine wirtschaftliche Interessenvereinigung (*groupement d'intérêt économique, GIE* – vgl. hierzu unten) sind; ansonsten muss die Eintragung nach Abschluss der Gründungsformalitäten beantragt werden (Art. 14 Abs. 3 der Verordnung vom 30. Mai 1984), ohne Bestimmung einer Frist.

[297] Eingehend zur französischen Rechtsscheinlehre vgl. Ferid/Sonnenberger, FranzZivRecht 1/1 Rn. 1 C 106 ff. Zur sehr ähnlich gestalteten Haftung des Rechtsscheinkaufmanns nach deutschem Recht vgl. Baumbach/Hopt, Handelsgesetzbuch § 5 Rn. 9 ff., sowie Karsten Schmidt, Handelsrecht S. 323 ff.

[298] Hierzu vgl. die Art. L. 123-6 ff. C. com.

[299] Gesetz zur Neuregelung des Kaufmanns- und Firmenrechts und zur Änderung anderer handels- und gesellschaftsrechtlicher Vorschriften vom 22. Juni 1998 (BGBl.I.1474).

chender Sicht ist hervorzuheben, dass in Frankreich die auch in Deutschland bis 1998 geltende traditionelle Systematik beibehalten wurde, wonach die für die Kaufmannsdefinition einschlägigen Tätigkeiten (*actes de commerce*) im Gesetz abschließend aufgezählt sind. Insbesondere im Rahmen der Reform des Handelsrechts im Jahr 2000 hat man es nicht für erforderlich gehalten, die gesetzliche Aufzählung zu ändern oder gar aufzuheben. Das liegt wohl daran, dass der Begriff des Kaufmanns, der sich aus der im Lauf der letzten Jahrzehnte regelmäßig angepassten bzw. erweiterten gesetzlichen Liste von Handelsakten ergibt[300], welche obendrein von der Rechtsprechung oftmals weit ausgelegt wird[301], heute als ausreichend umfassend und bestimmt erscheint. In Deutschland dagegen hat man sich hiervon im Zug der Handelsrechtsreform von 1998 zugunsten einer abstrakten Definition des Handelsgewerbes verabschiedet[302].

Eine Besonderheit der französischen Kaufmannssystematik im Vergleich zur deutschen ist, dass neben dem Kaufmannsbegriff nach Art. L. 110-1 C. com. lediglich die Form des Kaufmanns kraft Rechtsform besteht – ebenso wie in Deutschland sind gewisse Gesellschaften zwingend kaufmännischer Natur, ungeachtet dessen, ob ihr Gegenstand das Betreiben eines Handelsge-

300 Nennenswerte Änderungen des ehem. Art. 632 Abs. C. com. (nun Art. L. 110-1 C. com.) wurden durch Gesetze vom 7. Juni 1894 (Art. L. 110-1 Nr. 10 C. com.), vom 13. Juli 1967 (Art. L. 110-1 Nr. 1 und 3 C. com.) und vom 9. Juli 1970 (Art. L. 110-1 Nr. 2 C. com.) vorgenommen.

301 So hat der Kassationshof bereits im 19. Jh. geurteilt, dass Fixprämien-Versicherungsgesellschaften (*sociétés d'assurances à primes fixes*) nach ehem. Art. 632 Abs. C. com. (heute Art. L. 110-1 C. com.) die Kaufmannseigenschaft besitzen (Civ. 5. Februar 1884, DP 1894.1.134). Diese Entscheidung beruht im Wesentlichen auf einer Analogie zum im Gesetz ausdrücklich als kaufmännisch bezeichneten Bankgeschäft.

302 Die neue Legaldefinition in § 1 Abs. 2 HGB n.F. verzichtet auf die Aufzählung der Handelsgewerbe: »Handelsgewerbe ist jeder Gewerbebetrieb, es sei denn, dass das Unternehmen nach Art oder Umfang einen in kaufmännischer Weise eingerichteten Geschäftbetrieb nicht erfordert.« Die bis Inkrafttreten des Handelsrechtsreformgesetzes geltende abschließende Aufzählung der Handelsgewerbe in § 1 Abs. 2 HGB Nr. 1 bis 9 a.F. galt allgemein als überholt. Davon nicht erfasst waren insbesondere Bauunternehmer, Häusermakler, Kino- oder Freizeitparkbetreiber, deren Kaufmannseigenschaft somit von der (fakultativen) Eintragung in das Handelsregister abhing, was von der h.M. größtenteils als unbefriedigend angesehen wurde. (Vgl. z.B. Karsten Schmidt, Handelsrecht, S. 50 und S. 306 f.).

werbes ist oder nicht[303]. Weitere Möglichkeiten, die kaufmännische Eigenschaft zu erwerben, existieren jedoch nicht. Insbesondere gibt es in Frankreich keine Entsprechung zur Rechtsfigur des Kaufmanns kraft Eintragung gemäß den §§ 2, 3 oder 5 HGB n.F. Somit wirkt die Eintragung ins Handels- und Gesellschaftsregister nach französischem Recht niemals konstitutiv, sondern sie begründet lediglich die oben ausgeführte Vermutung der Kaufmannseigenschaft. Diese bestimmt sich nach denselben Kriterien ungeachtet der Größe des betriebenen Gewerbes.

b) Juristische Personen des Privatrechts

Art. L. 631-2 Abs. 1 C. com. behält das der Insolvenzregelung von 1967 zugrunde liegende Prinzip bei[304], wonach jede juristische Person des Privatrechts (*toute personne morale de droit privé*) insolvenzfähig ist. Die Gesetzesformulierung ist äußerst weitreichend, da so gut wie alle Gesellschaftsformen sowie zahlreiche weitere Vereinigungen davon erfasst sind.

aa) Gesellschaften

Aufgrund des Kriteriums der juristischen Persönlichkeit fallen fast alle Gesellschaftsformen in den Anwendungsbereich des Insolvenzverfahrens. Die juristische Persönlichkeit entsteht in Frankreich mit der Eintragung in das Handels- und Gesellschaftsregister[305]. Eine Besonderheit des französischen Gesellschaftsrechts ist, dass diese Eintragung, mithin das Erlangen der Rechtspersönlichkeit, nicht den Kapitalgesellschaften vorbehalten ist, sondern auch für Personengesellschaften einschließlich der bürgerlich-rechtlichen Gesellschaftsformen gilt.

Insolvenzfähig ist somit jede Aktiengesellschaft (*société anonyme, SA*)[306], Kommanditgesellschaft auf Aktien (*société en commandite par*

---

[303] Gemäß Art. L. 210-1 Abs. 2 C. com. (ehem. Art. 1 Abs. 2 des Gesetzes Nr. 66-537 vom 24. Juli 1966 über Handelsgesellschaften) sind kaufmännisch aufgrund ihrer Form: die offene Handelsgesellschaft (*société en nom collectif*), die Kommanditgesellschaft (*société en commandite simple*), die GmbH (*société à responsabilité limitée*) sowie die verschiedenen Formen von Aktiengesellschaften (*sociétés par actions*).

[304] Vgl. oben Kapitel 1, Abschnitt C.I.3.a.

[305] Art. 1842 Abs. 1 C. civ., Art. L. 210-6 C. com.

[306] In Frankreich bestehen zwei Grundformen von AGs: Neben der klassischen *SA*, deren Geschäftsleitungsorgan aus einem Verwaltungsrat (*conseil d'administration*)

actions)[307], sog. vereinfachte Aktiengesellschaft (*société par actions simplifiée, SAS*)[308] sowie GmbH (*société à responsabilité limitée, SARL*)[309] und Einmann-GmbH (*entreprise unipersonnelle à responsabilité limitée, EURL*)[310],

besteht, wurde im Zug der Reform der Handelsgesellschaften von 1966 die Form der AG mit Vorstand (*directoire*) und Aufsichtsrat (*conseil de surveillance*) nach deutschem Vorbild eingeführt – allerdings ohne allzu großen praktischen Erfolg. Die Regelung der *SA* findet sich in den Artt. L. 224-1 bis L. 225-257 C. com. sowie in den Artt. 54 bis 201 der Verordnung Nr. 67-236 vom 23. März 1967.

307 Zur Regelung der französischen KGaA, vgl. insbesondere die Artt. L. 224-1 bis L. 224-3 sowie L. 226-1 bis L. 226-14 C. com.

308 Die *SAS* wurde durch das Gesetz Nr. 94-1 vom 3. Januar 1994 geschaffen, um Großkonzernen eine rechtliche Struktur zu bieten. Ursprünglich musste sie ausschließlich aus Gesellschaften bestehen, deren Stammkapital mindestens 1.500.000 Francs betrug und vollständig eingezahlt war. Seit dem Novellierungsgesetz Nr. 99-587 vom 12. Juli 1999 kann jede – auch natürliche – Person Gesellschafter einer *SAS* werden, was diese Gesellschaftsform auch für mittelständische Unternehmen attraktiv macht. Die *SAS* kann mittlerweile auch aus einem alleinigen Gesellschafter (*associé unique*) bestehen, was u.a. eine 100%ige Kontrolle über eine Filiale ermöglicht. Die Flexibilität und der deregulierte Charakter der *SAS* besteht nach wie vor: Grundsätzlich sind die Vorschriften der *SA* anzuwenden, aber insb. die Geschäftsleitung, die Verwaltung und die Regelung hinsichtlich der Gesellschafterversammlungen werden von den Gesellschaftern in der Satzung weitgehend frei bestimmt. Aufgrund des besonders ausgeprägten *intuitus personae*, gilt die *SAS* nicht als reine Kapitalgesellschaft. (Zur gesetzlichen Regelung der *SAS*, vgl. Artt. L. 227-1 bis 227-20 C. com.)

309 Die *SARL* wurde durch ein Gesetz vom 7. März 1925 nach dem Vorbild der deutschen GmbH in Frankreich eingeführt und galt ursprünglich als Personengesellschaft (vgl. Merle, Sociétés commerciales Rn. 12). Heute sieht die h.L. in ihr eine Gesellschaftsform eigener Art (*société hybride*), die Elemente sowohl von Personen- als auch von Kapitalgesellschaften beinhaltet (vgl. Merle, Droit commercial, Rn. 174). Die Regelung der *SARL* findet sich in den Artt. L. 223-1 bis L. 223-43 C. com., sowie in den Artt. 20 bis 53 der Verordnung Nr. 67-236.

310 Die *EURL* wurde ebenfalls nach dem Vorbild des deutschen GmbHG i.d.F. der Novelle vom 4. Juli 1980 (BGBl. I. 836) durch das Gesetz Nr. 85-697 vom 11. Juli 1985 in das französische Recht eingeführt. Trotz des gesetzlichen Wortlauts »*entreprise*« ist sie stets eine Gesellschaft bzw. eine *SARL*, die aus einem einzigen Gesellschafter besteht – sie ist insbesondere nicht das Sondervermögen eines Unternehmers (vgl. hierzu Merle, Droit commercial, Rn. 232). Grundsätzlich unterliegt sie derselben Regelung wie die *SARL*, unter Berücksichtigung gewisser Sonderbestimmungen. Es bestehen zudem Spezialformen der *SARL/EURL*, die gleichermaßen insolvenzfähig sind, wie die *EARL* (*exploitation agricole à responsabilité limitée*) für Landwirte oder die vor kurzem eingeführte sog. *SELARL* (*société d'exercice libéral à responsabilité limitée*) für Freiberufler.

ferner aber auch jede offene Handelsgesellschaft (*société en nom collectif, SNC*)[311], Kommanditgesellschaft (*société en commandite simple*)[312] sowie die verschiedenen bürgerlich-rechtlichen Gesellschaftsformen (*sociétés civiles*)[313].

Über keine Rechtspersönlichkeit verfügt die stille Gesellschaft (*société en participation*) nach den Artt. 1871 bis 1872-2 C. civ., die daher selbst in ihrer – nach französischem Recht möglichen – offenkundigen Form (*société en participation ostensible*) mangels Registereintragung nicht insolvenzfähig ist. Dasselbe gilt für die gemäß Art. 1873 C. civ. der Regelung über die stille Gesellschaft unterliegende faktische Gesellschaft (*société créée de fait*)[314] sowie für die in der Gründungsphase befindliche, noch nicht eingetragene Gesellschaft (*société en formation*)[315]. Ebenfalls nicht insolvenzfähig ist der Konzern, der nach ständiger Rechtsprechung als solcher keine eigene Rechtspersönlichkeit besitzt[316]. Es muss ein separates Insolvenzverfahren über jede Konzerngesellschaft eröffnet werden, was insbesondere bei jeder das Feststellen eines materiellen Eröffnungsgrunds voraussetzt[317], es sei denn, es wird eine Scheingesellschaft oder eine Vermögensverflechtung festgestellt, in welchem Fall das Verfahren auf weitere Konzerngesellschaften erweitert werden kann[318].

---

311 Zur Regelung der *SNC*, vgl. insbesondere die Artt. L. 221-1 bis L. 221-16 C. com.

312 Zur Regelung der KG nach französischem Recht, vgl. insbesondere die Artt. L. 222-1 bis L. 222-11 C. com.

313 Die Grundform der *société civile* ist geregelt in den Artt. 1845 bis 1870-1 C. civ. i.d.F. des Gesetzes Nr. 78-9 vom 4. Januar 1978. Daneben bestehen in Frankreich zahlreiche Sonderformen von GbR (*sociétés civiles à statut légal spécial*), darunter die bürgerlich-rechtlichen Immobiliengesellschaften (*sociétés civiles immobilières*) oder die verschiedenen Formen von Land- und Forstwirtschafts- (*groupements forestiers, groupements agricoles d'exploitation en commun, groupements fonciers agricoles*) sowie Berufs- bzw. Partnerschaftsgesellschaften (*sociétés civiles professionnelles*), die entsprechenden Sonderregelungen unterliegen. Zu einer Darstellung dieser Gesellschaften vgl. Didier, Droit commercial II S. 97 ff.

314 Com. 7. Oktober 1986, Bull. Joly 1987. 32.

315 Com. 10. März 1987, D. 1987. Somm. 355; JCP 1987. II. 20830.

316 Vgl. z.B. Com. 2. April 1996, Dr. sociétés 1996, Nr. 118; Rev. sociétés 1996. 573.

317 Com. 5. April 1994, Dr. sociétés 1995, Nr. 28.

318 Vgl. hierzu unten, Abschnitt e.bb.

Insolvenzfähig sind hingegen Gesellschaften, die bereits eingetragen waren, es aber nicht mehr sind, so wie die aufgelöste Gesellschaft (*société dissoute*), deren Rechtspersönlichkeit gemäß Art. 1844-8 Abs. 3 C. civ. zum Zweck der Liquidation/Abwicklung fortwirkt. Ein Antrag auf Eröffnung eines Insolvenzverfahrens ist sogar noch zulässig während eines Jahres nach der durch die Beendigung der Abwicklung begründeten Löschung der Registereintragung[319].

Ähnlich verhält es sich mit annullierten Gesellschaften (*sociétés annulées*), d.h. Gesellschaften, die gemäß Art. 1844-10 Abs. 1 C. civ. oder nach den Artt. L. 235-1 f. C. com. erfolgreich angefochten worden sind. Nach Art. 1844-15 Abs. 2 C. civ. hat die Annullierung gegenüber der betroffenen juristischen Person dieselben Folgen wie im Fall einer Auflösung, d.h. die Rechtspersönlichkeit besteht auch hier weiterhin zum Zweck der Abwicklung fort.

bb) Weitere Vereinigungen

Aus Art. L. 631-2 Abs. 1 C. com. folgt, dass nicht nur Gesellschaften, sondern auch sämtliche weitere Vereinigungen, welche die Rechtspersönlichkeit besitzen, insolvenzfähig sind. Das sind hauptsächlich die wirtschaftliche Interessenvereinigung (*groupement d'intérêt économique, GIE*)[320], die europäische wirtschaftliche Interessenvereinigung (*groupement européen d'intérêt économique, GEIE*)[321], der angemeldete Verein (*association déclarée*), die

---

[319] Art. L. 631-5 Abs. 2 Nr. 1 C. com.

[320] Der *GIE* wurde geschaffen durch die Ordonnanz Nr. 67-821 vom 23. September 1967, die in die Artt. L. 251-1 bis L. 251-23 C. com. unverändert übernommen wurde. Er stellt eine Struktur dar, die der wirtschaftlichen Kooperation zwischen Unternehmen dienen soll und deren Charakteristika teils aus dem Gesellschafts-, teils aus dem Vereinsrecht entliehen sind (näheres vgl. Merle, Droit commercial, Rn. 618 ff.). Die Regelung des französischen *GIE* findet sich weitgehend wieder in der Verordnung (EWG) Nr. 2137/85 des Rates vom 25. Juli 1985 über die Schaffung einer Europäischen Wirtschaftlichen Interessenvereinigung (EWIV), die von ihr in erheblichem Maß beeinflusst wurde (Karsten Schmidt, Gesellschaftsrecht S. 1900). Der *GIE* erlangt die juristische Persönlichkeit mit seiner Eintragung in das Handels- und Gesellschaftsregister (Art. L. 251-4 C. com.), ist daher insolvenzfähig (vgl. z.B. Com. 6. März 1990, Droit social 1990, Nr. 173).

[321] Der *GEIE*, der durch das Gesetz Nr. 89-377 vom 23. Juni 1989 (heute Artt. L. 252-1 bis 252-13 C. com.) in Umsetzung der o.g. EG-Richtlinie von 1985 in das französische Recht eingeführt wurde, hat – ebenso wie der *GIE*, aber im Gegensatz zur EWIG nach

Gewerkschaft (*syndicat professionnel*), der Betriebsrat (*comité d'entreprise*), der Verkehrsverein (*syndicat d'initiative*) u.a.

c) Handwerker, Landwirte

Seit 1985 sind auch Handwerker (*artisans*) insolvenzfähig[322]. Aus dem gesetzlichen Wortlaut in der Fassung von 1985/1994 ging hervor, dass jeder Handwerker ohne weitere Voraussetzungen einem Insolvenzverfahren unterliegen konnte. Gleichermaßen wie bei den Kaufleuten kam es daher auch in diesem Fall auf die tatsächlich ausgeübte Tätigkeit an – der Eintragung in die Handwerksrolle (*répertoire des métiers*) kam lediglich eine Beweisfunktion zu. Seit der Reform des *Code de commerce* von 2000 bezieht sich das Gesetz jedoch ausdrücklich auf die Eintragung in der Handwerksrolle. Dies ist im Vergleich zur früheren Formulierung »*artisans*« etwas enger, da nun die Rolleneintragung die Insolvenzfähigkeit bestimmt.

Landwirte (*agriculteurs*) waren aus dem Geltungsbereich des Insolvenzgesetzes vom 25. Januar 1985 in seiner ursprünglichen Fassung ausgeschlossen. Dieser Ausschluss bezog sich jedoch nur auf natürliche Personen, da die in Gesellschaftsform organisierten landwirtschaftlichen Betriebe aufgrund ihrer Eigenschaft als juristische Personen in den Anwendungsbereich des Gesetzes fielen. Die zunehmende Krise der Landwirtschaft hat den Gesetzgeber jedoch schon 1988 dazu bewegt, die Insolvenzregelung auch als für Landwirte/natürliche Personen anwendbar zu erklären.

d) Selbstständige natürliche Personen

Eine wichtige Neuerung der Reform von 2005 besteht darin, den Anwendungsbereich der Insolvenzregelung auf selbstständig tätige natürliche Personen zu erweitern. Diese waren im früheren Recht vom Anwendungsbereich des Insolvenzrechts ausgeschlossen und dieser Ausschluss erschien immer weniger gerechtfertigt, im Wesentlichen weil ihnen die damit verbun-

---

deutschem Recht – die juristische Persönlichkeit ab dem Zeitpunkt seiner Registereintragung (Art. L. 252-1 C. com.).

[322] Vgl. Ripert/Roblot, Droit commercial II Rn. 2849, wo angemerkt wird, dass die Anwendbarkeit des Insolvenzgesetzes auf Handwerker einen weitreichenden Bedeutungsverlust der allgemeinen Unterscheidung zwischen Kaufleuten und Handwerkern bewirkt. Der hauptsächliche praktische Grund dieser Unterscheidung bestand nämlich eben in der Insolvenzfähigkeit der einen und der Insolvenzunfähigkeit der anderen.

dene Möglichkeit einer Sanierung und Restschuldbefreiung verwehrt blieb. So wurde von Beginn der Reformarbeiten an vorgeschlagen, diesen Personenkreis in den Geltungsbereich der Insolvenzregelung mitaufzunehmen[323]. Diesen Vorschlag hat der Gesetzgeber aufgegriffen und Art. L. 631-2 Abs. 1 C. com. sieht fortan vor, dass auch natürliche Personen, die einer selbstständigen beruflichen Tätigkeit nachgehen, dem *Redressement judiciaire* unterliegen können. Nach dem Wortlaut der Vorschrift erfasst dies auch Freiberufler, die einer berufsständischen Aufsicht unterliegen, wie etwa nichtangestellte Ärzte oder Rechtsanwälte. Das Verfahren ist in diesen Fällen durch eine gewisse Mitwirkung des jeweiligen Aufsichtsorgans gekennzeichnet.

e) Sonderfälle

aa) Nicht mehr tätige natürliche Personen

Ein Insolvenzverfahren kann auch dann eröffnet werden, wenn der Schuldner/natürliche Person nicht mehr tätig ist. Zwei Fälle sind gesetzlich vorgesehen: der Tod des Schuldners und die freiwillige Einstellung der Tätigkeit[324]. Die Eröffnung ist zulässig, wenn jeweils zwei Voraussetzungen erfüllt sind: Zum einen muss die Zahlungsunfähigkeit des Schuldners bereits vor seinem Tod bzw. – bei Einstellung seiner Tätigkeit – vor der Löschung aus dem Handelsregister (Kaufmann) oder der Einstellung seiner Tätigkeit (Handwerker, Landwirt, sonstige Schuldner)[325] gegeben sein. Zum anderen muss der Eröffnungsantrag innerhalb eines Jahres ab dem Zeitpunkt des Todes, der Löschung der Registereintragung oder der Einstellung der Tätigkeit gestellt werden[326].

---

[323] Dieser Vorschlag findet sich bereits im Vorabgutachten des Justizministeriums von Dezember 1998 (vgl. Feugère/Teboul, Gaz. Pal. 1999, Doctr. S. 689).

[324] Art. L. 631-3 C. com.

[325] Die Feststellung des Zeitpunkts der für die Handwerker und die Landwirte maßgeblichen Einstellung der Tätigkeit (*cessation d'activité*) ist eine tatsächliche Frage, die einer Einzelfallabwägung unterliegt (vgl. hierzu Ripert/Roblot, Droit commercial II, Rn. 2852 m.w.N.).

[326] Diese Voraussetzung ist im Fall, in dem ein Erbe des Verstorbenen die Eröffnung beantragt, jedoch nicht erforderlich (Neuerung der Reform von 2005). Vgl. Jeantin/Le Cannu, Entreprises en difficulté Rn. 219 m.w.N.

bb) Sog. Verfahrenserweiterung

Auf der Grundlage des ehemaligen Art. L. 621-5 Abs. 1 Satz 3 C. com., dessen Vorschrift primär die örtliche Zuständigkeitsregelung des Insolvenzgerichts zum Gegenstand hatte, hat die Rechtsprechung den Grundsatz abgeleitet, wonach ein Insolvenzverfahren unter gewissen Voraussetzungen auf eine andere Person als den Insolvenzschuldner erweitert werden kann. Diese sog. Verfahrenserweiterung (*extension de la procédure*) beruht auf dem Gedanken, dass, wenn das Vermögen des Insolvenzschuldners nicht klar von dem eines Anderen abgrenzbar ist, das Verfahren auch gegen diese andere Person wirken soll. Dabei werden nicht parallele Nebenverfahren eröffnet, sondern es besteht weiterhin nur ein einziges Insolvenzverfahren, in welchem die Insolvenzmasse jedoch aus dem Vermögen zweier oder mehrerer Personen besteht. Die Rechtsprechung unterscheidet zwei Fallgruppen von Verfahrenserweiterung, die sich teilweise überschneiden: die Vermögensverflechtung (*confusion de patrimoines*) und die Scheingesellschaft (*société fictive*). Die in der Praxis wichtigsten Fälle von Vermögensverflechtung bestehen zumeist unter Eheleuten, wovon einer zahlungsunfähig ist und dessen Vermögen nicht eindeutig von dem des anderen bzw. vom Gesamtgut zu trennen ist. Das Institut der Scheingesellschaft ermöglicht – unter gewissen Voraussetzungen – insbesondere die Erweiterung eines Insolvenzverfahrens auf Gesellschaften innerhalb eines Konzerns.

Mit der Reform von 2005 wurde die Verfahrenserweiterung in Art. L. 621-2 Abs. 2 C. com. beibehalten. Die Vorschrift, die inhaltlich Art. L. 621-5 Abs. 1 Satz 3 C. com. a.F. entspricht, trennt nun ausdrücklich zwischen den Begriffen der Vermögensverflechtung und der Fiktivität. Die diesbezüglich unter der Geltung des alten Rechts ergangene Rechtsprechung wurde damit bestätigt. Sie dürfte insofern weitestgehend ihre Gültigkeit behalten, insbesondere diejenige, die besagte, dass beide Begriffe einander ausschließen[327]: Bei einer Scheingesellschaft gibt es nur eine (reale) Person, mithin ein einziges Vermögen, wohingegen die Vermögensverflechtung dadurch gekennzeichnet ist, dass zwei oder mehrere Vermögensträger mit getrennten – wenngleich nicht trennbaren – Vermögen vorhanden sind[328]. Die Tat-

[327] Die Vermögensverflechtung kann daher nicht als Nachweis für die Fiktivität herangezogen werden: Com. 8. Februar 1994, Rev. sociétés 1995. 100 (vgl. eingehend zu dieser Entscheidung: Rivinius, Konzernkonkurs in Frankreich S. 73 ff.).

[328] Rivinius, Konzernkonkurs in Frankreich, S. 71 ff.

bestandsmerkmale unterscheiden sich insoweit, als die Vermögensverflechtung allgemein durch eine nicht klärbare Verschachtelung (*imbrication inextricable*) der Vermögensteile gekennzeichnet ist[329], während die Anerkennung einer Scheingesellschaft primär eine vorsätzliche und missbräuchliche Nutzung der juristischen Persönlichkeit voraussetzt[330].

Subjekt der Erweiterung kann jede natürliche oder juristische Person sein. Der praktische Effekt der Verfahrenserweiterung ist, dass die Zahlungsunfähigkeit der anderen Person nicht nachgewiesen werden muss[331]. Ein besonders hervorzuhebendes Anwendungsgebiet ist in diesem Zusammenhang die Konzerninsolvenz, die als solche zwar nach wie vor nicht anerkannt wird, praktisch aber in Fällen von Vermögensverflechtung dazu führt, dass mehrere Konzerngesellschaften zusammen in einem einzigen Verfahren abgewickelt werden können. Dazu sei jedoch angemerkt, dass die Rechtsprechung die Vermögensverflechtung im Konzern streng einrahmt. So wird in aller Regel insbesondere gefordert, dass zwischen den Gesellschaften ungewöhnliche Liquiditätsflüsse (*flux financiers anormaux*) festgestellt werden[332], die von den normalen Gegebenheiten innerhalb eines Konzerns zu unterscheiden sind[333].

cc) Mitglieder/Gesellschafter des Insolvenzschuldners

Bis zur Reform von 2005 entfaltete der Eröffnungsbeschluss seine Wirkungen gegenüber allen unbeschränkt und gesamtschuldnerisch haftenden Mitgliedern und Gesellschaftern des Insolvenzschuldners, was im Wesentlichen den Verein und Personengesellschaften betraf. Die konkrete Folge war, dass für diese Personen eigene Insolvenzverfahren eröffnet wurden. Die Besonderheit dabei war, dass die Verfahrenseröffnung ungeachtet der Eigenschaft dieser Personen als Kaufleute, Handwerker, Landwirte oder juristische

[329] Com. 24. Oktober 1995, D. 1995. IR. 245; Dr. sociétés 1995, Nr. 238; Bull. Joly 1996. 158.

[330] Vgl. hierzu Rivinius, Konzernkonkurs in Frankreich S. 97 ff.

[331] Vgl. z.B. die bereits zitierte Entscheidung Com. 24. Oktober 1995 (Vermögensverflechtung zwischen zwei Gesellschaften).

[332] Grds. Com. 11. Mai 1993, D. 1993. IR. 195; Bull. Civ. IV Nr. 187. Vgl. auch Com. 15. Februar 2000, RJDAff. 2000, Nr. 1003 (*Liquidation judiciaire*) .

[333] Wie etwa Vereinbarungen mit der Muttergesellschaft zum Austausch von Arbeitskräften, Gesellschafterdarlehen oder eine gemeinsame Finanzverwaltung: Com. 19. April 2005, Bull. Civ. IV Nr. 92; D. 2005. AJ. 1225.

Personen erfolgte und dass deren Zahlungsunfähigkeit nicht gesondert festgestellt werden musste[334] – diese wurde aufgrund der Zahlungsunfähigkeit der juristischen Person gewissermaßen unwiderlegbar vermutet.

Diese automatische Eröffnung, die zunehmend als Sanktionsmechanismus der betroffenen Personen angesehen wurde, geriet zunehmend in die Kritik. Im Zug der Reform von 2005 wurde sie ersatzlos abgeschafft, sodass Insolvenzverfahren gegenüber Vereinsmitgliedern und Gesellschaftern von Personengesellschaften fortan nur unter den allgemeinen Voraussetzungen eröffnet werden können, also nur wenn sie die erforderliche persönliche Eigenschaft vorweisen und der materiell-rechtliche Tatbestand der Zahlungsunfähigkeit erfüllt ist.

2. Vergleichende Betrachtungen

Nach deutschem Recht bestimmt § 11 InsO, über das Vermögen welcher Personen ein Insolvenzverfahren zulässig ist. In § 12 ist die Insolvenzfähigkeit bzw. -unfähigkeit von juristischen Personen des öffentlichen Rechts geregelt. Die Unterschiede zur französischen Regelung – insbesondere in deren Fassung nach der Reform von 2005 – fallen trotz eines unterschiedlichen rechtssystematischen Ansatzes im Ergebnis verhältnismäßig gering aus.

a) Natürliche Personen

Natürliche Personen sind – anders als in Frankreich – nach § 11 Abs. 1 Satz 1 InsO allgemein insolvenzfähig. Dies entspricht der deutschen Rechtstradition, wonach die Anwendung des Insolvenzrechts nicht auf Kaufleute beschränkt ist. Ob der Schuldner ein Unternehmen betreibt oder nicht, ist für die Eröffnung eines Insolvenzverfahrens ebenso wenig maßgebend. Im Hinblick auf natürliche Personen reicht der Anwendungsbereich der Insolvenzregelung in Deutschland daher grundsätzlich weiter als in Frankreich. Da der Anwendungsbereich der Insolvenzregelung in Frankreich mir der Reform von 2005 jedoch auf selbstständig tätige natürliche Personen erweitert wurde, sind mittlerweile auch dort so gut wie alle wirtschaftlich tätigen Personen insolvenzfähig, sodass der Kreis der insolvenzfähigen Personen in Frankreich und in Deutschland faktisch nun weitestgehend derselbe ist. Für Verbraucher-

[334] Vgl. 624-1 C. com a.F.

insolvenzen gelten im Übrigen in beiden Ländern jeweils gesonderte Verfahrensformen[335].

b) Verbände

Nach § 11 Abs. 1 Satz 1 InsO sind alle (privatrechtlichen) juristischen Personen insolvenzfähig. Dies entspricht der französischen Regelung, woraus sich ergibt, dass nach dem Recht beider Länder Kapitalgesellschaften gleichermaßen insgesamt insolvenzfähig sind. Dasselbe gilt für Personengesellschaften, was sich in Frankreich aus deren juristischen Persönlichkeit ergibt, in Deutschland aus der ausdrücklichen Bestimmung von § 11 Abs. 2 Nr. 1, wonach OHG, KG, Partnerschaftsgesellschaft, GbR, Partenreederei und EWIV insolvenzfähig sind[336]. Aufgelöste Gesellschaften sind in beiden Ländern grundsätzlich insolvenzfähig, in Deutschland allgemein solange die Verteilung nicht abgeschlossen ist[337], in Frankreich solange die gesetzliche Frist ab der Löschung der Registereintragung nicht verstrichen ist[338]. In Deutschland nicht insolvenzfähig sind die stille Gesellschaft[339] und die Scheingesellschaft[340], was insoweit ebenfalls dem französischen Recht entspricht. Bei der Vorgesellschaft jedoch ergibt sich ein Unterschied: Nach französischem Recht ist sie nicht insolvenzfähig, solange sie nicht eingetragen ist, wohingegen nach deutschem Recht ein Insolvenzverfahren zulässig sein sollte, wenn die Gesellschaft ihre Geschäftstätigkeit begonnen hat und ein Sondervermögen bereits vorhanden ist[341]. Ein einheitliches Konzerninsolvenzverfahren als solches

---

335 Für den Schuldner, der keine oder eine nur geringfügige selbstständige wirtschaftliche Tätigkeit ausübt, gilt allein das Verbraucherinsolvenzverfahren nach Maßgabe der §§ 304 ff. InsO.

336 Die Insolvenzfähigkeit der GbR, die unter der Geltung der KO aufgrund mangelnder passiver Parteifähigkeit nicht gegeben war, ist eine Neuerung der Insolvenzordnung.

337 § 11 Abs. 3 InsO

338 Unter der Geltung der Insolvenzregelung von 1967 galt in Frankreich dasselbe wie nach § 11 Abs. 3 InsO. Die jetzige Lösung, die die Zulässigkeit des Eröffnungsantrags grundsätzlich von einer einjährigen Frist abhängig macht (vgl. oben), soll eine größere Rechtssicherheit schaffen (vgl. hierzu Saint-Alary-Houin, Entreprises en difficulté Rn. 340).

339 Braun/Uhlenbruck, Unternehmensinsolvenz (1997), S. 197; Uhlenbruck, in: Kölner Schrift, Rn. 5.

340 Braun/Uhlenbruck, Unternehmensinsolvenz S. 197.

341 Braun/Uhlenbruck, Unternehmensinsolvenz S. 196.

schließlich existiert aufgrund der rechtlichen Unabhängigkeit der Konzernmitglieder weder in Frankreich noch in Deutschland[342].

Die Folgen der Insolvenz des Verbands für dessen unbeschränkt und gesamtschuldnerisch haftende Mitglieder/Gesellschafter waren bis zur Reform von 2005 unterschiedlich geregelt. Mit der Abschaffung der automatischen Eröffnung gegen diese Personen wurde das französische Recht jedoch faktisch dem deutschen Recht angeglichen. Nach beiden Regelungen erfolgt die Verfahrenseröffnung somit nur, wenn im Einzelfall die allgemeinen Eröffnungsvoraussetzungen erfüllt sind.

Eingetragene Vereine schließlich sind sowohl nach der deutschen als auch der französischen Insolvenzregelung aufgrund ihrer juristischen Persönlichkeit insolvenzfähig. Ein Unterschied betrifft den nicht eingetragenen Verein, der in Frankreich der *Association non déclarée* entsprechen würde: Nach § 11 Abs. 1 Satz 2 InsO ist er insolvenzfähig, nach französischem Recht aufgrund fehlender entsprechender Sondervorschrift jedoch nicht.

c) Nachlass, Gesamtgut

Der Nachlass und das Gesamtgut sind gemäß § 11 Abs. 2 Nr. 2 InsO insolvenzfähig. Die Eröffnung und die Abwicklung solcher Sonderinsolvenzen unterliegen der Sonderregelung der §§ 315 ff. InsO.

Auch in Frankreich finden sich Sonderbestimmungen für den verstorbenen Schuldner. Dort besagt das Gesetz jedoch nicht ausdrücklich, wer oder was Subjekt des Insolvenzverfahrens ist. Es ist jedenfalls weder der verstorbene Vermögensträger noch – aufgrund fehlender Bestimmung – sind es seine Erben[343]. Der Nachlass als solcher ist ebenfalls nicht insolvenzfähig. Es ist im Grunde ein bemerkenswerter Fall von »Insolvenz ohne Schuldner«[344], in dem ein Sondervermögen unabhängig von einem Rechtsträger abgewickelt wird[345].

---

[342] Zu den Auswirkungen der Insolvenz einer Gesellschaft auf die weiteren Mitglieder des Konzerns nach deutschem Recht, vgl. Uhlenbruck in: Kölner Schrift, S. 879 ff. Rn. 29 ff.

[343] Jeantin/Le Cannu, Entreprises en difficulté, Rn. 219.

[344] Wie vorstehende Fn.

[345] Nach der klassischen und noch heute geltenden französischen Rechtslehre ist das Vermögen untrennbar mit der Rechtspersönlichkeit verbunden: Verkürzt gesagt hat jede Person nur ein Vermögen und jedes Vermögen einen Träger. Im Gegensatz etwa zur in Deutschland oder im angelsächsischen Raum herrschenden Vermögenstheorie ist daher

Unterschiede zur deutschen Regelung ergeben sich u.U. hinsichtlich der Person des Verstorbenen – dieser muss in Frankreich zu Lebzeiten insolvenzfähig gewesen sein – sowie des Zeitraums, in dem die Verfahrenseröffnung beantragt werden kann: Dieser beträgt zwei Jahre ab dem Zeitpunkt der Annahme der Erbschaft in Deutschland[346], wohingegen in Frankreich die frühere Einjahresfrist (ab dem Zeitpunkt des Todes) mit der Reform von 2005 abgeschafft wurde.

Das Insolvenzverfahren über ein Gesamtgut wird in beiden Rechtsordnungen ebenfalls unterschiedlich gehandhabt. Als gesonderte Verfahrensart existiert es in Frankreich im Gegensatz zu Deutschland nämlich nicht. Dort kann ein gemeinsames Verfahren über das gemeinschaftliche Vermögen von Eheleuten lediglich mithilfe des Konstruktes der Verfahrenserweiterung eröffnet werden, sofern eine nicht klärbare Vermögensverflechtung vorliegt. Ein vergleichbares Ergebnis kann ebenfalls erreicht werden, wenn der gemeinsame Betrieb als faktische Gesellschaft anzusehen ist.

d) Öffentlich-rechtliche juristische Personen

Juristische Personen des öffentlichen Rechts sind in Frankreich insgesamt insolvenzunfähig. In Deutschland dagegen geht das Gesetz von deren grundsätzlichen Insolvenzfähigkeit aus[347]. Im Ergebnis dürfte ein Insolvenzverfahren gegen eine öffentlich-rechtliche Person jedoch auch in Deutschland die Ausnahme sein, da die Insolvenzfähigkeit von Gesetzes wegen ausdrücklich ausgeschlossen ist für Bund und Länder[348] und, sofern ihre Insolvenz-

---

die Existenz von Sondervermögen (*patrimoines d'affectation*), die unabhängig von einem entsprechenden Rechtsträger bestehen, ausgeschlossen. In der Praxis stößt diese traditionelle Auffassung zunehmend auf Kritik, da gewisse äußerst praxisrelevante Institute wie etwa die Treuhand nur unter erschwerten Bedingungen, d.h. über einen eigenen Rechtsträger, existieren können. (Eingehend zur französischen Vermögenslehre, vgl. Ferid/Sonnenberger, FranzZivRecht 1/1, Rn. 1.C.301 ff.)

[346] § 319 InsO.

[347] Anders als die entsprechende französische Vorschrift bestimmt § 11 Abs. 1 Satz 1 InsO, dass juristische Personen allgemein (also nicht nur die privatrechtlichen) insolvenzfähig sind.

[348] § 12 Abs. 1 Nr. 1 InsO.

unfähigkeit durch Landesrecht ausdrücklich bestimmt worden ist, für juristische Personen, die unter der Aufsicht eines Landes stehen[349].

II. Die Eröffnungsgründe

In Frankreich und in Deutschland wird das Insolvenzverfahren nur bei Vorliegen eines gesetzlichen Eröffnungsgrunds eröffnet. Dieser ist regelmäßig die Zahlungsunfähigkeit (1), doch beide Regelungen sehen weitere – alternative – Eröffnungsgründe vor, die insgesamt unterschiedlich gestaltet sind (2).

1. Zahlungsunfähigkeit

a) Französische Regelung

aa) Legaldefinition und Abgrenzung

Nach Art. L. 631-1 Abs. 1 C. com. wird das Sanierungsverfahren eröffnet, wenn der Schuldner nicht in der Lage ist, seine fälligen Verbindlichkeiten mit dem ihm zur Verfügung stehenden Vermögen zu tilgen (*impossibilité de faire face au passif exigible avec son actif disponible*). Dieser Eröffnungsgrund, der auf die unter der Geltung der Regelung von 1967 entwickelte Rechtsprechung zurückgeht, wurde im allgemeinen Sprachgebrauch als *Cessation des paiements* (wörtlich: Zahlungseinstellung) bezeichnet. Mit der Reform von 2005 hat dieser Begriff nun auch in das Gesetz Einzug erhalten. Dabei kann diese Bezeichnung missverständlich sein: Nach der Legaldefinition kommt es nämlich auf die Finanzkraft des Schuldners an, und nicht auf die tatsächliche Einstellung von Zahlungen. Mit *Cessation des paiements* ist eigentlich die Zahlungsunfähigkeit gemeint, sodass der Begriff *Incapacité de payer* wohl zutreffender wäre[350]. Damit würde auch die Unterscheidung von der faktischen Nichtzahlung (Zahlungsverweigerung oder -einstellung) deutlicher ausfallen[351]. Letztere ist inhaltlich vom gesetzlichen Insolvenztatbestand

[349] § 12 Abs. 1 Nr. 2 InsO. Die Länder haben von dieser Ermächtigung vielseitig Gebrauch gemacht (vgl. hierzu Schmidt, Hamburger Kommentar § 12 Rn. 5).

[350] Für Pérochon/Bonhomme, Entreprises en difficulté Rn. 114, ist die *Incapacité de payer* das wesentliche Tatbestandsmerkmal der *Cessation des paiements*.

[351] Ständige Rechtsprechung: vgl. z.B. Com. 27. April 1993, Bull. civ. IV, Nr. 154; Com. 25. Februar 1997, D. 1997. IR. 127; PA 11. Mai 1998, S. 11.

insofern zu unterscheiden, als sie gegeben sein kann, obwohl der Schuldner die Mittel zur Tilgung seiner Verbindlichkeiten hat[352]. In aller Regel wird in der faktischen Nichtzahlung lediglich ein Indiz für die *Cessation des paiements* gesehen, dem besonders im Fall eines Fremdantrags eine wichtige Beweisfunktion zukommt[353].

Die Zahlungsunfähigkeit ist ein insolvenzspezifischer Begriff, der sich nicht aus dem Vergleich zwischen den gesamten Verbindlichkeiten und dem gesamten Aktivvermögen des Schuldners, sondern zwischen dem Vergleich zwischen bestimmten Passiva und bestimmten Aktiva, ergibt. Insofern unterscheidet sie sich von der Insolvenz i.e.S. (*insolvabilité*), d.h. der rechnerischen Unterbilanz[354]. Die allgemeine Finanzlage des Schuldners ist auch insofern nicht von Bedeutung, als die *Cessation des paiements* ein überwiegend statischer Begriff ist: die Zahlungsunfähigkeit muss zu einem bestimmten Zeitpunkt – dem der Gerichtsverhandlung[355] – vorliegen, ohne Berücksichtigung der künftigen Entwicklung der Unternehmenslage. Im Gegensatz zu früheren Insolvenzregelungen ist die Zahlungsunfähigkeit daher auch nicht mit der Feststellung einer aussichtslosen Lage des Unternehmens (*situation irrémédiablement compromise*) verbunden[356].

Dieser statische Aspekt der Zahlungsunfähigkeit bedarf einer Relativierung, da in der Rechtsprechung die sehr kurzfristige Entwicklung des Unternehmens – unmittelbar fällige Verbindlichkeiten, unmittelbar verfügbare

---

[352] Ein typischer Fall ist die Zahlungsverweigerung bei Bestreiten einer Forderung.

[353] Pérochon/Bonhomme, Entreprises en difficulté Rn. 119; Jeantin/Le Cannu, Entreprises en difficulté, Rn. 254.

[354] Eindeutig: Com. 2. Februar 1999, RJDAff. 1999, Nr. 438; Act. proc. coll. 1999, Nr. 76; Rev. proc. coll. 1999. 235.

[355] Ständige Rechtsprechung: vgl. bereits Com. 7. Oktober 1981, Bull. civ. IV, Nr. 346, sowie Com. 8. November 1988, Bull. civ. IV, Nr. 298.

[356] Bis 1978 knüpfte die Rechtsprechung die *cessation des paiements* an die Feststellung einer aussichtslosen Lage des Schuldners. Infolgedessen konnte ein Insolvenzverfahren nur verhältnismäßig spät eröffnet werden, wodurch die Sanierungsaussichten entsprechend geringer waren (Pérochon/Bonhomme, Entreprises en difficulté Rn. 118). Heute findet sich der Tatbestand der *situation irrémédiablement compromise* nur noch im Bankrecht –ehem. Art. 60 Abs. 2 des Bankgesetztes Nr. 84- 46 vom 24. Januar 1984, heute kodifiziert in Art. L. 313-12 C. mon. fin. Dort spielt er für Haftungsansprüche gegen Kreditinstitute wegen Insolvenzverschleppung eine wichtige Rolle.

Finanzmittel – in der Regel mitberücksichtigt wird[357]. Dies ist erforderlich, damit nicht jede vorübergehende Zahlungsstockung als Zahlungsunfähigkeit ausgelegt und das Insolvenzverfahren eröffnet wird[358]. Die Gesamteinschätzung der wirtschaftlichen Lage des Schuldners spielt schließlich indirekt eine Rolle, da gemäß Art. L. 640-1 C. com. das Liquidationsverfahren eröffnet wird, wenn eine Sanierung offensichtlich unmöglich ist (*lorsque le redressement est manifestement impossible*).

Die Zahlungsunfähigkeit muss im Einzelfall festgestellt werden. Die Prüfung ist eine Tatfrage, die dem ausschließlichen Ermessen der Sachrichter (*pouvoir souverain des juges du fond*) d.h. des Großinstanz- oder Handelsgerichts bzw. des Berufungsgerichts, unterliegt. Indessen überprüft der Kassationshof genau die Schlüssigkeit der Folgerung des Sachrichters (Vorliegen oder Nichtvorliegen des Insolvenzeröffnungsgrunds) anhand der festgestellten Tatsachen. Damit kommt der Rechtsprechung der *Cour de cassation* eine bedeutende Rolle in der Bestimmung des Begriffs der Zahlungsunfähigkeit zu; in der jüngeren Vergangenheit hat sie insbesondere deren zwei Tatbestandsmerkmale – die fälligen Verbindlichkeiten (aa) und das verfügbare Vermögen (bb) – maßgeblich präzisiert.

bb) Fällige Verbindlichkeiten

Unter die fälligen Verbindlichkeiten fallen sämtliche Schulden ungeachtet ihrer Höhe[359] und ihrer bürgerlich-rechtlichen oder kaufmännischen Natur[360]. Demzufolge kann die Eröffnung eines Insolvenzverfahrens gegen einen Kaufmann auch durch die Unmöglichkeit, vom Betrieb unabhängige

---

[357] Vgl. die folgenden Ausführungen zu den Tatbestandsmerkmalen der fälligen Verbindlichkeiten und des verfügbaren Aktivvermögens.

[358] Saint-Alary-Houin, Entreprises en difficulté Rn. 344; Ripert/Roblot, Droit commercial II, Rn. 2875.

[359] Vgl. bereits Com. 4. Oktober 1965, Bull. cass. 3. Nr. 472. Geringfügige Forderungen, die nicht getilgt werden können, begründen in der Praxis allerdings nur sehr selten eine Verfahrenseröffnung, da in einem solchen Fall eher eine vorübergehende Zahlungsstockung anzunehmen ist (Ripert/Roblot, Droit commercial II, 2875).

[360] Dies geht ausdrücklich aus dem Wortlaut von Art. L. 631-5 Abs. 2 Satz 1 C. com. hervor: »*La procédure peut également être ouverte sur l'assignation d'un créancier, quelle que soit la nature de sa créance*«.

Forderungen zu begleichen, begründet sein[361]. Die Forderungen müssen drei Eigenschaften aufweisen: Es muss sich um Geldforderungen oder zumindest um in Geld umrechenbare Forderungen handeln (*créances liquides*). Ferner müssen sie bestimmt (*certaines*) sein – eine bestrittene Forderung kann einen Insolvenzantrag grundsätzlich nicht begründen[362], es sei denn, der Schuldner bestreitet sie nur, um die Eröffnung des Insolvenzverfahrens zu vermeiden[363]. Schließlich müssen die Forderungen fällig (*exigibles*) sein.

Dieser letzte Punkt, der zwar eindeutig aus dem Gesetzeswortlaut hervorgeht, hat gewisse Unsicherheiten hervorgerufen, bedingt durch eine bisweilen nicht eindeutige Rechtsprechung des Kassationshofs. Klassisch wurde davon ausgegangen, dass für die Feststellung der Zahlungsunfähigkeit die gesamten Passiva maßgeblich sind, deren Tilgung gefordert werden kann, ungeachtet dessen, ob diese Tilgung tatsächlich gefordert worden ist. Infolgedessen war ein Insolvenzantrag selbst dann zulässig, wenn keine Zahlungsaufforderung an den Schuldner gerichtet worden war. In einer viel bemerkten Entscheidung vom 28. April 1998 hat sich der Kassationshof jedoch auf die fälligen und tatsächlich eingeforderten Forderungen (*passif exigible et exigé*) bezogen[364]. Aus dieser Entscheidung könnte man also entnehmen, dass für den Kassationshof das Nichteinfordern der Zahlung einem von dem entsprechenden Gläubiger stillschweigend gewährten Zahlungsaufschub gleichkommt[365].

---

[361] Ein Teil des Schrifttums hält diese Lösung für nicht sachgerecht (vgl. Saint-Alary-Houin, Entreprises en difficulté Rn. 346 und die dort angeführte Literatur), doch sie wird in der Rechtsprechung strikt angewandt, vgl. z.B. Com. 3. Februar 1998, Bull. civ. IV, Nr. 58 (Eröffnung eines Insolvenzverfahrens gegen einen Kaufmann wegen Nichttilgung von Steuerforderungen, die entstanden waren, bevor der Betroffene die Kaufmannseigenschaft erworben hatte. Die Eröffnung sei durch den Grundsatz der Einheit des Vermögens zulässig).

[362] Dasselbe gilt für eine Forderung, die im Rahmen eines Eilverfahrens (*procédure de référés*) vorläufig festgestellt worden ist, und deren endgültiges Bestehen oder Nichtbestehen von einer noch ausstehenden Gerichtsentscheidung abhängig ist (Com. 22. Februar 1994, Bull. civ. IV, Nr. 75).

[363] Ripert/Roblot, Droit commercial II, Rn. 2876.

[364] Com. 28. April 1998 (D. Aff. 1998. 1487; Defr. 1998. 948; JCP. E. 1998, Nr. 49 S. 1926; RTDCom. 1999. 187; Rev. proc. coll. 2000. 49). Ähnlich, aber nicht explizit, vgl. bereits Com. 12. November 1997 (Bull. civ. IV, Nr. 290; Rev. proc. coll. 1998. 38).

[365] In der Begründung des Urteils heißt es: »*Attendu que le passif à prendre en considération pour caractériser l'état de cessation des paiements est le passif exigible et exigé, dès lors que le créancier est libre de faire crédit au débiteur*«.

Damit würde die Fälligkeit der Forderung auf einen späteren Zeitpunkt verlegt, mithin kann letztere nicht zu denjenigen Verbindlichkeiten gerechnet werden, die für die Prüfung der Zahlungsunfähigkeit maßgeblich sind.

Die Tragweite dieses Urteils wurde in der Literatur diskutiert. Heute ist man sich jedoch weitgehend darüber einig, dass dadurch die *Cessation des paiements* nicht dahingehend neudefiniert wurde, dass ausschließlich Verbindlichkeiten, deren Tilgung tatsächlich aktiv eingefordert worden ist, in die Prüfung miteinzubeziehen sind. Eine solche Neudefinition wäre mit dem Gesetzeswortlaut nicht zu vereinbaren. Darüber hinaus ist festzustellen, dass die Bezugnahme auf eingeforderte Verbindlichkeiten in der Entscheidung vom 28. April 1998 – die im Übrigen im amtlichen Entscheidungsverzeichnis des Kassationshofs, dem *Bulletin des arrêts de la Cour de cassation*, nicht veröffentlicht wurde, was darauf hindeutet, dass es sich nicht um ein Grundsatzurteil handelt – in jüngeren Urteilen bislang nicht wiederholt wurde[366]. Der Grund dafür liegt möglicherweise in den besonderen Umständen des Sachverhalts dieser Entscheidung, in dem Vollstreckungsmaßnahmen zunächst unterblieben, zu einem späteren Zeitpunkt aber eingeleitet wurden. Daraus folgerte der Kassationshof, dass dem Schuldner ein stillschweigender Zahlungsaufschub zwischen der Fälligkeit und der Einleitung der Vollstreckung gewährt worden war. Daher wird regelmäßig vertreten, dass die Entscheidung vom 28. April 1998 in erster Linie eine Beweislastregel beinhaltet, die für die (nachträgliche) Bestimmung des Zeitpunkts der Zahlungsunfähigkeit von Bedeutung ist, wenn Vollstreckungsmaßnahmen betrieben werden, was nicht bedeuten sollte, dass solche betrieben werden müssen, damit Verbindlichkeiten als fällig i.S.d. Gesetzes angesehen werden[367].

[366] Montéran, Rev. proc. coll. März 2001, Rn. 10 f; Jeantin/Le Cannu, Entreprises en difficulté Rn. 250. So auch die Feststellung des im Rahmen der Insolvenzrechtsreform von 2005 eingesetzten Ausschusses des Senats – vgl. Sénat-Gesetzgebungsausschuss, Bericht Nr. 335 vom 11. Mai 2005, S. 312.

[367] Dieser Ansicht: Montéran, Rev. proc. coll., März 2001, S. 1 ff. Rn. 11; Ripert/Roblot, Droit commercial II, Rn. 2873; sowie Pérochon/Bonhomme, Entreprises en difficulté Rn. 114, wo im Übrigen die Entscheidung vom 28. April 1998 insoweit als zweckmäßig begrüßt wird, als sich das nicht sofortige Einleiten von Vollstreckungen in aller Regel tatsächlich auf dem Willen beruht, dem Schuldner zusätzliche Zahlungsfristen einzuräumen.

cc) Verfügbares Vermögen

Bei der Berechnung der Zahlungsunfähigkeit werden dem Gesetz zufolge nur diejenigen Vermögenswerte einbezogen, die dem Schuldner »zur Verfügung« stehen. Diese verstehen sich grundsätzlich als die liquiden Mittel, über welche er unmittelbar verfügt (Inkassobeträge und Guthabensalden von Bankkonten), sowie die sofort mobilisierbaren Vermögenswerte, wie z.B. Sichtwechsel[368].

Seit einigen Jahren zieht die Rechtsprechung aber auch sehr kurzfristige Forderungen in die Berechnung mit ein. Begründet wurde dies durch eine Entscheidung des Kassationshofs vom 17. Juni 1997 – zuvor war die Haltung der Rechtsprechung zuweilen unklar –, nach welcher bei der Prüfung der Zahlungsunfähigkeit die sog. Kreditreserve (*réserve de crédit*) des Schuldners mitberücksichtigt werden muss[369]. Diese Reserve bezieht sich auf die Möglichkeit für den Schuldner, gewisse Forderungen von einem Dritten tilgen zu lassen, z.B. im Weg eines Gesellschafterdarlehens, einer Zahlungsgarantie auf erstes Anfordern oder der Inanspruchnahme einer bestehenden Kreditlinie. Diese Lösung wird im Allgemeinen befürwortet, da sie den Gegebenheiten des auf dem Kredit beruhenden Wirtschaftslebens Rechnung trägt[370]. Damit die Kreditreserven in das verfügbare Vermögen einbezogen werden, wird von der Rechtsprechung jedoch gefordert, dass sie unter geschäftsüblichen Bedingungen gewährt werden. Solche liegen beispielsweise nicht vor, wenn sog. künstliche Kredite (*crédits artificiels*) d.h. Kredite, die ohne Verhältnis zu den tatsächlichen finanziellen Möglichkeiten des Unternehmens stehen, das ständige und einzige Mittel sind, die Zahlungsunfähigkeit zu vermeiden[371].

---

[368] Montéran, Rev. proc. coll., März 2001, S. 1 ff. Rn. 14; Pérochon/Bonhomme, Entreprises en difficulté Rn. 114; Saint-Alary-Houin, Entreprises en difficulté Nr. 345.

[369] Grundsätzlich: Com. 17. Juni 1997, Bull. civ. IV, Nr. 193; JCP. E. 1998. 28; Rev. proc. coll. 1998. 38. Bestätigt durch Com. 12. November 1997, Bull. civ. IV, Nr. 290.

[370] »*Les entreprises sont, banalement, normalement confrontées à des problèmes de trésorerie, que le crédit sert précisément à résoudre, (...) et s'il n'était pas tenu compte du crédit, la plupart des entreprises seraient en cessation des paiements*« (Pérochon/Bonhomme, Entreprises en difficulté Rn. 114).

[371] Vgl. Com. 27. Oktober 1998, Act. proc. coll. vom 4. Dezember 1998, Nr. 157, sowie bereits TGI Béthune, 17. September 1993, Rev. proc. coll. 1993. 445.

dd) Zeitpunkt der Zahlungsunfähigkeit

Nach Art. L. 631-8 C. com. bestimmt das Gericht den Zeitpunkt, zu dem die Zahlungsunfähigkeit eingetreten ist. Nach Abs. 1 dieser Vorschrift ist das grundsätzlich der Zeitpunkt des Erlasses des Urteils. Das Gericht kann jedoch einen hiervon abweichenden, früheren Zeitpunkt bestimmen – ggf. auch nachträglich. Eine nachträgliche Änderung muss jedoch innerhalb eines Jahres ab dem Erlass des Eröffnungsurteils beantragt werden.

Der Bestimmung des Zeitpunkts des Eintritts der Zahlungsunfähigkeit sind durch Absatz 2 der genannten Vorschrift jedoch zwei Grenzen gesetzt: Zum einen darf der Zeitpunkt des Eintritts der Zahlungsunfähigkeit nicht weiter als 18 Monate vor dem Urteil, in dem die Zahlungsunfähigkeit festgestellt wird, zurückreichen. Zum anderen darf dieser Zeitpunkt nicht weiter zurückliegen als der Zeitpunkt der gerichtlichen Anerkennung des Vergleichs, wenn dem *Redressement judiciaire* eine *Conciliation* vorangegangen ist. Letzteres wurde mit der Reform von 2005 neueingeführt und zielt darauf ab, dem (gerichtlich anerkannten) Vergleich eine größere Rechtssicherheit zu verleihen[372].

b) Vergleichende Betrachtungen

Allgemeiner Eröffnungsgrund ist nach § 17 Abs. 1 InsO die Zahlungsunfähigkeit. Diese wird in § 17 Abs. 2 Satz 1 definiert als die Unmöglichkeit, die fälligen Verbindlichkeiten zu erfüllen. Sie wird (widerlegbar) vermutet, wenn der Schuldner seine Zahlungen bereits eingestellt hat (Abs. 2 Satz 2).

Diese Legaldefinition entspricht fast wörtlich der des *Code de commerce*, lediglich der Bezug auf das verfügbare Vermögen fehlt im deutschen Gesetzestext. Dabei ist die Zahlungsunfähigkeit nach § 17 InsO ebenso wie in Frankreich als Illiquidität zu verstehen[373], woraus sich ergibt, dass in die Berechnung nur diejenigen Vermögenswerte miteinbezogen werden, die bereits liquide sind oder die unmittelbar nach der Fälligkeit der Verbindlich-

[372] Sénat-Gesetzgebungsausschuss, Bericht Nr. 335 vom 11. Mai 2005, S. 324.

[373] Braun/Uhlenbruck, Unternehmensinsolvenz S. 281: »Grundsätzlich ist Zahlungsunfähigkeit Geldilliquidität«.

keiten liquide gemacht werden können[374]. Das lediglich verwertbare Vermögen, wie etwa das Anlagevermögen, wird hingegen grundsätzlich nicht berücksichtigt, wenngleich es dem Schuldner in der Praxis durch Bereitstellung von Sicherheiten dazu verhelfen kann, einen Kredit zu erhalten, der ihm wiederum liquide Mittel verschafft[375].

Unter verschiedenen Gesichtspunkten unterscheidet sich die Definition der Zahlungsunfähigkeit nach der Insolvenzordnung von der derjenigen, die unter der Geltung der KO galt. Im gleichen Maß ist sie dadurch der französischen *Cessation des paiements* näher gerückt. So versteht sich die Zahlungsunfähigkeit fortan nicht mehr als Zeitraum-, sondern als Zeitpunkt-Illiquidität: Die Prüfung erfolgt ausschließlich zum Zeitpunkt der Fälligkeit der Verbindlichkeiten, mithin ist die Zahlungsunfähigkeit nicht mehr wie im alten Konkursrecht mit einem dauerhaften Unvermögen des Schuldners verbunden. Dies beruht auf denselben Gründen, weshalb in Frankreich sich die *Cessation des paiements* nicht (mehr) nach der Aussichtslosigkeit der Lage des Schuldners richtet. Dieses Kriterium würde ein erhebliches Hindernis zur rechtzeitigen Verfahrenseröffnung darstellen und die Sanierungsaussichten dementsprechend erheblich mindern[376]. Eine dynamische Sichtweise ist dennoch nicht völlig ausgeschlossen, insofern eine vorübergehende Zahlungsstockung wie auch in Frankreich von der Zahlungsunfähigkeit zu unterscheiden ist[377]. Hierbei ist im Einzelfall zu erwägen, wie lange ein Geldmangel als Zahlungsstockung anzusehen ist, und ab welchem Zeitpunkt die Zahlungsunfähigkeit gegeben ist[378].

374 Zusammenfassend heißt es bei Kübler/Prütting, Kommentar, § 17 Rn. 11: »Entscheidend ist die tatsächliche Geldbeschaffung, nicht die Frage, ob er [der Schuldner] etwas beschaffen könnte«.

375 Vgl. Kübler/Prütting, Kommentar Rn. 11: Das nicht liquide Schuldnervermögen spielt somit – ebenso wie in Frankreich – nur mittelbar eine Rolle.

376 Ausdrücklich: Begründung zu den §§ 20 und 21 RegE (§§ 16 und 17 InsO), abgedruckt bei Balz/Landfermann, Insolvenzgesetze S. 90.

377 Unbestritten: Vgl. Bork, Insolvenzrecht Rn. 84; Braun/Uhlenbruck, Unternehmensinsolvenz S. 280; Drukarczyk/Schüler, in: Kölner Schrift, Rn. 22; Kübler/Prütting, Kommentar § 17 Rn. 8.

378 In der Literatur werden Zeitspannen unterschiedlicher Längen vorgeschlagen, von wenigen Tagen bis hin zu mehreren Monaten (Übersicht bei Drukarczyk/Schüler, in: Kölner Schrift, S. 57 ff. Rn. 22). Aufgrund der gesetzlichen Bezugnahme auf den Zeitpunkt der Fälligkeit der Verbindlichkeiten sowie des Ziels einer frühestmöglichen Verfahrenseröffnung sollten aber insgesamt kürzere Zeiträume als bisher favorisiert werden

Dagegen scheint die Höhe der nichttilgbaren Verbindlichkeiten fortan keine Rolle mehr zu spielen, da die Insolvenzordnung im Gegensatz zum früheren Recht die Erfüllung des gesetzlichen Tatbestands nicht von der Unmöglichkeit, »wesentliche« Forderungen zu zahlen, abhängig macht[379]. Der Gesetzgeber der Insolvenzordnung geht allerdings davon aus, dass bei der Prüfung der Zahlungsunfähigkeit »ganz geringfügige Liquiditätslücken außer Betracht bleiben«[380]. Im Ergebnis entspricht dies weitgehend der Rechtslage in Frankreich, wonach das Gesetz über die Höhe der nichttilgbaren Passiva ebenfalls schweigt, in der Rechtspraxis ein Verfahren aber nur ausnahmsweise eröffnet wird, wenn Kleinstforderungen nicht bezahlt werden.

Anders als bisher setzt § 17 InsO für die Feststellung der Zahlungsunfähigkeit auch nicht mehr voraus, dass die nichtgezahlten Forderungen zunächst »ernstlich eingefordert« worden sind: maßgeblich ist allein die Fälligkeit der Verbindlichkeiten[381]. Auch in dieser Hinsicht sind deutsche und französische Regelung identisch. Der in Frankreich vereinzelte richterrechtliche Bezug auf das *Passif exigible et exigé* lässt sich anhand des eindeutigen und im Vergleich zu § 17 InsO gleichlautenden Gesetzestexts nur dadurch erklären, dass zunächst unterbleibende und später (aber immer noch vor dem Eröffnungsantrag des Insolvenzverfahrens) erfolgte Vollstreckungen *ex post* als eine stillschweigende Stundung auszulegen sind. Ob in diesem spezifischen Fall ein deutsches Gericht zum selben Schluss kommen würde, ist nicht sicher, in der Literatur wird eher vertreten, dass »nur echte Stundungen, bei denen die Fälligkeit einvernehmlich herausgeschoben wird«, gegen die Feststellung der Zahlungsunfähigkeit wirken[382].

(dieser Ansicht: Jauernig, Insolvenzrecht § 54.II.1; Kübler/Prütting, Kommentar § 17 Rn. 11).

379 Unter der Geltung der KO hat vor allem das Schrifttum sog. Geringfügigkeitsgrenzen festgelegt i.H.v. etwa 10% bis 25% der Gesamtforderungen (vgl. Nerlich/Römermann, Kommentar § 17 Rn. 18 sowie die dort angegebenen Nachweise). Waren diese nicht erreicht, lag auch keine Zahlungsunfähigkeit vor, bzw. es wurde kein Insolvenzverfahren eröffnet.

380 Begründung zu den §§ 20 und 21 RegE (§§ 16 und 17 InsO), abgedruckt bei Balz/Landfermann, Insolvenzgesetze S. 90.

381 Braun/Uhlenbruck, Unternehmensinsolvenz S. 283.

382 Kübler/Prütting, Kommentar § 17 Rn. 6.

In beiden Ländern wird schließlich auch zwischen Zahlungsunfähigkeit und faktischer Nichtzahlung (Zahlungsverweigerung oder -einstellung) unterschieden[383]. Dabei enthält § 17 Abs. 2 Satz 2 InsO mit der Vermutung der Zahlungsunfähigkeit des Schuldners, der seine Zahlungen eingestellt hat, eine äußerst zweckmäßige Regelung: Ist der Schuldner nicht zahlungsunfähig, so kann er dies unschwer beweisen; ist er es doch – was bei einer Zahlungseinstellung regelmäßig der Fall ist – so ist es für einen Gläubiger dagegen faktisch schwierig, das über die bloße Nichtzahlung Hinausgehende zu beweisen. Das Fehlen einer solchen Vermutung in der französischen Regelung wird aus diesen beweistechnischen Erwägungen bisweilen beklagt[384], die Reform von 2005 hat daran jedoch nichts geändert.

Was den Zeitpunkt des Eintritts der Zahlungsunfähigkeit betrifft, so verbinden ihn beide Regelungen mit der formellen Eröffnung des Verfahrens[385]. Ein hiervon abweichendes Datum kann in Frankreich vom Gericht bestimmt werden, nicht aber in Deutschland. Bemerkenswerterweise sah der InsO-RegE in seinem § 157 eine sehr ähnliche Regelung vor[386], die vom 6. Ausschuss aber abgelehnt[387] und somit in die Insolvenzordnung nicht aufgenommen wurde. Der genaue Zeitpunkt des Eintritts der Zahlungsunfähigkeit ist von besonderer Relevanz hinsichtlich der Bewertung der Antragspflicht des Schuldners, darüber hinaus in Frankreich auch hinsichtlich der Bemessung des Zeitraums, innerhalb dessen gewisse Rechtshandlungen des Insolvenzschuldners angefochten werden können: Dieser Zeitraum – bezeichnet als *Période suspecte* – erstreckt sich nämlich von dem Zeitpunkt des tatsächlichen Eintritts der Zahlungsunfähigkeit bis zur formellen Verfahrenseröffnung[388]. Dagegen ist die Insolvenzanfechtung nach deutschem Recht grundsätzlich anders konzipiert, insofern das Gesetz verschiedene fixe Zeitspannen vorsieht,

---

[383] Zu dieser Abgrenzung nach deutschem Recht vgl. Bork, Insolvenzrecht Rn. 85; Braun/Uhlenbruck, Unternehmensinsolvenz S. 282 f.; Kübler/Prütting, Kommentar § 17 Rn. 14 ff.

[384] Vgl. Pérochon/Bonhomme, Entreprises en difficulté Rn. 119.

[385] Vgl. Art. L. 631-8 Abs. 1 Satz 2 C. com. sowie § 27 Abs. 2 Nr. 3 InsO.

[386] § 157 Abs. 1 Satz 1 RegE lautete: »Auf Antrag des Insolvenzverwalters stellt das Insolvenzgericht fest, zu welchem Zeitpunkt der Schuldner zahlungsunfähig geworden ist.«

[387] Vgl. BT-Drs. 12/7302.

[388] Die Insolvenzanfechtung ist geregelt in den Artt. L. 632-1 ff. C. com.

innerhalb derer Handlungen des Schuldners angefochten werden können[389]. Da in diesen Fällen die Zahlungsunfähigkeit des Schuldners maßgebend ist, kommt es im Einzelfall darauf an, dass sie bei Durchführung der Handlung vorgelegen hat, i.d.R. ohne dass es nötig ist, das genaue Eintrittsdatum zu bestimmen.

2. Weitere Eröffnungsgründe

a) Französische Regelung

Die Zahlungsunfähigkeit ist der einzige materiell-rechtliche Eröffnungsgrund in Frankreich. Fehlt sie, kann ein Insolvenzverfahren grundsätzlich nicht eröffnet werden. Die einzige Ausnahme hiervon bilden die oben erwähnten Fälle von Verfahrenserweiterung, also wenn das Vermögen des eigentlichen Insolvenzschuldners mit dem einer anderen Person verflochten und davon faktisch nicht trennbar ist, oder im Fall einen fiktiven Gesellschaft.

Der Vollständigkeit halber sei erwähnt, dass vor Inkrafttreten der Reform von 2005 weitere besondere Eröffnungsfälle bestanden, in denen vom Nachweis der Zahlungsunfähigkeit abgesehen werden konnte. Neben der ebenfalls erwähnten automatischen Verfahrenseröffnung gegen gesamtschuldnerisch haftende Mitglieder und Gesellschafter, zielten diese Fälle primär auf die Sanktionierung derjenigen ab, die im Rahmen früherer Sanierungsbemühungen (*Règlement amiable*, Sanierungsplan) ihren Verpflichtungen nicht nachgekommen waren[390]. Diese Konzeption entsprach nicht mehr der heutigen Ausrichtung des Insolvenzrechts, welches in Frankreich grundsätzlich als ein von objektiven Kriterien geprägter Sanierungsapparat verstanden wird. Daher wurden diese besonderen Eröffnungsfälle im Zug der Reform von 2005 allesamt abgeschafft.

---

[389] Vgl. die §§ 130 ff. InsO.

[390] Vorgesehen waren drei Fälle: 1. Wenn der Schuldner den im Rahmen eines früheren *Redressement judiciaire* beschlossenen Fortführungsplan nicht erfüllt hatte, wurde gegen ihn ein Liquidationsverfahren eröffnet (Art. L. 621-82 C. com. a.F.). 2. Wenn im Rahmen eines früheren Insolvenzverfahrens eine Pacht mit anschließender Kaufverpflichtung (*location-gérance*) beschlossen und der Pächter dieser Verpflichtung nicht nachgekommen war, so wurde gegen ihn ein Insolvenzverfahren eröffnet (Art. L. 621-101 Abs. 1 C. com. a.F.). 3. Ebenso wenn der Schuldner seinen finanziellen Verpflichtungen aus einem früheren *règlement amiable* nicht nachgekommen war (Art. L. 621-3 C. com. a.F.).

b) Vergleichende Betrachtungen

Fälle, in denen ein Insolvenzverfahren eröffnet werden kann, ohne dass ein materiell-rechtlicher Grund vorliegt, kennt das deutsche Recht nicht. Insofern kann mit der eben erwähnten Aufhebung der Sanktionsverfahren und der automatischen Eröffnung gegen gesamtschuldnerisch haftende Gesellschafter/Mitglieder durch die Reform von 2005 eine weitgehende Anlehnung des französischen Rechts an das deutsche Recht festgestellt werden. Ein bedeutender Unterschied ergibt sich jedoch daraus, dass die deutsche Regelung neben der Zahlungsunfähigkeit auch noch zwei weitere – alternative – Eröffnungsgründe vorsieht: die drohende Zahlungsunfähigkeit (aa) sowie die Überschuldung (bb).

aa) Drohende Zahlungsunfähigkeit

Die in § 18 InsO geregelte drohende Zahlungsunfähigkeit hat in etwa denselben Zweck wie die französische *Conciliation* in ihrer Vorbeugungsfunktion – damit soll der Eintritt der eigentlichen Insolvenz vermieden werden. Im Unterschied zum französischen Recht begründet die drohende Zahlungsunfähigkeit nach deutschem Recht jedoch nicht die Eröffnung eines gesonderten, außergerichtlichen Verfahrens wie die *Conciliation*, sondern es wird das auch bei eingetretener Zahlungsunfähigkeit greifende Verfahren nach der Insolvenzordnung eingeleitet[391]. An dieser Stelle ist anzumerken, dass die Thematik der drohenden Zahlungsunfähigkeit eine herausragende Rolle in der jüngsten französischen Insolvenzrechtsreform nicht nur hinsichtlich der Anpassung der *Conciliation* spielte, sondern dass sie auch in unmittelbarem Zusammenhang mit der Einführung einer zusätzlichen Verfahrensart – der sog. *Procédure de sauvegarde* – steht. In der Tat wurde schon in einem frühen Stadium der Reform vorgeschlagen, einen neuen, zusätzlichen Insolvenzeröffnungsgrund einzuführen, mit dem eine frühere Einleitung eines (im Gegensatz zur *Conciliation* gerichtlich geordneten) Verfahrens erzielt werden sollte[392]. Im Referentenentwurf vom 12. Oktober 2000 fand sich neben der

---

[391] Vgl. bereits oben die Ausführungen zur drohenden Zahlungsunfähigkeit in Kapitel 3 Abschnitt A.II.

[392] Im Vorabgutachten vom 1. Dezember 1998 wurde noch vorgeschlagen, lediglich die Definition der Zahlungsunfähigkeit dahingehend zu ändern, dass neben dem jetzigen Tatbestand, der beibehalten werden sollte, zusätzlich der Schuldner sich in einer aussichtslosen Lage befinden müsse, was angesichts der damit verbundenen Erschwerung

Cessation des paiements in ihrer jetzigen Form ein zweiter Eröffnungsgrund: die sog. *Cessation des paiements anticipée*[393]. Dieser Grund wäre zwischen dem Eröffnungstatbestand des damaligen *Règlement amiable* und der (eingetretenen) Zahlungsunfähigkeit angesiedelt gewesen und er hätte nur bei Eigenantrag des Schuldners gegriffen – eine Antragspflicht war für diesen Fall nicht vorgesehen. Dieser Gedanke wurde schließlich mit der Einführung der formal vom *Redressement judiciaire* getrennten *Sauvegarde* konkretisiert, die bei »Schwierigkeiten, die [der Schuldner] nicht in der Lage ist, zu überwinden, und die geeignet sind, zur Zahlungsunfähigkeit zu führen« zur Anwendung kommt[394]. Rechtsvergleichende Überlegungen haben die Gestaltung dieses neuen Eröffnungsgrunds unmittelbar geprägt, insbesondere das deutsche Recht mit der drohenden Zahlungsunfähigkeit nach § 18 InsO und auch das belgische, das einen ähnlich gefassten Eröffnungsgrund kennt[395]. Die *Procédure de sauvegarde* wird unten in Teil 4 näher erläutert.

bb) Überschuldung

Ein weiterer Eröffnungsgrund des Insolvenzverfahrens ist in Deutschland wie schon unter der Geltung der KO[396] die Überschuldung. Anders als die Zahlungsunfähigkeit, die als allgemeiner Eröffnungsgrund für jeden Schuldner zum Tragen kommt, greift die Überschuldung gemäß § 19 InsO nur für juristische Personen (Abs. 1), nicht rechtsfähige Vereine (Abs. 1 i.V.m. § 11

---

der Verfahrenseröffnung jedoch nicht schlüssig erschien. Vgl. Montéran, Rev. proc. coll., März 2001, S. 1 ff. Rn. 22.

[393] Vgl. hierzu Montéran, Rev. proc. coll., März 2001, S. 1 ff. Rn. 22 (mit Textvorschlag); Gaz. Pal. 8-9 Dezember 2000, S. 3; sowie Assemblée Nationale/Sénat, Office parlementaire d'évaluation de la législation, Bericht Nr. 3451/120 vom 5. Dez. 2001, S. 51.

[394] *»difficultés, qu'il n'est pas en mesure de surmonter, de nature à le conduire à la cessation des paiements«* (Art. L. 620-1 C. com.)

[395] Assemblée Nationale/Sénat, Office parlementaire d'évaluation de la législation, Bericht Nr. 3451/120 vom 5. Dez. 2001, S. 51: *»On se rapprocherait opportunément des solutions retenues par certains droits étrangers tels que la notion d'insolvabilité imminente ou menaçante dans le nouveau code allemand ou celle d'entreprise menacée par des difficultés pouvant conduire à plus ou moins bref délai à une cessation des paiements en droit belge«.*

[396] Die einschlägigen Bestimmungen waren zuvor ziemlich verstreut: vgl. die §§ 207 Abs. 1, 209 Abs. 1 und 213 KO, 63 Abs. 1 GmbHG, 50 Abs. 2 ZPO.

Abs. 1 Satz 2 InsO) und Gesellschaften ohne Rechtspersönlichkeit, bei denen kein persönlich haftender Gesellschafter eine natürliche Person ist (Abs. 3)[397].

Im Hinblick auf die hier behandelte Thematik ist anzumerken, dass auch die Überschuldung dazu dient, das Verfahren möglichst frühzeitig zu eröffnen[398]. Nach § 19 Abs. 2 Satz 1 InsO ist sie gegeben, wenn das Vermögen des Schuldners nicht ausreicht, um die Verbindlichkeiten zu decken. Hierbei handelt es sich grundsätzlich um einen rechnerischen Vergleich zwischen Aktiv- und Passivposten der Bilanz des Schuldners. Dieser Vergleich wird in einer Sonderbilanz, dem sog. Überschuldungsstatus, ermittelt, deren Erstellung insbesondere bei komplexeren Sachverhalten mit einem nicht unerheblichen Aufwand verbunden sein kann[399]. Gemäß § 19 Abs. 2 Satz 2 InsO sind dem Überschuldungsstatus prognostizierte Liquidationswerte zugrunde zu legen – Fortführungswerte kommen nur dann in Betracht, wenn eine Fortführung auch überwiegend wahrscheinlich erscheint.

Nach der französischen Unternehmensinsolvenzregelung ist die Überschuldung kein eigenständiger Eröffnungsgrund, selbst wenn sie in der Praxis ebenso wie in Deutschland oftmals zusammen mit der Zahlungsunfähigkeit gegeben ist[400]. Dagegen ist sie für die Eröffnung eines Verbraucherinsolvenzverfahrens nach den Artt. L. 331-1 ff. der Verbraucherordnung (*Code de la consommation*) maßgeblich, also gerade in denjenigen Fällen, in denen nach deutschem Recht die Überschuldung nicht greift.

B. Formelle Eröffnungsvoraussetzungen

Nachfolgend werden die Zuständigkeitsregeln des Insolvenzgerichts (I) und die Modalitäten seiner Anrufung (II) untersucht, bevor auf den Eröffnungsbeschluss näher eingegangen wird (III).

---

[397] Darüber hinaus bei dem Nachlass (§ 320 Satz 1 InsO) sowie bei dem Gesamtgut einer fortgesetzten Gütergemeinschaft (§ 332 Abs. 1 InsO).

[398] Nerlich/Römermann, Kommentar § 19 Rn. 8.

[399] Eingehend zu den einzelnen Positionen vgl. Kübler/Prütting, Kommentar § 19 Rn. 9 ff.

[400] Zur Abgrenzung zwischen Überschuldung und Zahlungsunfähigkeit vgl. Jauernig, Insolvenzrecht, § 54.II.3, sowie Saint-Alary-Houin, Entreprises en difficulté Rn. 344.

I. Die Zuständigkeit des Gerichts

Bei dem Vergleich der deutschen und französischen Zuständigkeitsregelungen wird zwischen der sachlichen (1) und der örtlichen (2) Zuständigkeit des Insolvenzgerichts unterschieden.

1. Sachliche Zuständigkeit

a) Französische Regelung

Die sachliche Zuständigkeit des Gerichts ist in Art. L. 621-2 C. com. geregelt[401]. Dieser Vorschrift zufolge gilt es zu unterscheiden:

- Gemäß Abs. 1 Satz 1 ist das Handelsgericht (*tribunal de commerce*) für das Insolvenzverfahren zuständig, wenn der Schuldner – ob natürliche oder juristische Person – ein Kaufmann oder ein in die Handwerksrolle eingetragener Handwerker ist.
- In allen anderen Fällen ist das ordentliche Gericht für Zivilsachen – das sog. Großinstanzgericht (*tribunal de grande instance*) – zuständig (Abs. 1 Satz 2).

Diese Unterscheidung wurde mit der Reform von 2005 aus der vorigen Regelung unverändert übernommen. Nicht übernommen im Rahmen des *Redressement judiciaire* wurde hingegen die frühere sog. Klassenkompetenzregelung[402], wonach nur bestimmte Handels- und Großinstanzgerichte für Verfahren ab einer bestimmten Größenordnung zuständig waren[403]. Die Klassenkompetenz war mit der Tatsache verknüpft, dass neben dem »normalen« *Redressement judiciaire* ein vereinfachtes Verfahren, das in kleineren Fällen

---

[401] Die Anwendbarkeit dieser Vorschrift, welche die *Sauvegarde* betrifft, ergibt sich aus Art. L. 631-7 C. com.

[402] Saint-Alary-Houin, Entreprises en difficulté Rn. 385.

[403] Vgl. Art. L. 621-5 Abs. 2 C. com. a.F. Zuletzt waren nur sehr wenige Gerichte von diesen größeren Fällen ausgeschlossen - die Verordnung Nr. 85-1387 wurde durch eine Verordnung vom 30. Juli 1999 dahingehend geändert, dass von den insgesamt 191 Handelsgerichten 182 sowohl für das vereinfachte als auch für das regelmäßige Insolvenzverfahren zuständig waren; 1985 waren es dagegen nur 96 von insgesamt 230. (Vgl. Sénat-Gesetzgebungsausschuss, Bericht vom 23. Jan. 2002, Punkt I.A.1.b.)

zum Tragen kam, bestand[404]. Diese Zweispurigkeit des Verfahrens wurde durch das Gesetz vom 26. Juli 2005 ebenfalls aufgegeben.

Sowohl das Handels- als auch das Großinstanzgericht besitzen traditionsgemäß eine weitreichende Zuständigkeit, die sich nicht nur auf das Insolvenzverfahren an sich erstreckt, sondern weitgehend und in Abweichung von den üblichen Zuständigkeitsregeln auch verschiedene Nebenverfahren betrifft, die im Zusammenhang mit dem Insolvenzverfahren stehen[405]. Der Grundsatz der *Vis attractiva concursus* erfährt eine eindeutige Konkretisierung in Art. 339 der Verordnung Nr. 2005-1677, demzufolge das Insolvenzgericht für sämtliche Angelegenheiten, die das *Redressement judiciaire* und den persönlichen Konkurs oder andere Sanktionen betreffen, zuständig ist[406]. Damit ist das Insolvenzgericht insbesondere auch für Haftungsklagen gegen die Geschäftsleitungsorgane zuständig[407], ferner wenn das eröffnete Verfahren gemäß Art. L. 621-2 C. com. auf andere Personen erweitert werden soll[408], also etwa im Fall einer nicht klärbaren Vermögensverflechtung oder einer fiktiven Gesellschaft[409]. Die Generalklausel von Art. 339 wird von der Rechtsprechung klas-

[404] Praktisch wurden die ausschließlich für das vereinfachte Verfahren zuständigen Gerichte immer weniger. So wurde die Verordnung Nr. 85-1387 durch eine Verordnung vom 30. Juli 1999 dahingehend geändert, dass von den insgesamt 191 Handelsgerichten 182 sowohl für das vereinfachte als auch für das regelmäßige Insolvenzverfahren zuständig waren, während es 1985 nur 96 von insgesamt 230 waren. (Vgl. Sénat-Gesetzgebungsausschuss, Bericht vom 23. Januar 2002, Gliederungspunkt I.A.1.b.)

[405] Vgl. bereits Cass. Req. 29 Oktober 1888, D. 1889. 1. 13: »*Le tribunal de commerce du domicile du failli est seul compétent pour connaître des contestations nées de la faillite ou sur lesquelles l'état de faillite exerce une influence juridique*«. Derselbe Satz findet sich in der jüngeren Rechtsprechung lediglich mit sprachlichen Anpassungen wieder – vgl. z.B. Com. 8. Juni 1993, Bull. civ. IV, Nr. 233: »*contestations nées de la procédure collective ou sur lesquelles cette procédure exerce une influence juridique*«.

[406] »*Sans préjudice des pouvoirs attribués en premier ressort au juge-commissaire, le tribunal saisi d'une procédure de redressement judiciaire connaît de tout ce qui concerne la sauvegarde, le redressement et la liquidation judiciaires, la faillite personnelle ou autres sanctions prévues par le livre VI du code commerce, à l'exception des actions en responsabilité civile exercées à l'encontre de l'administrateur, du mandataire judiciaire, du commissaire à l'exécution du plan ou du liquidateur qui sont de la compétence du tribunal de grande instance*« (Art. 339 der Verordnung Nr. 2005-1677).

[407] Artt. 316 und 321 der Verordnung Nr. 2005-1677.

[408] Art. L. 621-2 Abs. 2 Satz 2 C. com.

[409] Com. 8. November 1988, D. 1989. Somm. 372.

sischerweise weit ausgelegt – z.B. wird die Zuständigkeit des Insolvenzgerichts auch für Streitigkeiten anerkannt, die vor Verfahrenseröffnung entstanden sind, sofern deren Ausgang von der Insolvenz in irgendeiner Weise beeinflusst wird[410].

Nicht von des *Vis attractiva concursus* des Gerichts erfasst sind hingegen Aufgaben, die ausdrücklich in den Kompetenzbereich des beauftragten Richters (*juge-commissaire*) fallen, sowie Schadensersatzklagen (*actions en responsabilité civile*) gegen die Organe des Verfahrens, die immer vor das Großinstanzgericht getragen werden[411]. In Abwesenheit einer Spezialvorschrift in der Insolvenzregelung muss davon ausgegangen werden, dass auch arbeits- und strafrechtliche Prozesse nicht in den Zuständigkeitsbereich des Insolvenzgerichts fallen, sondern vor dem ordentlichen Arbeitsgericht (*Conseil de prud'hommes*) bzw. Strafgericht (*tribunal correctionnel*) stattfinden[412].

b) Vergleichende Betrachtungen

aa) Natur und Besetzung des Gerichts

Das Insolvenzverfahren liegt gemäß § 2 InsO ausschließlich beim Amtsgericht. Verglichen mit der französischen Zuständigkeitsregelung ergeben sich zwei wesentliche Unterschiede hinsichtlich seiner Natur und seiner Besetzung. So bestimmt sich in Deutschland die Zuständigkeit des Insolvenzgerichts im Gegensatz zu Frankreich nicht nach der Eigenschaft des Schuldners als Kaufmann oder als Nichtkaufmann, da es in Deutschland – wie in den meisten anderen europäischen Staaten – keine spezifische Handelsgerichtsbarkeit gibt. Die Besonderheit der französischen Handelsgerichte ist, dass sie mit von Kaufleuten gewählten Laienrichtern besetzt sind. Ob die Qualität der Rechtsanwendung darunter leidet, wird mitunter heftig diskutiert, jedenfalls wird aufgrund der diesbezüglichen, schon seit längerem anhaltenden Kritik im Rahmen des gegenwärtigen Reformvorhabens der Handelsgerichtsbarkeit vorgesehen, die Handelsgerichte zumindest teilweise mit Berufsrichtern zu besetzen. Die somit entstehenden »gemischte Kammern« (*chambres mixtes*)

---

410 Com. 14. April 1992, Bull. civ. IV, Nr. 157; D. 1992. Somm. 378.

411 Art. 339 der Verordnung Nr. 2005-1677.

412 D.A. Saint-Alary-Houin, Entreprises en difficulté Rn. 379.

sollen insbesondere für Insolvenzsachen zuständig sein[413]. Das Reformprogramm der Handelsgerichtsbarkeit wurde in der vorangegangenen Legislaturperiode jedoch nicht zu Ende geführt und, nachdem die Insolvenzrechtsreform nun unabhängig davon durchgeführt wurde, bis auf weiteres eingestellt, sodass es hinsichtlich der Besetzung der Gerichte vorerst bei den bestehenden Regeln bleibt.

Ungeachtet dessen, ob nun ein Großinstanz- oder ein Handelsgericht zuständig ist, handelt es sich beim französischen Insolvenzgericht stets um ein kollegiales Organ, wohingegen in Deutschland in dem für das Insolvenzverfahren zuständigen Amtsgericht gemäß § 22 Abs. 4 GVG ein Einzelrichter tätig wird. Die deutsche Lösung bewirkt zweifelsfrei eine geringere Arbeitsbelastung der Gerichte und liegt mithin im Sinne einer zügigeren Insolvenzabwicklung[414], die durch den weitreichenden Zuständigkeitsbereich des Rechtspflegers innerhalb des Gerichts zusätzlich verstärkt wird[415]. In Frankreich hat man stattdessen ein Kollegialgericht bevorzugt, womit man sich wohl eine größere Sachgerechtigkeit der Entscheidungen verspricht. Dies versteht sich vor allem angesichts des Umstands, wonach das französische Insolvenzgericht das Verfahren in weit höherem Maß bestimmt als sein deutsches Pendant[416], es bedarf jedoch einer gewissen Relativierung aufgrund des Vorhandenseins, neben dem Gericht, eines weiteren gerichtlichen Organs in Form eines Einzelrichters, des beauftragten Richters (*juge-commissaire*), der einen Großteil der gerichtlichen Entscheidungen im Verfahren trifft und somit das Gericht entsprechend entlastet.

bb) Das Insolvenzgericht als spezialisiertes Gericht

Der Gesetzgeber der InsO war bei der Ausgestaltung der gerichtlichen Zuständigkeitsbestimmung von derselben Überlegung einer möglichst ange-

---

[413] Diese *chambres mixtes* sollen aus einem vorstehenden Berufsrichter und zwei Laienassessoren bestehen. Vgl. hierzu Guigou, Réforme des tribunaux de commerce, Gaz. Pal. vom 30. Juli/1. August 2000, S. 24, sowie Sénat-Gesetzgebungsausschuss, Bericht vom 23. Jan. 2002, Punkt III.A und IV.B.2.

[414] In der Begründung zu § 2 InsO heißt es: »Ein Kollegialgericht wäre für die zügige Abwicklung eines Insolvenzverfahrens weniger geeignet« (abgedruckt bei Balz/Landfermann, Insolvenzgesetze, S. 72).

[415] Vgl. § 3 Nr. 2 lit. e RPflG.

[416] Vgl. insgesamt die Ausführungen in den folgenden Kapiteln.

messenen Sachkunde des Gerichts bewogen wie der französische Gesetzgeber, zur Zeit als in Frankreich noch das oben beschriebene Klassenkompetenzsystem und die verfahrensrechtliche Teilung zwischen regulärem und vereinfachtem *Redressement judiciaire* galt. In der Insolvenzordnung wurde dieser Gedanke aber noch deutlicher umgesetzt, insoweit jedes Insolvenzverfahren – nicht etwa nur die Unternehmens- oder gar die Großunternehmensinsolvenzen – der ausschließlichen Zuständigkeit von bestimmten Amtsgerichten unterliegt: Grundsätzlich ist im Bezirk jedes Landgerichts jeweils nur ein Amtsgericht – das Amtsgericht am Sitz des Landgerichts – als Insolvenzgericht zuständig[417]. Hiervon kann jedoch durch Landesverordnung gemäß Abs. 2 abgewichen werden, um den örtlichen, insbesondere wirtschaftlichen Gegebenheiten z.B. durch die Schaffung zusätzlicher Insolvenzgerichte Rechnung zu tragen. Eine vergleichbare Spezialisierung der Gerichte auf Insolvenz- und Sanierungsfragen existiert in Frankreich seit Inkrafttreten des Gesetzes vom 26. Juli 2005 im Rahmen des *Redressement judiciaire* indessen nicht mehr.

cc) Umfang der Zuständigkeiten des Insolvenzgerichts

Der Grundsatz einer umfassenden Zuständigkeit des Insolvenzgerichts galt lange Zeit auch in Deutschland, wurde aber aufgrund der damit verbundenen schlechten Erfahrungen zur Zeit des gemeinen Rechts mit der Konkursordnung von 1877 aufgegeben[418]. Während der Reform, die zur Verabschiedung der Insolvenzordnung geführt hat, wurde die Wiedereinführung dieses Grundsatzes der *Vis attractiva concursus* nicht ernsthaft in Erwägung gezogen, obgleich vereinzelt und nicht zuletzt im Hinblick auf das französische Recht auf gewisse Vorzüge dieses Systems aufmerksam gemacht wurde[419]. Diese zeichnen sich gerade bei komplexeren Sachverhalten dadurch aus, dass die Verfahren, die im Zusammenhang mit dem Insolvenzverfahren stehen, aufgrund der größeren Sachnähe des Insolvenzgerichts und des Fortfalls der Aktenversendung effizienter und schneller abgewickelt werden; auch der Insolvenzmasse kommt dadurch eine gewisse Entlastung von Prozesskosten zugute[420]. Der gegen das gemeinrechtliche System gerichtete Vorwurf, die

[417] § 2 Abs. 1 InsO.

[418] Vgl. oben Kapitel 1, Abschnitt C.II.1.b.aa.

[419] Vgl. Gröniger, Franz. Insolvenzsystem S. 58 sowie die dort angegebene Literatur.

[420] Gröniger, Franz. Insolvenzsystem S. 58 f.

umfassende Zuständigkeit des Insolvenzgerichts würde eine übermäßige Verfahrensdauer zur Folge haben, trifft nur insofern zu, als die Abwicklung des Insolvenzverfahrens vom Ausgang sämtlicher Nebenverfahren abhängig gemacht wird. Solange dem nicht so ist, wie beispielsweise in Frankreich, bewirkt die *Vis attractiva concursus* eher das Gegenteil. Gegen deren Einführung in das deutsche Recht spricht wohl in erster Linie, dass damit eine Abkehr der traditionellen Zuständigkeit des Einzelrichters zugunsten von Kollegialgerichten (also der Landgerichte) verbunden wäre, was darüber hinaus eine organisatorische Umstellung größeren Maßes voraussetzen würde[421].

2. Örtliche Zuständigkeit

a) Französische Regelung

Die örtliche Zuständigkeit ist im Wesentlichen in Art. 1 Abs. 1 der Verordnung Nr. 2005-1677 geregelt. Demnach ist bei juristischen Personen grundsätzlich das Gericht zuständig, in dessen Bezirk sich der Sitz des Unternehmens des Schuldners (*siège de l'entreprise du débiteur*) befindet. Bei natürlichen Personen kommt es auf den Ort an, wo das Unternehmen bzw. das Gewerbe angemeldet wurde. Hierbei kommt es nicht auf den offiziellen, satzungsmäßigen Sitz an, sondern auf den realen (*siège réel*), d.h. auf den Ort, in welchem das Unternehmen faktisch geleitet wird. Dies ist unbestritten und bezieht sich nach gefestigter Rechtsprechung sowohl auf juristische[422] als auch auf natürliche[423] Personen.

Eine bemerkenswerte Ausnahme hierzu enthält Art. 1 Abs. 2 der Verordnung Nr. 2005-1677: Handelt es sich beim Schuldner um eine juristische Person, deren Sitz innerhalb der letzten sechs Monate vor der Einberufung des Gerichts in den Bezirk eines anderen Gerichts verlegt wurde, so wird das Insolvenzverfahren trotzdem von dem Gericht abgewickelt, das vor der Verlegung zuständig war. Damit soll verhindert werden, dass sich faktisch insolvente Unternehmen noch kurz vor dem Insolvenzantrag durch Verlegung des Sitzes ihren Richter »aussuchen« (*Forum shopping*).

---

[421] Gröniger, Franz. Insolvenzsystem S. 59.

[422] Vgl. z.B. Com. 8. März 1988, Bull. civ. IV, Nr. 103; D. 1988, Somm. 339; Rev. sociétés 1988, 287.

[423] Vgl. z.B. Com. 17. Februar 1998, Bull. Civ. IV Nr. 79; RJDAff. 1998, 531; Rev. proc. coll. 1999, 23.

Eine weitere Ausnahme von der grundsätzlichen Zuständigkeitsregelung nach Art. 1 Abs. 1 der Verordnung ergibt sich ferner aus Art. L. 662-2 C. com. i.V.m. Art. 343 der Verordnung. Demnach kann zur Wahrung der gegenseitigen Interessen die Sache an ein anderes als das nach Art. 1 der Verordnung zuständige Gericht verwiesen werden. Ein klassischer Anwendungsfall dieser Vorschrift, die bereits vor dem Inkrafttreten der Reform von 2005 entsprechend galt, ist die Konzerninsolvenz. Dann kann es aus praktischen Gesichtspunkten äußerst sinnvoll sein, alle Verfahren vor dasselbe Gericht zu tragen. Der gesetzliche Wortlaut »*lorsque les intérêts en présence le justifient*« ist jedoch bewusst weit gefasst und bezieht sich nicht ausschließlich auf Fälle einer Übertragung aus wirtschaftlichen Gründen[424]. Über die Übertragung des Falles auf ein anderes Gericht entscheidet das Berufungsgericht, wenn die Sache einem Gericht desselben Bezirks übertragen werden soll, ansonsten der Kassationshof.

b) Vergleichende Betrachtungen

Nach § 3 Abs. 1 InsO, dessen Regel-Ausnahme-Verhältnis wohl umgekehrt zu verstehen ist, als sich aus der gesetzlichen Satzfolge ergibt[425], bestimmt sich die örtliche Zuständigkeit des Insolvenzgerichts nach dem Ort, an dem sich der Mittelpunkt der selbstständigen wirtschaftlichen Tätigkeit des Schuldners befindet (Satz 2); fehlt es an einer solchen, so kommt es auf den allgemeinen Gerichtsstand nach den §§ 12 ff. ZPO an (Satz 1)[426].

Diese Regelung der örtlichen Zuständigkeit ist nach dem Gesetzeswortlaut eine ausschließliche. Dasselbe gilt nach h.M. auch für die französische, wobei dies aus den Texten nicht ausdrücklich hervorgeht und bisweilen in Frage gestellt wird[427].

Dass § 3 InsO im Gegensatz zur entsprechenden französischen Bestimmung ein alternatives Kriterium beinhaltet, erklärt sich dadurch, dass die deutsche Insolvenzregelung sowohl für Unternehmen als auch für Verbraucher gilt. Je nachdem, ob es sich um eine Verbraucher- oder eine

---

[424] Vgl. Douai, 31. März 1988, D. 1989, Somm. 9; Gaz. Pal. 1988. 2. 584.

[425] Braun/Riggert/Kind, Neuregelungen der Insolvenzordnung S. 47; Jauernig, Zwangsvollstreckungs- und Insolvenzrecht, 21. Aufl. (1999), § 39. II.

[426] Eine analoge Regelung enthält § 315 InsO für das Nachlassinsolvenzverfahren.

[427] Vgl. Ripert/Roblot, Droit commercial II, Rn. 2881.

Unternehmensinsolvenz handelt, ist ein anderes Kriterium anzuwenden. Die örtliche Zuständigkeit bestimmt sich nach dem allgemeinen Gerichtsstand – also dem Wohnsitz des Schuldners – nur, wenn ein Verbraucherinsolvenzverfahren nach den §§ 304 ff. InsO durchgeführt werden soll[428]. Da die französische Insolvenzregelung nach den Artt. L 631-1 ff. C. com. nicht für Verbraucher gilt, enthält der *Code de commerce* auch keine vergleichbare Vorschrift. Soweit sich französische und deutsche Regelung vergleichen lassen, also bei Unternehmensinsolvenzen, stellt man jedoch fest, dass beide trotz ihres unterschiedlichen Ansatzes zu sehr ähnlichen Ergebnissen führen, insofern es in beiden Fällen auf die tatsächlichen Verhältnisse ankommt und ein fiktiver Unternehmenssitz weder nach französischem noch nach deutschem Recht ausschlaggebend sein kann[429].

Darüber hinaus zeichnet sich das französische Recht durch das Vorhandensein einer Reihe von Spezialregelungen aus, wie etwa diejenigen bezüglich der Übertragung einer Insolvenzsache an ein anderes Gericht oder die Sechsmonatsregelung zur Vermeidung von *Forum shopping*. Entsprechende Sonderregelungen sind in der Insolvenzordnung nicht vorgesehen. Daraus folgt, dass sich etwa im Fall einer Konzerninsolvenz nach deutschem Recht eine einheitliche örtliche Zuständigkeit nur aus der regelmäßigen Gerichtsstandregelung ergeben kann, d.h. wenn nachgewiesen wird, dass der reale Sitz einer Gesellschaft nicht dem satzungsmäßigen Sitz entspricht[430].

Es sei schließlich noch kurz darauf hingewiesen, dass seit Inkrafttreten der EuInsVO am 31. Mai 2002 eine einheitliche internationale Zuständigkeitsregelung für grenzüberschreitende Sachverhalte innerhalb der EU gilt. Der Zentralbegriff ist dabei der »Sitz der hauptsächlichen Interessen« des Schuldners, von dem – widerlegbar – vermutet wird, dass er mit dem satzungsmäßigen Sitz übereinstimmt[431]. Der herausragende Aspekt dieser Regelung ist, dass

---

[428] Ansonsten nur sofern der allgemeine Gerichtsstand mit dem Ort des Mittelpunkts der wirtschaftlichen Interessen übereinstimmt, was bedeutet, dass er bei Unternehmensinsolvenzen letzten Endes nicht ausschlaggebend ist.

[429] Für Deutschland, vgl. Bork, Insolvenzrecht Rn. 43; Braun/Riggert/Kind, Neuerungen der Insolvenzordnung, S. 47. Für Frankreich, vgl. Ripert/Roblot, Droit commercial II, Rn. 2881.

[430] Z.B. wenn eine Tochtergesellschaft nicht vom Ort ihres satzungsmäßigen Sitzes, sondern von der Konzernzentrale gelenkt wird, vgl. Hamburger Kommentar, §3 Rn. 15.

[431] Vgl. Art. 3 EuInsVO.

es inländischen Gerichten nun möglich ist, Insolvenzverfahren über im EU-Ausland ansässige bzw. eingetragene Personen zu eröffnen. Nachdem in der ersten Geltungszeit der EuInsVO vorwiegend englische Gerichte von dieser Möglichkeit Gebrauch gemacht haben[432], liegen nun auch Fälle vor, in denen französische[433] wie auch deutsche Gerichte[434] auf Grundlage der EuInsVO ihre Zuständigkeit hinsichtlich jeweils ausländischer Gesellschaften erklärt haben, doch es ist davon auszugehen, dass solche Verfahren auch weiterhin Ausnahmen in der Masse der Insolvenzverfahren darstellen werden.

II. Die Anrufung des Gerichts

Liegt ein Insolvenzgrund vor, muss der Schuldner sowohl in Frankreich wie auch in Deutschland einen Antrag auf Eröffnung eines Insolvenzverfahrens stellen (1). Unabhängig davon steht traditionsgemäß auch den Gläubigern ein Antragsrecht zu (2). Die französische Insolvenzregelung schließlich sieht weitere Möglichkeiten vor, das Verfahren zu eröffnen: durch Antrag der Staatsanwaltschaft und von Amts wegen (3).

1. Der Eigenantrag des Schuldners

a) Französische Regelung

Der Eigenantrag des Schuldners ist in Art. 170 der Verordnung Nr. 2005-1677 geregelt. Der Antrag wird in der Praxis oftmals als »Bilanzniederlegung« (*dépôt de bilan*) bezeichnet, da Absatz 2 dieser Vorschrift fordert, dass dem Antrag eine ganze Reihe von Unterlagen und Angaben zur

[432] Vgl. insbesondere die Beschlüsse vom 16. Mai 2003 des High Court of Justice von Leeds im Fall ISA Daisytek (NZI 2004, 219; EwiR 2004, 709, ZIP 2003, 1725), in dem sog. Administration-Verfahren zugleich über eine in England eingetragene Beteiligungsgesellschaft und mehrere operative Gesellschaften in Kontinentaleuropa eröffnet wurden. Ähnlich verhielt es sich hinsichtlich der kontinentaleuropäischen Vertriebsgesellschaften des im britischen Kfz-Herstellers MG Rover im April 2005 (NZI 2005, 467).

[433] Vgl. TC Nanterre, 15. Feb. 2006 (»EMTEC«), D. 2006. 793: Eröffnung eines *Redressement judiciaire* nach franz. Recht über das Vermögen einer in Mannheim eingetragenen GmbH.

[434] Vgl. AG München, 4. Mai 2004 (»Hettlage«): Eröffnung eines Insolvenzverfahrens nach der Insolvenzordnung über das Vermögen einer österreichischen AG & Co. KG.

Aufklärung des Gerichts über die finanzielle und rechtliche Lage des Unternehmens beigefügt werden[435]. Antragsberechtigt ist der Schuldner selbst, wenn dieser eine natürliche Person ist, ansonsten die organschaftlichen Vertreter. Der Antrag ist bei der Geschäftsstelle des zuständigen Gerichts zu stellen.

Dieser Eigenantrag ist weniger ein Recht als eine Pflicht des Schuldners, der dieser innerhalb einer bestimmten gesetzlichen Frist nach Eintritt der Zahlungsunfähigkeit nachkommen muss. Bis zur Reform von 2005 betrug diese Frist 15 Tage, was allgemein als zu kurz empfunden wurde. Während des Reformverfahrens wurden zahlreiche Vorschläge zur Handhabung der Antragspflicht vorgelegt, die darauf abzielten, die Frist auf 30 bis 60 Tage zu verlängern[436]. Im neuen Recht beträgt die Frist nun 45 Tage[437]. Aufgrund der Erweiterung der Tatbestände der *Conciliation*, die fortan auch bei eingetretener Zahlungsunfähigkeit zum Tragen kommen kann, besteht die Antragspflicht zur Eröffnung eines *Redressement judiciaire* im Übrigen nur, insofern in diesem Zeitraum nicht ein Antrag auf Eröffnung einer *Conciliation* gestellt worden ist.

Die Einhaltung der Antragspflicht wird von der Rechtsprechung streng überwacht. Unter der Geltung der Regelung vor der Reform von 2005 hat der

---

[435] Gemäß Art. 170 Abs. 2 der Verordnung sind neben dem letzten Jahresabschluss vorzulegen u.a. eine Schulden- und Vermögensaufstellung (Nr. 1), ein Handelsregisterauszug (Nr. 2), ein Liquiditätsstatus, der jünger als einen Monat ist (Nr. 3), Angaben zur Belegschaft und zum Umsatz (Nr. 4), eine bezifferte Aufstellung von Forderungen und Verbindlichkeiten mit Angabe des Namens und der Anschrift der Gläubiger (Nr. 5), Angaben zu den gewährten und erhaltenen Sicherheiten sowie außerbilanziellen Verpflichtungen (Nr. 6), ein Inventar (Nr. 7), Angaben zu gesamtschuldnerisch haftenden Gesellschaftern, Betriebsräten, ggf. bereits bestellten *Ad hoc*-Verwaltern, berufsständischen Aufsichtsorganen und Denkmalschutz (Nr. 8-12).

[436] Eine Verlängerung auf 60 Tage beruhte auf einem Wunsch der Praxis und fand sich bereits im Vorabgutachten des Justizministeriums von Dezember 1998 (vgl. Feugère/Teboul, Gaz. Pal. 1999, Doctr. S. 689) sowie im Referentenentwurf von Oktober 2000 (vgl. Feugère, Gaz. Pal. vom 8./9. Dezember 2000, S. 3). Eine 30-tägige Antragsfrist wurde aufgrund der allgemeinen Verlängerung von Zahlungsfristen auch von parlamentarischer Seite vorgeschlagen (vgl. Assemblée Nationale/Sénat, Office parlementaire d'évaluation de la législation, Bericht Nr. 3451/120 vom 5. Dez. 2001, S. 47 ff., wo angemerkt wurde, dass die damals geltende Antragsfrist von 15 Tagen auf ein Gesetz von 1889 zurückging).

[437] Art. L. 631-4 Abs. 1 C. com.

Kassationshof insbesondere entschieden, dass der Schuldner von seiner Antragspflicht selbst dann nicht befreit ist, wenn ein Gläubiger bereits einen entsprechenden Eröffnungsantrag gestellt hat[438]. Wird der Antrag nicht bzw. nicht fristgemäß gestellt, so kann das Gericht gemäß Art. L. 653-8 Abs. 3 C. com. gegen den Antragspflichtigen ein sog. Verwaltungsverbot (*interdiction de gérer*) verhängen[439]. Dieses hat zur Folge, dass der Antragspflichtige keinen kaufmännischen oder landwirtschaftlichen Betrieb führen bzw. entsprechende geschäftsführende Tätigkeiten in Unternehmen wahrnehmen darf. Bei der Festlegung des genauen Umfangs sowie der Dauer des Verbots verfügt das Gericht jedoch über einen weiten Ermessensspielraum.

Weitere spezifische Sanktionen für die Nichterfüllung der Antragspflicht sind im Gesetz nicht vorgesehen. Sofern deren Voraussetzungen erfüllt sind, können jedoch auch insolvenzrechtliche Haftungsklagen in Betracht kommen, wie z.B. eine Schadensersatzklage nach Art. L. 651-2 C. com. Diese sog. *Action en comblement de l'insuffisance d'actif* kann gegen jeden organschaftlichen oder faktischen Geschäftsführer (*dirigeant de droit ou de fait*) gerichtet werden, der durch schuldhaftes Handeln (*faute de gestion*) dazu beigetragen hat, dass die Masse nicht ausreicht, um alle Verbindlichkeiten zu tilgen. Der Begriff des schuldhaften Handelns wird im Gesetz nicht näher definiert, in der Praxis umfasst er mannigfaltige Tatbestände, darunter nach etablierter Rechtsprechung auch den Fall, dass der Insolvenzantragspflicht nicht nachgekommen wurde[440]. Der Schadensersatz wird nach gerichtlichem Ermessen bemessen und fließt der Insolvenzmasse zu. Eine weitere mögliche Folge der Missachtung der Insolvenzantragspflicht ist die sog. *Obligation aux dettes sociales*, die in besonders schweren Fällen zum Tragen kommt und zur Folge hat, dass der Betroffene (gesamtschuldnerisch) für die gesamten Verbindlichkeiten des Insolvenzschuldners haftet. Vor Inkrafttreten des Reformgesetztes von 2005 wurde entschieden, dass insolvenzspezifische Klagen wie

---

[438] Com. 19. Januar 1999, Bull. civ. IV, Nr. 19; D. Affaires 1999. 259; Dr. Sociétés 1999. Nr. 37; PA vom 9. Juni 1999, S. 24; JCP E 1999, S. 816.

[439] Vor der Reform von 2005 griff statt des Verwaltungsverbots der sog. persönliche Konkurs (*faillite personnelle*), der dieselben Folgen wie das Verwaltungsverbot mit sich brachte und zusätzlich die Einschränkung gewisser bürgerlicher Rechte zur Folge hatte (Art. L. 625-2 Abs. 2 C. com. a.F.). Näheres hierzu vgl. Ripert/Roblot, Droit commercial II, Rn. 3312 ff.

[440] Com. 21. Mai 1991, D. 1992. Somm. 184; Com. 8. Oktober 1996, D. Affaires 1996. 1356; Com. 8. Dezember 1998, RTDCom. 1999. 983.

diese die Geltendmachung weiterer Schadensersatzansprüche aus unerlaubter Handlung etwa auf der Grundlage von Art. 1382 C. civ. ausschließen[441].

b) Vergleichende Betrachtungen

Gemäß § 13 Abs. 1 Satz 2 InsO ist der Schuldner berechtigt, einen Eröffnungsantrag zu stellen. Unterschiede zur französischen Insolvenzregelung ergeben sich im Hinblick auf den Antragsberechtigten bei juristischen Personen und Gesellschaften ohne Rechtspersönlichkeit: Dieser bestimmt sich in Frankreich nach den allgemeinen Vertretungsregeln des Gesellschaftsrechts, nach deutschem Recht aber nach hiervon abweichenden Sonderbestimmungen, die in § 15 InsO verankert sind[442]. Demnach gilt es zu unterscheiden, ob der Antrag von allen Mitgliedern des Vertretungsorgans bzw. allen persönlich haftenden Gesellschaftern (oder Abwicklern) gemeinsam gestellt wird oder nicht: Im ersten Fall ist der Antrag ohne Weiteres zulässig, im zweiten dagegen muss der Insolvenzgrund glaubhaft gemacht werden. Dieses allgemeine Erfordernis des Glaubhaftmachens erscheint im Vergleich zur detaillierten Liste von zwingend vorzulegenden Unterlagen in Art. 170 der französischen Verordnung Nr. 2005-1677 unkomplizierter. Der Unterschied relativiert sich jedoch in der Praxis, da das Gericht in beiden Ländern selbst bei einem Eigenantrag das Vorliegen des Insolvenzgrunds prüfen muss und die hierfür benötigten Auskünfte, die nicht bereits bei Antragstellung erteilt worden sind, nachträglich vom Schuldner einholen wird.

Ebenso wie nach französischem Recht ist der Schuldner auch nach deutschem Recht verpflichtet, einen Eröffnungsantrag zu stellen. Im Gegensatz zu Frankreich ergibt sich die Antragspflicht in Deutschland jedoch nicht unmittelbar aus dem Insolvenzgesetz – die Insolvenzordnung beinhaltet keine allgemeine, gegenüber jedem Schuldner greifende Insolvenzantragspflicht – sondern aus den insolvenzrechtlichen Nebenbestimmungen anderer Gesetze, im Wesentlichen im Gesellschaftsrecht und im BGB. Solche Bestimmungen finden sich grundsätzlich nur bei Vereinigungen, natürliche Personen etwa

[441] Com. 28. Februar 1995, D. 1995. 390.

[442] In einem Fall jedoch fordert auch das deutsche Recht, dass der Antragsteller vertretungsbefugt ist: wenn der Antrag nicht von allen Mitgliedern des Vertretungsorgans oder allen Gesellschaftern gestellt wird und er auf drohender Zahlungsunfähigkeit beruht (§ 18 Abs. 3 InsO; vgl. hierzu oben Kapitel 3, Abschnitt B.I.2).

sind in Deutschland im Gegensatz zu Frankreich nicht antragspflichtig[443]. In Fällen, in denen eine Antragspflicht vorgesehen ist, richtet sie sich jedoch nicht wie in Frankreich gegen die Vereinigung, d.h. den Insolvenzschuldner selbst, sondern unmittelbar gegen deren Vertretungsorgane/natürliche Personen. Antragspflichtig sind demnach insbesondere der Vorstand einer AG (§ 92 Abs. 2 AktG), einer Genossenschaft (§ 99 Abs. 1 GenG), eines Vereins (§ 42 Abs. 2 BGB) oder einer Stiftung (§ 86 Satz 1 i.V.m. § 42 Abs. 2 BGB) sowie der Geschäftsführer einer GmbH (§ 64 Abs. 1 GmbHG) und die persönlich haftenden Gesellschafter einer KGaA (§ 92 Abs. 2 i.V.m. § 283 Nr. 14 AktG)[444].

Diese gesetzliche Handhabe hat den Vorzug, dass die unmittelbar Antragspflichtigen von vornherein genau identifiziert sind und dass die Antragspflicht, die sie trifft, aufgrund ihrer Verankerung im jeweils einschlägigen gesellschaftsrechtlichen Gesetz ihnen möglicherweise besser zugänglich ist. Dass insbesondere persönlich haftende Gesellschafter und Einzelpersonen von der Antragspflicht ausgeschlossen sind, erscheint ebenfalls in mancherlei Hinsicht pragmatischer als die Allgemeinheit der französischen Lösung, denn sie verhindert, dass zusätzliche – in aller Regel nicht tilgbare – Schulden entstehen[445]. Man vermisst allerdings eine einheitliche Ausgestaltung der Insolvenzantragspflicht. So gilt zwar allgemein, dass sie nur bei Zahlungsunfähigkeit oder Überschuldung greift, und nicht bei drohender Zahlungsunfähigkeit[446], doch ist der zeitliche Rahmen, in welchem sie ausgeübt werden muss (üblicherweise bis zu drei Wochen[447]), in gewissen Fällen nicht definiert[448]. Die Folgen des Nichtnachkommens der Antragspflicht sind zum Teil ebenfalls unterschiedlich geregelt, insofern im Gegensatz zur französischen Regelung eine Reihe spezifischer vermögens- und strafrechtlicher Sanktionen vorgesehen ist. So macht sich z.B. der Geschäftsführer einer GmbH gegenüber der

---

443 Beck/Depré, Praxis der Insolvenz, § 1 Rn. 16.

444 Zur Antragspflicht im Fall einer Nachlassinsolvenz sowie zur Anzeigepflicht des Bundesaufsichtsamts für das Kreditwesen (heute Bundesanstalt für Finanzdienstleistungsaufsicht – BaFin), vgl. Braun/Uhlenbruck, Unternehmensinsolvenz S. 214 f.

445 Bork, Insolvenzrecht Rn. 81.

446 Eine gleichzeitige Antragspflicht bei eingetretener und drohender Zahlungsunfähigkeit ließe sich in der Tat schwer vereinbaren.

447 Vgl. z.B. § 64 Abs. 1 Satz 1 GmbHG.

448 Vgl. z.B. § 42 Abs. 2 BGB.

Gesellschaft grundsätzlich schadensersatzpflichtig[449] und sogar strafbar[450]. Hinzu kommen allgemeine Schadensersatzansprüche aus unerlaubter Handlung auf der Grundlage von § 823 BGB sowie ggf. weitere strafrechtliche Folgen nach den §§ 283 ff. StGB, sofern deren Voraussetzungen erfüllt sind.

Schließlich gilt in beiden Ländern, dass ein von einem Gläubiger gestellter Antrag den Schuldner bzw. seine organschaftlichen Vertreter von der Stellung eines Eigenantrags nicht entbindet[451].

2. Der Gläubigerantrag

a) Französische Regelung

Gemäß Art. L. 631-5 Abs. 2 C. com. kann die Eröffnung eines *Redressement judiciaire* ferner von einem Gläubiger beantragt werden. Die Modalitäten der Antragstellung sind in Art. 171 der Verordnung Nr. 2005-1677 geregelt. Demnach muss der Antrag Angaben über die Natur und die Höhe der Forderung sowie Nachweise zum Vorliegen des Zustands der Zahlungsunfähigkeit beinhalten[452]. Betreibt der Schuldner ein landwirtschaftliches Unternehmen nicht in Form einer Handelsgesellschaft, so muss der Antragsteller zusätzlich nachweisen, dass zuvor die Eröffnung einer *Conciliation* beantragt worden ist, welche in diesem Fall zwingend zu beantragen ist, bevor ein Insolvenzverfahren eröffnet werden kann.

Verfahrenstechnisch handelt es sich um eine Klage im Sinn einer *Assignation* und nicht um eine *Requête*, wie sie in der freiwilligen Gerichtsbarkeit üblich ist. Das war nicht immer so: Bis zur Insolvenzrechtsreform von 1955 wurde das Verfahren mit einer *Requête* eingeleitet, im Wesentlichen deshalb, weil dies nicht voraussetzte, dass der Schuldner im Eröffnungsverfahren angehört werden musste[453]. Heute überwiegt das Rechtschutz-

[449] Vgl. § 64 Abs. 2 GmbHG.

[450] Vgl. § 84 GmbHG.

[451] Vgl. Beck/Depré, Praxis der Insolvenz § 1 Rn. 17.

[452] Letzteres war bis zur Reform von 2005 nicht ausdrücklich vorgesehen, die Rechtsprechung forderte jedoch auch in Abwesenheit einer Spezialvorschrift, dass der Antragsteller den Nachweis der Zahlungsunfähigkeit erbrachte. (Vgl. Com. 27. April 1993, RJDAff. 1993. 805; Com. 22. Juni 1999, Rev. proc. coll. 2000. 45.)

[453] Das Verfahren konnte mithin eröffnet werden, ohne dass der Schuldner auch nur Kenntnis davon erlangte. Dies war insofern gewollt, als man befürchtete, er könnte an-

bedürfnis des Schuldners, d.h. sein Anspruch auf rechtliches Gehör im Eröffnungsverfahren wird höher eingestuft als früher, was erklärt, weshalb der Antrag im Weg einer *Assignation* erfolgt[454].

In der Praxis spielt der Gläubigerantrag eine wichtige Rolle – jährlich werden etwa genauso viele Gläubiger- wie Eigenanträge gestellt[455].

b) Vergleichende Betrachtungen

Nach § 14 Abs. 1 InsO ist der Antrag eines Gläubigers zulässig, wenn dieser sein rechtliches Interesse an der Eröffnung eines Insolvenzverfahrens, seine (offene) Forderung sowie den Insolvenzgrund glaubhaft macht. Aus diesen drei Voraussetzungen ergibt sich im Vergleich zur französischen Antragsregelung ein ähnliches, jedoch nicht völlig identisches Bild:

Der Nachweis rechtlichen Interesses an der Verfahrenseröffnung wird in der französischen Regelung nicht ausdrücklich gefordert, doch das Fehlen eines solchen führt gemäß der allgemeinen Lehre des Rechtsmissbrauchs (*théorie de l'abus de droit*)[456] auch in Frankreich zur Unzulässigkeit des Antrags. Somit muss insbesondere ein Antrag, der als Druckmittel gegen den Schuldner verwendet wird, sowohl nach deutschem[457] als auch nach französischem[458] Recht zurückgewiesen werden.

Die Voraussetzungen hinsichtlich der Forderung, aufgrund derer der Gläubiger seinen Antrag stellt, erscheinen nach französischem Recht etwas strenger: Selbst wenn hierfür ebenso wenig wie in Deutschland ein Titel

---

sonsten noch im letzten Augenblick unmittelbar vor dem Gesamtbeschlag der Verfahrenseröffnung Vermögenswerte beiseite schaffen oder sonstige gläubigerschädigende Handlungen vornehmen (vgl. hierzu Ripert/Roblot, Droit commercial II, Rn. 2887).

[454] Zur Unzulässigkeit der Antragstellung im Weg einer *Requête* vgl. Versailles, 6. März 1997, Gat. Pal. 1997. 2. Somm. 352; Rev. proc. coll. 1998. 226.

[455] Im Jahr 2003 wurden 26.868 Gläubigeranträge gegen 27.397 Eigenanträge gestellt, wobei in dieser Statistik nicht nur Anträge auf Eröffnung des *Redressement judiciaire* sondern auch Anträge auf Eröffnung der *Liquidation judiciaire* erfasst sind. (Sénat-Gesetzgebungsausschuss, Bericht Nr. 335 vom 11. Mai 2005, S. 29)

[456] Vgl. hierzu Ferid/Sonnenberger, FranzZivRecht 1/1, Rn. 1.C.144 ff.

[457] Jauernig, Zwangsvollstreckungs- und Insolvenzrecht (1999), § 54.III.3.b.

[458] Vgl. z.B. Com. 5. Dezember 1989, Bull. civ. IV, Nr. 305; D. 1990. IR. 8; RTDCom. 1990. 108.

erforderlich ist[459], so fordert die französische Rechtsprechung stets, dass die Forderung in ihrem Bestehen unbestritten ist (*créance certaine*)[460]. Der Beweis dafür, dass eine Forderung nicht getilgt worden ist, kann durch jedes Mittel erfolgen, wenn es sich um eine handelsrechtliche Forderung (*créance commerciale*) handelt, ansonsten nach den Regeln des bürgerlichen Rechts. In Deutschland hat der Antragsteller seine Forderung nach § 14 Abs. 1 InsO glaubhaft zu machen und dazu kann er sich gemäß § 4 InsO i.V.m. § 294 ZPO aller Mittel bedienen, die zu einer »überwiegenden Wahrscheinlichkeit« des Bestehens der Forderung führen. Gleiches gilt nach deutschem Recht hinsichtlich des Nachweises eines Insolvenzeröffnungsgrunds – der Antragsteller hat ihn glaubhaft zu machen. Das französische Recht erscheint diesbezüglich etwas strenger, da dem Gesetzeswortlaut zufolge der Gläubiger den Nachweis der Zahlungsunfähigkeit erbringen muss.

Eine Entsprechung zu den besonderen gesetzlichen Anforderungen, die dem Antragsteller nach französischem Recht obliegen, wenn die Eröffnung eines Insolvenzverfahrens über ein landwirtschaftliches Unternehmen beantragt wird, kennt das deutsche Recht nicht. Die Insolvenz von landwirtschaftlichen Betrieben unterliegt in Deutschland aufgrund einer unterschiedlichen rechtspolitischen Orientierung keiner vergleichbaren Spezialregelung.

3. Sonstige Anrufungsmodalitäten

a) Französische Regelung: Antrag des Staatsanwalts, Eröffnung von Amts wegen

Gemäß Art. L. 631-5 Abs. 1 C. com. kann das *Redressement judiciaire* auch von Amts wegen oder auf Antrag der Staatsanwaltschaft eröffnet werden. Diese besonderen Eröffnungsarten bestehen schon seit längerem: Das Antragsrecht der Staatsanwaltschaft wurde 1981 eingeführt, die Eröffnung von Amts wegen geht sogar auf den *Code de commerce* von 1807 (Handelsgericht) bzw. auf die Insolvenzregelung von 1967 (Großinstanzgericht)

---

[459] Vgl. Ripert/Roblot, Droit commercial II, Rn. 2885; Bork, Insolvenzrecht Rn. 80.

[460] Vgl. bereits Cass. Req. 9. Feb. 1903, D. 1905. 1. 137: Ein stiller Gesellschafter kann nicht als Inhaber einer Forderung auf Rückerstattung seiner Einlage, mithin als Gläubiger des Geschäftsführers der Gesellschaft angesehen werden. Daher ist er als solcher nicht berechtigt, die Eröffnung eines Insolvenzverfahrens gegen letzteren zu beantragen.

zurück[461]. Die Modalitäten dieser Eröffnungsvarianten sind in den Artt. 172 bis 174 der Verordnung Nr. 2005-1677 geregelt. Weder das Gericht noch die Staatsanwaltschaft sind jedoch verpflichtet, das Verfahren zu eröffnen bzw. die Eröffnung zu beantragen. Die Entscheidung wird nach freiem Ermessen auf der Grundlage von Auskünften getroffen, die dem Gericht oder der Staatsanwaltschaft auf verschiedenste Weise bekannt werden können. Hierbei kann es sich z.B. um Auskünfte handeln, die dem Gerichtspräsidenten im Rahmen des sog. Alarmverfahrens des Wirtschaftsprüfers gemäß Art. L. 612-3 com n.F. erteilt werden, ferner um Umstände, die durch ein anderweitiges Gerichtsverfahren bekannt wurden oder Angaben, die sich aus öffentlich zugänglichen Quellen ergeben (etwa Jahresabschlüsse, Hypothekeneintragungen, Wechselprotesturkunden)[462]. Auch den Arbeitnehmervertretern kommt in diesem Zusammenhang eine besondere Rolle zu, da gemäß Art. L. 631-6 C. com. der Betriebsrat und die Vertreter der Belegschaft das Gericht oder den Staatsanwalt über jeden Umstand, aus dem die Zahlungseinstellung des Unternehmens hervorgeht, in Kenntnis setzen können.

In der Praxis wird von diesen beiden Eröffnungs- und Antragsmöglichkeiten unterschiedlich Gebrauch gemacht. Während die Zahl der Eröffnungsanträge, die von der Staatsanwaltschaft ausgehen, marginal ist, wird in ca. 5% der Fälle das Verfahren von Amts wegen eröffnet[463]. Hierbei ergeben sich zwischen den einzelnen Insolvenzgerichten jedoch größere Schwankungen, die in direktem Bezug zu Größe, Ausstattung und nicht zuletzt »Insolvenzpolitik« der Gerichte stehen[464].

b) Vergleichende Betrachtungen

Die Eröffnung von Amts wegen und das Antragsrecht des Staatsanwalts des französischen Rechts folgen dem Gedanken einer bestmöglichen Effekti-

---

[461] Vgl. Ripert/Roblot, Droit commercial II, Rn. 2891.

[462] Vgl. Saint-Alary-Houin, Entreprises en difficulté Rn. 375 f.

[463] Im Jahr 2003 erfolgten von den insgesamt 62.515 Eröffnungsanträgen/Eröffnungen von Amts wegen (bezogen auf *Redressement* und *Liquidation judiciaire*) 3.416 von Amts wegen, lediglich 267 gingen von der Staatsanwaltschaft aus. (Sénat-Gesetzgebungsausschuss, Bericht Nr. 335 vom 11. Mai 2005, S. 29)

[464] In den größeren Gerichten wurden vereinzelt Strukturen zum Aufspüren der Schwierigkeiten von Unternehmen eingerichtet. Vgl. z.B. Rouger, in: Frison-Roche (Hrsg.), Le nouveau droit des défaillances d'entreprises S. 62 f.

vität des Insolvenzverfahrens. Diese Eröffnungsmodalitäten erscheinen insofern zweckmäßig, als sie die Eröffnung eines Insolvenzverfahrens auch in den Fällen ermöglichen, in denen weder der Schuldner noch ein Gläubiger Antrag gestellt hat. Diese beiden Eröffnungswege können also dazu beitragen, dass das Verfahren in einem noch frühen Stadium eingeleitet wird, was im Ergebnis insbesondere den Gläubigern und den Arbeitnehmern zugute kommt, wenn dadurch z.B. eine Sanierung des Unternehmens erzielt und eine weitere Aushöhlung der Insolvenzmasse eingedämmt werden kann.

Unter diesem Gesichtspunkt kann man bedauern, dass in der Insolvenzordnung das Insolvenzverfahren ausschließlich auf Antrag des Schuldners oder eines Gläubigers eröffnet werden kann[465], zumal eine »erleichterte und rechtzeitige« (also frühestmögliche) Verfahrenseröffnung zum erklärten Ziel auch der deutschen Insolvenzrechtsreform gehörte[466]. Die Möglichkeit einer Verfahrenseröffnung von Amts wegen wurde in Deutschland von Anfang an zurückgewiesen, mit dem Argument, sie ließe sich mit der bestehenden Wirtschafts- und Privatrechtsordnung nicht vereinbaren[467]. Gegen sie dürften aber vor allem Gründe verfassungs- und völkerrechtlicher Natur sprechen. Sie kann im Hinblick auf das Gebot der Unparteilichkeit des Gerichts bedenklich erscheinen, vor allem wenn das Gericht, wie in Frankreich, von Amts wegen das Insolvenzverfahren eröffnen, aber auch persönliche Sanktionen gegen die Geschäftsführer aussprechen kann. Diese Problematik ist im Übrigen nicht rein theoretisch, da der französische Kassationshof bereits in einem Fall entschieden hat, dass die Ladung eines Geschäftsführers aufgrund ihrer Formulierung auf die Voreingenommenheit des Gerichts in der betreffenden

---

465 § 13 Abs. 1 InsO.

466 Vgl. die allgemeine Begründung zum RegE der Insolvenzordnung, BT-Drs. 12/2443, abgedruckt bei Balz/Landfermann, Insolvenzgesetze S. 15 f. sowie S. 21 ff.

467 Begründung zu § 13 InsO (§ 15 RegE), in: Balz/Landfermann, Insolvenzgesetze, S. 87. Damit ist wohl primär die Dispositionsmaxime gemeint, mit der eine Eröffnung von Amts wegen nicht vereinbar wäre. Allerdings gilt dieser Grundsatz der Parteienherrschaft im Insolvenzeröffnungsverfahren nur deshalb, weil der Gesetzgeber es so entschieden hat. Er ergibt sich insbesondere nicht aus höherrangigen – etwa verfassungsrechtlichen – Rechtsquellen. Im Übrigen gilt die Dispositionsmaxime ohnehin nur im Eröffnungsverfahren, mit der Eröffnung ist das Verfahren der Disposition des Antragsstellers und des Schuldners weitestgehend entzogen (Prütting, in: Kölner Schrift zur Insolvenzordnung, S. 195; Hamburger Kommentar § 5 Rn. 5.)

Haftungsklage gegen den Geschäftsführer schließen lassen konnte. In diesem Fall stellte der Kassationshof einen Verstoß gegen Art. 6. I EMRK fest[468].

Diese Bedenken hinsichtlich der Konformität der Verfahrenseröffnung von Amts wegen mit Art. 6. I EMRK prägten die Reformdiskussion in Frankreich. So wurde zunächst vorgeschlagen, das Tätigwerden des Gerichts aus eigener Initiative gänzlich abzuschaffen[469]. Von diesem Vorschlag hat man jedoch schon früh Abstand genommen. Letzten Endes wurde die Eröffnung des Insolvenzverfahrens von Amts wegen beibehalten, doch wurden gewisse verfahrensrechtliche Anpassungen vorgenommen, mit denen der Vorwurf der Befangenheit beseitigt werden soll. Zum einen können Haftungsklagen (persönlicher Konkurs u.ä.) gegen die Geschäftsführer und weitere Personen nicht mehr von Amts wegen initiiert werden, zum anderen darf der im Insolvenzverfahren tätige beauftragte Richter (*juge-commissaire*) nicht in dem Gericht sitzen, das im Einzelfall über diese Klagen entscheidet[470].

Im Hinblick auf das Eröffnungsantragsrecht der Staatsanwaltschaft bestehen solche Bedenken indessen nicht. Die Einführung eines solchen Antragsrechts in die deutsche Insolvenzregelung wäre im Rahmen der Neugestaltung des Insolvenzrechts durchaus überlegenswert gewesen, zumal sie in gewissen Fällen – wenn aus statistischer Sicht auch nur in geringem Maß, wie das Beispiel Frankreichs zeigt – zu einer früheren Verfahrenseröffnung beitragen kann. Darüber hinaus kann durchaus vertreten werden, dass auch ein öffentliches Interesse an der Vermeidung von Insolvenzverschleppung besteht, was einen Eingriff der Staatsanwaltschaft durchaus legitimieren könnte. Nach geltender Rechtslage jedoch ist die Staatsanwaltschaft gemäß den §§ 141 und 142 Abs. 1 Nr. 3 GVG beim Amtsgericht zwar vertreten und kann daher wie das französische *Ministère public* insbesondere tatsächliche Kenntnis von Insolvenzsituationen erlangen. Diese Kenntnis kann aber nur im Rahmen einer Strafverfolgung geltend gemacht werden, in Insolvenzsachverhalten also insbesondere nach den §§ 283 f. StGB. Dabei stünden einem Antragsrecht des Staatsanwalts keine wesentlichen rechtsdogmatischen Hindernisse

---

[468] Com. 3. November 1992, D. 1993. 538; Bull. civ. IV, Nr. 345.

[469] So die Empfehlung des französischen Justizministeriums im Vorabgutachten von Dezember 1998; vgl. hierzu Gaz. Pal. 1999, Doctr. S. 690.

[470] Vgl. Art. L. 653-7 Abs. 1 und 3 C. com.

im Wege[471]. Vielmehr würde dies einen Wandel in der Konzipierung von dessen Funktion erfordern, d.h. eine Abkehr von der gegenwärtigen Tendenz, die Rolle des Staatsanwalts bei der Initiierung von Verfahren außerhalb des Strafprozesses immer enger einzugrenzen[472].

III. Die gerichtliche Tätigkeit im Eröffnungsverfahren

1. Die Prüfung des Eröffnungsantrags

a) Französische Regelung

Die französische Regelung sieht vor, dass eine Reihe von Pflichtanhörungen vorgenommen wird, bevor das Gericht über den Eröffnungsantrag entscheidet. Zudem hat es die Möglichkeit, weitere Auskünfte selbst zu ermitteln.

So ergibt sich zunächst aus Art. L. 631-8 Abs. 3 Satz 2 C. com., dass das Gericht den Insolvenzschuldner, die Vertreter des Betriebsrats bzw., falls ein solcher nicht besteht, die Vertreter der Belegschaft (*délégués du personnel*) anhört. Aus Art. L. 631-7 i.V.m. Art. L. 621-1 C. com. folgt, dass ferner auch Vertreter der für den Schuldner ggf. zuständigen berufsständischen Stelle (etwa eine Ärzte- oder Rechtsanwaltskammer) gehört werden müssen. Nach dem Gesetzeswortlaut genügt es, wenn die Betroffenen zur gerichtlichen Anhörung ordnungsmäßig aufgefordert (*dûment appelés*) worden sind. Die Anhörungen finden unter Ausschluss der Öffentlichkeit (*en chambre du conseil*) statt.

Diese Anhörungen dienen allgemein dazu, dass das Gericht möglichst sachgerecht entscheiden kann, ob die Eröffnungsvoraussetzungen im Einzel-

---

[471] Er würde im Grunde auch der Dispositionsmaxime entsprechen, die von Jauernig wie folgt definiert wird: »Stets ist das Gesuch (die Klage) einer Partei nötig, mag diese Partei auch der Staatsanwalt sein« (Jauernig, Zivilprozessrecht § 24.II).

[472] Im Zivilprozess spielte der Staatsanwalt bis vor kurzem noch eine (letzte) wichtige Rolle in Ehesachen, insbesondere hatte er ein Klageerhebungsrecht in den Verfahren auf Nichtigerklärung und auf Feststellung des Bestehens oder Nichtbestehens der Ehe. Seit der Neuformulierung des vierten Abschnitts des sechsten Buchs der ZPO durch das Gesetz zur Neuordnung des Eheschließungsrechts vom 4. Mai 1998 (BGBl. I. 833) ist ihm auch diese Funktion zugunsten einer Verwaltungsbehörde aberkannt worden. (Vgl. hierzu Jauernig, Insolvenzrecht § 17).

fall erfüllt sind. Darüber hinaus stellt die Anhörung des Schuldners ebenfalls eine Garantie seiner verfahrensrechtlichen Grundrechte dar (Recht auf ein faires Verfahren). Somit kann der Schuldner insbesondere zum Vorliegen/Nichtvorliegen der Zahlungsunfähigkeit Stellung nehmen und ggf. nachweisen, dass der gesetzliche Tatbestand nicht erfüllt, das Verfahren mithin nicht zu eröffnen ist[473]. Die Anhörungspflicht des Schuldners wird von der Rechtsprechung daher als *Ordre public*-Vorschrift angesehen, deren Verletzung zur Nichtigkeit des Eröffnungsurteils führt[474]. Gleiches gilt im Übrigen für die Pflicht zur Anhörung der Arbeitnehmervertreter[475].

Über die im Weg dieser Pflichtanhörungen erlangten Auskünfte hinaus verfügt das Insolvenzgericht zusätzlich über die Möglichkeit, jede weitere Person anzuhören[476]. Das Gericht bzw. der Gerichtspräsident kann außerdem einen Richter beauftragen, weitere Auskünfte zur finanziellen, wirtschaftlichen und sozialen Lage des Unternehmens einzuholen[477] und dieser wiederum kann einen Sachverständigen seiner Wahl hinzuziehen[478]. Diese zusätzlichen Ermittlungsmöglichkeiten sind insbesondere von Bedeutung, um festzustellen, ob die Zahlungsunfähigkeit vorliegt. Ferner stellt sich die Frage, ob das Gericht in der Antragsphase ebenfalls zu prüfen hat, ob eine Sanierung faktisch durchführbar ist. Ausdrücklich geht dies aus den Vorschriften zum *Redressement judiciaire* nicht hervor. An einer anderen Stelle des Gesetzes ist jedoch vorgesehen, dass, wenn die Zahlungsunfähigkeit gegeben ist und eine Sanierung offensichtlich unmöglich ist, das Liquidationsverfahren zum Tragen

---

[473] Saint-Alary-Houin, Entreprises en difficulté Rn. 391.

[474] Vgl. z.B. Paris, 30. September 1991, D. 1992 Somm. 5. Die Anfechtung des Eröffnungsurteils ist allerdings erst nach dessen Erlass zulässig (Com. 24. Oktober 1995, D. 1995. IR. 245).

[475] Paris, 13. Juni 1989, D. 1989. IR. 219. Die Rechtsprechung fordert über den Gesetzeswortlaut hinaus, dass, selbst wenn weder Betriebsrat noch Vertreter der Belegschaft vorhanden sind, also auch bei sehr kleinen Betrieben (Vertreter der Belegschaft müssen erst ab 11, ein Betriebsrat ab 50 Arbeitnehmer bestehen) die Arbeitnehmer gleichermaßen aufgefordert werden müssen, sich zum Insolvenzantrag zu äußern (Versailles, 26. November 1986, Gaz. Pal. 1987. 1. 332).

[476] Art. L. 621-1 Abs. 1 Satz 2 C. com.

[477] Der Gerichtspräsident kann sich selbst mit der Ermittlung beauftragen: Im einem Urteil vom 15. Mai 1998 (D. Aff. 1998. 1048; Rev. jur. com. 1999. 426) hat das Berufungsgericht von Paris entschieden, dass dies nicht gegen Art. 6 EMRK verstößt.

[478] Art. L. 621-1 Abs. 3 C. com.

kommt[479]. Dies wiederum setzt eine Prüfung der Sanierungsfähigkeit des Unternehmens durch das Gericht voraus. Ist diese nicht gegeben, müsste wohl das Gericht ggf. von Amts wegen die *Liquidation judiciaire* statt des (beantragten) *Redressement judiciaire* anordnen[480].

b) Vergleichende Betrachtungen

aa) Anhörungen

Gemäß § 14 Abs. 2 InsO hat das Insolvenzgericht nach Antragsstellung den Schuldner zu hören. Diese Anhörung ist zwingend, sie dient wie in Frankreich der richterlichen Sachverhaltsaufklärung sowie der Gewährung rechtlichen Gehörs[481]. Zudem kann das Gericht im Rahmen seiner Amtsermittlungspflicht nach freiem Ermessen weitere Personen (Zeugen, Sachverständige) vernehmen[482].

Anhörungen im Eröffnungsverfahren sind damit in Frankreich und in Deutschland ähnlich geregelt – die des Schuldners ist zwingend, die weiterer Personen fakultativ. Die in der Praxis wichtige Möglichkeit, einen Sachverständigen heranzuziehen, ist in beiden Regelungen vorgesehen, in der deutschen Regelung allerdings unmittelbar vom Gericht, d.h. ohne – wie in Frankreich – einen Umweg über einen zusätzlich bestellten Ermittlungsrichter. Ein grundlegender Unterschied betrifft die Anhörung von Betriebsrats- bzw. Belegschaftsvertretern, die in Frankreich gleichermaßen wie die des Schuldners zwingend, in Deutschland als solche vom Gesetz nicht vorgesehen ist und daher unter die fakultativen Anhörungen von sonstigen Personen gemäß § 5 Abs. 1 Satz 2 InsO fällt. Französische und deutsche Regelung unterscheiden sich aber vor allem im Hinblick auf die Möglichkeit des Gerichts, gewisse Sicherungsmaßnahmen noch vor Verfahrenseröffnung anzuordnen.

---

479 Vgl. Art. L. 640-1 Abs. 1 C. com.

480 Diese Möglichkeit ist im Übrigen in Art. 180 Abs. 2 der Verordnung Nr. 2005-1677 ausdrücklich vorgesehen.

481 Bork, Insolvenzrecht Rn. 96.

482 § 5 Abs. 1 Satz 2 InsO.

bb) Sicherungsmaßnahmen

Gemäß § 21 InsO kann das Gericht eine Reihe von Maßnahmen zur Sicherung der Insolvenzmasse treffen. In der Praxis besonders relevant ist die Einsetzung eines vorläufigen Insolvenzverwalters nach den §§ 21 Abs. 2 Nr. 1 und 22 InsO. Seine Aufgaben bestehen typischerweise darin, die Gläubiger vor der Vereitelung der (künftigen) Insolvenzmasse zu bewahren, das Vorliegen eines Insolvenzeröffnungsgrunds zu prüfen und ggf. Sanierungsmöglichkeiten im Vorfeld der eigentlichen Verfahrenseröffnung zu erforschen. In der Praxis wird die vorläufige Insolvenzverwaltung regelmäßig zur Ausarbeitung eines Sanierungskonzepts im Vorfeld des eigentlichen Insolvenzverfahrens verwendet. Die Aufgabe wird dem vorläufigen Verwalter dadurch erleichtert, dass das Arbeitsamt während eines Zeitraums von bis zu drei Monaten die Gehälter der Beschäftigten begleicht[483], wodurch die Finanzierung eines (Groß-)Teils der Betriebskosten in diesem Dreimonatszeitraum erreicht werden kann[484]. Im Hinblick auf die Sanierung hat das Institut der vorläufigen Insolvenzverwaltung deshalb eine besondere Bedeutung, weil es ermöglicht, die erforderlichen Sanierungsmaßnahmen außergerichtlich mit Banken, Lieferanten, Betriebsrat und allen sonstigen Beteiligten im Voraus abzusprechen, sodass das Verfahren vorhersehbarer wird und zügiger vonstatten gehen kann.

Je nachdem, wie das Gericht entscheidet, reicht der Auftrag des vorläufigen Insolvenzverwalters von der bloßen Beratung des Schuldners bis hin zur Ausübung seiner Verwaltungs- und Verfügungsbefugnisse. In letzterem Fall wird das Gericht i.d.R. auch ein allgemeines Verfügungsverbot gegen den Schuldner verhängen, ggf. begleitet von weiteren Maßnahmen wie z.B. einem Vollstreckungsverbot oder einer vorläufigen Postsperre[485]. Diese Auflistung von Sicherungsmaßnahmen ist nicht abschließend, wie aus dem gesetzlichen Wortlaut »insbesondere« hervorgeht, sodass auch weitere, in der Insolvenzordnung nicht erwähnte Maßnahmen getroffen werden können[486]. In der Praxis unterscheidet man aufgrund der Befugnisse, mit denen der vorläufige

[483] Sog. Insolvenzgeld nach § 183 SGB III.

[484] Die Vorfinanzierung der Gehälter kann etwa von einem Kreditinstitut übernommen werden, das sich die Gehaltsforderungen von den Betroffenen abtreten lässt und im Weg der Surrogation vom Arbeitsamt befriedigt wird. Vgl. hierzu Bork, Insolvenzrecht, Rn. 173 m.w.N. sowie unten Kapitel 7, Abschnitt B.II.3.b.

[485] § 21 Abs. 2 Nr. 2 bis 4 InsO.

[486] Vgl. Bork, Insolvenzrecht Rn. 109.

Insolvenzverwalter ausgestattet ist, üblicherweise zwischen dem »schwachen«, dem »starken« und gar dem »halbstarken« vorläufigen Insolvenzverwalter[487].

Im internationalen Vergleich stellt das Institut des vorläufigen Insolvenzverfahrens weitgehend eine deutsche Besonderheit dar. Im französischen Recht existiert sie nicht und es ist auch nicht vorgesehen, dass Sicherungsmaßnahmen vor der formalen Eröffnung des *Redressement judiciaire* angeordnet werden können. Ein vorläufiger Insolvenzverwalter konnte in Frankreich gemäß Art. 3 Abs. 5 und Art. 4 der Verordnung Nr. 85-1388 ausnahmsweise bestellt werden, wenn an ein anderes als das angerufene Gericht verwiesen wurde oder dieses sich für unzuständig erklärte. Diese Regelung ist nach der Reform von 2005 jedoch nicht mehr anwendbar.

cc) Feststellung ausreichender Masse

Nach deutschem Recht hat das Gericht zu prüfen, ob das Vermögen des Schuldners ausreicht, um die Verfahrenskosten zu decken. Ist dies nicht der Fall, wird gemäß § 26 InsO der Eröffnungsantrag mangels Masse abgewiesen und der Schuldner in ein Schuldnerverzeichnis eingetragen. Diese Lösung entspricht der deutschen Rechtstradition[488] und beruht auf dem Gedanken, wonach der Staat seine Organe nicht unentgeltlich zur Verfügung zu stellen hat, weil das Insolvenzverfahren im Interesse der Gläubiger und nicht in dem der Öffentlichkeit durchgeführt wird[489]. Eine Verfahrenseröffnung kann jedoch trotz unzureichender Masse erfolgen, wenn ein Gläubiger – konkret ist es i.d.R. der Antragsteller – einen Gerichtskostenvorschuss leistet, der ihm bei späterer Massebereicherung vom Insolvenzverwalter zurückerstattet werden kann[490]. Da dies in der Praxis nicht ausreicht, um die hohe Abweisungsquote

487 Vgl. Beck/Depré, Praxis der Insolvenz, § 6 Rn. 33 ff.

488 Vgl. bereits die §§ 107 Abs. 1 KO und 4 Abs. 2, 1. Alt. GesO.

489 Bork, Insolvenzrecht Rn. 98. Kritisch hierzu: Braun/Uhlenbruck, Unternehmensinsolvenz S. 270, wo vertreten wird, dass allein die Ordnungsfunktion des Insolvenzrechts eine Verfahrenseröffnung bei unzureichender Deckung der Verfahrenskosten ausreichend rechtfertigen würde.

490 § 26 Abs. 1 Satz 2, 1. Alt. InsO.

mangels Masse einzudämmen[491], wurde die Insolvenzordnung dahingehend abgeändert, dass Verfahrenskosten auf Antrag des Schuldners gestundet werden können[492]. Eine solche Stundung kommt allerdings nur in Betracht, wenn der Schuldner eine natürliche Person ist und er einen Antrag auf Restschuldbefreiung nach den §§ 286 ff. InsO gestellt hat.

In der Praxis bereitet die Prüfung der Deckung der Verfahrenskosten gewisse Schwierigkeiten. Der Umfang der zu berücksichtigenden Verfahrenskosten, welche nach § 54 InsO die Gerichtskosten sowie die Vergütungen und Auslagen von Insolvenzverwalter, vorläufigem Insolvenzverwalter und Gläubigerausschuss beinhalten, ist im Voraus oftmals schwer abschätzbar[493]. Ähnliche Schwierigkeiten bereitet die Vorabbewertung der Aktivmasse, insbesondere hinsichtlich einer möglichen Anreicherung durch Insolvenzanfechtung nach den §§ 129 ff. InsO oder etwa durch Klagen gegen Gesellschafter z.B. einer OHG[494].

In Frankreich dagegen hängt die Eröffnung eines *Redressement judiciaire* nicht vom Vorhandensein einer ausreichenden Insolvenzmasse ab, sodass auch massearme oder gar masselose Verfahren eröffnet werden. In diesen Fällen kommt jedoch regelmäßig kein Sanierungsverfahren zum Tragen, sondern das Gericht ordnet sofort die Eröffnung eines Liquidationsverfahrens an. Dieses wiederum muss zwar eröffnet werden, »wenn eine Sanierung offensichtlich unmöglich ist«[495], doch es kann im späteren Verlauf wieder eingestellt werden, wenn für die weitere Abwicklung nicht hinreichend finanzielle Mittel vorhanden sind[496]. Dieser Umstand erklärt zum Teil, weshalb die Insolvenzstatistik in Frankreich höher ausfällt in Deutschland, denn die Mehrheit der in Frankreich eröffneten Verfahren wäre nach deutschen Maßstäben bereits in der Antragsphase mangels Masse abzuweisen. Insgesamt wird der Anteil von Verfahren, bei denen nicht einmal die Verfahrenskosten

[491] Zwischen 1980 und 1998 lag der Anteil der mangels Masse abgewiesenen (Konkurs- oder Vergleichs-) Verfahren in der Tat bei etwa 75%. (Vgl. Statistisches Bundesamt, Unternehmen und Arbeitsstätten – Fachserie 2, Reihe 4.2, 1998, S. 6.)

[492] Zu den Modalitäten dieser Stundung vgl. die durch das Änderungsgesetz vom 26. Oktober 2001 (BGBl. I. 2710) neueingefügten §§ 4a bis 4d InsO.

[493] Vgl. Braun/Uhlenbruck, Unternehmensinsolvenz S. 269 ff.

[494] Braun/Uhlenbruck, Unternehmensinsolvenz S. 270.

[495] Art. L. 640-1 Abs. 1 C. com.

[496] Art. L. 643-9 Abs. 2 C. com.

gedeckt sind, landesweit auf über 50% der Gesamtzahl geschätzt[497], in gewissen Regionen ist diese Quote noch wesentlich höher[498].

Um dem hohen finanziellen Schaden, den letzen Endes der Staat trägt[499], entgegenzuwirken, wurde im Rahmen der jüngsten Insolvenzrechtsreform in Frankreich u.a. vorgeschlagen, das deutsche Institut der Abweisung mangels Masse zu übernehmen[500]. Dies geschah jedoch nicht – stattdessen wurde ein sog. vereinfachtes Liquidationsverfahren eingeführt, von dem man sich eine deutliche Senkung der Abwicklungskosten verspricht[501].

2. Die Entscheidung des Gerichts

Die Eröffnung des Verfahrens bzw. die Zurückweisung des Eröffnungsantrags erfolgt in Frankreich nach den allgemeinen zivilverfahrensrechtlichen Grundsätzen im Weg eines *Jugement* (Urteils) und nicht einer *Ordonnance*, da das Insolvenzgericht ein kollegiales ist. Im Gegensatz hierzu entscheidet das deutsche Insolvenzgericht gemäß § 27 InsO in Beschlussform.

In beiden Ländern bedarf die gerichtliche Entscheidung einer ähnlich gestalteten Bekanntmachung. Zum einen wird sie veröffentlicht: in Frankreich in einem lokalen Legalanzeigenblatt des Sitzes des Schuldners sowie im

---

497 Vgl. das Gutachten des Assemblée Nationale/Sénat, Office parlementaire d'évaluation de la législation, Bericht Nr. 3451/120 vom 5. Dez. 2001, S. 52 f.

498 Was beispielsweise aus der Statistik des Handelsgerichts von Toulouse für das Jahr 2001 hervorgeht, wonach bei mehr als 60% der eröffneten Insolvenzverfahren überhaupt kein Aktivvermögen vorhanden war. (Statistik abrufbar unter http://www.greffe-tc-toulouse.net/).

499 Gemäß Art. L. 662-1 C. com. werden die Verfahrenskosten von der Staatskasse (*Trésor Public*) vorausgezahlt, wenn das Schuldnervermögen hierzu nicht ausreicht.

500 So bereits die Empfehlung von Prof. Vallens in einem Gutachten von September 1993 sowie eines weiteren gemeinsamen Gutachtens der Steuerbehörde und des Justizministeriums über die Organisation und Tätigkeit der Handelsgerichte von Juli 1998, wo das jetzige System insofern als »absurd« bezeichnet wird, als es zur Durchführung von Verfahren zwingt, die in 80% der Fälle bestenfalls ergebnislos für die Gläubiger sind. (Beide Empfehlungen zitiert im o.g. Gutachten des *Office parlementaire d'évaluation de la législation* vom 5. Dez. 2001).

501 Zur Regelung des vereinfachten Liquidationsverfahrens vgl. die Artt. L. 644-1 ff. C. com.

BODACC[502/503], in Deutschland in einem vom Gericht bestimmten Blatt[504] und im Bundesanzeiger[505]. In beiden Ländern ist nicht erforderlich, dass die vollständige Entscheidung veröffentlicht wird: In Frankreich genügt die Veröffentlichung eines *Avis*, d.h. einer Meldung, in Deutschland wird ein Auszug des Eröffnungsbeschlusses veröffentlicht. Zudem erfolgt eine Eintragung in die einschlägigen Register, also z.B. das Handelsregister[506]. Zum anderen muss die Eröffnungsentscheidung gewissen Personen zugestellt werden. Diese sind in beiden Ländern der Schuldner selbst[507], darüber hinaus in Frankreich der Verwalter, der Staatsanwalt und die Finanzbehörde, in Deutschland dagegen die Gläubiger und die Schuldnersschuldner[508].

Die Entscheidung über den Eröffnungsantrag kann in beiden Ländern unterschiedlich angefochten werden. In Frankreich können Schuldner, Staatsanwalt und vollstreckender Gläubiger Berufung oder Revision einlegen, der Weg des Drittwiderspruchs (*tièrce-opposition*), welcher in Frankreich ein außerordentliches Rechtsmittel (*voie de recours extraordinaire*) darstellt, steht Dritten offen[509]. Anderes gilt nach deutschem Recht: Einziges Rechtsmittel ist gemäß § 34 InsO die sofortige Beschwerde, die im Fall der Eröffnung des Verfahrens dem Schuldner, bei Ablehnung des Eröffnungsantrags dem Antragsteller und bei Abweisung des Antrags wegen Masselosigkeit gemäß § 26 InsO dem Schuldner zusteht.

Gemeinsam haben deutsche und französische Regelung, dass die Einreichung eines Rechtsmittels gegen das Eröffnungsurteil bzw. den Eröffnungsbeschluss grundsätzlich keine Aussetzung der Vollziehung zur Folge

---

502 *Bulletin officiel d'annonces civiles et commerciales*. Darin werden insbesondere die Eintragungen in diverse Handels- und Gesellschaftsregister zusammengefasst und landesweit veröffentlicht.

503 Art. 63 Abs. 4 und 5 der Verordnung Nr. 2005-1677

504 § 30 Abs. 1 i.V.m. § 9 Abs. 1 Satz 1 InsO.

505 § 30 Abs. 1 Satz 2 InsO.

506 Vgl. Art. 63 Abs. 1 bis 3 der Verordnung Nr. 2005-1677 bzw. die §§ 31 ff. InsO.

507 Vgl. Art. 60 der Verordnung Nr. 2005-1677 bzw. § 30 Abs. 2 InsO.

508 Vgl. Art. 61 der Verordnung Nr. 2005-1677 bzw. § 30 Abs. 2 InsO.

509 Vgl. Art. L. 661-1 Abs. 1 Nr. 1 sowie Art. L. 661-2 C. com.

hat[510]. Dazu sind in beiden Ländern ähnlich gestaltete Ausnahmen vorgesehen: Nach deutschem Recht kann die Aussetzung der Vollziehung beschlossen werden entweder vom Insolvenzgericht selbst[511] oder, bei fehlender Abhilfe der Beschwerde durch das Insolvenzgericht, vom Beschwerdegericht, das in diesem Fall das Landgericht ist[512]. In der Praxis macht die Rechtsprechung die Aussetzung der Vollziehung davon abhängig, dass ernsthafte Zweifel an der Rechtslage bestehen und dass dem Beschwerdeführer durch die Vollziehung größere Nachteile entstehen als den Beteiligten durch eine Aussetzung[513]. Ähnlich verhält es sich nach französischem Recht, wo gemäß Art. 328 Abs. 3 der Verordnung Nr. 2005-1677 die Aussetzung der Vollziehung vom ersten Präsidenten des Berufungshofs angeordnet werden kann, wenn die geltend gemachten Gründe der Berufung ernsthaft erscheinen.

---

[510] Vgl. Art. 328 der Verordnung Nr. 2005-1677 sowie § 4 InsO i.V.m. § 570 Abs. 1 Satz 1 ZPO.

[511] § 4 InsO i.V.m. § 570 Abs. 2 ZPO i.d.F. des ZPO-RG vom 27. Juli 2001.

[512] § 4 InsO i.V.m. § 570 Abs. 3 ZPO i.d.F. des ZPO-RG vom 27. Juli 2001.

[513] BGH ZinsO 2002, 370.

Kapitel 5: Die Organe des Verfahrens

Im vorliegenden Kapitel werden die im *Redressement judiciaire* (A) und im Insolvenzverfahren nach der Insolvenzordnung (B) tätigen Organe vorgestellt. Hierbei werden schwerpunktmäßig die Besonderheiten der französischen und der deutschen Regelung hervorgehoben, während die Aufgaben der Verfahrensorgane an dieser Stelle nur überblicksmäßig geschildert werden. Eine ausführlichere Darstellung ihrer Rolle im Verfahren erfolgt sinngemäß in den nachfolgenden Kapiteln 6 und 7.

A. Französische Regelung

Mit dem Eröffnungsurteil beginnt die sog. Beobachtungsphase (*période d'observation*), in der die Lage des Unternehmens untersucht, der Betrieb fortgeführt und, bei Vorliegen entsprechender Sanierungsmöglichkeiten, ein Sanierungsplan ausgearbeitet wird. Die Beobachtungsphase ist größtenteils geregelt im Abschnitt über das *Sauvegarde*-Verfahren, dessen Anwendung im *Redressement judiciaire* sich aus dem Verweis von Art. L. 631-14 C. com. ergibt. Die Dauer der Beobachtungsphase beträgt demnach bis zu sechs Monate, sie kann jedoch einmal (um dieselbe Dauer) verlängert werden[514]. Auf Antrag der Staatsanwaltschaft ist eine weitere außerordentliche Verlängerung um weitere sechs Monate möglich, sodass die Maximaldauer bis zu 18 Monate betragen kann[515]. Es ist jedoch vorgesehen, dass bereits nach zwei Monaten das Gericht das Gericht prüft, ob das Verfahren weiterfinanziert werden kann – ggf. wird das Verfahren eingestellt[516]. Wenn sich im Lauf der Beobachtungsphase herausstellt, dass eine Sanierung nicht möglich ist, kann das Gericht eine teilweise Betriebsstilllegung oder den Übergang in ein Liquidationsverfahren anordnen[517]. Während der Beobachtungsphase kommen die verschiedenen Organe des Verfahrens zum Einsatz, deren Aufgaben nachfolgend kurz dargestellt werden.

---

[514] Art. L. 631-7 i.V.m. Art. L. 621-3 Abs. 1 C. com.

[515] Art. L. 621-3 Abs. 1 Satz 2 C. com. i.V.m. Art. 64 der Verordnung Nr. 2005-1677.

[516] Vgl. Art. L. 631-15-I Abs. 1 Satz 1 C. com.

[517] Art. L. 631-15-II Abs. 1 C. com.

I. Gerichtliche Organe

1. Das Gericht

Das Gericht ist das zentrale Organ im Insolvenzverfahren. Nach der oftmals verwendeten Formel obliegt ihm die allgemeine Leitung des Verfahrens (*la direction générale de la procédure*)[518]. In diesem Rahmen trifft das Gericht eine Reihe von Entscheidungen, wie das bereits erläuterte Eröffnungsurteil. In diesem wird nicht nur das Vorliegen der gesetzlichen Voraussetzungen festgestellt, sondern es werden auch die Art des Verfahrens, der Zeitpunkt des Eintritts der Zahlungsunfähigkeit sowie die Dauer der Beobachtungsphase bestimmt. Zudem bestellt das Gericht darin weitere Verfahrensorgane wie insbesondere den Verwalter. Im eröffneten Verfahren werden die wichtigsten Entscheidungen vom Gericht getroffen: Während der Beobachtungsphase kann es den Übergang zur Liquidation beschließen; zu Verfahrensende entscheidet es über die Bestätigung des Sanierungsplans und selbst nach Beendigung des Planverfahrens kann das Gericht die Ziele und Mittel des Plans grundlegend modifizieren. Die genannten Entscheidungen des Gerichts sind gemäß Art. L. 661-1 C. com. im Weg der Berufung (*appel*) bzw. Revision (*cassation*) anfechtbar.

Zusätzlich zu den Entscheidungen, die das Gericht im Rahmen der Gestaltung des Verfahrens trifft, fungiert es grundsätzlich auch als Adressat der Beschwerden (*recours*), die gegen die Beschlüsse des beauftragten Richters gerichtet werden[519]. Zudem urteilt das Gericht an dessen Stelle, wenn der beauftragte Richter innerhalb einer angemessenen Frist keine Entscheidung getroffen hat[520]. Anders als vor der Reform von 2005, als Rechtsmittel in nur sehr beschränktem Maß gegen die Entscheidungen des Gerichts, in denen über die Anfechtung von Beschlüssen des beauftragten Richters entschieden wurde, zugelassen waren, sind diese Gerichtsentscheidungen im neuen Recht nun über den ordentlichen Weg der Berufung bzw. Revision anfechtbar[521].

---

518 Vgl. z.B. Pétel, Procédures collectives, Rn. 121; Ripert/Roblot, Droit commercial II, Rn. 2918; Jeantin/Le Cannu, Entreprises en difficulté, Rn. 411.

519 Es sei denn, der beauftragte Richter entscheidet in sog. erster und letzter Instanz (*en premier et dernier ressort*), was bedeutet, dass gegen seine Entscheidung keine Rechtsmittel eingelegt werden dürfen.

520 Art. 67 der Verordnung Nr. 2005-1677.

521 Vgl. Jeantin/Le Cannu, Entreprises en difficulté, Rn. 418.

2. Der beauftragte Richter

Einen beauftragten Richter (*juge-commissaire*) gibt es im Insolvenzverfahren seit dem *Code de commerce* von 1807. Heute handelt es sich um einen Richter aus dem für das Verfahren zuständigen Insolvenzgericht, der als solcher grundsätzlich an dessen Sitzungen teilnimmt[522]. Gegebenenfalls werden zusätzlich ein stellvertretender beauftragter Richter (*juge-commissaire suppléant*) oder gar mehrere beauftragte Richter vom Gericht bestellt[523], wobei dies in der Praxis u.U. gewisse Koordinationsprobleme mit sich bringen kann[524].

Die Rolle des beauftragten Richters hat im Lauf der vergangenen Insolvenzregelungen nach und nach an Bedeutung gewonnen. In der Regelung von 1985, infolge derer bestimmte Aufgabenbereiche, die in der Regelung von 1967 noch dem Gericht oblagen, ihm zugewiesen wurden[525], war er eine der Hauptfiguren des Verfahrens und dies hat sich auch nach der Reform von 2005 nicht grundlegend geändert. Seine allgemeine Aufgabe besteht darin, für eine zügige Abwicklung des Sanierungsverfahrens und für die Wahrung der gegenseitigen Interessen zu sorgen[526]. Konkretisiert wird dies durch eine Vielzahl von Einzelvorschriften, auf die an gegebener Stelle im weiteren Verlauf dieser Untersuchung hingewiesen wird und die in drei Kategorien unterteilt werden können: Erstens obliegt es dem beauftragten Richter, gewisse Rechtshandlungen zu genehmigen – z.B. die Veräußerung von Gegenständen aus der Insolvenzmasse oder die Kündigung von Arbeitsverträgen. Zweitens überwacht er den Ablauf des Verfahrens und kann in diesem Zusammenhang insbesondere die Ersetzung von anderen Organen (etwa des Verwalters) beantragen oder, seit der Reform von 2005, die Kontrolleure ernennen. Drittens ist er zuständig für die Feststellung der angemeldeten Forderungen und für die Anfechtung von Entscheidungen des Verwalters, z.B. wenn dieser der Aussonderung eines Gegenstands aus der Insolvenzmasse nicht zugestimmt hat. In

---

[522] Folgerichtig gilt dies nicht, wenn das Gericht über die gegen einen Beschluss des beauftragten Richters gerichtete Beschwerde zu entscheiden hat (Art. 68 der Verordnung Nr. 2005-1677).

[523] Art. 65 der Verordnung Nr. 2005-1677.

[524] Art. L. 621-4 Abs. 1 C. com. Vgl. Jeantin/Le Cannu, Entreprises en difficulté, Rn. 414.

[525] Vgl. Ripert/Roblot, Droit commercial II, Rn. 2930.

[526] Art. L. 621-9 Abs. 1 C. com.

Abwesenheit eines Verwalters (Eigenverwaltung) übt er zudem einen Teil der Befugnisse aus, die ansonsten dem Verwalter obliegen würden.

Entsprechend seiner vorrangigen Rolle im Insolvenzverfahren verfügt der beauftragte Richter über weitreichende Auskunftsmöglichkeiten, darunter die in Art. L. 623-2 C. com. verankerte Befugnis, Auskünfte bei Wirtschaftsprüfern, Banken und weiteren Informationsträgern einzuholen, ohne dass ihm dabei Berufs- oder Bankgeheimnisse entgegengehalten werden können[527]. Seine Entscheidungen trifft er in Form von Beschlüssen (*ordonnances*), die grundsätzlich in der im vorstehenden Abschnitt gezeigten Weise vor dem Insolvenzgericht angefochten werden können.

3. Die Staatsanwaltschaft

Eine u.U. nicht unerhebliche Rolle im Insolvenzverfahren spielt auch die Staatsanwaltschaft (*ministère public*), deren Vorhandensein in Insolvenzsachen ebenso traditionell ist wie das des beauftragten Richters. Ihre Rolle wurde vor allem im Zug der Reform von 1985 aufgrund der Zunahme der Insolvenzstatistik und des damit verbundenen steigenden öffentlichen Interesses gestärkt. Zwar besitzt sie naturgemäß keine eigentliche Entscheidungsmacht, mithin ist sie auch nicht als ein Organ des Verfahrens anzusehen, dennoch kann der Staatsanwalt das Verfahren in mancherlei Hinsicht beeinflussen. Dieser Einfluss kann durch ein breit gefächertes Antragsrecht in allen wesentlichen Etappen des Verfahrens zum Ausdruck kommen. Auf Antrag des Staatsanwalts kann somit insbesondere das Verfahren eröffnet, die Beobachtungsphase verlängert, in ein Liquidationsverfahren übergegangen oder es können die Verfahrensorgane ersetzt werden. Besondere Zuständigkeiten der Staatsanwaltschaft bestehen naturgemäß im Zusammenhang mit der Erhebung von Haftungsklagen gegen die Geschäftsführungsorgane des Schuldners[528].

---

[527] Da diese Informationsbefugnisse besonders bei der Erstellung des Sanierungsplans von Bedeutung sind, werden sie unten in Kapitel 6, Abschnitt A.I.1.a näher untersucht. Zur sehr ähnlich gestalteten Ermittlungsbefugnis des Gerichtspräsidenten im Rahmen der *Conciliation*, vgl. bereits oben, Kapitel 3, Abschnitt B.II.1.a.

[528] Dies bezieht sich nicht nur auf strafrechtliche Tatbestände wie z.B. den Bankrott, sondern auch auf diverse zivilrechtliche Klagen, wie etwa die sog. Klage zur Begleichung der Vermögensunterdeckung nach den Artt. L. 651-1 ff. C. com. oder den sog. persönlichen Konkurs (*faillite personnelle*) gemäß den Artt. L. 653-1 ff. C. com. Hierzu vgl. unten Kapitel 6, Abschnitt B.I.3.a.bb.

Um eine möglichst sachgerechte Ausübung dieser Antragsrechte sicherzustellen, sieht das Gesetz vor, dass die Staatsanwaltschaft stets über alle wichtigen Ereignisse informiert wird. Zu diesem Zweck ist zum einen vorgesehen, dass der Staatsanwaltschaft gewisse Berichte und Unterlagen übermittelt werden. Zum anderen kann der Staatsanwalt diverse zusätzliche Auskünfte von den übrigen Verfahrensorganen einholen, ähnlich wie dies für den beauftragten Richter vorgesehen ist. Praktisch stellt man jedoch fest, dass die Staatsanwaltschaft i.d.R. nur in größeren Insolvenzfällen und in Fällen strafrechtlicher Verstöße tätig wird, was bisweilen Zweifel an der Effektivität der Institution im Insolvenzverfahren aufkommen lässt[529]. Mit der Reform von 2005 wurde die Rolle der Staatsanwaltschaft im Insolvenzverfahren nicht wesentlich geändert; im Einzelnen wurden gewisse Regelungspunkte geändert und ergänzt, was zu einer insgesamt vielleicht ein wenig stärkeren Information und Mitwirkung der Staatsanwaltschaft (vorwiegend im Liquidationsverfahren) geführt hat[530].

II. Der Verwalter

Im Eröffnungsurteil bestellt das Gericht den – aus diesem Grund »gerichtlich bestellten« genannten – Verwalter (*administrateur judiciaire*). Bei Bedarf kann mehr als ein Verwalter bestellt werden[531]. Entgegen der Regelung vor der Reform von 2005, in der auch ein sog. vereinfachtes Sanierungsverfahren in Eigenverwaltung durchgeführt werden konnte, ist im neuen Recht diese Verfahrensvariante nicht mehr vorgesehen. Dennoch kann von der Bestellung eines Verwalters unter gewissen Voraussetzungen auch heute noch abgesehen werden[532].

Die Verwalter bilden in Frankreich einen eigenen Berufsstand, der im achten Buch des *Code de commerce* geregelt ist. Die gesetzliche Regelung wurde zuletzt umfassend durch ein Gesetz Nr. 2003-7 vom 3. Januar 2003 neu geregelt. Gemäß dieser Regelung muss man, um als Verwalter tätig sein zu können, grundsätzlich in einer Liste eingetragen sein, die von einer nationalen

---

[529] Vgl. Jeantin/Le Cannu, Entreprises en difficulté, Rn. 419 m.w.N.

[530] Vgl. Assemblée Nationale-Gesetzgebungsausschuss, Bericht Nr. 2095 vom 11. Februar 2005, S. 96 ff.

[531] Art. L. 631-9 i.V.m. Art. L. 621-4 Abs. 3 C. com.

[532] Vgl. unten Kapitel 6, Abschnitt C.I.

Kommission (*commission nationale*) geführt wird. In Ausnahmefällen kann vom Gericht als Verwalter eine nicht in der Liste geführte Person bestellt werden, wenn diese über besondere Erfahrung oder Sachkunde (*expérience ou qualification particulière*) verfügt[533]. Die Eintragung in die Liste setzt voraus, dass bestimmte Voraussetzungen erfüllt sind[534]. Nach der Eintragung unterliegt der Verwalter einer ständigen Aufsicht durch die Kommission und die Staatsanwaltschaft, die insbesondere sicherstellen, dass daneben kein anderer Beruf ausgeübt wird[535]. Die Vergütung des Verwalters ist ausführlich in einer Verordnung Nr. 85-1390 vom 27. Dezember 1985 geregelt[536]. Grundlage der Vergütung bildet dabei grundsätzlich die Höhe der Insolvenzmasse sowie die Anzahl der Arbeitnehmer, wobei Sonderreglungen für bestimmte Aufgaben und Handlungen (z.B. die Erstellung des Berichts) vorgesehen sind.

Während des Verfahrens hat der Verwalter im Wesentlichen zwei Aufgaben: Zum einen obliegt es ihm, das Vermögen des Schuldners während der Beobachtungsphase zu verwalten. Hierbei verfügt er über gewisse ausschließliche Kompetenzen, wie etwa Sicherungsmaßnahmen zu treffen, wenn der Schuldner dies versäumt, oder über die Erfüllung schwebender Rechtsgeschäfte zu entscheiden. Der exakte Umfang seiner Aufgaben wird jedoch vom Gericht in Anbetracht der Umstände des Einzelfalls festgelegt. Dabei sind grundsätzlich zwei Varianten möglich: Entweder übt der Verwalter alle Verwaltungs- und Verfügungsrechte des Schuldners an dessen Stelle aus oder er übernimmt lediglich eine Unterstützungsfunktion (*assistance*)[537]. Untervarianten und Anpassungen an den jeweiligen Fall sind ebenfalls möglich. Zum anderen untersucht der Verwalter die Sanierungsmöglichkeiten des Unternehmens, erstattet darüber Bericht und erstellt ggf. einen Planentwurf.

---

533 Vgl. Art. L. 811-2 Abs. 2 C. com., wo der Ausnahmecharakter einer solchen Bestellung hervorgehoben wird und insbesondere gefordert wird, dass die Entscheidung des Gerichts besonders begründet sein muss (*décision spécialement motivée*).

534 Gefordert wird insbesondere, dass der Betroffene eine spezifische Prüfung erfolgreich abgelegt und danach eine mindestens dreijährige Ausbildung absolviert hat. Es bestehen weitere Anforderungen hinsichtlich des Alters, der Nationalität, der Moralität usw.

535 Ein Verwalter darf lediglich als Rechtsanwalt tätig sein, solange beide Tätigkeiten nicht im selben Verfahren ausgeübt werden (Art. L. 811-10 Abs. 1 C. com.).

536 Décret n° 85-1390 du 27 décembre 1985 fixant le tarif des administrateurs judiciaires en matière commerciale et des mandataires judiciaires à la liquidation des entreprises.

537 Art. L. 631-12 Abs. 2 C. com.

Wird dieser verabschiedet, ist er u.U. in der Phase der Planumsetzung weiter als Planerfüllungsbeauftragter (*commissaire à l'exécution du plan*) tätig. Darüber hinaus verfügt der Verwalter über verschiedene Antragsrechte, um Maßnahmen gegen die Geschäftsführungsorgane zu erwirken.

Bei der Ausübung seiner Tätigkeit unterliegt der Verwalter denselben Berufspflichten wie der Schuldner. Zivilrechtlich haftet er nach Maßgabe von Art. 1382 C. civ.[538] für sämtliche Schäden, die aus einer von ihm zu vertretenden Pflichtverletzung (*faute*) resultieren. In der Rechtspraxis wird der Verwalter überwiegend von nicht befriedigten Vertragspartnern (oftmals Zulieferern) des Schuldners verklagt, denen die Fortführung des Geschäftsverhältnisses nach Verfahrenseröffnung aufgezwungen wurde, oder von den Gläubigern bzw. vom Gläubigervertreter, die ihm die Fehlerhaftigkeit von strategischen Entscheidungen hinsichtlich der Betriebsfortführung/-einstellung und der daraus folgenden weiteren Aushöhlung der Insolvenzmasse vorwerfen [539]. Zudem sind in Art. L. 654-12 C. com. zwei »verwalterspezifische« Straftatbestände vorgesehen: der Missbrauch im eigenen Interesse (*malversation*) von Befugnissen oder Geldbeträgen zulasten der Gläubiger sowie der Verstoß gegen das Verbot, Vermögenswerte aus der Insolvenzmasse zu erwerben. Aufgrund dieses hohen Haftungsspektrums und der Vielzahl potentieller Risiken, denen der Verwalter ausgesetzt ist, wird von jedem Verwalter gesetzlich gefordert, bei einer Garantie-Kasse (*caisse de garantie*) Beiträge zu leisten und eine spezifische Berufsversicherung abzuschließen[540].

---

[538] »*Tout fait quelconque de l'homme, qui cause à autrui un dommage, oblige celui par la faute duquel il est arrivé, à le réparer*« (Art. 1382 C. civ.). Auf der Grundlage dieser seit 1804 unveränderten Vorschrift, die ursprünglich wohl lediglich eine Einführungsfunktion zu dem in den Folgevorschriften näher definierten Recht der unerlaubten Handlung erfüllte, hat die Rechtsprechung einen allgemeinen Haftungsgrundsatz abgeleitet, der in Abwesenheit einer Spezialvorschrift greift. Danach ist jeder zum Ersatz verpflichtet, dem eine schuldhafte Handlung sowie ein Kausalitätsverhältnis dieser Handlung zu dem geltend gemachten Schaden nachgewiesen wird. (Näheres bei Ferid/Sonnenberger, Franz. Zivilrecht II, Rn. 2 O 1 ff.)

[539] Vgl. z.B. Com. 26. Mai 1998, Rev. proc. coll. 2000, S. 79 ff. (Fortführung eines Mietvertrags).

[540] Vgl. die Artt. L. 814-3 ff. C. com.

III. Die Vertretungsorgane der Gläubiger

1. Der Gläubigervertreter

Ebenfalls im Eröffnungsurteil bestellt das Gericht den sog. Gläubigervertreter (*mandataire judiciaire*)[541]. Dieser gehört zum Berufsstand der *Mandataires judiciaires à la liquidation des entreprises*, der im achten Buch des *Code de commerce* sowie in den beiden Verordnungen Nr. 85-1389 und 85-1390 (Vergütung) geregelt ist. Der Gläubigervertreter unterliegt einem insgesamt sehr ähnlichen gefassten Berufsrecht wie der Verwalter. So muss auch der Gläubigervertreter in einer Liste eingetragen sein, die allerdings nur regionale Geltung hat und von einer spezifischen Kommission geführt wird, welche insbesondere auch Aufsichtsfunktion wahrnimmt. Die Voraussetzungen zur Eintragung in diese Liste gleichen denen der Verwalter[542], die Tätigkeit kann gleichermaßen gemeinschaftlich ausgeübt werden[543]. Verwalter und *Mandataires* werden schließlich von einem gemeinsamen Rat landesweit gegenüber dem Staat vertreten[544].

Im Unterschied zum Verwalter ist in jedem *Redressement judiciaire*-Verfahren ein Gläubigervertreter vorhanden. Dies gilt jedoch nur für die Dauer der Beobachtungsphase – nach deren Beendigung kann der Gläubigervertreter wie der Verwalter als sog. Planerfüllungsbeauftragter (*commissaire à*

---

[541] Art. L. 621-4 Abs. 3 Satz 1 C. com. Bis zur Reform des Berufsrechts der Verwalter und anderer Organe des Insolvenzverfahrens im Jahr 2003 war der *Mandataire* als *Représentant des créanciers*, was wörtlich Vertreter der Gläubiger bedeutet. Diese Bezeichnung ist aussagekräftiger als der neue Begriff *Mandataire judiciaire*, der wörtlich gerichtlicher Beauftragter bedeutet, und sie wird in der Praxis noch heute häufig an dessen Stelle verwendet. Der Einfachheit halber wird auch in den folgenden Ausführungen die Bezeichnung Gläubigervertreter für den *Mandataire judiciaire* verwendet.

[542] Identisch ist insbesondere das Erfordernis »ausreichender Moralitätsgarantien«, die der Betreffende vorweisen muss. Ähnlich ist das Verbot, einen weiteren Beruf auszuüben (mit Ausnahme von Beratungstätigkeiten im entsprechenden Fachbereich), sowie das Erfordernis, eine Eignungsprüfung zu bestehen und eine mehrjährige Ausbildung zu absolvieren. Anders als das, was für die Verwalter gilt, darf ein Gläubigervertreter /*Mandataire judiciaire* jedoch nicht gleichzeitig als Rechtsanwalt tätig sein.

[543] Vgl. Art. L. 812-5 C. com.

[544] Conseil national des administrateurs judiciaires et des mandataires judiciaires à la liquidation des entreprises. Vgl. hierzu Art. L. 814-2 C. com. i.V.m. Artt. 54-1 ff. der Verordnung Nr. 85-1389.

l'exécution du plan) mit der Umsetzung des Plans beauftragt werden. Im Liquidationsverfahren werden seine Aufgaben sowie die des Verwalters von einem einzigen Organ, dem Liquidator (*liquidateur*), der grundsätzlich auch ein *Mandataire judiciaire* ist, entsprechend wahrgenommen[545].

Der Gläubigervertreter befindet sich an der Schnittstelle zwischen den einzelnen Gläubigern und den anderen Organen des Verfahrens. Eine besondere Rolle kommt ihm somit bei der Anmeldung und Prüfung der Forderungen zu, indem er die entsprechenden Erklärungen an den beauftragten Richter weiterleitet, sie prüft und dazu Stellung nimmt[546] sowie ggf. die Meinung der Gläubiger zu den im Sanierungsplan vorgesehenen Maßnahmen einholt.

Darüber hinaus besitzt der Gläubigervertreter verschiedene Antrags- und Klagerechte, die er z.T. nicht ausschließlich ausübt, sondern mit anderen Verfahrensorganen teilt. Dies ist etwa bei der Insolvenzanfechtung der Fall, wo neben dem Gläubigervertreter auch der Verwalter sowie nach Beendigung der Beobachtungsphase der Planerfüllungsbeauftragte klageberechtigt sind[547]. Seine hauptsächliche Befugnis in diesem Zusammenhang besteht im Recht, »alleine im Namen und im gemeinsamen Interesse der Gläubiger zu klagen«[548]. Dies ist der wesentliche Grund, weshalb die Rechtsfigur des Gläubigervertreters als separates Organ überhaupt existiert: Bis zur Regelung von 1985 gab es nur ein Organ (bezeichnet als *syndic)*, das die Funktionen des heutigen Verwalters und Gläubigervertreters ausübte. Dieser Zustand galt als unbefriedigend, da der *Syndic* gleichzeitig den Schuldner und die Gläubiger vertrat, dieser Doppelfunktion in der Praxis aber nicht immer gerecht werden konnte. Somit beschloss der Gesetzgeber 1985, beide Funktionen auch physisch zu trennen. Diese Trennung wurde durch die Reform von 2005 insoweit zusätzlich verstärkt, als gewisse konkurrierende Klagerechte anderer Organe gestrichen wurden. So sind für Haftungsklagen gegen geschäftsführende Organe des Schuldnerunternehmens in der Regel nur noch die

---

[545] Wird zunächst ein Sanierungsverfahren eröffnet und später (insbesondere am Ende der Beobachtungsphase) in ein Liquidationsverfahren übergegangen, so wird i.d.R. dieselbe Person, die zuvor Gläubigervertreter war, als Liquidator bestellt.

[546] Zur Anmeldung und Prüfung der Forderungen vgl. Art. L. 631-14 Abs. 1 i.V.m. den Artt. L. 622-24 ff. C. com.

[547] Art. L. 632-4 C. com. Im Liquidationsverfahren ist der Liquidator entsprechend klageberechtigt.

[548] Art. L. 622-20 Abs. 1 Satz 1 C. com.

Staatsanwaltschaft und ggf. einzelne Gläubiger antragsberechtigt, wenn der Gläubigervertreter nicht tätig wird – entsprechende Antragsrechte des Verwalters und ggf. des beauftragten Richters oder Anrufungsmöglichkeiten von Amts wegen wurden in diesen Fällen weitgehend abgeschafft[549].

Ein besonders relevanter Anwendungsfall des Rechts, Klagen im Interesse der Gläubiger zu erheben, besteht traditionsgemäß hinsichtlich der Verklagung von Kreditinstituten, die den Schuldner in »missbräuchlicher« Weise finanziell unterstützt haben (sog. *soutien abusif*), wodurch der Zustand der Zahlungsunfähigkeit und die Eröffnung des Verfahrens zeitweise hinausgezögert wurde. Dies bewirkt u.U. nicht nur eine weitere Aushöhlung der Insolvenzmasse, sondern dadurch können auch die Sanierungschancen des Unternehmens entsprechend verschlechtert werden[550]. Dabei hat der Begriff des Interesses der Gläubiger (*intérêt des créanciers*) erhebliche Fragen aufgeworfen, weil dieser im Gesetz nicht definiert ist. Die Verwendung in der bis zur Reform von 2005 geltenden Regelung des unbestimmten Plurals ohne ausdrückliche Bezugnahme auf das »gemeinsame« Interesse der Gläubiger schien auszuschließen, dass damit das Interesse eines Gläubigers oder einer bestimmten Gläubigergruppe gemeint war – jeder einzelne Gläubiger ist allein dazu befugt, einen eigenen, persönlichen Schaden vor Gericht geltend zu machen[551]. Im genannten Beispiel der übermäßigen finanziellen Unterstützung durch ein Kreditinstitut dürfte die Klage im Interesse aller Gläubiger bis auf einen sein: die betroffene Bank, die in aller Regel selbst als Gläubiger am Verfahren teilnimmt. Damit sollte ebenfalls ausgeschlossen sein, dass das Interesse der Gläubiger als Gesamtsumme aller ihrer individuellen Interessen ausgelegt wird. Die einzige Möglichkeit, zu verhindern, dass die gesetzliche

[549] So etwa für die Schadensersatzklage wegen unzureichendem Aktivvermögen (*action en comblement de l'insuffisance d'actif*) oder die Beantragung des sog. persönlichen Konkurses (*faillite personnelle*), vgl. Art. L. 651-3 bzw. Art. L. 653-7 C. com. (Vgl. Sénat-Gesetzgebungsausschuss, Bericht Nr. 335 vom 11. Mai 2005, S. 450 ff.)

[550] Ripert/Roblot, Droit commercial II, Rn. 2999.

[551] Einheitliche Rechtsprechung. Vgl. u.a. bereits Com. 31. März 1978, D.1978.646, Banque 1978.1423; JCP 1979.II.19119; Gaz. Pal 1978.2.506 (Regelung von 1967), sowie Com. 11. Okt. 1994, Bull. Civ. IV Nr. 281; JCP 1994.IV.2491; Rev. huiss. 1995.335 (schuldhaftes Handeln des Versicherers des Schuldners, das zur Nichtbezahlung der Forderung eines Gläubigers vor Verfahrenseröffnung geführt hat) und Crim. 11. Okt. 1993, Bull. Crim. Nr. 283; D.1994.IR.18; Rev. Soc. 1994.303 (Zulässigkeit einer strafrechtlichen Nebenklage im Fall eines gesonderten, nicht mit einer Insolvenzforderung verbundenen Schadens).

Regelung ins Leere lief, bestand daher in der Anerkennung eines spezifischen kollektiven Interesses der Gläubiger (*intérêt collectif des créanciers*), das sich von der Summe ihrer Individualinteressen unterscheidet und für dessen Wahrung der Gläubigervertreter zuständig ist. Der Kassationshof hat diese Auslegung in einem Grundsatzurteil von 1993 bestätigt und entschieden, dass der Gläubigervertreter allein befugt ist, die Wahrung des gemeinsamen Interesses der Gläubiger in ihrer Gesamtheit zu sichern, sodass im Einzelfall auch nicht angegeben werden muss, zugunsten welcher Gläubiger geklagt wird[552]. Wenig später wurde bestätigt, dass dies auch für den Fall einer Klage gegen eine (Gläubiger-)Bank wegen übermäßiger finanzieller Unterstützung anwendbar ist[553]. Mit der Reform von 2005 schließlich wurde diese Rechtsprechung bekräftigt und die neue Vorschrift nimmt nun ausdrücklich auf das »gemeinsame« Interesse der Gläubiger Bezug[554].

2. Weitere Vertretungsorgane der Gläubiger

Auf Antrag bestellt der beauftragte Richter unter den Gläubigern bis zu fünf sog. Kontrolleure (*contrôleurs*). Werden mehrere Kontrolleure eingesetzt, so muss gewährleistet sein, dass mindestens einer von ihnen unter den Absonderungsberechtigten und einer unter den einfachen Insolvenzgläubigern gewählt wird[555]. Die Kontrolleure sind grundsätzlich während der Beobachtungsphase tätig, ihr Auftrag kann jedoch über deren Ende hinaus andauern[556]. Sie unterliegen einer Schweigepflicht und üben ihre Tätigkeit unentgeltlich aus.

Die Aufgabe der Kontrolleure besteht primär darin, den Gläubigervertreter bei der Ausübung seines Amtes sowie den beauftragten Richter in seiner Aufsicht über den Verwalter zu unterstützen[557]. Hierfür haben sie Zugang zu sämtlichen Unterlagen, die dem Verwalter und dem Gläubigervertreter übermittelt werden. Darüber hinaus verfügen die Kontrolleure über

---

552 Com. 16. März 1993, Bull. Civ. IV. Nr. 106; D.1993.583; PA vom 2. Feb. 1994, Nr. 74.

553 Com. 16. Nov. 1993, Bull. Civ. IV. Nr. 408; D.1994.57.

554 Art. L. 622-20 Abs. 1 Satz 1 C. com.

555 Art. L. 621-10 Abs. 1 C. com.

556 Paris, 19. Sept. 1997, D.1997.IR.237; Rev. proc. coll. 1998.73.

557 Art. L. 621-11 Abs. 1 C. com.

die Möglichkeit, verschiedene Maßnahmen, die den Gang des Verfahrens unmittelbar beeinflussen, zu beantragen. So können sie etwa die Einstellung des Betriebs oder die vorzeitige Beendigung der Beobachtungsphase beantragen. Darüber hinaus müssen sie in bestimmten Angelegenheiten gehört werden, z.B. über den Bericht des Verwalters und die Vorschläge zur Tilgung der Verbindlichkeiten. Mit der Reform von 2005 wurden die Zuständigkeiten der Kontrolleure weiter ausgebaut, insofern jedem von ihnen das Recht, bei Versäumnis des Gläubigervertreters im gemeinsamen Interesse der Gläubiger zu klagen, eingeräumt wurde[558].

Die wesentliche Neuerung des Gesetzes vom 26. Juli 2005 besteht jedoch in der Wiedereinführung kollektiver Vertretungsorgane der Gläubiger, nachdem im Zug der vergangenen Insolvenzrechtsreformen die Rolle der Gläubiger in der Gestaltung des Verfahrens kontinuierlich geschwächt worden war. Über diese Organe sollen die Gläubiger die Möglichkeit wiedererhalten, das Verfahren aktiv mitzugestalten. So wurden durch das Gesetz vom 26. Juli 2005 sog. Gläubigerausschüsse (*comités de créanciers*) eingeführt, die in den Artt. L. 626-26 bis L. 626-32 C. com. geregelt sind. Der Zweck dieses durch das US-amerikanische *Chapter 11*-Verfahren nicht unwesentlich beeinflussten Instituts[559] ist, den »Austausch zwischen dem Schuldner und den Gläubigern« zu fördern, damit im gemeinsamen Einverständnis ein Sanierungsplan zustande kommt[560]. Diese allgemein formulierte Zielbestimmung soll in der Vorstellung des Gesetzgebers dadurch erreicht werden, dass der Schuldner den Gläubigerausschüssen die angedachten Sanierungsmaßnahmen vorschlägt und der Planvorschlag innerhalb einer Diskussionsrunde mit dem Verwalter und den Ausschüssen erörtert wird. Die Gläubiger stimmen anschließend innerhalb der Ausschüsse über den Plan ab und nach seiner Annahme erfolgt eine gerichtliche Bestätigung[561].

558 Art. L. 622-20 Abs. 1 C. com.

559 Sénat-Gesetzgebungsausschuss, Bericht Nr. 335 vom 11. Mai 2005, S. 289.

560 Allg. Begründung des Gesetzentwurfs vom 9. März 2005, S. 10.

561 Vgl. Art. L. 626-27 C. com.

IV. Die Vertretungsorgane der Belegschaft

Die Arbeitnehmer nehmen über zwei Instanzen am Verfahren Teil. Zum einen werden sie über ihre regulären betrieblichen Organe vertreten, d.h. bei einer Unternehmensgröße von bis zu 50 Arbeitnehmern über die »Personaldelegierten« (*délégués du personnel*) oder, bei Überschreitung dieser Zahl, den Betriebsrat (*comité d'entreprise*). Diese Vertretungsorgane verfügen über keine unmittelbaren Gestaltungsbefugnisse im Verfahren, sie müssen jedoch regelmäßig informiert und angehört werden, bevor bestimmte Entscheidungen getroffen werden. Dies ist der Fall z.B. in der Antragsphase, in welcher der Betriebsrat zwingend angehört werden muss, bevor das Gericht die Eröffnung des Verfahrens beschließen kann[562]. Besondere Anhörungspflichten sind naturgemäß vor der Durchführung von Personalmaßnahmen vorgesehen, etwa wenn während der Beobachtungsphase betriebsbedingte Kündigungen ausgesprochen werden sollen[563].

Zum anderen besteht ein insolvenzspezifisches Vertretungsorgan, bezeichnet als Arbeitnehmervertreter (*représentant des salariés*). Dabei handelt es sich um einen Arbeitnehmer, der im Wesentlichen die Aufgaben des Betriebsrates und der Personaldelegierten wahrnimmt, wenn solche Strukturen nicht vorhanden sind. Darüber hinaus verfügt der Arbeitnehmervertreter aber auch über eigene Aufgabenbereiche. Eine besondere Rolle kommt ihm bei der Aufstellung der Lohn- und Gehaltsforderungen zu, ferner kann er Arbeitnehmer in arbeitsrechtlichen Prozessen, welche die festgestellten Lohn- und Gehaltsforderungen zum Gegenstand haben, vertreten. Es sei noch angemerkt, dass ein Arbeitnehmervertreter nicht zwingend vorhanden sein muss – das Gericht hat zu seiner Wahl aufzufordern, wenn aber faktisch kein Arbeitnehmervertreter gewählt wird, hat dies für den weiteren Verlauf des Verfahrens keine Konsequenzen[564].

---

[562] Art. L. 631-7 i.V.m. Art. L. 621-1 Abs. 1 C. com. Dies gilt sinngemäß für sonstige Belegschaftsvertreter, wenn aufgrund der Größe des Unternehmens kein Betriebsrat vorhanden ist. Die Nichteinhaltung dieser Anhörungspflicht bewirkt, dass das Eröffnungsurteil nichtig ist (Paris, 13. Juni 1989, D. 1989. IR. 219).

[563] Vgl. Art. L. 631-17 C. com. sowie unten Kapitel 6, Abschnitt C.IV.1.

[564] Näheres zum Arbeitnehmervertreter bei Jeantin/Le Cannu, Entreprises en difficulté, Rn. 441 ff.

B. Vergleichende Betrachtungen

I. Grundsätzliche Kompetenzverteilung zwischen Gericht und Gläubigern

Wie in den vorangegangenen Abschnitten gezeigt, verfügt das französische Insolvenzgericht bereits bei der Eröffnung des Verfahrens über Befugnisse, die über die seines deutschen Pendants hinausgehen. Dies kommt insbesondere durch die Möglichkeit einer Verfahrenseröffnung von Amts wegen zum Ausdruck, was zeigt, dass das Gericht bereits in der Antragsphase Ermessensentscheidungen trifft, die schwerwiegende Auswirkungen auf den Gang des Verfahrens, die Abwicklungsart sowie im Ergebnis für den Schuldner und die Gläubiger haben können. Weitere Ausführungen werden zeigen, dass die »Gerichtslastigkeit« des französischen Verfahrens trotz des Ansatzes der letzten Insolvenzrechtsreform, die Gläubiger stärker am Verfahren zu beteiligen, auch das weitere Verfahren kennzeichnet. Dies ergibt sich insbesondere aus der allgemeinen Zielsetzung des Verfahrens, d.h. dem grundsätzlichen Vorrang der Sanierung: Ihrer Effektivität wegen hat der Gesetzgeber die Entscheidung über das Schicksal des Schuldnerunternehmens in die Hände des Gerichts/Richters gelegt, mit dem Gedanken, dass damit eine Entscheidung nicht nur schneller, sondern wohl auch sachgerechter herbeigeführt werden könne, als wenn die Entscheidung etwa bei den Gläubigern läge[565]. Die Struktur der Organe im Verfahren und die Ausgestaltung ihrer respektiven Befugnisse spiegeln diesen Ansatz des französischen Insolvenzrechts wider.

Demgegenüber setzt die Insolvenzordnung auf ein Verfahren, in welchem nicht nur die Wahl der Abwicklungsart, sondern auch alle weiteren wesentlichen Entscheidungen über die Insolvenzabwicklung von den Beteiligten selbst bestimmt werden. Grund hierfür ist der Wille des Gesetzgebers, mit dem Insolvenzverfahren »marktkonforme Rahmenbedingungen für die Entscheidung über Liquidation oder Sanierung eines Unternehmens[566]« herzustellen. Im hier betrachteten Rahmen bedeutet dies, dass »das Urteil derjenigen Personen maßgeblich sein [muss], deren Vermögenswerte auf dem Spiel

---

[565] Saint-Alary-Houin, Entreprises en difficulté, Rn. 52.

[566] Allg. Begründung des RegE der Insolvenzordnung, Punkt A.3.a, abgedr. bei Balz/Landfermann, Insolvenzgesetze, S. 11.

stehen und die deshalb die Folge von Fehlern zu tragen haben[567]«. Gemeint sind damit die Gläubiger, die daher das Verfahren weitgehend selbst bestimmen, das aus diesem Grund in der Systematik des Gesetzgebers als »gläubigerautonomes« und »dereguliertes« Verfahren bezeichnet wird.

Damit wurde in beiden Ländern die jeweilige Orientierung vorangegangener Insolvenzregelungen beibehalten. In Frankreich hatten bereits die Gesetze von 1967 eine Verstärkung des gerichtlichen Charakters des Insolvenzverfahrens, bei gleichzeitigem Bedeutungsverlust der Rolle der Gläubiger, bewirkt[568]. Im Gesetz Nr. 85-98 i.d.F. von 1985 wurde diese Tendenz noch verstärkt, insofern die Gläubiger ein weiteres Stück Gestaltungsmacht über das Verfahren zugunsten gerichtlicher Organe abgeben mussten. Mit dem Reformgesetz von 2005 und der Schaffung der sog. Gläubigerausschüsse wurde zwar versucht, die Gläubiger stärker am Verfahren zu beteiligen, im Ergebnis wurde dadurch die Gläubigerautonomie jedoch nur in beschränktem Umfang gestärkt, ohne dass die Gesamtorientierung der Regelung deshalb modifiziert worden wäre. Umgekehrt blieb in Deutschland die spätestens seit der Konkursordnung allgemein herrschende Vorherrschaft der Gläubiger im Verfahren aus Gründen der Marktkonformität und der Haftungsverwirklichung in der Insolvenzordnung unangetastet. Dementsprechend sind in der deutschen Regelung insbesondere die Vertretungsorgane der Gläubiger unterschiedlich bzw. komplexer ausgestaltet und mit grundsätzlich weiterreichenden Befugnissen ausgestattet als in Frankreich, wie im Folgenden dargestellt wird.

II. Die Vertretungsorgane der Gläubiger

1. Die Gläubigerversammlung

Das allgemeine Vertretungsorgan der Gläubigerschaft ist in Deutschland die Gläubigerversammlung. Sie ist in jedem Insolvenzverfahren ungeachtet der Art der Abwicklung vorhanden und umfasst alle vom Verfahren betroffenen Gläubiger. Das sind gemäß § 74 Abs. 1 Satz 2 InsO die Absonde-

[567] Allg. Begründung des RegE der Insolvenzordnung, Punkt A.3.a.kk, abgedr. bei Balz/Landfermann, Insolvenzgesetze, S. 15.

[568] Eingehend zum »obrigkeitlichen« Charakter der französischen Regelung von 1967 im Vergleich zum Recht der KO/VglO, vgl. Gröniger, Franz. Insolvenzsystem S. 46 ff., sowie oben, Kapitel 1, Abschnitt C.I.3.a.

rungsberechtigten und die Insolvenzgläubiger (einschließlich der nachrangigen Insolvenzgläubiger). Des Weiteren sind vertreten der Insolvenzschuldner und die Mitglieder des Gläubigerausschusses, nicht aber die Aussonderungsberechtigten. Stimmberechtigt sind indessen nur die Absonderungsberechtigten und die nicht nachrangigen Insolvenzgläubiger, sofern ihre Forderungen angemeldet und nicht bestritten worden sind[569]. Nicht stimmberechtigt sind somit weder der Schuldner noch die Ausschussmitglieder, wenn sie nicht gleichzeitig die Gläubigereigenschaft besitzen. Inhaber von bestrittenen Forderungen wiederum können im Einzelfall stimmberechtigt sein, wenn der Verwalter und die anderen Stimmberechtigten dem zustimmen, ansonsten nur wenn das Insolvenzgericht eine entsprechende Befugnis erteilt[570]. Für das Zustandekommen eines Beschlusses genügt nach § 76 Abs. 2 InsO die einfache Summenmehrheit, d.h. es ist das Votum derjenigen Gläubiger entscheidend, die mehr als die Hälfte des Gesamtforderungsbetrags der abstimmenden Gläubiger halten. Ein Beschluss der Gläubigerversammlung kann bzw. muss auf Antrag eines Gläubigers oder des Verwalters vom Insolvenzgericht aufgehoben werden, wenn er dem »gemeinsamen Interesse der Insolvenzgläubiger« widerspricht[571]. Der Aufhebungsbeschluss bzw. die Abweisung des Antrags auf Aufhebung kann wiederum ebenfalls angefochten werden.

Die wichtigsten Entscheidungen im Verfahren werden von der Gläubigerversammlung getroffen. Dies geschieht zunächst im Berichtstermin, in dem gemäß § 157 InsO die Stilllegung oder die Betriebsfortführung (für die Dauer des Verfahrens) beschlossen wird. Ebenfalls im Berichtstermin kann der Insolvenzverwalter mit der Erstellung eines Insolvenzplans beauftragt werden, über welchen ebenfalls die Versammlung in einem späteren Termin, dem sog. Erörterungs- und Abstimmungstermin[572], entscheidet. Weitere – dem Wortlaut der Insolvenzordnung zufolge »besonders bedeutsame« – Rechtshandlungen, wie etwa die Veräußerung gesamter Betriebseinheiten, die Aufnahme erheblicher Darlehen oder die außergerichtliche Beilegung von größeren Rechtsstreiten, können vom Verwalter nur mit Zustimmung der Gläubigerversammlung vorgenommen werden[573]. Gleiches gilt bei einer Veräußerung an besonders

[569] § 77 Abs. 1 InsO.

[570] § 77 Abs. 2 InsO.

[571] § 78 Abs. 1 InsO.

[572] Hierzu vgl. unten, Kapitel 6 Abschnitt B.II.2.

[573] Vgl. § 160 InsO.

Interessierte und, sofern das Gericht dies anordnet, bei einer Veräußerung unter Wert[574].

Darüber hinaus verfügt die Gläubigerversammlung über weitreichende Befugnisse, gegenüber dem Insolvenzverwalter: Sie kann den vorhandenen Verwalter ersetzen (§ 57 InsO), von ihm diverse Berichte, Auskünfte (§ 79 InsO) und Zwischenrechnungen (§ 66 Abs. 3 InsO) anfordern, ferner die Aufhebung der Eigenverwaltung beantragen, sofern eine solche angeordnet worden ist (§ 272 Abs. 1 Nr. 1 InsO)[575].

2. Der Gläubigerausschuss

Neben der Gläubigerversammlung kann auch ein zweites, fakultatives Gläubigerorgan eingesetzt werden: der Gläubigerausschuss. Ein solcher wird entweder vor der ersten Gläubigerversammlung (d.h. dem Berichtstermin) vom Insolvenzgericht[576] oder danach von der Gläubigerversammlung[577] bestellt. Die Gläubigerversammlung kann aber auch den gerichtlich bestellten Ausschuss abwählen und seine Mitglieder ersetzen. Die Besetzung des Ausschusses ist in § 67 Abs. 2 InsO vorgegeben: Es müssen vertreten sein die Absonderungsberechtigten, die Insolvenzgläubiger mit den höchsten Forderungen, die Kleingläubiger und die Arbeitnehmer, wenn diese als Insolvenzgläubiger mit nicht unerheblichen Forderungen beteiligt sind. In Absatz 3 der Vorschrift wird ausdrücklich darauf hingewiesen, dass die Ausschussmitglieder nicht zwangsläufig Gläubiger sein müssen, was es ermöglicht, im Interesse einer sachgerechten Verfahrensabwicklung ggf. externe sachkundige Personen heranzuziehen.

Der Vorteil des Gläubigerausschusses gegenüber der Versammlung ist, dass er aufgrund seiner geringeren Größe schneller und effektiver handeln kann[578]. Daher wird ersichtlich, weshalb ihn der Gesetzgeber mit z.T. konkurrierenden Befugnissen ausgestattet hat, die anstelle derjenigen der Gläubiger-

---

[574] Vgl. § 162 bzw. § 163 InsO

[575] Zu den weiteren Befugnissen der Gläubigerversammlung vgl. z.B. Jauernig, Zwangsvollstreckungs- und Insolvenzrecht, § 42.II.5.

[576] § 67 Abs. 1 InsO.

[577] § 68 Abs. 1 Satz 1 InsO.

[578] Jauernig, Zwangsvollstreckungs- und Insolvenzrecht, § 42.III.6.

versammlung zum Tragen kommen[579]. Ansonsten verfügt der Ausschuss auch über ausschließliche Befugnisse[580], die namentlich im Insolvenzplanverfahren eine besondere Ausprägung erfahren[581].

3. Vergleich

Die grundlegend unterschiedliche Gestaltung der Gläubigervertretung in Frankreich und in Deutschland ergibt sich wie bereits erwähnt größtenteils aus der gegensätzlichen Gesamtorientierung der jeweiligen Regelungen. Anhand dieser erscheinen die entsprechenden Lösungen sachgerecht: Es erscheint in der Tat nachvollziehbar, dass im Gesamtsystem der InsO die Gläubiger über Organe verfügen, die den Ausdruck ihres kollektiven Willens ermöglichen, da sie das Verfahren aktiv mitgestalten. Umgekehrt ist nachvollziehbar, weshalb man sich in Frankreich prinzipiell mit einem Gläubigervertreter begnügt, da das Verfahren überwiegend von gerichtlichen Organen gesteuert wird. In dieser Hinsicht sei angemerkt, dass der Einsatz von Kontrolleuren fakultativ ist und dass sie keine eigenen Entscheidungsbefugnisse besitzen – ihre Aufgabe besteht im Wesentlichen darin, den Gläubigervertreter zu unterstützen. Was die ebenfalls fakultativen Gläubigerausschüsse betrifft, so sind diese weniger als ein aktives Steuerungsorgan im Verfahren wie etwa der deutsche Gläubigerausschuss anzusehen, funktional entsprechen sie vielmehr den Gläubigergruppen nach § 222 InsO, die über den Insolvenzplan abstimmen[582].

Ungeachtet der Frage, ob nun ein gläubigerautonomes oder ein gerichtlich geprägtes Verfahren wünschenswerter ist, sind mit kollektiven Vertretungsorganen, wie sie in Deutschland bestehen, von Natur aus komplexere Fragestellungen verbunden als mit einem gerichtlich bestellten Organ, wie

---

[579] So obliegt es dem Ausschluss, den bereits erwähnten besonders bedeutsamen Rechtshandlungen des Verwalters zuzustimmen (§ 160). Er kann ferner neben der Versammlung einen Antrag auf Entlassung des Verwalters stellen (§ 59).

[580] Vgl. insbesondere das Zustimmungserfordernis des (vorläufigen) Gläubigerausschusses, wenn der Betrieb noch vor der ersten Gläubigerversammlung stillgelegt werden soll (§ 158 InsO).

[581] Die in den §§ 218 Abs. 3, 231 Abs. 2, 232 Abs. 1 Nr. 1, 261 Abs. 2 und 262 Satz 1 InsO verankerten Mitwirkungsrechte und -pflichten des Gläubigerausschusses werden sinngemäß im folgenden Kapitel näher untersucht.

[582] Vgl. unten Kapitel 6, Abschnitt B.I.1.b.

etwa dem französischen Gläubigervertreter. Schwieriger zu handhaben erscheint ein gläubigerautonomes Verfahren zunächst im Hinblick auf den – wenn eine Sanierung angestrebt wird, besonders relevanten – zeitlichen Faktor. Denn mit der Einberufungs- und Abstimmungsprozedur eines Organs wie der Gläubigerversammlung, die ggf. mehrere Tausend Mitglieder umfasst, ist zwangsläufig ein u.U. nicht unerheblicher Zusatzaufwand verbunden. Dass sich der Gesetzgeber dessen bewusst ist, zeigt die Präsenz eines Gläubigerausschusses, der oftmals anstelle der Versammlung tätig wird und bis zur möglicherweise erheblich später zusammentreffenden ersten Gläubigerversammlung[583] im Grunde wie in Frankreich die Rolle eines gerichtlich bestellten Vertretungsorgans der Gläubigergesamtheit übernimmt.

Am schwierigsten zu gestalten erscheint jedoch die Schaffung eines sachgerechten Entscheidungsprozesses innerhalb der Gläubigerversammlung, wovon die mehrfache Abänderung der einschlägigen Vorschriften der Insolvenzordnung während des Gesetzgebungsverfahrens zeugt. Das oben gezeigte Summenmehrheitserfordernis gemäß § 76 Abs. 2 InsO bewirkt nämlich, dass die Versammlung faktisch von u.U. nur wenigen Großgläubigern (oftmals Banken) beherrscht wird, da allein die Forderungshöhe der Abstimmenden maßgeblich ist. Dabei sah noch der entsprechende § 87 des Regierungsentwurfs ähnlich wie hinsichtlich der Abstimmung über den Insolvenzplan ein Kopf- und Summenmehrheitserfordernis vor, was nach der Begründung ausdrücklich der Vorbeugung gegen ein Übergewicht einzelner Großgläubiger dienen sollte[584]. Der BT-Rechtsausschuss hat sich indessen für das bekannte einfache Mehrheitserfordernis des § 76 Abs. 2 entschieden, was dem Anschlussbericht zufolge das Abstimmungsverfahren vereinfachen und erleichtern soll[585]. Dem Vorwurf, die übrigen Gläubiger würden dadurch keine signifikante Rolle in der Versammlung spielen, begegnet der Rechtsausschuss mit dem Argument, ihre Interessen seien anderweitig ausreichend gewahrt: durch ihre Mitwirkung im Gläubigerausschuss sowie durch die gerichtliche Kontrolle der Beschlüsse der Gläubigerversammlung[586].

583 Gemäß § 29 Abs. 1 Nr. 1 zweiter HS InsO kann der Berichtstermin bis zu drei Monaten nach der Verfahrenseröffnung angesetzt werden.

584 Begründung zu § 87 RegE, abgedr. bei Balz/Landfermann, Insolvenzgesetze, S. 156.

585 Anschlussbericht – Zu § 87 Abs. 2 RegE/§ 76 Abs. 2 InsO, abgedr. bei Balz/Landfermann, Insolvenzgesetze, S. 157.

586 Anschlussbericht – Zu § 87 Abs. 2 RegE/§ 76 Abs. 2 InsO, abgedr. bei Balz/Landfermann, Insolvenzgesetze, S. 157.

Dies überzeugt jedoch nur teilweise. Zum einen hängt von der Gläubigerversammlung – im Ergebnis also von den Großgläubigern – selbst ab, ob überhaupt ein Ausschuss eingesetzt und wie er besetzt werden soll. In Bezug auf Letzteres hindert die Versammlung im Übrigen nichts daran, lediglich eine symbolische Vertretung der Kleingläubiger vorzusehen, da die gesetzlichen Vorgaben zur Besetzung des Ausschusses dem Wortlaut von § 67 Abs. 2 InsO zufolge nicht zwingend sind[587]. Zum anderen wirft auch die Pflicht des Gerichts, in gewissen Fällen die Beschlüsse der Gläubigerversammlung aufzuheben, so wie sie in § 78 InsO geregelt ist, gewisse Fragen auf. Im Regierungsentwurf war noch eine Art Minderheitenschutz vorgesehen, wonach solche Beschlüsse vom Insolvenzgericht aufgehoben werden sollten, die einen Teil der Gläubiger unangemessen benachteiligen. Damit hätte man den »irreführenden Begriff des gemeinsamen Interesses der Gläubiger« vermieden[588]. Dagegen hat der Rechtsausschuss auf einer Rückkehr zum »bewährten System des § 99 KO« bestanden und letzten Endes auch durchgesetzt, dass diejenigen Beschlüsse der Versammlung aufgehoben werden müssen, die diesem gemeinsamen Interesse der Insolvenzgläubiger widersprechen. Diese Lösung bewirke eine Entlastung der Gerichte und sei insofern unproblematisch, als der Begriff des gemeinsamen Gläubigerinteresses (zu verstehen als Interesse an einer bestmöglichen Befriedigung) in der Vergangenheit keine größeren Schwierigkeiten hervorgerufen habe[589]. Im Gegensatz zu früher sind heute jedoch auch die Absonderungsberechtigten in das Verfahren miteinbezogen, und ihr Interesse deckt sich nicht zwangsläufig mit dem der Insolvenzgläubiger[590]. Damit wird verständlich, weshalb der Gesetzgeber nicht auf das gemeinsame Interesse aller Gläubiger Bezug genommen hat, da es ein solches in aller Regel nicht gibt, sondern auf das Interesse der Insolvenzgläubiger. Aber selbst wenn man jedem Insolvenzgläubiger ein Interesse an einer best-

[587] Gem. § 67 Abs. 2 Satz 1 »sollen« vertreten sein die Absonderungsberechtigten, die Insolvenzgläubiger mit den höchsten Forderungen und die Kleingläubiger. Die Höhe dieser (gesetzlich wohl lediglich empfohlenen) Vertretung ist nicht definiert.

[588] Vgl. § 89 RegE und dessen Begründung, abgedruckt bei Balz/Landfermann, Insolvenzgesetze, S. 159 f.

[589] Anschlussbericht – Zu § 89 Abs. 1 RegE/§ 78 Abs. 1 InsO, abgedr. bei Balz/Landfermann, Insolvenzgesetze, S. 161.

[590] Für sie ist regelmäßig die sofortige Verwertung des betreffenden Gegenstands aus der Insolvenzmasse wünschenswert, was u.a. eine Kürzung der Insolvenzmasse zulasten der ungesicherten Insolvenzgläubiger zur Folge hat.

möglichen Befriedigung unterstellt, muss unter ihnen nicht unbedingt Einigkeit über die Modalitäten dieser Befriedigung herrschen: So kann z.B. der Eine Interesse an der Fortführung des Unternehmens haben, wenn dadurch letzten Endes eine höhere Quote erzielt wird, ein Anderer dagegen selbst in diesem Fall eine sofortige Verwertung bevorzugen, etwa wenn er aufgrund einer schwächeren allgemeinen Finanzlage auf eine zügigere Befriedigung angewiesen ist und die Gewährung von längeren Zahlungsfristen ihn selbst in Bedrängnis bringen würde. Insgesamt schließt die Bezugnahme auf ein gemeinsames Interesse die Anerkennung spezieller Interessen aus, mit dem Ergebnis, dass in der Versammlung weder die Interessen der Kleingläubiger verfolgt werden dürfen, sofern sie dem (nicht näher definierten) gemeinsamen Interesse widersprechen, noch die der Absonderungsberechtigten, und dies obwohl sie regelmäßig die Mehrheit in der Gläubigerversammlung bilden.

Wie oben gezeigt, hat der Begriff des gemeinsamen Gläubigerinteresses auch in Frankreich einige Fragen aufgeworfen, die heute allerdings von der Rechtsprechung weitgehend beantwortet worden sind und sich überwiegend auf das Klagerecht des Gläubigervertreters beschränkten. Indessen bleibt abzuwarten, wie sich in Frankreich das neue Institut der Gläubigerausschüsse in der Praxis bewähren wird.

III. Der Insolvenzverwalter

Ebenso wie in Frankreich ist auch in Deutschland der Insolvenzverwalter die »zentrale Figur«[591] im Insolvenzverfahren. Im Regelverfahren besteht seine Aufgabe im Wesentlichen darin, durch den Übergang des Verfügungs- und Verwaltungsrechts des Schuldners[592] die Insolvenzmasse zu sichern, das Vermögen des Schuldners während des Verfahrens zu verwalten und zu verwerten[593], um am Ende den Erlös zu verteilen[594]. In beiden Ländern spielt der Verwalter jedoch auch eine besondere Rolle bei der Bewertung der Sanierungsfähigkeit des Unternehmens und bei der Erstellung eines Sanierungs-

[591] Bork, Insolvenzrecht, Rn. 50.

[592] § 80 Abs. 1 Satz 1 InsO.

[593] § 159 InsO.

[594] § 187 Abs. 3 Satz 1 InsO. In Frankreich erfolgt die Verteilung allerdings über den Umweg der *Caisse des dépôts et consignations*, einer staatlichen Verwahrungsstelle, die den Erlös vom Liquidator erhält und ihn danach anteilsmäßig an die Gläubiger weiterleitet (vgl. hierzu Ripert/Roblot, Droit commercial II, Rn. 3239).

plans. Wird ein solcher beschlossen, obliegt dem Verwalter regelmäßig auch die Überwachung der Planerfüllung[595]. Für seine Tätigkeit erhält der Verwalter eine Vergütung, die in beiden Ländern in einer Verordnung außerhalb des Insolvenzkerngesetzes festgelegt ist[596] und die als Teil der Verfahrenskosten den Rang einer Masseverbindlichkeit hat.

In Frankreich wie in Deutschland haftet der Verwalter grundsätzlich nur für schuldhaftes Handeln[597], dann aber gegenüber allen Personen, ob am Verfahren teilnehmend oder nicht, gegenüber denen er insolvenzrechtliche Pflichten hat. Unterschiedlich gestaltet ist jedoch die Geltendmachung eines durch eine Handlung oder eine Unterlassung des Verwalters verursachten sog. Gesamtschadens, der von allen Gläubigern getragen wird: Nach § 92 InsO ist dazu allein der (in aller Regel neu bestellte) Verwalter befugt, in Frankreich dagegen gehört dies zu den Hauptbefugnissen des Gläubigervertreters. Somit kann sich die Einreichung einer solchen Klage nach deutschem Recht erheblich verzögern, da sie voraussetzt, dass die Gläubigerversammlung zuvor einen neuen Verwalter bestellt hat. Da diese nur in unregelmäßigen Abständen zusammentritt, was ggf. die Einberufung einer besonderen Versammlung zum einzigen Zweck der Ersetzung des Verwalters erforderlich macht, kann sich der Vorgang, mithin die Geltendmachung eines Gesamtschadens u.U. erheblich verzögern. Bereits das Vorhandensein eines möglichen Gesamtschadens, der die Einberufung einer solchen besonderen Gläubigerversammlung erforderlich machen könnte, ist in Abwesenheit eines Gläubigerausschusses zusätzlich erschwert. In diesem Fall obliegt die Aufsicht über den Verwalter allein dem Insolvenzgericht, welches somit noch am ehesten den Gesamtschaden feststellen kann, andererseits aber nicht befugt ist, die Versammlung einzuberufen[598].

---

[595] Vgl. § 261 InsO. Näheres zur Rolle des Verwalters im Planverfahren vgl. unten Kapitel 6.

[596] In Deutschland durch die gemäß § 65 InsO am 19. August 1998 vom BMJ erlassene insolvenzrechtliche Vergütungsverordnung (InsVV – BGBl. I S. 2205). Von den Insolvenzpraktikern wird die darin festgelegte Vergütungsbasis kritisch beurteilt, insofern es nicht Sache der Insolvenzverwalter sei, »durch gesetzlich verordnete Honorarverzichte die Verfahrenseröffnung zu erleichtern« (Braun/Uhlenbruck, Unternehmensinsolvenz, S. 194).

[597] Für Deutschland, vgl. die §§ 60 ff. InsO.

[598] Das ergibt sich aus dem Wortlaut von § 75 Abs. 1 InsO.

Teilweise unterschiedlich geregelt ist in beiden Ländern auch die Stellung des Verwalters im Verfahren. Zwar erfolgt seine Bestellung in beiden Ländern durch das Gericht, doch in Deutschland entscheidet erst die Gläubigerversammlung über die endgültige Wahl des Verwalters, da sie befugt ist, den vom Gericht bestellten abzuwählen und zu ersetzen[599]. Dass der Gesetzgeber die Bestellung des Verwalters – insbesondere des vorläufigen Insolvenzverwalters – zunächst in die Hände des Gerichts legt, erscheint somit lediglich als eine Art Notlösung im Sinne einer bestmöglichen Effektivität des Verfahrens in seiner Anfangsphase, solange die Versammlung noch nicht zusammengetreten ist.

Unterschiedlich geregelt ist in beiden Ländern auch die Anzahl von Verwaltern im selben Verfahren: Während das französische Gesetz ausdrücklich die Bestellung mehrerer Verwalter erlaubt, dabei die Entscheidung über die genaue Anzahl im Einzelfall dem Gericht überlässt, kann im deutschen Verfahren nur ein Insolvenzverwalter und allenfalls noch ein sog. Sonderinsolvenzverwalter als Vertreter eingesetzt werden[600]. Dies kann in komplexen Sachverhalten, bei denen es für einen Menschen[601] allein u.U. problematisch ist, gleichzeitig das Unternehmen zu leiten, den Sachverhalt zu ermitteln und etwa ein Sanierungskonzept auszuarbeiten, zu einer beachtlichen Erhöhung des Haftungsrisikos führen, woran auch die Möglichkeit für den Verwalter, Erfüllungsgehilfen (etwa externe Berater) heranzuziehen, nichts Grundsätzliches ändert.

Gänzlich unterschiedlich sind schließlich die Voraussetzungen zur Tätigkeit des Verwalters geregelt. Während in Frankreich ein eigener Berufsstand besteht mitsamt einer spezifischen Ausbildung, einer permanenten disziplinarischen Aufsicht sowie einer obligatorischen Versicherungsbeitragsleistung, kommt es in Deutschland auf die Eignung zur Tätigkeit als Verwalter im Einzelfall an. Die Insolvenzordnung enthält diesbezüglich keine zwingen-

---

599 Vgl. § 57 InsO. Das Gericht kann gemäß Satz 3 die Bestellung des neuen Verwalters nur dann versagen, wenn »dieser für die Übernahme des Amtes nicht geeignet ist«.

600 Jauernig, Zwangsvollstreckungs- und Insolvenzrecht, § 43.I.2; Braun/Uhlenbruck, Unternehmensinsolvenz, S. 193.

601 Der Insolvenzverwalter muss eine natürliche Person sein (§ 56 Abs. 1 InsO). In Frankreich gilt zwar, dass – formal – auch eine juristische Person als Verwalter bestellt werden kann, doch in diesem Fall benennt das Gericht die natürliche Person, die im Einzelfall das Amt ausüben wird. (Vgl. Jeantin/Le Cannu, Entreprises en difficulté, Rn. 432.)

den Vorgaben, § 56 Abs. 1 fordert nur »insbesondere«, dass der Betroffene geschäftskundig und von den Beteiligten unabhängig ist. Die Eintragung in eine vom Gericht geführte Liste erfolgt in der Form, wie sie in Frankreich existiert, nicht, obgleich es »inoffizielle« Verwalterlisten bei den Amtsgerichten geben mag[602]. Die Vermutung, die französische Lösung mit ihrer strengen Einrahmung des Berufs würde ein höheres Maß an fachlicher Kompetenz, Ethik und finanzieller Sicherheit gewährleisten, scheint jedenfalls nicht erwiesen. Das allgemeine Erfordernis der Eignung des Verwalters im Einzelfall sollte im Grunde ausreichend sein, zumal zu diesem Amt so gut wie ausschließlich Rechtsanwälte oder (seltener) Wirtschaftsprüfer oder Steuerberater berufen werden, die als solche bereits die einschlägigen Voraussetzungen – u.a. das Vorhandensein einer adäquaten Berufsversicherung – erfüllen.

602 Vgl. Beck/Depré, Praxis der Insolvenz, § 2 Rn. 26.

Kapitel 6: Das Planverfahren

Im Folgenden wird der Ablauf des Planverfahrens nach französischem und nach deutschem Recht erläutert. Das Verfahren beginnt mit der Erstellung eines Planentwurfs, die in beiden Ländern durch den Verwalter oder den Insolvenzschuldner vorgenommen wird (A). Das weitere Verfahren bis zur gerichtlichen Bestätigung des Plans, die in beiden Rechtsordnungen Voraussetzung für dessen Wirksamwerden ist, ist in Frankreich und in Deutschland sehr unterschiedlich gestaltet. Während in Deutschland die Entscheidung der Gläubigermehrheit maßgeblich ist, liegt in Frankreich die Planannahme weitestgehend in den Händen des Gerichts (B). Während der Planerstellungs- und -annahmephase unterliegt das schuldnerische Unternehmen insolvenzrechtlichen Sonderregelungen, wovon insbesondere die Möglichkeit für den Verwalter, auf bestehende Vertragsverhältnisse einzuwirken, ein wichtiges Steuerungsinstrument des Sanierungsprozesses bis zum Abschluss eines Plans darstellt. Der französischen und der deutschen Regelung liegt diesbezüglich derselbe Ansatz in Form eines sog. Wahlrechts des Insolvenzverwalters zugrunde, Unterschiede bestehen jedoch in der Ausgestaltung dieses Wahlrechts und in der Handhabung bestimmter Vertragskategorien (C). Die letzte Etappe des Verfahrens besteht in der Umsetzung des gerichtlich bestätigten Plans. Hierbei können Unterschiede zwischen der deutschen und der französischen Regelung vorwiegend in Bezug auf die Folgen einer Nichterfüllung des Plans festgestellt werden (D).

A. Die Erstellung des Plans

I. Frankreich

Während der Beobachtungsphase wird ein Bericht (*rapport*) erstellt, anhand dessen die Sanierungsmöglichkeiten des Unternehmens bewertet werden. Der Bericht besteht aus zwei Teilen: einem Status über die Lage des Unternehmens sowie ggf. dem Entwurf eines Sanierungsplans. Verfasser dieses Berichts ist entweder der Verwalter (1) oder der Schuldner (2).

1. Die Planerstellung durch den Verwalter

a) Erstellung eines Lageberichts

Während der Beobachtungsphase wird gemäß Art. L. 623-1 Abs. 1 Satz 1 C. com. ein »wirtschaftlicher und sozialer Lagebericht« über das Unternehmen (*bilan économique et social*) erstellt. Die Erstellung des Lageberichts obliegt grundsätzlich dem Verwalter, den der Schuldner dabei zu unterstützen hat. Bei Bedarf kann der Verwalter einen oder mehrere Sachverständige heranziehen[603], was sich vorwiegend bei komplexeren Sachverhalten anbietet. Der Verwalter verfügt über weitreichende Informationsmöglichkeiten. Er erhält vom beauftragten Richter sämtliche Informationen und Unterlagen, die er zur Erfüllung seiner Aufgabe für sachdienlich hält[604]. Dies umfasst nicht nur die Auskünfte und Unterlagen, die dem beauftragten Richter von Amts wegen erteilt werden, sondern auch all das, was dieser im Rahmen seiner äußerst weit gefassten Ermittlungsbefugnis gegenüber Dritten in Erfahrung bringen kann. Das Gesetz sieht eine Reihe von Fällen vor, in denen die Auskunftspflicht gegenüber dem Richter ungeachtet etwaiger gesetzlicher oder reglementarischer Vorschriften zum Tragen kommt (*nonobstant toute disposition législative ou réglementaire contraire*): Dem beauftragten Richter können somit keinerlei Verschwiegenheitspflichten, Bankgeheimnisse o.ä.[605] entgegen gehalten werden, wenn die Auskunft angefordert wird bei einem Wirtschaftsprüfer, der Belegschaft und ihren Vertretern, öffentlichen Behörden und Organismen, Vorsorgeeinrichtungen und Sozialversicherungsträgern, Kreditinstituten sowie den *Services chargés de centraliser les risques bancaires et les incidents de paiement*, die von ihrer Funktion her der deutschen SCHUFA entsprechen[606].

Auskünfte, die dem beauftragten Richter von der Staatsanwaltschaft oder vom Gläubigervertreter übermittelt worden sind, werden an den Verwalter weitergeleitet[607]. Im Fall der Übermittlung von Auskünften durch die

---

[603] In aller Regel ein *Expert en diagnostic d'entreprise* (Pérochon/Bonhomme, Entreprises en difficulté Rn. 236).

[604] Art. L. 623-3 Abs. 1 C. com.

[605] Ausdrücklich: Poitiers, 12. Mai 1993, JCP 1993. IV. 2697.

[606] Liste in Art. L. 623-2 C. com.

[607] Artt. L. 623-3 Abs. 1 i.V.m. L. 621-8 C. com.

Staatsanwaltschaft ist ausdrücklich vorgesehen, dass dies ungeachtet etwaiger gegenteiliger Gesetzesvorschriften geschieht[608].

Schließlich verfügt der Verwalter über die Möglichkeit, Anhörungen vorzunehmen. Die des Schuldners und des Gläubigervertreters ist zwingend, darüber hinaus kann der Verwalter jede Person befragen, die geeignet ist, ihn über Lage und Sanierungsperspektiven des Unternehmens, Modalitäten der Tilgung der Verbindlichkeiten sowie die arbeitsrechtlichen Voraussetzungen einer Betriebsfortführung zu unterrichten[609]. Das Reformgesetz von 2005 hat hinzugefügt, dass der Verwalter den Schuldner über die so gewonnenen Auskünfte zu informieren und seine Stellungnahme sowie Vorschläge dazu einzuholen hat[610].

Insgesamt soll der Lagebericht die Grundlage einer möglichst sachgerechten Entscheidung über die Sanierungsfähigkeit des Unternehmens bilden. Das Gesetz gibt allerdings nur wenig Aufschluss über seinen Inhalt, gemäß Art. L. 623-1 Abs. 2 C. com. wird allgemein gefordert, dass darin Angaben über die Ursachen, die Höhe und die Natur der Unternehmenskrise gemacht werden. Der Lagebericht ist daher als eine Art umfassende Diagnose der Unternehmenslage ohne zwingenden formellen Inhalt konzipiert, der jedoch über eine reine bilanzielle Darstellung hinausgeht und – wie bereits aus dem Zusatz »*social*« hervorgeht – insbesondere auch den menschlichen Faktor mitberücksichtigen muss[611]. Der Inhalt des *Bilan* variiert daher entsprechend dem jeweiligen Sachverhalt; entscheidend sind die zur Verfügung stehenden Mittel und der Zeitraum, in dem er erstellt wird, wobei dieser von der Länge der Beobachtungsphase abhängt, die in jedem Verfahren unterschiedlich ist.

Es sei noch angemerkt, dass der Lagebericht gegebenenfalls durch einen Bericht über umweltbeeinflussende Faktoren (*bilan environnemental*) ergänzt wird[612]. Dieser wird auf Anfrage des Verwalters vom Schuldner erstellt und enthält Angaben zu Betriebsstätten, in denen umweltsschädigende

[608] Art. L. 621-8 Abs. 2 C. com.

[609] Art. L. 623-3 Abs. 3 Satz 1 C. com.

[610] Art. L. 623-3 Abs. 3 Satz 2 C. com.

[611] Pérochon/Bonhomme, Entreprises en difficulté Rn. 235; Peyramaure, JCP. E. 1986. 15167, S. 62.

[612] Art. L. 623-1 Abs. 3 C. com.

Anlagen betrieben werden, sowie zu bereits getroffenen oder zu treffenden Sicherheits- und Überwachungsmaßnahmen[613].

b) Erstellung des Planentwurfs

Auf der Grundlage des eben dargestellten Lageberichts schlägt der Verwalter entweder einen Sanierungsplan oder, wenn eine Sanierung offensichtlich unmöglich ist, den Übergang in ein Liquidationsverfahren vor[614]. Ähnlich wie im *Sauvegarde*-Verfahren, dessen Vorschriften auch im *Redressement judiciaire* mit wenigen Ausnahmen anwendbar sind[615], zielt der Plan dabei grundsätzlich auf die Eigensanierung unter dem bisherigen Rechtsträger ab (Fortführungsplan)[616]. In dieser Regelung finden sich indes nur wenige zwingende Vorgaben zur formellen Gestaltung des Plans. Art. L. 626-2 C. com. schreibt lediglich in allgemeiner Weise vor, zu welchen Themenbereichen der Plan Angaben enthalten muss. Gemäß Abs. 1 dieser Vorschrift muss der Plan zunächst Angaben zu den Sanierungsperspektiven enthalten, unter Berücksichtigung der betrieblichen Möglichkeiten, der Marktlage und der verfügbaren finanziellen Mittel. Das heißt, der Plan enthält eine komplette Geschäftsplanung, in der sämtliche leistungs- und finanzwirtschaftliche Restrukturierungsmaßnahmen dargestellt werden. Ferner werden im Planentwurf die Modalitäten der Tilgung der Verbindlichkeiten festgelegt mit Angabe der Garantien, die ggf. erteilt werden müssen, um die Durchführung der Sanierung zu gewährleisten[617]. Obgleich in der Vorstellung des Gesetzgebers die Darlegung der Restrukturierungsmaßnahmen den Kern des Sanierungsplans bildet, so ist es in der Praxis gerade die Schuldentilgung, die in der überwiegenden Mehrzahl der Fälle, in denen vorwiegend kleine Unternehmen mit geringem Restrukturierungspotenzial Gegenstand der Sanierung sind, den vorherrschenden Aspekt darstellt[618]. Schließlich werden im Plan diverse Angaben zur gegenwärtigen und geplanten Beschäftigungslage im Unternehmen

---

613 Art. 102-II der Verordnung Nr. 2005-1677.

614 Art. L. 623-1 Abs. 4 i.V.m. Art. L. 622-10 C. com.

615 Hinsichtlich der Planerstellung vgl. Art. L. 631-18 f. C. com.

616 Obgleich im Rahmen des *Redressement judiciaire* auch eine übertragende Sanierung erzielt werden kann, vgl. unten Abschnitt 3.

617 Art. L. 626-2 Abs. 2 C. com.

618 Saint-Alary-Houin, Entreprises en difficulté, Rn. 863.

dargelegt und begründet[619]. Sind – wie im Regelfall üblich – betriebsbedingte Kündigungen vorgesehen, gibt der Plan an, welche Personalmaßnahmen getroffen wurden und welche noch zu treffen sind.

Der Zeitraum, der zur Erstellung des Planentwurfs zur Verfügung steht, hängt von der im Einzelfall angeordneten Dauer der Beobachtungsphase ab. Das Gesetz sieht keine festen Fristen vor, innerhalb derer der Gesamtbericht des Verwalters (bestehend aus dem Lagebericht und dem Planentwurf) fertig gestellt werden muss. In jedem Fall haben alle gesetzlich vorgeschriebenen Stellungnahmen und Konsultationen über den Planinhalt vor der Vorlage desselben an das Gericht zu erfolgen. Somit wird der Planentwurf zunächst an den Gläubigervertreter, der die Stellungnahmen der Gläubiger einholen wird, an die Vertreter der Belegschaft und an die Kontrolleure übermittelt, darüber hinaus auch an die Staatsanwaltschaft und an die Arbeitsbehörde[620].

Schließlich ist anzumerken, dass das Gesetz nicht ausdrücklich vorgibt, wer den Planentwurf erstellt. Klar ist nur, dass der Verwalter den Lagebericht erstellt und den Gesamtbericht (einschließlich des fertig gestellten Planentwurfs) dem Gericht vorlegt. Angesichts des angestrebten Ziels des Verfahrens – d.h. einer Eigensanierung unter dem bisherigen Rechtsträger, die spätestens in der Umsetzungsphase aktives Zutun des Schuldners voraussetzt – ist davon auszugehen, dass die Erstellung des Plans überwiegend Sache des Schuldners ist. Gleichwohl darf nicht außer Acht gelassen werden, dass der Verwalter den Plan mittragen muss: Sein Einfluss auf das Verfahren ist erheblich und insbesondere seine im Rahmen der Berichterstattung an das Gericht ausgesprochene Empfehlung ist für die Annahme oder Zurückweisung des Plans in der Praxis maßgeblich[621]. Daher sollte die Erstellung des Planentwurfs als eine Aufgabe angesehen werden, die gemeinsam von Schuldner und Verwalter erfüllt wird, auch wenn die formale Vorlage des Plans dem Verwalter obliegt.

---

[619] Art. L. 626-2 Abs. 3 C. com.

[620] Art. L. 626-8 C. com. Zur Stellungnahme/Abstimmung über den Plan vgl. unten Abschnitt B.I.

[621] Jeantin/Le Cannu, Entreprises en difficulté, Rn. 852.

2. Die Planerstellung durch den Schuldner

a) Bei Fehlen eines Verwalters

Gemäß Art. L. 627-1 C. com. kann das Gericht im Eröffnungsurteil davon absehen, einen Verwalter zu bestellen. In diesem Fall obliegt die Erstellung des Planentwurfs ausdrücklich dem Schuldner, bei Bedarf mit der Unterstützung eines vom Gericht bestellten Sachverständigen[622]. Indessen schweigt das Gesetz über die Erstellung eines Lageberichts (*bilan économique et social*). Daraus könnte man schließen, dass ein solcher Lagebericht nicht erstellt werden muss – im Gesetzesabschnitt über das verwalterlose Verfahren ist in der Tat nur von der Erstellung des Planentwurfs die Rede[623], der vom Lagebericht zu unterscheiden ist. Unter der Geltung des Rechts vor der Reform von 2005 wurde jedoch überwiegend vertreten, dass die Pflicht des Verwalters, den Lagebericht zu erstellen, sich analog an den Schuldner richtet in den Fällen, in denen kein Verwalter bestellt worden ist[624]. Dies dürfte auch im neuen Recht gelten. Unter praktischen Gesichtspunkten ist festzuhalten, dass die entsprechenden Angaben gemacht werden müssen, da das Gericht ansonsten kaum in der Lage sein dürfte, eine sachgerechte Entscheidung über die Annahme oder Zurückweisung des Plans zu treffen.

Nachdem der Schuldner den Planentwurf fertiggestellt hat, übermittelt er diesen an den beauftragten Richter, der dem Gericht (anstelle des nicht vorhandenen Verwalters) darüber Bericht erstattet[625].

b) Bei Vorhandensein eines Verwalters

Vor Inkrafttreten der Reform von 2005 hat sich die Frage gestellt, ob der Schuldner berechtigt ist, einen Plan vorzulegen, auch wenn ein Verwalter bestellt war. Diese Frage wurde im Rahmen des damals existierenden sog. vereinfachten Verfahrens in Abwesenheit einer ausdrücklichen Gesetzesvorschrift von der Rechtsprechung positiv beantwortet[626]. Da die Zweispurigkeit

---

[622] Art. L. 627-3 Abs. 1 C. com.

[623] Vgl. Art. L. 627-3 Abs. 1 C. com.

[624] So Saint-Alary-Houin, Entreprises en difficulté Rn. 467.

[625] Art. L. 627-4 C. com.

[626] Com. 25. März 1997, Bull. civ. IV Nr. 80; D. Aff. 1997. 613; RJDAff 1997. 1117; Quot. jur. 22. Apr. 1997 Nr. 32, S. 4. »*L'article 143, alinéa 2, de la loi du 25 janvier*

von allgemeinem und vereinfachtem *Redressement judiciaire* mit der Reform von 2005 aufgegeben wurde und die Gesetzesvorschriften, auf deren Grundlage die genannte Rechtsprechung dem Schuldner die Befugnis zur Erstellung eines Plans zugesprochen hatte, mit der Reform von 2005 an den entscheidenden Stellen umformuliert wurden[627], dürfte diese Rechtsprechung im neuen Recht nicht mehr zum Tragen kommen. Die Frage, ob in Abwesenheit eines ausdrücklichen Planvorlagerechts – aber auch eines ausdrücklichen Vorlageverbots – des Schuldners dieser neben dem Verwalter vorlageberechtigt ist, bleibt vorerst offen. Es ist jedenfalls nicht auszuschließen, dass, etwa wenn das Unternehmen sanierungsfähig ist, der Schuldner und der Verwalter aber grundlegend andere Fortführungsansätze vertreten, das oben erwähnte (ideelle) Zusammenspiel zwischen Verwalter und Schuldner nicht stattfindet und es u.U. zu parallelen Planvorschlägen von Schuldner- und von Verwalterseite kommen kann.

3. Insbesondere: die Regelung der Übertragungsangebote

Wie bereits im Rahmen der Darstellung der Verfahrensziele erwähnt, zielt das *Redressement judiciaire* primär auf den Abschluss eines Plans ab, der den Erhalt des Unternehmens und der Arbeitsplätze sowie die Tilgung der Verbindlichkeiten zum Gegenstand hat[628]. Wie aus den Gesetzgebungsmaterialien zum Reformgesetz von 2005 hervorgeht, ist darunter ein Fortführungsplan zu verstehen, der auf eine Eigensanierung unter dem alten Rechtsträger abzielt[629]. Da aber eine Eigensanierung nicht immer durchführbar ist, erschien es zweckmäßig, im *Redressement judiciaire* – wie bereits unter der alten Regelung – auch die Möglichkeit einer übertragenden Sanierung offen zu lassen[630]. Aus diesem Grund bestimmt Art. L. 631-13 C. com., dass ab der

---

1985 n'interdit pas au débiteur d'élaborer un projet de plan de redressement de l'entreprise lorsqu'un administrateur a été nommé«.

627 Eine Vorschrift, die ausdrücklich die Erstellung des Planentwurfs »durch den Verwalter oder den Schuldner« erwähnt (vgl. Art. L. 621-139 Abs. 1 C. com. a.F.), ist im neuen Recht nicht vorhanden.

628 Art. L. 631-1 Abs. 2 C. com. Vgl. auch oben Kapitel 2, Abschnitt C.I.2.

629 Vgl. Assemblée Nationale-Gesetzgebungsausschuss, Bericht Nr. 2095 vom 11. Februar 2005, S. 65 sowie Sénat-Gesetzgebungsausschuss, Bericht Nr. 335 vom 11. Mai 2005, S. 58.

630 Zur grundsätzlichen verfahrensrechtlichen Zuordnung der übertragenden Sanierung vgl. unten Kapitel 7, Abschnitt A.I.1.b.

Eröffnung des Verfahrens Dritte befugt sind, dem Verwalter Angebote zur Übernahme des Betriebs vorzulegen – das Unternehmen steht mit der Eröffnung des Insolvenzverfahrens zum Verkauf frei[631]. Die Übertragung kann dabei entweder den ganzen Betrieb oder Teile davon betreffen, solange damit der Erhalt der unternehmerischen Tätigkeit bezweckt wird und der Vorgang somit als eine (übertragende) Sanierung und nicht lediglich als ein Verwertungsakt anzusehen ist.

Die Modalitäten der Angebotsstellung richten sich indessen nach den Vorschriften des Liquidationsverfahrens, auf welche entsprechend verwiesen wird[632]. Diese Regelung ist im Lauf der vergangenen Gesetzesänderungen – zuletzt mit dem Reformgesetz von 2005 – zunehmend formalistischer geworden, womit in erster Linie der Ansatz, Unternehmensübertragungen in der Insolvenz transparenter und ethischer zu gestalten, verfolgt wurde[633]. Im Folgenden werden nur die wesentlichen Aspekte dieser Regelung der Übernahmeangebote dargestellt.

So haben zunächst der Verwalter und der Gläubigervertreter die Möglichkeit eines Erwerbs des Unternehmens (oder ggf. von Teilen davon) öffentlich bekannt zu geben[634]. Die wesentlichen Merkmale des zu erwerbenden Unternehmens werden vom Verwalter bei der Geschäftsstelle des Gerichts hinterlegt; er bestimmt auch den Zeitraum, in dem Angebote vorgelegt werden können[635]. Unklarheiten bestanden bis zur Reform von 1994 hinsichtlich der Person des Übernahmeinteressenten. Das Gesetz forderte bis dahin, dass es sich um einen Dritten handelt, ohne aber den Begriff des Dritten näher zu definieren, was in der Praxis gewisse Auslegungsschwierigkeiten mit sich brachte. Die Gerichte standen oftmals vor der Gewissensfrage, eine etwa von einer Übernahmegesellschaft, an der Gesellschafter des Schuldnerunternehmens beteiligt waren, angebotene Übertragung entweder anzunehmen, wenn das Angebot die beste (oder gar einzige) Sanierungsmöglichkeit darstellte, oder es zurückzuweisen, weil der Übernehmer als nicht ausreichend unabhängig anzusehen war, und stattdessen das Unternehmen zu

[631] Jeantin/Le Cannu, Entreprises en difficulté, Rn. 984.

[632] Verweis von Art. L. 631-13 auf die Artt. L. 641-1 ff. C. com.

[633] Jeantin/Le Cannu, Entreprises en difficulté, Rn. 1011, 1014.

[634] Art. 286 der Verordnung Nr. 2005-1677. Die Bekanntgabe erfolgt in der Presse und, seit der Reform von 2005, im Internet.

[635] Art. 207 der Verordnung Nr. 2005-1677.

liquidieren[636]. Insgesamt war die Rechtsprechung diesbezüglich uneinheitlich, was im Hinblick auf die Rechtssicherheit und die Gleichheit vor dem Gesetz unbefriedigend erschien. Darum wurde im Zug der Reform von 1994 genau definiert, welche Personen vom Kreis der potentiellen Übernehmer ausgeschlossen sind: Dies sind gemäß Art. L. 642-3 C. com. der Schuldner selbst, wenn es sich um eine natürliche Person handelt bzw. die Führungsorgane des schuldnerischen Unternehmens sowie deren Verwandte (inkl. durch Verschwägerung) bis einschließlich zum zweiten Grad sowie die im entsprechenden Verfahren bestellten Kontrolleure. Zudem ist es diesen Personen untersagt, während eines Zeitraums von fünf Jahren nach der Unternehmensübertragung Vermögenswerte aus der Insolvenzmasse oder Beteiligungen am Kapital von Gesellschaften, die solche Vermögenswerte halten, zu erwerben. Sämtliche Verbote gelten auch, wenn sie über Mittelspersonen gestellt wurde –Ausnahmen sind allein für den Fall vorgesehen, in dem es sich bei dem Schuldner um ein landwirtschaftliches Unternehmen handelt[637].

Um die Ernsthaftigkeit eines Angebots prüfen zu können, wird gefordert, dass der Angebotssteller seinem Angebot die Jahresabschlüsse der letzten drei Jahre sowie eine Planungsrechnung beifügt, sofern er entsprechend berichtspflichtig ist. Diese Unterlagen, ebenso wie die Angebote werden Dritten nicht zur Verfügung gestellt, sondern lediglich dem beauftragten Richter und dem Staatsanwalt übermittelt. Darüber hinaus muss das Angebot gewisse Angaben zwingend enthalten, die dazu dienen, das Angebot im Hinblick nicht nur auf die finanziellen Aspekte, sondern auch auf die Voraussetzungen einer Sanierung i.S.d. Erhalts des Betriebs und der Arbeitsplätze prüfen zu können. Insbesondere müssen Angaben gemacht werden zur künftigen Geschäfts- und Finanzierungslage, zum angebotenen Übertragungspreis und dessen Zahlungsmodalitäten, zum Zeitpunkt der Übertragung, zur künftigen Beschäftigungslage, zu den Garantien, welche die Erfüllung des Angebots sichern und zur voraussichtlichen Veräußerung von Vermögenswerten (*cessions d'actifs*) in den zwei Jahren nach der Übertragung[638].

---

[636] Ein Beispiel für diese Pro-und-contra-Argumente findet sich bei TC Paris, 21. Sept. 1989, D. 1991. Somm. 4; Gaz. Pal. 1989. II. Somm. 532.

[637] Art. L. 642-3 Abs. 2 Satz 2 C. com. Das Gericht entscheidet in diesem Fall nach Ermessen.

[638] Art. L. 642-2-II. C. com.

Die Angebote dürfen gemäß Art. L. 642-1-V C. com. bis zum Zeitpunkt, zu dem das Gericht darüber entscheidet, weder zurückgenommen noch geändert werden, es sei denn, wenn durch die Änderung die Ziele des übertragenden Sanierung besser erreicht werden können. Daraus folgt, dass für eine nachträgliche Angebotsänderung nicht nur Preiserhöhungen in Betracht kommen können, sondern auch sämtliche Vorschläge, die den Erhalt des Unternehmens und/oder der Arbeitsplätze in einem größeren Maß gewährleisten.

Die erhaltenen Angebote sollten vertraulich behandelt werden, doch die Regelung ist diesbezüglich ungenau. Einerseits bestimmt Art. 252-I Satz 1 der Verordnung Nr. 2005-1677, dass die Angebote nur dem beauftragten Richter und dem Staatsanwalt übermittelt werden. Andererseits ergibt sich aus Art. L. 642-2-IV C. com., dass der »Inhalt« der Angebote dem Schuldner, dem Vertreter der Belegschaft und den Kontrolleuren mitgeteilt wird und dass sie bei der Geschäftsstelle des Gerichts zur Einsicht durch jeden Interessierten hinterlegt werden.

II. Vergleichende Betrachtungen

1. Die Planerstellung durch den Verwalter

Im deutschen Recht ist die Planinitiative in § 218 InsO geregelt. Gemäß Abs. 1 Satz 1 dieser Vorschrift sind der Insolvenzverwalter und der Schuldner zur Vorlage eines Insolvenzplans berechtigt. Eine genauere Betrachtung der deutschen und der französischen Regelung zeigt jedoch, dass z.T. grundlegende Unterschiede in der gesetzlichen Handhabung der Planerstellung bestehen. So knüpft in der Systematik der Insolvenzordnung das Planerstellungsrecht des Insolvenzverwalters an eine entsprechende Entscheidung der Gläubigermehrheit d.h. an einen Beschluss der Gläubigerversammlung an. Aus den §§ 218 Abs. 2 und 157 Satz 2 InsO ergibt sich, dass die Versammlung den Insolvenzverwalter beauftragen kann, einen Insolvenzplan auszuarbeiten. Aus der zuletzt genannten Vorschrift folgt ferner, dass die Gläubigerversammlung dem Verwalter konkrete Weisungen erteilen kann, indem sie das Ziel[639] des Plans, möglicherweise auch weitere Vorgaben zur inhaltlichen Gestaltung des

[639] Etwa die Art der Abwicklung (Fortführung, Übertragung, Liquidation/ Zerschlagung).

Plans vorgibt[640]. In Frankreich besteht ein solches Weisungsrecht der weitgehend nicht organisierten Gläubigerschaft indessen nicht; der Verwalter beschließt eigenmächtig, ob ein Plan entworfen werden und wie dieser inhaltlich gestaltet sein soll.

Beiden Regelungen ist in dieser Hinsicht jedoch gemein, dass einzelnen Gläubigern kein Planinitiativrecht zusteht. In Frankreich verwundert dies aufgrund des weitreichenden Ausschlusses der Gläubiger von der aktiven Mitgestaltung des Verfahrens nicht weiter, während ein solches Einzelinitiativrecht im Kontext des stärker gläubigerorientierten deutschen Verfahrens durchaus nachvollziehbar gewesen wäre. In der Tat wurde auch während des Gesetzgebungsverfahrens, das zur Verabschiedung der Insolvenzordnung geführt hat, vorgeschlagen, ein solches Einzelinitiativrecht einzuführen[641]. Dieser Vorschlag ist aufgrund des damit einhergehenden Risikos von konkurrierenden Insolvenzplänen in der Insolvenzordnung jedoch nicht konkretisiert worden[642].

Ob in Deutschland der Insolvenzverwalter wie in Frankreich eigenmächtig, d.h. ohne entsprechende Beauftragung durch die Gläubigerversammlung, beschließen kann, einen Plan auszuarbeiten, ist hingegen fraglich. In der Insolvenzordnung wird ein solches eigenständiges Initiativrecht weder ausdrücklich eingeräumt noch ausgeschlossen. Aus praktischen Gesichtspunkten kann festgehalten werden, dass der Ausschluss eines eigenständigen Initiativrechts – folglich auch die zwingende Anknüpfung des Tätigwerdens des Verwalters an einen Beschluss der Gläubigerversammlung – gewisse Nachteile mit sich bringen würde: Während eines gewissen Zeitraums in der Anfangsphase des Verfahrens könnten konkrete Sanierungsanstrengungen vom Verwalter nämlich nicht unternommen werden, da der besagte Beschluss der Versammlung frühestens zu dem Zeitpunkt ergehen kann, an dem letztere zum ersten Mal zusammentritt, also im Berichtstermin nach § 157 InsO. Dieser kann jedoch bis zu drei Monaten nach Erlass des Eröffnungsbeschlusses

[640] Dies ist jedoch umstritten. Auf der einen Seite dürfte es dem Wortlaut von § 218 Abs. 2 InsO zufolge der Gläubigerversammlung nur erlaubt sein, das Ziel des Plans vorzugeben. Auf der anderen Seite jedoch macht es für den Verwalter wenig Sinn, einen Plan entgegen möglicher Vorgaben der Gläubigerversammlung zu erstellen, da dieser nicht angenommen werden wird (vgl. Beck/Depré, Praxis der Insolvenz, S. 1328).

[641] Vgl. zuletzt § 254 InsO-RegE.

[642] Vgl. hierzu Braun/Riggert/Kind, Neuregelungen der Insolvenzordnung, S. 131.

angesetzt werden[643], was unter praktischen Gesichtspunkten oftmals als zu spät anzusehen ist, wenn man bedenkt, dass nach der eigentlichen Beauftragung des Verwalters durch die Gläubiger dieser einen zusätzlichen Zeitraum benötigt, den der Gesetzgeber im Übrigen nicht definiert[644], um den Plan inhaltlich auszuarbeiten. Dem steht gegenüber, dass auch die Anerkennung eines eigenständigen Planinitiativrechts des Verwalters zu gewissen Schwierigkeiten führen könnte, insoweit er in diesem Fall bei gleichzeitiger Beauftragung durch die Gläubigerversammlung zwei u.U. gegensätzliche Sanierungskonzepte ausarbeiten müsste.

Dies sollte sicherlich vermieden werden, allein deshalb, weil ein gegen den Willen der Gläubigermehrheit erarbeiteter Plan kaum Chancen hätte, von dieser angenommen zu werden[645]. Dies scheint auch dem Willen des Gesetzgebers zu entsprechen, da in § 218 Abs. 3 allein die Vorlage durch den Insolvenzverwalter eines (einzigen) Plans erwähnt wird[646]. Ferner kann auch die eindeutige Begründung zu § 254 Abs. 1 RegE, dessen Vorschrift unverändert in dem jetzigen § 218 InsO Abs. 2 aufgegangen ist, herangezogen werden: »Ohne einen Auftrag der Gläubigerversammlung ist der Verwalter nicht berechtigt, einen Plan vorzulegen«.

Damit der Gang des Verfahrens dadurch nicht übermäßig verzögert wird, sollte bei der Planerstellung eine weitere Differenzierung vorgenommen werden. In der Tat ist im Gesetz stets die Rede von der »Vorlage« des Plans, was als die Übermittlung eines fertigen Planentwurfs an das Gericht zu verstehen ist. Es ist demnach die Vorlage, die ausschließlich vom Verwalter und nur hinsichtlich eines einzigen Plans vorgenommen werden darf. Die erforderlichen vorhergehenden Schritte, etwa die Entscheidung, dass ein Plan erstellt wird, und welche Form dieser annehmen soll – also die Planinitiative i.e.S. – werden dagegen erst in Bezug auf eine mögliche Beauftragung des Verwalters durch die Gläubigerversammlung erwähnt und sollten somit von der Vorlage des Planentwurfs unterschieden werden[647]. Insoweit spricht nichts gegen die

[643] § 29 Abs. 1 Nr. 1 InsO.

[644] Nach dem Wortlaut von § 218 Abs. 2 InsO muss der Plan »binnen angemessener Frist« dem Gericht vorgelegt werden.

[645] Vgl. Stürner, in: Leipold (Hrsg.), Insolvenzrecht im Umbruch, S. 42.

[646] Eidenmüller, Der Insolvenzplan als Vertrag, S. 175.

[647] Zur Unterscheidung zwischen Planinitiative und -vorlage vgl. Otte, in: Kübler/Prütting, Kommentar, § 218 Rn. 4 ff.

Anerkennung eines eigenständigen Initiativrechts des Verwalters zumindest während der ersten Phase des Verfahrens, in der die Gläubigerversammlung noch nicht zusammengetroffen ist. Im weiteren Verfahren erübrigt sich das Risiko von konkurrierenden Plänen, insofern aus dem Wortlaut von § 218 Abs. 2 und 3 InsO sowie aus der eindeutigen Begründung zu § 254 Abs. 1 RegE entnommen werden kann, dass nur ein Plan vom Verwalter vorgelegt werden kann, und dann auch nur, wenn die Gläubigerversammlung diesem zugestimmt hat. Ein entsprechendes Weisungsrecht der Versammlung dem Verwalter gegenüber könnte etwa aus § 157 InsO abgeleitet werden, doch diesbezüglich erweist sich die Insolvenzordnung als nicht völlig eindeutig, sodass nach wie vor ein mögliches Konfliktpotential besteht, wenn der Verwalter sich nicht nur als »Agent der Gläubiger« versteht und eigene Sanierungsvorschläge erstellt[648]. Ein Lösungsansatz könnte in diesem Zusammenhang allenfalls die Anerkennung zugunsten der Gläubigerversammlung einer »Negativbefugnis« bilden, also ein an den Verwalter gerichtetes Verbot, einen Plan auszuarbeiten[649].

Zusammenfassend kann im Vergleich mit der französischen Regelung festgehalten werden, dass in Frankreich der Verwalter den Planentwurf weitgehend allein erstellt, das Planerstellungsverfahren jedoch im Hinblick auf die Anhörung der anderen Beteiligten und auf die Regelung der Übernahmeangebote relativ eng eingerahmt ist. Nach deutschem Recht sollte dem Insolvenzverwalter insbesondere bis zum ersten Zusammentreten der Gläubigerversammlung zwar ebenfalls die Befugnis eingeräumt werden, die Ausarbeitung eines Plans anzustoßen. Im weiteren Verfahren jedoch sollte er sich mindestens an die Zielvorgabe bzw. an etwaige konkrete Weisungen der Gläubigerversammlung halten, was sich aus dem Gesetzeswortlaut ergibt und auch unter praktischen Gesichtspunkten vor dem Hintergrund des Erfordernisses einer Annahme durch die Gläubiger geboten erscheint.

2. Die Planerstellung durch den Schuldner

Der zweite mögliche Verfasser eines Insolvenzplans ist nach § 218 Abs. 1 InsO der Schuldner. Damit trägt der Gesetzgeber der Insolvenzordnung dem Umstand Rechnung, wonach sich der Schuldner im Vergleich zu einem Dritten (wie etwa dem Verwalter) aufgrund seiner größeren Vertrautheit mit

[648] Eidenmüller, Der Insolvenzplan als Vertrag, S. 175.

[649] Umkehrschluss aus § 157 Satz 1 und 2 InsO. Smid, WM 1996, 1253.

dem Sachverhalt in einer besseren Ausgangslage befindet, um die Sanierungsfähigkeit des Unternehmens zu beurteilen und ein geeignetes Sanierungskonzept auszuarbeiten. Bedenken hinsichtlich der Person des Schuldners bzw. seiner organschaftlichen Vertreter, welche möglicherweise für die Herbeiführung der Insolvenz unmittelbar verantwortlich sind, hat der deutsche Gesetzgeber als nicht gewichtig genug erachtet, um ein solches allgemeines Planinitiativrecht vorweg auszuschließen. Dem ist zuzustimmen, indem es der (auch in Frankreich angestrebten) Trennung von Mensch und Unternehmen Rechnung trägt. Anders als das frühere Konkurs- und Vergleichsrecht, in dem ein anderer Ausgang als die Zerschlagung von der Erfüllung von sog. Würdigkeitsvoraussetzungen in der Person des Schuldners abhängig war[650], gelten in der Insolvenzordnung allein objektive Maßstäbe.

Insoweit ist das in Frankreich und in Deutschland dem Schuldner zugesprochene Recht, einen Sanierungs- bzw. Insolvenzplan auszuarbeiten, auch nicht als eine »schuldnerfreundliche« Maßnahme zu verstehen, denn es geht vielmehr darum, die Sanierungschancen des Unternehmens bestmöglich abzuwägen. Beide Rechtsordnungen unterscheiden sich insoweit vom US-amerikanischen *Chapter 11*-Verfahren und der in *Section 1121(a) Bankruptcy Code* angesiedelten Vorschrift. Diese erscheint in gewisser Weise fragwürdig, insofern sie ein ausschließliches Planinitiativrecht zugunsten des Schuldners vorsieht – die Bestellung eines Verwalters (*trustee*) ist ohnehin nicht die Regel – und ihm einen vergleichsweise langen Zeitraum von 120 Tagen oder mehr einräumt, um einen Planentwurf auszuarbeiten. Da dem US-Schuldner grundsätzlich nichts Weiteres droht als der Übergang in ein Liquidationsverfahren, ist es nicht verwunderlich, dass diese Regelung einen gewissen Raum für Missbräuche lässt und bisweilen kritisch beurteilt wird[651].

Die deutsche Regelung lehnt sich hingegen in einem anderen Punkt an das US-amerikanische Recht an: die Verknüpfung der Planvorlage mit der Antragstellung auf Eröffnung des Verfahrens[652]. Mit einem solchen *Prepackaged*-Plan hat eine Sanierung besonders gute Aussichten auf Erfolg, weil sie bereits im Vorfeld der Antragsstellung gemeinsam mit den Gläubi-

---

[650] Vgl. hierzu oben, Kapitel 1, Abschnitt C.II.1.b.bb.

[651] Vgl. insbesondere Bork, ZZP 109, 483. Zur Erläuterung des Planinitiativrechts im Chapter 11-Verfahren vgl. auch Funke, in: FS Helmrich, S. 632 f., sowie Smid, WM 1996, 1251.

[652] Vgl. § 218 Abs. 1 Satz 2 InsO.

gern abgesprochen wird. Das Insolvenzverfahren kann somit zügiger vonstatten gehen, da es in diesem Fall lediglich der Formalisierung einer im Vorfeld abgestimmten Vereinbarung dient. Mancherorts wird vertreten, dass überhaupt nur solche vorab gefertigte Sanierungskonzepte eine Chance auf Erfolg hätten und dass im Gegenzug Pläne, deren Erstellung erst im Berichtstermin beschlossen wird, praktisch scheitern würden[653].

In der französischen Regelung ist die Möglichkeit eines solchen vorgefertigten Plans nicht ausdrücklich vorgesehen, sodass grundsätzlich von der Eröffnung einer Beobachtungsphase ausgegangen werden muss. Diese hat zwar keine gesetzliche Mindestdauer, sodass das Gericht u.U. eine nur sehr kurze Beobachtungsphase anordnen und rasch über die Annahme des Plans urteilen könnte[654]. Voraussetzung hierfür ist allerdings, dass sämtliche gesetzlich vorgeschriebenen Anhörungen durchgeführt werden. Insbesondere muss den Gläubigern im Fall eines Fortführungsplans die Möglichkeit gegeben werden, sich zu den vorgesehenen Stundungs- und Erlassvorschlägen zu äußern, wofür das Gesetz eine 30-tägige Frist einräumt. Darüber hinaus muss auch weiteren Verfahrensorganen, etwa den Belegschaftsvertretern und dem Verwalter Gelegenheit gegeben werden, ihre Mitwirkungsrechte auszuüben – unterbleibt dies, ist der Sanierungsplan anfechtbar[655]. Somit erscheint in Abwesenheit einer Spezialregelung in Frankreich die Möglichkeit eines vorgefertigten Plans zwar nicht ausgeschlossen, aber dennoch erheblich schwieriger umzusetzen als in Deutschland. Besser geeignet für eine *Prepackaged*-Sanierung erscheint in Frankreich dagegen die *Conciliation*, die eben auf die Fälle zugeschnitten ist, in denen eine Einigung mit den Gläubigern ohne größere Schwierigkeiten erzielt werden kann. Weitergehende Maßnahmen wie etwa ein internes Restrukturierungsprogramm müssen dann jedoch nach den außerhalb des Insolvenzverfahrens geltenden Regeln durchgeführt werden – die Erleichterungen, die im *Redressement judiciaire* für bestimmte Vorgänge

653 Wellensiek BB 2000.6.

654 Ähnlich verhielt es sich vor dem Inkrafttreten der Reform von 1994, als jeder (begründete) Insolvenzantrag zur Eröffnung einer Beobachtungsphase führen musste: Erschien jegliche Sanierung bereits bei Verfahrenseröffnung ausgeschlossen, so ergingen am selben Tag sukzessiv ein Urteil, in dem die Eröffnung eines *redressement judiciaire* (also einer Beobachtungsphase) angeordnet wurde, und ein Urteil, in dem dieses Verfahren in ein Liquidationsverfahren umgewandelt wurde (vgl. Com. 17. Mai 1989, D. 1989. IR 177; JCP 1990. II. 21464).

655 Vgl. hierzu unten, Abschnitt B.I.1.

(z.B. Personalmaßnahmen oder die Ersetzung von Geschäftsführern) vorgesehen sind, haben in der *Conciliation* keine Entsprechung.

3. Form des Planentwurfs

In der französischen Regelung ist vorgesehen, dass der Verwalter, bevor er dem Gericht den Planentwurf vorlegt, über die allgemeine Lage des Unternehmens Bericht erstattet. Eine solche Berichterstattungspflicht obliegt auch dem deutschen Insolvenzverwalter, sie richtet sich jedoch nicht an das Insolvenzgericht, sondern an die Gläubigerversammlung[656]. Inhaltlich werden während diesem sog. Berichtstermin im Wesentlichen dieselben Punkte dargelegt wie in französischen *Bilan économique et social* – das Gesetz gibt in beiden Regelungen lediglich in sehr allgemeiner Weise vor, welche Themenbereiche in den jeweiligen Berichten abgedeckt werden sollen[657]. Dass in Frankreich arbeits- und umweltrechtliche Aspekte im Gegensatz zur deutschen Regelung besonders betont werden, dürfte dabei keine besonderen konkreten Auswirkungen in Bezug auf den Berichtsinhalt haben. Erkennt man dem Insolvenzverwalter das Recht zu, einen Planentwurf eigenmächtig, noch vor einer entsprechenden Beauftragung durch die Gläubigerversammlung zu erarbeiten, so kann seine Vorlage an die Gläubiger während des Berichtstermins stattfinden[658].

Ähnlich wie in Frankreich enthält auch die deutsche Regelung wenig zwingende Vorgaben zur formellen Ausgestaltung des Planentwurfs. Gemäß § 219 InsO hat dieser in zwei Teilen gegliedert zu sein – einem darstellenden und einem gestaltenden Teil – denen die Plananlagen hinzuzufügen sind.

- Im darstellenden Teil des Insolvenzplans werden gemäß § 220 Abs. 1 InsO sowohl die bereits erfolgten als auch die künftigen Maßnahmen beschrieben, welche die Grundlage der (im gestaltenden Teil vorgesehenen) Änderung der Rechtsstellung der Beteiligten bilden. Darüber hinaus enthält der darstellende Teil alle sonstigen Angaben, die einer

[656] § 156 InsO.

[657] Die Berichterstattung gemäß § 156 Abs. 1 InsO Bericht bezieht sich auf die wirtschaftliche Lage des Schuldners und ihre Ursachen (Satz 1), ferner ob Aussichten bestehen, das Unternehmen im Ganzen oder in Teilen zu erhalten, außerdem ob Möglichkeiten für einen Insolvenzplan bestehen und wie sich dies auf die Lage der Gläubiger auswirkt (Satz 2).

[658] Bork, Insolvenzrecht Rn. 332.

möglichst sachgerechten Entscheidung über den Plan dienen (Abs. 2). In praktischer Hinsicht bedeutet dies, dass im darstellenden Teil die Historie des Unternehmens bis zum Zeitpunkt der Insolvenzantragsstellung umfassend dargelegt wird[659], gefolgt von einer Darstellung der Unternehmenslage seit Eröffnung des Verfahrens und der Natur des angestrebten Verfahrensausgangs, also etwa ob das Unternehmen unter dem alten Rechtsträger fortgeführt, ob es übertragen oder liquidiert werden soll.

- Im gestaltenden Teil wird festgelegt, »wie die Rechtsstellung der Beteiligten durch den Plan geändert werden soll«[660]. Darin werden also die Maßnahmen beschrieben, die zur Erreichung des im darstellenden Teil angegebenen Sanierungsziels erforderlich sind, also insbesondere die Stundungen und/oder Erlasse, die von den Gläubigern gewährt werden sollen[661].

Welche Anlagen dem Plan beigefügt werden sollen, ergibt sich nur ansatzweise aus dem Gesetz. Gemäß § 229 InsO müssen erstellt werden zum einen eine Vermögensübersicht, welche die jeweilige voraussichtliche Höhe von Aktiv- und Passivmasse in der Planumsetzungsphase beinhaltet, zum anderen ein Ergebnis- und Finanzplan, in dem Angaben gemacht werden über die voraussichtlichen Erträge und Aufwendungen sowie die Wiederherstel-

---

[659] Nach Braun/Uhlenbruck, Muster eines Insolvenzplans, S. 12 bis 37, sollten somit aufgeführt werden:

- die rechtlichen Verhältnisse des Insolvenzschuldners (etwa die Kapitallage, Beteiligungen, steuerrechtliche Verhältnisse)

- dessen finanzwirtschaftliche d.h. Vermögens-, Schulden- sowie Erfolgslage unter besonderer Berücksichtigung etwaiger Sicherheiten,

- die leistungswirtschaftlichen Verhältnisse, also Angaben u.a. zu Produkten, Standort, Beschaffung, F&E,

- Auskünfte zur organisatorischen Aufgliederung des Unternehmens und dessen Informations- und Rechnungswesen.

[660] § 221 InsO.

[661] Näheres hierzu unten Kapitel 7, Abschnitt B.II. Zur formalen Gestaltung vgl. Braun/Uhlenbruck, Muster eines Insolvenzplans, S. 74 ff.

lung der Zahlungsfähigkeit des Schuldners[662]. Ohne dass das Gesetz es ausdrücklich besagt, müssen wohl auch gewisse Angaben zu Sozialplänen und Darlehen gemacht werden, da diese unmittelbare Auswirkungen auf die Sanierungsfähigkeit des Unternehmens und die Liquiditätslage haben[663]. Außerdem wird auch die Erstellung einer Vergleichsrechnung als unentbehrlich erachtet, auf deren Grundlage die Gläubiger die respektive Höhe der Befriedigung abwägen können, die ihnen mit dem Insolvenzplan im Vergleich zur Regelzerschlagung voraussichtlich zustehen wird[664]. Das Erfordernis, eine solche Rechnung aufzustellen, findet sich in Frankreich indes nicht wieder, da gesetzlich nicht gefordert wird, dass der Plan den Gläubigern eine mindestens gleich hohe Befriedigung gewähren muss wie im Fall einer Liquidation[665].

Wie auch der *Code de commerce* nach der Reform von 2005 setzt die Insolvenzregelung keine Frist, innerhalb derer der Insolvenzplan dem Gericht vorgelegt werden muss. Wie bereits gezeigt, kann eine Vorlage durch den Schuldner schon mit der Stellung des Antrags auf Eröffnung eines Insolvenzverfahrens verknüpft werden – eine spätere Vorlage ist während des gesamten Verfahrens möglich, gemäß § 218 Abs. 1 Satz 3 InsO sogar bis zum Schlusstermin.

B. Die Annahme des Plans

I. Frankreich

In Frankreich entscheidet das Gericht über die Annahme oder Zurückweisung des Sanierungsplans (3). Zuvor müssen aber die Gläubiger (1) sowie weitere Verfahrensbeteiligte (2) dazu Stellung nehmen.

---

[662] Konkret muss also eine Plan-Gewinn- und Verlustrechnung, eine Planbilanz sowie eine Planliquiditätsrechnung (*Cash-Flow*-Planung) erstellt werden, vgl. Braun/Uhlenbruck, Muster eines Insolvenzplans, S. 87 ff.

[663] Burger/Schellberg, DB 1994. 1834.

[664] Bork, Insolvenzrecht, Rn. 315; Burger/Schellberg, DB 1994. 1834; Eidenmüller, Der Insolvenzplan als Vertrag, S. 171 Fn. 20; Maus, in: Kölner Schrift 1997, S. 718.

[665] Vgl. unten Abschnitt B.I.3.

1. Die Zustimmung durch die Gläubiger

Soll das Unternehmen unter dem bisherigen Rechtsträger fortgeführt werden, werden von den Gläubigern in aller Regel mehr oder minder umfangreiche Beiträge zur Schuldenrestrukturierung gefordert, damit die Finanzkraft des Unternehmens wiederhergestellt werden kann. Die Insolvenzregelung sieht dafür zwei mögliche Maßnahmen vor: zum einen den Schuldenerlass (*remise de dette*), durch den der Gläubiger ganz oder teilweise auf seine Forderung gegen den Insolvenzschuldner verzichtet; zum anderen die Stundung (*délai de paiement*) d.h. die Gewährung eines zusätzlichen Zahlungsaufschubs. Da in beiden Fällen das finanzielle Ergebnis für den betroffenen Gläubiger beeinträchtigt wird, wird im *Code de commerce* grundsätzlich gefordert, dass er den geplanten Maßnahmen zustimmt. Die Insolvenzregelung i.d.F. von 1985 sah hierfür ein Verfahren vor, das von dem Reformgesetz von 2005 grundsätzlich beibehalten wurde, und in dem die Wirksamkeit der Planmaßnahmen gegenüber jedem Gläubiger von dessen individueller Stellungnahme (Annahme oder Ablehnung) abhängig ist (a). Zudem hat das Gesetz von 2005 mit der Schaffung von sog. Gläubigerausschüssen ein weiteres – jedoch nicht in jedem Verfahren greifendes – Abstimmungsverfahren eingeführt, in dem die Gläubiger mehrheitlich über den Plan entscheiden (b).

a) Das einfache Befragungsverfahren

In dem etwas formalistischen klassischen Befragungsverfahren der Gläubiger bestimmt der Planverfasser (Verwalter oder Schuldner) die Natur und die Höhe der seiner Ansicht nach erforderlichen Erlasse und/oder Stundungen. Diese Vorschläge werden dem Gläubigervertreter übermittelt[666]. Diesem obliegt es, die Stellung jedes einzelnen Gläubigers zu den genannten Vorschlägen einzuholen. Dabei kann diese Konsultation entweder für jeden Gläubiger individuell erfolgen oder – was in der Praxis jedoch eher selten vorkommt – in kollektiver Weise in einer Art Gläubigerversammlung, in der jeder Gläubiger seine Stellungnahme abgibt, ansonsten aber kein kollektiver Beschluss gefasst wird[667/668]. Es ist ebenfalls der Gläubigervertreter, der entscheidet, ob die Befragung schriftlich oder mündlich durchgeführt werden soll. In den allermeisten Fällen findet eine schriftliche Einzelbefragung statt, in der die Anfrage per Einschreiben an alle Gläubiger, die ihre Forderungen angemeldet haben, gestellt wird[669]. Jeder bekannte und jeder im Verfahren angemeldete Gläubiger ist um Stellungnahme gebeten und verfügt über 30 Tage ab Erhalt des Briefes, um seinen Standpunkt darzulegen. Unterlässt er dies, gilt seine Zustimmung als erteilt[670]. Nachdem der Gläubigervertreter die Antworten aller Gläubiger erhalten hat, bzw. die 30-tägige Frist für alle verstrichen ist, übermittelt er dem Verwalter, dem Schuldner und den Kontrolleuren eine Aufstellung der erhaltenen Stellungnahmen[671].

Hinsichtlich dieser Befragung ist hervorzuheben, dass die Gläubiger sich ausschließlich zu den sie unmittelbar betreffenden Stundungen und Erlassen äußern, nicht jedoch zum Plan insgesamt. Die Gerichte stellen sicher, dass der Gegenstand der Gläubigerbefragung entsprechend den Gesetzesvorschriften auch darauf beschränkt ist[672]. Aus der engen Gesetzesformulierung folgt im Übrigen, dass die Gläubiger die Vorschläge lediglich annehmen oder zurückweisen, nicht aber Gegenvorschläge unterbreiten dürfen. Vom Entscheidungsprozess über die Annahme/Zurückweisung des Gesamtplans sind die einzelnen Gläubiger gänzlich ausgeschlossen. Anzumerken ist, dass bis zur Reform von 1994 zumindest Gläubiger, die mindestens 15% des angemeldeten Gesamtforderungsbetrags hielten, vom Gericht fordern konnten, gehört zu werden. Dieses Anhörungsrecht wurde mit der Reform von 1994 jedoch abgeschafft, was zumindest den Vorteil hat, dass das Verfahren dadurch zügiger vonstatten geht.

---

666 Art. L. 626-5 Abs. 1 C. com.

667 Vgl. Soinne, Traité, Rn. 1486, wo darauf hingewiesen wird, dass es sich deshalb nicht um eine wirkliche Gläubigerversammlung (*assemblée concordataire*) handelt, wie es sie etwa in früheren französischen Insolvenzregelungen gab.

668 Zu den Modalitäten der kollektiven Konsultation vgl. Art. 132 der Verordnung Nr. 2005-1677.

669 Vgl. Art. 131 der Verordnung Nr. 2005-1677. Der Anfrage müssen insbesondere die vorgeschlagenen Maßnahmen, die Stellungnahme des Gläubigervertreters und der Kontrolleure sowie ein Vermögens- und Schuldenstatus beigefügt werden.

670 Art. L. 626-5 Abs. 2 Satz 2 C. com.

671 Art. L. 626-7 C. com. Die Antworten werden dem Bericht des Verwalters beigefügt.

672 Vgl. Com. 22. Juni 1999, RJDAff. 1999. 1358. Vgl. auch Ripert/Roblot, Droit commercial II Rn. 3172-8.

Eine wichtige Neuerung ergibt sich aus der Reform von 2005: Nach dem neugefassten Art. L. 626-6 C. com. können fortan insbesondere auch Finanzämter, Sozialversicherungsträger und Arbeitsämter im Plan Forderungserlasse gewähren. Bisher war es diesen Ämtern und Behörden nur in wenigen Fällen erlaubt, auf rückständige Beiträge oder Steuern ganz oder auch nur teilweise zu verzichten und aktiv an der Sanierung teilzunehmen. Eine finanzwirtschaftliche Restrukturierung konnte daher regelmäßig nur durch Zutun der anderen Gläubiger erreicht werden. Dies führte dazu, dass in den Fällen, in denen die Schuldenlast aus Steuern, Kranken-, Renten- oder Arbeitslosenversicherungsbeiträgen eine gewisse Größenordnung erreichte, eine Sanierung in vielen Fällen faktisch nicht in Betracht kommen konnte. Die Sonderstellung dieser Behörden und Ämter war zudem durch diverse Vorrechte, die ihnen eine bevorzugte Befriedigung im Insolvenzverfahren gewähren, verstärkt[673]. Aus dem Blickpunkt der Gläubigergleichbehandlung ist es daher begrüßenswert, dass das Gesetz vom 26. Juli 2005 den genannten Ämtern und Behörden nun erlaubt, »begleitend zu den Beiträgen anderer Gläubiger«[674] eigene Forderungserlasse zu gewähren. Eine Ausnahme besteht jedoch für die Hauptschuld bei indirekten Steuern, die letztlich von einem anderen als dem Schuldner getragen wird und diesem somit nicht erlassen werden kann. Bei dieser Kategorie von Forderungen können lediglich Säumniszuschläge, Strafgelder u.ä erlassen werden[675]. Entscheidend wird sein, inwieweit die Ämter von dieser neuen Möglichkeit, sich aktiv an einem Sanierungsvorhaben zu beteiligen, in der Praxis Gebrauch machen werden.

Bis zur Reform von 2005 war nicht völlig eindeutig, ob dieses Konsultationsverfahren nur im Rahmen der Erstellung eines Fortführungsplans oder auch bei einem Übertragungsplan anzuwenden war. Die Frage stellte sich

---

673 Als Beispiele solcher Vorrechte können genannt werden das auf das gesamte bewegliche Vermögen des Schuldners sich erstreckende Vorrecht nach den Artt. 243-4 ff. C. sécurité soc. zugunsten der Krankenversicherungskassen oder verschiedene Vorrechte zugunsten der Finanzverwaltung (vgl. insbesondere die Artt. 1920, 1926, 1927 und 1929 CGI) und des Zollamts (vgl. Art. 379 C. douanes).

674 »*Concomitamment à l'effort consenti par d'autres créanciers*«, Art. L. 626-6 Abs. 1 C. com. Damit soll gewährleistet werden, dass die Erlasse öffentlich-rechtlicher Gläubiger nicht als Staatshilfe im europarechtlichen Sinn angesehen werden, die bei Beträgen über 100.000 Euro bei der Kommission gemeldet werden müssen (Assemblée nationale-Gesetzgebungsausschuss, Bericht Nr. 2095 vom 11. Februar 2005, S. 299).

675 Art. L. 626-6 Abs. 2 Satz 2 C. com.

aufgrund einer nicht unmissverständlichen systematischen Stellung der Vorschriften über die Gläubigerbefragung in der damaligen Regelung[676] und wurde in der Rechtsprechung dahingehend beantwortet, dass das Befragungsverfahren allein bei dem Fortführungsplan zwingend einzuhalten ist: Während das Nichteinhalten des Befragungsverfahrens im Fall eines Fortführungsplans zu dessen Nichtigkeit führte[677], hatte es im Fall eines Übertragungsplanverfahrens keinerlei Konsequenzen[678]. Diese Lösung dürfte auch im neuen Recht ihre Gültigkeit behalten, da die Regeln über die Planerstellung im *Redressement judiciaire* nun allein den Fortführungsplan betreffen. Zwar kann auch ein Übertragungsplan den Ausgang des Verfahrens bilden, zustande kommt er dann aber nach den Regeln des Liquidationsverfahrens, in denen keine Befragung der Gläubiger vorgesehen ist[679].

b) Die Gläubigerausschüsse

Eine wesentliche Neuerung des Gesetzes vom 26. Juli 2005 besteht in der Wiedereinführung kollektiver Vertretungsorgane der Gläubiger in Form von sog. Gläubigerausschüssen (*comités de créanciers*), die in einem gesonderten Abschnitt des *Code de commerce* geregelt sind[680]. Ihre hauptsächliche Funktion ist, über die Annahme des Plans abzustimmen. Die Einführung dieser Ausschüsse wird in der Literatur bisweilen kritisch gesehen, insofern man darin eine Anlehnung an ältere Insolvenzregelungen sieht und dies teilweise als ein »Schritt zurück« gewertet wird[681]. Andere wiederum begrüßen

[676] Die Vorschrift, die dem heutigen Art. L. 626-5 C. com. entspricht, befand sich in einem allgemeinen Abschnitt über die Planerstellung, wo nicht zwischen Fortführungs- und Übertragungsplan unterschieden wurde. In späteren Gesetzesabschnitten sowie in der Ausführungsverordnung Nr. 85-1388 wurde auf das Befragungsverfahren jedoch nur im Zusammenhang mit einem Fortführungsplan Bezug genommen.

[677] Vgl. u.a. Paris, 10. Juni 1987 und Lyon, 17. Juni 1987, beide in D. 1987. 546. Um diese für das Verfahren schweren Folgen in möglichst engen Grenzen zu halten, billigte die Rechtsprechung jedoch, dass der Formmangel geheilt werden konnte, z.B. indem das Gericht die Beobachtungsphase verlängerte, um die Befragung nachzuholen (Com. 17. März 1998, JCP 1998. 2. 10080).

[678] Ausdrücklich: Com. 20. Februar 1996, D. 1996 IR. 112; D. Aff. 1996. 491.

[679] Jeantin/Le Cannu, Entreprises en difficulté, Rn. 869.

[680] Artt. L. 626-29 ff. C. com. Vgl. auch oben Kapitel 5, Abschnitt A.III.2.

[681] Saint-Alary-Houin, Dr. et patr. Januar 2005.133.

den Umstand, dass das als zu gerichtslastig und starr empfundene bisherige Verfahren dadurch an Flexibilität gewinnt[682]. Mit der damit einhergehenden Anlehnung an fremde – insbesondere angelsächsische – Rechtsordnungen wird darin gar ein möglicher Ansatz für ein internationales *ius commune* gesehen, das sich im aktuellen Kontext der wirtschaftlichen Globalisierung herauskristallisieren könnte[683].

Die Bedeutung dieser Ausschüsse bedarf jedoch einer erheblichen Relativierung, da nicht in jedem Verfahren Ausschüsse zum Einsatz kommen (aa) und auch dann nicht alle Gläubiger darin vertreten sind (bb). Innerhalb der Ausschüsse wird mehrheitlich über die Annahme des Plans abgestimmt (cc).

aa) Einsetzung

Gläubigerausschüsse kommen nur in größeren Verfahren *ipso iure* zum Einsatz, da das Gesetz die Erfüllung einer doppelten Voraussetzung hinsichtlich Umsatz und Beschäftigtenzahl vorschreibt[684]: Diese müssen derzeit über 20 Millionen Euro bzw. 150 Beschäftigte liegen[685]. Bei kleineren Unternehmen, die diese Grenzen nicht erreichen, ist die Einsetzung von Gläubigerausschüssen fakultativ und kann auf Antrag des Schuldners oder des Verwalters vom Gericht angeordnet werden[686]. Darüber hinaus muss das Unternehmen über von einem Wirtschaftsprüfer geprüfte oder erstellte Jahresabschlüsse verfügen. Damit soll sichergestellt werden, dass den Ausschüssen eine möglichst verlässliche bilanzielle Entscheidungsgrundlage vorliegt, ferner aber auch, dass die Ordnungsmäßigkeit der Abstimmung gewährleistet ist, da die Mehrheitsverhältnisse in den Ausschüssen auf der Grundlage eines vom Schuldner stammenden Gläubigerverzeichnisses errechnet wird[687].

---

[682] D.A. ist etwa die Industrie- und Handelskammer von Paris, vgl. Outin/Adam, JCP E. Nr. 184, 16. Sept. 2004, Rn. 17.

[683] Soinne, D. 2004. 1515 (Rn. 20).

[684] Art. L. 626-29 Abs. 1 C. com.

[685] Art. 162 der Verordnung Nr. 2005-1677.

[686] Art. L. 626-29 Abs. 2 C. com. Das Gesetz sagt jedoch nicht, aufgrund welcher Kriterien das Gericht den Antrag anzunehmen oder zurückzuweisen hat.

[687] Jeantin/Le Cannu, Entreprises en difficulté, Rn. 859.

Dieses System hat sicherlich den Vorzug, dass bei kleineren Unternehmen der Verfahrensaufwand durch den Verzicht auf Gläubigerausschüsse geringer gehalten wird. Der französische Gesetzgeber vertraut darauf, dass in diesen Fällen Sanierungsvereinbarungen in weniger formeller Weise zwischen Schuldner und Gläubigern zustande kommen können, sofern seitens der Gläubigerschaft überhaupt Interesse an einer Sanierung bekundet wird, was nach Ansicht des Gesetzgebers bei kleineren Unternehmen in aller Regel nicht der Fall ist[688]. Diese verfahrensrechtliche Zweispurigkeit – Annahme durch Gläubigerausschüsse einerseits und Einzelbefragung andererseits – birgt jedoch einen gewissen Raum für taktisches Kalkül seitens des Schuldners. Vor allem in den (kleineren) Fällen, in denen die Einsetzung von Ausschüssen fakultativ ist, kann der Schuldner die Durchsetzung von Sanierungsmaßnahmen u.U. stark beeinflussen kann: Weiß er beispielsweise schon im Voraus, dass bestimmte Gläubiger den geplanten Schuldentilgungsvorschlägen nicht zustimmen werden, kann es für ihn von Vorteil sein, den Einsatz von Gläubigerausschüssen zu beantragen. Wenn absehbar ist, dass die widersprechenden Gläubiger innerhalb der Ausschüsse über keine Sperrminorität verfügen, können die betreffenden Maßnahmen durch Mehrheitsbeschluss auch gegen ihren Willen durchgesetzt werden.

bb) Zusammensetzung

Eine weitere Besonderheit der neuen französischen Regelung besteht darin, dass dem Gesetz vom 26. Juli 2005 zufolge nicht alle Gläubiger an den Gläubigerausschüssen teilnehmen, um mehrheitlich über den Sanierungsplan abzustimmen. Vorgesehen sind nur zwei Ausschüsse: einer, in dem Kreditinstitute und ein zweiter, im dem die »hauptsächlichen Lieferanten« vertreten sind[689]. Der Begriff der Lieferanten ist dabei weiter zu verstehen als etwa in Deutschland, da in Frankreich darunter sowohl Lieferanten von Waren (*fournisseurs de biens*) als auch Dienstleister (*fournisseurs de services*) fallen. Es ist aber nicht möglich, weitere Ausschüsse für die übrigen Gläubigerklassen zu bilden. Insbesondere die oben erwähnten Steuerbehörden und Sozialversicherungsträger, die regelmäßig als Großgläubiger am Verfahren beteiligt

---

688 Vgl. Assemblée Nationale-Gesetzgebungsausschuss, Bericht Nr. 2095 vom 11. Februar 2005, S. 334.

689 Art. L. 626-30 Abs 1 C. com.

sind, nehmen an den Ausschüssen nicht teil[690]. Damit ist auch ersichtlich, weshalb der Reformgesetzgeber die Bezeichnung »Gläubigerausschuss« (*comité de créanciers*) der der »Gläubigerversammlung« (*assemblée des créanciers*) vorgezogen hat, da mit einer Versammlung immer die Zusammenkunft aller Gläubiger gemeint ist.

Wer genau an den Ausschüssen – insbesondere dem der »hauptsächlichen« Lieferanten – teilnehmen soll, ist seit dem von der Nationalversammlung verabschiedeten Gesetzentwurf vom 9. März 2005 geändert und präzisiert worden. Ursprünglich sollten diejenigen Lieferanten *ipso iure* Mitglieder sein, deren Forderungen mindestens 10% des Gesamtforderungsvolumens ausmachen. Der Senat hat diese Grenze erheblich gesenkt und in der endgültigen Fassung des Gesetzestextes sind nur noch 5% gefordert[691]. Auf Initiative des Verwalters können weitere Lieferanten an dem Lieferantenausschuss teilnehmen[692]. Dabei ist der Gesetzeswortlaut nicht unmissverständlich, insoweit daraus nicht eindeutig hervorgeht, ob der Verwalter verpflichtet ist, sämtliche Lieferanten zur Teilnahme am Ausschuss aufzufordern, oder ob dies in seinem Ermessen liegt. Ersteres wäre mit Blick auf das Gleichbehandlungsgebot unter den Gläubigern wohl näher liegend, aufgrund der gesetzlichen Bezugnahme auf die »hauptsächlichen« Lieferanten mit dem Gesetzeswortlaut jedoch kaum vereinbar, da dadurch auch »nicht-hauptsächliche« miteinbezogen würden. Es ist daher abzusehen, dass die geplante Regelung zumindest in der ersten Zeit gewisse Auslegungsfragen hervorrufen wird.

cc) Funktionsweise

Die Ausschüsse müssen innerhalb einer kurzen Frist von 30 Tagen nach Erlass des Eröffnungsurteils vom Verwalter eingesetzt werden. Binnen weiterer zwei Monate hat der Schuldner den Ausschüssen seine Vorschläge hinsichtlich eines Sanierungsplanentwurfs zu unterbreiten. Dabei geht aus dem Gesetz nicht eindeutig hervor, was inhaltlich den Gläubigerausschüssen zur Abstimmung vorgelegt wird. Es wird jedoch überwiegend vertreten, dass anders als im zuvor erläuterten sog. einfachen Befragungsverfahren[693] die

---

[690] Jeantin/Le Cannu, Entreprises en difficulté, Rn. 861.

[691] Art. L. 626-30 Abs. 1 S. 2 C. com.

[692] Art. L. 626-30 Abs. 1 S. 3 C. com.

[693] Vgl. oben Abschnitt a.

Gläubiger in den Ausschüssen sich nicht lediglich zu den sie unmittelbar betreffenden Maßnahmen, sondern zum gesamten Sanierungskonzept äußern[694]. Darauf soll eine Diskussionsrunde innerhalb der Ausschüsse zwischen den Gläubigern, dem Schuldner und dem Verwalter folgen. Dies ist in der Vorstellung des Gesetzgebers als ein informeller und iterativer Prozess konzipiert, in dem ggf. neue Vorschläge oder Änderungen des ursprünglichen Planentwurfs erörtert und in den Plan aufgenommen werden sollen[695].

Für die Annahme des Plans wird eine doppelte Mehrheit (Kopf- und Summenmehrheit) innerhalb jedes Ausschusses gefordert, d.h. es müssen mehr als die Hälfte der Mitglieder, die zusammen mindestens zwei Drittel des Gesamtforderungsvolumens des jeweiligen Ausschusses ausmachen, den Plan annehmen[696]. Kommt die erforderliche Mehrheit in beiden Ausschüssen zustande, ist der Plan jedoch nicht sofort rechtswirksam – er bedarf einer Annahme durch das Gericht, das durch das Votum der Gläubiger jedoch nicht zwingend gebunden ist[697]. Ist der Plan von mindestens einem der Ausschüsse nicht angenommen worden, so kann zwar ein weiterer (geänderter) Entwurf aufgestellt werden, dieser kommt innerhalb der Ausschüsse aber nicht erneut zur Abstimmung. In diesem Fall werden alle Gläubiger, also auch die Ausschussmitglieder, im Weg des im vorstehenden Abschnitt dargestellten Einzelbefragungsverfahrens befragt[698].

2. Die Mitwirkung weiterer Beteiligter

Neben der eben gezeigten Stellungnahme durch die Gläubiger sieht die französische Regelung auch die Mitwirkung weiterer Beteiligter vor. So werden, bevor das Gericht über die Annahme des Plans entscheidet, der Schuldner, der Betriebsrat bzw. die Personaldelegierten, die Kontrolleure und der Gläubigervertreter über den o.g. Bericht des Verwalters (bestehend aus dem Lagebericht und dem Planentwurf) in Kenntnis gesetzt und um Stellungnahme

[694] Jeantin/Le Cannu, Entreprises en difficulté, Rn. 863.

[695] Sénat-Gesetzgebungsausschuss, Bericht Nr. 335 vom 11. Mai 2005, S. 294.

[696] Art. L. 626-30 Abs. 3 Satz 2 C. com.

[697] Vgl. unten Abschnitt 3.

[698] Art. L. 626-34 C. com. Dies gilt im Übrigen auch für den Fall, dass die Abstimmung in den Ausschüssen nicht oder nicht fristgemäß stattgefunden, der Schuldner einen Planvorschlag nicht oder nicht fristgemäß vorgelegt oder das Gericht die Plananannahme verweigert hat.

aufgefordert. Darüber hinaus wird der Bericht an die zuständige Behörde in arbeitsrechtlichen Angelegenheiten sowie an die Staatsanwaltschaft übermittelt[699].

Darüber hinaus müssen diese Personen/Organe sowie der Verwalter allesamt vom Gericht gehört werden, bevor dieses über die Annahme des Plans entscheidet. Dabei genügt es, dass sie vom Gericht ordnungsgemäß zur Anhörung aufgefordert worden sind[700]. Das Gericht ist durch ihre Meinung zum Plan jedoch nicht gebunden, sodass sich ihre Mitwirkung bei der Plannahme auf eine mögliche faktische Einflussnahme auf das Gericht beschränkt.

3. Die Entscheidung des Gerichts

a) Inhalt der Entscheidung

Vor Inkrafttreten der Reform von 2005 war das Gericht frei, am Ende der Beobachtungsphase den vorgelegten Sanierungsplan anzunehmen oder zurückzuweisen. Das Gesetz enthielt diesbezüglich so gut wie keine zwingenden Vorgaben und die Entscheidung, das Unternehmen fortzuführen, zu übertragen oder es zu liquidieren traf das Gericht nach Ermessen unter Berücksichtigung der allgemeinen Zielbestimmung des Verfahrens. Maßgeblich war, inwieweit das Sanierungsziel angesichts der Umstände des Einzelfalls konkretisiert werden konnte. Nach ständiger Rechtsprechung des Kassationshofs war sowohl die Wahl zwischen der Liquidation und der Sanierung[701] als auch die Wahl zwischen mehreren Sanierungsvorschlägen (wie etwa einem Fortführungs- und einem Übertragungsplan) eine Sachfrage, die als solche keiner inhaltlichen Überprüfung durch den Kassationshof unterlag[702]. Dieser über-

---

[699] Art. L. 626-8 C. com.

[700] »*Après avoir entendu ou dûment appelé...*« (Art. L. 626-9 Satz 1 C. com.)

[701] Com. 2. Feb. 1993, Bull. Civ. IV Nr. 41; D. 1994, Somm. 6: Die Entscheidung, eine planmäßige Teilübertragung von 14% des Aktivvermögens einer Gesamtliquidation vorzuziehen, fällt in den Bereich des ausschließlichen Ermessens der Sachrichter.

[702] Com. 10. Juli 1990, Bull. Civ IV Nr. 208. In diesem Fall wurde vom Insolvenzgericht ein Übertragungsangebot einem von der Schuldnerin vorgelegten Fortführungsplan vorgezogen. Dies wurde in der zweiten Instanz bestätigt mit der Begründung, die Übertragung wäre hier geeigneter für eine Sanierung, was dem Kassationshof zufolge im alleinigen Ermessensbereich der Sachrichter lag.

prüfte lediglich, ob die Entscheidung der Sachrichter ausreichend begründet war[703].

Der Umfang des richterlichen Ermessens bei der Entscheidung über den Verfahrensausgang wurde in der Rechtsprechung allgemein weit ausgelegt. So war unstrittig, dass das Insolvenzgericht durch die Meinung der übrigen Organe und Beteiligten – etwa des Schuldners und des berichterstattenden Verwalters – nicht gebunden war[704]. Auch als sich die Frage stellte, ob das Gericht die vorgelegten Entwürfe nur insgesamt annehmen bzw. zurückweisen oder ob es diese eigenmächtig ändern durfte, wurde Letzteres favorisiert[705]. Dies entsprach insoweit sowohl dem neutral gehaltenen Wortlaut der damaligen Regelung[706] als auch dem Willen des Gesetzgebers von 1985, der während der Verabschiedung des Gesetzes von 1985 einen entsprechend gegensätzlich gefassten Abänderungsantrag der einschlägigen Vorschrift[707] nicht aufgenommen hatte[708]. Umgekehrt war unter der Geltung des alten Rechts das Gericht jedoch nicht verpflichtet, von Amts wegen eigene Sanierungsszenarien auszuarbeiten, wenn ihm kein Planentwurf vorgelegt wurde oder es die vorhandenen Vorschläge abwies[709].

Mit der Reform von 2005 wurde die bestehende Verfahrens- und Organstruktur geändert. Insbesondere die Schaffung der o.g. Gläubigerausschüsse führt dazu, dass die Frage des Verfahrensausgangs sich nun in anderer Weise stellt als bisher. Es gilt fortan zu unterscheiden:

---

703 Ebenda. Vgl. auch Com. 16. Apr. 1991, Gaz. Pal. 1991. 2. Panor. 330.

704 Vgl. insbesondere Com. 6. Okt. 1992, Bull. civ. IV Nr. 286 (Das Gericht ist durch die Stellungnahme des Verwalters nicht gebunden). Vgl. auch Com. 8. Juni 1999, RJDAff. 1999. 1105; RTDCom. 2000. 446 (Zurückweisung des Planvorschlags des Verwalters und Annahme des vom Schuldner vorgelegten Plans).

705 Versailles, 20. Jan. 1994, zit. bei Soinne, Traité Rn. 1517.

706 »*Le tribunal ... arrête un plan de redressement*« (Art. L. 621-62 Abs. 1 C. com. a.F.)

707 Art. 61 Abs. 1 des Gesetzes Nr. 85-98, später Art. L. 621-62 Abs. 1 C. com. a.F.

708 Diesem Abänderungsantrag zufolge hätte das Gericht den Sanierungsplan in der ihm vorgelegten Form nur *en bloc* annehmen oder zurückweisen dürfen (hierzu vgl. Soinne, Traité Rn. 1517).

709 Com. 25. Juni 1991, Bull. civ. IV, Nr. 235; D. 1992. Somm. 87; D. 1994. Somm. 6: »*C'est à bon droit qu'une cour d'appel (...) prononce la liquidation judiciaire, sans avoir à rechercher d'office si un plan de cession était possible*«.

- Haben beide Ausschüsse den Plan nach den o.g. Mehrheitsregeln angenommen, so schreibt Art. L. 626-31 C. com. vor, dass das Gericht den Plan bestätigt, sofern die Interessen aller Gläubiger ausreichend gewahrt sind.
- Haben beide Ausschüsse dem Planvorschlag nicht zugestimmt, wird das Verfahren wie im Fall des Nichtvorhandenseins von Ausschüssen fortgeführt[710].

In den Fällen, in denen entweder keine Ausschüsse eingesetzt wurden oder mindestens ein Ausschuss dem Plan nicht zugestimmt hat, entscheidet das Gericht somit nach wie vor allein über die Bestätigung des Plans. Es hat die Wahl, entweder den vorgeschlagenen Fortführungsplan zu bestätigen, oder – bei Vorliegen entsprechender Angebote – die Übertragung des gesamten Unternehmens oder eines Teils davon anzuordnen. Dabei hat die Reform von 2005 das Rangverhältnis zwischen Fortführungs- und Übertragungsplan zugunsten des ersteren präzisiert, insofern gemäß dem neuen Art. L. 631-22 Abs. 1 Satz 1 C. com. eine Übertragung ausdrücklich in den Fällen zum Tragen kommt, in denen der Schuldner zu einer Eigensanierung nicht in der Lage ist. Als dritte Alternative kommt wohl noch der Übergang in ein Liquidationsverfahren in Betracht, wenn gleichzeitig weder Fortführung noch Übertragung möglich sind, da ein solcher Übergang jederzeit während der Beobachtungsphase angeordnet werden kann[711].

Auch wenn beide Gläubigerausschüsse dem (Fortführungs-)Plan zugestimmt haben, muss dieser nicht zwingend vom Gericht bestätigt werden. Gemäß Art. L. 626-31 C. com. kann das Gericht die Bestätigung verweigern, wenn es der Ansicht ist, dass der Plan in der verabschiedeten Form nicht im »Interesse aller Gläubiger« ist. Nach der Gesetzesbegründung dient diese Vorschrift insbesondere dem Schutz opponierender Minderheitengläubiger in den Ausschüssen[712]. Aufgrund des äußerst allgemein gehaltenen Gesetzeswortlauts – der Begriff des Interesses aller Gläubiger wird nicht näher definiert – muss jedoch davon ausgegangen werden, dass das Gericht auch aus anderen Grün-

---

[710] Art. L. 626-34 C. com. Dasselbe gilt, wenn keine Abstimmung stattgefunden oder der Schuldner keinen Planvorschlag vorgelegt hat

[711] U.a. von Amts wegen, vgl. Art. L. 631-II C. com.

[712] Vgl. Sénat-Bericht Nr. 335 vom 11. Mai 2005, S. 296: So soll der Plan z.B. den Minderheitengläubigern keine unverhältnismäßigen Beiträge abverlangen oder die Mehrheit übermäßig bevorzugen.

den den Plan zurückweisen darf, etwa wenn es der Ansicht ist, dass der Plan nicht umsetzbar ist. Ein solcher Plan wäre wohl nicht im Interesse aller Gläubiger. Dies wäre in Übrigen im Einklang mit den Vorschriften, denen zufolge das Gericht in ein Liquidationsverfahren übergehen[713] oder eine Übertragung anordnen kann, wenn der Schuldner zu einer Eigensanierung nicht in der Lage ist[714]. Es ist anzumerken, dass diese Vorschriften keine Ausnahme für den Fall vorsehen, dass ein Fortführungsplan von beiden Gläubigerausschüssen angenommen worden ist. Folgt man diesem Ansatz und leitet man aus der Gesetzesregelung ab, dass das Gericht über einen Ermessensspielraum verfügt, der über eine bloße Minderheitenschutzkontrolle hinausgeht, fällt die Stärkung der Privatautonomie, die man sich von der Einführung der Ausschüsse versprochen hat, denkbar bescheiden aus. Die Entscheidung über den Verfahrensausgang würde dann ähnlich wie vor der Reform von 2005 weitgehend in den Händen des Gerichts liegen und die Gläubiger könnten sie nur unwesentlich beeinflussen. Die Zukunft wird zeigen, ob diese Auslegung der stark verschachtelten und nicht immer eindeutigen Gesetzesvorschriften in der Rechtsprechung Anwendung finden wird.

b) Form, Wirkung und Anfechtung der Entscheidung

Die Entscheidung über die Annahme/Zurückweisung des Plans erfolgt im Weg eines Urteils, das vom Gericht ebenso wie das Eröffnungsurteil in öffentlicher Sitzung (*audience publique*) ausgesprochen wird [715]. Es wird öffentlich bekanntgegeben sowie dem Schuldner, dem Betriebsrat und den Personen, die den Plan erfüllen müssen (etwa dem Übernehmer, im Fall eines Fortführungsplans) zugestellt und dem Verwalter, dem Gläubigervertreter, dem Staatsanwalt und der Steuerbehörde übermittelt[716].

Mit dem Urteil über den Plan ist die Beobachtungsphase, mithin grundsätzlich auch das Amt der Verfahrensorgane, zu Ende. Es gibt jedoch Ausnahmen: Soweit der Verwalter für die Umsetzung des Plans noch benötigt wird, bleibt er weiterhin im Amt. Der genaue Umfang seines Auftrags nach dem Zeitpunkt des Urteils über den Plan wird vom Gericht festgesetzt. Auch

[713] Art. L. 631-15 II C. com.

[714] Art. L. 631-22 C. com.

[715] Art. 349 der Verordnung Nr. 2005-1677.

[716] Artt. 136 f. der Verordnung Nr. 2005-1677.

der Gläubigervertreter ist noch bis zur endgültigen Fertigstellung der Insolvenztabelle tätig[717/718]. Nach Erfüllung ihrer Aufgaben legen Verwalter und Gläubigervertreter einen Schlussbericht (*compte-rendu de fin de mission*) vor, woraufhin der Präsident des Insolvenzgerichts einen Aufhebungsbeschluss (*ordonnance de clôture*) erlässt[719]. Das Amt des beauftragten Richters schließlich endet grundsätzlich zum Zeitpunkt der Bestätigung der Schlussberichte des Verwalters und des Gläubigervertreters, es sei denn, es ist ein Planerfüllungsbeauftragter bestellt worden[720] – der beauftragte Richter bleibt dann solange im Amt, bis sein Schlussbericht bestätigt worden ist[721].

Nach Art. L. 626-11 Abs. 1 C. com. ist das Urteil, in dem der Plan beschlossen wird, gegen alle wirksam (*opposable à tous*). Eine bedeutsame Ausnahme von diesem Grundsatz ist jedoch für Bürgen und Mitschuldner vorgesehen, die sich nicht auf die im Plan enthaltenen Maßnahmen berufen können[722].

Gewisse Schwierigkeiten bereitete bis zur Reform von 2005 die Abgrenzung der Rechtsmittel, die gegen das Urteil, in dem der Plan beschlossen wurde, zulässig waren. Die alte Regelung enthielt ein mehrfach abgestuftes System, in dem je nach Inhalt des Urteils (Annahme oder Zurückweisung des Plans) und Gegenstand des Plans (Eigensanierung oder Übertragung) unter-

---

717 Art. L. 626-24 C. com.

718 Der begrenzte Umfang der Befugnisse des Gläubigervertreters wurde unter der Geltung der alten Regelung von der Rechtsprechung eng ausgelegt, sowohl um ihm darüber hinaus gehende Handlungen wie etwa die gerichtliche Geltendmachung eines Schadensersatzanspruches gegen Dritte zu untersagen (Com. 12. Juli 1994, Bull. civ. IV, Nr. 265; D. 1995. Somm. 1) als auch um ihn von jeglicher Haftung freizusprechen für Handlungen, die außerhalb seines gesetzesmäßigen Kompetenzbereiches getroffen wurden, wie z.B. eine nicht ordnungsmäßige Kündigung von Arbeitsverträgen im Rahmen eines Übertragungsplans (Soc. 8. Apr. 1992, Bull. civ. V, Nr. 260; D. 1992. IR. 187).

719 Art. 154 Abs. 1 der Verordnung Nr. 2005-1677. Dieser Beschluss ist gem. Abs. 2 dieser Vorschrift nicht anfechtbar.

720 Zum Planerfüllungsbeauftragten vgl. unten Abschnitt D.I.1.

721 Art. 75 der Verordnung Nr. 2005-1677.

722 Art. L. 631-20 C. com. Vgl. hierzu auch die Ausführungen unten in Kapitel 7, Abschnitt B.I.4.

schiedliche Rechtsmittel zulässig waren[723]. Mit diesen Unterscheidungen zielte der Gesetzgeber darauf ab, Verfahrensverzögerungen, die das Ausüben von Rechtsmitteln zwangsläufig mit sich bringt, so gering wie möglich zu halten und dementsprechend eng waren die zulässigen Rechtsmittel. Somit genoss der Plan eine hohe Stabilität, was in besonderem Maß für den Übertragungsplan zutraf, der namentlich weder von den Gläubigern noch vom Insolvenzschuldner oder einem erfolglosen Übernahmekandidaten angefochten werden durfte. Diese starke Eingrenzung der ordentlichen Rechtsmittel stieß in Praxis und Literatur bisweilen auf starke Kritik[724]. Die Rechtsprechung reagierte mit der Anerkennung, selbst in den Fällen, in denen kein Rechtsmittel von Gesetzes wegen vorgesehen war, des sog. *Appel-nullité*, d.h. einer Berufung, die nicht auf die Aufhebung des Urteils mittels einer Neuverhandlung, sondern auf die Feststellung der Nichtigkeit des besagten Urteils aufgrund eines wesentlichen Verfahrensfehlers abzielt[725].

---

[723] Gegen ein Urteil, in dem ein Fortführungsplan oder die Liquidation beschlossen oder zurückgewiesen wurde, konnte Berufung oder Revision eingelegt werden vom Schuldner, vom Verwalter, vom Gläubigervertreter, vom Betriebsrat bzw. von den Personaldelegierten und vom Staatsanwalt (Art. L. 623-1-I Nr. 2 C. com . a.F.). Gegen ein Urteil, in dem über einen Übertragungsplan beschlossen wurde, konnte vom Staatsanwalt Berufung oder (seit der Reform von 1994) Revision eingelegt werden (Artt. L. 623-6 Abs. 2 Satz 2 bzw. 623-7 Abs. 2 C. com. a.F.). Dem plangemäßen Übernehmer sowie den Geschäftspartnern, deren Verträge mitübertragen wurden, war der Weg der Berufung nur eingeschränkt eröffnet.

[724] Vgl. Pétel, Procédures collectives Rn. 129 und 296.

[725] Der *Appel-nullité* steht grundsätzlich jeder Partei im Erstinstanzprozess zur Verfügung, ungeachtet etwaiger gesetzlicher Einschränkungen von Rechtsmitteln, wenn eine schwerwiegende Kompetenzüberschreitung (*excès de pouvoir*) des Gerichts festgestellt werden kann. Im Insolvenzverfahren kann dies etwa in der Verletzung eines wesentlichen Verfahrensgrundsatzes (z.B. wenn dem Recht einer Partei auf rechtliches Gehör nicht Genüge getan wurde, vgl. Grenoble, 23. Feb. 1988, Rev. jur. com. 1989. 313) oder einer wesentlichen materiell-rechtlichen Bestimmung bestehen. Beispiele hierfür: Com. 28. Feb. 1995, D. 1995. 562; JCP 1995. 1. 3871 (Aufhebung der Entscheidung eines Berufungsgerichts, in welcher der Einwand eines Gesellschafters des Schuldners, der Fortführungsplan würde ihm zusätzliche Lasten als die, denen er zugestimmt hat, auferlegen, nicht ausdrücklich aus der Welt geräumt worden war); Com. 3. März 1992, D. 1992. 345 (Nichtigkeit des Urteils, in dem ein Übertragungsplan bestätigt wird, demzufolge nicht nur das betriebliche Vermögen einer OHG, sondern auch das persönliche Vermögen der Gesellschafter veräußert wird).

Die Reform von 2005 hat die Regelung der Rechtsmittel gegen das Urteil über den Plan wesentlich vereinfacht. Die frühere Differenzierung nach dem Urteilsinhalt wurde aufgehoben und die neugefasste Vorschrift von Art. L. 661-1-I Nr. 2 C. com. sieht nun vor, dass gegen ein Urteil, in dem über die Liquidation entschieden wird oder das die Annahme oder Zurückweisung eines Sanierungsplans (*plan de redressement judiciaire*) zum Gegenstand hat, Berufung oder Revision eingelegt werden kann. Berufungs- bzw. revisionsberechtigt sind in diesen Fällen der Insolvenzschuldner, der Verwalter, der Gläubigervertreter, der Betriebsrat bzw. die Belegschaftsvertreter sowie die Staatsanwaltschaft. Die Verallgemeinerung der Zulässigkeitsvoraussetzungen der Berufung und der Revision ist im Sinn der Rechtsklarheit sicherlich zu begrüßen, eine Einschränkung verbleibt jedoch hinsichtlich des Drittwiderspruchs (*tierce-opposition*): Zulässig ist dieser gegen Urteile, in denen der Sanierungsplan beschlossen oder geändert worden ist[726], also insbesondere nicht gegen Urteile, in denen der Plan zurückgewiesen wird.

II. Vergleichende Betrachtungen

1. Die Zustimmung durch den Schuldner

Nach deutschem Recht ist die Zustimmung des Insolvenzschuldners zum Plan erforderlich. Eine ausdrückliche Willenserklärung wird jedoch nur gefordert, wenn der Schuldner dem Plan widersprechen will. Ansonsten gilt seine Zustimmung gemäß § 247 Abs. 1 InsO als erteilt, wenn er bis zum Erörterungs- und Abstimmungstermin[727] dem Plan schriftlich nicht widersprochen hat. In dieser Hinsicht lässt sich eine Abweichung der Insolvenzordnung von früheren deutschen Insolvenzregelungen feststellen, in denen die Insolvenzabwicklung allein in den Händen der Gläubiger lag[728]. Dies dürfte auf die Einführung des Instituts des Insolvenzplans zurückzuführen sein, der »insbesondere zum Erhalt des Unternehmens getroffen«[729] werden kann und somit

[726] Art. L. 661-3 Abs. 1 C. com.

[727] Dazu vgl. unten Abschnitt 2.

[728] Während des Gesetzgebungsverfahrens wurde das Zustimmungserfordernis des Schuldners sowie die daraus sich ergebende Verschiebung von einem rein gläubigerautonomen zu einem privatautonomen Verfahren i.w.S. stellenweise kritisch gewertet (vgl. etwa die Stellungnahme des »Gravenbrucher Kreises«, ZIP 1989, S. 471.)

[729] § 1 Satz 1 InsO.

mindestens in dieser Hinsicht ein konkretes Zutun seitens des Insolvenzschuldners voraussetzt. Damit kommt auch ein Unterschied zur französischen Insolvenzregelung zu Tage, die an keiner Stelle vorsieht, dass der Schuldner einem Sanierungsplan zustimmen muss. Letzteres überrascht gewissermaßen, denn zumindest bei einer Eigensanierung, auf die das *Redressement judiciaire* nun primär abzielt, erscheint die Zustimmung des Schuldners, der das Unternehmen weiterführen soll, unter praktischen Gesichtspunkten unabdingbar. Der französische Gesetzgeber vertraut darauf, dass entsprechende Vorschläge vom Schuldner selbst ausgehen und dass dieser durch die Vorlage eines entsprechend gestalteten Planentwurfs in diesem Weg seine Zustimmung bzw. seine Bereitschaft, das Unternehmen fortzuführen, zum Ausdruck bringt.

In der Insolvenzordnung hält sich das Widerspruchsrecht des Schuldners ohnehin in engen Schranken, da gemäß § 247 Abs. 2 InsO eine Zustimmungsverweigerung nur dann zur Abweisung des Plans führen kann, wenn er dadurch in eine schlechtere Lage versetzt würde als im Fall eines Regelverfahrens. Da jedoch der Schuldner im Fall eines Insolvenzplans von seinen Restschulden grundsätzlich befreit wird[730] und der Rechtsträger im Regelverfahren zerschlagen wird, dürfte zumindest bei Sanierungsplänen eine Schlechterstellung wohl nur selten in Frage kommen. Die Vorschrift von § 247 InsO gewährt dem Schuldner somit lediglich einen Minimalschutz dergestalt, dass er nicht unangemessen in seinen Rechten beeinträchtigt werden darf[731].

2. Die Zustimmung durch die Gläubiger

Die Annahme des Plans durch die Gläubiger stellt die hauptsächliche Etappe im deutschen Planverfahren dar. Ebenso wie in Frankreich sind Aussonderungsberechtigte und Massegläubiger vom Insolvenzverfahren insgesamt – folglich auch von einem Plan – grundsätzlich nicht betroffen[732], wenngleich es für Massegläubiger gewisse Ausnahmen gibt[733]. Welche Gläubiger von einem Plan betroffen sind, ergibt sich aus § 217 InsO: Es sind zum einen

[730] Vgl. unten Kapitel 7, Abschnitt B.I.1.b.

[731] Schmidt (Hrsg.), Hamburger Kommentar, § 247 Rn. 1.

[732] Es sei denn, sie wollen freiwillig zur Sanierung beitragen. Dies geschieht dann jedoch außerhalb des Plans und ist im Rahmen des Planverfahrens auch nicht erzwingbar (Bork, Insolvenzrecht, Rn. 320).

[733] Vgl. unten Kapitel 7, Abschnitt B.II.5.b.

die Insolvenzgläubiger, d.h. gemäß § 38 InsO diejenigen, die bei Verfahrenseröffnung einen begründeten Vermögensanspruch gegen den Schuldner geltend machen können, sowie zum anderen die Absonderungsberechtigten also im Wesentlichen die dinglich gesicherten Gläubiger. Die Einbeziehung der Absonderungsberechtigten ist eine Neuerung der Insolvenzordnung, da unter dem alten Konkurs- und Vergleichsrecht diese Gläubigerkategorie vom Verfahren insgesamt nicht betroffen war. Die mit der Insolvenzordnung eingeführte Lösung entspricht insoweit dem französischen Recht. In beiden Rechtsordnungen kommt es letzten Endes aber darauf an, ob die Rechtsstellung der Absonderungsberechtigten und der Insolvenzgläubiger im konkreten Fall vom Plan berührt wird – die Zustimmung der Gläubiger, die vom Plan nicht betroffen sind, braucht weder in Frankreich noch in Deutschland eingeholt zu werden[734].

Darüber hinaus jedoch besteht zwischen dem französischen und dem deutschen Recht eine Reihe von grundlegenden Unterschieden hinsichtlich der Ausgestaltung des Zustimmungserfordernisses der Gläubiger. Ein erster Unterschied liegt darin, dass in Frankreich dieses Erfordernis nur im Fall eines Fortführungsplans greift. In Deutschland dagegen muss jeder Insolvenzplan – also etwa auch ein Übertragungs- oder Liquidationsplan – von den Gläubigern gleichermaßen angenommen werden. Ein weiterer Unterschied, der sich seit der französischen Reform von 2005 allerdings relativiert hat, bezieht sich auf den Gegenstand dieser Zustimmungspflicht: Während sich in Frankreich im klassischen Einzelbefragungsverfahren jeder Gläubiger lediglich über die ihn betreffende Maßnahme (Stundung oder Erlass) äußert, sieht das deutsche Recht vor, dass der Plan insgesamt einer Annahme durch die Gläubiger bedarf[735]. Dieser Ansatz gilt nun seit der Einführung von sog. Gläubigerausschüssen auch in Frankreich, da die Gläubiger sich darin regelmäßig zum Gesamtkonzept äußern dürften. Die Einführung der Gläubigerausschüsse bewirkt insoweit einen Bruch in der französischen Rechtstradition (zumindest vor dem Hintergrund der Rechtsentwicklung der letzten Jahrzehnte) und gleichzeitig eine gewisse Anlehnung an die Insolvenzsysteme anderer Länder – darunter das US-amerikanische oder auch das deutsche. Dadurch gewinnt das französische Planverfahren an Privatautonomie, jedoch ohne dass diese zu einem neuen allgemeinen Verfahrensmaßstab wird. Neben der Frage, inwie-

---

[734] Vgl. § 237 Abs. 2 InsO und § 238 Abs. 2 InsO.

[735] § 235 Abs. 1 Satz 1 InsO.

fern Gläubiger (u.a. Kreditinstitute) von der Möglichkeit, den Gesamtsanierungsprozess mitzugestalten, tatsächlich Gebrauch machen werden, stellt man auch erhebliche strukturelle Unterschiede in der verfahrensrechtlichen Handhabung fest.

Dies gilt zunächst im Hinblick auf das französische Einzelbefragungsverfahren, das in der Insolvenzordnung keine Entsprechung hat. Im deutschen Recht beziehen die Gläubiger stets mittels eines mehrheitlich getroffenen Beschlusses in der Versammlung Stellung zum Plan. Dies entspricht zwar im Grundsatz der französischen Regelung der sog. Gläubigerausschüsse, im Detail unterscheidet sich die Insolvenzordnung jedoch erheblich vom *Code de commerce*. So gibt § 222 InsO zunächst vor, dass der Planverfasser, also der Schuldner selbst oder der Verwalter, die Gläubiger in Gruppen einteilt, und dass jede Gruppe gesondert über den Insolvenzplan abstimmt[736]. Der Grundgedanke dieser Gruppenbildung, die mit dem Gleichbehandlungsgebot von § 226 InsO sowie dem Obstruktionsverbot von § 245 InsO einhergeht, ist, dass die Gläubiger »nicht über einen Kamm geschoren werden« sollen, wenn es Anlässe zu einer sachlichen Differenzierung gibt[737]. Anders ausgedrückt soll die Stellung, ggf. die Ungleichbehandlung eines Gläubigers im Vergleich nicht zu allen anderen Gläubigern, sondern zu den übrigen Mitgliedern derselben Gruppe gemessen werden. Ferner darf auch keine Gruppe schlechter dastehen als die anderen. Aus diesem Grund sieht § 222 Abs. 1 InsO vor, dass mindestens die Absonderungsberechtigten, die nicht nachrangigen und die nachrangigen Insolvenzgläubiger in eigene Gruppen einzuteilen sind, letztere jedoch nur sofern ihre Rechte nicht – wie im Regelfall üblich – als erlassen gelten[738]. Auch die Arbeitnehmer sind in eine gesonderte Gruppe einzugliedern, wenn sie als Insolvenzgläubiger mit nicht unerheblichen Forderungen beteiligt sind[739]. Darüber hinaus stellt § 222 Abs. 2 dem Planverfasser frei, weitere Gruppen zu bilden, in denen jeweils Gläubiger mit gleichartigen wirtschaftlichen Interessen zusammengeführt werden können[740].

---

[736] § 243 InsO.

[737] Bork, ZZP 109, 476.

[738] Vgl. § 225 InsO.

[739] § 222 Abs. 3 Satz 1 InsO.

[740] So können etwa die Insolvenzgläubiger weiter unterteilt werden in Finanzkredit- und in Lieferantenkreditgläubiger, erstere wiederum in Kontokorrentkredit- und in Festdarlehensgläubiger. (Diese und weitere Beispiele bei Braun/Uhlenbruck, Unternehmensinsolvenz S. 595 f.)

Dieser letzte Punkt hat Bedenken seitens des Schrifttums hervorgerufen, da hier ein wirtschaftliches Kriterium verwendet wird, um eine rechtliche Abgrenzung zu rechtfertigen. Mitunter wird darauf hingewiesen, dass die Regelung von § 222 InsO »beinahe sklavisch« aus dem US-amerikanischen Chapter 11-Verfahren übernommen worden sei, doch der Gesetzgeber habe darüber hinweg gesehen, dass sich die amerikanische Praxis eben nicht von wirtschaftlichen, sondern ausschließlich von rechtlichen Betrachtungen leiten ließ[741]. Über diesen theoretischen Vorwurf hinaus wird bisweilen auch befürchtet, die gesetzliche Regelung zur Gruppenbildung sei nicht völlig manipulationssicher, indem der Planverfasser in einem gewissen Maß selbst bestimmt, welche und wie viele Gruppen gebildet werden sollen. Da es für die Annahme des Plans genügen kann, dass nicht jede einzelne Gruppe, sondern lediglich die Mehrheit ihm zustimmt[742], kann sich der Planverfasser eine wohlgesinnte Mehrheit dadurch sichern, dass er die Gläubiger, von denen er annimmt, sie werden dem Plan zustimmen, in eine möglichst hohe Anzahl von Gruppen aufgliedert. Insoweit kann die Gruppenbildung also von taktischen Überlegungen des Planverfassers geprägt sein, doch ob dies tatsächlich zu neuen Formen des Insolvenzbetrugs führen wird, wie stellenweise vertreten wird[743], kann bezweifelt werden, da der Planverfasser in diesem Zusammenhang ein vom Gesetz ausdrücklich eingeräumtes Wahlrecht frei ausübt.

Im sog. Erörterungs- und Abstimmungstermin nach den §§ 235 ff. InsO entscheidet gemäß § 243 InsO jede Gläubigergruppe getrennt über den Insolvenzplan[744]. Dabei handelt es sich um eine vom Gericht festgelegte Gläubigerversammlung, während derer die Erörterung des Plans und die Abstimmung grundsätzlich in einem Zug vonstatten gehen. Ist etwa aufgrund der Komplexität des Sachverhaltes jedoch absehbar, dass allein die Erörterung des Plans mehr als einen Tag in Anspruch nehmen wird, kann ein gesonderter Termin für die Abstimmung bis zu einem Monat nach der Erörterung

---

[741] Smid, InVo 1997, 173 ff.

[742] Vgl. die Ausführungen zum Obstruktionsverbot (§ 245 InsO) im folgenden Abschnitt.

[743] Vgl. Smid, InVo 1997, 171.

[744] Zur Beschleunigung des Verfahrens kann wiederum der Erörterungs- und Abstimmungstermin zusammen mit dem Prüfungstermin angesetzt werden (§ 236 InsO).

angesetzt werden[745]. Der Insolvenzplan gilt als angenommen, wenn innerhalb jeder der Gruppen eine doppelte Kopf- und Summenmehrheit erreicht ist, d.h. wenn die Mehrheit der abstimmenden Gläubiger dem Plan zustimmt[746] und die Summe der von den zustimmenden Gläubigern gehaltenen Forderungen mehr als die Hälfte des Gesamtbetrags der Forderungen aller abstimmenden Gläubigern ausmacht[747].

Das Planannahmeverfahren nach deutschem Recht ist im Ergebnis deutlich ausführlicher geregelt als in Frankreich auch nach der Einführung der sog. Gläubigerausschüsse, die funktional insoweit den Abstimmungsgruppen nach § 222 InsO entsprechen. Eine Aufgabe der französischen Ausschüsse besteht jedoch u.a. in der Vorbereitung des Plans, die in der Vorstellung des Gesetzgebers in ihrem Kreis im Weg eines »Austauschs« zwischen den Gläubigern und dem Schuldner bzw. Verwalter erfolgen soll. Hinsichtlich der Abstimmung zum Plan ist der bedeutsamste Unterschied zum deutschen Recht wohl darin zu sehen, dass nicht alle Gläubiger bzw. Gläubigerkategorien, sondern nur Banken und Hauptlieferanten in den Ausschüssen repräsentiert sind. Somit bestehen für die Gläubiger im Ergebnis zwei parallele Verfahren – eines, das in den Ausschüssen mit mehrheitlicher Entscheidung über den Gesamtplan (die ggf. auch gegen die opponierenden Gläubiger wirkt) verläuft; und ein anderes, das lediglich die individuellen Maßnahmen zum Gegenstand hat und als Einzelbefragung gestaltet ist. Der deutlich klarere Ansatz der Insolvenzordnung wurde in Frankreich auch mit der Reform von 2005 nicht übernommen und insoweit kann die Einführung der Gläubigerausschüsse in Frankreich nur sehr bedingt als eine die Privatautonomie stärkende Maßnahme angesehen werden. Im folgenden Abschnitt wird jedoch gezeigt, dass auch das deutsche Insolvenzgericht über beachtliche Befugnisse verfügt, die dazu führen können, dass die Gläubigerversammlung nicht zwingend das letzte Wort über Annahme oder Zurückweisung des Plans hat.

---

[745] Vgl. § 241 InsO. Dieser Zeitraum erscheint allerdings verhältnismäßig lang und das gesamte Verfahren kann sich dadurch erheblich in die Länge ziehen. Unter Umständen kann sich die Sachlage während dieses Monats derart verändern, dass eine Überarbeitung, mithin eine erneute Erörterung des Plans erforderlich wird. Das Gesetz gibt wenig Aufschluss darüber, wie in einem solchen Fall verfahren werden soll. Daher wird in der Literatur häufig empfohlen, Erörterung und Abstimmung nur in Ausnahmefällen voneinander zu trennen (vgl. Burger/Schellberg, DB 1994, 1836).

[746] Kopfmehrheit, § 244 Abs. 1 Nr. 1 InsO.

[747] Summenmehrheit, § 244 Abs. 1 Nr. 2 InsO.

3. Die Rolle des Insolvenzgerichts

a) Die Vorprüfung durch das Gericht

Noch bevor die Gläubigerversammlung über den Planentwurf abstimmt, wird dieser einer Prüfung durch das Insolvenzgericht unterzogen. Im Gegensatz zum französischen Recht, das keine vergleichbare Vorprüfung kennt, wird der Planentwurf vom Schuldner oder vom Verwalter zunächst dem Gericht vorgelegt[748]. Dieses untersucht von Amts wegen, ob einer der in § 231 InsO aufgelisteten Zurückweisungsgründe vorliegt. Der Plan wird zurückgewiesen, wenn die Vorschriften zur Vorlage oder zum Inhalt des Plans vom Planverfasser nicht beachtet wurden und der Mangel nicht behoben werden kann[749], wenn der Schuldner einen Plan vorlegt, der im weiteren Verfahren offensichtlich nicht den Zuspruch der Gläubiger oder des Gerichts finden wird[750] oder wenn der Plan offensichtlich nicht erfüllbar erscheint[751]. Nicht von Amts wegen, sondern auf Antrag des Insolvenzverwalters mit Zustimmung des Gläubigerausschusses weist das Gericht den vom Schuldner vorgelegten Plan zurück, wenn er zuvor bereits einen Plan vorgelegt hat, der entweder vom Gericht oder von den Gläubigern abgelehnt oder zurückgezogen worden war[752].

Mit dieser gesetzlichen Vorprüfung beabsichtigt der Gesetzgeber zum einen, dass die formale Richtigkeit des Plans beachtet wird, zum anderen, dass ein Planvorschlag, der von vornherein nicht realisierbar erscheint, im weiteren Verfahren keine unnötige Verfahrensverzögerung verursacht[753]. Eben dieses prognostische Element erscheint nicht völlig unproblematisch, da mit jeder

[748] Vgl. oben Abschnitt A.II.

[749] § 231 Abs. 1 Nr. 1 InsO.

[750] § 231 Abs. 1 Nr. 2 InsO.

[751] § 231 Abs. 1 Nr. 3 InsO.

[752] § 231 Abs. 2 InsO.

[753] In dieser Hinsicht zeugt der Gesetzgeber von einem größeren Misstrauen gegenüber dem Schuldner als dem Verwalter, da sich die Offensichtlichkeitskontrolle von § 231 Abs. 1 Nr. 2 ausschließlich auf einen vom Schuldner vorgelegten Plan beschränkt – bei einem Vorschlag des Verwalters wird davon ausgegangen, dass er in einer Weise gestaltet wird, der seine spätere Annahme und Umsetzung nicht unwahrscheinlich macht (Häsemeyer, Insolvenzrecht Rn. 28.16).

Art von Prognose *per se* eine gewisse Fehlerquote verbunden ist. Deren Höhe wird wohl davon abhängig sein, über welchen Zeitraum sich die Prognose erstrecken soll – je länger dieser ist, je größer ist das Risiko einer Abweichung. Darüber hinaus stellt zumindest die Plausibilitätsprüfung der Erfüllbarkeit des Plans eine betriebswirtschaftliche Aufgabe dar, die der Gesetzgeber in die Hände des Gerichts gelegt hat. In dieser Hinsicht setzt sich die deutsche Insolvenzregelung dem Vorwurf aus, der allgemein gegen die französische Regelung formuliert wird[754], wonach gerichtliche Organe zunehmend anstelle marktkonformer Entscheidungsträger treten und damit u.U. überfordert sind. Die Frage wird zum Teil dadurch entschärft, dass gemäß § 231 Abs. 1 Nr. 2 und 3 InsO die Zurückweisung auf Fälle beschränkt ist, in denen die Prognose »offensichtlich« negativ ausfällt[755]. In der Praxis wird in Zweifelsfällen oftmals ein Sachverständiger herangezogen, wenn für die Beurteilung bestimmter Sachverhalte ein besonderes Fachwissen erforderlich ist[756].

b) Die gerichtliche Bestätigung des Plans

Gemäß § 248 Abs. 1 InsO bedarf der Insolvenzplan nach der Annahme durch die Gläubiger und den Schuldner einer Bestätigung durch das Insolvenzgericht. Diese Bestätigung stellt eine essenzielle Verfahrensetappe dar, da von ihr bzw. von dem Eintritt ihrer Rechtskraft die Wirksamkeit des Plans abhängig ist[757] – eine Plananmahme durch die Gläubiger allein reicht nicht aus. Entsprechend abgeschwächt erscheint indes der Grundsatz der Gläubigerautonomie, da das Gericht verpflichtet ist, bei Vorliegen eines der gesetzlichen Tatbestände entgegen dem Willen der Gläubigermehrheit die Bestätigung des Plans zu versagen.

Die Insolvenzordnung enthält diesbezüglich eine Reihe von Versagungsgründen, die von Amts wegen zu prüfen sind. Ein erster Versagungsgrund betrifft den Fall, in dem ein sog. bedingter Insolvenzplan von den

---

[754] »*Sans parler de magistrature économique (...) la loi institue donc une véritable économie judiciaire*« (Houin, zitiert bei Saint-Alary-Houin, Entreprises en difficulté, Rn. 49).

[755] »Das Gericht soll den Gläubigern nur die Befassung mit Vorschlägen ersparen, denen die Unerfüllbarkeit praktisch auf die Stirn geschrieben steht« (Beck/Depré, Praxis der Insolvenz, § 27 Rn. 63.

[756] Vgl. Hess/Kranemann/Pink, InsO '99, Rn. 932 ff.

[757] § 254 Abs. 1 Satz 1 InsO.

Gläubigern und von dem Schuldner angenommen wurde: Gemäß § 249 InsO darf das Gericht diesen erst bestätigen, nachdem es festgestellt hat, dass die Bedingung – z.B. eine Kapitalerhöhung oder die Gewährung eines Sanierungskredits – erfüllt worden ist. Des Weiteren hat das Gericht die Rechtmäßigkeit der Plananahme in Bezug auf sowohl inhaltliche wie auch verfahrensrechtliche Vorgaben zu untersuchen, Letzteres jedoch nur, insofern es sich um wesentliche und nicht heilbare Verfahrensvorschriften handelt[758]. Schließlich ist die Bestätigung bei unlauterer Herbeiführung der Plananahme zu verweigern. Vom Gesetz besonders hervorgehoben wird hierbei der Fall einer Gläubigerbegünstigung, etwa im Weg eines verdeckten Stimmenkaufs[759].

Weitere Zurückweisungsgründe sind auf Antrag zu prüfen, darunter der in § 251 InsO geregelte Minderheitenschutz. Die Vorschrift soll verhindern, dass die Gläubigermehrheit einen Insolvenzplan zu Lasten einzelner Minderheitengläubiger durchsetzt. Sie besagt, dass das Gericht die Bestätigung zu versagen hat, wenn der antragstellende Gläubiger durch den Plan voraussichtlich schlechter gestellt wird, als er ohne ihn – also im Rahmen einer Regelabwicklung – stünde[760]. Die Geltendmachung des Minderheitenschutzes setzt voraus, dass der betreffende Gläubiger dem Plan schon vorher, spätestens bis zum Abstimmungstermin schriftlich widersprochen hat. Darüber hinaus hat er bereits bei Antragstellung seine Schlechterstellung glaubhaft zu machen[761].

Dass eine spezielle Schutzregelung zusätzlich zum Gleichbehandlungsgebot von § 226 InsO erforderlich ist, erklärt sich dadurch, dass dieses sich nur auf die Stellung der Gläubiger zueinander bezieht, nicht aber auf eine objektive Schlechterstellung. Letzteres greift § 251 InsO auf, doch damit einher geht das Risiko, dass im Ergebnis ein einzelner Gläubiger »einen mühsam ausgehandelten Plan zu Fall bringen kann«[762]. Neben dem damit bewirkten Eingriff in die Privatautonomie (verstanden als Ausdruck der Gläubigermehrheit), kommt hinzu, dass die gerichtliche Prüfung mithilfe einer prognoseähn-

---

[758] § 250 Nr. 1 InsO. Wesentlich ist stets die Verletzung des Gleichbehandlungsgrundsatzes nach § 226 Abs. 1 InsO oder der Vorschriften über die Gruppenbildung nach § 222 InsO (Braun, Insolvenzordnung, § 250 Rn. 3).

[759] § 250 Nr. 2 InsO. Vgl. Braun, Insolvenzordnung, § 250 Rn. 9; Bork, Insolvenzrecht, Rn. 340.

[760] § 251 Abs. 1 Nr. 2 InsO.

[761] § 251 Abs. 2 InsO.

[762] Jauernig, Insolvenzrecht, § 90. IV. 4.

lichen Vergleichsrechnung durchgeführt wird. Von einem Teil der Literatur wird dies ähnlich wie hinsichtlich der Vorprüfung nach § 231 InsO als eine prinzipielle Schwäche der Gesetzesregelung angesehen, die in der Praxis zu erheblichen Schwierigkeiten führen kann[763]. Ein Weg, das Risiko einer Zurückweisung des Plans auf der Grundlage von § 251 InsO im Voraus abzuwenden, kann darin bestehen, im Plan eine sog. salvatorische Klausel mitaufzunehmen, der zufolge jene Gläubiger, die nicht mindestens in Höhe eines vereinbarten Mindestbetrags befriedigt werden, zusätzliche Ausgleichszahlungen erhalten[764].

Etwas komplexer präsentiert sich das in den §§ 245 und 247 InsO verankerte Obstruktionsverbot, mit dem das Gericht unter gewissen Voraussetzungen die Bestätigung des Plans entgegen dem Willen der Gläubigermehrheit bzw. des Schuldners durchsetzen kann. Mit diesem an das US-amerikanische *Cram down rule*[765] angelehnte Institut soll verhindert werden, dass ein wirtschaftlich sinnvoller Plan am Widerstand einzelner Gläubigergruppen oder des Schuldners scheitert[766]. Das Gericht kann deren Zustimmung fingieren, wenn drei Voraussetzungen erfüllt sind: Erstens dürfen die Ablehnenden durch den Plan nicht schlechter gestellt werden als bei einer Regelabwicklung[767]. Dieses Schlechterstellungsverbot, allgemein bezeichnet als Werterhaltungsprinzip[768], ist wie das im Rahmen des Minderheitenschutzes von § 251 InsO erwähnten sinngemäß zu verstehen. Zweitens müssen die ablehnenden Gläubiger am wirtschaftlichen Wert, der den Beteiligten zufließen soll, angemessen beteiligt werden, d.h. dass insbesondere kein Gläubiger über den Betrag seines Anspruchs hinaus befriedigt werden darf[769].

---

[763] Vgl. etwa Bork, Insolvenzrecht, Rn. 342; Häsemeyer, Insolvenzrecht, Rn. 28.49.

[764] Eidenmüller, Der Insolvenzplan als Vertrag, S. 182.

[765] Vgl. Section 1129(b) Bankruptcy Code.

[766] Bork, ZZP 109, 478.

[767] § 245 Abs. 1 Nr. 1 bzw. § 247 Abs. 2 Nr. 1 InsO.

[768] Hess/Kranemann/Pink, InsO'99, Rn. 948.

[769] § 245 Abs. 1 Nr. 2 i.V.m. Abs. 2 Nr. 1 bzw. § 247 Abs. 2 Nr. 2 InsO. Hinsichtlich der Gläubigerobstruktion wird zudem gefordert, dass weder ein Gläubiger, der ohne Insolvenzplan gegenüber den anderen Gläubigern seiner Gruppe nachrangig befriedigt würde, noch der Insolvenzschuldner oder eine an ihm beteiligte Person einen wirtschaftlichen Wert erhält (§ 245 Abs. 1 Nr. 2 i.V.m. Abs. 2 Nr. 2 InsO) und dass der Plan keine Besserstellung bestimmter Gläubiger gegenüber anderen vorsieht, die sonst gleichrangig mit ihnen wären (§ 245 Abs. 1 Nr. 2 i.V.m. Abs. 2 Nr. 3 InsO).

Drittens muss mindestens die Hälfte der Gläubigergruppen dem Plan ausdrücklich zugestimmt haben[770].

§ 247 InsO regelt sinngemäß den Fall einer Obstruktion durch den Insolvenzschuldner.

§ 245 InsO – und in geringerem Maß auch § 247 – gehört zu einer der meistumstrittenen Neuregelungen der Insolvenzordnung. Im Mittelpunkt der Kritik steht das gesetzliche Kriterium der Schlechterstellung nach § 245 Abs. 1 Nr. 1 InsO[771], dem vorgeworfen wird, dass dadurch die Gläubiger eine Beeinträchtigung ihrer verfassungsrechtlich geschützten Rechtspositionen erleiden, obwohl diese nicht »unter dem Vorbehalt ihrer wirtschaftlichen Werthaltigkeit stehen«[772]. Ob aber nun, wie von Stürner vertreten wird, »der wirtschaftliche Nutzen als Maßstab der Rechtswahrnehmung« von einer »Verkürzung des Rechtsdenkens auf Wertrealisierung« zeugt[773], sei dahingestellt in einer Materie, in dem das Interesse der hauptsächlichen Betroffenen – der Gläubiger – in der Tat in einer höchstmöglichen Tilgungsquote besteht. Von größerem Nachteil für die Betroffenen hingegen kann sich der vom Gesetzgeber gewählte Aufhebungsmechanismus der Obstruktionsentscheidung erweisen. Auf der Ebene der praktischen Anwendung begegnet die Regelung des Obstruktionsverbots demselben Einwand wie die bereits erläuterte Vorprüfung nach § 231 InsO und der Minderheitenschutz nach § 251 InsO, wonach das Insolvenzgericht nicht »wie gewöhnlich Recht anwendet«, sondern aufgrund »ökonomisch begründeter Prognosen« Entscheidungen für die bzw. anstelle der Gläubiger trifft[774]. Auch hierfür ist unerlässlich, dass eine »Zerschlagungsrechnung« als Vergleichsmaßstab dem Plan beigefügt wird[775], was einen u.U. nicht unerheblichen weiteren zeitlichen und finanziellen Aufwand mit sich bringt. Die vor Inkrafttreten der Insolvenzordnung bisweilen befürchteten »Sachverständigenschlachten«[776] scheinen jedoch größtenteils

[770] § 245 abs 1 Nr. 3 InsO. Naturgemäß gibt es kein entsprechendes Erfordernis hinsichtlich der Obstruktionsentscheidung des Schuldners.

[771] Bzw. § 247 Abs. 2 Nr. 1 InsO.

[772] Smid, InVo 1996, 315.

[773] Stürner, Insolvenzrecht im Umbruch, S. 46.

[774] Smid, in: FS Pawlowski, S. 395 ff.

[775] Braun, Insolvenzordnung, § 245 Rn. 18.

[776] Stürner, Insolvenzrecht im Umbruch, S. 47.

ausgeblieben zu sein. Neben dem Umstand, dass der Insolvenzplan ohnehin eine nur geringe Verbreitung genießt, kann dies auch darauf zurückzuführen sein, dass ähnlich wie bei der Vermeidung einer Planzurückweisung auf der Grundlage von § 251 auch mit Blick auf § 245 eine salvatorische Klausel vorgesehen werden kann. Damit kann die Stellung opponierender Gruppen durch mögliche Zusatzleistungen dahingehend verbessert werden, dass das Risiko einer Planzurückweisung durch das Gericht auf der Grundlage von § 245 Abs. 1 Nr. 1 InsO aus der Welt ist[777].

Zusammengefasst kann festgestellt werden, dass auch in Deutschland die Annahme des Plans durch die Gläubiger für dessen Wirksamwerden nicht ausreichend ist. Dem Gericht kommt eine entscheidende Rolle zu, die über eine reine *Pro forma*-Ratifizierung der Entscheidung der Gläubiger hinausgeht. Dennoch erscheinen die Bestätigung- und Versagungstatbestände besonders im Vergleich mit dem französischen Recht eng eingerahmt. Anders als in Frankreich, wo das Gericht weitgehend selbst über den Ausgang des Verfahrens entscheidet, trifft das deutsche Insolvenzgericht diesbezüglich keine Ermessensentscheidungen. Der Hauptgrund hierfür dürfte darin zu sehen sein, dass in Frankreich – trotz der Einführung kollektiver Vertretungsorgane der Gläubiger – der vorrangige Zweck des *Redressement judiciaire* im Prinzip unverändert geblieben ist und nach wie vor im Vorrang der Sanierung gegenüber einer bestmöglichen Tilgung der Verbindlichkeiten besteht. Dementsprechend anders ist somit das Abstimmungsverfahren bzw. die Obstruktions- und Minderheitenregelung der Insolvenzordnung gestaltet. Den Maßstab hierfür stellt das finanzielle Ergebnis eines (hypothetischen) Regelverfahrens für die Gläubiger dar, das in der französischen Regelung zunächst keine Rolle zu spielen scheint. Es stellt sich jedoch die Frage, ob die neue französische Regelung nicht ansatzweise demselben Gedanken wie insbesondere § 251 InsO folgt, indem gefordert wird, dass die Bestätigung eines von beiden Gläubigerausschüssen angenommenen Plans nicht zulasten der Minderheit gehen darf. Wie oben erwähnt, ist die Regelung des *Code de commerce* diesbezüglich eher spärlich, da lediglich allgemein auf das Interesse aller Gläubiger Bezug genommen wird. Es wird u.a. nicht ausdrücklich gefordert, dass, wie in der InsO, eine Vergleichsrechnung erstellt wird, in der das Ergebnis für die Gläubiger nach dem Sanierungsplan einer Befriedigung im Fall einer Unternehmenszerschlagung (oder -übertragung) gegenübergestellt wird. Ohne eine solche Planvergleichsrechnung dürfte es jedoch schwierig sein, eine

[777] Braun, Insolvenzordnung, § 245 Rn. 19 m.w.N.

sachgerechte Aussage zu den finanziellen Interessen der Gläubiger zu treffen. Wie nun der Begriff der Interessen der Gläubiger in den einzelnen Gerichten in Frankreich ausgelegt werden wird, wird sich zeigen, ebenso in welcher Form dargelegt werden muss, dass sie durch den Plan ausreichend gewahrt werden.

4. Die Mitwirkung weiterer Personen und Organe

Die deutsche Insolvenzregelung sieht vor, dass außer Schuldner, Verwalter und Gläubigerversammlung auch der Gläubigerausschuss (sofern einer bestellt worden ist) sowie die Vertretungsorgane der Belegschaft sich zu dem Insolvenzplan äußern. Der Umfang der Mitwirkung der Arbeitnehmer ist ähnlich wie in Frankreich gestaltet, insoweit nicht die Arbeitnehmer selbst, sondern ihre gesetzlichen Vertretungsorgane zum Plan Stellung nehmen. Dies sind in Deutschland der Betriebsrat und der Sprecherausschuss der leitenden Angestellten. Eine mit dem *Représentant des salariés* vergleichbare insolvenzspezifische Vertretungsinstanz der Belegschaft existiert in Deutschland indessen nicht. Den Regelungen beider Länder ist gemein, dass weder in Frankreich noch in Deutschland die Zustimmung der Vertreter der Belegschaft Voraussetzung für die Wirksamkeit des Plans ist. Ihre Rolle im Verfahren erscheint in Deutschland etwas ausgeprägter, denn anders als in Frankreich, wo das Gesetz eine einmalige Mitwirkung vorsieht, kurz bevor das Gericht über die Annahme des Plans entscheidet, bestimmt die Insolvenzordnung, dass sie bereits während der Planerstellungsphase »beratend« mitwirken[778]. Dadurch können von vornherein die besonderen Belange der Arbeitnehmer, die ggf. als gesonderte Gläubigergruppe an der Abstimmung über den Insolvenzplan teilnehmen, mitberücksichtigt werden.

C. Das Unternehmen während des Planverfahrens

Nachfolgend wird untersucht, welche Auswirkungen die Eröffnung des Sanierungs- bzw. Insolvenzverfahrens auf das schuldnerische Unternehmen hat und welche insolvenzrechtlichen Sonderregelungen zum Tragen kommen, bis über den Sanierungs-/Insolvenzplan entschieden wird. Dabei wird zunächst die grundsätzliche Verteilung der Verwaltungs- und Verfügungsbefugnisse zwischen dem Insolvenzschuldner und dem Verwalter erörtert (I), bevor auf die besonders im Rahmen eines Sanierungsvorhabens wichtige

[778] § 218 Abs. 3 InsO.

Thematik der Fortführung/Kündigung bzw. Erfüllung/Nichterfüllung von laufenden Verträgen eingegangen wird (II). Getrennt behandelt werden dabei Miet- und Pachtverträge (III) sowie Arbeitsverträge (IV), welche sowohl nach französischem wie auch nach deutschem Recht jeweils Sonderregelungen unterliegen.

I. Die respektiven Kompetenzen von Schuldner und Verwalter

1. Frankreich

Die französische Regelung enthält ein mehrfach abgestuftes System, in dem das Gericht je nach Verfahrensart die jeweiligen Befugnisse des Schuldners und des Verwalters definiert:

- Im Regelfall bestellt das Gericht im Eröffnungsurteil einen Verwalter[779], dessen Befugnisse vom Gericht in Anbetracht der Umstände des Einzelfalls definiert werden. Nach Art. L. 631-12 Abs. 2 C. com. wählt das Gericht zwischen zwei Möglichkeiten: Entweder behält der Schuldner seine Verwaltungs- und Verfügungsbefugnisse über sein Vermögen und der Verwalter »unterstützt« (*assiste*) ihn dabei, was bedeutet, dass für jedes Geschäft eine doppelte Unterschrift von Schuldner und Verwalter erforderlich ist[780]; oder der Verwalter übt die Verwaltungs- und Verfügungsrechte des Schuldners an dessen Stelle aus.
- Ist gemäß Art. L. 621-4 Abs. 4 C. com. kein Verwalter bestellt worden[781], obliegt die Verwaltung des Unternehmens weiterhin dem Schuldner, wobei für Verfügungsgeschäfte die Zustimmung des beauftragten Richters erforderlich ist[782]. Die Modalitäten der Eigenverwaltung sind in einem gesonderten Gesetzesabschnitt geregelt, allgemein

[779] Es ist auch möglich, mehrere Verwalter zu bestellen, Art. L. 621-4 Abs. 3 Satz 2 C. com.

[780] Pétel, Procédures collectives, Rn. 165.

[781] Möglich ist dies nur für kleinere Unternehmen d.h. solche mit weniger als drei Millionen Euro Umsatz und 20 Arbeitnehmer (vgl. Art. 53 Abs. 1 der Verordnung Nr. 2005-1677). Der Verzicht auf einen Verwalter ist jedoch auch in diesen Fällen nicht zwingend.

[782] Art. L. 622-7 Abs. 2 C. com.

übt in diesen Fällen der Schuldner die Befugnisse aus, die nach dem Gesetz dem Verwalter zustehen.

Vor der Reform von 2005 galt, dass Rechtsgeschäfte, die vom Schuldner entgegen den gerichtlich festgelegten Zuständigkeiten des Verwalters vorgenommen wurden (d.h. wenn der Schuldner eigenmächtig handelte), grundsätzlich unwirksam waren[783]. Diese Lösung dürfte auch im neuen Recht ihre Gültigkeit behalten. Dasselbe gilt hinsichtlich einer bereits in der alten Regelung vorhandenen Ausnahme, die in Art. L. 622-3 Abs. 2 C. com. n.F. unverändert übernommen wurde und als ein Ausdruck der sog. Scheintheorie zu verstehen ist[784]: Rechtsgeschäfte, die vom Schuldner unter Missachtung der Befugnisse des Verwalters vorgenommen wurden, sind wirksam, wenn es sich um alltägliche, übliche Geschäfte (*acte de gestion courante*) handelt und der Geschäftspartner des Schuldners gutgläubig (*de bonne foi*) gehandelt, d.h. die Eröffnung des Verfahrens nicht gekannt hat[785].

Aus dem bis zur Reform von 2005 geltenden Recht wurden auch weitere Ausnahmeregelungen hinsichtlich der Kompetenzverteilung zwischen Schuldner und Verwalter übernommen. So geht aus Art. L. 622-4 C. com. hervor, dass sowohl vom Schuldner als auch vom Verwalter Sicherungsmaßnahmen vorgenommen und Hypotheken, Pfandrechte und Vorrechte (*privilèges*) eingetragen werden können. Diese konkurrierende Befugnis wirft keine besonderen Schwierigkeiten auf und erscheint insoweit unproblematisch, als sie der Sicherung der Insolvenzmasse dient[786]. Gleiches gilt für die in

[783] Die Folgen der Unwirksamkeit waren dabei nicht eindeutig: Während in der Literatur bisweilen vertreten wurde, dass die Rechtshandlung aufgrund mangelnder Geschäftsfähigkeit des Schuldners insgesamt als nichtig (*nulle*) anzusehen war (d.A.: Ripert/Roblot, Droit commercial II, Rn. 3037), schien die Rechtsprechung die Lösung eher auf der Ebene der Drittwirksamkeit bzw. -unwirksamkeit (*inopposabilité aux tiers/à la procédure*) anzusiedeln (vgl. Com. 23. Mai 1995, D. 1995. 413). Im Hinblick auf das Verfahren hatte dies jedoch keinen Einfluss, da in beiden Fällen ein Erfüllungsanspruch nicht durchsetzbar war.

[784] Zur Scheintheorie vgl. bereits oben, Kapitel 4 Abschnitt A.I.1.a und die dort angeführte Literatur.

[785] Nach der h.M. dürfte die Veröffentlichung des Eröffnungsurteils allein nicht ausreichend sein, um die Gutgläubigkeit des Betroffenen, die im Übrigen vermutet wird, zu widerlegen. Da jedes Eröffnungsurteil veröffentlicht wird, würde die gesetzliche Regelung ansonsten leerlaufen (d.A. Pétel, Procédures collectives, Rn. 173; Ripert/Roblot, Droit commercial II, Rn. 3037).

[786] Saint-Alary-Houin, Entreprises en difficulté, Rn. 505.

Art. L. 631-12 Abs. 5 C. com. vorgesehene Befugnis des Verwalters, über die Bank- und Postbankkonten des Schuldners zu verfügen, wenn gegen ihn ein Bankverbot verhängt worden ist.

Als etwas schwieriger in der Handhabung erweist sich die Vorschrift von Art. L. 621-23 Abs. 1 C. com. a.F., die nach der Reform von 2005 unverändert in Art. L. 622-3 Abs. 1 C. com. n.F. aufgegangen ist. Ihr zufolge tätigt der Schuldner »auf sein Vermögen weiterhin allein die Verfügungs- und Verwaltungsgeschäfte sowie die Rechte, die nicht in den Aufgabenbereich des Verwalters fallen«[787]. Diese etwas zweideutige Wortstellung hat dazu geführt, dass die Rechtsprechung zunächst unterschieden hat zwischen dem Vermögen, das dem Betrieb zugeordnet werden soll, und dem persönlichen Vermögen des Schuldners. Die Gesetzesvorschrift wurde mithin dahingehend ausgelegt, dass Letzteres insgesamt und ungeachtet der grundsätzlichen Kompetenzverteilung zwischen Verwalter und Schuldner ausschließlich von diesem selbst verwaltet wird[788]. Diese Auffassung widersprach allerdings dem in Frankreich geltenden Grundsatz der Einheit des Vermögens (*principe de l'unité du patrimoine*), demzufolge jede Person nur ein einziges und unteilbares Vermögen besitzt[789]. Auf ebendiesen Grundsatz hat sich der Kassationshof schließlich gestützt, um zu bestimmen, dass die Verfahrenseröffnung den Beschlag des gesamten – einheitlichen – Vermögens bewirkt und der Schuldner darauf lediglich »Restbefugnisse« ausübt, sofern dem Verwalter darauf keine konkurrierenden Befugnisse zustehen[790].

Zudem sieht der *Code de commerce* an verschiedenen Stellen vor, dass für bestimmte Rechtsgeschäfte Verwalter oder Schuldner nicht allein handeln dürfen, sondern dass zusätzlich die Zustimmung eines gerichtlichen Organs

---

[787] »*Le débiteur continue à exercer sur son patrimoine les actes de disposition et d'administration, ainsi que les droits et actions qui ne sont pas compris dans la mission de l'administrateur*« (Art. L. 622-3 Abs. 1 C. com.)

[788] Vgl. insbesondere TC Antibes, 19. Dez. 1986, D. 1987. 372 sowie Poitiers, 10. Nov. 1987, Rev. proc. coll. 1988. 367. Die Frage stellte sich freilich hauptsächlich dann, wenn es sich beim Schuldner um einen Individualunternehmer handelte, da eine Gesellschaft kein »persönliches« bzw. kein dem Betrieb nichtzugeordnetes Vermögen hat. Im ersten der beiden genannten Urteile ging es um einen Schuldner/natürliche Person, der gleichzeitig zwei beruflichen Tätigkeiten nachging – einerseits als Spediteur, andererseits als Campingplatzbetreiber.

[789] Hierzu vgl. bereits oben, Kapitel 4 Abschnitt A.I.2.c.

[790] Com. 27. Nov. 1991, D. 1992. 81.

eingeholt werden muss. Dies ist etwa der Fall für die Veräußerung von Gegenständen aus der Insolvenzmasse, die nur mit Genehmigung des beauftragten Richters erfolgen kann[791]. Mit Veräußerungen gleichzusetzen sind nach dem Gesetz die Gewährung einer Hypothek oder eines Pfandrechts, ferner die Schließung eines gerichtlichen oder schiedsgerichtlichen Vergleichs, da diese Rechtsgeschäfte zumindest potentiell eine Verringerung der Insolvenzmasse zur Folge haben können[792]. Dieses Zustimmungserfordernis des beauftragten Richters greift freilich nur insoweit, als die betreffende Handlung nicht als ein übliches Rechtsgeschäft anzusehen ist, das wie oben gezeigt auch dann wirksam ist, wenn es vom Verwalter oder selbst vom ohne alleinige Vertretungsmacht handelnden Schuldner geschlossen wird.

2. Vergleichende Betrachtungen

Ähnlich wie die französische Regelung knüpft die Insolvenzordnung an ein Regel-Ausnahme-Verhältnis an: Grundsätzlich verliert der Schuldner seine Verwaltungs- und Verfügungsbefugnis zugunsten des Insolvenzverwalters, doch unter gewissen Voraussetzungen kann stattdessen die Eigenverwaltung durch den Schuldner angeordnet werden[793]. Der grundsätzliche Übergang der Verwaltung und Verfügung über die Insolvenzmasse auf den Verwalter ergibt sich aus § 80 Abs. 1 InsO. Der sog. Vermögensbeschlag des Verwalters erfasst gemäß § 35 i.V.m. § 36 InsO das gesamte pfändbare Vermögen des Schuldners[794]. Bei Unternehmen, bei denen in aller Regel kein unpfändbares Vermögen vorhanden ist[795], fällt das gesamte Vermögen unter den Beschlag des Insolvenzverwalters. Dies geschieht *ipso iure* mit Eröffnung des Insolvenzverfahrens, ungeachtet dessen, ob im späteren Verlauf ein Insolvenzplan- oder das Regelverfahren durchgeführt wird. Anders als im französischen Recht ist es dem deutschen Insolvenzgericht somit nicht möglich, einen Verwalter mit einer wie oben erwähnten unterstützenden Aufgabe zu bestellen. Ein vergleichbares Ergebnis (d.h. eine Verwaltung mit doppeltem Unterschriftserfordernis) kann nach deutschem Recht höchstens im sog. vorläufigen

[791] Art. L. 622-7 Abs. 2 C. com.

[792] Pétel, Procédures collectives, Rn. 181.

[793] Die Eigenverwaltung ist in den §§ 270 ff. InsO geregelt.

[794] Mit einigen Ausnahmen, vgl. § 36 Abs. 2 und 3.

[795] Braun/Uhlenbruck, Unternehmensinsolvenz, S. 305.

Verfahren mit der Bestellung eines »schwachen« vorläufigen Insolvenzverwalters mit Zustimmungsvorbehalt erzielt werden[796].

Seit Inkrafttreten der Insolvenzordnung hat das Gericht jedoch auch die Möglichkeit, statt einen Insolvenzverwalter zu bestellen, nach den Vorschriften der §§ 270 ff. InsO die Eigenverwaltung durch den Schuldner anzuordnen. Dies bewirkt, dass der Schuldner weiterhin seine Verwaltungs- und Verfügungsbefugnisse ausübt und dabei unter der Aufsicht eines sog. Sachwalters steht. Rechtshandlungen, die dem gewöhnlichen Geschäftsbetrieb zuzuordnen sind, kann der Schuldner allein vornehmen, allerdings nur insoweit, als der Sachwalter nicht von seinem Widerspruchsrecht nach § 275 Abs. 1 Satz 2 InsO Gebrauch macht. Darüber hinaus gehende Handlungen bedürfen stets der Zustimmung des Sachwalters (Satz 1). Dabei kann das Gericht den Umfang der zustimmungsbedürftigen Handlungen den jeweiligen Umständen des Einzelfalls anpassen und – auf Antrag der Gläubigerversammlung – bestimmte Rechtsgeschäfte für zustimmungsbedürftig erklären[797]. Gleiches kann durch Antrag eines einzelnen Gläubigers erreicht werden, doch dieser muss glaubhaft machen, dass bei alleinigem Handeln des Schuldners Nachteile für die Gläubiger entstehen würden[798]. Im Gegensatz zur französischen Regelung können jedoch die Gläubiger eine Aufhebung der Eigenverwaltung durch das Insolvenzgericht erreichen, das über keinen Ermessensspielraum verfügt, wenn die Gläubigerversammlung zuvor einen entsprechenden Beschluss gefasst hat[799].

Die Eigenverwaltung, die eine bedeutsame Neuerung der Insolvenzordnung darstellt, bringt deutlich den Willen des deutschen Gesetzgebers zum Ausdruck, die Sanierung in der Insolvenz zu erleichtern. Sie zeugt davon, dass man sich in bestimmten Fällen bereit erklärt hat, vom traditionellen Vollstreckungsgedanken und dem damit einhergehenden Vermögensbeschlag des Verwalters Abstand zu nehmen. Insbesondere wenn eine Betriebsfortführung unter dem bisherigen Rechtsträger angestrebt wird, erscheint eine Eigenverwaltung oftmals sinnvoll. Mit dem Einsatz eines Insolvenzverwalters sind

[796] Zum vorläufigen Insolvenzverwalter vgl. oben Kapitel 4, Abschnitt B.III.1.b.bb.

[797] § 277 Abs. 1 Satz 1 InsO. Die entsprechende Anordnung ist öffentlich bekanntzugeben (§ 277 Abs. 3 Satz 1). Dies dient dazu, den Rechtsverkehr davor zu schützen, dass Rechtsgeschäfte nachträglich für unwirksam erklärt werden.

[798] § 277 Abs. 2 InsO.

[799] Vgl. § 272 Abs. 1 Nr. 1 und 2 InsO.

nämlich nicht nur zusätzliche, die Insolvenzmasse belastende Kosten verbunden, sondern auch ein erhöhter Zeitaufwand, da der Verwalter sich in den gegebenen Sachverhalt erst einarbeiten muss[800]. Eine Betriebsfortführung unter Beibehaltung der bisherigen Geschäftsführung dagegen kann in vielen Fällen geeigneter sein, um möglichst nahtlos in das Insolvenzverfahren überzugehen und das bei dem Schuldner vorhandene betriebliche Know-how auch nach Verfahrenseröffnung bestmöglich nutzen zu können. In diesem Rahmen erscheint die Eigenverwaltung insbesondere in Verbindung mit der Vorlage eines Insolvenzplans bei Antragstellung gemäß § 218 InsO als eine interessante Verfahrensgestaltung, die in der Praxis jedoch kaum genutzt wird[801].

Im Ergebnis stellt man fest, dass das französische und das deutsche Recht die Frage der Verwaltung des schuldnerischen Unternehmens insbesondere in Bezug auf die Eigenverwaltung durch den Schuldner unterschiedlich handhaben. In Frankreich ist die Eigenverwaltung bei kleineren Unternehmen die Regel, bei größeren Unternehmen ist sie grundsätzlich nicht möglich. Stattdessen kann in Frankreich auch bei größeren Unternehmen ein Verwalter mit Zustimmungsvorbehalt bestellt werden. In Deutschland gehen grundsätzlich Verfügungs- und Verwaltungsbefugnisse auf den Verwalter über, doch die Eigenverwaltung unter gleichzeitiger Bestellung eines Sachwalters kann vom Gericht in allen Fällen angeordnet werden, wobei darüber letzten Endes die Gläubiger entscheiden. Damit steht die allgemein als sanierungsfördernd angesehene Eigenverwaltung in beiden Rechtsordnungen grundsätzlich zur Verfügung – der Gedanke des *Debtor in possession*, der als wesentlicher Erfolgsfaktor des US-amerikanischen *Chapter 11*-Verfahrens gilt, findet sich somit heute in etwas unterschiedlicher Ausprägung sowohl im deutschen als auch im französischen Recht wieder, auch wenn gerade in Deutschland die Eigenverwaltung nach den §§ 270 ff. InsO zur Zeit immer noch eine absolute Ausnahmeerscheinung in der Gerichtspraxis darstellt[802].

---

800 Spies, ZInsO 2006, 1258, wo jedoch zutreffend bemerkt wird, dass auf der Kehrseite insolvenzrechtliches Spezialwissen vom Insolvenzschuldner u.U. eingekauft werden muss, was den vermeintlichen Kostenvorteil der Eigenverwaltung wieder aufhebt.

801 Spies, ZInsO 2006, 1256 ff.

802 Braun, Insolvenzordnung § 270 Rn. 2; Beck/Depré, Praxis der Insolvenz, § 29 Rn. 6.

II. Die Erfüllung schwebender Rechtsgeschäfte

1. Frankreich

a) Das Wahlrecht des Verwalters

Während der Beobachtungsphase wird der Betrieb grundsätzlich fortgeführt[803]. Wäre dem nicht so, dürfte eine Sanierung in den allerwenigsten Fällen durchführbar sein. Stellt sich im Lauf der Beobachtungsphase jedoch heraus, dass eine Betriebsfortführung nicht länger möglich ist, kann das Gericht nach Maßgabe von Art. L. 631-15-II C. com. jederzeit die Stilllegung des Betriebs oder gar den Übergang in ein Liquidationsverfahren anordnen, wenn die Voraussetzungen hierfür vorliegen. Dies geschieht von Amts wegen oder auf Antrag des Verwalters, des Gläubigervertreters, des Schuldners, eines Kontrolleurs oder der Staatsanwaltschaft, nachdem das Gericht diese Personen sowie die Vertretungsorgane der Belegschaft angehört hat.

Solange der Betrieb fortgeführt wird, muss gewährleistet sein, dass die geschäftlichen Rahmenbedingungen erhalten bleiben, d.h. insbesondere dass die bei Verfahrenseröffnung laufenden Verträge (*contrats en cours*) von den Geschäftspartnern weiterhin erfüllt werden, sofern sie betriebsnotwendig sind. Umgekehrt muss es dem Verwalter möglich sein, sich von Verträgen, die entweder überflüssig sind oder die zu ungünstigen Konditionen geschlossen wurden, zu lösen, um die Insolvenzmasse nicht übermäßig zu belasten und somit den Sanierungsprozess zu gefährden. Daher enthält der *Code de commerce* in seinen Artt. L. 622-13 ff., die unverändert die vor der Reform von 2005 geltende Regelung übernommen haben, eine Reihe von Sonderregeln, die es ermöglichen, entweder die Erfüllung von Verträgen durchzusetzen oder sich davon zu lösen. So entscheidet grundsätzlich der Verwalter oder, in Abwesenheit eines solchen, der Schuldner (unter dem Vorbehalt einer Zustimmung durch den Gläubigervertreter), ob ein Vertragsverhältnis nach Eröffnung des Verfahrens fortgeführt werden soll[804].

[803] Art. L. 622-9 C. com. (Auch hier gelten grundsätzlich die Vorschriften des *Sauvegarde*-Verfahrens, Art. L. 631-14-I C. com.)

[804] Art. L. 622-13 Abs. 1 Satz 1 (Verwalter); Art. L. 627-2 Satz 1 (Schuldner) C. com. Im Folgenden wird vom Wahlrecht des Verwalters ausgegangen. Die Ausführungen gelten sinngemäß für das im Fall einer Eigenverwaltung vom Schuldner ausgübte Wahlrecht.

Die Entscheidung wird vom Verwalter nach Ermessen getroffen und kann durch eine ausdrückliche Willenserklärung, aber auch stillschweigend erfolgen, sofern das Verhalten des Verwalters nicht zweideutig ausgelegt werden kann[805]. Damit die Vertragspartner jedoch nicht zu lange in Ungewissheit bleiben, räumt ihnen das Gesetz die Möglichkeit ein, eine verbindliche Aussage zu erzwingen: Jeder Vertragspartner des Schuldners kann nach Erlass des Eröffnungsurteils den Verwalter ermahnen (*mettre en demeure*), zur Fortführung des Vertragsverhältnisses Stellung zu beziehen; unterbleibt eine Antwort binnen eines Monats, wird der betreffende Vertrag *ipso iure* aufgehoben[806].

Diese Regelung bezieht sich auf Verträge, die vor Verfahrenseröffnung geschlossen, aber noch nicht oder noch nicht vollständig erfüllt worden sind, wie etwa Sukzessivlieferungsverträge oder Dauerschuldverhältnisse. Einmalige Rechtsgeschäfte unterliegen ebenfalls dem Wahlrecht, sofern die von der Rechtsprechung ausgearbeitete Voraussetzung noch nicht erfüllt worden ist, d.h. wenn die »hauptsächliche und charakteristische vertragliche Leistung« noch nicht erbracht worden ist[807]. Das Wahlrecht des Verwalters bezieht sich jedenfalls niemals auf Verträge, die vor Verfahrenseröffnung endgütig beendigt wurden, etwa aufgrund einer vertraglichen Rücktrittsklausel, sofern diese vor der Eröffnung des Verfahrens gegriffen hat[808]. Eine Rücktrittsklausel, wonach ein Vertrag aufgrund der Eröffnung eines Insolvenzverfahrens automatisch beendigt wird, ist hingegen unwirksam, wie sich aus dem Wortlaut von Art. L. 622-13 Abs. 6 C. com. ergibt. Wäre dem nicht so, könnte das Wahlrecht des Verwalters/Insolvenzschuldners in einfachster Weise umgan-

---

805 Nicht zweideutig ist etwa, wenn der Vertrag durch den Verwalter erfüllt wird: Com. 6. Dez. 1994, Bull. civ. IV Nr. 365; JCP E 1995. 1. 457.

806 Art. L. 622-13 Abs. 1 Satz 2 C. com. Diese mit der Reform von 1994 eingeführte Aufhebung (sog. *résiliation de plein droit*) ist wesentlich unkomplizierter für den Vertragspartner als die zuvor geltende unwiderlegbare Vermutung des Fortführungsverzichts, welche *per se* keine Auswirkung auf die Existenz des Vertrags hatte. Dieser blieb solange bestehen, bis seine Aufhebung in einem weiteren Schritt vom Gericht festgestellt wurde.

807 Ein Kaufvertrag ist demnach solange zum Zweck des Verwalterwahlrechts als laufend anzusehen, bis das Eigentum übergegangen ist (Com. 9. Apr. 1991, D. 1992. Somm. 257; RTDCom. 1991. 661). Gleiches gilt i.d.R. für noch nicht erfüllte Vorverträge, wie etwa einen Mietvorvertrag (Com. 6. Feb. 1996, Bull. civ. IV, Nr. 36) oder einen Kaufvorvertrag über Geschäftsanteile (Com. 22. Okt. 1996, Bull. civ. IV, Nr. 253).

808 Vgl. etwa Com. 21. Jan. 1992, JCP. E. 1992. I. 136 Nr. 7.

gen werden und die Sanierungsfähigkeit des schuldnerischen Unternehmens wäre somit faktisch vom Willen der einzelnen Geschäftspartner abhängig.

Fraglich war in den ersten Geltungsjahren der Insolvenzregelung von 1985, ob auch Verträge, bei denen die persönliche Eigenschaft der Parteien von besonderer Bedeutung ist, dem Wahlrecht unterliegen. Aufgrund dieses persönlichkeitsbezogenen Elements (*intuitus personae*) wurde bisweilen die Ansicht vertreten, dass das Wahlrecht des Verwalters insbesondere auf Darlehens- oder Kreditverträge nicht anwendbar sei. Dabei wurde die vorangegangene Regelung von 1967 herangezogen, welche die Frage in diesem Sinn beantwortete[809]. Im Hinblick auf eine Sanierung bringt diese Lösung jedoch gewichtige Nachteile mit sich, da oftmals das schuldnerische Unternehmen gerade dann auf Bankenunterstützung angewiesen ist. Damit die gesetzlich angestrebte Rettung des Unternehmens nicht von vornherein an einer Kredit- oder Darlehenskündigung scheiterte, wurde vorgeschlagen, den Gesetzeswortlaut, in dem allgemein die Rede von »den« laufenden Verträgen ohne weitere Unterscheidung ist, dahingehend auszulegen, dass der Gesetzgeber keine Sonderbehandlung hinsichtlich der Fortführung/Kündigung von Kreditverträgen vorgesehen hat und dass diese somit dem allgemeinen Wahlrecht des Verwalters unterliegen. Diese Ansicht wurde letztlich auch vom Kassationshof bestätigt[810] und dürfte aufgrund des inhaltlich unveränderten Gesetzeswortlauts auch nach der Reform von 2005 weiter gelten.

b) Folgen der Ausübung des Wahlrechts des Verwalters

Wird ein laufender Vertrag i.S.v. Art. L. 622-13 C. com. nicht fortgeführt, ist das Geschäftsverhältnis für die Zukunft beendigt. Die Ausübung des Wahlrechts bewirkt hier, wie oben bereits angemerkt, eine Kündigung *ipso iure* (*résiliation de plein droit*) des Vertrags. Der Vertragspartner hat keinen Anspruch auf Aufrechterhaltung des Vertrags, ebenso wenig darf er etwaige Zahlungsrückstände des Schuldners einklagen, da er als Gläubiger einer Forderung, die vor der Eröffnung des Verfahrens entstanden ist, dem allgemeinen Klage- und Vollstreckungsverbot von Art. L. 622-21 C. com. unterliegt. Insofern steht ihm einzig die Möglichkeit zu, diese Forderung als

[809] Vgl. Saint-Alary-Houin, Entreprises en difficulté, Rn. 540 m.w.N.

[810] Com. 8. Dez. 1987, Bull. civ. IV, Nr. 266; D. 1988. 52; JCP 1988. II. 20927; PA 1988 Nr. 3 S. 9; Rev. proc. coll. 1988 Nr. 1 S. 45; RTDCom. 1988. 97. Ständige Rechtsprechung seither.

Insolvenzforderung bei dem Gläubigervertreter anzumelden, um anteilsmäßig befriedigt zu werden. Unabhängig hiervon kann er gemäß Art. L. 622-13 Abs. 5 Satz 1 C. com. einen Anspruch auf Schadensersatz geltend machen, der ebenfalls als eine anmeldepflichtige Forderung anzusehen ist. Auch sonstige, aus dem Vertrag abgeleitete Ansprüche, wie etwa Vertragsstrafen, können grundsätzlich angemeldet werden[811].

Wird der Vertrag fortgeführt, geschieht dies nach den ursprünglich vereinbarten Konditionen. Anspruch hat der Geschäftspartner des Schuldners somit insbesondere auf Zahlung bei Fälligkeit aller seiner Ansprüche, die nach Verfahrenseröffnung entstanden sind. Das Gesetz stärkt seinen Anspruch, insofern ungeachtet der u.U. vertraglich vereinbarten Zahlungsmodalitäten zugunsten des Schuldners (Zahlungsaufschub, Ratenzahlung o.ä.), fortan jede Zahlung bar zu erfolgen hat[812]. Deshalb wird auch ausdrücklich gefordert, dass der Verwalter, bevor er die Entscheidung trifft, einen Vertrag fortzuführen, sicherstellt, dass die hierfür erforderlichen Mittel zur Verfügung stehen bzw. bei Fälligkeit stehen werden. Vertragliche Pflichtverletzungen durch den Schuldner/Verwalter führen zu einer automatischen Kündigung des Vertrags und ggf. zur Beendigung der Beobachtungsphase[813]. Dies gilt, wenn die Pflichtverletzung nach Verfahrenseröffnung stattgefunden hat – ein Kündigungsrecht, das durch vor Verfahrenseröffnung eingetretene Vertragsverletzungen begründet wird, ist nach wie vor ausgeschlossen.

Entscheidet sich der Verwalter für die Vertragsfortführung, muss somit unterschieden werden zwischen den Forderungen, die vor Verfahrenseröffnung und nach dieser entstanden sind. Bei einem Kontokorrent etwa bedeutet dies, dass zum Tag der Verfahrenseröffnung ein vorläufiger Saldo erstellt wird[814], dessen Betrag zur Tabelle angemeldet wird, während die späteren Forderungen als Masseforderungen anzusehen sind, die, wenn sie bei Fälligkeit nicht bzw. nicht vollständig beglichen werden, gemäß Art. L. 622-17 C. com. vorweg aus der Insolvenzmasse zu tilgen sind.

---

[811] Vgl. z.B. Com. 10. Dez. 1991, JCP. E. 1992. I. 138 Nr. 24.

[812] Es sei denn, der Vertragspartner stimmt neuen Zahlungskonditionen zu (Art. L. 622-13 Abs. 2 Satz 1 C. com.)

[813] Art. L. 622-13 Abs. 3 C. com.

[814] Vgl. Pétel, Procédures collectives, Rn. 242.

Für die Fortführung/Kündigung von bestimmten Verträgen – insbesondere den Miet- und Arbeitsverträgen – gelten besondere Regeln, die unten in den Abschnitten III und IV näher untersucht werden.

2. Vergleichende Betrachtungen

Auch in Deutschland unterliegen die bei Verfahrensbeginn schwebenden Rechtsgeschäfte einem ähnlich gestalteten Wahlrecht des Insolvenzverwalters. Die Grundnorm befindet sich in § 103 Abs. 1 InsO, der vorsieht, dass für gegenseitige Verträge, die bei Verfahrenseröffnung von beiden Teilen nicht oder nicht vollständig erfüllt sind, der Verwalter vom anderen Teil Erfüllung verlangen kann. Voraussetzung ist, dass auch er die dem Schuldner obliegenden Vertragspflichten erfüllt. Bei Verträgen, die sog. teilbare Leistungen[815] zum Gegenstand haben, stellt § 105 InsO klar, dass der Verwalter die Erfüllung verlangen kann, ohne dass ihm dabei etwaige Zahlungsrückstände seitens des Insolvenzschuldners für vor der Verfahrenseröffnung erbrachte Leistungen entgegengehalten werden können. Solche Rückstände geben lediglich Anspruch auf Anmeldung zur Insolvenztabelle, während allein die nach Verfahrenseröffnung erbrachten Leistungen als Masseverbindlichkeiten anzusehen sind. Einen Sonderfall stellen hierbei Verbindlichkeiten dar, die von einem sog. starken Insolvenzverwalter – also einem Insolvenzverwalter, auf den die Verwaltungs- und Verfügungsbefugnis über das schuldnerische Vermögen gemäß § 22 Abs. 1 InsO übergegangen ist – begründet worden sind. Formell handelt es sich um Verbindlichkeiten, die vor Verfahrenseröffnung entstanden sind, gemäß § 55 Abs. 2 Satz 1 InsO gelten sie jedoch als Masseverbindlichkeiten.

Die französische Regelung stellt sicher, dass betriebsnotwendige bzw. allgemein für die Insolvenzmasse vorteilhafte Verträge erfüllt werden, ohne dass dabei dem Verwalter im Voraus vereinbarte Lösungsklauseln entgegen gehalten werden können. Dasselbe dürfte auch nach deutschem Recht gelten: § 119 InsO besagt, dass im Voraus getroffene Abreden, wonach das Wahlrecht des Verwalters ausgeschlossen oder beschränkt wird, unwirksam sind. Der Gesetzeswortlaut hat jedoch die Frage aufgeworfen, ob sich diese Unwirksamkeit von Gesetzes wegen auch auf Lösungsklauseln erstreckt, die

[815] Etwa Sukzessivlieferungsverträge, Wiederkehrschuldverhältnisse, Miet- oder Pachtverträge über bewegliche Gegenstände (vgl. Braun, Insolvenzordnung, § 105 Rn. 10 ff.).

eine automatische Kündigung im Fall des Eintritts der Insolvenz vorsehen. Nach französischem Recht sind solche Klauseln ausdrücklich unwirksam. Die entsprechende Vorschrift im Regierungsentwurf der Insolvenzordnung sah ebenfalls die ausdrückliche Unwirksamkeit solcher Klauseln vor, sie wurde vom Rechtsausschuss jedoch später umformuliert und ist in der Insolvenzordnung somit nicht aufgegangen. Im Schrifttum wird mehrheitlich die Ansicht vertreten, dass diese Neuformulierung lediglich zum Zweck einer Straffung des Gesetzestexts erfolgte und nicht zur Folge hat, dass solche Klauseln nun wirksam sind. Dabei wird zurecht auf die Zielvorgabe in § 1 InsO hingewiesen, die man mittels solcher Vereinbarungen im Voraus in einfacher Weise aushebeln könnte, wodurch das Wahlrecht des Verwalters letztlich ins Leere laufen würde[816].

Umgekehrt steht es dem Verwalter frei, sich von nicht wünschenswerten Verträgen zu lösen, was sich im Einzelfall als sanierungsfördernd erweisen kann. Diesbezüglich liegen der französischen und der deutschen Insolvenzregelung jedoch unterschiedliche rechtstheoretische Ansätze zugrunde. Während dem französischen Verwalter ein Sonderkündigungsrecht eingeräumt wird, dessen Ausübung *ipso iure* die Aufhebung des Vertrags für die Zukunft bewirkt, geht aus dem Wortlaut von § 103 InsO hervor, dass der Insolvenzverwalter lediglich die Erfüllung des Vertrags, der ansonsten bestehen bleibt, verweigern kann[817]. Praktische Auswirkung hat diese unterschiedliche Handhabung allerdings kaum – sowohl nach französischem wie nach deutschem Recht wird dabei die Entlastung der Masse von nicht erforderlichen bzw. nicht erwünschten Kosten erreicht, da der Vertragspartner lediglich einen Schadensersatzanspruch als Insolvenzforderung geltend machen kann[818].

---

[816] Vgl. Braun, Insolvenzordnung, § 119 Rn. 7 ff. m.w.N.

[817] Unumstritten. Vgl. etwa Braun, Insolvenzordnung, § 103 Rn. 64; Beck/Depré, Praxis der Insolvenz, § 14 Rn. 30.

[818] Dies ergibt sich ausdrücklich aus § 103 Abs. 2 Satz 1 InsO, der insoweit als besondere Anspruchsgrundlage für den Schadensersatz anzusehen ist (vgl. Bork, Einführung Rn. 166). Würde es diese Spezialvorschrift nicht geben, so wäre wohl der maßgebliche Zeitpunkt für das Entstehen des Anspruchs auf Schadensersatz der der Ausübung des Wahlrechts. Der Schadensersatzanspruch wäre daher als Masseforderung anzusehen und müsste als solche vollständig getilgt werden.

Unbeschadet dieser allgemeinen Regelung finden sich jedoch auch im deutschen Recht einige Sonder*kündigungs*rechte, die später untersucht werden[819].

Bezieht der Insolvenzverwalter nicht von sich aus Stellung zur Erfüllung/Nichterfüllung eines Vertrags, kann der Vertragspartner des Schuldners ihn dazu auffordern. Etwas anders als in Frankreich bestimmt die Insolvenzordnung jedoch keine Frist, innerhalb derer der Verwalter in diesem Fall zu antworten hat. Vorgegeben ist lediglich, dass die Stellungnahme »unverzüglich« zu erfolgen hat[820]. Unterlässt es der Verwalter, fristgerecht bzw. unverzüglich zu antworten, führt dies in beiden Ländern dazu, dass der Vertrag nicht weiter erfüllt werden muss – in Frankreich gilt der Vertrag als gekündigt, in Deutschland bleibt er zwar bestehen, doch die gegenseitigen Erfüllungsansprüche erlöschen.

Bis zur Ausübung des Wahlrechts durch den Verwalter ist der Vertrag nach französischem Recht schwebend wirksam, wohingegen in Deutschland aus der Insolvenzordnung nicht eindeutig hervorgeht, ob der Vertrag schwebend wirksam oder schwebend unwirksam ist. Die unter der Geltung der KO ergangene Rechtsprechung lässt eher darauf schließen, dass anders als in Frankreich die Verträge schwebend unwirksam sind. Der Bundesgerichtshof hatte in der Vergangenheit entschieden, dass mit der Eröffnung des Verfahrens sämtliche Erfüllungsansprüche aus einem gegenseitigen Vertrag gegen den Schuldner erlöschen – wählte der Verwalter nach Verfahrenseröffnung die Fortführung des Vertrags, fand eine Umwandlung der Insolvenzforderung in einen Masseanspruch statt[821]. Da sich § 103 InsO von der entsprechenden Vorschrift des alten Rechts (§ 17 KO) inhaltlich nicht unterscheidet, wird allgemein davon ausgegangen, dass diese Rechtsprechung auch unter der Geltung der Insolvenzordnung ihre Gültigkeit behält[822]. Auch hier jedoch hat der in beiden Ländern unterschiedliche rechtstheoretische Ansatz keine besonderen praktischen Auswirkungen: Übt der Verwalter sein Wahlrecht aus und beschließt er, den Vertrag nicht zu erfüllen, steht dem Vertragspartner nach

---

[819] Vgl. die Ausführungen zu den Miet-, Pacht- und Arbeitsverhältnissen in den folgenden Abschnitten.

[820] § 103 Abs. 2 Satz 2 InsO. Die Auslegung des Begriffs »unverzüglich« ist einzelfallbezogen und bedeutet »ohne schuldhaftes Zögern« (Braun, Insolvenzordnung, § 103 Rn. 73).

[821] Vgl. BGHZ 116, 156; BGH NJW 1995, 1966.

[822] Braun/Uhlenbruck, Unternehmensinsolvenz S. 371 f.; Bork, Insolvenzrecht Rn. 160

französischem wie auch nach deutschem Recht lediglich ein Schadensersatzanspruch zu, der als Insolvenzforderung zur Tabelle anzumelden ist.

Bei Kreditverträgen stellt sich die Frage der Ausübung des Wahlrechts in Deutschland indessen in einer anderen Weise als in Frankreich. Verknüpft ist sie weniger mit dem persönlichkeitsbezogenen Charakter der Kreditvergabe als mit deren vertraglicher Ausgestaltung. Eine Kategorie von Kreditverträgen – die der Kredite mit fest vereinbarten Aus- oder Rückzahlungsmodalitäten – unterliegt auch nach deutschem Recht dem Wahlrecht des Insolvenzverwalters, wie etwa Annuitätendarlehen, Ratenkredite oder Schuldscheindarlehen[823]. Dies entspricht insoweit dem französischen Recht. Andere Verträge jedoch sind vom Wahlrecht ausgeschlossen, was aus einer in Deutschland im Vergleich zu Frankreich unterschiedlichen insolvenzrechtlichen Handhabung des Kontokorrents resultiert: Gemäß den §§ 115 bis 117 InsO erlöschen bestimmte Verträge automatisch mit der Eröffnung des Insolvenzverfahrens, darunter auch Geschäftsbesorgungsverträge[824]. Giroverträge und Kontokorrentverhältnisse sind als von § 116 InsO erfasste Geschäftbesorgungsverträge anzusehen, woraus folgt, dass auch auf Kontokorrentbasis erteilte Kredite mit der Verfahrenseröffnung automatisch erlöschen, vom Wahlrecht des Insolvenzverwalters mithin ausgeschlossen sind[825]. Dies ist ein bedeutender rechtsdogmatischer Unterschied zum französischen Recht, in dem – zumindest im Rahmen des hier behandelten Sanierungsverfahrens – das Kontokorrent mit der Verfahrenseröffnung nicht erlischt und wie auch andere Verträge dem allgemeinen Wahlrecht des Verwalters unterliegt[826]. Bezogen auf das Girokonto des Insolvenzschuldners und dessen Saldo bei Verfahrenseröffnung hat diese unterschiedliche Handhabung in beiden Ländern keine größeren praktischen Auswirkungen, als nach französischem Recht zum Stichtag der Verfahrenseröffnung saldiert werden muss, sodass etwa die Aufrechnung zwischen einem Sollsaldo bei diesem Stichtag und einem späteren

[823] Wittig, DB 1999, 201.

[824] § 116 InsO. Ein automatisches Erlöschen ist ferner vorgesehen für Aufträge (§ 115) und Vollmachten (§ 117). Die Regelung der §§ 115 ff. InsO erklärt sich durch den Willen des Gesetzgebers, die »Alleinherrschaft« des Insolvenzverwalters im eröffneten Verfahren zu sichern (vgl. Beck/Depré, Praxis der Insolvenz § 16 Rn. 1).

[825] Wittig, DB 1999, 201.

[826] Anders verhält es sich jedoch im Liquidationsverfahren: Com. 20. Jan. 1998, RTDCom. 1998, 393.

Habensaldo (sofern das bestehende Konto nach Verfahrenseröffnung weitergeführt wird) auch nach französischem Recht nicht zulässig ist[827].

Der Umstand, dass das französische Recht die bei Verfahrenseröffnung laufenden Kreditverträge insgesamt und ausnahmslos dem Wahlrecht des Verwalters unterwirft, zeugt vom Willen des Gesetzgebers, den für eine Sanierung erforderlichen finanziellen Rahmen zu erhalten. Bemerkenswerterweise enthielt noch der InsO-RegE eine Vorschrift, die eine Kündigung durch den Kreditgeber untersagte. Die Vorschrift wurde jedoch nicht übernommen, denn die damit einhergehende Einschränkung der Rechte der Banken, die außerhalb des Insolvenzverfahrens kündigungsberechtigt sind, wurde als nicht tragbar angesehen. Man war der Ansicht, dass diese Einschränkung allein durch das Ziel, dem Insolvenzverwalter ein effizientes Sanierungsinstrumentarium in die Hand zu geben, nicht zu rechtfertigen ist. In der Praxis scheitert der Erhalt des Kreditrahmens des Insolvenzschuldners jedoch auch in Frankreich oftmals daran, dass Kreditinstitute selbst nach einer Fortführungsentscheidung des Verwalters die Möglichkeit haben, zu kündigen. Wie in Deutschland stehen ihnen ihre bankrechtlichen Kündigungsrechte weiterhin zu, sodass sie entweder unter Einhaltung der gesetzlich vorgesehenen Frist ordentlich oder fristlos aus wichtigem Grund kündigen können[828]. Letzteres erlangt nach Eröffnung des Insolvenzverfahrens eine besondere Bedeutung, denn selbst wenn der Eintritt eines Insolvenzeröffnungstatbestands *per se* keine Kündigung rechtfertigt, so erfüllt die Eröffnung des Verfahrens regelmäßig den bankrechtlichen Kündigungstatbestand der wesentlichen Vermögensverschlechterung (Deutschland) bzw. der aussichtslosen Lage (Frankreich) des Kreditnehmers, was die Kündigung durch den Kreditgeber ausreichend rechtfertigen kann.

Nachdem das grundsätzliche Wahlrecht des Verwalters in der deutschen und in der französischen Insolvenzregelung erläutert wurde, werden im folgenden die Fortführungs- und Kündigungsregeln von Miet- und Pachtverträgen sowie von Arbeitsverhältnissen erörtert, die in beiden Rechtsordnungen jeweiligen Sonderregelungen unterliegen.

---

[827] Ripert/Roblot, Droit commercial II, Rn. 3049.

[828] Für Deutschland vgl. AGB-Banken Nr. 19, AGB-Sparkassen Nr. 22; für Frankreich vgl. Art. 60 des Bankgesetzes vom 24. Januar 1984, heute kodifiziert in Art. L. 313-12 C. mon. fin.

III. Miet- und Pachtverträge

1. Frankreich

Im Sanierungsverfahren hat die Aufrechterhaltung der Mietverträge, bei denen der Schuldner Mieter ist, eine besondere Bedeutung. Ist nicht sichergestellt, dass etwa Mietverträge über die Geschäftsräume fortgeführt werden, kann dies die Kontinuität des Betriebs erheblich gefährden. Aus diesem Grund enthält das französische Recht eine differenzierte Regelung, je nach dem Gegenstand der Miete:

- Für Mietverträge über bewegliche Gegenstände oder unbewegliche Gegenstände, die nicht dem Geschäftsbetrieb dienen, gelten die vorstehend erläuterten Fortführungs- und Kündigungsregeln nach Art. L. 622-13 C. com.[829] Daraus folgt insbesondere, dass der Vermieter zur Kündigung wegen der Nichtentrichtung von Mieten vor Verfahrenseröffnung nicht berechtigt ist.
- Für Mietverträge über die Geschäftsräume des Schuldners steht dem Verwalter zwar ebenfalls ein Sonderkündigungsrecht zu, dieses weist jedoch gewisse Besonderheiten auf, die im Zug der Reform von 2005 neugefasst wurden und nun in Art. L. 622-14 C. com. verankert sind.

Demnach gilt es zu unterscheiden: Der Verwalter ist berechtigt, die Aufhebung des Mietvertrags zu beantragen – anders als nach dem oben beschriebenen allgemeinen Kündigungsrecht tritt die Kündigung jedoch nicht sofort ein, sondern muss gerichtlich festgestellt werden. In diesem Fall wird die Aufhebung zum Zeitpunkt der Beantragung wirksam[830]. Auch der Vermieter ist kündigungsberechtigt, dann jedoch nur sofern der Kündigungsgrund in der Nichtentrichtung von Mieten und Nebenkosten nach der Verfahrenseröffnung liegt. Wie der Verwalter muss auch der Vermieter die Aufhebung des Vertrags vor Gericht beantragen. Zudem ist ein solcher Antrag während einer Frist von drei Monaten ab Erlass des Eröffnungsurteils ausgeschlossen[831]. Dadurch soll sichergestellt werden, dass der Verwalter zu Verfahrensbeginn über

[829] Vgl. zur identisch gefassten Regelung vor der Reform von 2005 Ripert/Roblot, Droit commercial II, Rn. 3059.

[830] Art. L. 622-14 Abs. 1 Nr. 1 C. com.

[831] Art. L. 622-14 Abs. 1 Nr. 2 C. com. Vor der Reform von 2005 betrug diese Frist nur zwei Monate.

ausreichend Zeit verfügt, um sich ein genaues Bild über die Lage des Unternehmens zu machen, ohne dass das Risiko einer Kündigung der Betriebsräume besteht. Innerhalb dieser Dreimonatsfrist können die nichtentrichteten Mieten nachgezahlt werden, um eine Kündigung des Vermieters zu vermeiden. Eine letzte Einschränkung des Kündigungsrechts des Vermieters findet sich schließlich in Art. L. 622-14 Abs. 3 C. com., dessen Vorschrift besagt, dass eine (in der Praxis übliche) Klausel, der zufolge bei faktischer Einstellung des Betriebs in den gemieteten Räumen der Vermieter kündigungsberechtigt ist, unwirksam ist.

Diese Einschränkungen des Kündigungsrechts des Vermieters sind streng auszulegen. So ist insbesondere eine Kündigung, die aufgrund eines anderen Umstands als die Nichtzahlung von Mieten geltend gemacht wird, während der Beobachtungsphase stets zulässig, selbst wenn dieser Umstand vor der Zahlungsunfähigkeit eingetreten ist[832]. Ebenso muss spätestens nach Ablauf der Dreimonatsfrist sichergestellt werden, dass die Mieten fristgerecht gezahlt werden, da ansonsten der Vermieter unmittelbar kündigungsberechtigt ist[833].

2. Vergleichende Betrachtungen

Auch in der Insolvenzordnung unterliegen Miet- und Pachtverhältnisse einer Sonderregelung. Diese ist in den §§ 108 ff. InsO verankert[834]. Im Gegensatz zur französischen Regelung beziehen sich diese Regelungen auf sämtliche Miet- und Pachtverträge über unbewegliche Gegenstände, ungeachtet dessen, ob sie betriebsnotwendig sind oder nicht. Darüber hinaus jedoch weisen sie gewisse inhaltliche Ähnlichkeiten mit dem französischen Recht auf, wie etwa § 108 Abs. 2 Satz 1 InsO, dessen Vorschrift bestimmt, dass mit der Eröffnung des Verfahrens diese Verträge bestehen bleiben.

Aus rechtsvergleichender Sicht sind besonders die Rechtsfolgen hervorzuheben, die die Insolvenzordnung an die Entscheidung des Insolvenzverwalters knüpft, einen Miet- oder Pachtvertrag nicht weiter zu erfüllen. Anders als nach § 103 InsO steht dem Verwalter hier nicht die Möglichkeit zu, auf die

[832] Zum Beispiel bei Verletzung der Instandhaltungspflicht durch den Mieter (Civ. 3, 21. Juli 1999, D. 1999. IR. 229).

[833] Vgl. Jeantin/ Le Cannu, Entreprises en difficulté, Rn. 733.

[834] Miet- und Pachtverträge über bewegliche Gegenstände unterliegen indessen der vorstehend erläuterten Regelung von § 105 InsO.

Erfüllung des Vertrags zu verzichten, sondern gemäß § 109 InsO muss er sie kündigen. Dabei gilt es zu beachten, dass die gesetzliche Kündigungsfrist einzuhalten ist[835], sofern vertraglich keine kürzere Frist vereinbart wurde. Klauseln, in denen längere Fristen als die gesetzliche oder gar eine Unkündbarkeit vereinbart wurden, kommen indessen nicht zum Tragen. Hier greift also der deutsche Gesetzgeber denselben Ansatz wie der französische auf, indem dem Verwalter ermöglicht wird, nachteilige, nicht mehr benötigte oder nicht erfüllbare Mietverträge zu kündigen. Der Unterschied zwischen den beiden Regelungen liegt darin, dass im deutschen Recht eine Kündigungsfrist eingehalten werden muss und dass die Mieten, die bis zum Ablauf dieser Kündigungsfrist anfallen, Masseverbindlichkeiten darstellen[836]. Allein darüber hinaus gehende Ansprüche stellen einfache Insolvenzforderungen dar. Die französische Regelung hingegen sieht keine insolvenzspezifischen Kündigungsfristen vor, sodass auch für Mietverträge dasselbe wie für die übrigen Verträge gilt: Die Entscheidung des Verwalters, das Vertragsverhältnis nicht fortzuführen, ist für die Beendigung des Vertrags maßgeblich. Dementsprechend sind Mietansprüche des Vermieters, die nach Verfahrenseröffnung entstanden sind, nur bis zum Ausspruch der Kündigung durch den Verwalter als Masseverbindlichkeiten anzusehen[837]. Darüber hinaus gehende Ansprüche sind keine Masseforderungen, sie sind jedoch durch eine Art Vermieterpfandrecht bzw. ein besonderes Vorrecht gesichert, das sich im Fall der Kündigung des Mietverhältnisses u.a. auf die Mieten und Schadensersatzansprüche für das laufende Jahr erstreckt[838]. Die Effektivität dieses Vorrechts hängt letzten Endes jedoch von der Werthaltigkeit der eingebrachten Sachen ab.

Ähnlich gestaltet ist in beiden Ländern die Einschränkung des Kündigungsrechts des Vermieters. Auch die Insolvenzordnung verbietet mit der sog. Kündigungssperre nach § 112 InsO Kündigungen, die durch Nichtentrichtung von Mieten begründet sind. Zwar besteht ein Unterschied hinsichtlich des Zeitpunkts, bis zu welchem solche Kündigungen unzulässig sind – in Frankreich sind Kündigungen aufgrund von Mietrückständen bis zur Eröffnung des Verfahrens unzulässig, in Deutschland hingegen Kündigungen bis zur Stellung des Antrags auf Eröffnung eines Insolvenzverfahrens. Dieser Unter-

[835] Zur Dauer der gesetzlichen Kündigungsfrist im Einzelfall vgl. § 580a BGB.

[836] Vgl. Braun, Insolvenzordnung, § 109 Rn. 14.

[837] Com. 27. Okt. 1998, RJDAff. 1998. Nr. 1378 S. 1033.

[838] Art. L. 622-16 Abs. 2 C. com.

schied dürfte jedoch primär auf die unterschiedliche Gestaltung des Eröffnungsverfahrens in beiden Ländern zurückzuführen sein. In der Tat ordnet in Deutschland das Insolvenzgericht üblicherweise unverzüglich nach Antragstellung zunächst die Eröffnung eines vorläufigen Insolvenzverfahrens an. In Frankreich indessen existiert ein solches Vorverfahren nicht und das Gericht eröffnet sofort das »endgültige« Insolvenzverfahren. Die Kündigungssperre bezieht sich in beiden Ländern nur auf Mietrückstände, die entstanden sind, solange ein gerichtlich geordnetes (Insolvenz-)Verfahren noch nicht eröffnet bzw. beantragt worden ist. Eine Fortführung des Mietvertrags nach diesem Zeitpunkt ist vom Verwalter trotz allem durchsetzbar, solange er für die termingerechte Bezahlung der Miete aufkommt. Eine »Gnadenfrist«, wie sie in Frankreich während der ersten drei Monate nach Verfahrensbeginn vorgesehen ist und die als ein weiterer Anreiz zur Sanierungsförderung anzusehen ist, kennt das deutsche Recht dagegen nicht.

IV. Arbeitsverhältnisse

1. Frankreich

Eine weitere Kategorie von Verträgen, deren Fortführungs- und Kündigungsmodalitäten in Frankreich einer Sonderregelung unterliegen, sind die Arbeitsverträge, bei denen der Insolvenzschuldner Arbeitgeber ist. Im letzten Absatz von Art. L. 622-13 C. com. wird ausdrücklich bestimmt, dass die allgemeine Regelung in Bezug auf das oben beschriebene Wahlrecht des Verwalters auf diese Verträge nicht anzuwenden ist. Stattdessen gelten bestimmte Sondervorschriften, die von der Reform von 2005 weitestgehend unangetastet geblieben sind und sich nun größtenteils in den Artt. L. 631-17 ff. C. com. sowie in einem gesonderten Unterabschnitt des *Code de commerce* finden[839].

Dieser Regelung zufolge werden die Arbeitsverträge während der Beobachtungsphase grundsätzlich fortgeführt. Sie genießen somit eine besondere Stabilität, weil zum einen der Erhalt der Arbeitsplätze an sich ein vorrangiges Ziel des Insolvenzverfahrens darstellt[840], zum anderen die ebenfalls gesetzlich

[839] Vgl. die Artt. L. 625-1 ff. C. com. für die *Sauvegarde*, im *Redressement judiciaire* anwendbar gemäß Art. L. 631-18 Abs. 1 C. com.

[840] Vgl. Art. L. 631-1 Abs. 2 C. com. sowie die Ausführungen hierzu oben Kapitel 2, Abschnitt C.I.2.

angestrebte Fortführung des Betriebs bzw. Sanierung in aller Regel die Fortführung zumindest gewisser Arbeitsverträge voraussetzt. Umgekehrt setzt der Erfolg einer Sanierung typischerweise ebenso voraus, dass die Personallast im Unternehmen gesenkt wird – eine Sanierung, handele es sich um eine interne Reorganisation oder um eine übertragende Sanierung, kann in den allerwenigsten Fällen ohne mehr oder minder ausgeprägte Personalmaßnahmen erzielt werden. Damit jedoch nicht das Ende des Verfahrens abgewartet werden muss, um u.U. bereits bei Verfahrensbeginn erforderliche Kündigungen vorzunehmen, sieht das Gesetz ein besonderes Verfahren für betriebsbedingte Kündigungen während der Beobachtungsphase vor[841]. Dieses ist aufgrund der Schutzbedürftigkeit der Arbeitnehmer allgemein aufwendiger gestaltet als die oben erläuterte Kündigung sonstiger Verträge gemäß Art. L. 622-13 C. com. So ist grundsätzlich das regelmäßige Arbeitsrecht anzuwenden, doch um den Gegebenheiten der Insolvenz Rechnung zu tragen, enthält der *Code de commerce* ein besonderes Kündigungsverfahren, das erheblich vom arbeitsrechtlichen Kündigungsverfahren abweicht.

So liegt während der Beobachtungsphase die Initiative der Kündigungen beim Verwalter: Er hat zunächst den Betriebsrat bzw. die Personaldelegierten gemäß Art. L. 321-9 des Arbeitsgesetzbuchs[842] anzuhören, ferner die zuständige Arbeitsaufsichtsbehörde gemäß Art. L. 321-8 C. trav. über die geplanten Kündigungen in Kenntnis zu setzen[843]. Anschließend ist erforderlich, dass ihnen der beauftragte Richter vorab zustimmt, was voraussetzt, dass die Kündigungen »dringend, unausweichlich und erforderlich« sind[844]. Mit dieser Häufung von Voraussetzungen wird wohl hauptsächlich der Zweck verfolgt, deutlich zu machen, dass betriebsbedingte Kündigungen während der Beobachtungsphase als absolute Ausnahmefälle betrachtet werden müssen[845].

---

[841] Nicht betriebsbedingte Kündigungen (z.B. bei Geltendmachung eines personenbedingten Kündigungsgrunds), die während der Beobachtungsphase vorgenommen werden, unterliegen weiterhin dem regelmäßigen Arbeitsrecht. Kündigungen, die sich aus dem Sanierungsplan ergeben und somit nach Beendigung der Beobachtungsphase ausgesprochen werden sollen, sind wiederum gesondert geregelt (vgl. hierzu unten, Kapitel 7 Abschnitt B.II.3.a.aa).

[842] Code du travail (C. trav.).

[843] Art. L. 631-17 Abs. 2 Satz 1 C. com.

[844] Art. L. 631-17 Abs. 1 C. com.

[845] Pétel, Procédures collectives, Rn. 247; Saint-Alary-Houin, Entreprises en difficulté, Rn. 528. Bei Ripert/Roblot, Droit commercial II, Rn. 3089 wird des Weiteren bemerkt,

Der beauftragte Richter bestimmt die Rahmenbedingungen zu den vorgeschlagenen Kündigungen, darunter insbesondere die Anzahl der Arbeitnehmer sowie die betroffenen Berufsgruppen[846]. Die Auswahl der zu kündigenden Arbeitnehmer trifft im Einzelnen der Verwalter[847] und dieser ist im Allgemeinen auch für die Durchführung des weiteren Kündigungsprozesses zuständig[848].

Die Kündigungen können angefochten werden entweder vor dem Insolvenzgericht oder vor dem ordentlichen Arbeitsgericht (*conseil de prud'hommes*), je nachdem, welche Entscheidung bestritten wird: Das Insolvenzgericht ist zuständig für Klagen gegen den Beschluss des beauftragten Richters, in dem die Kündigungen genehmigt werden, also immer wenn es um die allgemeine Personalpolitik während des Verfahrens geht[849]. Fragen, die einen Arbeitnehmer individuell betreffen, werden dagegen vor das ordentliche Arbeitsgericht getragen[850].

2. Vergleichende Betrachtungen

Auch nach deutschem Recht unterliegen Arbeitsverträge einer gesonderten, im Vergleich zum Wahlrecht nach § 103 InsO abweichenden Regelung. Wie in Frankreich spiegelt auch die deutsche Regelung das Bestreben des Gesetzgebers wider, eine möglichst ausgewogene Lösung zwischen den

---

dass die Rechtsprechung bislang keine spezifische Begriffsdefinition zur Dringlichkeit, Unausweichbarkeit und Erforderlichkeit herausgearbeitet hat.

[846] Art. 194 Abs. 1 der Verordnung Nr. 2005-1677.

[847] Soc. 18. Jun. 1997, Bull. civ. V, Nr. 226; Rev. proc. coll. 1997. 357.

[848] Zu den Pflichten des Verwalters gehört insbesondere ein persönliches Gespräch mit jedem betroffenen Arbeitnehmer, wenn im Unternehmen weder Betriebsrat noch Personaldelegierte vorhanden sind. In diesem Gespräch werden den Arbeitnehmern ggf. mögliche Umschulungsmaßnahmen vorgeschlagen, zu denen sie innerhalb von 15 Tagen Stellung nehmen können. Der Verwalter hat gemäß Art. L. 631-17 Abs. 2 Satz 2 C. com. nachzuweisen, welche Maßnahmen diesbezüglich getroffen wurden. Im weiteren Verfahrensverlauf ist er auch zuständig für die Zustellung der Kündigungen.

[849] Z.B. wenn die Dringlichkeit, die Notwendigkeit oder die Gesamtzahl der Kündigungen bestritten werden.

[850] Etwa wenn eine Kündigung entgegen der gesetzlich vorgeschriebenen Rangfolge (Personalauswahl) erfolgt ist (Soc. 6. Mär. 1990, Bull. civ. V, Nr. 92; Soc. 5. Mai 1993, JCP 1993. I. 3721 Nr. 14).

Belangen der Arbeitnehmer und den Erfordernissen der Insolvenz zu finden. Schon aus diesem Grund fällt der Anteil von Vorschriften, in denen arbeitsrechtliche Problematiken behandelt werden, verhältnismäßig hoch aus[851]. Dabei ist die Niederlegung einer solchen insolvenzspezifischen arbeitsrechtlichen Regelung ein Novum im deutschen Recht. Lange Zeit nämlich wurden die wettbewerbsverzerrenden Wirkungen, die mit – im Vergleich zu einem solventen Unternehmen in aller Regel erleichterten – Kündigungsbedingungen einhergehen als zu gewichtig angesehen, um ein solches besonderes Arbeitsrecht zu rechtfertigen[852].

Hinsichtlich der Wirkungen der Verfahrenseröffnung auf die laufenden Arbeitsverhältnisse gilt in der Insolvenzordnung derselbe Ansatz wie im *Code de commerce*: Die Verträge bestehen zunächst fort[853]. Wäre dem nicht so, würde dies nicht nur die Betroffenen u.U. in Existenznot bringen, sondern damit wäre eine (selbst zeitweilige) Betriebsfortführung, mithin eine Sanierung des Unternehmens regelmäßig unmöglich. Nichtsdestoweniger ist freilich auch in der Insolvenzordnung vorgesehen, dass Arbeitsverträge nach Eröffnung des Insolvenzverfahrens gekündigt werden können. Auch hier gilt wie in Frankreich, dass zwar grundsätzlich das regelmäßige arbeitsrechtliche Kündigungsverfahren einzuhalten ist, gleichzeitig sind aber auch gewisse insolvenzspezifische Besonderheiten vorgesehen. Von Bedeutung sind insbesondere die Vorschrift von § 113 Abs. 1 InsO, wonach die Kündigungsfrist maximal drei Monate betragen darf, sowie § 123 Abs. 1 InsO, dessen Vorschrift eine Begrenzung des Gesamtsozialplanvolumens auf zweieinhalb Monatsgehälter der von der Kündigung betroffenen Mitarbeiter vorsieht, ferner die in § 125 Abs. 1 Nr. 1 InsO verankerte Vermutung, dass, falls ein Interessenausgleich geschlossen wurde, die im Rahmen einer Betriebsänderung erforderlichen betriebsbedingten Kündigungen ausreichend begründet sind.

Ein bedeutender Unterschied zwischen dem französischen und dem deutschen Recht ist, dass in Frankreich ein gerichtliches Organ des Insolvenzverfahrens – der beauftragte Richter – bei der Kündigung von Arbeitsverträgen eine Schlüsselfunktion hat. Nicht nur muss er den Kündigungen grundsätzlich zustimmen, sondern er entscheidet auch über die Anzahl der zu

[851] Vgl. im Wesentlichen die §§ 118 bis 128 InsO.

[852] Heinze, in: FS Gaul S. 185 ff.

[853] § 108 Abs. 1 Satz 1 InsO.

entlassenden Mitarbeiter sowie über die betroffenen Berufsgruppen. Eine vergleichbare Mitwirkung des Gerichts ist im deutschen Recht nicht vorgesehen. Schranken zur alleinigen Entscheidungsmacht des Insolvenzverwalters ergeben sich stattdessen aus § 160 InsO, dessen Vorschrift vorsieht, dass »besonders bedeutsame Rechtshandlungen« von dem Gläubigerausschuss oder, in Abwesenheit eines solchen, von der Gläubigerversammlung genehmigt werden müssen. Dieses Zustimmungserfordernis ist zumindest bei Entlassungen, die ein gewisses Volumen erreichen, einzuhalten, da bei der Abwägung der Bedeutsamkeit einer Rechtshandlung i.S.v. § 160 InsO primär der Belastungsgrad der Insolvenzmasse maßgeblich ist. Wird die Insolvenzmasse nur geringfügig belastet, dürfte der Insolvenzverwalter hingegen in der Lage sein, allein zu handeln[854]. Damit kommt auch für arbeitsrechtliche Fragen die in beiden Ländern unterschiedliche Gewichtung der Kompetenzverteilung zum Ausdruck: Die Einschränkung der Entscheidungsmacht des Verwalters ergibt sich in Frankreich zugunsten des Richters und in Deutschland zugunsten der Gläubiger, vertreten durch ihre Organe.

D. Die Erfüllung des Plans

I. Frankreich

1. Die Überwachung der Planerfüllung

Wie bereits erwähnt[855], endet die Beobachtungsphase mit dem Urteil, in dem der Sanierungsplan beschlossen wird, und grundsätzlich endet damit auch das Amt der Verfahrensorgane. Gemäß Art. L. 626-24 C. com. kann jedoch der Verwalter zum Zweck der Umsetzung des Sanierungsplans weiter im Amt bleiben. Im Fall eines Fortführungsplans kann er vom Gericht etwa beauftragt werden, bei Bedarf die Hauptversammlung der schuldnerischen Gesellschaft

[854] Während bei gewissen Vorgängen wie beispielsweise einer Betriebsveräußerung oder -stilllegung das Zustimmungserfordernis von § 160 InsO unstrittig zum Tragen kommt, ist unklar, ob es eine allgemeine Mindestgrenze gibt, deren Überschreitung als Erfüllung des Kriteriums der Bedeutsamkeit angesehen werden darf. Teilweise wird eine Grenze von 10% der Insolvenzmasse vorgeschlagen, andere Quellen halten dies für zu niedrig und schlagen im Übrigen vor, als Maßstab nicht allein die finanzielle Belastung der Masse sondern auch andere Kriterien heranzuziehen (vgl. Braun, Insolvenzordnung, § 160 Rn. 3 m.w.N.).

[855] Vgl. oben Abschnitt B.I.3.b.

einzuberufen, damit sie über die im Plan vorgesehenen Satzungsänderungen entscheidet[856]; bei einem Übertragungsplan ist er zuständig für die praktische Durchführung der Transaktion, d.h. die Schließung der entsprechenden Kaufverträge[857]. Auch der Gläubigervertreter bleibt weiterhin im Amt, mindestens bis die Prüfung der Forderungen abgeschlossen ist[858].

Speziell für die Überwachung der Erfüllung des Sanierungsplans zuständig ist jedoch ein besonders zu diesem Zweck bestelltes Organ: der sog. Planerfüllungsbeauftragte (*commissaire à l'exécution du plan*), der vom Gericht im Urteil über den Plan bestellt wird[859]. Dies ist gemäß Art. L. 626-25 Abs. 1 Satz 1 C. com. entweder der Verwalter oder der Gläubigervertreter. In der Regel wird der Verwalter mit dieser Aufgabe betraut, wenn er den Plan angefertigt hat oder eine Fortführung beschlossen worden ist. Der Gläubigervertreter wird zum Planerfüllungsbeauftragten in den übrigen Fällen, etwa wenn während der Beobachtungsphase kein Verwalter bestellt worden ist[860]. Die Dauer des Amts des Planerfüllungsbeauftragten entspricht dem Zeitraum der Planumsetzung, die ebenfalls im Urteil festgelegt wird. Hierbei sind die Umstände des Einzelfalls maßgeblich, das Gesetz bestimmt lediglich Höchstgrenzen: 10 Jahre bzw. 15 Jahre, wenn es sich um ein landwirtschaftliches Unternehmen handelt[861]. Diese Höchstgrenzen gelten jedoch nicht, wenn Gläubigerausschüsse eingesetzt wurden[862] – in diesem Fall steht es den Gläubigern frei, auch längeren Umsetzungszeiträumen zuzustimmen[863]. Der Planerfüllungsbeauftragte kann von Amts wegen oder auf Antrag der Staatsanwaltschaft ersetzt werden[864].

Die allgemeine Aufgabe des Planerfüllungsbeauftragten ist, sicherzustellen, dass der Plan fristgerecht umgesetzt wird. Darüber erstattet er mindes-

---

[856] Art. L. 626-16 C. com.

[857] Art. L. 631-22 Abs. 2 C. com.

[858] Art. L. 626-24 Abs. C. com.

[859] Vgl. Jeantin/Le Cannu, Entreprises en difficulté, Rn. 897.

[860] Also im Fall einer Eigenverwaltung nach den Artt. L. 627-1 ff C. com. (Zum früheren vereinfachten Verfahren vgl. Saint-Alary-Houin, Entreprises en difficulté, Rn. 840.)

[861] Art. L. 626-12 C. com.

[862] Art. L. 626-30 Abs. 4 C. com.

[863] Vgl. Sénat-Gesetzgebungsausschuss, Bericht Nr. 335 vom 11. Mai 2005, S. 295.

[864] Art. L. 626-25 Abs. 7 C. com.

tens einmal jährlich Bericht[865]. Hierfür verfügt er über weitreichende Informationsmöglichkeiten: Nach Art. L. 626-25 Abs. 4 C. com. werden ihm auf Anfrage sämtliche erforderlichen Unterlagen übermittelt. Stellt er eine Pflichtverletzung fest, hat er diese dem Gericht sowie der Staatsanwaltschaft zu melden und darüber hinaus den Betriebsrat bzw. die Personaldelegierten darüber in Kenntnis zu setzen. Im Fall der Nichterfüllung des Plans ist der Planerfüllungsbeauftragte berechtigt, die gerichtliche Aufhebung des Plans zu beantragen[866].

Über diese reine Überwachungsaufgabe hinaus kommen dem Planerfüllungsbeauftragten auch weitere Funktionen zu. In gewisser Hinsicht agiert er als Organ, das auch für die Wahrung der Interessen der Gläubiger zuständig ist. So bestimmt Art. L. 632-4 Satz 1 C. com., dass er u.a. befugt ist, Insolvenzanfechtungsklagen einzuleiten. Darüber hinaus führt der Planerfüllungsbeauftragte Klagen fort, die während der Beobachtungsphase vom Verwalter oder vom Gläubigervertreter initiiert wurden, und ist auch berechtigt, neue Klagen im gemeinsamen Interesse der Gläubiger zu erheben[867]. Die gesetzliche Anerkennung einer aktiven Parteifähigkeit hinsichtlich neuer Klagen ist eine Neuerung der Reform von 2005, welche die zuvor ergangene Rechtsprechung insoweit bestätigt hat[868]. Umgekehrt wurden im Zug der Reform von 2005 aber die Vorschriften, denen zufolge der Planerfüllungsbeauftragte auch

[865] Art. 149 der Verordnung Nr. 2005-1677.

[866] Art. L. 626-27-II C. com. Diese Vorschrift bezieht sich auf den Fortführungsplan im Rahmen der *Sauvegarde* und ist gemäß Art. L. 631-19-I C. com. auch im *Redressement judiciaire* anzuwenden. Indessen findet sich keine Vorschrift, die dem Planerfüllungsbeauftragten ein entsprechendes Antragsrecht im Fall der Nichterfüllung eines Übertragungsplans ausdrücklich einräumt. In der bis 31.12.2005 geltenden Regelung bestand ein solches Recht (vgl. Art. L. 621-91 Abs. 4 Satz 2 C. com. a.F.) und in der Literatur wird vertreten, dass der Planerfüllungsbeauftragte auch in Abwesenheit einer Spezialvorschrift antragsberechtigt sein muss, da dies im Sinn des Gesetzes ist (vgl. Jeantin/Le Cannu, Entreprises en difficulté, Rn. 1100).

[867] Art. L. 626-25 Abs. 2 und 3 C. com.

[868] Grundsätzlich: Com. 12. Juli 1994, D. 1995. Somm. 1; JCP 1995. 1. 3818: In dieser Entscheidung wurde dem Planerfüllungsbeauftragten in Abwesenheit eines ausdrücklichen gesetzlichen Verbots das Recht zugesprochen, gegen Dritte zu klagen, deren Handlungen zu einer Verschlechterung der Vermögenslage des Schuldners beigetragen haben. (Vgl. auch Com. 20. Mai 1997, Bull. civ. IV, Nr. 148; RTDCom. 2000. 447; D. 1998. Somm. 11.) Zur allg. Rechtsentwicklung diesbezüglich vgl. Ripert/Roblot, Droit commercial II, Rn. 3179; Saint-Alary-Houin, Entreprises en difficulté, Rn. 841-1.

diverse zivil- und strafrechtliche Klagen gegen die geschäftsführenden Organe des Schuldners einleiten durfte[869], nicht übernommen. Es ist davon auszugehen, dass fortan der Planerfüllungsbeauftragte in diesen Fällen nicht mehr klageberechtigt ist[870].

2. Die Änderung des Plans

Der *Code de commerce* enthält ein besonderes Verfahren zur Änderung des Sanierungsplans, das zum Tragen kommt, wenn es sich um eine »wesentliche Änderung der Ziele oder der Mittel des Plans« handelt[871]. Das Gesetz unterscheidet hierbei zwischen der Änderung eines Fortführungsplans und der eines Übertragungsplans[872], wobei beide Verfahrensvarianten ähnlich gestaltet sind.

Das Änderungsverfahren läuft in beiden Fällen vor dem Insolvenzgericht ab. Antragsberechtigt ist bei einem Fortführungsplan der Schuldner und bei einem Übertragungsplan der Übernehmer[873]. Bei der Änderung eines Fortführungsplans muss vor der Entscheidung des Gerichts der Planerfüllungsbeauftragte über die geplante Änderung berichten. Für beide Planvarianten muss zudem die Stellungnahme der Staatsanwaltschaft eingeholt sowie eine Reihe von Anhörungen vorgenommen werden, u.a. der Vertreter der Belegschaft, des Schuldners sowie jeder Person, die ein Interesse geltend macht. Interessierte im Sinn des Gesetzes sind regelmäßig die Gläubiger, die aufgefordert werden müssen, innerhalb von 15 Tagen Stellung zu nehmen, wenn die Tilgung der Verbindlichkeiten Gegenstand der Planänderung ist[874].

---

[869] Vgl. insbesondere die Artt. L. 624-6 i.V.m. L. 624-3 C. com. a.F. (Klage auf Begleichung eines Teils der Schulden mit dem Privatvermögen) sowie L. 624-4 und L. 624-5 C. com. a.F. (Klage auf Eröffnung eines Insolvenzverfahrens gegen einen Geschäftsführer). Das Klagerecht des Planerfüllungsbeauftragten vor den Strafgerichten ergab sich aus Art. L. 626-16 C. com. a.F. (Bankrott).

[870] Zu den Klageberechtigten nach der neuen Regelung vgl. insbesondere die Artt. L. 651-3 Abs. 1 und L. 653-7 C. com.

[871] »*Modification substantielle dans les objectifs ou les moyens du plan*«.

[872] Vgl. Art. L. 626-26 C. com. (Fortführungsplan); Art. L. 642-6 C. com. (Übertragungsplan).

[873] Hinsichtlich des Übertragungsplans war die Regelung vor der Reform von 2005 diesbezüglich unklar, vgl. Ripert/Roblot, Droit commercial II, Rn. 3200.

[874] Vgl. Art. 156 Abs. 3 der Verordnung Nr. 2005-1677.

Ein zusätzlicher Verfahrensschritt ergibt sich aus der Reform von 2005, wenn der ursprüngliche Plan von den zwei Gläubigerausschüssen angenommen wurde. In diesem Fall ist vorgesehen, dass die Ausschüsse erneut zusammentreffen und die Planänderung annehmen müssen, bevor das Gericht diese beschließen kann[875], was gewisse praktische Schwierigkeiten mit sich bringen kann[876].

Nach Kenntnisnahme des Berichts des Planerfüllungsbeauftragten und Durchführung der gesetzlich vorgeschriebenen Anhörungen entscheidet das Insolvenzgericht in öffentlicher Sitzung über die Änderung des Plans im Weg eines Urteils, das gemäß der vor der Reform von 2005 ergangenen Rechtsprechung nicht etwa als ein neuer Plan, sondern als ein Teil des bereits beschlossenen Plans anzusehen ist[877]. Über die Änderung des Plans entscheidet das Gericht nach Ermessen. Diesem Ermessen sind jedoch zweierlei Schranken gesetzt. Erstens darf bei einem Übertragungsplan der Kaufpreis nicht angetastet werden. Ist der Übernehmer nicht in der Lage, den vereinbarten Kaufpreis zu entrichten, kann dies dazu führen, dass gegen ihn ein Insolvenzverfahren eröffnet wird (sofern Zahlungsunfähigkeit vorliegt). Zweitens ist es nicht zulässig, in die Rechte der Gläubiger ohne deren Zustimmung einzugreifen, z.B. um ihnen weitere Forderungskürzungen aufzuzwingen. Ebenso wie im Rahmen der Planverabschiedung greift auch hier der Grundsatz von Art. L. 626-10 Abs. 3 C. com., demgemäß sämtlichen Personen, die sich zur Erfüllung des Plans verpflichtet haben, keine anderen Lasten auferlegt werden dürfen, als die, denen sie ausdrücklich zugestimmt haben[878]. Unberührt bleiben dürfte dagegen die Möglichkeit für das Gericht, im Weg einer Planänderung sog. uniforme Zahlungsfristen ohne die Zustimmung der Betroffenen anzuordnen[879].

Planänderungen, die nicht als »wesentlich« anzusehen sind, unterliegen nicht dem vorstehend erläuterten Verfahren. Da sie auch nach der Reform von 2005 im Gesetz nicht erwähnt werden, ist davon auszugehen, dass sie formlos vom Schuldner (Fortführungsplan) bzw. Übernehmer (Übertragungsplan)

---

875 Art. L. 626-31 Abs. 2 C. com.

876 Jeantin/Le Cannu, Entreprises en difficulté, Rn. 963.

877 Com. 3. Apr. 1991, PA 1994, Nr. 20 S. 13.

878 Saint-Alary-Houin, Entreprises en difficulté, Rn. 904.

879 Wie bei der ursprünglichen Bestätigung des Plans, vgl. unten Kapitel 7, Abschnitt B.II.1.a.aa.

vorgenommen werden dürfen[880]. Dabei kann sich die Unterscheidung zwischen einer wesentlichen und einer nicht wesentlichen Änderung als schwierig erweisen, zumal keine Legaldefinition des Begriffs der Wesentlichkeit gegeben ist. Gemäß der vor der Reform von 2005 ergangenen Rechtsprechung, die weiterhin anwendbar sein dürfte, wurde dies als eine Sachfrage gewertet, die dem ausschließlichen Ermessen der Tatrichter unterliegt und vom Kassationshof daher nicht geprüft wird[881].

3. Folgen der Nichterfüllung

Wurde der Plan vollständig erfüllt, stellt das Gericht dies auf Antrag des Planerfüllungsbeauftragten, des Schuldners oder jeder Person, die ein Interesse geltend macht, in einem gesonderten Urteil fest[882]. Wurde jedoch gegen die im Plan festgelegten Pflichten verstoßen, hat dies unterschiedliche Konsequenzen, die im Folgenden näher untersucht werden.

a) Die Aufhebung des Plans

Die Pflichten, die im Sanierungsplan festgelegt werden, richten sich im Fall eines Fortführungsplans primär an den Schuldner, im Fall einer Übertragung an den Übernehmer. Die Nichterfüllung dieser Pflichten führt zur gerichtlichen Aufhebung des Plans (*résolution judiciaire*) gemäß Art. L. 626-27 (Fortführungsplan) bzw. Art. L. 642-11 Abs. 2 und 3 C. com. (Übertragungsplan)[883]. Diese Vorschriften knüpfen an die Nichterfüllung einer Pflicht des Schuldners bzw. des Übernehmers, ohne dass dabei die Natur der missachteten Pflicht ausschlaggebend ist. Bis zum Inkrafttreten der Novellierung von 1994 war die Lage diesbezüglich wesentlich unklarer, da die Aufhebung des Plans einzig für den Fortführungsplan ausdrücklich vorgesehen war, wenn der Schuldner seinen finanziellen Verpflichtungen (*engagements financiers*)

---

[880] Vgl. Jeantin/Le Cannu, Entreprises en difficulté, Rn. 960, 1095.

[881] Vgl. Saint-Alary-Houin, Entreprises en difficulté, Rn. 903 und 992, mit Beispielen aus der Rechtsprechung für wesentliche Änderungen des Plans.

[882] Art. L. 626-28 C. com.

[883] Der Vollständigkeit halber sei hier noch Art. L. 642-17 C. com. erwähnt, dessen Vorschrift die Aufhebung eines Übertragungsplans mit zeitweiliger Verpachtung (*location-gérance*) des Unternehmens regelt, wenn der Pächter/Übernehmer gegen seine Pflichten aus dem Pachtvertrag verstoßen hat. (Zu dieser Variante des Übertragungsplans vgl. unten, Kapitel 7, Abschnitt A.I.1.b)

nicht nachgekommen war[884]. Diese Einschränkung diente dazu, dem Plan eine besonders hohe Stabilität zu verleihen, doch war damit auch eine erhebliche Unsicherheit in allen übrigen Fällen verbunden, also wenn eine nichtfinanzielle Pflicht vom Schuldner missachtet oder wenn die Pflichtverletzung nicht vom Schuldner, sondern von einem Dritten ausging, schließlich bei jeglicher Art von Verletzung eines Übertragungsplans. Die Rechtsprechung kam schnell zu dem Schluss, dass die Aufhebung auch in den Fällen zum Tragen kommen musste, in denen sie nicht ausdrücklich im Gesetz vorgesehen war[885]. Der Gesetzgeber von 1994 hat diese Lösung aufgegriffen und die Aufhebung des Plans für beide Planarten verallgemeinert, etwa dann, wenn die planmäßigen Verpflichtungen zur Tilgung der Verbindlichkeiten nicht oder nicht fristgerecht eingehalten wurden[886] oder der Kaufpreis nicht entrichtet worden ist. Diese Lösungsansätze sollten auch nach der Reform von 2005 ihre Gültigkeit behalten, da im Gesetz weiterhin nicht nach der Natur der verletzten Pflicht unterschieden wird.

Berechtigt, die Aufhebung des Plans vor dem Insolvenzgericht zu beantragen, ist im Fall eines Fortführungsplans jeder Gläubiger, der Planerfüllungsbeauftragte und der Staatsanwalt, bei einem Übertragungsplan ein Gläubiger, der (im *Redressement judiciaire* nicht vorhandene) Liquidator sowie, seit der Reform von 2005, auch jede Person, die ein Interesse geltend machen kann[887]. Eine Aufhebung von Amts wegen ist für beide Planvarianten möglich. Nicht berechtigt, die Aufhebung zu beantragen, sind demnach insbesondere der Insolvenzschuldner und der Übernehmer.

---

884 Vgl. Art. 80 Abs. 1 des Gesetzes Nr. 85-98 i.d.F. vom 25. Januar 1985. Zu den Umsetzungsschwierigkeiten dieses Systems in der Gerichtspraxis vgl. insbesondere Frison-Roche, Rev. proc. coll. 1994, S. 339 ff.

885 Com. 9. Juni 1998, Bull. civ. IV, Nr. 187; D. 1998. Somm. 328; RTDCom. 1998. 933 (Aufhebung eines Übertragungsplans wegen Nichtbezahlung des Kaufpreises auf der Grundlage des allgemeinen Vertragsrechts).

886 Für ein Fallbeispiel vgl. Com. 9. Dez. 1997, Bull. civ. IV, Nr. 330 (Aufhebung eines Fortführungsplans bei Nichtbezahlung der Tilgungsraten durch den Schuldner, ohne dass es einer Mahnung bedarf).

887 Zum nicht ausdrücklich erwähnten Planerfüllungsbeauftragten vgl. bereits oben Abschnitt 1.

Über die Aufhebung des Plans, die grundsätzlich fakultativ ist[888], wird vom Gericht nach Ermessen entschieden[889]. Die Reform von 2005 hat jedoch einen zwingenden Aufhebungsgrund eingeführt, wenn (im Fall eines Fortführungsplans) der Schuldner zahlungsunfähig ist, was etwa bei der Nichtentrichtung von Tilgungsraten regelmäßig der Fall sein dürfte[890]. Maßgeblich ist die Schwere der Pflichtverletzung und inwiefern sie im Einzelfall mit einer weiteren Umsetzung des Plans vereinbar ist. Entsprechend unterschiedlich fallen auch die Entscheidungen der Erst- und Zweitinstanzgerichte aus[891]. Grundsätzlich wird die Möglichkeit einer nachträglichen Heilung der Pflichtverletzung von der Rechtsprechung anerkannt, da nicht etwa der Zeitpunkt des Verstoßes, sondern der der gerichtlichen Verhandlung für die Bewertung des Aufhebungsgrundes maßgeblich ist. Wenn somit zum Zeitpunkt der Gerichtsverhandlung der Mangel nicht mehr besteht, wird der Plan auch nicht aufgehoben[892].

Die Reform von 2005 hat die Folgen der Planaufhebung teilweise geändert. Zuvor ließ der primär auf den Rücktritt von einem gegenseitigen Vertrag zugeschnittene Begriff *Résolution* darauf schließen, dass der Plan rückwirkend zunichte gemacht werden musste. Nach der allgemeinen Schuldrechtslehre bewirkt diese Form der Anfechtung nämlich eine Wiedereinset-

888 Vgl. die Artt. L. 626-27-I Satz 1 und 642-11 Abs. 2 C. com.: »*le tribunal peut (...) prononcer la résolution du plan*«.

889 Vgl. Soinne, Traité, Rn. 1774. Die dort angeführte Rechtsprechung bezieht sich auf den Übertragungsplan, sie sollte aufgrund des identisch gefassten Wortlauts der einschlägigen Gesetzesbestimmungen hinsichtlich beider Planvarianten vor und nach der Reform von 2005 jedoch sinngemäß für den Fortführungsplan gelten.

890 Art. L. 626-27-I Abs. 2 C. com.

891 Psychologische Erwägungen spielen – vor allem wenn es um die Aufhebung eines Fortführungsplans geht – oftmals eine ausschlaggebende Rolle. So wurde in einem Fall der Plan nicht aufgehoben, weil dies eine »unverhältnismäßige Sanktion« für den Schuldner dargestellt hätte, dessen guter Wille darüber hinaus nicht angezweifelt wurde. In einem anderen Fall dagegen wurde der Plan aufgehoben, weil der Schuldner »nicht einmal« die erste plangemäße Zahlung geleistet hatte (vgl. Soinne, Traité, Rn. 1627 und die dort angegebene Rechtsprechung).

892 Toulouse, 6. Juni 1988, Rev. proc. coll. 1988, S. 524 Nr. 25. Das Gericht stützt sich auf Art. 94 Abs. 2 der Verordnung Nr. 85-1388 (heute unverändert Art. 158 Abs. 2 der Verordnung Nr. 2005-1677), dessen Vorschrift vorsieht, dass der Schuldner dem Gericht Lösungsvorschläge zur Behebung des Mangels unterbreitet.

zung in den vorigen Stand[893] und ist insoweit vom Begriff der *Résiliation*, also der ausschließlich zukunftsbezogenen Kündigung, zu unterscheiden. Eine solche Rückwirkung wurde im Fall der Aufhebung eines Sanierungsplans jedoch überwiegend als unsachgemäß gewertet, weil mit ihr erhebliche praktische Durchführungsschwierigkeiten verbunden sind, etwa wenn Teilleistungen bereits erfolgt sind oder wenn in Folge einer Übertragung das schuldnerische Unternehmen bereits zerschlagen worden ist[894]. Aus diesem Grund wurde die Rückwirkung der Planaufhebung von den Gerichten in aller Regel ausgeschlossen[895]. Das Reformgesetz vom 26. Juli 2005 hat nun ein System eingeführt, in dem die Wirkungen der Aufhebung sich je nach dem betroffenen Plantyp unterscheiden:

- Bei der Nichterfüllung eines Übertragungsplans ist nun ausdrücklich vorgesehen, dass das Gericht den Plan aufhebt und zusätzlich entweder eine rückwirkende *Résolution* oder eine nur zukunftsbezogene *Résiliation* der mit dem Plan verbundenen Ausführungsgeschäfte beschließen kann[896]. Gleichzeitig sind die vom Käufer bisher geleisteten Teilzahlungen nicht erstattbar[897], was als eine Art Vertragsstrafe anzusehen ist, um den Übernehmer zur vollständigen Erfüllung des Plans zu bewegen[898].
- Im Fall eines Fortführungsplans ist die Folge der Nichterfüllung nach wie vor die *Résolution*. Im Gesetz ist nun festgeschrieben, dass die im Plan gewährten Zahlungsfristen unter Berücksichtigung der bislang

---

893 »*...qui remet les choses au même état que si l'obligation n'avait pas existé*« (Art. 1183 Abs. 1 C. civ).

894 Vgl. Saint-Alary-Houin, Entreprises en difficulté, Rn. 913, 999 sowie Ripert/Roblot, Droit commercial II, Rn. 3194 und Soinne, Traité, Rn. 1632.

895 Für die Aufhebung eines Fortführungsplans vgl. Paris, 23. März 1988, Rev. jurispr. comm. 1989. 218; Metz, 25. Okt. 1988, Rev. proc. coll. 1990. 156; Paris, 15. Jan. 1991, D. 1992. Somm. 92. Bei der Aufhebung eines Übertragungsplans unterscheidet der Kassationshof zwischen einerseits dem Plan an sich, der rückwirkend aufgehoben wird, sodass etwa die von den Gläubigern gewährten Stundungen und Erlasse als nicht erteilt gelten, und andererseits den vom Plan zu unterscheidenden Ausführungsakten (etwa dem Kaufvertrag über die Betriebseinheiten) die weiterhin bestehen bleiben (Com. 22. Juni 1993, JCP 1993. IV. 2181; Rev. proc. coll. 1994. 240).

896 Art. L. 642-11 Abs. 3 Satz 1 C. com.

897 Art. L. 642-11 Abs. 3 Satz 2 C. com.

898 Jeantin/Le Cannu, Entreprises en difficulté, Rn. 1101.

erhaltenen Teilzahlungen verfallen – insoweit hat die Aufhebung also einen rückwirkenden Effekt.

Typischerweise wird nach der Aufhebung eines Plans ein Anschlussinsolvenzverfahren durchgeführt. Dies geschieht jedoch nicht automatisch, da das Anschlussverfahren an die Erfüllung gewisser Voraussetzungen geknüpft ist, wie im Folgenden gezeigt wird.

b) Anschlussinsolvenzverfahren

aa) Bei Nichterfüllung eines Fortführungsplans

Bis zur Reform von 2005 galt, dass die Aufhebung eines Fortführungsplans zwingend zur Eröffnung eines Anschlussliquidationsverfahrens gegen den Schuldner führte. Die Eröffnung dieses Anschlusskonkurses, die sich aus einem besonderen Eröffnungsgrund – der Aufhebung des Plans – ergab, erforderte insbesondere keine erneute Feststellung der Zahlungsunfähigkeit[899]. Dies stieß zunehmend auf Kritik, insofern dieser Automatismus als ein Überrest früherer Konkurskonzeptionen angesehen wurde, der im Widerspruch zur bereits mit der Regelung von 1967 erklärten Trennung von Mensch und Unternehmen stand und aus marktwirtschaftlicher Sicht nicht mehr gerechtfertigt erschien[900]. Nicht ersichtlich war insbesondere, weshalb selbst die Möglichkeit einer planmäßigen Übertragung verwehrt wurde[901].

Das Reformgesetz von 2005 hat diesen Einwand weitgehend aufgegriffen: Zwar sieht die neue Regelung nun ausdrücklich vor, dass ein Anschlussverfahren nun dann eröffnet wird, wenn Zahlungsunfähigkeit eingetreten ist. Dieses Anschlussverfahren ist dann jedoch zwingend ein Liquidationsverfahren – ein weiteres *Redressement judiciaire* oder gar eine *Conciliation* kommen also nicht in Betracht. Da im neuen Recht ein Übertragungsplan jedoch auch im Liquidationsverfahren möglich ist, ist der Ausgang des Anschlussverfahrens nicht mehr zwangsläufig die Zerschlagung oder die (auch im früheren Recht mögliche) außerplanmäßige Unternehmensübertragung. Die einzige Alternative, die nun ausscheidet, ist die Fortführung unter dem bisherigen

[899] Com. 23. Mai 1995, Bull. civ. IV, Nr. 154; Com. 27. Okt. 1998, Rev. Lamy droit des Affaires 1998, Nr. 200.

[900] Vgl. Saint-Alary-Houin, Entreprises en difficulté, Rn. 913.

[901] Vgl. Teboul, Gaz. Pal. 2000. Doctr. 2188

Rechtsträger, was unter praktischen Gesichtspunkten angesichts der Tatsache, dass ein fehlgeschlagener Fortführungsversuch bereits unternommen worden ist, nicht unsachgerecht erscheint[902].

Das Anschlussliquidationsverfahren ist grundsätzlich als ein eigenständiges und vom vorangegangenen *Redressement judiciaire* unabhängiges Verfahren anzusehen. Ein gewisser Bezug zum diesem bleibt jedoch erhalten: So ist für die Anschlussliquidation dasselbe Gericht zuständig wie für das erste Verfahren[903] und Gläubiger, die bereits Teilzahlungen erhalten haben, haben im Anschlussverfahren wie oben angemerkt nur Anspruch auf den noch ausstehenden Teil ihrer Forderung. Eine praktisch wichtige Neuerung der Reform von 2005 ergibt sich aus Art. L. 626-27-III Satz 2 C. com., demzufolge die Gläubiger, die am Plan teilnehmen, im Anschlussverfahren ihre Forderung nicht erneut anmelden müssen.

bb) Bei Nichterfüllung eines Übertragungsplans

Vor der Reform von 2005 war die Frage der Eröffnung eines Anschlussverfahrens bei Nichterfüllung eines Übertragungsplans unterschiedlich geregelt. Eine automatische Eröffnung war nur im Fall einer Übertragung mit zeitweiliger Verpachtung (*location-gérance*) vorgesehen, ohne dass es erforderlich war, die Zahlungsunfähigkeit des Übernehmers bzw. Schuldners festzustellen[904]. Mit der Reform von 2005 wurde auch dieser automatische Eröffnungsfall abgeschafft, so dass es nun der Feststellung der Zahlungsunfähigkeit bedarf, um ein neues Insolvenzverfahren eröffnen zu können.

Dasselbe gilt bei Nichterfüllung eines Übertragungsplans in seiner »einfachen« Variante, also ohne zeitweise Verpachtung des Unternehmens. Gegen den Übernehmer kann in Abwesenheit einer Spezialvorschrift ein Insolvenzverfahren nur eröffnet werden, wenn die allgemeinen Verfahrensvoraussetzungen erfüllt sind. In aller Regel wird das Verfahren, das zum Beschluss des Übertragungsplans geführt hat, wieder aufgenommen, sofern

---

[902] Vgl. Sénat-Gesetzgebungsausschuss, Bericht Nr. 335 vom 11. Mai 2005, S. 286 f., wo angemerkt wird, dass die Eröffnung einer Anschlussliquidation als eine Maßnahme anzusehen ist, die nicht dem (persönlichen) Scheitern des Schuldners, sondern dem wirtschaftlichen Scheitern des vorangegangenen Plans Rechnung trägt.

[903] So zumindest vor Inkrafttreten der Reform von 2005, vgl. Versailles, 26. Sept. 1988, JCP. E. 1989. 15591 Nr. 8; Paris, 26. Jan. 1989, D. 1989. Somm. 215.

[904] Vgl. die Artt. L. 621-98 Abs. 3 Satz 1 sowie L. 621-101 Abs. 1 C. com. a.F.

dieses noch anhängig ist[905]. Dies bewirkt insbesondere, dass die Rangfolge der Gläubiger beibehalten wird und letztere ihre Forderung nicht erneut anmelden müssen[906]. Ist das Verfahren dagegen bereits abgeschlossen – was voraussetzt, dass der Kaufpreis vollständig gezahlt wurde und die Gläubiger planmäßig befriedigt wurden – sollte kein Anlass bestehen, ein neues Verfahren gegen den (ehemaligen) Insolvenzschuldner zu eröffnen. In Abwesenheit einer Sondervorschrift dürfte die Eröffnung eines neuen Insolvenzverfahrens auch hier nur bei Vorliegen der allgemeinen Eröffnungsvoraussetzungen in Betracht kommen, wobei aus dem Gesetz nicht eindeutig hervorgeht, welche Folgen die komplette Rückabwicklung des Plans und der anschließenden Erfüllungsgeschäfte nach Beendigung des Verfahrens mit sich bringen würde.

c) Sonstige Folgen der Nichterfüllung

Solange die Aufhebung des Plans nicht beschlossen worden ist, steht es jedem Betroffenen frei, seine Erfüllung gemäß den allgemeinen Regeln des Zivilrechts zu erzwingen. Somit spricht die Rechtsprechung Gläubigern, die im Rahmen eines Fortführungsplans nicht plangemäß ausbezahlt worden sind, das Recht zu, ihre Ansprüche über den Klageweg durchzusetzen[907]. In Betracht kommen dabei insbesondere eine einstweilige Anordnung zwecks Erfüllung der im Plan festgestellten Ansprüche oder eine Schadensersatzklage gegen die Personen, die plangemäß zur Erfüllung verpflichtet sind[908]. Diese Lösung dürfte wohl auch gegen den Übernehmer im Fall der Nichterfüllung eines Übertragungsplans entsprechende Anwendung finden[909].

Für den Fall einer Nichtentrichtung von Tilgungsraten im Rahmen eines Fortführungsplans gilt zudem seit der Reform von 2005, dass auch der Planerfüllungsbeauftragte ihre Ausbezahlung verfolgen kann. Dies gilt freilich nur, insoweit das Gericht die Aufhebung des Plans nicht beschlossen hat[910].

---

[905] Com. 6. Dez. 1994, JCP 1995. I. 3841 Nr. 3; RTDCom. 1996. 129.

[906] Paris, 9. Feb. 2000, D. 2000. AJ. 200.

[907] Com. 14. März 1995, D. 1995 IR. 99.

[908] Jeantin/Le Cannu, Entreprises en difficulté, Rn. 952.

[909] D.A.: Pétel, Procédures collectives, Rn. 341.

[910] Art. L. 626-27-I Abs. 1 Satz 2 C. com.

II. Vergleichende Betrachtungen

Die Bestätigung des Insolvenzplans bewirkt gemäß § 258 Abs. 1 InsO auch in Deutschland die Aufhebung des Verfahrens und die Beendigung des Amts des Insolvenzverwalters. Um die Umsetzung des Plans zu sichern, sieht die Insolvenzordnung ähnlich wie der *Code de commerce* die Möglichkeit einer Überwachung der Planerfüllung vor. Im Gegensatz zur französischen Regelung ist die Überwachung jedoch nicht systematisch, sondern sie muss im Plan ausdrücklich vorgesehen werden[911]. Ebenfalls den Beteiligten überlassen ist die Wahl des Überwachungsorgans – wird im Plan nichts anderes vereinbart, ist das der Insolvenzverwalter[912]. Seine vorrangige Aufgabe bezieht sich dabei wie bei dem französischen Planerfüllungsbeauftragten auf die Anzeige der Nichterfüllung von im Plan vereinbarten Pflichten. Bei der Informationsbeschaffung hat das deutsche Überwachungsorgan in etwa dieselben Befugnisse wie ein vorläufiger Insolvenzverwalter und kann u.a. die Betriebsräume des Schuldners betreten, Einsicht in die Bücher nehmen oder die Mitwirkungspflicht gemäß § 97 InsO in Anspruch nehmen[913]. Ein Prozessführungsrecht steht ihm allerdings nur in seiner Eigenschaft als Insolvenzverwalter zu und ist außerdem auf die Fortführung von während des Verfahrens begonnenen Anfechtungsprozessen beschränkt[914]. Alles weitere, wie etwa das Prozessführungsrecht in neuen Prozessen, wird vom Schuldner ausgeübt, der mit der Beendigung des Verfahrens wieder vertretungs- und verfügungsberechtigt wird[915].

Im Fall der Nicht- oder Schlechterfüllung eines Anspruchs aus dem Insolvenzplan kann der hiervon betroffene Gläubiger in Deutschland anders als in Frankreich gegen den Schuldner vollstrecken[916]. Im Vergleich zum französischen Recht, wo der Vollstreckung eine Klage vorausgehen muss, um

[911] § 260 Abs. 1 InsO.

[912] § 261 Abs. 1 InsO. Bei einer Eigenverwaltung tritt an dessen Stelle sinngemäß der Sachwalter (§ 282 Abs. 2 InsO).

[913] Braun, Insolvenzordnung, § 261 Rn. 6.

[914] § 259 Abs. 3 InsO.

[915] Vgl. Bork, Insolvenzrecht Rn. 304 und Rn. 346.

[916] § 257 InsO.

einen Titel zu erlangen, ist das deutsche System für den Gläubiger somit vorteilhafter[917].

Wird ein »erheblicher Rückstand« bei der Erfüllung des Plans festgestellt, so folgt aus der sog. Wiederauflebensklausel in § 255 InsO, dass Stundungen und Erlasse hinfällig werden. Dies bedeutet, dass jeder von diesem Erfüllungsrückstand betroffene Gläubiger nun Anspruch auf Befriedigung seiner Forderung in voller Höhe hat, so wie sie vor der Abstimmung über den Plan bestand. Entsprechendes kennt das französische Recht nicht, zumindest wenn es darum geht, gegen den Schuldner die Zwangsvollstrekkung – der, wie eben gezeigt, eine Klage vorausgehen muss – zu betreiben. Durchsetzbar sind Gläubigeransprüche nur in dem Umfang, in dem sie aus dem Plan resultieren[918]. Ein Wiederaufleben der Forderungen in ihrer ursprünglichen Form findet in Frankreich nur dann statt, wenn der Plan vom Gericht aufgehoben worden ist. Ein Folgeinsolvenzverfahren kann nach deutschem Recht nur nach Maßgabe der allgemeinen Eröffnungsvoraussetzungen zustande kommen. Dies setzt unter anderem voraus, dass ein entsprechender Antrag gestellt und ein zum Zeitpunkt der Gerichtsverhandlung bestehender Insolvenzgrund[919] festgestellt wird. Insoweit hat die französische Reform von 2005 mit der Abschaffung der automatischen Eröffnungsfälle eine Angleichung an das deutsche Recht bewirkt.

Im Fall einer erneuten Verfahrenseröffnung vor der vollständigen Erfüllung des Insolvenzplans werden – anders als bei Einzelzwangsvollstrekkungen auf der Grundlage des Plans – die planmäßigen Stundungen und Erlasse aller Gläubiger hinfällig[920]. Auch dies entspricht dem französischen Recht und ist insoweit nachvollziehbar, als die Gläubiger Kürzungen ihrer Forderungen unter der Annahme einer vollständigen planmäßigen Befriedigung in Kauf genommen haben und sie nicht schlechter dastehen sollen, als wenn sie den Planmaßnahmen im ersten Verfahren widersprochen hätten. Die beiden Regelungen unterscheiden sich jedoch teilweise hinsichtlich der Natur dieses zweiten Insolvenzverfahrens: Wie oben gezeigt, kann in Frankreich in gewissen Fällen ausschließlich ein Liquidationsverfahren durchgeführt werden. In Deutschland hingegen muss man in Abwesenheit anderslautender

917 Bork, Insolvenzrecht, Rn. 348.

918 Vgl. Pétel, Procédures collectives, Rn. 321.

919 Vgl. Braun, Insolvenzordnung, § 16 Rn. 14.

920 § 255 Abs. 2 InsO.

Vorschriften zu dem Schluss kommen, dass im zweiten Verfahren den Gläubigern erneut sämtliche Abwicklungsalternativen einschließlich der Durchführung eines Insolvenzplanverfahrens zur Verfügung stehen. Die Bedeutung der französischen Beschränkung auf ein Liquidationsverfahren im Fall der Aufhebung eines Fortführungsplans relativiert sich jedoch, insofern eine übertragende Sanierung auch im Liquidationsverfahren möglich ist und die Unterbindung eines weiteren Eigensanierungsversuchs unter praktischen Gesichtspunkten durchaus vertretbar erscheint.

Mit der im französischen Recht vorgesehenen speziellen Regelung für die Änderung des Plans schließlich kann vermieden werden, dass ein rechtswirksamer Plan, der in seiner vom Gericht bestätigten Form jedoch nicht erfüllt werden kann, aufgehoben und ein Anschlussinsolvenzverfahren durchgeführt wird. Dieser Ansatz erscheint sinnvoll, denn zahlreiche insbesondere unternehmensexterne Faktoren können zum Zeitpunkt der Erstellung des Plans nur bedingt vorhergesehen werden, gerade wenn dieser sich über einen längeren Zeitraum erstreckt – die Planumsetzung im Fall eines von den Gläubigerausschüssen angenommenen Plans kann in Frankreich immerhin bis zu 10 Jahre oder länger betragen. Es kann also wirtschaftlich sinnvoll und langfristig durchaus im Interesse der Gläubiger sein, einen Plan in abgeänderter Form beizubehalten. Dem deutschen Recht hingegen ist ein solches Planänderungsverfahren unbekannt, sodass ein Schuldner, der den Insolvenzplan nicht vollständig erfüllt, neben möglichen Zwangsvollstreckungen durch einzelne Gläubiger sich stets dem Risiko eines neuen Insolvenzverfahrens aussetzt. Um dieses Risiko einzugrenzen, sollten die Beteiligten potentielle künftige Leistungsstörungen möglichst umfassend im Voraus identifizieren und die entsprechenden Alternativregelungen in den Insolvenzplan integrieren. Dies setzt allerdings einen u.U. erheblichen Zusatzaufwand bei der Erstellung des Plans voraus, ohne dass dabei völlig ausgeschlossen werden kann, dass nicht doch unerwartete Leistungsstörungen eintreten.

Kapitel 7: Der Sanierungsplan

Nachfolgend wird der Inhalt des Plans nach französischem und nach deutschem Recht untersucht. Dabei werden zunächst die Grundmerkmale des Plans in beiden Rechtsordnungen vorgestellt, darunter die verschiedenen Grundtypen von Plänen, die Rechtsnatur des Plans sowie sein Verhältnis zu außerplanmäßigen Sanierungsinstrumenten (A). Anschließend wird untersucht, wie die Rechtstellung der Beteiligten durch den Plan berührt werden kann. Am Plan beteiligt bzw. von ihm betroffen sind zunächst der Insolvenzschuldner selbst sowie Personen, die in einem besonderen Verhältnis zu ihm stehen, wie etwa Geschäftsleitungsorgane und Bürgen. Was in aller Regel primär mit einem Plan bezweckt wird, ist jedoch die Änderung, d.h. Kürzung der Rechte der Gläubiger des Insolvenzschuldners, die je nach ihrer Stellung im Verfahren unterschiedlich vom Plan betroffen werden können. Eine Besonderheit der französischen Regelung ist schließlich, dass mit einem Übertragungsplan auch die Rechtstellung von Verfahrensfremden – in diesem Fall die Vertragspartner des Insolvenzschuldners – berührt werden kann (B).

A. Grundcharakteristika des Plans

I. Gesetzliche Planmodelle

1. Frankreich

In der Insolvenzregelung i.d.F. der Gesetze von 1985/1994 hatte der Sanierungsplan (*plan de redressement*) zwei mögliche Ausprägungen: zum einen der Fortführungsplan (*plan de continuation*), in dem das Unternehmen unter dem bisherigen Rechtsträger fortgeführt wurde, zum anderen der Übertragungsplan (*plan de cession*), mit dem das Unternehmen ganz oder teilweise an einen Dritten verkauft wurde. Beide Planarten waren grundsätzlich als gleichwertig anzusehen und konnten untereinander kombiniert werden, etwa in Form eines sog. Fortführungsplans mit teilweiser Übertragung von Vermögenswerten[921]. Vermögenswerte, die nicht Teil eines Fortführungs- oder Über-

[921] Plan de continuation avec cession partielle d'actifs, vgl. Art. L. 621-70 C. com. a.F.

tragungsplans waren, wurden indessen nach den Regeln des Liquidationsverfahrens verwertet.

Die Reform von 2005 hat die allermeisten Vorschriften zum Planinhalt aus der alten Regelung übernommen, doch die systematische Einordnung der Plantypen und deren Zuordnung zu den verschiedenen Verfahrensarten wurden teilweise neu definiert. Im *Redressement judiciaire* ergibt sich nun folgendes Bild:

a) Fortführungsplan

Der Fortführungsplan heißt nicht mehr *Plan de continuation,* sondern *Plan de redressement.* Mit dieser Umbenennung sind jedoch keine besonderen Folgen verbunden, inhaltlich unterscheidet sich der Fortführungsplan n.F. nicht von seinem Vorgänger. Im Gesetzesabschnitt über das Redressement judiciaire finden sich nur wenige Spezialvorschriften über den Plan; durch den Verweis von Art. L. 631-19 Abs. 1 C. com. sind die Vorschriften des Plans im *Sauvegarde*-Verfahren entsprechend anzuwenden[922].

Der Fortführungsplan zielt auf die Eigensanierung d.h. die Unternehmensfortführung unter dem bisherigen Rechtsträger ab. Diese stellt das erklärte Ziel des *Redressement judiciaire* neue Fassung dar[923]. Dabei kommt es nicht nur auf eine punktuelle Bereinigung der Schuldenlage an, obgleich die Restrukturierung der Passivseite der Bilanz naturgemäß ein wesentlicher Bestandteil des Plans ist. Dieser ist jedoch mehr als nur ein Zahlungsmoratorium und zielt auf eine dauerhafte Reorganisation des Unternehmens ab, sei es in rechtlicher, wirtschaftlicher oder finanzieller Sicht. Dies wird im Rahmen eines Insolvenzverfahrens ermöglicht, indem das Gesetz die Durchführung und bisweilen auch die Durchsetzung von Sanierungsmaßnahmen z.T. ohne die ausdrückliche Zustimmung der Betroffenen ermöglicht. Dahingehend verstehen sich Maßnahmen wie beispielsweise die gerichtliche Gewährung zusätzlicher Zahlungsfristen zugunsten des Schuldners oder die Möglichkeit für das Gericht, bestimmte Gegenstände für einen gewissen Zeitraum für unveräußerlich zu erklären. Weitere Maßnahmen kann das Gericht indirekt herbeiführen, indem es sie nicht unmittelbar selbst beschließt, sondern als Voraussetzung zur Bestätigung des Plans erklärt. In diese Kategorie

[922] Vgl. die Artt. L. 626-1 ff. C. com.

[923] Vgl. hierzu oben Kapitel 2, Abschnitt C.I.2.

fallen etwa diverse Kapitalerhöhungsmaßnahmen und sonstige Änderungen des Gesellschaftsvertrags bzw. der Satzung, die das Gericht vorschreiben kann. Das Gericht ist hier weitgehend frei, generalklauselartig wird von Gesetzes wegen lediglich gefordert, dass diese Maßnahmen für die Restrukturierung erforderlich sind[924]. Auch auf der Ebene der operativen Restrukturierung kann der Fortführungsplan tiefgreifende Änderungen vorsehen, wie etwa die Stilllegung, die Übertragung oder auch das Hinzufügen neuer Geschäftszweige. Damit kann im Plan das Geschäftsmodell optimiert und die Leistungs- und Ertragsfähigkeit des Unternehmens wiederhergestellt werden. Einen weiteren wichtigen Aspekt des Plans stellen schließlich arbeitsrechtliche Maßnahmen dar. Regelmäßig ist ein mehr oder minder ausgeprägter Personalabbau erforderlich, der, wie oben gezeigt, während des Verfahrens, aber auch danach durchgeführt werden kann. Dabei gelten grundsätzlich die arbeitsrechtlichen Kündigungsregeln, es kommen aber auch gewisse insolvenzrechtliche Besonderheiten zum Tragen, die insbesondere die finanzielle Last der Personalmaßnahmen erleichtern.

b) Übertragungsplan

Die verfahrensrechtliche Zuordnung des Übertragungsplans (*plan de cession*), mit dem das Gesamtunternehmen oder eigenständige Betriebseinheiten an einen Dritten übertragen werden, war bis zuletzt ein viel diskutierter Streitpunkt während der Reform von 2005. Noch bis zum Gesetzentwurf, der im ersten Durchgang von der Nationalversammlung verabschiedet wurde, war man sich einig, dass die Übertragung dem Liquidationsverfahren zugeordnet werden sollte. Im Gegensatz zur Reform von 1985, aus der das Institut des Übertragungsplans hervorgegangen war[925], sah man die Übertragung nun in erster Linie als einen Verwertungsakt an, der als solcher nicht länger dem Sanierungsverfahren zugeordnet werden sollte[926]. Dementsprechend sollte die bisherige Regelung des Übertragungsplans zwar im Wesentlichen unverändert bleiben, aber in den Gesetzesabschnitt über das Liquidationsverfahren integriert werden. Diese Sichtweise stieß ebenfalls auf Kritik. Ihr wurde vorgeworfen, sie zeuge von einer veralteten und einschränkenden Sichtweise des

---

[924] Art. L. 626-15 C. com.

[925] Jeantin/Le Cannu, Entreprises en difficulté, Rn. 984.

[926] Vgl. Assemblée Nationale-Gesetzgebungsausschuss, Bericht Nr. 2095 vom 11. Februar 2005, S. 112 f.

Übertragungsplans[927], der eben nicht nur den bloßen Verkauf des Unternehmens zum Gegenstand habe, sondern der insbesondere auch den Erhalt von fortführungsfähigen Unternehmensteilen und Arbeitsplätzen bezwecke. Zum Teil ist dies sicherlich zutreffend, denn die Regelung des Übertragungsplans weist zahlreiche sanierungsbedingte Spezifika auf, wie etwa die Gestaltung der Planerstellung mit den darin vorgesehenen Ausschlussgründen hinsichtlich der Person des Übernehmers oder die Pflicht, ein voraussichtliches Beschäftigungs- und Veräußerungsprogramm für die folgenden Jahre darzulegen, damit sichergestellt ist, dass der Betrieb und die dazugehörigen Arbeitsplätze in der Zukunft erhalten bleiben. Dies sei das Gegenteil einer Zerschlagung, sodass das Liquidationsverfahren hier auch keinen geeigneten Rahmen biete[928]. Darüber hinaus würde der zwangsweise Übergang in ein neues Verfahren – ein Liquidationsverfahren – in den Fällen, in denen ein *Redressement judiciaire* eröffnet wird, am Ende der Beobachtungsphase aber kein Fortführungsplan zustande kommt, ein zusätzliches Verfahrenshindernis bedeuten, auf das besser verzichtet werden sollte.

Im Gesetz vom 26. Juli 2005 wurde letztlich eine Kompromisslösung getroffen. Zwar wurde die Regelung über den Übertragungsplan in den Gesetzesabschnitt über das Liquidationsverfahren integriert[929], das somit neben der klassischen Einzelverwertung von Vermögenswerten auch die planmäßige Übertragung des Unternehmens oder autonomer Unternehmensteile als weitere mögliche Verwertungsarten vorsieht[930]. Gleichzeitig wurde aber die Möglichkeit beibehalten, dass im *Redressement judiciaire*, wie schon vor der Reform von 2005, auch ein Übertragungsplan beschlossen werden kann. Dies ergibt sich aus Art. L. 631-22 Abs. 1 C. com., demzufolge die Vorschriften über die (planmäßige) Unternehmensübertragung nach den Regeln des Liquidationsverfahrens im *Redressement judiciaire* anwendbar sind[931]. Aus dersel-

927 Saint-Alary-Houin, Dr. et patr. Januar 2005.133, Abschnitt II.B.

928 Saint-Alary-Houin, Dr. et patr. Januar 2005.133, Abschnitt II.B.

929 Vgl. die Artt. L. 642-1 ff. C. com.

930 »*La procédure de liquidation judiciaire est destinée à mettre fin à l'activité de l'entreprise ou à réaliser le patrimoine du débiteur par une cession globale ou séparée de ses droits et de ses biens*« (Art. L. 640-1 Abs. 2 C. com.).

931 Dieser Verweis, der an allerletzter Stelle des allg. Teils der Regelung über das *Redressement judiciaire* steht, wurde im parlamentarischen Eilverfahren etwas notdürftig eingefügt und offensichtlich nicht völlig zu Ende gedacht. Das genaue Zusammenspiel der Regeln des Liquidationsverfahrens mit denen des *Redressement judiciaire* ist

ben Vorschrift ergibt sich allerdings auch, dass der Übertragungsplan als Alternative »zweiter Klasse« anzusehen ist, die dann zum Zuge kommt, wenn der Schuldner zu einer Eigensanierung nicht in der Lage ist, also wenn kein Fortführungsplan beschlossen wird. Diese Hierarchisierung der Abwicklungsalternativen, in der die Liquidation schlussendlich an dritter Stelle kommt, wenn weder eine Eigensanierung noch eine übertragende Sanierung in Betracht kommt, ist eine Neuerung der Reform von 2005. Fast unverändert ist hingegen die Regelung zum Inhalt des Übertragungsplans, der wie bisher das gesamte Unternehmen (*cession totale*) oder Teile davon (*cession partielle*) zum Gegenstand haben kann[932]. Bei einer Teilübertragung ist naturgemäß erforderlich, dass es sich um mindestens eine Betriebseinheit handelt, die einen sog. vollständigen und autonomen Geschäftszweig (*branches complètes et autonomes d'activités*) darstellt.

Eine besondere Variante des Übertragungsplans ist die Übertragung mit zeitweiliger Verpachtung des Unternehmens an den Übernehmer[933]. Die Besonderheit dieser Verpachtung im Vergleich zur üblichen handelsrechtlichen *Location-gérance* ist, dass sie unter erleichterten Bedingungen beschlossen werden kann[934] und dass nach Ablauf eines vom Gericht definierten Zeitraums von bis zu zwei Jahren der Pächter das Unternehmen endgültig erwirbt. Die mit der Verpachtung des schuldnerischen Unternehmens einhergehenden verfahrensrechtlichen Erschwernisse sowie das Risiko des faktischen Nichterwerbs am Ende der Pachtperiode hat der Gesetzgeber in Kauf genommen, sofern dies geeignet ist, zum Erhalt der Arbeitsplätze und zur Befriedigung der Gläubiger beizutragen[935]. Diese Variante ist insbesondere deshalb von

---

daher stellenweise nicht völlig eindeutig (vgl. hierzu Jeantin/Le Cannu, Entreprises en difficulté, Rn. 992 ff.).

[932] Übertragen werden stets Vermögenswerte (*asset deal*), nicht etwa die Anteile an der schuldnerischen Gesellschaft (*share deal*).

[933] *Plan de cession avec location-gérance*, geregelt in den Artt. L. 642-13 ff. C. com.

[934] Die Regelung der »normalen« *Location-gérance* findet sich in den Artt. L. 144-1 bis 144-13 C. com. Gemäß Art. L. 642-14 C. com. sind im Rahmen eines Insolvenzplans mit zeitweiliger Verpachtung die Artt. L. 144-3 und 144-4 (berufsbezogene Voraussetzungen hinsichtlich des Verpächters) sowie Art. L. 144-7 (gesamtschuldnerische Haftung zwischen Verpächter und Pächter) C. com. nicht anwendbar. Des Weiteren kann die Verpachtung selbst dann im Plan angeordnet werden, wenn dies im Mietvertrag über die Geschäfträume ausdrücklich ausgeschlossen ist (Art. L. 642-13 Abs. 1 C. com.).

[935] Art. L. 642-13 Abs. 1 C. com.

Interesse, weil sie dem Übernehmer die Möglichkeit bietet, während der Pacht die erforderlichen Mittel für den Erwerb des Unternehmens zu erwirtschaften[936].

c) Mischformen

Weitere Grundformen von Sanierungsplänen sind im *Code de commerce* nicht vorgesehen. Kombinationen zwischen mehreren Fortführungs- und/oder Übertragungsplänen sind jedoch zulässig, wie sich aus der gesetzlich vorgesehenen Möglichkeit von Teilübertragungen ergibt. Dabei in Betracht kommende Kombinationen sind insbesondere die folgenden:

- mehrere Teilübertragungspläne, die je mindestens einen autonomen Geschäftszweig zum Gegenstand haben;
- ein Fortführungsplan und ein Teilübertragungsplan/mehrere Teilübertragungspläne.

Nicht ausdrücklich im Gesetz vorgesehen sind die Fälle, in denen nur ein Teil des Unternehmens Gegenstand eines Plans ist. Solche Konstellationen sollten wie im bisherigen Recht im Rahmen des *Redressement judiciaire* möglich sein und dazu führen, dass Unternehmensteile, die weder unter dem alten Rechtsträger fortgeführt noch übertragen werden können, einzelverwertet werden. Dies war unter dem alten Recht ausdrücklich vorgesehen[937], in der Regelung nach der Reform von 2005 findet sich eine Bestimmung, in der diese Einzelverwertung (*cession partielle d'actifs*) lediglich erwähnt wird, und zwar im Rahmen der *Sauvegarde*. Durch entsprechenden Verweis kommt sie auch im *Redressement judiciaire* zum Tragen[938]. Etwas unklar ist die Lage allerdings, wenn am Ende der Beobachtungsphase kein Fortführungsplan, sondern (nur) ein Übertragungsplan beschlossen wird, dieser aber nicht alle Vermögenswerte des Schuldners umfasst. Es stellt sich die Frage, ob die Abwicklung dieses Residualvermögens noch im Rahmen des *Redressement judiciaire* erfolgt oder ob stattdessen in ein Liquidationsverfahren übergegangen werden muss. Die Verordnung scheint Letzteres zu bejahen, indem vorgesehen wird, dass im Anschluss an die gerichtliche Annahme eines Übertragungsplans das

---

[936] Jeantin/Le Cannu, Entreprises en difficulté, Rn. 1089.

[937] Vgl. Art. L. 621-83 Abs. 4 C. com. a.F.

[938] Art. L. 631-19-I i.V.m. Art. L. 626-23 C. com.

Verfahren zum Zweck eines Fortführungsplans *oder der Liquidation* fortgeführt wird[939].

2. Vergleichende Betrachtungen

In der deutschen Regelung folgt der Plan einer anderen Systematik als in Frankreich. Schon aus der amtlichen Bezeichnung »Insolvenzplan« geht hervor, dass er anders als der französische *Plan de redressement* nicht zwingend die Sanierung – sei es eine Eigen- oder eine Fremdsanierung – zum Gegenstand haben muss. Der Insolvenzplan nach der Insolvenzordnung ist ein zweckneutrales Instrument, das die Sanierung zum Gegenstand haben kann, aber nicht muss. Wie vorstehend gezeigt, geht dies bereits aus der Zielvorgabe von § 1 InsO hervor, aus dessen Vorschrift sich ergibt, dass die Sanierung höchstens ein sekundäres Verfahrensziel darstellt[940]. Noch deutlicher diesbezüglich ist § 217 InsO und die darin verankerte planspezifische Zielvorgabe. Dieser zufolge werden im Insolvenzplan festgelegt die Befriedigung der Insolvenzgläubiger und der Absonderungsberechtigten, die Verwertungs- und Verteilungsmodalitäten des schuldnerischen Vermögens bzw. des Erlöses sowie die Haftung des Schuldners nach Beendigung des Verfahrens, all dies in einer im Vergleich zum Regelverfahren abweichenden Weise. Hier ist die Sanierung also nicht einmal akzessorisch (wie in § 1 Satz 1 InsO) erwähnt, vielmehr richtet sich das Augenmerk des Gesetzgebers einzig auf haftungsverwirklichende Aspekte während und nach Beendigung des Verfahrens.

Eine Unterteilung der Insolvenzpläne in bestimmte vorgegebene Typen gibt es in der Insolvenzordnung nicht. Diese stellt lediglich einen verfahrensrechtlichen Rahmen zur Verfügung, der auf alle möglichen, inhaltlich nicht näher definierten Abwicklungsalternativen gleichermaßen anwendbar ist. Die Gestaltung des Insolvenzplans ist somit ganz den Beteiligten überlassen, was ihnen ermöglicht, »die im Einzelfall günstigste Art der Insolvenzbewältigung zu entdecken und durchzuführen«[941]. Somit sind die im *Code de commerce* vorgesehenen Grundtypen freilich auch in Deutschland denkbar, solange die Gläubiger (und der Schuldner) ihnen in der im vorstehenden Kapitel gezeigten Weise zustimmen und das Gericht diese Entscheidung bestätigt. Obgleich dies nicht aus dem Gesetz hervorgeht, werden auch in Deutschland Insolvenzpläne

---

939 Art. 209 der Verordnung Nr. 2005-1677.

940 Vgl. oben Kapitel 2, Abschnitt C.II.2.

941 Schiessler, Der Insolvenzplan S. 31.

typischerweise in Eigen- und Fremdsanierung bzw. Fortführung unter dem alten Rechtsträger und Übertragung unterteilt[942]. Mischformen und weitere Untervarianten, so wie sie in Frankreich etwa mit der Fortführung mit zeitweiliger Verpachtung existieren, sind in der Insolvenzordnung zwar nicht ausdrücklich vorgesehen, im Rahmen des privatautonomen Planverfahrens jedoch denkbar.

Der bedeutendste Unterschied zu Frankreich hinsichtlich der möglichen Plantypen besteht darin, dass nach deutschem Insolvenzrecht neben den oben beschriebenen Sanierungsvarianten auch verschiedene Arten von Liquidationsplänen zulässig sind. Damit kann die Insolvenzmasse in einer im Vergleich zum Regelverfahren abweichenden d.h. im Einzelfall günstigeren Weise verwertet werden, etwa zu einem späteren Zeitpunkt, nachdem der Betrieb noch eine Zeit fortgeführt worden ist[943]. Zwar ist in Frankreich auch in einem Liquidationsverfahren eine zeitweise Betriebsfortführung möglich, doch diese unterliegt relativ strengen gesetzlichen Vorgaben[944] und sie ist nur dann möglich, wenn dies im Interesse der Gläubiger oder der Allgemeinheit ist, bzw. wenn die Aussicht auf einen Übertragungsplan besteht[945]. Vor allem werden im französischen Liquidationsverfahren sämtliche Entscheidungen von einem gerichtlichen Organ getroffen – im Unterschied zu Deutschland verfügen die Gläubiger im französischen Liquidationsverfahren über keinerlei Gestaltungsmöglichkeiten.

Reine Liquidationspläne, die allein Verwertungs- und Verteilungsmodalitäten zum Gegenstand haben, sind jedoch auch in Deutschland nicht die Regel. Der wesentliche Vorzug dieses Plantyps ist eher darin zu sehen, dass mit ihm die Folgen eines fehlgeschlagenen Sanierungsversuchs – etwa einer Eigensanierung – bereits im Voraus geregelt werden können. Somit kann bereits im Vorfeld der Umsetzung des Plans eine Alternativlösung vorgesehen werden, um zu vermeiden, dass wie unter dem alten Konkursrecht ein neues Verfahren (damals das sog. Anschlusskonkursverfahren) eröffnet

---

942 Vgl. Begründung zu § 253 RegE (§ 217 InsO), abgedr. bei Balz/Landfermann, Die neuen Insolvenzgesetze, S. 324.

943 Vgl. Braun, Insolvenzordnung, vor § 217 Rn. 11.

944 Wie z.B. einer einmal verlängerbaren Höchstdauer von drei Monaten (Art. 231 der Verordnung Nr. 2005-1677).

945 Art. L. 641-10 Abs. 1 C. com.

werden muss[946]. Eine solche flexible Handhabung der Folgen der Nichterfüllung eines Sanierungsplans erlaubt das französische Recht nicht.

In beiden Ländern existiert schließlich eine besondere Form des Plans: der bedingte Plan. In der deutschen Regelung ist in § 249 InsO generalklauselartig vorgesehen, dass im Insolvenzplan Bedingungen enthalten sein können, die jedoch vor der gerichtlichen Planbestätigung oder ggf. später, innerhalb einer vom Gericht bestimmten Frist, erfüllt werden müssen. Beispiel einer solchen Bedingung ist etwa die Durchführung einer Änderung des Stammkapitals des Rechtsträgers des schuldnerischen Unternehmens, die weder das Gericht noch die Gläubiger selbst durchsetzen können[947]. Die Systematik des *Code de commerce* ist grundsätzlich dieselbe: Ist gemäß den Artt. L. 626-15 ff. C. com. eine Kapitaländerung geplant, aber nicht umgesetzt worden, leitet die Rechtsprechung daraus die Aufhebung des Plans ab[948]. Der Unterschied zur deutschen Regelung liegt darin, dass im französischen Recht die Erfüllung einer Bedingung nicht grundsätzlich Voraussetzung für die Bestätigung durch das Gericht ist: Bedingungen wie etwa die Durchführung einer Kapitaländerung oder, bei dem Übertragungsplan, die Einhaltung gewisser Pflichten hinsichtlich der Beschäftigungslage im Unternehmen beziehen sich regelmäßig auf Zeiträume nach Wirksamwerden des Plans. Werden sie vom Übernehmer nicht erfüllt, führen sie zur nachträglichen Aufhebung des bestätigten Plans wegen Nichterfüllung einer planmäßigen Verpflichtung oder zu sonstigen Maßnahmen, etwa einer nachträglichen Änderung des (bereits bestätigten) Plans.

II. Die Rechtsnatur des Plans

1. Frankreich

Aus der französischen Insolvenzregelung ist nicht eindeutig zu entnehmen, welche Rechtsnatur der Plan besitzt. Wie im vorangegangenen Kapitel gezeigt, hat er einerseits einen urteilsähnlichen – aus Sicht der Gläubiger und

[946] Kübler/Prütting, Insolvenzordnung, § 217 Rn. 39.

[947] Braun, Insolvenzordnung, § 249 Rn. 3 (mit weiteren Beispielen).

[948] Vgl. zum Recht vor der Reform von 2005 Com. 15. Jan. 1991, Bull. Civ. IV Nr. 427; Rev. Soc. 1991. 383; RA com. 1991. 385; D. 1991, IR 47. Da die einschlägigen Vorschriften von der Reform von 2005 unverändert übernommen wurden, sollte diese unter der Geltung des neuen Rechts weiterhin Anwendung finden.

des Schuldners: hoheitlichen – Aspekt, da seine Wirksamkeit von einer gerichtlichen Entscheidung abhängig ist. Andererseits kann im Plan auch ein vertragsähnlicher Akt gesehen werden, denn vieles in ihm, wie etwa die von den Gläubigern gewährten Stundungen und Erlasse, beruht auf dem Willen der Betroffenen[949].

Der vertragliche Aspekt tritt besonders beim Übertragungsplan in den Vordergrund, der unmittelbare kaufvertragsähnliche Elemente aufweist und auf den Erwerb des Unternehmens durch einen Dritten/Käufer abzielt. In der Rechtspraxis ist bei einem Übertragungsplan besonders die Frage von Bedeutung, ob das bürgerlich-rechtliche Kaufrecht und dessen Anfechtungsgründe wegen Täuschung, Drohung oder Irrtum (*vices du consentement*) sowie die kaufrechtliche Sachmängelhaftung (*garantie des vices cachés*) zum Tragen kommen. Bejaht man diese Frage, d.h. sieht man den Übertragungsplan zumindest primär als einen Kaufvertrag zwischen Insolvenzschuldner und Übernehmer an, so könnte letzterer ihn im Nachhinein anfechten und rückwirkend zunichte machen, etwa wenn er einen Irrtum über den Wert des erworbenen Unternehmens geltend macht. Eine weitere mögliche Folge wäre, dass der Erwerber die Gewährleistungspflicht des Schuldners in Anspruch nimmt, wenn der Kaufgegenstand mangelbehaftet ist. Aus Sicht des Schuldners und der Gläubiger wiederum kann es unter Umständen von Interesse sein, die Übertragung anzufechten, etwa wenn der Betrag des Übertragungspreises derart niedrig ist, dass der Tatbestand des gesetzlichen Rücktritts- oder Preisanpassungsrechts wegen Benachteiligung erfüllt ist[950].

Die Frage der Rechtsnatur des (Übertragungs-)Plans, von deren Beantwortung die Effektivität eines Teils des gesetzlichen Sanierungsapparats letztlich abhängt, hat die Literatur besonders in der ersten Zeit nach Inkrafttreten der Insolvenzgesetze von 1985 beschäftigt. Für einen Teil des Schrifttums[951]

---

[949] Zur Durchsetzung eines Zahlungsplans ohne Zustimmung der Gläubiger, vgl. unten Abschnitt B.II.1.a.

[950] Ein solches Rücktritts- oder Preisanpassungsrecht wegen Benachteiligung des Verkäufers (*rescision pour lésion*) besteht bei dem Immobilienkauf, wenn der Kaufpreis um mindestens 7/12 niedriger als der Marktwert ist. (Zur Regelung dieses Rücktrittsrechts vgl. die Artt. 1674 ff. C. civ.).

[951] Vgl. insbesondere Pirovano, D. 1988. Chr. 273 Rn. 5 und die dort angegebene Literatur; Saint-Alary-Houin, Entreprises en difficulté, Rn. 954-955, wo die Vorherrschaft des Urteilscharakters aus drei wesentlichen Aspekten des Planverfahrens abgeleitet wird. Diese sind erstens die Abhängigkeit der Wirksamkeit des Plans von einer gericht-

ist der gerichtliche Charakter des Plans vorherrschend, weil das Gericht nicht nur bei der Annahme des Plans, sondern auch bereits vorher eine wesentliche Rolle spielt, etwa während der Planerstellungsphase, in der es eigenmächtig Maßnahmen ohne Zustimmung der »Vertragsparteien« durchsetzen kann[952]. Bisweilen wird der Übertragung jeglicher kaufvertragsähnlicher Charakter aberkannt und darin ein einseitiges Rechtsgeschäft seitens des Übernehmers gesehen, das vom Gericht offizialisiert wird[953]. Einer anderen Ansicht zufolge dagegen überwiegen die kaufvertraglichen Elemente im Übertragungsplan: Das wesentliche Element im gesamten Übertragungsverfahren sei der Wille des Übernehmers, der – etwa wie bei einem Prozessvergleich – frei von Irrtum sein müsse[954]. Infolgedessen sei der Plan auch nach seiner Verabschiedung durch das Gericht nach den regelmäßigen zivilrechtlichen Regeln anfechtbar, d.h. der Übernehmer könne die Durchführung der zur Übertragung tatsächlich erforderlichen Rechtsgeschäfte verweigern[955]. Ist die Übertragung bereits erfolgt, sollte es dem Übernehmer möglich sein, die rückwirkende Aufhebung (*annulation*) der gesamten Transaktion gerichtlich zu erwirken[956]. Schließlich werden beide dieser Thesen von manchen Autoren gleichermaßen abgelehnt, welche in der planmäßigen Übertragung ein Rechtsgeschäft eigener Art sehen, was konkrete Fragestellungen wie etwa die der Anfechtbarkeit wegen Irrtum jedoch nicht beantwortet[957].

---

lichen Entscheidung; zweitens der Umstand, dass die Übertragung zumindest aus Sicht des Insolvenzschuldners eine Zwangsveräußerung darstellt; drittens und vor allem der Charakter einer Universalübertragung, die nicht als Summe von Einzelübertragungen der diversen Unternehmensteile verstanden werden kann.

[952] So z.B. die Möglichkeit für das Gericht, Zahlungsfristen gegen den Willen der betroffenen Gläubiger zu gewähren. Vgl. hierzu unten, Abschnitt B.II.1.a.bb.

[953] Vgl. Soinne, Traité, Rn. 1513 sowie PA 26. Juli 1991, Rn. 7 ff.

[954] Amalvy/Derrida, D. 1998. Chr. 207 ff., Rn. 3 ff.

[955] Das Urteil über den Plan hat nicht unmittelbar den Eigentumsübergang am Unternehmen zur Folge, sondern es begründet eine Erfüllungsverpflichtung des Übernehmers.

[956] Amalvy/Derrida, D. 1998. Chr. 207 ff., Rn. 3 ff.

[957] Chartier, Entreprises en difficulté (1989), Rn. 240; Pérochon/Bonhomme, Entreprises en difficulté, Rn. 314. Ähnlich präsentiert sich die Stellung von Le Nabasque (JCP. E. 1990. II. 15770 Nr. 61), wonach die Übertragung hauptsächlich als eine Art von Zwangsveräußerung anzusehen sei, sodass nur bestimmte kaufvertragliche Regeln (etwa diejenigen über Entwehrung und Publizität) anzuwenden seien.

Die tatrichterliche Rechtsprechung spiegelte diese unterschiedlichen Ansichten eine Weile lang wider. Obgleich die Mehrheit der mit dieser Frage konfrontierten Gerichte im Hinblick auf den Übertragungsplan die Urteilstheorie bevorzugte, was den Ausschluss kaufrechtlicher Gewährleistungsregeln zur Folge hatte[958], so wurde dennoch vereinzelt auf den vertraglichen Charakter des Plans zurückgegriffen, etwa um dessen Anfechtbarkeit wegen irrtümlich abgegebener Willenserklärung zu ermöglichen[959]. Seit einem Grundsatzurteil des Kassationshofs vom 22. Oktober 1996 scheint die Rechtslage nun weitgehend geklärt zu sein[960]. Dieser Entscheidung zufolge ist die regelmäßige kaufrechtliche Gewährleistungsregelung aufgrund – so der Kassationshof – des pauschalen, mithin aleatorischen Charakters der Übertragung (*caractère forfaitaire et aléatoire*) auf den Übertragungsplan nicht anzuwenden. Im spezifischen Sachverhalt handelte es sich um die Geltendmachung der Sachmängelhaftung bezüglich eines mitübertragenen Kundenstamms, doch im Zug dieser Rechtsprechung wurde auch die Anwendbarkeit weiterer kaufrechtlicher Rechtsinstitute abgelehnt[961].

Ob diese Lösungsansätze von der Reform von 2005 in Frage gestellt werden, darf bezweifelt werden. Zwar wurde mit der Einführung der sog. Gläubigerausschüsse ein höheres Maß an Privatautonomie geschaffen, doch das Wesen der Planregelung, die ansonsten weitestgehend unverändert übernommen wurde, wurde dadurch nicht grundlegend geändert. Die Entscheidung der Ausschüsse, die nicht in jedem Verfahren zum Einsatz kommen und auch dann nicht alle Gläubiger beinhalten, ist für das Gericht nicht bindend. Daher kann weiterhin davon ausgegangen werden, dass der Plan einen überwiegend oder gar ausschließlich gerichtlichen Akt darstellt[962].

---

[958] Paris, 22. März 1994, Rev. proc. coll. 1994. 236, und 13. Sept. 1996, Rev, Proc. Coll. 1996. 90; Bordeaux, 16. Mai 1995, Rev. proc. coll. 1995. 89. (Weitere Rechtsprechung bei Saint-Alary-Houin, Entreprises en difficulté, Rn. 953)

[959] Vgl. Bordeaux, 27. Feb. 1990, D. 1994. Somm. 5; JCP. E. 1991. I. 44 Nr. 8; Rev. proc. coll. 1991. 288 Nr. 4; sowie Paris, 4. Feb. 1992, D. 1994. Somm. 5.

[960] Com. 22. Okt. 1996, D. 1997. Somm. 3; JCP 1997. Chr. 186; PA 8. Jan. 1997 Nr. 4 S. 15.

[961] So etwa der Entwehrungsschutz (Com. 17. März 1998, RTDCom. 1998. 676) oder das gesetzliche Vorkaufsrecht des Pächters im Fall der Übertragung eines landwirtschaftlichen Betriebs (Civ. 3, 1. Apr. 1998, zitiert bei Cordier, RJDAff.1999. Doctr. 105).

[962] D.A. Jeantin/Le Cannu, Entreprises en difficulté, Rn. 892.

2. Vergleichende Betrachtungen

In Deutschland war vor dem Inkrafttreten der Insolvenzordnung die Rechtsnatur des Vergleichs und des Zwangsvergleichs ähnlich umstritten wie in Frankreich die des *Plan de redressement.* Dabei präsentiert sich die Debatte in Deutschland noch ein wenig komplexer, da neben Schuldner, Gericht und ggf. Übernehmer auch die Gläubiger als weitere, möglicherweise sogar wichtigste Entscheidungsträger involviert waren. In der Literatur fanden sich wie in Frankreich unterschiedliche Meinungen, die von der Urteilstheorie, der zufolge die prozessualen Elemente des Vergleichs überwiegen, bis hin zur entgegengesetzten vorherrschenden Vertragstheorie reichten. Dazwischen rangierten Lehren, die in Vergleich und Zwangsvergleich Akte eigener Art sahen, die sowohl urteils- wie auch vertragsähnliche Elemente beinhalten[963].

Diese Theorien können zum Teil auch noch heute herangezogen werden, um die in der Insolvenzordnung nicht näher definierte Rechtsnatur des Insolvenzplans zu ermitteln. Dennoch wird oftmals zurecht darauf hingewiesen, dass der Plan gewisse Eigenheiten im Vergleich zu den Vorgängerinstituten aufweist, welche die Fragestellung unter einem etwas anderen Blickwinkel erscheinen lassen. Dem vertragsähnlichen Element könne somit eine größere Bedeutung beigemessen werden, da durch die Gewährung eines größeren Entscheidungsfreiraums für die Beteiligten die Privatautonomie im Planverfahren gestärkt sei[964] und das Gericht keinerlei eigene Gestaltungsbefugnisse in Bezug auf den Planinhalt habe[965].

Ähnlich wie in Frankreich ist auch in Deutschland die Frage nach der Rechtsnatur des Insolvenzplans weiterhin offen, ebenso wie die damit verbundene Frage der Anwendbarkeit der schuldrechtlichen Vorschriften[966]. Im Schrifttum wird mehrheitlich vertreten, das Schuldrecht wäre zur »Lückenfüllung« nur insoweit anwendbar, als es mit den Zielvorgaben des Plans und dem

---

[963] Eine kurze Übersicht der verschiedenen Ansichten zur Rechtsnatur des Zwangsvergleichs liefert Jauernig, Zwangsvollstreckungs- und Insolvenzrecht (1996), § 58.VIII.

[964] Otte, in: Kübler/Prütting, Kommentar, § 217 Rn. 65 stellt fest, dass die Abschaffung von mehreren vergleichs- und zwangsvergleichstypischen Vorgaben, wie etwa die Vergleichswürdigkeit des Schuldners oder die erforderliche Mindestquote, eine weitgehend freie Plangestaltung durch die Gläubiger zur Folge hat.

[965] Schiessler, Der Insolvenzplan, S. 21 f.

[966] Braun, Insolvenzordnung, vor § 217 Rn. 1.

Erfordernis der Rechtssicherheit vereinbar sei. Demzufolge wären gewisse Teile des BGB anwendbar[967], andere wiederum nicht, wie z.B. § 119 BGB (Anfechtung wegen Irrtums). Letzteres wird daraus abgeleitet, dass unter dem alten Recht die Anfechtung gemäß § 196 KO ausdrücklich erlaubt war, die Abwesenheit einer entsprechenden Vorschrift in der Insolvenzordnung mithin dahingehend auszulegen sei, dass dem nicht mehr so sei[968]. Dieser Ansatz, der weitgehend dem französischen Recht entspricht, ist aus dem genannten Grund der Rechtssicherheit wohl wünschenswert, doch es bleibt abzuwarten, ob sie den Zuspruch der Rechtsprechung finden wird.

III. Der Plan im Verhältnis zu außerplanmäßigen Sanierungs- und Verwertungsinstrumenten

1. Frankreich

Bis zur Reform von 2005 konnte in Frankreich eine Fortführung des Unternehmens unter dem alten Rechtsträger ausschließlich mittels eines Fortführungsplans im *Redressement judiciaire* erreicht werden. Dies galt zumindest für den Fall, dass der Schuldner zahlungsunfähig war, da zwar auch das frühere *Règlement amiable* auf eine Eigensanierung abzielte, jedoch unter der Voraussetzung, dass die Zahlungsunfähigkeit (noch) nicht eingetreten war. Nach der Reform von 2005 stellt sich die Frage neu, da nun die *Conciliation* auch nach eingetretener Zahlungsunfähigkeit zum Tragen kommen kann. Es war nicht zu übersehen, dass das Vorgängerinstitut häufig zu spät zur Anwendung kam, d.h. der Antrag wurde gestellt, wenn Zahlungsunfähigkeit bereits vorlag[969]. Um die Funktionsfähigkeit des in der Praxis kaum mehr eine Rolle spielenden Vergleichsverfahrens wiederherzustellen, wurden dessen Eröffnungstatbestände somit auf die eingetretene Zahlungsunfähigkeit erweitert.

Dadurch entsteht zwangsläufig ein gewisses Konkurrenzverhältnis zwischen dem Fortführungsplan im *Redressement judiciaire* und dem Vergleich

---

[967] Z.B. die §§ 133 (Auslegung einer Willenserklärung), 157 (Auslegung von Verträgen), 270 (Zahlungsort), 271 (Leistungszeit) oder 286 (Verzug des Schuldners) BGB in der Fassung nach der Schuldrechtsreform. Vgl. Braun/Uhlenbruck, Unternehmensinsolvenz, S. 468 f.; Otte, in Kübler/Prütting, Kommentar, § 217 Rn. 78.

[968] Braun/Uhlenbruck, Unternehmensinsolvenz, S. 468; Otte, in Kübler/Prütting, Kommentar, § 217 Rn. 78.

[969] Sénat-Gesetzgebungsausschuss, Bericht Nr. 335 vom 11. Mai 2005, S. 99.

im Rahmen der *Conciliation*, der ebenfalls auf eine Eigensanierung abzielt und einem gemeinsamen Eröffnungsgrund unterliegt. Der Schuldner hat nun die Wahl zwischen zwei Verfahrensarten, was für ihn sicherlich eine positive Neuerung darstellt, denn die *Conciliation* kann in manchen Fällen als das besser geeignete Instrument erscheinen. Zu denken ist insbesondere an Sachverhalte, in denen eine möglichst schnelle und unkomplizierte Einigung mit den Gläubigern möglich erscheint und insbesondere schon im Vorfeld der Antragstellung abgesprochen werden kann (*Prepackaged*-Sanierung). Die *Conciliation* bietet hier eine wesentlich größere Flexibilität als das klassische *Redressement judiciaire*, zudem hat sie für den Schuldner den Anreiz, dass – zumindest unmittelbar – kein Risiko besteht, die Verwaltungs- und Verfügungsgewalt über das Vermögen zu verlieren.

Damit dürfte sich der Anwendungsbereich des *Redressement judiciaire*, wenigstens bezogen auf die Fälle von Eigenanträgen, in der Zukunft entsprechend reduzieren, was durchaus im Sinn des Gesetzes ist[970]. Ob die Schuldner nun grundsätzlich die Eröffnung einer *Conciliation* statt eines *Redressement judiciaire* beantragen werden, wird sich zeigen. Da jedoch das Gericht einen Antrag auf Eröffnung einer *Conciliation* ablehnen und stattdessen – von Amts wegen – ein *Redressement judiciaire* oder gar ein Liquidationsverfahren eröffnen kann[971], dürften sich die Risiken eines Missbrauchs der neuen Regelung durch den Schuldner in Grenzen halten.

Anders verhält es sich nach der Reform von 2005 hinsichtlich der Unternehmensübertragung. Diese hat das Konkurrenzverhältnis zwischen dem Übertragungsplan im *Redressement judiciaire* und einem weiteren Institut, das vor der Reform im Rahmen des Liquidationsverfahrens zum Tragen kommen konnte und als sog. globale Übertragung von Produktionseinheiten (*cession globale d'unités de production*) bezeichnet wurde, aufgehoben. Die globale Übertragung von Produktionseinheiten ermöglichte es, die regelmäßig mit einer Liquidation verbundene Zwangsverwertung der Vermögenswerte zu umgehen und bestimmte Vermögensteile *en bloc* an einen Erwerber zu veräußern. Während sich die Frage ihrer Rechtsnatur ähnlich wie für den

[970] Vgl. Assemblée Nationale-Gesetzgebungsausschuss, Bericht Nr. 2095 vom 11. Februar 2005, S. 58: »Vorrang des *Conciliation*-Verfahrens gegenüber Insolvenzverfahren«. Vgl. auch Jeantin/Le Cannu, Entreprises en difficulté, Rn. 196.

[971] Vgl. Jeantin/Le Cannu, Entreprises en difficulté, Rn. 96.

Übertragungsplan stellte[972], war vor allem die Zielsetzung dieses Instituts Anlass für zahlreiche Diskussionen. Obgleich diese Zielsetzung fast genau der des damaligen Übertragungsplans entsprach und das Verfahren gewisse Gemeinsamkeiten mit dem Planverfahren hatte, sah man darin vorwiegend einen Verwertungsmechanismus[973]. Ein bedeutender Unterschied zum Planverfahren war in der Tat, dass im Fall der Veräußerung von Produktionseinheiten die Angebote nicht vertraulich gehalten wurden, sondern dass sie an der Geschäftsstelle des Gerichts jedermann zugänglich waren. Daraus konnte man ableiten, dass hier im Gegensatz zum Übertragungsplanverfahren ein höchstmöglicher Erlös angestrebt wurde, indem sich ggf. mehrere Interessenten gegenseitig überbieten[974]. Weitere Spezifika dieses Instituts im Vergleich zum Übertragungsplan[975] führten dazu, dass aus Sicht des Übernehmers diese Abwicklungsart zwangloser und somit attraktiver erscheinen konnte als der Übertragungsplan. Damit es zur Anwendung kam, musste allerdings in ein separates Liquidationsverfahren übergegangen werden, so dass nicht auszuschließen war, dass in Abwesenheit jeglicher Sanierungsalternativen in einem *Redressement judiciaire* Übernahmekandidaten es auf einen solchen Übergang ankommen ließen, um das Unternehmen über diesen Weg statt über einen Übertragungsplan im *Redressement judiciaire* zu erwerben.

---

[972] Diese Frage hat sich gleichermaßen gestellt, als es darum ging, festzustellen, inwiefern kaufrechtliche Regeln anwendbar sind. Sie wurde vom Kassationshof in einem Urteil, das noch vor demjenigen erlassen wurde, das die überwiegend gerichtliche Natur des Übertragungsplans aussprach, dahingehend beantwortet, dass der pauschale und aleatorische Charakter der Transaktion die Anwendung des Kaufrechts ausschließt (Com. 12. Okt. 1993, Bull. civ. IV, Nr. 331; D. 1993. IR. 245; JCP 1994. 3759; Rev. proc. coll. 1993. 496; RJDAff. 1994. 182 Nr. 221; RTDCom. 1994. 559). Während sich aber in Bezug auf den Übertragungsplan die weitere Rechtsprechung einheitlich auf den urteilsähnlichen Charakter des Plans gestützt hat, um nach und nach die Anwendung diverser kaufrechtlicher Regeln auszuschließen, war die spätere Rechtsprechung für die Veräußerung von Produktionseinheiten wechselhafter und erkannte z.T. die Geltung bestimmter kaufrechtlicher Institute an, wie z.B. das Vorkaufsrecht (vgl. Com. 23. Jan. 1996, D. 1996. 310).

[973] Vgl. Ripert/Roblot, Droit commercial II, Rn. 3230; Saint-Alary-Houin, Entreprises en difficulté, Rn. 1039 m.w.N.

[974] Vgl. Pétel, Procédures collectives, Rn. 282.

[975] Anders als mit einem Plan wurden bei einer globalen Übertragung von Produktionseinheiten insbesondere keine Verträge mitübertragen (mit Ausnahme der Arbeitsverträge, dazu vgl. unten Abschnitt B.II.3.a und B.III) und – vor allem – der Übernehmer hatte keine weiteren Pflichten, als den Kaufpreis zu entrichten.

Diese Debatte sowie die Frage eines möglichen Konkurrenzverhältnisses mit dem Übertragungsplan haben sich mit dem Reformgesetz vom 26. Juli 2005 erübrigt, da die globale Übertragung von Produktionseinheiten aus dem *Code de commerce* gestrichen wurde. Stattdessen wurde die bisherige Regelung des Übertragungsplans inhaltlich weitgehend unverändert in den Gesetzesabschnitt über das Liquidationsverfahren integriert, wo sie nun die einzige Möglichkeit für eine Unternehmensübertragung darstellt. Aufgrund der eindeutigen Sanierungszielbestimmung des Plans im neuen Recht ist im Übrigen klargestellt, dass die Unternehmensübertragung selbst im Liquidationsverfahren dem Erhalt des Unternehmens bzw. einzelner selbstständiger Betriebseinheiten dient. Zum ausdrücklichen Ziel dieser neuen verfahrensrechtlichen Zuordnung des Übertragungsplans gehörte neben einer verfahrensrechtlichen Vereinfachung[976] auch die Beseitigung des Wettbewerbsverhältnisses zwischen dem Übertragungsplan und der globalen Übertragung von Produktionseinheiten[977].

2. Vergleichende Betrachtungen

Ähnlich wie in Frankreich vor der Reform von 2005 kann auch nach deutschem Recht eine Eigensanierung ausschließlich mittels eines Insolvenzplans erreicht werden. Alternative Verfahrensformen wie die *Conciliation* kennt das deutsche Recht nicht.

Auch die Frage des Verhältnisses zwischen der planmäßigen und der außerplanmäßigen übertragenden Sanierung stellt sich in Deutschland in ähnlicher Weise wie in Frankreich vor der Reform von 2005. Wie oben gezeigt[978], kann der Insolvenzplan nach der InsO u.a. die Übertragung des schuldnerischen Unternehmens zum Gegenstand haben, wobei ein ähnliches Ergebnis aber auch im Rahmen des Regelverfahrens erzielt werden kann. Hier kann der Verwalter das Unternehmen oder einen Teil davon nach § 160 Abs. 2 Nr. 1 InsO veräußern, wenn der Gläubigerausschuss bzw. in Abwesenheit eines solchen die Gläubigerversammlung dem zustimmt[979]. Über diese grundsätzliche

[976] Assemblée Nationale-Gesetzgebungsausschuss, Bericht Nr. 2095 vom 11. Feb. 2005, S. 65.

[977] Assemblée Nationale-Gesetzgebungsausschuss, Bericht Nr. 2095 vom 11. Feb. 2005, S. 112 f.

[978] Vgl. oben Abschnitt A.I.2.

[979] § 160 Abs. 2 Nr. 1 i.V.m. Abs. 1 InsO.

Zustimmung der Gläubiger hinaus ist ferner erforderlich, dass die Gläubigerversammlung explizit ihre Genehmigung erteilt, wenn die Übertragung an sog. besonders Interessierte erfolgen soll[980]. Auf Antrag des Schuldners oder einer Mehrzahl von Gläubigern[981] kann das Gericht ferner anordnen, dass die Übertragung nur mit Zustimmung der Gläubigerversammlung zulässig ist, wenn glaubhaft gemacht wird, dass anderweitig ein höherer Erlös erzielt werden könnte[982].

Die Übertragung gemäß § 160 InsO erscheint aus praktischer Hinsicht um einiges unkomplizierter als ein Insolvenzplanverfahren nach den §§ 217 ff. InsO. Die Etappen der gerichtlichen Vorprüfung und Bestätigung entfallen gänzlich, ebenso wie das Erfordernis einer – wenn auch nur konkludenten – Zustimmung durch den Schuldner. Außerdem ist lediglich ein Beschluss der Gläubigerversammlung nötig, der gemäß den für dieses Organ üblichen Mehrheitsregeln zustande kommt. Das komplexer gestaltete Abstimmungsverfahren über den Insolvenzplan greift in diesem Fall nicht. Im Vergleich zum Insolvenzplanverfahren bieten die §§ 160 ff. InsO daher den oftmals praxisgerechteren Rahmen für eine Unternehmens- oder Betriebsveräußerung. Besondere Verpflichtungen des Übernehmers im Hinblick auf die Sanierung des Unternehmens oder den Erhalt von Arbeitplätzen (wie im französischen *Plan de cession*) sind im deutschen Recht grundsätzlich nicht vorgesehen[983].

Anders als im – neuen – französischen Recht stellt sich daher in Deutschland die Frage des Konkurrenzverhältnisses zwischen der Betriebsveräußerung im Rahmen des Regelverfahrens und dem Insolvenzplan. Aus Sicht des Planverfassers, d.h. des Schuldners oder des Verwalters dürfte es deshalb regelmäßig vorhersehbarer und sicherer sein, den Gläubigern eine

---

[980] § 162 InsO. Besonders Interessierte sind gemäß dieser Vorschrift Personen, die am Kapital des Schuldners zu mindestens 1/5 beteiligt sind, sowie Personen, die dem Schuldner i.S.v. § 138 InsO nahestehend sind, und (nicht nachrangige) Insolvenzgläubiger oder Absonderungsberechtigte, die mindestens 1/5 der Gesamtforderungssumme gegen den Insolvenzschuldner halten.

[981] Vgl. § 75 Abs. 1 Nr. 3 InsO.

[982] § 163 InsO.

[983] Eine besonders bedeutsame Einschränkung der Vertragsfreiheit ergibt sich jedoch aus § 613a BGB, demzufolge die zum Zeitpunkt eines Betriebsübergangs bestehenden Arbeitsverträge auf den neuen Eigentümer übergehen. Teilweise ist auch die Kündigungsfreiheit nach der Übertragung von Gesetzes wegen eingeschränkt. (Hierzu siehe unten, Abschnitt B.II.3.b.)

Übertragung nach § 160 statt nach den §§ 217 ff. InsO vorzuschlagen. Ein Vorzug des Insolvenzplans könnte darin zu sehen sein, dass mit den Gläubigern alternative Zahlungsmodalitäten vereinbart oder sonstige Abreden getroffen werden, die im ziemlich streng reglementierten Regelverfahren nicht ohne weiteres möglich sind[984]. Daraus folgt, dass in Deutschland das hauptsächliche Anwendungsgebiet des Insolvenzplans die Eigensanierung ist. Bezeichnend hierfür ist, dass § 1 InsO in der Fassung des Regierungsentwurfs noch einen Satz enthielt, in dem der Zweck des Insolvenzplans ausdrücklich auf die Fortführung unter dem alten Rechtsträger bezogen war[985]. Dieser Passus wurde lediglich aus Gründen der »redaktionellen Straffung« nicht in die Insolvenzordnung übernommen, sodass der Insolvenzplan in der Tat primär als ein Instrument zur Eigensanierung anzusehen ist.

B. Auswirkungen des Plans auf die Rechtsstellung der Beteiligten und anderer Personen

Nach französischem Recht können im Sanierungsplan grundsätzlich alle Maßnahmen vorgesehen werden, die zur Sanierung des Unternehmens erforderlich sind. Eine allgemeine Schranke stellt Art. L. 626-10 Abs. 3 C. com. dar, demzufolge den Personen, die sich zur Erfüllung des Plans verpflichtet haben, keine weiteren Lasten auferlegt werden dürfen als die, denen sie zugestimmt haben. Dies bezieht sich zunächst auf die Gläubiger, deren Einverständnis zu etwaigen Kürzungen ihrer Ansprüche nach den oben in Kapitel 6 gezeigten Modalitäten eingeholt werden muss. Im Übertragungsplan gilt dies sinngemäß für den Übernehmer des schuldnerischen Unternehmens, der nur im Umfang des von ihm abgegebenen Angebots zur Erfüllung verpflichtet ist[986]. In einem geringeren Maß trifft dies ebenfalls auf den Schuldner zu, sofern ihm Lasten auferlegt werden sollen, die über die insolvenzrechtlich erlaubten Eingriffe in seine Rechte hinausgehen.

---

[984] Beck/Depré, Praxis der Insolvenz, § 27 Rn. 47.

[985] Vgl. § 1 Abs. 3 S. 2 RegE: »[Die Beteiligten] können insbesondere bestimmen, dass der Schuldner sein Unternehmen fortführt und die Gläubiger aus den Erträgen des Unternehmens befriedigt werden«, abgedr. bei Balz/Landfermann, Die neuen Insolvenzgesetze S. 70.

[986] Trotz des Fehlens einer ausdrücklichen, mit Art. L. 626-10 Abs. 1 Satz 1 C. com. vergleichbaren Vorschrift. Vgl. Jeantin/Le Cannu, Entreprises en difficulté, Rn. 998.

Zu alldem enthält die französische Insolvenzregelung jedoch eine Reihe von Ausnahmen, die es gestatten, Maßnahmen auch ohne die Zustimmung der Betroffenen oder zumindest unter besonderen, erleichterten Bedingungen zu treffen. Diese Regeln werden im Folgenden untersucht, wobei begonnen wird mit dem Schuldner und den Personen, die zu ihm in einem besonderen Verhältnis stehen. Dies sind insbesondere die Geschäftsführer und die Bürgen, die im Insolvenzverfahren gewissen Sonderregelungen im Vergleich zu den üblichen gesellschaftsrechtlichen Regeln unterliegen (I). Anschließend werden die Vorschriften zur Tilgung der verschiedenen Forderungsklassen vorgestellt. Dies betrifft zunächst die Gläubiger, deren Forderungen vor der Eröffnung des *Redressement judiciaire* entstanden sind. Sonderregelungen gelten dabei für gesicherte und bevorrechtigte Gläubiger sowie für die Arbeitnehmer. Vom Sanierungsplan bzw. -verfahren grundsätzlich nicht betroffen sind die Aussonderungsberechtigten, die nachweisen können, dass ein Gegenstand nicht zur Insolvenzmasse gehört, wie auch die Massegläubiger, deren Ansprüche nach der Eröffnung des Verfahrens entstanden sind (II). Schließlich können im Fall eines Übertragungsplans auch die Rechte von Verfahrensfremden berührt werden: die von Geschäftspartnern des Insolvenzschuldners, indem gewisse Verträge an den Übernehmer mitübertragen werden (III).

I. Der Schuldner und ihm nahestehende Personen

Nachfolgend wird untersucht, welche Auswirkungen der Plan auf die Stellung des Schuldners hat. Dabei wird zunächst erörtert, inwiefern der Schuldner von etwaigen nach Verfahrensende bestehenden Restschulden befreit werden kann (1), bevor untersucht wird, inwiefern in seine gesellschaftliche Stellung eingegriffen werden kann, etwa um die Sanierung effektiver zu gestalten oder die Gläubiger besser zu schützen (2). Im Anschluss daran wird gezeigt, wie sich der Plan auf die Stellung von Personen auswirken kann, die zwar Dritte im Vergleich zum Insolvenzschuldner sind, die jedoch in einem besonderen Verhältnis zu ihm stehen. Das sind die Geschäftsführer (3) sowie Bürgen und Mitschuldner (4), für die jeweils spezifische Regeln vorgesehen sind.

1. Restschuldbefreiung

a) Frankreich

Bis zur Reform von 2005 war die Restschuldbefreiung nur im Rahmen des Übertragungsplans ausdrücklich geregelt. Im Gesetzesabschnitt über das *Redressement judiciaire* wurde auf die entsprechende Vorschrift verwiesen, die im Liquidationsverfahren galt, der zufolge der Schuldner grundsätzlich von dem Teil seiner Schulden, die im Verfahren nicht getilgt werden konnten, nach Beendigung des Verfahrens befreit wurde[987]. Die wenigen Ausnahmen hierzu, also die Fälle, in denen Gläubiger auch nach Verfahrensende ihr Klagerecht gegen den Schuldner behielten, waren im Gesetz abschließend aufgezählt[988]. Eine vergleichbare Regelung bestand für den Eigensanierungsplan nicht. Dies führte jedoch nicht dazu, dass bei dieser Planvariante die Gläubiger nach Erfüllung des Plans ihr Klagerecht uneingeschränkt ausüben konnten. Einen entsprechenden Verweis gab es im Fall eines Fortführungsplans indessen nicht. Im Gesetz wurde davon ausgegangen, dass sämtliche Forderungen in voller Höhe ausbezahlt wurden. Dabei musste jedoch die besondere Systematik berücksichtigt werden, die dem Fortführungsplan zugrunde lag. In diesem Fall ergab sich die Höhe der Forderungen aus dem Plan, die nach Berücksichtigung sämtlicher gewährten Erlasse naturgemäß niedriger war als bei Verfahrenseröffnung. Im Ergebnis erhielten die Gläubiger also auch bei einer Unternehmensfortführung nur einen (Bruch-)Teil ihrer ursprünglichen Forderung und der erlassene Teil konnte nach Verfahrensende auch nicht mehr eingeklagt werden.

Diese Regelung darf insgesamt als schuldnerfreundlich angesehen werden, da der Schuldner von seinen Restschulden entweder grundsätzlich ausdrücklich befreit wurde (Übertragungsplan) oder diese im Plan erlassen wurden (Fortführungsplan). Die Restschuldbefreiung setzte freilich voraus, dass sämtliche im Plan vereinbarten Verpflichtungen eingehalten wurden. Traten

[987] Vgl. die Artt. L. 621-95 Abs. 3 i.V.m. L. 622-32 C. com. a.F.

[988] Solche Fälle betrafen u.a. Forderungen aufgrund einer strafrechtlichen Verurteilung des Schuldners oder persönliche Ansprüche von Gläubigern (z.B. der Schadensersatzanspruch eines Beschäftigten infolge eines Arbeitsunfalls, vgl. Soc. 23. Mai 1996, Bull. Civ. V Nr. 204; D. 1996. IR. 157), Regressansprüche des Bürgen des Schuldners oder Ansprüche gegen die Geschäftsführer des schuldnerischen Unternehmens, die von der Verfahrenseinstellung unberührt blieben.

während der Planumsetzungsphase Leistungsstörungen auf, konnte dies u.U. zur Folge haben, dass die Gläubiger ihr Klage- und Vollstreckungsrecht zurückerhielten.

Diese Lösungsansätze wurden während der Reform von 2005 nicht in Frage gestellt. Für den Eigensanierungsplan fehlt nach wie vor eine ausdrückliche Regelung, sodass weiterhin davon auszugehen ist, dass der Schuldner nach vollständiger Erfüllung seiner plangemäßen Pflichten keine Restschulden mehr hat. Als eine Neuerung der Reform von 2005 kann die Planerfüllung nun in einem gesonderten Gerichtsbeschluss festgestellt werden[989]. Dies soll den angestrebten wirtschaftlichen Neustart des Schuldners insofern erleichtern, als er damit gegenüber neuen Wirtschaftspartnern die vollständige Planerfüllung nachweisen kann[990]. Hinsichtlich des Übertragungsplans dagegen erscheint die Lage nach der Reform von 2005 etwas unklarer. Zwar findet sich im Abschnitt über das Liquidationsverfahren eine Vorschrift, die wie im alten Recht die grundsätzliche Befreiung des Schuldners von seinen Restschulden nach Verfahrensende anordnet für den Fall, dass die Forderungen nicht vollständig getilgt werden konnten[991]. Diese Restschuldbefreiungsregelung kommt also u.a. dann zum Tragen, wenn ein Übertragungsplan im Rahmen eines Liquidationsverfahrens, wo er nun primär angesiedelt ist, beschlossen (und erfüllt) worden ist. Im Fall eines in einem *Redressement judiciaire* beschlossenen Übertragungsplans ist die Rechtslage jedoch nicht eindeutig, da weder eine Sondervorschrift noch ein entsprechender Verweis auf die Vorschriften

[989] Art. L. 626-28 C. com. Diese Vorschrift betrifft das *Sauvegarde*-Verfahren, sie ist gemäß Art. L. 631-19-I C. com. jedoch auch im *Redressement judiciaire* anzuwenden.

[990] Vgl. Sénat-Gesetzgebungsausschuss, Bericht Nr. 335 vom 11. Mai 2005, S. 288; Jeantin/Le Cannu, Entreprises en difficulté, Rn. 967.

[991] Vgl. Art. L. 643-11 C. com. Die Ausnahmen zur Restschuldbefreiung wurden im Vergleich zur alten Regelung erweitert. Das Klagerecht der Gläubiger nach Verfahrensende bleibt gemäß dieser Vorschrift unberührt in Strafverfahren (I Nr. 1), ferner wenn es sich um persönliche Rechte der Gläubiger (I Nr. 2) oder um Bürgen, die anstelle des Schuldners geleistet haben, handelt (II) und in Fällen, in denen der Schuldner dem sog. persönlichen Konkurs unterliegt (III Nr. 1), er wegen Bankrotts verurteilt wurde (III Nr. 2) oder wenn im einem Zeitraum von fünf Jahren vor der Verfahrenseröffnung bereits ein anderes Liquidationsverfahren mangels Masse eingestellt wurde (III Nr. 3). Das Klagerecht der Gläubiger bleibt außerdem unberührt, wenn es sich um ein Sekundärinsolvenzverfahren i.S.d. EuInsVO handelt (III Nr. 4), schließlich in allen Fällen, in denen der Schuldner rechtsmissbräuchlich gegenüber einem oder mehreren Gläubigern gehandelt hat (IV).

des Liquidationsverfahrens, wie sie vor der Reform von 2005 bestand, vorhanden ist[992]. Die Gerichte werden in diesen Fällen entscheiden müssen, auf welcher Grundlage der Schuldner von seinen Restschulden befreit wird. Eine Möglichkeit, zu vermeiden, dass nach Erfüllung eines Übertragungsplans dem Schuldner nur im Liquidationsverfahren, nicht aber im Sanierungsverfahren Restschuldbefreiung gewährt wird, könnte hier beispielsweise in der analogen Anwendung der Vorschriften des Liquidationsverfahrens gesehen werden, obgleich das Gesetz hierfür keinen ausdrücklichen Anhaltspunkt liefert.

b) Vergleichende Betrachtungen

Nach deutschem Recht ist der Schuldner gemäß § 227 InsO von seinen Restschulden grundsätzlich befreit. Die Beteiligten können jedoch im Insolvenzplan den Umfang und die Modalitäten seiner Nachhaftung gesondert regeln. Dabei gilt es zu beachten, dass auch der Schuldner nicht schlechter gestellt werden darf als bei der Durchführung eines Regelverfahrens, da er ansonsten berechtigt wäre, die Zustimmung zum Plan zu verweigern[993]. Bei natürlichen Personen oder persönlich haftenden Gesellschaftern des Schuldners, die (im Regelverfahren) einen Anspruch auf Restschuldbefreiung nach den §§ 286 ff. InsO geltend machen können, kann im Plan also höchstens eine für die Betroffenen günstigere Haftungsregelung vorgesehen werden. Letzteres dürfte in der Praxis vorwiegend dann vorkommen, wenn eine Unternehmensfortführung unter dem alten Rechtsträger angestrebt wird. In der Tat dürfte ein wirtschaftlicher Neustart kaum umsetzbar sein, wenn der Schuldner nach Verfahrensende erneut der Rechtsverfolgung durch seine Gläubiger ausgesetzt ist.

In Deutschland bestand diese Lösung im Grundsatz bereits unter dem alten Vergleichs- und Zwangsvergleichsrecht, nicht aber im Konkursverfahren. Die Neuerung der Insolvenzordnung besteht darin, dass dem Schuldner nun auch im Rahmen des Regelverfahrens die Möglichkeit eines wirtschaft-

[992] Der Verweis von Art. L. 631-22 C. com. bezieht sich in der Tat nur auf den Gesetzesabschnitt über die Erstellung und den Inhalt des Plans (Artt. L. 642-1 bis L. 642-17 C. com.). Die Vorschrift über die Restschuldbefreiung (Art. L. 643-11 C. com.) befindet sich indessen im Abschnitt über die Einstellung des Liquidationsverfahrens.

[993] Vgl. § 247 InsO.

lichen Neustarts eingeräumt wird. Dies gilt für natürliche Personen[994], die gemäß den Voraussetzungen der §§ 286 ff. InsO von ihrer Altschuldenlast nach Verfahrensbeendigung befreit werden können. Das Restschuldbefreiungsverfahren ist im Vergleich zum französischen Recht komplexer, aber der deutsche Gesetzgeber wollte keine Restschuldbefreiung einführen, die *ipso iure* mit der Beendigung des Verfahrens einsetzt. Auch hier kommt der Gedanke der Haftungsverwirklichung im Insolvenzverfahren deutlicher zum Ausdruck als in anderen Rechtsordnungen, z.B. in Frankreich oder auch den USA[995]. So ist in der Insolvenzordnung die Restschuldbefreiung allein dem »redlichen Schuldner« vorbehalten[996], der während eines gewissen Zeitraums nach Beendigung des Verfahrens seine pfändbaren Einkünfte an einen Treuhänder abtritt, der sie an die Gläubiger weiterleitet, sowie eine Reihe von weiteren Voraussetzungen erfüllen muss[997]. Die Regelung, die in der ersten Fassung der Insolvenzordnung enthalten war, wurde jedoch als zu streng angesehen. Kurz nach Inkrafttreten der Insolvenzordnung wurde die sog. Wohlverhaltensperiode nach § 287 InsO von sieben auf sechs Jahre gekürzt, wodurch in Verbindung mit dem nun an den Zeitpunkt der Verfahrenseröffnung anknüpfenden Laufzeitbeginn dieser Frist eine gewisse Erleichterung der Restschuldbefreiung erzielt werden konnte.

[994] Bei juristischen Personen und sonstigen Verbänden stellt sich die Frage naturgemäß nicht, da in diesen Fällen der Rechtsträger gesellschaftsrechtlich abgewickelt wird. Vgl. Schmidt (Hrsg.), Hamburger Kommentar, § 286 Rn. 4 m.w.N.

[995] In der allgemeinen Begründung des RegE heißt es explizit: »Anders als in den angelsächsischen Rechtsordnungen, insbesondere im amerikanischen Recht, soll die konkursmäßige Verwertung des Schuldnervermögens allein noch nicht zur Entschuldung führen« (abgedr. bei Balz/Landfermann, Die neuen Insolvenzgesetze S. 44).

[996] § 1 S. 2 InsO. Unredlichkeit in diesem Sinn ist gegeben, wenn einer der in § 290 Abs. 1 InsO aufgelisteten Tatbestände erfüllt ist, z.B. wenn der Schuldner wegen einer Insolvenzstraftat verurteilt worden ist, er unrichtige Auskünfte erteilt oder Vermögenswerte vereitelt hat.

[997] Vgl. insbesondere § 295 InsO.

2. Gesellschaftsrechtliche und betriebliche Maßnahmen

a) Frankreich

aa) Satzungsänderungen

Der Erfolg einer Sanierung setzt regelmäßig voraus, dass das Unternehmen einer umfangreichen rechtlichen Umstrukturierung unterzogen wird. Wenn es sich beim Insolvenzschuldner um eine juristische Person handelt, werden i.d.R. gesellschaftsrechtliche Reorganisationsmaßnahmen erforderlich sein, die eine Änderung des Gesellschaftsvertrags bzw. der Satzung (*statuts*) voraussetzen. Darunter zählt insbesondere die Wiederaufstockung des Stammkapitals, das zumeist bei Antragsstellung bereits erheblich angeschlagen ist. Die besondere Bedeutung, die der Beschaffung neuen Kapitals im Sanierungsprozess zukommt, hat den Gesetzgeber dazu veranlasst, eine Sonderregelung hierfür vorzusehen. Dabei wird unterschieden zwischen Kapitalerhöhungen, die während der Beobachtungsphase durchzuführen sind und deren Erfüllung eine Voraussetzung zur Annahme des Plans ist[998], sowie solchen, die erst nach dem Beschluss des Plans umzusetzen sind[999].

Erstere unterliegen dabei weitgehend den regelmäßigen gesellschaftsrechtlichen Regeln. Somit kann eine Kapitalerhöhung nur von den regulären Entscheidungsinstanzen der Gesellschaft – d.h. von der Hauptversammlung – durchgeführt werden. Trotz des Willens, die Sanierung in der Insolvenz besonders zu fördern, hat der Gesetzgeber weder das Gericht noch den Verwalter noch ein sonstiges Verfahrensorgan dazu befugt, dies eigenmächtig durchzuführen[1000]. Dennoch enthält das Gesetz Sonderbestimmungen, die den Gegebenheiten der Insolvenz und den Erfordernissen einer Sanierung Rechnung tragen und insoweit vom Gesellschaftsrecht abweichen. So schreibt Art. L. 626-3 Abs. 2 C. com. zunächst vor, dass, wenn aufgrund der in der Bilanz festgestellten Verluste das Eigenkapital auf weniger als die Hälfte des Stamm-

[998] Art. L. 626-3 C. com.

[999] Artt. L. 626-15 bis -17 C. com.

[1000] Zur eindeutigen Haltung der Rechtsprechung diesbezüglich vgl. z.B. Com. 15. Jan. 1991, Bull. civ. IV, Nr. 27; D. 1991. IR. 47; Rev. jur. com. 1991. 385 (das Gericht ist nicht befugt, eine Kapitalerhöhung bzw. die hierzu erforderliche Satzungsänderung ohne entsprechen Beschluss der Gesellschafter zu erzwingen).

kapitals geschwunden ist, dieses vor der Kapitalerhöhung mindestens in dieser Höhe wieder hergestellt werden muss, bevor weitere Kapitaländerungen beschlossen werden können. Ausdrücklich vorgesehen ist die Möglichkeit, das Stammkapital zunächst herabzusetzen und anschließend zu erhöhen zugunsten derjenigen, die zur Erfüllung des Plans verpflichtet sind[1001], was für neue Kapitalgeber in aller Regel günstiger ist als eine einfache Kapitalerhöhung[1002]. Der Gesetzgeber geht davon aus, dass ein Unternehmen mit einem derart niedrigen Eigenkapital nicht sanierungsfähig sein kann. Darüber hinaus – und dies ist die vermutlich bedeutsamste Abweichung vom Gesellschaftsrecht – gelten etwaige Vinkulierungsklauseln im Gesellschaftsvertrag, wonach die Beteiligung Dritter der Zustimmung der bereits vorhandenen Gesellschafter/Aktionäre bedarf (sog. *clauses d'agrément*), im *Redressement judiciaire* nicht[1003]. Damit soll der Eintritt von neuen Kapitalgebern erleichtert werden, auch wenn letzten Endes die Gesellschafterversammlung über diesen Neueintritt entscheidet.

Bei Kapitalerhöhungen oder sonstigen Satzungsänderungen, die im Plan vorgesehen sind[1004], gelten ebenfalls gewisse insolvenztypische Besonderheiten. So wird die Hauptversammlung, die über die geplante Satzungsänderung abstimmen soll, bei Bedarf vom Verwalter einberufen. Die entsprechende Ermächtigung ergibt sich kraft Gesetzes aus dem Urteil, in dem über den Plan entschieden wird[1005]. Des Weiteren kann die Kapitalerhöhung nur in zweierlei Weise erfolgen: durch Geldeinlage oder durch Aufrechnung – Sacheinlagen sind in der Insolvenz nicht mehr möglich[1006]. Die Frist, in der die Einlagen einbezahlt werden müssen, wird dabei vom Gericht festgesetzt. Damit können die Modalitäten der Kapitalerhöhung an die Sanierungserfordernisse des Einzelfalls angepasst werden. Der Plan, der bei seiner Annahme

---

[1001] Art. L. 626-3 Abs. 2 Satz 2 C. com.

[1002] Pétel, Procédures collectives, Rn. 305.

[1003] Art. L. 626-3 Abs. 5 C. com.

[1004] Wie z.B. eine Verschmelzung oder eine Änderung des Unternehmensgegenstands.

[1005] Art. L. 626-16 C. com.

[1006] Dies scheint sich aus Art. L. 626-17 C. com. zu ergeben (zur identisch gefassten Vorschrift vor der Reform von 2005 vgl. Saint-Alary-Houin, Entreprises en difficulté, Rn. 869). Aus praktischen Gesichtspunkten kann sich der Ausschluss von Sacheinlagen jedoch als ungünstig erweisen (d.A. Jeantin/Le Cannu, Entreprises en difficulté, Rn. 924).

durch das Gericht solche Maßnahmen vorsieht, ist als bedingter Plan anzusehen. Werden diese Bedingungen nicht fristgemäß erfüllt, kann dies zu seiner Aufhebung führen[1007].

bb) Veräußerungsverbot von Unternehmensteilen

Über die eben erwähnten Spezialregelungen hinaus enthält das Gesetz Sonderbestimmungen, die den weiteren Gang des Betriebs unmittelbar beeinflussen. Wie bereits erwähnt, kann das Gericht im Fall eines Fortführungsplans anordnen, dass gesamte Geschäftszweige hinzugefügt, stillgelegt oder übertragen werden[1008], was zu einer tiefgreifenden Umgestaltung des bisherigen Geschäftsmodells führen kann. Umgekehrt kann das Gericht aber auch Vermögenswerte für einen gewissen Zeitraum nach Beschluss des Plans für unveräußerlich erklären bzw. ihre Veräußerung von seiner Zustimmung abhängig machen. Damit wird die Verfügungsbefugnis des Schuldners, der diese mit Wirksamwerden des Plans grundsätzlich zurückerhält, empfindlich berührt. Die Unveräußerlichkeit ist primär auf den Fall einer Fortführung unter dem alten Rechtsträger zugeschnitten[1009], doch seit der Insolvenzrechtsreform von 1994 gibt es auch für den Übertragungsplan eine entsprechende Vorschrift, die von der Reform von 2005 inhaltlich unverändert übernommen wurde[1010].

Die gerichtlich angeordnete Unveräußerlichkeit dient im Wesentlichen dazu, die Beteiligten (insbesondere die Gläubiger und die Belegschaft) vor einer Vermögensvereitelung nach Ende des Insolvenzverfahrens zu bewahren. Bei einem Fortführungsplan richtet sich ein solches Veräußerungsverbot an den Schuldner, welcher durch die von den Gläubigern gewährten Stundungen und/oder Erlasse die Möglichkeit eines wirtschaftlichen Neustarts erhält. Das Veräußerungsverbot stellt somit eine gewisse Garantie für die Gläubiger dar, falls die Unternehmensfortführung fehlschlagen sollte[1011]. Bei einem

[1007] Art. L. 627-I C. com. Vgl. Hierzu oben Kapitel 6, Abschnitt D.I.3.a.

[1008] Vgl. oben, Abschnitt A.I.1.a und c.

[1009] Vgl. für den Fortführungsplan im *Sauvegarde*-Verfahren Art. L. 626-14 C. com., im *Redressement judiciaire* anwendbar aufgrund von Art. L. 631-19-I C. com.

[1010] Vgl. für den Übertragungsplan im Liquidationsverfahren Art. L. 642-10 C. com., im *Redressement judiciaire* anwendbar aufgrund von Art. L. 631-22 Abs. 1 Satz 2 C. com.

[1011] Ripert/Roblot, Droit commercial II, Rn. 3185.

Übertragungsplan wiederum soll mit dem Veräußerungsverbot vermieden werden, dass das Unternehmen vom Übernehmer in Teilen verkauft wird. Diese Maßnahme hat sich als nicht unbegründet erwiesen, da sich schon bald nach Inkrafttreten der Regelung von 1985 herausstellte, dass insolvente Unternehmen zu denkbar günstigen Konditionen erworben wurden, um sie nach Abschluss der Transaktion in Teilen gewinnbringend zu verwerten. Der Sanierungsgedanke spielte dabei keine Rolle, der Betrieb und die Arbeitsplätze wurden in aller Regel geopfert. Um solche Vorgänge zu unterbinden, wurde im Zug der Reform von 1994, mit welcher allgemein eine »Moralisierung« der Unternehmensübertragung verfolgt wurde, das erwähnte Veräußerungsverbot eingeführt[1012].

Die Voraussetzungen des Veräußerungsverbots sind für beide Plantypen sehr ähnlich gestaltet. Angeordnet wird es vom Insolvenzgericht nach Ermessen, nachdem es den Bericht des Planerfüllungsbeauftragten zur Kenntnis genommen hat[1013]. Von Gesetzes wegen muss das verhängte Verbot jedoch in doppelter Hinsicht ausreichend bestimmt sein: Zum einen muss der Zeitraum, in dem es gelten soll, vom Gericht genau definiert sein. Seit der Reform von 2005 darf dieser Zeitraum im Fall eines Fortführungsplans nicht länger sein als der Umsetzungszeitraum des Plans selbst[1014]. Zum anderen müssen auch die davon betroffenen Gegenstände ausreichend bestimmt sein, wobei dieses Erfordernis je nach Plantyp unterschiedlich stark ausgeprägt ist. Bei einer Fortführung wird gesetzlich gefordert, dass die vom Verbot betroffenen Vermögensteile betriebsnotwendig sind und genau bezeichnet werden, sodass etwa ein Veräußerungsverbot über sämtliche Vermögensteile des Unternehmens unwirksam wäre. Im Fall einer Unternehmensübertragung ist die Gesetzesformulierung weniger streng – gemäß Art. L. 642-10 Abs. 1 C. com. bezieht sich das Verbot auf »alle oder einen Teil« der übertragenen Gegenstände.

Aus praktischen Gesichtspunkten schließlich ist anzumerken, dass selbst in Abwesenheit eines ausdrücklichen Veräußerungsverbots der Schuld-

---

[1012] Vgl. hierzu Saint-Alary-Houin, Entreprises en difficulté, Rn. 850 und 988.

[1013] Art. 142 Abs. 1 der Verordnung Nr. 2005-1677.

[1014] Art. L. 626-14 Abs. 1 Satz 2 C. com. Die Höchstdauer des Plans beträgt gem. Art. L. 626-12 C. com. 10 Jahre bzw. 15 Jahre im Fall eines landwirtschaftlichen Unternehmens. Für den Übertragungsplan ist keine Maximaldauer des Veräußerungsverbots vorgesehen.

ner bzw. der Übernehmer nicht immer ohne weiteres über das Vermögen frei verfügen kann. Ist ein bestimmter Gegenstand betriebsnotwendig, kann es durchaus vorkommen, dass seine Veräußerung als eine sog. wesentliche Änderung des Plans anzusehen ist. In diesem Fall sollte seine Veräußerung nur nach Durchführung des oben beschriebenen Planänderungsverfahrens erfolgen, da man sich ansonsten u.U. dem Risiko einer Aufhebung des Plans aussetzt.

cc) Aufhebung des Scheckverbots

Bis zur Reform von 2005 war gesetzlich vorgesehen, dass das Insolvenzgericht ein vor Verfahrenseröffnung gegen den Schuldner verhängtes Scheckverbot aufheben konnte. Im neuen Recht erfolgt diese Aufhebung nun automatisch mit dem Beschluss des Fortführungsplans[1015]. Ein solches Verbot greift gemäß den allgemeinen Scheckbestimmungen[1016], wenn ungedeckte Schecks ausgestellt worden sind. Es bewirkt, dass der Kontoinhaber – hier der Insolvenzschuldner – Schecks ausschließlich zu seinen eigenen Gunsten, ansonsten nur solche, die von der Bank genehmigt worden sind (*chèques certifiés*), ausstellen darf. Da dies nach Verfahrensbeendigung insbesondere aufgrund des damit einhergehenden Misstrauens von Dritten ein nicht unerhebliches Hindernis im Tagesgeschäft darstellen kann[1017], wird das Verbot außer Kraft gesetzt und trägt somit zur Förderung des *Fresh start* bei.

dd) Exkurs – Kreditverträge

Im Rahmen einer Unternehmensfortführung unter dem bisherigen Rechtsträger ist ebenfalls von großer Bedeutung für den tatsächlichen Erfolg des Sanierungsvorhabens, dass dem Schuldner nicht nur während des Verfahrens, sondern auch nach Wirksamwerden des Plans die erforderlichen finanziellen Mittel zur Verfügung stehen. Bezüglich der Inanspruchnahme – nach Verfahrensende – von Krediten, die bereits vor Verfahrenseröffnung gewährt wurden, war die Rechtslage jedoch einige Zeit ungewiss. Während nämlich der Schuldner, solange die Beobachtungsphase läuft und seine Lage nicht

[1015] Art. L. 626-13 C. com.

[1016] Vgl. Art. L. 131-73 C. mon. fin.

[1017] Während der Beobachtungsphase führt der Verwalter sämtliche Konten unter seinem eigenen Namen, ungeachtet eines etwaigen gegen den Schuldner verhängten Scheckverbots (vgl. hierzu Merle, Le plan de continuation, Rn. 6 f.).

»aussichtslos« im bankrechtlichen Sinn ist, vor einseitigen Kündigungen seitens der Gläubigerbanken relativ gut geschützt ist[1018], enthält das Gesetz für den Zeitraum in der Planumsetzungsphase keine Sonderregelung. Es stellt sich somit die Frage, unter welchen Voraussetzungen etwa ein Kreditvertrag gekündigt werden darf, nachdem das Insolvenzverfahren formal beendigt worden ist. Die Frage stellt sich darüber hinaus auch für die übrigen Verträge, die während des Verfahrens fortgeführt worden sind, da nach Ende der Beobachtungsphase keine besonderen Regeln vorgesehen sind.

In der Literatur wird mehrheitlich davon ausgegangen, dass Verträge (insbesondere Kreditverträge), die während der Beobachtungsphase vom Verwalter fortgeführt wurden, nach deren Beendigung nicht einseitig gekündigt werden dürfen, sofern der geltend gemachte Kündigungsgrund vor der Eröffnung des Insolvenzverfahrens eingetreten ist[1019]. In solchen Fällen kann der betroffene Gläubiger lediglich einen entsprechenden Schadensersatzanspruch zur Tabelle anmelden[1020]. Dies setzt voraus, dass man sich in dem Zeitraum befindet, in dem noch angemeldet werden kann, also vor Beendigung des Verfahrens. Beruft sich die Bank indessen auf einen Kündigungsgrund, der nach Wirksamwerden des Plans eingetreten ist[1021], so steht ihr ein Kündigungsrecht nach den üblichen bankrechtlichen Regeln zu. Somit kann sie ihre finanzielle Unterstützung gegebenenfalls auch fristlos beenden, wenn der Schuldner sich eine besonders schwerwiegende Pflichtverletzung hat zuschulden kommen lassen oder wenn seine Lage aussichtslos ist (*situation irrémédiablement compromise*)[1022]. Hat sich die Bank hingegen im Rahmen des Fortführungsplans verpflichtet, dem Schuldner zusätzliche finanzielle Mittel zur Verfügung zu stellen, so muss beachtet werden, dass eine Änderung oder gar Kündigung dieser Verpflichtung ggf. als eine wesentliche Änderung des Plans anzusehen ist, die dem gerichtlichen Planänderungsverfahren unterliegt.

[1018] Vgl. oben, Kapitel 6 Abschnitt C.II.1.a.

[1019] D.A.: Jeantin, Rev. jur. com., Feb. 1987 (Sonderheft), S. 42; Le Cannu, PA v. 26. Juli 1991, Nr. 89 S. 8; Cabrillac, D. 1987. Chr. 261 Rn. 2 ff. Zur Stellung des Schrifttums vgl. auch Ripert/Roblot, Droit commercial II, Rn. 3184-1 und Saint-Alary-Houin, Entreprises en difficulté, Rn. 893.

[1020] Pérochon/Bonhomme, Entreprises en difficulté, Rn. 318.

[1021] Für den Zeitraum zwischen Verfahrenseröffnung und Planannahme, also während der Beobachtungsphase, folgt die Kündigung von Verträgen den oben in Kapitel 6 Abschnitt C.II.1.a erläuterten Regeln.

[1022] Saint-Alary-Houin, Entreprises en difficulté, Rn. 894.

b) Vergleichende Betrachtungen

In Deutschland sieht die Insolvenzordnung an keiner Stelle Ausnahmen zu den Regeln des Gesellschaftsrechts vor. Der Grundsatz des Vorrangs des Gesellschaftsrechts gegenüber dem Insolvenzrecht gilt uneingeschränkt und die Befugnis, Vorgänge, die eine Änderung des Gesellschaftsvertrags voraussetzen, durchzuführen, geht weder auf das Insolvenzgericht noch auf den Insolvenzverwalter noch auf die Gläubiger über[1023]. Maßnahmen wie das in Frankreich existierende gerichtliche Veräußerungsverbot von Vermögenswerten sind in Deutschland nicht vorgesehen. Vergleichbare Ergebnisse können in Deutschland nur mittels einer freiwillig abgegebenen Verpflichtung der Betroffenen erzielt werden.

Dasselbe gilt für Kapitaländerungen, die in Deutschland allein unter Beachtung der einschlägigen gesellschaftsrechtlichen Bestimmungen durchgeführt werden können. Die uneingeschränkte Anwendung des regelmäßigen Gesellschaftsrechts bewirkt unter anderem, dass eine Kapitalerhöhung auch mittels Sacheinlagen realisiert werden kann[1024], was in Frankreich nicht möglich ist. Ebenso haben die sonstigen in Frankreich geltenden Spezialvorschriften in Bezug auf Kapitaländerungen keine Entsprechung in Deutschland. Dies bezieht sich insbesondere auf die in Frankreich vorgeschriebene Pflicht, das Stammkapital in Höhe von mindestens 50% wiederherzustellen, die in der Insolvenzordnung keine Entsprechung hat. Ist etwa das Stammkapital einer GmbH in dieser Höhe aufgebraucht, so ergeben sich in Deutschland Handlungspflichten nach dem allgemeinen Gesellschaftsrecht[1025].

In beiden Ländern können unterschiedlichste gesellschaftsrechtliche Maßnahmen vom Planverfasser vorgesehen werden, doch ihre Durchführung hat gleichermaßen außerhalb des Insolvenzverfahrens zu erfolgen. Dies gilt etwa für die Gründung einer Auffang- oder Fortführungsgesellschaft, womit sich Dritte (z.B. Gläubiger) am Unternehmen beteiligen können[1026]. Um

---

[1023] Hess/Weis, InVo 1996 S. 169.

[1024] Hess, Insolvenzordnung, § 221Rn. 75.

[1025] Vgl. insbesondere § 49 Abs. 3 GmbHG (Pflicht zur Einberufung einer Gesellschafterversammlung) und § 84 Abs. 1 Nr. 1 GmbHG (Haftung des Geschäftsführers bei Unterlassen der Anzeige eines Verlusts in Höhe von 50% des Stammkapitals an die Gesellschafter).

[1026] Näheres hierzu bei Hess, Insolvenzordnung, § 221 Rn. 64 ff.

sicherzustellen, dass diese Maßnahmen tatsächlich umgesetzt werden, hat der Gesetzgeber in beiden Ländern in ähnlicher, wenngleich nicht identischer Weise ihre Konkretisierung an das Wirksamwerden des Plans geknüpft. In Frankreich kann ein Plan, in dem etwa eine Satzungsänderung vorgesehen ist, vom Gericht beschlossen werden, doch wenn diese Änderung nicht bzw. nicht fristgerecht erfolgt, wird er nach den Vorschriften des Gesetzes aufgehoben. In der Insolvenzordnung dagegen wird ein Plan, in dem vorgesehen wird, dass »bestimmte Leistungen erbracht oder andere Maßnahmen verwirklicht werden sollen«, begrifflich als sog. bedingter Plan von einem nicht bedingten Insolvenzplan unterschieden. Diese »anderen Maßnahmen« betreffen dabei in erster Linie gesellschaftsrechtliche Vorgänge wie etwa diejenigen, die vorstehend erwähnt wurden[1027]. Ein solcher Plan kann also von den Beteiligten angenommen werden, doch gemäß § 249 InsO haben die entsprechenden Maßnahmen vor der gerichtlichen Bestätigung durchgeführt zu sein, ansonsten innerhalb einer vom Gericht festgesetzten Frist, die regelmäßig weniger als vier Wochen beträgt[1028]. Die Durchführung der geplanten Maßnahmen wäre daher in Deutschland als aufschiebende Bedingung, ihre Nichterfüllung hingegen in Frankreich als auflösende Bedingung des Plans anzusehen. Dabei scheint die deutsche Lösung den Erfordernissen des Insolvenzverfahrens besser Rechnung zu tragen, da die Aufhebung des Plans, wie sie im französischen Recht vorgesehen ist, unter praktischen Gesichtspunkten etwas aufwendiger ist als die aus § 249 InsO resultierende *ex tunc* Verweigerung des Inkrafttretens des Plans.

Schließlich ist in § 264 InsO eine Spezialvorschrift enthalten für Kredite, die dem Schuldner nach Bestätigung des Plans gewährt werden. Die Vorschrift bezweckt die Förderung der Gewährung von Sanierungskrediten[1029], indem sie ausdrücklich erlaubt, dass die Insolvenzgläubiger im Fall des Scheiterns des Plans einen Rangrücktritt mit Neukreditgebern vereinbaren. Ausgehend von dem Umstand, wonach bei Wirksamwerden des Plans das sicherungsfähige Vermögen regelmäßig vollumfänglich belastet ist, würden andernfalls die Neukreditgeber am Anschlussinsolvenzverfahren nämlich nur als einfache Insolvenzgläubiger teilnehmen. Dementsprechend würden sie

[1027] Vgl. Braun, Insolvenzordnung, § 249 Rn. 3.

[1028] Braun, Insolvenzordnung, § 249 Rn. 5.

[1029] Vgl. Begründung zu § 311 RegE, abgedr. bei Balz/Landfermann, Die neuen Insolvenzgesetze S. 383.

sich eher zögerlich an der (angestrebten) Weiterfinanzierung des Unternehmens beteiligen. Mit § 264 InsO soll nun ein Anreiz für sie geschaffen werden, das Unternehmen auch während der Umsetzungsphase des Plans zu finanzieren. Die mehr oder minder gelungene gesetzliche Konstruktion[1030] bezieht sich jedoch nur auf Neukredite. Fortführungs- und Kündigungsmodalitäten von bestehenden Krediten in der Phase der Umsetzung des Plans sind gesetzlich nicht ausdrücklich geregelt. Somit gilt ebenso wie in Frankreich, dass ihre Kündigung nach den außerhalb der Insolvenzordnung geltenden Regeln zu erfolgen hat. Das ergibt sich daraus, dass gemäß § 258 Abs. 1 InsO das Verfahren mit der Bestätigung des Plans aufgehoben wird und damit sämtliche Ausnahmeregelungen, die während des Verfahrens für die Fortführung bzw. Kündigung oder Erfüllung schwebender Rechtsgeschäfte gelten, nicht mehr anwendbar sind. Inwiefern sich eine Kündigung auf den Plan und dessen weitere Umsetzungsfähigkeit auswirkt, hängt von den Umständen des Einzelfalls ab. Wird dadurch eine weitere Planerfüllung unmöglich gemacht, ist wohl die früher beschriebene Regelung der Leistungsstörungen in der Planumsetzungsphase anzuwenden[1031].

3. Die Stellung der Geschäftsführer

a) Frankreich

Die Durchführung eines Sanierungsverfahrens hat *per se* keinen Einfluss auf die Stellung der Geschäftsführer, die als Vertretungsorgane des Schuldners bzw. des Rechtsträgers des insolventen Unternehmens von diesem zu unterscheiden sind. Dennoch kann das Insolvenzgericht im Planverfahren gegen die Geschäftsführer eine Reihe von Maßnahmen verhängen (aa). Insolvenzliche Haftungstatbestände, die jedoch nicht planverfahrensspezifisch sind, werden überblickmäßig vorgestellt (bb).

aa) Eingriffe in die gesellschaftsrechtliche Stellung der Geschäftsführer

Ist der Rechtsträger des schuldnerischen Unternehmens eine Gesellschaft, kann das Gericht in mehrfacher Weise in die gesellschaftsrechtlichen

---

[1030] Kritisch zu dieser Regelung: Braun, Insolvenzordnung, § 264 Rn. 1 ff. sowie Jauernig, Insolvenzrecht § 92.III.2, der die praktische Relevanz eines freiwillig gewährten Rangrücktritts in Frage stellt.

[1031] Vgl. oben Kapitel 6, Abschnitt D.II.

Rechte der Geschäftsleitungsorgane (*dirigeants*) eingreifen. Damit soll die Einflussnahme von Personen, die u.U. für die Herbeiführung der Insolvenz verantwortlich sind, für die Zukunft eingerahmt d.h. unter gerichtliche Kontrolle gebracht werden, um zu vermeiden, dass diese Personen die Umsetzung des Sanierungskonzepts gefährden[1032]. So bestimmt Art. L. 631-10 C. com., dass ab dem Zeitpunkt der Verfahrenseröffnung die Geschäftsführer ihre Anteile[1033] nur unter den vom Gericht festgesetzten Voraussetzungen veräußern können. Aufgrund dieser Vorschrift, die auch faktische Geschäftsführer (*dirigeants de fait*) betrifft, kann insbesondere die Unveräußerlichkeit ihrer Anteile beschlossen werden, es sind jedoch auch andere – weniger drastische – Maßnahmen möglich, die vom Gericht im Einzelfall bestimmt werden. Bei Zuwiderhandlung ist die Übertragung als nichtig anzusehen, ohne dass sich Dritte auf die Unkenntnis der gerichtlich bestimmten Maßnahmen berufen können, da diese in die einschlägigen Register eingetragen werden.

Weiterreichende Eingriffe in die gesellschaftlichen Rechte der Geschäftsführer können im Rahmen der Planbestätigung, also zur längerfristigen Sicherung der Sanierungsfähigkeit nach Beendigung des Verfahrens beschlossen werden. Dreierlei Maßnahmen kommen auf der Grundlage von Art. L. 626-4 C. com. in Betracht:

- Zunächst kann das Gericht die Ersetzung eines oder mehrerer Geschäftsführer anordnen (Abs. 1). Diese besonders strenge Maßnahme findet in der Praxis nur selten Anwendung[1034], der Gesetzeswortlaut lässt jedoch darauf schließen, dass jeder Geschäftsführer – also auch einer, der keine Anteile am Unternehmen hält[1035] – davon betroffen sein kann. Dabei nimmt das Gericht nicht selbst die Ersetzung vor, sondern es erklärt sie zu einer Voraussetzung für die Annahme des Plans. Die Durchführung der Ersetzung richtet sich nach den einschlägigen Vorschriften des Gesellschaftsrechts.
- Ferner ist das Gericht befugt, die Anteile eines oder mehrerer (ggf. auch faktischer) Geschäftsführer für unveräußerlich zu erklären (Abs. 2

[1032] Soinne, Traité, Rn. 1494.

[1033] Geschäftsanteile bzw. sonstige Wertpapiere, die zur Beteiligung am Kapital berechtigen (»*parts sociales, titres de capital ou valeurs mobilières donnant accès au capital*«). Der Einfachheit halber wird in diesem Abschnitt nur von Anteilen gesprochen.

[1034] Saint-Alary-Houin, Entreprises en difficulté, Rn. 865.

[1035] Jeantin/Le Cannu, Entreprises en difficulté, Rn. 336.

Satz 1). Das entsprechende Stimmrecht wird dann innerhalb des vom Gericht bestimmten Zeitraums von einem speziell zu diesem Zweck bestellten Bevollmächtigten ausgeübt[1036].

- Schließlich kann das Gericht auch die Zwangsveräußerung der von den Geschäftsführern gehaltenen Anteile anordnen, deren Preis dann von einem Sachverständigen bestimmt wird (Abs. 2 Satz 2)[1037].

Die Voraussetzungen dieser Maßnahmen, die im letztgenannten Fall bis zur Enteignung der Geschäftsführer reichen, wurden im Zug der Reform von 2005 teilweise geändert. So war in der alten Regelung gefordert, dass das »Überleben des Unternehmens« davon abhängig sein musste[1038]. Mit der Reform wurde die Formulierung an die neuen Begrifflichkeiten angepasst, wobei der nun verwendete Begriff »*Sauvegarde*« zugleich Erhalt (des Unternehmens) bedeutet und das gleichlautende neugeschaffene Sanierungsverfahren bezeichnet. Da Art. L. 626-4 C. com. auch im *Redressement judiciaire* anwendbar ist, könnte die Vorschrift in diesem Fall analog dahingehend ausgelegt werden, dass die Voraussetzung für die betreffenden Maßnahmen nun die Sicherung des »*Redressement*« d.h. der Sanierung des Unternehmens ist. Darin wird z.T. eine Erleichterung der Bedingungen im Vergleich zur früheren Regelung gesehen. Umgekehrt wurden die Zulässigkeitsvoraussetzungen dieser Maßnahmen erheblich eingeschränkt. Während sie im alten Recht von Amts wegen oder auf Antrag der Staatsanwaltschaft oder des Verwalters angeordnet werden konnten, ist dies seit der Reform von 2005 allein auf Antrag der Staatsanwaltschaft möglich. Pragmatische Überlegungen dürften diese Einschränkung diktiert haben, da es in der *Sauvegarde*, für die Art. L. 626-4 C. com. primär zugeschnitten ist, gilt, interne Strukturen des Schuldners möglichst unangetastet zu lassen[1039]. Unverändert hingegen ist das Erfordernis, die betroffenen Geschäftsführer sowie die Vertreter des Betriebsrats bzw. die Personaldelegierten zu hören, bevor das Gericht diese Maßnahmen verhängen kann.

[1036] Dies ist regelmäßig der Verwalter (vgl. Art. 130 der Verordnung Nr. 2005-1677).

[1037] Bei Soinne, Traité, Rn. 1494, wird zutreffend darauf hingewiesen, dass der Sachverständige lediglich eine Preisempfehlung abgeben, nicht aber den Preis unmittelbar selbst bestimmen kann. Dies dürfte trotz des nicht eindeutigen Gesetzeswortlauts dem Gericht obliegen.

[1038] »*Lorsque la survie de l'entreprise le requiert...*« (Art. L. 621-59 Abs. 1 C. com. a.F.)

[1039] Vgl. Sénat-Gesetzgebungsausschuss, Bericht Nr. 335 vom 11. Mai 2005, S. 254.

bb) Exkurs – Nicht planspezifische Sanktionsverfahren gegen die Geschäftsführer

Über die eben beschriebenen Maßnahmen hinaus, die auf die Sicherung des Sanierungsvorhabens abzielen und grundsätzlich frei von jeglichem Bestrafungsgedanken sind, enthält der *Code de commerce* einen umfangreichen Sanktionierungsapparat, der im Rahmen der Reform von 2005 teilweise erheblich geändert wurde. Die darin enthaltenen Maßnahmen, die sich gegen den Schuldner und/oder seine Geschäftsführungsorgane richten, werden unterteilt in zivilrechtliche Maßnahmen, persönliche und berufliche Verbote und Insolvenzstraftaten. Da sie nicht unmittelbar im Zusammenhang mit der hier behandelten Thematik der Sanierung stehen, werden im Folgenden nur ihre Grundzüge vorgestellt.

Auf zivilrechtlicher Ebene sind zwei Mechanismen vorgesehen, aufgrund derer Geschäftsführungsorgane einer juristischen Person für deren Vermögensunterdeckung haftbar gemacht werden können. Der erste dieser Mechanismen ist die sog. Klage zur Begleichung der Unzulänglichkeit der Insolvenzmasse (*action en comblement de l'insuffisance d'actif*)[1040]. Sie setzt voraus, dass entweder ein Sanierungsplan im Rahmen eines *Sauvegarde*-Verfahrens oder eines *Redressement judiciaire* aufgehoben worden ist oder dass ein Liquidationsverfahren durchgeführt wird bzw. wurde und dass eine fehlerhafte Geschäftsführung (*faute de gestion*) zur Herbeiführung der Insolvenzlage beigetragen hat. Das Antragsrecht ist breit eröffnet[1041], die Möglichkeit einer Anrufung des Gerichts von Amts wegen wurde durch die Reform von 2005 jedoch abgeschafft. Ist die Klage, die in drei Jahren verjährt, erfolgreich, fließt der Schadensersatz der Insolvenzmasse zu. Der zweite Mechanismus ist die sog. Auferlegung der Schulden der Gesellschaft (*obligation aux dettes sociales*)[1042]. Diese Maßnahme entspricht in ihrem Grundgedanken der *Action en comblement de l'insuffisance d'actif*, sie greift aber für schwerwiegendere Pflichtverletzungen[1043] – d.h. grundsätzlich Fälle, in denen Handlungen bzw. Unterlassungen, die zum Eintritt der Zahlungsunfähigkeit

---

[1040] Vgl. die Artt. L. 651-1 ff. C. com.

[1041] Antragsberechtigt sind der Gläubigervertreter, der Liquidator, die Staatsanwaltschaft und die Mehrheit der als Kontrolleure bestellten Gläubiger (Art. L. 651-3 C. com.).

[1042] Vgl. die Artt. L. 652-1 ff. C. com.

[1043] Sénat-Gesetzgebungsausschuss, Bericht Nr. 335 vom 11. Mai 2005, S. 61.

beigetragen haben, vorsätzlich und/oder zu persönlichen Zwecken erfolgt sind. Insoweit kann sie ebenso wie die *Action en comblement de l'insuffisance d'actif* für die Sanktionierung eines Insolvenzantragspflichtigen, der nicht fristgemäß Antrag gestellt hat, herangezogen werden[1044]. Die *Obligation aux dettes sociales* führt jedoch dazu, dass dem Betreffenden nicht nur der Differenzbetrag zur Begleichung der Vermögensunterdeckung, sondern die gesamten Schulden des Insolvenzschuldners auferlegt werden können.

Äußerst umfassend geregelt sind im *Code de commerce* die verschiedenen Verbote, die im Rahmen einer Insolvenz gegen die Geschäftsführer ausgesprochen werden können. Die Hauptform dieser Verbote ist der sog. persönliche Konkurs (*faillite personnelle*)[1045], dessen Tatbestandsmerkmale sich teilweise mit denen der o.g. Auferlegung der Schulden der Gesellschaft decken[1046]. Darüber hinaus ist ein ausführlicher Katalog von Handlungen vorgesehen, die im Allgemeinen verschiedene Verstöße gegen Sorgfalts- und Mitwirkungspflichten vor und nach Eröffnung des Verfahrens sowie gegen diverse Buchführungspflichten zum Gegenstand haben. Die Folgen des persönlichen Konkurses sind mannigfaltig: Die hauptsächliche Konsequenz – die in gewissen Fällen auch alleine, anstelle des persönlichen Konkurses verhängt werden kann[1047] – ist das Verbot, jegliches kaufmännische, handwerkliche, landwirtschaftliche oder sonstige Unternehmen zu betreiben, zu leiten oder es (auch mittelbar) zu beherrschen sowie jegliche juristische Person mit wirtschaftlicher Tätigkeit zu leiten, zu verwalten oder zu beherrschen. Die Höchstdauer dieser als *Interdiction de gérer* bezeichneten Maßnahme wurde mit der Reform von 2005 auf 15 Jahre beschränkt; die alte Regelung sah keine Höchstdauer, stattdessen aber eine Mindestdauer von fünf Jahren vor. Mit dem persönlichen Konkurs sind auch zahlreiche weitere Folgen verknüpft, insbesondere das Verbot, bestimmte berufliche Tätigkeiten (z.B. als Gutachter oder Rechtsanwalt) auszuüben, der Verlust der Gesellschaftereigenschaft bei gewissen Gesellschaftsformen (etwa einer GbR) sowie das Verbot, ein öffentliches Wahlamt auszuüben. Vermögensrechtliche Konsequenzen sind mit dem persönlichen Konkurs indessen nicht bzw. nicht unmittelbar verbunden.

[1044] Vgl. hierzu oben Kapitel 4, Abschnitt B.II.1.a.

[1045] Vgl. die Artt. L. 653-1 ff. C. com.

[1046] Vgl. Art. L. 653-4 C. com.

[1047] Vgl. Art. L. 653-8 Abs. 1 C. com.

Dasselbe gilt auch für das in einem weiteren gesonderten Abschnitt des *Code de commerce* verankerte und von der Reform von 2005 weitgehend unangetastete Insolvenzstrafrecht[1048]. Das Hauptdelikt ist der Bankrott (*banqueroute*), dessen fünf gesetzliche Tatbestände sich größtenteils mit denen der *Obligation aux dettes sociales* und des persönlichen Konkurses überschneiden[1049]. Das Strafmaß beträgt grundsätzlich fünf Jahre Freiheits- und 75.000 Euro Geldstrafe. Darüber hinaus kann gegen den Täter der persönliche Konkurs sowie eine Reihe weiterer Verbote ausgesprochen werden. Neben dem Bankrott sind in einem gesonderten Unterabschnitt des *Code de commerce* zahlreiche weitere Sonderdelikte geregelt.

b) Vergleichende Betrachtungen

Eingriffe in die gesellschaftsrechtliche Stellung von Geschäftsführern können in Deutschland vom Gericht nicht durchgesetzt werden. Ähnlich wie bei den oben in Abschnitt 2 beschriebenen gesellschaftsrechtlichen Maßnahmen können etwa der Ausschluss einer Person aus dem Kreis der Gesellschafter/Geschäftsführer oder der Entzug deren Stimmrechte nur nach den gesellschaftsrechtlichen Regeln erfolgen. Solche Maßnahmen sind vom Schuldner freiwillig durchzuführen. Handelt es sich um einen vom Verwalter erstellten Plan, kann die Durchführung der Maßnahmen im Plan vorgesehen sein, der infolgedessen als bedingter Plan i.S.v. § 249 InsO anzusehen ist. Indirekt kann somit ein vergleichbares Ergebnis erzielt werden wie in Frankreich, wo das Gericht jedoch unmittelbar in die Stellung der Geschäftsführer eingreifen kann.

Bemerkenswerterweise wurde in Deutschland während der Insolvenzrechtsreform bisweilen erwogen, das Insolvenzgericht ähnlich wie in Frankreich zu ermächtigen, Gesellschafter von der Schuldnergesellschaft auszuschließen. Der Entwurf der Kommission für Insolvenzrecht enthielt eine dahingehend gefasste Vorschrift, die auch den Zuspruch eines Teils des Schrifttums erhielt. Insbesondere der »Gravenbrucher Kreis« forderte

[1048] Vgl. die Artt. L. 654-1 ff. C. com.

[1049] Diese Tatbestände sind gem. Art. L. 654-2 C. com. wie folgt: Um die Eröffnung des Verfahrens zu vermeiden oder zu verzögern, Käufe unter Wert zu tätigen oder sich finanzielle Mittel zu ruinösen Konditionen zu beschaffen (Nr. 1); das Vermögen des Schuldners oder Teile davon beiseite zu schaffen oder zu verheimlichen (Nr. 2); die Verbindlichkeiten des Insolvenzschuldners rechtsmissbräuchlich zu erhöhen (Nr. 3); gegen diverse Buchführungspflichten zu verstoßen (Nr. 4-5).

während der gesamten Reformdiskussion, dass im Interesse einer bestmöglichen Haftungsverwirklichung eine solche Bestimmung in das Gesetz aufgenommen wird[1050]. Letzten Endes ist der Gesetzgeber aber einen anderen Weg gegangen und es wurde keine Ausnahmeregelung für den Ausschluss von Gesellschaftern verabschiedet. Damit wird das Gleichgewicht des auch ansonsten wenig gerichtlich geprägten Verfahrens gewahrt, doch können im Einzelfall praktische Schwierigkeiten daraus entstehen.

Auch in Deutschland bestehen zahlreiche Möglichkeiten, die Geschäftsleitungsorgane einer insolventen Gesellschaft in die Haftung zu nehmen. Besondere Relevanz hat hierbei die sog. Insolvenzverschleppung d.h. die fehlende oder nicht fristgerechte Erfüllung ihrer Insolvenzantragspflicht durch die Geschäftsführer[1051]. Die Folgen der Verschleppung sind in den einschlägigen gesellschaftsrechtlichen Gesetzen für die entsprechende Unternehmensform geregelt, etwa in § 64 GmbHG. Ähnlich wie die französische *Action en comblement de l'insuffisance d'actif* kann sie dazu führen, dass die Geschäftsführer die Last der Zahlungen, die nach dem Eintritt bzw. der Feststellung eines Insolvenztatbestands von der Gesellschaft geleistet worden sind, auferlegt bekommen[1052]. Im Vergleich zu Frankreich verschärft sich das Risiko für die Geschäftsführer insoweit, als in Deutschland neben der Zahlungsunfähigkeit ein zweiter antragspflichtiger Insolvenzgrund – die Überschuldung – für juristische Personen vorgesehen ist, der in der Praxis zudem oftmals schwieriger festzustellen ist.

Das Kernstück des in den §§ 283 bis 283d StGB verankerten Insolvenzstrafrechts bildet ebenso wie in Frankreich der Bankrott. Diesbezüglich kann festgestellt werden, dass die Doppelspurigkeit zwischen dem »einfachen« (§ 283 StGB) und dem »besonders schweren« Fall des Bankrotts (§ 283a

---

[1050] Vgl. Gravenbrucher Kreis, ZIP 1989, 471. Der Gravenbrucher Kreis plädierte für die Einführung einer solchen gerichtlichen Ermächtigung, weil in bestimmten Fällen (etwa wenn die Schuldnergesellschaft lebenswichtige Lizenzen oder Betriebskonzessionen besitzt, die nicht auf einen Drittübernehmer übertragen werden können) eine Unternehmensfortführung im Interesse einer höchstmöglichen Wertrealisierung sein kann und somit gegen den Willen der Gesellschafter durchsetzbar sein sollte.

[1051] Zur Insolvenzantragspflicht vgl. oben Kapitel 4, Abschnitt B.II.1.b.

[1052] Eine Ausnahme enthält § 64 Abs. 2 S. 2 GmbHG, für den Fall dass die Zahlungen »mit der Sorgfalt eines ordentlichen Geschäftsmanns vereinbar sind«, also etwa dann, wenn die Gesellschaft eine angemessene Gegenleistung erhalten hat oder die Zahlung nicht vermeidbar war (z.B. das Entrichten von Mieten).

StGB) auch in Frankreich über Jahrhunderte hinweg existierte[1053], im Zug der Reform von 1985 mit der Abschaffung des Tatbestands des besonders schweren Bankrotts jedoch aufgehoben wurde. Damit wurde allerdings weniger eine Milderung denn eine Vereinfachung des Insolvenzstrafrechts bezweckt[1054], und in beiden Ländern besteht nach wie vor ein breitgefächerter Katalog von Straftatbeständen.

4. Die Stellung von Bürgen des Insolvenzschuldners

a) Frankreich

Dritte, die sich für die Erfüllung der Verbindlichkeiten des Schuldners verbürgt haben, genießen im Insolvenzverfahren des Hauptschuldners eine insgesamt unvorteilhafte Lage, insofern sie grundsätzlich auch dann zur Erfüllung verpflichtet sind, wenn dieser es aufgrund des Vollstreckungsschutzes nicht mehr unmittelbar ist. In Frankreich gilt traditionsgemäß, dass das mit der Eröffnung eines Insolvenzverfahrens einhergehende Zahlungsverbot von Altforderungen eine rein persönliche Einrede (*exception purement personnelle*) des Haupt- bzw. Insolvenzschuldners darstellt, die der Bürge nicht geltend machen kann, sodass dieser weiterhin zur Erfüllung verpflichtet ist[1055].

Diese für den Bürgen harte Lösung wurde mit der Reform von 1994 zugunsten des sog. persönlichen Bürgen (*caution personnelle*)[1056], der zugleich eine natürliche Person ist, für die Dauer des Verfahrens gelockert. Dieser Bürge genoss ab Verfahrenseröffnung denselben Vollstreckungsschutz wie der Schuldner selbst, sämtliche Klagen gegen ihn wurden während der Dauer der Beobachtungsphase unterbrochen. Gläubiger konnten in diesem Zeitraum lediglich Sicherungsmaßnahmen treffen und selbst nach Ende der Beobachtungsphase konnte das Gericht dem persönlichen Bürgen/natürliche Person einen Zahlungsaufschub von bis zu zwei Jahren gewähren. Diese Lösungen wurden mit der Reform von 2005 beibehalten, darüber hinaus

---

[1053] Dort bezeichnet als *Banqueroute simple* und *Banqueroute frauduleuse*.

[1054] Näheres hierzu bei Saint-Alary-Houin, Traité Rn. 1122 ff.

[1055] Grundsätzlich (Insolvenzregelung i.d.F. von 1985): Com. 27. März 1990, D. 1990. 494, sowie Com. 3. Apr. 1990, Bull. civ. IV, Nr. 114.

[1056] Unter persönlichen Bürgen versteht man eine Person, die sich selbst zur Leistung verpflichtet, im Gegensatz zu einem dinglichen Bürgen (*caution réelle*).

wurde die für den persönlichen Bürgen/natürliche Person geltende Ausnahme auf weitere Personen erweitert: Sie gilt nun auch für Mithaftende (*coobligés*) sowie für Personen, die sog. autonome Garantien (*garanties autonomes*), d.h. Leistungsverpflichtungen, bei denen dem Gläubiger keine Einrede bezüglich der Hauptschuld entgegen gehalten werden kann, übernommen haben[1057/1058]. Voraussetzung ist auch hier, dass es sich um natürliche Personen handelt. In allen übrigen Fällen aber können die Gläubiger bei Fälligkeit ihrer Forderungen den Anspruch auf Befriedigung bei Bedarf gerichtlich durchsetzen.

Auch nach Beendigung der Beobachtungsphase stellt sich die Frage der Leistungspflicht von Bürgen und anderen Mitschuldnern, insbesondere wenn ein Plan beschlossen worden ist, in dem Gläubiger ihre Forderungen ganz oder teilweise erlassen haben. Bis zur Reform von 2005 galten unterschiedliche Regeln, je nachdem ob der Bürge in einem gesamtschuldnerischen Verhältnis zum insolventen Hauptschuldner stand oder nicht. War dies der Fall, konnte der Bürge sich auf Erlasse, die vom Gläubiger gewährt wurden, nicht berufen und schuldete somit den ursprünglichen Betrag in seiner vollen Höhe[1059]. Diese Lösung war für den Gesamtbürgen (*caution solidaire*) äußerst streng, da er wiederum nur in Höhe des nichterlassenen Teils der Forderung gegen den Schuldner regressberechtigt war. Das Reformgesetz von 2005 hat diese Unterscheidung aufgehoben, allerdings im Sinn einer größeren Strenge für die Leistungspflichtigen: Nach der neuen Regelung können sich Bürgen, Mithaftende und Garanten allesamt nicht auf den Plan berufen – Ausnahmen hierzu sind keine vorgesehen[1060]. Neben dem Willen, die Effektivität der Sicherungsrechte der Gläubiger wiederherzustellen[1061], beruht diese Regelung wohl auch auf der Feststellung, dass die Personen, die in der Praxis Bürgschaften abgeben, oftmals diejenigen sind, die für die Steuerung des

---

[1057] Art. L. 622-28 Abs. 2 C. com.

[1058] Zinsen, die nach der Verfahrenseröffnung anfallen, werden im *Redressement judiciaire* vom Bürgen/Garanten/Mithaftenden jedoch geschuldet, wenn dieser bei Fälligkeit nicht leistet, Art. L. 631-14-II i.V.m. Art. L. 622-28 Abs. 1 C. com.

[1059] Art. L. 621-65 Abs. 2 C. com. a.F.

[1060] Art. L. 631-20 i.V.m. Art. L. 626-11 C. com. Anderes gilt im Rahmen der *Sauvegarde*.

[1061] Vgl. Sénat-Gesetzgebungsausschuss, Bericht Nr. 335 vom 11. Mai 2005, S. 339 f.

Unternehmens, mithin für die Herbeiführung der Zahlungsunfähigkeit verantwortlich sind[1062].

b) Vergleichende Betrachtungen

Auch nach deutschem Recht kann der Bürge des Insolvenzschuldners bei Fälligkeit der Forderung wirksam in Anspruch genommen werden[1063]. Wird die Forderung nach Eröffnung des Insolvenzverfahrens fällig, ist der Bürge zur Zahlung verpflichtet, ohne dass er die Einrede der Vorausklage geltend machen kann[1064]. Im Gegensatz zum französischen Recht sind im deutschen Insolvenzrecht jedoch keinerlei insolvenzrechtliche Ausnahmen für Bürgen/natürliche Personen vorgesehen – etwaige Einschränkungen zu deren Inanspruchnahme können sich höchstens aus dem bürgerlichen Recht ergeben. Keine Unterschiede bestehen nach der französischen Reform von 2005 für die Leistungspflicht des Bürgen/Mithaftenden nach Wirksamwerden des Plans: In beiden Rechtsordnungen hat der Plan keine Auswirkungen auf den Umfang ihrer Leistungspflicht[1065].

In beiden Ländern gleich geregelt ist auch der Regressanspruch, der dem Bürgen, der nach Eröffnung des Verfahrens die Hauptforderung (in voller Höhe) beglichen hat, gegen den Schuldner zusteht. § 254 Abs. 2 Satz 2 InsO bestimmt, dass in diesem Fall der Schuldner die planmäßig gewährten Erlasse dem Bürgen entgegen halten kann, sodass letzterer einen Rückgriffsanspruch nur in Höhe des nichterlassenen Teils der Forderung hat. Hinsichtlich des erlassenen Teils der Forderung wird in der Literatur vertreten, dass der Schuldner eine lediglich erfüllbare, aber nicht erzwingbare Naturalobligation hat[1066]. Wäre dem nicht so, d.h. könnte der Bürge ungeachtet der im Plan gewährten Erlasse vom Schuldner Rückgewähr des tatsächlich ausgezahlten Betrags beanspruchen, würde im Übrigen die mit dem Plan typischerweise verfolgte Restschuldbefreiung leerlaufen, ohne die ein wirtschaftlicher Neustart des Schuldners kaum möglich sein dürfte[1067].

[1062] Jeantin/Le Cannu, Entreprises en difficulté, Rn. 981.

[1063] Vgl. Braun, Insolvenzordnung, § 41 Rn. 9.

[1064] § 773 Abs. 1 Nr. 3 BGB.

[1065] Vgl. § 254 Abs. 2 Satz 1 InsO.

[1066] Braun, Insolvenzordnung, § 254 Rn. 8; Hess, Insolvenzordnung § 254 Rn. 27.

[1067] Hess, Insolvenzordnung, § 254 Rn. 25.

II. Die Gläubiger

Ein wesentlicher Bestandteil des Insolvenzplans sind die Tilgungsmodalitäten der Verbindlichkeiten des Schuldners, die durch dessen Insolvenz nicht mehr vollständig ausbezahlt werden können. In erster Linie vom Plan betroffen sind somit die Gläubiger, deren Ansprüche vor der Eröffnung des Insolvenzverfahrens entstanden sind, also die Insolvenzgläubiger (1). Nicht im selben Maß betroffen, aber dennoch nicht völlig von Insolvenzverfahren und -plan unberührt sind die gesicherten Gläubiger (2). Arbeitnehmer wiederum genießen eine Sonderstellung im Vergleich zu den einfachen Insolvenzgläubigern, indem versucht wird, sowohl ihrer besonderen Schutzwürdigkeit als auch den Gegebenheiten der Insolvenz und den Erfordernissen von Sanierungsmaßnahmen Rechnung zu tragen. Dies kommt dadurch zum Ausdruck, dass einerseits besondere Mechanismen hinsichtlich der Tilgung der Lohn- und Gehaltsrückstände zum Tragen kommen, andererseits aber Besonderheiten in Bezug auf die Kündigung ihrer Arbeitsverträge gelten (3). Grundsätzlich nicht vom Insolvenzplan betroffen sind die Aussonderungsberechtigten (4) sowie die Gläubiger, deren Ansprüche nach Eröffnung des Insolvenzverfahrens entstanden sind (5).

1. Die Insolvenzgläubiger

a) Frankreich

Das französische Recht enthält eine ausführliche Regelung über die Behandlung von Insolvenzforderungen im Rahmen eines Fortführungsplans, der das Hauptziel des *Redressement judiciaire* ist (aa). Andere Regeln gelten, wenn das Unternehmen mittels eines Übertragungsplans verkauft wird (bb).

aa) Fortführungsplan

In der Erstellungsphase des Fortführungsplans werden die Gläubiger, deren Forderungen vor Verfahrenseröffnung entstanden sind[1068], aufgefordert, zu den vom Planverfasser vorgeschlagenen Maßnahmen nach dem früher beschriebenen Anhörungsverfahren Stellung zu beziehen[1069]. Diese Maßnahmen

[1068] »*Créanciers dont la créance est née antérieurement au jugement d'ouverture*« (Art. L. 622-24 Abs. 1 Satz 1 C. com.).

[1069] Vgl. oben Kapitel 6, Abschnitt B.I.1.

können aus Stundungen und/oder Erlassen bestehen. Im Idealfall gewähren alle Gläubiger zusätzliche Zahlungsfristen oder verzichten auf einen Teil ihrer Forderung, um die finanzwirtschaftliche Sanierungsfähigkeit des Schuldners durch die Senkung seiner Schuldenlast wiederherzustellen[1070]. Die Rolle des Gerichts beschränkt sich in diesem Fall darauf, die freiwillig gewährten Forderungsverzichte und -aufschübe aufzunehmen[1071]. In der Praxis jedoch besitzt der Sanierungsplan nur in den seltensten Fällen einen solchen »reinen« privatautonomen Charakter, da zahlreiche Gläubiger an der Befragung über die geplanten Stundungen/Erlasse gar nicht erst teilnehmen. Das Gesetz räumt dem Gericht allerdings mehrere Möglichkeiten ein, Maßnahmen teilweise ohne oder gar gegen den ausdrücklichen Willen der Gläubiger zu treffen.

Ein erster – zugunsten der Gläubiger konzipierter – Weg besteht darin, die von ihnen freiwillig gewährten Forderungskürzungen oder -aufschübe zu senken[1072]. Der dieser Regelung zugrunde liegende Gedanke ist, dass die Gläubiger nicht über das, was für die Sanierung des Unternehmens im Einzelfall tatsächlich erforderlich ist, leisten sollen, sodass das Gericht unnötig großzügige Maßnahmen nachträglich korrigieren kann. Trefflich wird dies als einigermaßen realitätsfremd bezeichnet[1073], denn in den allermeisten Fällen erscheinen die freiwillig gewährten Stundungen und Erlasse im Hinblick auf die angestrebte Sanierung vielmehr als unzureichend. Damit der Widerstand einzelner Gläubiger nicht das gesamte Sanierungskonzept zum Scheitern bringt, ist das Gericht gemäß Art. L. 626-18 Abs. 1 Satz 3 C. com. ermächtigt, Gläubigern sog. uniforme Zahlungsfristen (*délais uniformes de paiement*) aufzuerlegen. Die Bezeichnung »uniform« bedeutet, dass sämtliche Gläubiger, die weder den planmäßigen Stundungs- noch den Erlassvorschlägen zugestimmt haben, einheitlichen Zahlungsaufschüben zugunsten des Schuldners unterworfen werden[1074]. Diese Frist kann kürzer sein als Fristen, die von anderen Gläubigern freiwillig gewährt wurden, sodass letztere trotz ihrer größeren

[1070] Dieser Aspekt wird bisweilen als das Kernstück eines Sanierungsplans angesehen (vgl. etwa Saint-Alary-Houin, Entreprises en difficulté, Rn. 872-1).

[1071] *»Le tribunal donne acte«*, Art. L. 626-18 Abs. 1 Satz 1 C. com.

[1072] Art. L. 626-18 Abs. 1 Satz 2 C. com.

[1073] Vgl. Pérochon/Bonhomme, Entreprises en difficulté, Rn. 326.

[1074] Die Rechtsprechung überwacht sorgfältig, dass im Hinblick auf diese uniformen Zahlungsfristen die betreffenden Gläubiger gleich behandelt werden (vgl. Soinne, Traité, Rn. 1585 m.w.N.).

Kompromissbereitschaft im Ergebnis u.U. schlechter dastehen als diejenigen, die dem Plan insgesamt nicht zugestimmt haben. Um dies auszugleichen, kann das Gericht jedoch wie oben gezeigt deren freiwillig gewährte Stundungen und Erlasse gemäß Satz 2 kürzen, etwa um sie den gerichtlich angeordneten uniformen Zahlungsfristen anzupassen.

Uniforme Zahlungsfristen entsprechen in ihrem Grundsatz den bereits erwähnten »Gnadenfristen« nach Art. 1241-1 ff. C. civ.[1075], doch sie unterliegen teilweise spezifischen Regeln, die sich insgesamt zum Nachteil der betroffenen Gläubiger auswirken. So betragen die Fristen anders als nach Art. 1241-1 Abs. 1 C. civ. nicht maximal zwei Jahre, sondern sie können für die gesamte Umsetzungsphase des Plans – also bis zu zehn Jahren – angeordnet werden[1076]. Eine mit Art. 1241-1 Abs. 1 C. civ. vergleichbare gesetzliche Auflage, wonach bei der Festsetzung der Frist die Interessen der jeweiligen Gläubiger berücksichtigt werden müssen, ist im Rahmen des Fortführungsplans ebenfalls nicht vorgesehen, woraus zu schließen ist, dass hier allein das Interesse des Schuldners maßgebend ist. Die Einzelinteressen der Gläubiger könnten aufgrund der zwangsweise allgemeinen Wirkung – der Uniformität – der Fristen ohnehin nicht mitberücksichtigt werden.

Das Institut der uniformen Zahlungsfristen stellt einen besonders drastischen Eingriff in die Rechte der Gläubiger dar, denn selbst wenn das Gericht nicht befugt ist, den Nominalbetrag der Forderungen anzutasten, so bewirkt ein aufgezwungener Zahlungsaufschub aus finanzwirtschaftlicher Sicht letztlich nichts anderes als eine »teilweise Enteignung ohne Entschädigung«[1077]: Geht man etwa von einem jährlichen Wertverlust von 9,5% aus, beträgt der aktualisierte, »reale« Wert einer Forderung z.B. mit einer auf vier Jahre gestaffelten Zahlung mit gleich hohen Jahresraten nur noch 80,1%[1078]. Der betroffene Gläubiger ist somit tatsächlich in derselben Lage wie einer, der freiwillig einen Erlass von 20% gewährt hätte und sofortige Befriedigung

1075 Vgl. oben Kapitel 3, Abschnitt C.I.2.b.bb.

1076 Die Vorschrift, wonach das Gericht sogar über die Umsetzungsphase des Plans hinausgehende Zahlungsfristen anordnen durfte (Art. L. 621-76 Abs. 2 Satz 1 C. com. a.F.), wurde mit der Reform von 2005 abgeschafft, vgl. Sénat-Gesetzgebungsausschuss, Bericht Nr. 335 vom 11. Mai 2005, S. 274.

1077 Pérochon/Bonhomme, Entreprises en difficulté, Rn. 327.

1078 Beispiel aus der Äquivalenztabelle bei Soinne, Traité, Rn. 1588. Vgl. auch Pérochon/Bonhomme, Entreprises en difficulté, Rn. 327.

erhalten hätte. Aus diesem Grund sieht das Gesetz vor, dass im Plan den Gläubigern die Wahl geboten werden kann zwischen den planmäßigen Tilgungsraten und kürzeren Zahlungsfirsten mit entsprechender Reduzierung der Forderungen[1079]. Es bleibt, dass die Festsetzung von uniformen Zahlungsfristen unterschiedliche Auswirkungen auf die Gläubiger haben kann. Grund hierfür ist, dass das Fälligkeitsdatum der Forderungen vom Fortführungsplan nicht berührt wird[1080]. So hat die Festsetzung uniformer Zahlungsfristen von z.B. fünf Jahren keine negative Auswirkung auf einen Gläubiger, dessen Forderung erst in sechs Jahren fällig wird, wohl aber für einen, der in vier Jahren befriedigt werden soll[1081].

Um die finanziellen Nachteile für die Gläubiger in Grenzen zu halten, fordert das Gesetz, dass die erste Tilgungsrate nicht später als ein Jahr nach Erlass des Urteils über den Plan ausgezahlt werden darf[1082]. Da die Mindesthöhe dieser ersten Zahlung nicht definiert ist, kann jedoch auch ein symbolischer Betrag vorgesehen werden[1083]. Danach jedoch ist für die Tilgungsraten, die mindestens jährlich zu leisten sind, ein Mindestbetrag von 5% der gesamten festgestellten Forderungen vorgeschrieben. Teilweise wurde dafür plädiert, dass während eines längeren Zeitraums keine Mindesthöhe gefordert wird, da eine finanzielle Entlastung oftmals gerade in den ersten Jahren der Umsetzung eines Sanierungskonzepts erforderlich ist[1084]. Der Gesetzgeber ist dieser Anregung jedoch nicht gefolgt, um zu vermeiden, dass erst am Ende der Umsetzungsphase des Plans größere Zahlungen anfallen[1085].

Eine Sonderstellung schließlich gewährt das Gesetz den Inhabern von Kleinstforderungen. Diese haben im Rahmen eines Fortführungsplans

[1079] Art. L. 626-19 Abs. 1 C. com.

[1080] Anders im Rahmen eines Übertragungsplans, wo die Forderungen spätestens mit dem Urteil, in dem die Übertragung angeordnet wird, fällig werden (Art. L. 643-1 Abs. 1 C. com.).

[1081] Beispiel bei Pérochon/Bonhomme, Entreprises en difficulté, Rn. 327.

[1082] Art. L. 626-18 Abs. 2 C. com.

[1083] Assemblée Nationale-Gesetzgebungsausschuss, Bericht Nr. 2095 vom 11. Februar 2005, S. 316.

[1084] Vgl. Feugère/Teboul, Gaz. Pal. 1999. Doctr. 692, wo dafür plädiert wird, dass in den ersten Jahren der Planumsetzung kleinere Raten von z.B. 2-3% nicht vorweg ausgeschlossen werden sollten.

[1085] Sénat- Gesetzgebungsausschuss, Bericht Nr. 335 vom 11. Mai 2005, S. 274.

Anspruch auf vollständige Befriedigung: Das Gesetz sieht vor, dass sie ohne jeglichen Erlass und ohne jegliche Stundung sowie ungeachtet etwaiger uniformer Zahlungsfristen befriedigt werden[1086]. Der Gesetzgeber war der Ansicht, dass die Kosten und Verfahrenskomplikationen, welche die Zahlung minimaler Raten verursachen würde, nicht verhältnismäßig wären[1087]. Daher sieht der *Code de commerce* vor, dass die kleinsten Forderungen sofort und vollständig ausbezahlt werden, sofern eine dreifache Höchstgrenze nicht überschritten wird: Erstens darf die Gesamtsumme dieser sofort tilgbaren Kleinstforderungen höchstens 5% der geschätzten Gesamtschuldensumme betragen; zweitens, darf eine verordnungsmäßig festgesetzte Höchstgrenze pro Forderung nicht überschritten werden[1088]; drittens darf der betreffende Gläubiger höchstens 0,5% der Gesamtforderungssumme halten. Dieses etwas komplexe System soll gewährleisten, zum einen dass die damit verbundene Verletzung des Gleichbehandlungsprinzips unter den Gläubigern keine allzu großen Ausmaße erreicht, zum anderen dass kein »Handel von Kleinstforderungen«[1089] unter den Gläubigern betrieben wird.

bb) Übertragungsplan

Bei einem Übertragungsplan stellt sich die Frage nach Forderungsverzichten und Zahlungsfristen in anderer Weise. Die Gläubiger haben Anspruch auf vollständige Zahlung ihrer Forderungen, eine Konsultation der Gläubiger über Stundungen und Erlasse ist in diesem Fall ohnehin nicht vorgesehen, ebenso wenig kann das Gericht uniforme Zahlungsfristen beschließen. Dass die Gläubiger dennoch meistens nur einen Teil des ursprünglichen Forderungsbetrags ausbezahlt bekommen, liegt in der Natur des Übertragungsplans: Ähnlich wie im Liquidationsverfahren (wo der Übertragungsplan nun primär angesiedelt ist) werden die Gläubiger anteilsmäßig aus dem Verkaufserlös befriedigt – die Schuldenlast wird vom Übernehmer nicht übernommen[1090]. Das Gericht kann diesem jedoch eine Frist einräumen, um den Preis zu zahlen[1091], oder weitere Zahlungsmodalitäten anordnen (etwa eine Ratenzahlung),

[1086] Art. L. 626-20-II C. com.

[1087] Vgl. Soinne, Traité Rn. 1597.

[1088] Derzeit 300 Euro (Art. 145 der Verordnung Nr. 2005-1677).

[1089] Pétel, Procédures collectives, Rn. 310.

[1090] Jeantin/Le Cannu, Entreprises en difficulté, Rn. 1060.

[1091] Vgl. Saint-Alary-Houin, Entreprises en difficulté, Rn. 979.

wodurch sich die Befriedigung der Gläubiger u.U. empfindlich verzögern kann.

Bei der Entscheidung über die Annahme des Plans richtet sich das Gericht nicht allein nach der Höhe des angebotenen Kaufpreises und dessen Geeignetheit, die bestehenden Verbindlichkeiten zu decken. Maßgeblich ist die allgemeine Zweckbestimmung des Übertragungsplanverfahrens von Art. L. 642-1 Abs. 1 C. com., der zufolge der Übertragungsplan dem Erhalt selbstständiger Betriebseinheiten und der damit verbundenen Arbeitsplätze sowie der Tilgung der Verbindlichkeiten dient. In ähnlicher Weise definiert Art. L. 642-5 Abs. 1 Satz 1 C. com. die für die Wahl des Übertragungsangebots maßgeblichen Kriterien. Gemäß dieser Vorschrift wählt das Gericht das Angebot, das im Hinblick auf die Sicherung der Arbeitsplätze und die Tilgung der Verbindlichkeiten am besten geeignet erscheint und die besten Durchführungsgarantien aufweist. Ob diese Kriterien, die sich größtenteils, aber nicht gänzlich an das Recht vor der Reform von 2005 anlehnen, eine hierarchisch abgestufte Rangordnung darstellen, in der der Tilgung der Verbindlichkeiten eine untergeordnete Funktion zukommt, ist unsicher. In der Vorstellung des Gesetzgebers nimmt das Gericht dasjenige Übertragungsangebot an, welches das »beste Gesamtkonzept« beinhaltet[1092], wie auch immer dieses im Einzelfall ausgestaltet sein mag. Schon vor der Reform von 2005 forderte die Rechtsprechung im Allgemeinen, dass die verschiedenen Aspekte durch den Plan wenigstens ansatzweise abgedeckt waren. Die Höhe des angebotenen Übertragungspreises war daher nicht ausschlaggebend für die Annahme des Angebots, sofern der Erlös ermöglichte, dass zumindest ein Teil der Verbindlichkeiten getilgt werden konnte[1093]. Es dürfte davon auszugehen sein, dass diese Rechtsprechung auch nach der Reform von 2005 ihre Gültigkeit behält.

Die Frage stellte sich insbesondere im Rahmen von Unternehmensübertragungen zu einem symbolischen Preis (1 Euro), bei der die Gläubiger nicht nur teilweise, sondern völlig leer ausgehen. In der tatrichterlichen Rechtsprechung schien die Zulässigkeit einer solchen Übertragung von dem Restwert der Unternehmensteile bei einer Liquidation abhängig zu sein: So wurde vereinzelt entschieden, dass ein Übertragungsplan zu einem symbolischen Preis möglich ist, wenn die Gläubiger auch sonst keine Aussicht auf Befriedigung

---

[1092] Sénat- Gesetzgebungsausschuss, Bericht Nr. 335 vom 11. Mai 2005, S. 389 f.

[1093] Vgl. etwa Com. 26. Juni 1990, Bull. civ. IV, Nr. 191; D. 1991. IR. 192.

hätten[1094]. Dies erschien insofern sachgerecht, als eine planmäßige Übertragung im Fall eines bei Null anzusiedelnden Liquidationswerts der Unternehmensbestandteile im Vergleich zu einem Liquidationsverfahren keine Nachteile für die Gläubiger mit sich brachte. War dem aber nicht so, d.h. würde im Fall einer Zerschlagung ein selbst geringer Erlös eine gewisse Tilgung ermöglichen, billigten die Gerichte in der Regel nicht, dass die Gläubiger der Sanierung wegen vollständig »geopfert« würden[1095]. Auch hier dürfte davon auszugehen sein, dass die vor Inkrafttreten der Reform von 2005 ergangene Rechtsprechung weiterhin gilt und dass Unternehmensübertragungen zu symbolischen Preisen nur in absoluten Ausnahmefällen den Zuspruch der Gerichte erhalten werden.

Die Tilgung der Verbindlichkeiten verläuft im Übertragungsplanverfahren wie folgt: Im Urteil, in dem der Plan beschlossen wird, werden die Modalitäten der Auszahlung des Übertragungspreises festgelegt. Der Verkaufspreis wird im *Redressement judiciaire* dem Gläubigervertreter ausbezahlt, der den Erlös unter den Gläubigern verteilt. Ist gleichzeitig ein Fortführungsplan beschlossen worden, wird der Verkaufserlös vom Gläubigervertreter dem Planerfüllungsbeauftragten übergeben, der für die Verteilung zuständig ist[1096]. Wie oben bereits angemerkt[1097], ist die Zahlung endgültig – selbst bei einer nachträglichen Aufhebung des Plans hat der Übernehmer keinen Anspruch auf Rückerstattung.

b) Vergleichende Betrachtungen

Der Erfolg einer Eigensanierung unter dem alten Rechtsträger hängt in Deutschland wie in Frankreich in hohem Maß davon ab, inwiefern Gläubiger Stundungen und/oder Erlassen zustimmen[1098]. In Kapitel 6 wurde bereits gezeigt, dass die Stellungnahme der Gläubiger zu den geplanten Kürzungen

---

1094 Paris, 6. Feb. 1987, D. 1987. IR. 42.

1095 Vgl. z.B. Versailles, 23. Juli 1986, Gaz. Pal. 1986. 2. 781: Aufhebung einer Übertragung aufgrund eines Preises, der in keinem Verhältnis zum tatsächlichen Wert des Unternehmens bzw. dessen Bestandteile stand.

1096 Art. 210 der Verordnung Nr. 2005-1677.

1097 Vgl. Kapitel 6, Abschnitt D.I.3.a

1098 Bei Bork, Insolvenzrecht Rn. 366, wird darauf hingewiesen, dass Stundungen in der Regel nur eine Übergangslösung darstellen und dass Forderungsverzichte für eine dauerhafte Sanierung erforderlich sind.

ihrer Rechte wesentlich anders verläuft als in Frankreich. Es wurde insbesondere dargestellt, dass die Wirksamkeit des Plans, mithin die darin vorgesehene Änderung der Rechtsstellung der einzelnen Gläubiger, nicht von individuellen Stellungnahmen, sondern von der Entscheidung der Mehrheit der Gläubigergruppen abhängig ist. Doch auch in Deutschland kann für das Wirksamwerden des Plans eine Entscheidung des Gerichts ausschlaggebend sein, etwa wenn die Zustimmung einzelner Gläubigergruppen gemäß § 245 InsO fingiert oder die Bestätigung des Plans nach § 251 InsO trotz seiner Annahme durch die Mehrheit der Gläubiger verweigert wird. Anders als in Frankreich hat das deutsche Insolvenzgericht jedoch keinerlei Gestaltungsbefugnisse hinsichtlich des Planinhalts – es kann insbesondere den Gläubigern nicht eigenmächtig Zahlungsfristen aufzwingen, auch wenn diese alle Gläubiger gleichermaßen betreffen sollen. Ebenso wenig darf das Gericht in Deutschland freiwillig gewährte Forderungsaufschübe und -verzichte selbst zugunsten der betreffenden Gläubiger antasten. Zwar kann es eingreifen, wenn es eine Ungleichbehandlung der Gläubiger feststellt, doch diese Ungleichbehandlung wird anhand der durch die übrigen Gläubiger bestimmten Maßnahmen und des Verfahrensausgangs im Fall eines Regelverfahrens gemessen.

Dasselbe gilt in Deutschland für den Übertragungsplan, der keinen gesonderten Plantyp darstellt und insofern auch nicht gesondert geregelt ist. Auch in dieser Abwicklungsvariante ist erforderlich, dass die Gläubiger dem Plan nach Maßgabe der §§ 235 ff. InsO zustimmen. Da die Gläubiger mit der Annahme des Plans auch bzw. insbesondere Stellung zum Preis, der vom Übernahmeinteressenten angeboten wird, beziehen und dieser Preis in aller Regel die Tilgung nur eines Teils ihrer Forderungen erlaubt, ist ihre Einwilligung zum Plan mit der Gewährung entsprechender Forderungsverzichte gleichzusetzen. Dementsprechend kommt Überlegungen hinsichtlich der Höhe des Verkaufserlöses eine größere Bedeutung zu als in Frankreich, zumal auch die Prüfung durch das Insolvenzgericht, das als Vergleichsmaßstab für die Bestätigung des Plans die voraussichtliche Quote bei einer Zerschlagung ansetzt, von vermögenswirtschaftlichen Aspekten getrieben ist. Die Preisfindung ist somit bei einer übertragenden Sanierung (gleich, ob im Rahmen eines Plans oder im Regelverfahren nach den §§ 160 ff. InsO) in Deutschland die Kernfrage des Verfahrens[1099], wohingegen es in Frankreich primär Überlegungen hinsichtlich des Erhalts der Aktivität und der Arbeitsplätze sind, die

[1099] Bork, Insolvenzrecht Rn. 376.

im Vordergrund der Entscheidung stehen, welche eben nicht von den Gläubigern, sondern vom Gericht getroffen wird.

Eine Sonderregelung für Kleingläubiger, wie sie in Frankreich vorgesehen ist, kennt das deutsche Recht nicht. Es spricht jedoch nichts dagegen, dass eine ähnliche Regelung im Insolvenzplan privatautonom vereinbart wird, wenn dies aus wirtschaftlicher Sicht sinnvoll erscheint. Dies setzt freilich voraus, dass die Mehrheit der Gläubigergruppen dieser »Besserstellung« der betreffenden Kleingläubiger zustimmt.

Gesondert behandelt wird nach deutschem Recht dagegen eine andere Kategorie von Forderungen, die das französische Insolvenzrecht als solche nicht kennt: die nachrangigen Insolvenzforderungen nach § 39 InsO. Diese bestehen gemäß dieser Vorschrift aus den Zinsen von Insolvenzforderungen, ferner den Kosten, die den Insolvenzgläubigern aus ihrer Teilnahme am Verfahren entstanden sind, aus Geldstrafen u.ä., aus Forderungen auf unentgeltliche Leistungen des Schuldners und aus Forderungen auf Rückgewähr von kapitalersetzenden Darlehen. Diese nachrangigen Insolvenzforderungen werden – ungeachtet ihrer Höhe – in aller Regel nicht befriedigt, da sie nur angemeldet werden dürfen, wenn das Insolvenzgericht hierzu ausdrücklich auffordert[1100].

2. Besicherte und bevorrechtigte Gläubiger

a) Frankreich

Gläubiger, denen vor dem Zeitpunkt der Verfahrenseröffnung eine Sicherheit (*sûreté*) gewährt wurde oder denen ein Vorrecht (*privilège*) zusteht, unterliegen während der Beobachtungsphase wie die ungesicherten Insolvenzgläubiger sowohl dem allgemeinen Zahlungsverbot von Art. L. 622-7 Abs. 1 C. com. wie auch dem grundsätzlichen Klage- und Vollstreckungsverbot von Art. L. 622-21 C. com. Das Gesetz unterscheidet insoweit nicht zwischen gesicherten und nicht gesicherten Gläubigern, als auch erstere sich dem Verfahren zunächst beugen müssen – selbst bei Fälligwerden ihrer Forderung während der Beobachtungsphase haben sie keinen Anspruch auf sofortige Verwertung des Sicherungsguts.

[1100] § 174 Abs. 3 S. 1 InsO.

Ist ein Fortführungsplan beschlossen worden, unterliegen auch die besicherten Gläubiger denselben uniformen Zahlungsfristen wie die übrigen Gläubiger, sofern sie dem Schuldner nicht bereits freiwillig Erlasse und/oder Stundungen gewährt haben. Unter Berücksichtigung dieser Fristen werden sie (ebenso die anderen vom Plan betroffenen Gläubiger) in voller Höhe ihrer Forderungen ausbezahlt. Eine Ausnahme ist vorgesehen für den Fall, in dem das Sicherheitsgut veräußert wird: Bei Verkauf einer mit einem Spezialvorrecht (*privilège spécial*), einem Pfandrecht (*nantissement*) oder einer Hypothek belasteten Sache wird der Erlös bei der staatlichen Verwahrungsstelle (*Caisse de dépôts et consignations*) eingezahlt und die darauf besicherten Gläubiger werden aus einem hierfür errechneten Anteil (*quote-part*) des Erlöses befriedigt[1101]. Doch selbst in diesem Fall besteht für den Sicherungsgläubiger das Risiko, nicht sofort die Zahlung zu erhalten, denn das Gericht hat die Möglichkeit, ihm statt der sofortigen Befriedigung eine Ersatzsicherheit auf einer anderen (im Vermögen des Schuldners befindlichen) Sache aufzuzwingen[1102]. Dies hat für den Schuldner den Vorteil, dass der Verkaufserlös ihm zufließt. Dieser Mechanismus setzt lediglich voraus, dass der Gläubiger sowie der Schuldner und der Planerfüllungsbeauftragte zuvor gehört werden – deren Zustimmung wird jedoch nicht gefordert. Zudem bestehen gewisse Kategorien von Forderungen, die vor allen anderen – also auch vor dinglich gesicherten – Gläubigern getilgt werden. Dies sind ebenfalls Forderungen, die mit dem sog. Superprivileg der Arbeitnehmer behaftet sind[1103], ferner bevorrechtigte Verfahrenskosten sowie Forderungen, die in einer etwaigen vorangegangenen *Conciliation* entstanden sind. Danach werden Masseschulden getilgt, dem Gesetz zufolge vorweg und bei Fälligkeit ungeachtet etwaiger Sicherheiten oder Vorrechte[1104].

Bei einem Übertragungsplan, in dessen Rahmen ein mit einem Spezialvorrecht, einem Pfandrecht oder einer Hypothek belasteter Gegenstand mitübertragen wird, kommt die Sonderregelung von Art. L. 642-12 C. com.

1101 Art. L. 626-22 Abs. 1 C. com.

1102 Art. L. 626-22 Abs. 3 C. com.

1103 Vgl. unten Abschnitt 3.a.bb. Dies sind i.d.R. nicht die Arbeitnehmer selbst, sondern die in ihre Rechte eingetretene staatliche Ersatzkasse *AGS*.

1104 In Art. L. 622-17-II C. com. heißt es ausdrücklich: »*... payées par privilège avant toutes les autres créances, assorties ou non de privilèges ou sûretés...* « Vgl. unten Abschnitt 5.a.bb.

zum Tragen. Nach Abs. 1 dieser Vorschrift wird zunächst ein Teil des Erlöses diesen Sicherheiten zugeordnet. Dabei nimmt das Insolvenzgericht eine Schätzung des Wertes des verkauften Gegenstands vor, in aller Regel indem sein Wert ins Verhältnis zum Gesamtwert des übertragenen Unternehmens gesetzt wird[1105]. Aus diesem Teil des Erlöses werden die gesicherten Gläubiger befriedigt, allerdings ebenfalls unter Berücksichtigung etwaiger vorrangiger Forderungen und, abhängig von der Höhe des Erlöses, u.U. auch nicht vollständig. Dementsprechend fällt das Ergebnis in der Praxis oftmals niedrig aus, da die Sicherheiten eine bevorrechtigte Befriedigung auf einen »mehr oder minder willkürlich bestimmten Teil eines in aller Regel ohnehin äußerst niedrigen Erlöses« gewähren[1106]. Aufgrund einer Sonderregelung kann die Lage bestimmter Gläubiger verbessert werden: Wenn einem Gläubiger eine Spezialsicherheit auf einem Gegenstand zur Auszahlung eines Kredits gewährt wurde, welcher zur Finanzierung des (mitübertragenen und nicht vollständig abbezahlten) Gegenstands gedient hat, wird gemäß Art. L. 642-12 Abs. 4 C. com. die Last der künftig anfallenden Kreditraten an den Käufer mitübertragen. Damit erhält der Gläubiger zumindest für die Zukunft einen im Prinzip solventen Schuldner. In den übrigen Fällen werden Sicherheiten dem Käufer nicht mitübertragen[1107].

b) Vergleichende Betrachtungen

In Deutschland waren unter der Geltung des früheren Konkurs- und Vergleichsrechts die Absonderungsberechtigten vom Verfahren insgesamt, mithin auch von einem Vergleich oder Zwangsvergleich nicht betroffen. Es ist eine Neuerung der Insolvenzordnung, dass heute diese Gläubiger in das Verfahren einbezogen werden. Diese Einbeziehung beruht auf der Erkenntnis, dass in den letzten Jahren vor Verabschiedung der Insolvenzordnung die Insolvenzmassen derart mit Sicherheiten belastet waren, dass Sanierungs-

---

[1105] Vgl. Pérochon/Bonhomme, Entreprises en difficulté, Rn. 353. Das Gericht ist bezüglich der Bemessung der Quote weitestgehend frei und kann u.a. sowohl der Empfehlung eines Sachverständigen (Versailles, 25. Nov. 1993, Rev. proc. coll. 1995. 178) als auch den Vorschlägen des Übernehmers folgen (Com. 14. Jan. 1997, D. 1999. Somm. 3; Rev. proc. coll. 1997. 330). Daran hat die Reform von 2005 nichts geändert.

[1106] Frei übersetzt aus: Pérochon/Bonhomme, Entreprises en difficulté, Rn. 353.

[1107] Art. L. 642-12 Abs. 3 C. com.

bestrebungen in der Praxis nicht selten allein daran scheiterten[1108]. Fortan ermöglicht das Gesetz, dass insbesondere betriebsnotwendige Vermögensgegenstände im Unternehmen verbleiben und nicht im Zug der Ausübung eines Absonderungsrechts verwertet werden. Dieser Schutz reicht jedoch nicht so weit wie in Frankreich: Zwar kann der Verwalter bei unbeweglichen Sachen[1109] sowie bei beweglichen Sachen, die sich in seinem Besitz oder in dem des Schuldners befinden[1110], eine Aussetzung der Verwertung erreichen. Ist das (bewegliche) Sicherungsgut jedoch in Fremdbesitz, darf nach deutschem Recht verwertet werden.

Im Fall eines Insolvenzplans stellt § 217 InsO klar, dass dieser auch eine abweichende Befriedigung von absonderungsberechtigten Gläubigern zum Gegenstand haben kann. Somit kann also für die Zukunft dasselbe erreicht werden wie während des Verfahrens, d.h. sicherheitsbelastete Gegenstände verbleiben im Unternehmen. Da jedoch wie für die Insolvenzgläubiger auch für die Absonderungsberechtigten das Verbot einer Schlechterstellung im Vergleich zum Regelverfahren gilt, ist nach deutschem Recht erforderlich, dass die Betroffenen den geplanten Änderungen ihrer Rechtsstellung ausdrücklich zustimmen[1111]. Über die Verweigerung ihrer Zustimmung kann nur nach der Maßgabe von § 245 InsO, also insbesondere unter Berücksichtigung des Verbots der Schlechterstellung, hinweggesehen werden. Anders verhält es sich in Frankreich, wo – zumindest im Fall eines Fortführungsplans – zwar prinzipiell auch die Zustimmung der betroffenen Absonderungsberechtigten eingeholt werden muss, das Gericht aber eigenmächtig einen Zahlungsaufschub zugunsten des Schuldners anordnen kann. Auch ein Mechanismus wie die Ersatzgarantie gemäß Art. L. 626-22 Abs. 3 C. com. kann in Deutschland nur unter der Prämisse einer Zustimmung durch die

[1108] Vgl. Allg. Begründung RegE, abgedr. bei Balz /Landfermann, Die neuen Insolvenzgesetze S. 24.

[1109] Die Verwertung eines unbeweglichen Gegenstands erfolgt gemäß § 49 InsO nach Maßgabe des durch das EGInsO entsprechend geänderten ZVG. Dieses wiederum ermöglicht dem Verwalter, vom Vollstreckungsgericht eine einstweilige Einstellung der Vollstreckung/Verwertung zu erwirken.

[1110] Vgl. § 166 Abs. 1 InsO. Verwertet der Insolvenzverwalter die Sache nicht, kann der Absonderungsberechtigte lediglich Zinsen ab dem Berichtstermin geltend machen.

[1111] Eine Annahme des Plans durch Mehrheitsentscheidung, aber gegen den Willen der Betroffenen scheidet somit aus (vgl. § 251 InsO).

betroffenen Gläubiger durchgeführt werden, wenn diese Maßnahme vermögenswirksame Folgen hat.

Was die Veräußerung des Sicherungsguts im Rahmen einer planmäßigen Unternehmensübertragung betrifft, so enthält die Insolvenzordnung keine Regelung, die mit der französischen Regelung über die Kalkulation des Anteils des Erlöses, welcher der bevorzugten Befriedigung des Absonderungsanspruchs zuzuweisen ist, vergleichbar wäre. Auch hier erscheint jede Lösung denkbar, solange sie den Zuspruch der Betroffenen findet. Etwas anders gestaltet und im Hinblick auf das Zustimmungserfordernis der Absonderungsberechtigten wohl unproblematischer erscheint die Verwertung außerhalb des Insolvenzplans, also etwa im Rahmen einer Betriebsveräußerung nach den §§ 159 ff. InsO. In diesem Fall ist die Zustimmung nicht einzuholen und es kommt hier auch kein Schlechterstellungsverbot zum Tragen[1112]. Grundsätzlich genügt es, wenn der Gläubigerausschuss der angedachten Verwertungsart zustimmt. Dem Schutzbedürfnis einzelner Gläubiger wird dadurch ausreichend Rechnung getragen, dass statt des Ausschusses in zwei Fällen die Gläubigerversammlung über die Verwertung entscheidet: Erstens, wenn kein Gläubigerausschuss bestellt ist, zweitens auf Anordnung des Insolvenzgerichts nach entsprechendem Antrag einer Gläubigergruppe[1113]. Somit erfolgt die Wahl der Verwertungsart auch in privatautonomer Weise[1114], der Vorgang ist jedoch wesentlich einfacher gestaltet als im Insolvenzplanverfahren, sodass auch unter diesem Gesichtspunkt die übertragende Sanierung im Rahmen des Regelverfahrens im Vergleich zum Insolvenzplanverfahren als die praktikablere Lösung erscheint.

Schließlich sei noch auf die unterschiedliche Handhabung von Vorrechten in Frankreich und in Deutschland hingewiesen. In Frankreich ergeben sich zahlreiche Vorrechte sowohl aus der Insolvenzregelung als auch aus anderen Gesetzen. Diese Vorrechte sind – wenngleich in unterschiedlichem Maß – in aller Regel insolvenzfest und versetzen den Bevorrechtigten in eine Lage, die mit der eines dinglich Gesicherten vergleichbar ist. Von besonderer Relevanz sind in der Praxis die Vorrechte der Arbeitnehmer[1115] sowie die außerhalb des *Code de commerce* verankerten Vorrechte des Fiskus und der Sozialversiche-

---

[1112] Da man sich bereits im Regelverfahren befindet.

[1113] Vgl. § 160 Abs. 1 Satz 2 bzw. § 161 Satz 2 InsO.

[1114] Braun, Insolvenzordnung, § 160 Rn. 1.

[1115] Vgl. unten Abschnitt 3.

rungskassen[1116]. Während dieses System in Frankreich von der Reform von 2005 grundsätzlich unangetastet blieb, wurden in Deutschland die ehemaligen Konkursvorrechte, die hauptsächlich der Steuerbehörde und den Arbeitnehmern zugute kamen, im Zug der Insolvenzrechtsreform gänzlich abgeschafft. Vor diesem Hintergrund ist erwähnenswert, dass in Deutschland gegenwärtig überlegt wird, die Definition der Masseverbindlichkeiten in der Insolvenzordnung zu ändern, was praktisch zur Wiedereinführung insolvenzfester Vorrechte zugunsten des Fiskus und der Sozialkassen führen würde[1117].

3. Die Arbeitnehmer

a) Frankreich

Im Sanierungsplan stellen sich zwei Fragen hinsichtlich der Arbeitnehmer: Zum einen muss geklärt werden, welche Arbeitsverträge (entweder vom bisherigen Rechtsträger oder von einem Drittübernehmer) fortgeführt und in welcher Weise die ggf. erforderlichen Kündigungen durchgeführt werden (aa). Zum anderen müssen die ausstehenden Lohn- und Gehaltsforderungen getilgt werden (bb).

aa) Die Kündigung von Arbeitsverträgen

Sind nicht bereits während der Beobachtungsphase alle für die Sanierung erforderlichen Personalmaßnahmen durchgeführt worden[1118], können diese im Sanierungsplan beschlossen werden. Das Verfahren für diese (betriebsbedingten) Kündigungen richtet sich dabei grundsätzlich nach dem Arbeitsrecht, es gelten jedoch auch gewisse insolvenzspezifische Sonderregeln. Im Allgemeinen ist das Kündigungsverfahren im Plan weniger

---

[1116] Vgl. insbesondere Art. 1929-4 CGI bzw. Art. L. 243-5 C. sécurité soc.

[1117] Vgl. Gesetzesentwurf zum Pfändungsschutz der Altersvorsorge und zur Anpassung des Rechts der Insolvenzanfechtung vom 12.8.2005. Die darin vorgesehene Änderung des § 55 Abs. 2 InsO, aufgrund derer die von einem (auch sog. schwachen) vorläufigen Insolvenzverwalter begründeten Verbindlichkeiten als Masseverbindlichkeiten anzusehen wären, würde im Wesentlichen den Gläubigern von Steuer- und Sozialversicherungsforderungen zugute kommen. Die daraus resultierende Belastung der Insolvenzmasse wird überwiegend als sanierungsfeindlich angesehen, vgl. Stellungnahme des Bundesrats vom 23.9.2005, BR-Drs. 618/05, S. 6.

[1118] Vgl. oben Kapitel 6, Abschnitt C.IV.1.

aufwendig gestaltet als das, das während der Beobachtungsphase zum Tragen kommt, da es das Gericht ist, das über den Plan entscheidet – der beauftragte Richter kommt dabei überhaupt nicht und der Verwalter nur nachträglich, als ausführendes Organ ins Spiel. Eine wesentliche Erleichterung im Vergleich zum arbeitsrechtlichen betriebsbedingten Kündigungsverfahren ist, dass schon die Integration der Personalmaßnahmen in den gerichtlich bestätigten Plan die Kündigungen ausreichend begründet, was ihre nachträgliche Anfechtung somit erheblich erschwert[1119]. Zuvor müssen jedoch der Betriebsrat bzw. die Personaldelegierten konsultiert werden, ebenso muss die zuständige Arbeitsaufsichtsbehörde in derselben Weise wie bei Kündigungen während der Beobachtungsphase benachrichtigt werden[1120]. Im Urteil über den Plan werden die Zahl der zu kündigenden Arbeitnehmer sowie die betroffenen Aktivitäten und Berufsgruppen aufgeführt[1121]. Die tatsächliche Durchführung der Kündigungen jedoch obliegt dem Verwalter – dieser übermittelt den Arbeitnehmern die vom Gericht bestätigten Kündigungen innerhalb eines Monats nach Erlass des Urteils über den Plan[1122].

Sollen Kündigungen nach diesem Einmonatszeitraum vorgenommen werden, ist vom Arbeitgeber (d.h. je nach Planvariante vom Insolvenzschuldner oder vom Übernehmer) das arbeitsrechtliche Verfahren einzuhalten. Doch auch dann können noch insolvenzrechtliche Besonderheiten zum Tragen kommen. Gefordert wird für beide Planvarianten, dass der Planverfasser bereits im Planentwurf bzw. im Übertragungsangebot die Höhe und die voraussichtliche Entwicklung der Beschäftigungslage im Unternehmen darlegt und dies entsprechend begründet[1123]. Da der Erhalt der Arbeitsplätze ein vorrangiges Verfahrensziel darstellt, ist dieser Gesichtspunkt für das Gericht oftmals ausschlaggebend, wenn es zwischen mehreren Abwicklungsalternativen zu wählen hat. Sollten also spätere Kündigungen von den zuvor gemachten Angaben abweichen und erreicht diese Abweichung eine gewisse Größen-

1119 Vgl. Jeantin/Le Cannu, Entreprises en difficulté, Rn. 946.

1120 Vgl. Art. L. 631-19-II (Fortführungsplan) und Art. L. 642-5 Abs. 4 C. com. (Übertragungsplan).

1121 Art. 204 Abs. 2 der Verordnung Nr. 2005-1677.

1122 Art. L. 631-19-II Abs. 2 Satz 2 C. com.

1123 Art. L. 626-2 Abs. 3 Satz 1 (Fortführungsplan) bzw. Art. L. 642-2-II Nr. 5 C. com. (Übertragungsplan).

ordnung, ist dies u.U. als eine wesentliche Änderung des Plans anzusehen[1124]. Solche eine Änderung wiederum setzt zusätzlich zur Einhaltung des regelmäßigen Kündigungsverfahrens auch die Einhaltung des gesetzlich vorgesehenen Planänderungsverfahrens vor dem Insolvenzgericht voraus, da ansonsten der Plan wegen Nichterfüllung aufgehoben werden kann[1125]. Im Ergebnis folgen also spätere Einzelkündigungen dem ordentlichen Arbeitsrecht; umfangreichere Kündigungen (Massenentlassungen) bedürfen nach Wirksamwerden des Plans zusätzlich einer Genehmigung durch das Gericht, wenn sie eine wesentliche Änderung des Plans darstellen, da ansonsten der Plan aufgehoben werden kann.

bb) Die Tilgung der Arbeitnehmeransprüche

Aufgrund der für die Arbeitnehmer besonders schweren Folgen der Insolvenz hat der französische Gesetzgeber ein insolvenzspezifisches Regelungsinstrumentarium vorgesehen, das den Arbeitnehmern die Auszahlung eines großen Teils ihrer Lohn- und Gehaltsansprüche sichert. Dies erreicht der Gesetzgeber, zum einen indem Arbeitnehmerforderungen eine im Vergleich zu den anderen Gläubigern besonders günstige Rangordnung im Verfahren erhalten, zum anderen indem die tatsächliche Auszahlung ihrer Ansprüche von einer staatlichen Ersatzkasse gesichert wird. Diese Mechanismen führen dazu, dass in der Praxis das vorhandene Vermögen nicht selten allein für die Tilgung von Arbeitnehmeransprüchen aufgebraucht wird.

Die teils im *Code de commerce*, teils im Zivilgesetzbuch und in der Arbeitsordnung[1126] verankerte und äußerst komplexe Regelung wurde von der Reform von 2005 nicht wesentlich angetastet. Es wird nach wie vor zwischen drei hauptsächlichen Kategorien von Forderungen unterschieden:

- Eine erste Kategorie besteht aus den Lohn-, Gehalts- und Urlaubsgeldansprüchen, die sich auf die letzten 60 Tage vor Eröffnung des Insolvenzverfahrens beziehen. Sie sind mit einem besonderen Vorrecht behaftet, das in der französischen Insolvenzpraxis als »Superprivileg« (*superprivilège*) bezeichnet wird, weil die Forderungen vor allen

[1124] Zum Begriff der wesentlichen Änderung des Plans vgl. oben Kapitel 6, Abschnitt D.I.2.

[1125] D.A.: Pérochon/Bonhomme, Entreprises en difficulté, Rn. 321 m.w.N.

[1126] Vgl. insbesondere die Artt. L. 143-9 ff. C. trav.

anderen, insbesondere auch den sonstigen bevorrechtigten Forderungen und den Masseforderungen getilgt werden[1127].

- Eine zweite Kategorie von bevorrechtigten Forderungen der Arbeitnehmer besteht aus den Löhnen, Gehältern und diversen Zulagen der letzten sechs Monate vor Eröffnung des Verfahrens. Darauf besteht ebenfalls ein allgemeines Vorrecht (*privilège général*) auf das gesamte bewegliche sowie unbewegliche Vermögen des Schuldners[1128]. Der Rang dieser Forderungen ist jedoch nicht so vorteilhaft wie bei den Forderungen der ersten Kategorie – abhängig davon, ob sie vom Arbeitnehmer selbst oder von der staatlichen Ersatzkasse geltend gemacht werden, werden gewisse Forderungen vor ihnen getilgt[1129].
- Eine dritte Kategorie von Lohn- und Gehaltsforderungen stellen diejenigen dar, die nach der Eröffnung des Verfahrens entstanden sind. Diese werden, wie auch die anderen Masseforderungen, bei Fälligkeit ausbezahlt. Bei Masseunzulänglichkeit werden sie, ähnlich wie die Forderungen der zweiten Kategorie, bevorrechtigt getilgt.

Die Stellung der Arbeitnehmeransprüche wird im Vergleich zu den sonstigen Forderungen zudem dadurch gestärkt, dass die meisten davon vom Plan nicht angetastet werden dürfen. Gemäß Art. L. 626-20-I Nr. 1 C. com. dürfen die vom Superprivileg gedeckten Forderungen weder erlassen noch gestundet werden, ferner sind uniforme Zahlungsfristen auf sie nicht anwendbar. Dasselbe gilt gemäß Nr. 2 derselben Vorschrift für die übrigen Forderungen der letzten sechs Monate vor Verfahrenseröffnung, wenn es sich um Forderungen handelt, die vom Arbeitnehmer persönlich geltend gemacht werden.

Bei der Tilgung von Arbeitnehmerforderungen gelten besondere Regeln. So ist seit dem Gesetz von 1985 nicht mehr erforderlich, dass die Arbeitnehmer ihre Forderungen anmelden, womit für sie kein Risiko mehr besteht, präkludiert zu sein. Sämtliche aus dem Arbeitsvertrag resultierenden Forderungen werden vom Gläubigervertreter erfasst und in vier verschiedene

[1127] Vgl. Art. L. 143-10 Abs. 1 C. trav. und Art. L. 622-17-II C. com.

[1128] Zu diesem Vorrecht, vgl. die Artt. 2101 Nr. 4 sowie 2104 Nr. 2 C. civ.

[1129] Vgl. Art. L. 622-17-III C. com.

Listen (*relevés*) eingetragen[1130]. Ein weiterer wesentlicher Unterschied zu den anderen Forderungen besteht darin, dass das mit der Eröffnung des *Redressement judiciaire* einhergehende Zahlungsverbot von Altforderungen für die Arbeitnehmer in weitem Maß nicht gilt und sie kurz nach Verfahrenseröffnung sogar befriedigt werden müssen. So ist in Art. L. 143-11-7 C. trav. vorgesehen, dass die Forderungen, die vorstehend als erste Kategorie bezeichnet sind, innerhalb von 10 Tagen vom Gläubigervertreter aufgestellt und ausbezahlt werden müssen; für die übrigen bei Verfahrenseröffnung nicht getilgten Forderungen beläuft sich die entsprechende Frist auf drei Monate. Können diese Forderungen mangels Liquidität nicht ausbezahlt werden, übernimmt dies eine staatliche Stelle – die durch ein Gesetz vom 27. Dezember 1973 geschaffene Ersatzkasse *AGS*[1131]. Sämtliche Arbeitgeber sind verpflichtet, Beiträge an die *AGS* zu leisten, welche im Insolvenzfall einen großen Teil der Forderungen der Arbeitnehmer bei Bedarf vorauszahlt. Grundsätzlich werden alle Forderungen, die zum Tag der Verfahrenseröffnung bestehen, von der Vorauszahlungspflicht gedeckt. Teilweise erstreckt sich die Ersatzzahlung der *AGS* aber auch auf Forderungen, die nach Eröffnung des Insolvenzverfahrens entstanden sind, wenn das Arbeitsverhältnis während oder am Ende der Beobachtungsphase beendigt wird[1132]. Nachdem die *AGS* gezahlt hat, verfügt sie gegen den Schuldner über einen Regressanspruch[1133], den sie anstelle der Arbeitnehmer geltend machen kann. Dies geschieht im Weg eines Gläubigereintritts, wenn es sich um die vom Superprivileg gedeckten Forderungen handelt, in den übrigen Fällen wird die *AGS* nach den im Gesetz vorgesehenen besonderen Modalitäten und Rang befriedigt[1134]. Die Praxis zeigt, dass der nicht einbringbare Anteil der Regressforderungen der *AGS* jedoch verhältnismäßig hoch ist[1135].

[1130] In jedes dieser *relevés* wird eine bestimmte Kategorie von Forderungen eingetragen. Näheres bei Saint-Alary-Houin, Entreprises en difficulté, Rn. 609; Jeantin/Le Cannu, Entreprises en difficulté, Rn. 521 ff.

[1131] Association pour la gestion du régime d'assurance des créances des salariés.

[1132] Vgl. Art. L. 143-11-1 Abs. 1 Nr. 2 C. trav.

[1133] Insofern ist auch die *AGS* trotz ihrer Bezeichnung als »*assurance*« weniger mit einem Versicherer als mit einem Bürgen vergleichbar.

[1134] Vgl. Art. L. 143-11-9 C. trav.

[1135] Nach Saint-Alary-Houin, Entreprises en difficulté, Rn. 626 erhält die *AGS* ca. ein Drittel der vorausgezahlten Beträge zurück.

Diese Vorauszahlungen sind in ihrer Höhe von Gesetzes wegen begrenzt, sodass nicht jeder Arbeitnehmer von der *AGS* zwangsläufig all das erhält, worauf er Anspruch hat. Diese Höchstgrenze wird gemäß Art. L. 143-11-8 C. trav. auf der Grundlage der einschlägigen Beitragsbemessungssätze für die Arbeitslosenversicherung berechnet. Sie wird alle sechs Monate aktualisiert und gilt für alle Berufsgruppen gleichermaßen, ungeachtet etwaiger höherer vertraglich oder tarifvertraglich vereinbarter Beträge.

b) Vergleichende Betrachtungen

Aus denselben sozialpolitischen Gründen wie in Frankreich hat auch der deutsche Gesetzgeber einen Mechanismus zur Sicherung der Tilgung von Arbeitnehmerforderungen entwickelt. Das System unterscheidet sich jedoch in erheblichem Maß von dem französischen. So sind bei Verfahrensbeginn rückständige Lohn- und Gehaltsforderungen einfache Insolvenzforderungen, im Gegensatz zu Frankreich, wo ein Teil davon besondere Vorrechte genießt. Es ist anzumerken, dass das durch die Insolvenzordnung abgelöste Konkursrecht einen ähnlichen Ansatz wie das französische Recht enthielt, demzufolge Arbeitnehmerforderungen der letzten sechs Monate vor Verfahrenseröffnung (fiktiv) als Masseverbindlichkeiten behandelt wurden[1136], mithin vorzugsweise zu begleichen waren. Damit handelte es sich um ein sog. Konkursvorrecht, das wie alle anderen im Zug der Insolvenzrechtsreform abgeschafft wurde[1137]. Der Gesetzgeber der Insolvenzordnung sah keine rechtspolitische Rechtfertigung für diese Vorrechte – mit deren Abschaffung soll nun neben einer Vereinfachung des Gesamtsystems auch eine gerechtere Verteilung sowie eine ausgewogenere Mitwirkung aller Gläubigerkategorien erzielt werden[1138]. In Frankreich indessen bestehen Arbeitnehmervorrechte, ähnlich wie sie in Deutschland unter der Geltung der Konkursordnung existierten, in erheblichem Umfang weiter fort.

[1136] Vgl. § 59 Abs. 1 Nr. 3 KO. In der Gesamtvollstreckungsordnung waren Arbeitnehmerforderungen mit einem ähnlichen Vorrecht versehen, sie wurden jedoch nicht mit Masseverbindlichkeiten gleichgesetzt, vgl. § 13 Abs. 1 Nr. 3 GesO.

[1137] Vgl. Begründung zu § 64 RegE (§ 55 InsO), abgedr. bei Balz/Landfermann, Insolvenzgesetze S. 133.

[1138] »Jeder Vorrechtskatalog ist letztlich willkürlich« (Allg. Begr. RegE, abgedr. bei Balz/Landfermann, Insolvenzgesetz S. 29 f.

Die Lösung der Insolvenzordnung wirkt sich dabei nicht zwangsläufig nachteilig für die Arbeitnehmer aus, denn es besteht ein ähnlicher gesetzlicher Ersatzmechanismus wie in Frankreich. In Deutschland ist es die Bundesagentur für Arbeit, die rückständige Forderungen aus Arbeitsverhältnissen vorauszahlt. Diese Ersatzzahlung erstreckt sich wie in Frankreich primär auf Forderungen, die vor Eröffnung des Verfahrens entstanden sind, in Deutschland allerdings während der vorangegangenen drei Monate (sog. Insolvenzgeld)[1139] und nicht wie in Frankreich 60 Tage bzw. sechs Monate. Dieser Unterschied dürfte wenig praktische Auswirkungen haben, denn die Erfahrung zeigt, dass Rückstände, die weiter zurückreichen als drei Monate, nur in absoluten Ausnahmefällen vorkommen[1140].

Das Insolvenzgeld, in Verbindung mit dem in Europa weitgehend einmaligen Konstrukt des vorläufigen Insolvenzverfahrens, kann in Deutschland durchaus als ein effizientes Sanierungsmittel in der Frühphase des Verfahrens angesehen werden. Damit kann in der Praxis der vorläufige Insolvenzverwalter bis zur formellen Eröffnung des Verfahrens den Betrieb fortführen, ohne für die Zahlung von Löhnen und Gehältern aufkommen zu müssen. Da der Anspruch auf Insolvenzgeld jedoch erst bei Nichtbezahlung der fälligen Beträge an die Arbeitnehmer entsteht, wird der vorläufige Verwalter regelmäßig die nötigen Mittel von einer Bank vorfinanzieren lassen, die sich wiederum die Insolvenzgeldansprüche der Arbeitnehmer abtreten lässt[1141]. Damit kann das (vorfinanzierte) Insolvenzgeld als strategisches Sanierungsinstrument verwendet werden, indem die Insolvenzmasse während des Insolvenzvorverfahrens entlastet wird und dieser Zeitraum bis zu drei Monaten insbesondere zur Erstellung eines Insolvenzplans voll ausgenutzt werden kann. Solch ein vorgefertigter Plan wiederum hat den Vorteil, dass das anschließende Insolvenz- bzw. Insolvenzplanverfahren rasch abgewickelt werden kann. Eine vergleichbare Handhabe bietet das französische System in dieser Form indessen nicht.

[1139] Vgl. die §§ 183 ff. SGB III.

[1140] So die Erkenntnis des Gesetzgebers, der aus diesem Grund den maßgeblichen Zeitraum von zuvor ebenfalls sechs Monaten auf drei gekürzt hat, vgl. die allg. Begründung des InsO-RegE, in Balz/Landfermann, Insolvenzgesetze S. 30.

[1141] Vgl. Bork, Insolvenzrecht Rn. 173 sowie Beck/Depré, Praxis der Insolvenz, § 21A Rn. 110 ff.

Die in Frankreich und in Deutschland unterschiedliche Qualifizierung der bei Verfahrenseröffnung rückständigen Lohn- und Gehaltsforderungen hat unmittelbare Auswirkungen auf die Stellung der übrigen Gläubiger. In Frankreich führt die bevorrechtigte Stellung der Arbeitnehmer bzw. der typischerweise in deren Rechte eingetretenen *AGS* dazu, dass ein oftmals beachtlicher Teil der Insolvenzmasse für die Tilgung von Lohn- und Gehaltsforderungen verwendet wird. Nach deutschem Recht hingegen sind die von der Bundesagentur für Arbeit geltend gemachten Forderungen einfache Insolvenzforderungen, wodurch die Quote für alle anderen entsprechend höher ausfällt als in Frankreich. Unter diesem Gesichtspunkt trägt die deutsche Lösung dem Gebot der Gleichbehandlung der Gläubiger wohl besser Rechnung, der Insolvenzschaden freilich wird dadurch nicht geringer. Im Vergleich zu Frankreich (oder zum früheren deutschen Konkursrecht) wird dieser lediglich von den Gläubigern auf die Allgemeinheit verlagert, die letztlich die Last der nichteingebrachten Leistungen trägt. Der jeweilige Ansatz bringt insoweit eine in beiden Ländern unterschiedliche rechtspolitische Interessenabwägung und Schwerpunktsetzung zum Ausdruck.

Anders als der *Code de Commerce* enthält die deutsche Insolvenzplanverfahrensregelung so gut wie keine Sonderbestimmungen hinsichtlich der Behandlung von Arbeitsverträgen im Insolvenzplan. Kündigungen haben somit während des Insolvenzverfahrens durchgeführt zu werden, in dem gewisse Erleichterungen gelten[1142]. Kündigungen, die nach der Bestätigung des Insolvenzplans bzw. nach der Einstellung des Verfahrens vorgenommen werden, unterliegen uneingeschränkt dem Arbeitsrecht. Allein § 222 Abs. 3 InsO enthält eine verfahrensrechtliche Bestimmung, wonach Arbeitnehmer bei der Abstimmung über den Plan in eine gesonderte Gruppe einzugliedern sind, wenn sie als Insolvenzgläubiger mit nicht unerheblichen Forderungen am Verfahren beteiligt sind. Infolgedessen können Ansprüche der Arbeitnehmer unter Berücksichtigung der einschlägigen Mehrheits- und Obstruktionsregelungen im Plan in derselben Weise geändert werden wie die der sonstigen Insolvenzgläubiger[1143]. Demgegenüber verbietet die französische Regelung ausdrücklich, die (meisten) Ansprüche der Arbeitnehmer im Plan anzutasten.

[1142] Vgl. oben Kapitel 6, Abschnitt C.IV.2

[1143] Braun/Uhlenbruck, Muster eines Insolvenzplans S. 63 f. führen das Beispiel an, dass die Arbeitnehmer für die Zukunft auf ihren Anspruch auf Gehaltserhöhung verzichten, während sich der Arbeitgeber/Insolvenzschuldner verpflichtet, keine betriebsbedingten Kündigungen vorzunehmen.

Besonderheiten ergeben sich im deutschen Insolvenzverfahren bei einer übertragenden Sanierung aufgrund der Schutzvorschrift von § 613a BGB. Diese bestimmt, dass im Fall eines Betriebsübergangs die zum Zeitpunkt des Übergangs bestehenden Arbeitsverträge an den Übernehmer mitübertragen werden. Die Vorschrift stellt in ihrem Abs. 4 Satz 1 im Übrigen klar, dass der Betriebsübergang an sich keinen Grund zur Kündigung darstellt. Im Konkursverfahren war diese Vorschrift nach der damaligen Rechtsprechung anwendbar[1144]; sie bleibt es weiterhin unter der Geltung der Insolvenzordnung[1145], wobei dies gleichermaßen auf den Fall einer übertragenden Sanierung im Regelverfahren wie auch auf den einer planmäßigen Übertragung zutreffen dürfte. Eine inhaltlich gleichlautende Bestimmung gibt es auch in Frankreich, wo die entsprechende Vorschrift im Arbeitsgesetz angesiedelt ist und ebenfalls im Insolvenzverfahren anwendbar ist[1146]. Angemerkt sei, dass, obgleich der automatische Übergang der Arbeitsverträge auf den Unternehmenserwerber auf die Richtlinie Nr. 77/187/EWG vom 14.2.1977 des europäischen Rats zurückgeht, diese nicht forderte, dass die Regel zwingend im Insolvenzfall gelten musste[1147].

Der Übergang der Arbeitsverträge stellt beim Unternehmenskauf aus Sicht des Übernahmeinteressenten oftmals eine unüberwindbare Hürde dar, die dazu führen kann, dass allein deshalb die Transaktion nicht stattfindet. Aus diesem Grund obliegt es regelmäßig dem Verwalter, die erforderlichen Personalmaßnahmen bereits im Vorfeld der Unternehmensübertragung unter den im Insolvenzverfahren geltenden besonderen Bedingungen durchzuführen. Die Regelung, die es in Frankreich dem Gericht ermöglicht, Kündigungen im Urteil über den Übertragungsplan zu genehmigen, kann als eine Ausnahme bzw. Erleichterung zum Grundsatz der automatischen Mitübertragung der Arbeitsverträge angesehen werden[1148]. Sie ermöglicht es, die Personallage

---

1144 Vgl. BAG NJW 1984, 627 (Anwendbarkeit der Kündigungssperre von § 613a Abs. 4 Satz 1 BGB für die zum Zeitpunkt der Betriebsveräußerung bestehenden Arbeitsverhältnisse).

1145 »§613a BGB soll auch im Insolvenzverfahren gelten« (Allg. Begr. RegE, abgedr. bei Balz/Landfermann, Insolvenzgesetze S. 40).

1146 Vgl. Art. L. 122-12 C. trav.

1147 Vgl. EuGH 12.3.1998 RS C-319/94, NZA 1998, 529 sowie Beck/Depré, Praxis der Insolvenz, § 20 Rn. 290 ff. m.w.N.

1148 Ripert/Roblot, Droit commercial II Rn. 3197-2.

zum Zeitpunkt der Übertragung anzupassen, damit unmittelbar nach der Plannahme die erforderlichen Kündigungen durchgeführt werden können. Ähnliches ergibt sich in Deutschland aus § 128 InsO, dessen Vorschrift ebenfalls vorsieht, dass im Vorfeld einer Betriebsveräußerung die nötigen Kündigungen unter den (erleichterten) Voraussetzungen der §§ 125 bis 127 InsO vorbereitet werden können, die Kündigungen aber zu einem späteren Zeitpunkt vom Erwerber des Unternehmens durchgeführt werden.

4. Die Aussonderungsberechtigten

a) Frankreich

Aussonderungsgläubiger (*créanciers revendiquants*) sind in Frankreich diejenigen, die aufgrund eines Eigentumsrechts an einem beim Schuldner befindlichen Gegenstand nach Maßgabe der Artt. L. 624-9 ff. C. com. einen Anspruch auf Rückgabe (*restitution*) dieses Gegenstands geltend machen können. Der französischen Rechtstradition entsprechend sind diese Gläubiger vom Insolvenzverfahren – mithin von einem Sanierungsplan – nicht betroffen[1149]. Das Gesetz schreibt jedoch vor, in welcher Form und innerhalb welcher Fristen sie ihre Rechte geltend machen müssen, um eine Aussonderung zu erwirken. Zunächst müssen sie die Rückgabe innerhalb von drei Monaten beantragen[1150]. Vor der Reform von 2005 war unstrittig, dass es sich hierbei um eine Ausschlussfrist (*délai préfix*) handelte, deren Nichtbeachtung den Verlust des Aussonderungsanspruchs zur Folge hat[1151]. Dies dürfte auch nach der Reform von 2005 weiterhin der Fall sein[1152]. Die Dreimonatsfrist läuft ab Bekanntmachung des Eröffnungsurteils bzw. der Kündigung des Vertrags, wenn es sich um ein noch nicht erfülltes Rechtsgeschäft handelt, das dem Wahlrecht des Verwalters nach Art. L. 622-13 C. com. unterliegt. Innerhalb

[1149] Aussonderungsrechte sind insbesondere nicht anmeldepflichtig, vgl. Com. 20. Okt. 1992, D. 1993. Somm. 288; Rev. proc. coll. 1992. 425 (keine Anmeldepflicht des Eigentumsvorbehaltsverkäufers).

[1150] Art. L. 624-9 Abs. 1 C. com.

[1151] Com. 13. Feb. 1990, Bull. civ. IV, Nr. 41; D. 1991. Somm. 42 (Die Ausschlussfrist läuft ab Erlass des Eröffnungsurteils). Für die Relativierung dieses Verlusts bei Unmöglichkeit vgl. Com: 28. Juni 1994, D. 1996. Somm. 216 (*Contra non valentem agere non currit praescriptio*).

[1152] Vgl. Jeantin/Le Cannu, Entreprises en difficulté, Rn. 653.

der Frist gibt der Aussonderungsgläubiger seinen Anspruch dem Verwalter oder, in Abwesenheit eines solchen, dem Schuldner per Einschreiben bekannt. Der Verwalter entscheidet binnen eines Monats ab Erhalt des Briefs. Unterlässt er dies oder weist er den Antrag ausdrücklich zurück, obliegt es dem Aussonderungsgläubiger, innerhalb einer weiteren Einmonatsfrist seinen Anspruch vor den beauftragten Richter zu tragen[1153].

Rechtsgrundlage für die Aussonderung ist das Eigentumsrecht am betreffenden Gegenstand. Das Gesetz fordert jedoch zusätzlich, dass sich dieser *in natura* und unverändert beim Schuldner wiederfindet[1154]. Maßgeblich ist dabei der Zeitpunkt der Verkündung des Eröffnungsurteils[1155]. Das Gesetz erlaubt die Aussonderung von Gegenständen, die in andere (bewegliche) Gegenstände einverleibt worden sind, wenn sie daraus ohne Schaden wieder entfernt werden können[1156]. Ferner ist die Aussonderung von Gattungssachen ausdrücklich erlaubt, wenn sich beim Insolvenzschuldner Sachen gleicher Art und Menge wiederfinden[1157]. Schließlich besteht ein Anspruch auf Ersatzaussonderung, wenn der Gegenstand an einen Dritten weiterverkauft worden ist, dann allerdings nur in Höhe des vom Dritten an den Insolvenzschuldner noch geschuldeten Betrags: In diesem Fall sieht Art. L. 624-18 C. com. den Eintritt des Absonderungsberechtigten in die Rechte des Insolvenzschuldners vor, der den noch nicht geleisteten Teil des Weiterverkaufspreises aussondern darf.

Der *Code de commerce* enthält mehrere besondere Aussonderungsfälle, wie etwa das Aussonderungsrecht des Verkäufers bei Lieferung der Ware an den Insolvenzschuldner[1158] oder die Aussonderung von Handelspapieren[1159]. Von besonderer Relevanz in der Praxis ist der in Art. L. 624-16 Abs. 2

[1153] Art. L. 624-17 C. com. i.V.m. Art. 114 Abs. 2 der Verordnung Nr. 2005-1677.

[1154] Vgl. etwa die Artt. L. 624-12 (Aussonderung nach Aufhebung eines Kaufvertrags) sowie L. 624-16 Abs. 1 (Aussonderung von Kommissionsware) und Abs. 2 C. com. (Aussonderung von Eigentumsvorbehaltsware).

[1155] Vgl. Pétel, Procédures collectives, Rn. 355; Ripert/Roblot, Droit commercial II, Rn. 3143.

[1156] Art. L. 624-16 Abs. 3 Satz 1 C. com.

[1157] Art. L. 624-16 Abs. 3 Satz 2 C. com.

[1158] Die Aussonderung ist zulässig, solange die Ware dem Schuldner noch nicht übergeben wurde (Art. L. 624-13 Abs. 1 C. com.). Ist diese noch nicht verschickt worden, steht dem Verkäufer ein Zurückbehaltungsrecht zu (Art. L. 624-14 C. com.).

[1159] Art. L. 624-15 C. com.

C. com. geregelte Verkauf mit Eigentumsvorbehalt. Der Eigentumsvorbehalt, der in Frankreich seit einem Gesetz vom 12. Mai 1980 insolvenzfest ist, berechtigt zur Aussonderung, wenn er spätestens zum Zeitpunkt der Lieferung schriftlich von den Parteien vereinbart worden ist. Dabei ist nicht erforderlich, dass die entsprechende Klausel im Kaufvertrag selbst erscheint – sie kann auf einem beliebigen Schriftstück wirksam vereinbart worden sein. Seit der Reform von 1994 ist es insbesondere auch möglich, den Eigentumsvorbehalt einmalig in einem Rahmenvertrag wirksam zu vereinbaren[1160]. Eigentumsvorbehaltsklauseln in allgemeinen Geschäftsbedingungen, wie sie etwa auf Rechnungen standardmäßig aufgedruckt sind, können den insolvenzrechtlichen Bedingungen auch dann genügen, wenn die Rechnungen erst nach Auslieferung der Ware erstellt wurden, der Insolvenzschuldner aber in regelmäßiger Geschäftverbindung mit dem Lieferanten steht und somit faktisch den Eigentumsvorbehalt kennt.

Ist ein unter Eigentumsvorbehalt verkaufter Gegenstand nach Verfahrenseröffnung (aber vor Ablauf der o.g. Ausschlussfrist) weiterveräußert worden, steht dem Aussonderungsberechtigten ein Anspruch gegen die Masse zu[1161]. Der Gegenstand dieses neuen Anspruchs ist jedoch umstritten und die Rechtsprechung spiegelt diesbezüglich unterschiedliche Auffassungen wider – manche Gerichte beziehen den Anspruch auf den tatsächlich erzielten Erlös, andere auf den Wert der veräußerten Ware[1162]. Dem Aussonderungsberechtigten steht es in diesem Fall auch frei, die Rückgabe der Ware vom Dritterwerber zu verlangen, wenn dieser bösgläubig gehandelt hat[1163]. Dies gilt auch für den Fall, dass der betreffende Gegenstand im Rahmen einer planmäßigen Unternehmensübertragung mitveräußert wurde[1164].

b) Vergleichende Betrachtungen

Im deutschen Recht ist die Aussonderung von Gegenständen aus der Insolvenzmasse in § 47 InsO geregelt. Ein wirksamer Aussonderungsanspruch

---

[1160] Art. L. 624-16 Abs. 2 Satz 3 C. com.

[1161] Zu den Masseforderungen vgl. unten Abschnitt 5.a.

[1162] Näheres hierzu bei Saint-Alary-Houin, Entreprises en difficulté, Rn. 733, wo die erste Auffassung bevorzugt wird.

[1163] Com. 5. Okt. 1993, Bull. Civ. IV Nr. 317.

[1164] Rennes, 15. Okt. 1998, Rev. proc. coll. 2001. 19.

führt in Deutschland zum selben Ergebnis wie in Frankreich, d.h. zur Rückgabe des betreffenden Gegenstands. Aussonderungsberechtigte nehmen auch in Deutschland am Insolvenz- bzw. Insolvenzplanverfahren nicht teil[1165] und dementsprechend sind sie in Bezug auf ihren Aussonderungsanspruch nicht anmeldepflichtig.

Obgleich in Deutschland wie in Frankreich das Eigentum bzw. der Eigentumsvorbehalt des Verkäufers die in der Praxis häufigste Anspruchsgrundlage für Aussonderungen bildet, bestehen zwischen beiden Regelungen z.T. größere Unterschiede. Während im *Code de commerce* ausschließlich das Eigentum maßgeblich ist, berechtigt nach § 47 InsO zur Aussonderung jedes dingliche oder persönliche Recht, mit dem dargelegt werden kann, dass ein Gegenstand »nicht zur Insolvenzmasse gehört«. Daraus folgt, dass in Deutschland auch beschränkt dingliche Rechte wie etwa der Nießbrauch oder Grunddienstbarkeiten, ferner der Besitz, gewerbliche Schutzrechte, Forderungen, Anhalte- und Stoppungsrechte usw. für eine Aussonderung in Betracht kommen. In Frankreich berechtigen beschränkt dingliche Rechte (*démembrements de la propriété*) zwar nicht zur Aussonderung, sie können jedoch Dritten entgegen gehalten werden (*opposables aux tiers*). Ist der Dritte der Verwalter, so muss auch er sie berücksichtigen, etwa wenn er den belasteten Gegenstand veräußert. Somit kann beispielsweise der Besitzer gegen den Verwalter vorgehen, wenn er durch verbotene Eigenmacht (*voie de fait*) des Verwalters den Besitz an der Sache verloren hat. Sehr ähnlich ist die Rechtslage nach deutschem Recht, wo der Besitzer die Beseitigung einer Besitzentziehung oder -störung nach Maßgabe der §§ 861, 862 und 1007 BGB geltend machen kann[1166].

Gewerbliche Schutzrechte und sonstige immaterielle Vermögenswerte berechtigen sowohl nach deutschem wie auch nach französischem Recht[1167] zur Aussonderung. Das *Stoppage in transitu*-Recht, wonach ein Verkäufer die Übergabe der verkauften Ware verweigern darf, wenn sich nach Versendung (aber vor der Auslieferung) der Ware herausstellt, dass der Käufer etwa

---

[1165] »[Der] Anspruch auf Aussonderung des Gegenstands bestimmt sich nach den Gesetzen, die außerhalb der Insolvenzordnung gelten« (§ 47 InsO).

[1166] Vgl. Braun, Insolvenzordnung, § 47 Rn. 41.

[1167] Vgl. insbesondere Com. 21. Nov. 1995, Bull. Civ. IV Nr. 266; D. 1996. 211 (Aussonderung eines *fonds de commerce*) sowie Caen 16. Sept. 1993, D. 1994. 192 (gewerbliche Schutzrechte).

aufgrund des Insolvenzeintritts seine Pflichten nicht erfüllen wird, ist ebenfalls als ein aussonderungsähnlicher Anspruch anzusehen[1168]. Es ergibt sich aus Art. 71 des Wiener Übereinkommens über internationalen Warenkauf vom 11. April 1980, das sowohl von Deutschland als auch von Frankreich ratifiziert worden ist. Der französische Gesetzgeber hat dieses Recht im Übrigen verallgemeinert und in Art. L. 624-13 C. com. ausdrücklich festgelegt.

Bei der Ersatzaussonderung von Gegenständen, die vor der Eröffnung des Verfahrens an Dritte weiterveräußert worden sind, sehen das französische und das deutsche Recht ähnliche Lösungen vor – auch nach deutschem Recht ist die Gegenleistung des Dritterwerbers nur in dem Maß aussonderungsfähig, als sie noch zu erbringen ist[1169]. Das deutsche Recht gestattet ausdrücklich, dass auch die vom Dritterwerber bereits erbrachten Leistungen ausgesondert werden, sofern diese in der Insolvenzmasse noch unterscheidbar vorhanden sind. Diese Voraussetzung führt in der Praxis zu gewissen Schwierigkeiten, wenn die Gegenleistung in der Auszahlung eines Geldbetrags besteht und dieser Betrag in ein Kontokorrent überwiesen oder bar eingezahlt worden ist. In diesen Fällen ist die Unterscheidbarkeit der Gegenleistung in aller Regel nicht mehr gegeben[1170]. In Frankreich, nachdem die Aussonderung von Geld über Jahrzehnte hinweg ausgeschlossen war, ist die Rechtsprechung in Abwesenheit einer ausdrücklichen Gesetzesregelung schließlich zum selben Ergebnis gekommen wie in Deutschland. In einem Grundsatzurteil vom 1997 hat der Kassationshof die Zulässigkeit von Geldaussonderungen prinzipiell anerkannt, ebenfalls sofern die Voraussetzung der Unterscheidbarkeit erfüllt ist[1171]. Daher dürfte eine Aussonderung in Frankreich beispielsweise dann in Frage kommen, wenn das Geld in ein Unterkonto des Schuldners/Verwalters eingezahlt worden und dort noch unterscheidbar vorhanden ist[1172].

Der hauptsächliche Unterschied zwischen der deutschen und der französischen Regelung betrifft die Geltendmachung der Aussonderungsansprüche. Das französische System ist geprägt von einer für die Aussonderungsgläubiger besonders strengen Fristenbindung, die dazu führen kann, dass

[1168] Braun, Insolvenzordnung, § 47 Rn. 83.

[1169] § 48 Satz 1 InsO.

[1170] Vgl. Andersen Freihalter (Hrsg.), Aus- und Absonderungsrechte in der Insolvenz, Rn. 80 sowie 403 f.

[1171] Com. 25. März 1997, Bull. civ. IV Nr. 84; D. 1997. 481.

[1172] Vgl. Ripert/Roblot, Droit commercial II Rn. 3144-1.

sie ihren Anspruch letztlich nicht geltend machen können. Nach deutschem Recht sind die Aussonderungsberechtigten keiner solchen Präkludierung ausgesetzt. Dass sich in der Praxis dieser Unterschied zwischen beiden Regelungen jedoch relativiert, liegt daran, dass Aussonderungsgläubiger auch nach deutschem Recht ihre Ansprüche nur solange wirksam geltend machen können, wie der auszusondernde Gegenstand in der Masse vorhanden ist. Versäumen sie es, zeitnah nach Verfahrenseröffnung ihren Aussonderungsanspruch geltend zu machen, gehen sie das Risiko ein, dass der Insolvenzverwalter das Aussonderungsgut im (guten) Glauben verwertet, es gehöre zur Insolvenzmasse. Dies kann ohne Verschulden des Insolvenzverwalters geschehen, etwa wenn Eigentumsverhältnisse nicht offensichtlich sind und wenn aus dem Inventar, zu dessen Erstellung der Verwalter gemäß § 151 InsO verpflichtet ist[1173], Fremdrechte nicht hervorgehen[1174]. In diesen Fällen scheidet eine Aussonderung faktisch aus, der Aussonderungsberechtigte kann höchstens einen Ersatzaussonderungsanspruch nach Maßgabe von § 48 InsO geltend machen. Sind die Voraussetzungen für eine Ersatzaussonderung nicht gegeben, d.h. hat der Erwerber seine Gegenleistung bereits vollständig erbracht und ist diese in der Insolvenzmasse nicht mehr unterscheidbar vorhanden, wird der Aussonderungsberechtigte zum Massegläubiger, dessen Anspruch (im Regelverfahren) gemäß § 209 Abs. 1 Nr. 3 InsO allerdings an letzter Stelle kommt. Insofern haben auch in Deutschland die Aussonderungsberechtigten daran Interesse, etwaige Aussonderungsansprüche möglichst rasch dem Insolvenzverwalter bekannt zu geben.

5. Die Massegläubiger

a) Frankreich

Forderungen, die nach der Eröffnung des Verfahrens entstanden sind, unterliegen naturgemäß einer anderen Behandlung als Forderungen, die zu diesem Zeitpunkt bereits bestanden. Da es gilt, den ordnungsgemäßen Ablauf des Verfahrens zu sichern sowie – da man sich in einem Sanierungsverfahren befindet – den Betrieb aufrechtzuerhalten, sah bereits die Regelung von 1985

[1173] Seit der Reform von 1994 ist auch der französische Verwalter verpflichtet, unmittelbar nach Verfahrenseröffnung das Vermögen des Schuldners zu inventarisieren (vgl. Art. L. 622-6 Abs. 1 C. com.).

[1174] Vgl. Braun, Insolvenzordnung, § 47 Rn. 94.

die grundsätzliche Vorrangigkeit dieser »neuen Forderungen« (*créances postérieures*) gegenüber den einfachen Insolvenzforderungen vor. In der Praxis führte die Regelung jedoch dazu, dass die Belastung der Insolvenzmassen durch vorrangig zu tilgende Forderungen sehr hoch war. Dementsprechend wurde sie im Zug der Reform von 2005 umfassend überarbeitet, wovon man sich eine signifikante Reduzierung der Kostenlast verspricht[1175]. Die Änderungen der neuen, jetzt in Art. L. 622-17 C. com. verankerten Regelung betreffen sowohl den Begriff der vorrangig zu tilgenden Forderungen (aa) als auch die Rangfolge dieser Forderungen untereinander bzw. im Verhältnis zu den übrigen Forderungen, wenn eine Tilgung bei Fälligkeit nicht erfolgt (bb). Neu sind schließlich die Voraussetzungen, die zur Geltendmachung dieser Forderungen durch das Reformgesetz von 2005 eingeführt wurden (cc).

aa) Begriff der Masseforderungen

Die Voraussetzungen, die eine Forderung erfüllen muss, um im *Redressement judiciaire* bei Fälligkeit vollständig bezahlt zu werden, ergeben sich aus Art. L. 622-17-I C. com. Eine erste allgemeine Voraussetzung ist, dass die Forderung »nach dem Eröffnungsurteil« entstanden sein muss. Während der Anfang des einschlägigen Zeitraums eindeutig ist, geht dessen Ende aus dem Gesetz nicht hervor. Vor der Reform von 2005 hatte die Rechtsprechung entschieden, dass dieser Zeitraum spätestens mit der Beendigung des Verfahrens endet. Nicht bei Fälligkeit zahlbar waren somit Forderungen, die nach dem Beschluss eines Fortführungsplans[1176] bzw. im Fall eines Übertragungsplans nach der Schließung der erforderlichen Verfügungsgeschäfte[1177] entstanden waren. Diese Rechtsprechung sollte auch nach der Reform ihre Gültigkeit bewahren, da der Gesetzeswortlaut unverändert geblieben ist.

Eine weitere Voraussetzung ist, dass die Forderungen ordnungsgemäß entstanden sind (*nées régulièrement*). Dabei hat sich vor Inkrafttreten der Reform von 2005 die Frage gestellt, ob neben Schuldverhältnissen aus Verträgen auch nichtvertragliche Forderungen – etwa Forderungen aus unerlaubter Handlung – in die Legaldefinition fallen. Der Kassationshof hat dies im Sinn der im Schrifttum vorherrschenden Meinung bejaht, mit der

---

[1175] Saint-Alary-Houin, Dr. et patr. Januar 2005.133. Zur Gesetzesbegründung vgl. Sénat-Gesetz-gebungsausschuss, Bericht Nr. 335 vom 11. Mai 2005, S. 200.

[1176] Com. 3. Apr. 1990, Bull. civ. IV, Nr. 113; D. 1990. 385; RTDCom. 1990. 497.

[1177] Com. 6. Dez. 1994, Bull. civ. IV, Nr. 366; RTDCom. 1996. 128.

Begründung, das gesetzliche Erfordernis der Ordnungsmäßigkeit sei dahingehend auszulegen, dass die betroffene Forderung nicht entgegen der respektiven Kompetenzverteilung zwischen dem Schuldner und den anderen Organen des Verfahrens entstanden ist[1178]. Da trotz des unveränderten Gesetzeswortlauts bezüglich der Ordnungsmäßigkeit des Entstehens der Forderungen das Vorrecht auf bestimmte Forderungskategorien beschränkt wurde, ist fraglich, ob diese Lösung im neuen Recht noch gilt[1179]. In der Tat gilt die Regel von Art. L. 622-17-I C. com. nicht mehr für alle Forderungen, die nach Verfahrenseröffnung begründet wurden, sondern es müssen auch weitere Voraussetzungen erfüllt sein. Das Gesetz definiert nun zwei Typen von Forderungen, die vorrangig zu tilgen sind:

1. Forderungen, die aufgrund der Erfordernisse des Verfahrens oder der Beobachtungsphase entstanden sind. Dies sind u.a. Kosten des Verfahrens, Auslagen des Schuldners oder der Gläubigerausschussmitglieder. Da dem Gesetzeswortlaut zufolge die Forderungen nun »erforderlich« sein müssen, reicht das chronologische Kriterium, d.h. die Entstehung nach Verfahrenseröffnung für die Anerkennung des Vorrechts allein nicht mehr aus.
2. Forderungen aus Leistungen, die dem Schuldner im Rahmen der Ausübung seiner beruflichen Tätigkeit erbracht wurden, anzusehen sind. Auch diese Voraussetzung, die mit der Reform von 2005 eingeführt wurde, führt dazu, dass der Bereich der bevorrechtigten Forderungen empfindlich eingeschränkt wird. Zuvor sah das Gesetz eine vorrangige Tilgung vor, »wenn die Aktivität fortgeführt wird«[1180], und es hatte sich die Frage gestellt, ob ein Rechtsgeschäft zum Zweck der Betriebsfortführung geschlossen werden musste, damit die daraus resultierenden Ansprüche vorrangig getilgt werden konnten. Die Rechtsprechung hatte dies verneint[1181], doch im neuen Recht führt die Bezugnahme auf die

---

[1178] Com. 13. Okt. 1998, Bull. civ. IV, Nr. 240; D. Aff. 1998. 1816; JCP. E. 1998. Nr. 52. 2069; Rev. proc. coll. 1999. 157; RTDCom. 1999. 979.

[1179] Vgl. Jeantin/Le Cannu, Entreprises en difficulté, Rn. 770.

[1180] »... *lorsque l'activité est poursuivie.*« (Art. L. 621-32-I C. com. a.F.)

[1181] Vgl. insbesondere Com. 17. Jan. 1995, Bull. civ. IV, Nr. 16; D. 1995. Somm. 216, sowie Com. 2. Apr. 1996, Bull. civ. IV, Nr. 108; D. 1996. IR. 123 und Com. 27. Okt. 1998, Bull. civ. IV, Nr. 263; D. Aff. 1999. 33; Rev. proc. coll. 1999. 157.

Ausübung der beruflichen Tätigkeit zu einer deutlichen Eingrenzung der vorrangig zu tilgenden Masseforderungen.

Die Reduzierung auf Verbindlichkeiten, die im Zusammenhang mit der Fortführung des Betriebs entstanden sind, hat den Vorzug, dass eine Betriebsfortführung zumindest zeitweise, d.h. während der Dauer des Verfahrens erleichtert ist. Diese neue Definition wird jedoch bisweilen als zu knapp und unpräzise erachtet. Es ist beispielsweise nicht klar, ob Steuern oder soziale Abgaben, die nach Verfahrenseröffnung anfallen, in die neue Definition der Masseverbindlichkeiten fallen und fortan noch vorweg zu tilgen sind[1182]. Es wird daher in zahlreichen Fällen der Rechtsprechung obliegen, dem neuen Begriff der Masseforderungen einen genauer abgegrenzten Inhalt zu verleihen[1183].

bb) Rangfolge der Befriedigung

Werden Masseforderungen bzw. Forderungen, welche die im vorangegangenen Abschnitt beschriebenen Voraussetzungen erfüllen, bei Fälligkeit nicht bezahlt, so kann der Gläubiger Einzelzwangsvollstreckungen betreiben, da das allgemeine Vollstreckungsverbot im Insolvenzverfahren nur für die Altgläubiger gilt[1184]. Trotz der grundsätzlichen Zulässigkeit solcher Maßnahmen scheiterten diese in der Praxis jedoch oftmals daran, dass die vorhandenen liquiden Mittel vom Verwalter bei der staatlichen Verwahrungsstelle (*caisse des dépôts et consignations*) hinterlegt wurden, in deren Händen nicht gepfändet werden darf[1185]. Ungeachtet der Frage der Unzulässigkeit der Pfändung in den Händen der Verwahrungsstelle ist die Zwangsvollstreckung auch

[1182] Saint-Alary-Houin, Dr. et patr. Januar 2005.133.

[1183] Crocq, Dr. et patr. Januar 2005.133; Soinne, D. 2004.1511 f. (Rn. 10).

[1184] Com. 25. Juni 1996, D. 1996. 615; Rev. proc. coll. 1997. 45.

[1185] Art. L. 662-1 C. com. Dies ergab sich bisher aus Art. 173 der Verordnung Nr. 85-1388. Diese Vorschrift wurde vom obersten Verwaltungsgericht (*Conseil d'État*) in einem Urteil vom 9. Feb. 2000 jedoch als gesetzeswidrig erklärt (CE 9. Feb. 2000, D. 2000. Act. Jur. 136; JCP. 2000. II. 10314; PA 16. März 2000 S. 19; RTDCom. 2000. 724). Im Zug der Kodifizierung des Handelsrechts im Jahr 2000 wurde die betreffende Bestimmung unverändert in Art. L. 627-1 C. com. a.F. übernommen, mithin hat sie Gesetzesrang erhalten. Daraus folgt, dass die Gesetzeswidrigkeitserklärung des *Conseil d'État*, die auf der Verletzung des gesetzlich gesicherten Eigentumsrechts durch einen Akt der Exekutive beruhte, nicht mehr aktuell war. Die Vorschrift von Art. L. 627-1 C. com. a.F. findet sich heute unverändert in Art. L. 662-1 C. com. wieder.

dann ausgeschlossen, wenn die Insolvenzmasse nicht ausreicht, um Masseverbindlichkeiten vollständig zu bedienen. In diesen Fällen erfolgt die Tilgung nicht beglichener Masseforderungen nach der in Art. L. 662-17-II C. com. bestimmten Reihenfolge, in welcher die Rangfolge der Massegläubiger sowohl untereinander als auch im Verhältnis zu den übrigen Gläubigern festgelegt ist. Die Besonderheit dabei ist, dass gewisse – bevorrechtigte – Altforderungen vor den Forderungen, die nach Verfahrenseröffnung entstanden sind, getilgt werden. Drei Kategorien von Forderungen genießen diesen Vorrang:

- Ansprüche der Arbeitnehmer, die durch das sog. Superprivileg gesichert sind. Diese vorrangige Zahlung kommt letztlich der *AGS* zugute, die bei entsprechender Vorauszahlung gem. Art. L. 143-11-9 Abs. 1 C. trav. in die Rechte der betreffenden Arbeitnehmer eingetreten ist.
- Verfahrenskosten. Dabei handelt es sich um Verfahrenskosten, die vor der Eröffnung des Verfahrens entstanden sind und das Verfahrenskostenvorrecht i.S.v. Art. 2101 C. civ. genießen. Erforderlich ist, dass diese Kosten zum Zweck des Erhalts des schuldnerischen Vermögens sowie im Interesse aller Gläubiger entstanden sind[1186].
- Forderungen, die das Vorrecht von Art. L. 611-11 C. com. genießen. Dies sind Forderungen aus neuen finanziellen Beiträgen oder neuen Lieferungen/Dienstleistungen im Rahmen einer vorangegangenen *Conciliation*. Voraussetzung ist, dass diese Leistungen in einem gerichtlich anerkannten Vergleich vereinbart wurden[1187].

Nach diesen Forderungen kommen die Forderungen, die nach Verfahrenseröffnung entstanden sind und die oben in Abschnitt aa beschriebenen Voraussetzungen erfüllen. Dabei ist anzumerken, dass sich ihre Vorrangigkeit gegenüber den einfachen Insolvenzforderungen nicht wie bisher unmittelbar kraft Gesetzes – die Regelung vor der Reform von 2005 enthielt diesbezüglich eine schlichte Tilgungsordnung (*ordre des priorités*) – sondern aufgrund eines neuartigen Verfahrensvorrechts (*privilège de procédure*) ergeben. Dies wurde durch die Reform von 2005 eingeführt, damit Gläubiger, die das Risiko einer Finanzierung des (bereits insolventen) Schuldners eingehen, im Fall eines Anschlussliquidationsverfahrens eine gewisse Sicherheit haben. Ein Vorrecht

[1186] Vgl. Dijon, 3. April 1980, Gaz. Pal. 1982. 2. 424.

[1187] Hierzu vgl. oben Kapitel 3, Abschnitt C.I.2.b.bb.

besteht nämlich fort, während ein (einfacher) Tilgungsvorrang nur im jeweiligen Verfahren zum Tragen kommen kann mit der Folge, dass die betreffenden Gläubiger in einem Anschlussverfahren den Rang einfacher Insolvenzgläubiger erhalten[1188]. Die Rangfolge der Befriedigung dieser somit bevorrechtigten Gläubiger untereinander ergibt sich aus Art. L. 622-17-II C. com.:

- An erster Stelle kommen die Gehaltsforderungen, die von der *AGS* nicht vorausgezahlt worden sind. Dies ist insbesondere der Teil der Arbeitnehmeransprüche, der über den Höchstbetrag der gesetzlichen Vorauszahlungspflicht hinausgeht.
- An zweiter Stelle werden die Verfahrenskosten getilgt. Hier handelt es sich um Verfahrenskosten, die nach Eröffnung des Verfahrens entstanden sind.
- An dritter Stelle werden die vom beauftragten Richter genehmigten Darlehen sowie Forderungen, die aus der Fortführung von bestehenden Verträgen entstanden sind, ausbezahlt.
- An vierter Stelle steht die *AGS* für die Beträge, die sie den Arbeitnehmern nach dem Beschluss einer Anschlussliquidation vorausgezahlt hat.
- An fünfter Stelle schließlich werden die übrigen Forderungen »nach ihrem Rang«, d.h. unter Berücksichtigung etwaiger Sicherheiten und Vorrechte, getilgt.

cc) Geltendmachen der Masseforderungen

Eine Neuerung des Gesetzes vom 26. Juli 2005 ist, dass Inhaber von Masseforderungen i.S.v. Art. L. 622-17-I C. com. gemäß Abs. IV dieser Vorschrift ihre Ansprüche zur Kenntnis des Gläubigervertreters sowie des Verwalters bringen müssen. Die hierfür vorgeschriebene Frist beträgt ein Jahr ab Beendigung der Beobachtungsphase. Sind Gläubigervertreter und Verwalter nicht mehr im Amt, ist der Planerfüllungsbeauftragte entsprechend zu benachrichtigen. Dies kommt im Ergebnis einer neuartigen Pflicht zur Anmeldung von Masseforderungen gleich, mit der bezweckt wird, die Gesamtbelastung der Masse besser einschätzen zu können[1189]. Der Nutzen dieser Maßnahme kommt in erster Linie den Organen des Verfahrens zugute, darüber hinaus

[1188] Sénat-Gesetzgebungsausschuss, Bericht Nr. 335 vom 11. Mai 2005, S. 201.

[1189] Jeantin/Le Cannu, Entreprises en difficulté, Rn. 801.

aber auch den (potentiellen) Massegläubigern, die über die Veröffentlichung der Liste der Masseforderungen informiert werden. Unterbleibt die Benachrichtigung der Verfahrensorgane, führt dies dazu, dass der Gläubiger sein Vorrecht verliert und die Forderung wie eine vor der Eröffnung des Verfahrens entstandene Forderung behandelt wird[1190].

b) Vergleichende Betrachtungen

Im deutschen Recht bestehen Masseverbindlichkeiten zum einen aus den Verfahrenskosten[1191], zum anderen aus »sonstigen« Verbindlichkeiten, die nach der Eröffnung des Verfahrens begründet worden sind[1192]. Diese Definition folgt einem ähnlichen Ansatz wie der *Code de commerce*, eine Bezugnahme auf die Erfordernisse des Verfahrens bzw. auf die (berufliche) Tätigkeit des Insolvenzschuldners ist jedoch nicht vorhanden. Der Begriff der Masseverbindlichkeiten erscheint dadurch etwas weiter gefasst als in Frankreich, zumal gemäß § 55 Abs. 2 InsO auch Forderungen, die vor der formellen Eröffnung des Verfahrens entstanden sind, als Masseforderungen gelten können, wenn sie von einem sog. starken vorläufigen Insolvenzverwalter[1193] begründet worden sind.

Wie in Frankreich sind auch in Deutschland die Masseverbindlichkeiten gemäß § 53 InsO vorweg bei ihrer Fälligkeit zu tilgen. Dies gilt im Regel- wie auch im Insolvenzplanverfahren. In beiden Ländern sind die Massegläubiger vom Sanierungs- bzw. Insolvenzplan grundsätzlich nicht betroffen. Hierzu gibt es jedoch im deutschen Recht trotz des Wortlauts von § 217 InsO, demzufolge in einem Plan die Befriedigung der absonderungsberechtigten Gläubiger und der Insolvenzgläubiger geregelt wird, mindestens zwei Ausnahmen. Zum einen können Ansprüche aus einem Insolvenzsozialplan, die als Masseverbindlichkeiten anzusehen sind, im Insolvenzplan abgeändert werden; zum anderen nehmen die Massegläubiger immer dann am Plan teil, wenn infolge einer Masseunzulänglichkeit i.S.v. § 208 Abs. 1 InsO das vorhandene Vermögen zwar die Verfahrenskosten, nicht aber die

---

[1190] Vgl. Sénat-Gesetzgebungsausschuss, Bericht Nr. 335 vom 11. Mai 2005, S. 204.

[1191] § 54 InsO.

[1192] § 55 Abs. 1 InsO.

[1193] Als »starker Insolvenzverwalter« wird derjenige bezeichnet, dem gemäß § 22 Abs. 1 InsO die Verfügungsgewalt über das Vermögen des Schuldners übertragen worden ist. (Vgl. Braun, Insolvenzordnung, § 22 Rn. 8.)

sonstigen Masseverbindlichkeiten deckt, in welchem Fall der Plan die Verteilung an eben diese Gläubiger zum Gegenstand hat[1194].

Werden die Massegläubiger bei Fälligkeit ihrer Forderung nicht befriedigt, können sie nach deutschem Recht vollstrecken, wenn der Anspruch entweder aus einem gegenseitigen Vertrag, für dessen Erfüllung sich der Verwalter entschieden hat[1195], oder aus Dauerschuldverhältnissen resultiert[1196]. Ausgeschlossen ist die Zwangsvollstreckung gemäß § 90 Abs. 1 InsO in allen übrigen Fällen sowie nach Anzeige der Masseunzulänglichkeit. In diesem Fall wird das Verfahren eingestellt und die Massegläubiger werden anteilsmäßig, nach einer im Gesetz festgelegten Rangfolge befriedigt, sofern nicht wie im vorstehenden Absatz beschrieben eine abweichende planmäßige Befriedigung beschlossen wird.

Das deutsche System unterscheidet sich somit in zahlreichen Einzelpunkten von dem französischen, insbesondere hinsichtlich der gesetzlichen Tilgungsordnung, die sich aus § 209 InsO ergibt. Der wohl wichtigste Unterschied zwischen beiden Regelungen besteht darin, dass nach deutschem Recht keine Altforderungen vor den Masseforderungen getilgt werden, wie dies in Frankreich für gewisse Arbeitnehmerforderungen, Verfahrenskosten sowie Forderungen aus einer vorangegangenen *Conciliation* vorgeschrieben ist. Zuallererst werden nach deutschem Recht die Kosten des Insolvenzverfahrens getilgt. Danach werden gemäß § 209 Abs. 1 Nr. 2 InsO die Masseverbindlichkeiten, die nach Anzeige der Masseunzulänglichkeit entstanden sind, beglichen – eine solche Kategorie von Masseforderungen gibt es in Frankreich nicht. An dritter Stelle schließlich kommen gemäß § 209 Abs. 1 Nr. 3 InsO sämtliche anderen Masseverbindlichkeiten. Diese Rangfolge wird üblicherweise dann zum Zug kommen, wenn man sich in einem Regelinsolvenzverfahren befindet, obgleich sich das Gesetz nicht zur Frage äußert, ob bei Masseunzulänglichkeit auch ein Insolvenzplanverfahren durchgeführt werden kann. Sofern sich mit einem Insolvenzplan ein mindestens genauso gutes Ergebnis für die Gläubiger erzielen lässt wie im Regelverfahren, wäre es

[1194] Hierzu vgl. Braun, Insolvenzordnung, § 217 Rn. 6 ff.

[1195] § 90 Abs. 2 Nr. 1 InsO.

[1196] Die Zwangsvollstreckung ist zulässig in der Zeit nach dem ersten Termin, zu dem der Verwalter kündigen konnte (§ 90 Abs. 2 Nr. 2 InsO), oder wenn der Verwalter die Gegenleistung bereits in Anspruch genommen hat (Nr. 3).

zweckmäßig, diesen Weg offen zu lassen[1197]. Dieser Ansatz scheint auch dem Willen des Gesetzgebers zu entsprechen, da in der Gesetzesbegründung der Fall erwähnt ist, dass die Massegläubiger am Verfahren teilnehmen und sogar einen Insolvenzplan vorschlagen können[1198].

III. Vertragspartner des Schuldners (übertragende Sanierung)

Der Übergang der Arbeitsverträge im Fall eines Betriebsübergangs wurde oben in Abschnitt 3 bereits erläutert. Eine ähnliche automatische Übertragung besteht im Übrigen auch für gewisse andere Verträge, wie etwa Versicherungsverträge[1199]. Eine Besonderheit des französischen Insolvenzrechts ist jedoch, dass im Rahmen eines Übertragungsplans auch andere Verträge, die zum Zeitpunkt der Planannahme zwischen dem Insolvenzschuldner und Dritten bestehen, bei Bedarf auf den neuen Eigentümer mitübertragen werden können.

Die Regelung, die von der Reform von 2005 unangetastet blieb, beruht auf der Feststellung, dass für den Erfolg einer übertragenden Sanierung die Übertragung der (betriebsnotwendigen) Vermögenswerte nicht immer ausreichend ist, sondern dass ggf. auch der bestehende vertragliche Rahmen erhalten bleiben muss. Artikel L. 642-7 C. com. ermächtigt somit das Gericht, die für die Fortführung des Betriebs notwendigen Mietkauf-, Miet-, Dienstleistungs- sowie Warenlieferungsverträge an den Unternehmenserwerber zu übertragen. Über die im Einzelfall zu übertragenden Verträge entscheidet das Gericht nach Ermessen im Urteil, in dem der Übertragungsplan beschlossen wird. Voraussetzung ist, dass die zu übertragenden Verträge von beiden Seiten zu diesem Zeitpunkt fortbestehen – Verträge, die etwa vom Verwalter während der Beobachtungsphase durch Ausübung seines Wahlrechts beendigt wurden, können nicht mitübertragen werden[1200]. Des Weiteren müssen die zu übertragenden Verträge bereits zum Zeitpunkt der Eröffnung des Verfahrens bestanden haben. Dies ergibt sich aus Art. L. 642-7 Abs. 3 C. com., demzufolge die Verträge nach der gerichtlich angeordneten Übertragung zu den Konditionen, die bei Verfahrenseröffnung galten, erfüllt werden müssen. Das Gericht kann

[1197] D.A.: Dinstühler, ZIP 1998, 1707.

[1198] Allg. Begründung, abgedr. bei Balz/Landfermann, Insolvenzgesetze S. 36.

[1199] Dies ergibt sich aus dem Versicherungsrecht: vgl. Art. L. 121.10 C. assur.

[1200] Com. 21. Jan. 1992, JCP E 1992. I. 136 Nr. 8.

diese Konditionen nicht ändern, bis auf die Möglichkeit, Zahlungsfristen nach den Artt. 1244-1 ff. C. civ. anzuordnen[1201]. Sobald die Verfügungsgeschäfte zur Übertragung des Unternehmens vollzogen sind[1202], muss der neue Eigentümer diese Konditionen vollständig erfüllen, da der Vertragspartner ansonsten wegen Nichterfüllung vom Vertrag zurücktreten kann.

Diese Regelung, die im Hinblick auf das Sanierungsziel in vielen Fällen wirtschaftlich zweckmäßig sein kann, stellt einen äußerst gewichtigen Eingriff in das Vertragsrecht und in die Rechte Dritter dar[1203]. Die Tragweite des Eingriffs ist umso bedeutsamer, als durch den besonders weit gefassten Gesetzeswortlaut eine Vielzahl von Verträgen für eine Übertragung in Frage kommt. In einigen Fällen wurde der personenbezogene Charakter bestimmter Verträge[1204] hervorgehoben und argumentiert, dieser würde einer Zwangsübertragung von Gerichts wegen entgegenstehen. Mit dieser Frage konfrontiert, äußert sich die Rechtsprechung unterschiedlich. In einigen Fällen wurde vereinzelt die Möglichkeit einer Zwangsübertragung verneint – etwa im Fall des *Franchising*[1205] – doch in den meisten Fällen entscheiden die Gerichte, dass der personenbezogene Charakter eines Vertrags seiner Übertragung im Rahmen des Übertragungsplans nicht entgegensteht, da auch solche Verträge für die Aufrechterhaltung des Betriebs notwendig sein können und da das Gesetz in dieser Hinsicht nicht unterscheidet[1206]. Dabei ist nicht erforderlich, dass der betroffene Vertragspartner der Übertragung des Vertrags zustimmt – das Gesetz sieht lediglich vor, dass er vor der Entscheidung des Gerichts gehört wird und ihm Gelegenheit gegeben wird, sich zur geplanten Vertragsübertragung zu äußern. Beschließt das Gericht, einen Vertrag zu übertragen, steht dem

---

[1201] Dies ist im *Code de commerce* nicht ausdrücklich vorgesehen, aber auch nicht untersagt, sodass das bürgerliche Recht zum Zuge kommen kann. Zu diesen Zahlungsfristen vgl. oben Kapitel 3, Abschnitt C.I.2.b.bb.

[1202] Com. 6. Jan. 1998, D. Aff. 1998 Nr. 104: Maßgeblich ist u.U. der Zeitpunkt der Inbesitznahme, wenn dieser durch Gerichtsentscheidung oder aufgrund einer Erlaubnis des Verwalters vom Zeitpunkt der Schließung der Verfügungsgeschäfte abweicht.

[1203] Ripert/Roblot, Taité II Rn. 3197; Pétel, Procédures collectives Rn. 327.

[1204] Zum sog. *Intuitus personae* vgl. die Ausführungen zum Wahlrecht des Insolvenzverwalters oben Kapitel 6, Abschnitt C.II.1.a.

[1205] Vgl. Com. 14. Dez. 1995, Bull. civ. IV Nr. 79; D. 1997. Somm. 7.

[1206] Vgl. Ripert/Roblot, Droit commercial II Rn. 3197 und die dort angeführten Beispiele aus der Rechtsprechung.

Vertragspartner nur der Weg der Berufung gegen den Teil des Urteils offen, der die Vertragsübertragung zum Gegenstand hat[1207]. Eine Möglichkeit, die Anwendung dieser Regelung im Voraus vertraglich auszuschließen, besteht nicht[1208].

Dem deutschen Recht sind solche gerichtliche Eingriffe in Vertragsverhältnisse zwischen dem Insolvenzschuldner und Dritten fremd. Die Vorschrift des § 613a BGB stellt eine Ausnahme dar, die zum Schutz der Arbeitnehmer konzipiert ist und die insofern auch keinem richterlichen Ermessen unterliegt, sondern *ipso iure* erfolgt. Der deutsche Gesetzgeber siedelt die Autonomie der Vertragsparteien höher an als die wirtschaftliche Zweckmäßigkeit einer Regelung, die u.U. zur Effektivität einer Sanierung beitragen würde, aber einen besonders starken Eingriff in die Rechte Dritter zur Folge hätte. Somit setzt der Erhalt bestehender Geschäftskonditionen mit sämtlichen Vertragspartnern des Insolvenzschuldners deren Zustimmung voraus, was regelmäßig dazu führt, dass vor Beendigung des Verfahrens intensive Verhandlungsrunden mit den bisherigen Vertragspartnern geführt werden müssen.

[1207] Der Vertragspartner kann dann höchstens die Erforderlichkeit der Vertragserfüllung für die Fortführung des Betriebs im Weg der Berufung bestreiten, vgl. Limoges, 13. August 1986, D. 1987. 44.

[1208] Vgl. etwa Com. 21. Jan. 1992, RJDAff. 1992. 408; JCP 1992. I. 3617.

Vierter Teil: Gerichtliche Sanierungsinstrumente vor Eintritt der Insolvenz

Die wohl bedeutsamste Neuerung des Reformgesetzes vom 26. Juli 2005 besteht in der Einführung einer neuen, zusätzlichen Verfahrensform zur Sanierung von Unternehmen im Vorfeld des Eintritts der Zahlungsunfähigkeit. Dieses Verfahren, bezeichnet als *Procédure de sauvegarde*[1209], unterscheidet sich von der oben in Teil 2 vorgestellten *Conciliation* dadurch, dass es sich um ein stark gerichtlich geprägtes Verfahren handelt, das sich die meisten Vorschriften mit dem *Redressement judiciaire* teilt. Dies Verfahren wird im nachfolgenden Kapitel näher untersucht.

1209 »*Procédure de sauvegarde*« bedeutet wörtlich »Rettungsverfahren«, »Verfahren zum Erhalt des Unternehmens«.

Kapitel 8: Das *Sauvegarde*-Verfahren nach französischem Recht

Im Folgenden wird zunächst die allgemeine Ausrichtung des *Sauvegarde*-Verfahrens dargestellt. Besonderes Augenmerk gilt dabei der Zielsetzung und den Eröffnungsgründen des Verfahrens (A). Anschließend werden die verfahrensrechtlichen Besonderheiten im Vergleich zum *Redressement judiciaire*, mit dem sich die *Sauvegarde* die meisten Vorschriften teilt, erläutert (B), bevor einige rechtsvergleichende Aspekte hervorgehoben werden (C).

A. Zielsetzung und Eröffnungsvoraussetzungen

I. Zielsetzung der *Sauvegarde*

Die Einführung der *Sauvegarde* beruht auf dem Willen, die Insolvenzvorbeugung zu stärken, damit einem (noch nicht insolventen) Schuldner neben der weitgehend deregulierten *Conciliation* auch ein stärker gerichtlich eingerahmtes Verfahren zur Verfügung steht. Ein Kritikpunkt der bis 31. Dezember 2005 geltenden Regelung war, dass die vorhandenen gerichtlichen Sanierungsmechanismen stets die Zahlungsunfähigkeit des Schuldners voraussetzten und somit zu spät zum Tragen kamen[1210]. Dem soll nun mit dem neuen Verfahren abgeholfen werden. Die Wahl, die der Schuldner im vorinsolvenzlichen Krisenstadium nun zwischen *Conciliation* und *Sauvegarde* treffen kann, sollte sich dabei primär nach der Qualität des Verhältnisses zu den Gläubigern richten: Erscheint eine relativ zügige Einigung mit ihnen möglich, sollte ein außergerichtlicher Vergleich angestrebt werden; ist dem nicht so, dürfte die *Sauvegarde* regelmäßig vorteilhafter für den Schuldner sein, da mit ihr grundsätzlich derselbe Vollstreckungsschutz wie im *Redressement judiciaire* verbunden ist[1211]. Dasselbe gilt im Übrigen auch nach eingetretener Zahlungsunfähigkeit, wenn der Schuldner die Wahl zwischen *Conciliation* und *Redressement judiciaire* hat.

Funktional nimmt das als ein vorgeschaltetes gerichtliches Sanierungsverfahren konzipierte *Sauvegarde*-Verfahren eine Stellung zwischen der

---

[1210] So die Feststellung des Parlaments, vgl. Sénat-Gesetzgebungsausschuss, Bericht Nr. 335 vom 11. Mai 2005, S. 48.

[1211] Jeantin/Le Cannu, Entreprises en difficulté, Rn. 193.

Conciliation und dem *Redressement judiciaire* ein. Das Ziel des neuen Verfahrens ist gemäß Art. L. 620-1 Abs. 1 Satz 2 C. com. die »Reorganisation« des schuldnerischen Unternehmens, um die Fortführung der wirtschaftlichen Tätigkeit, den Erhalt der Arbeitsplätze sowie die Tilgung der Verbindlichkeiten zu erzielen. Dies soll mit einem sog. »Plan zum Erhalt des Unternehmens« (*Plan de sauvegarde*) erreicht werden, der wie im *Redressement judiciaire* nach dem Ablauf einer Beobachtungsphase beschlossen wird. Die Verwendung des aus dem US-amerikanischen Recht stammenden Begriffs der Reorganisation[1212] sowie des bis zur Reform von 2005 ebenfalls nicht verwendeten Begriffs der *Sauvegarde* soll darauf hindeuten, dass mit diesem Verfahren ein neuer Ansatz verfolgt wird, der von der Insolvenz und dem nach wie vor damit assoziierten Gedanken des persönlichen Scheiterns zu trennen ist[1213]. Trotz dieser neuen Terminologie ist festzuhalten, dass die Zielbestimmung des neuen Verfahrens fast wörtlich der des *Redressement judiciaire* entspricht[1214]. Sofern in der dreifach abgestuften Zielbestimmung des *Redressement judiciaire* eine Hierarchisierung der Verfahrensziele gesehen wird, dürfte dies gleichermaßen für die *Sauvegarde* gelten. Auch der Plan, der am Ende der Beobachtungsphase (sofern möglich) geschlossen wird, unterscheidet sich von seinem Inhalt her nicht vom *Plan de redressement.* In beiden Fällen handelt es sich um einen Fortführungsplan unter dem alten Rechtsträger, in dem grundsätzlich dieselben rechtlichen und finanziellen Restrukturierungsmaßnahmen beschlossen werden können. Die Möglichkeit eines Übertragungsplans ist in der *Sauvegarde* allerdings nicht gegeben.

II. Eröffnungsvoraussetzungen

Der wesentliche Punkt, in dem sich *Sauvegarde* und *Redressement judiciaire* unterscheiden, sind ihre materiell-rechtlichen Eröffnungsvoraussetzungen. Zum einen ist der Kreis der möglichen Schuldner etwas enger als im *Redressement judiciaire*, da die *Sauvegarde* auf Personen, die keine

---

[1212] Sénat-Gesetzgebungsausschuss, Bericht Nr. 335 vom 11. Mai 2005, S. 150 f.

[1213] Assemblée Nationale-Gesetzgebungsausschuss, Bericht Nr. 2095 vom 11. Februar 2005, S. 60.

[1214] Vgl. Art. L. 631-1 Abs. 2 Satz 1 C. com. sowie die Ausführungen hierzu oben in Kapitel 2, Abschnitt C.I.2.

berufliche/gewerbliche Tätigkeit mehr ausüben, nicht anwendbar ist[1215]. Vor allem aber unterscheiden sich die Eröffnungsgründe beider Verfahren gänzlich: Während das *Redressement judiciaire* das Vorliegen der Zahlungsunfähigkeit voraussetzt, wird die *Sauvegarde* gemäß Art. L. 620-1 Abs. 1 Satz 1 C. com. eröffnet, wenn der Schuldner »sich in Schwierigkeiten befindet, die geeignet sind, die Zahlungsunfähigkeit herbeizuführen«. Diese Schwierigkeiten müssen infolge eines Abänderungsvorschlags des *Sénat* für den Schuldner »unüberwindbar« sein, ohne jedoch dass sich dieser bereits in einem Zustand der eingetretenen Zahlungsunfähigkeit befindet. In der Tat kann die *Sauvegarde* – anders als die *Conciliation* – nach Eintritt der Zahlungsunfähigkeit nicht mehr eröffnet werden. Tritt die Zahlungsunfähigkeit nach Eröffnung des *Sauvegarde*-Verfahrens ein, muss vom Amts wegen in ein Insolvenzabwicklungsverfahren übergegangen werden, d.h. je nachdem, ob Rettungsaussichten bestehen oder nicht, in ein *Redressement judiciaire* oder in ein Liquidationsverfahren[1216]. Dasselbe gilt, wenn sich nachträglich herausstellt, dass der Schuldner bereits bei Antragstellung insolvent war oder wenn die Zahlungsunfähigkeit während der Umsetzungsphase des *Sauvegarde*-Plans eintritt[1217].

Ein weiterer Unterschied zum *Redressement judiciaire*, der sich gewissermaßen aus dem anders formulierten Eröffnungstatbestand ergibt, betrifft den Kreis der Antragsberechtigten. Die *Sauvegarde* wird ausschließlich auf freiwilliger Basis eröffnet, d.h. wie im Fall der *Conciliation* auf Eigenantrag des Schuldners[1218]. Es besteht weder eine Antragspflicht noch die Möglichkeit eines Fremdantrags, ebenso wenig kann das Verfahren von Amts wegen eröffnet werden.

Die Ausgestaltung des Eröffnungsgrunds und des Antragsrechts der *Sauvegarde* wirft jedoch die Frage auf, ob das Zusammenspiel der verschiedenen Verfahren im *Code de commerce* in der Praxis so funktionieren wird, wie der Gesetzgeber es sich erhofft hat. Insbesondere stellt sich die Frage, ob das Gesamtsystem ausreichend manipulationssicher ist. In der französischen Literatur wird darauf hingewiesen, dass die Beantragung einer *Sauvegarde*

1215 Art. L. 631-3 C. com. hat keine Entsprechung im Rahmen der *Sauvegarde*; vgl. hierzu oben Kapitel 4, Abschnitt A.I.1.e.aa

1216 Art. L. 622-10 Abs. 2 C. com.

1217 Vgl. Art. L. 621-12 sowie Art. L. 626-27-I Abs. 2 C. com.

1218 Art. L. 620-1 Abs. 1 Satz 1 C. com.

durch einen Schuldner, der tatsächlich nicht insolvenzgefährdet ist, durchaus als ein Druckmittel auf die Gläubiger eingesetzt werden kann. Zudem besteht die Gefahr, dass der Schuldner, der sich bereits in einer fortgeschrittenen Liquiditätskrise befindet und die Eröffnung eines regulären Insolvenzverfahrens um jeden Preis vermeiden will, etwa im Rahmen einer selbst bei eingetretener Zahlungsunfähigkeit eröffnungsfähigen *Conciliation* zu unverhältnismäßigen Zugeständnissen seinen Gläubigern gegenüber bereit sein kann[1219]. Diesen Risiken kann das Gericht, das in der Eröffnungsphase des Verfahrens über weitreichende Befugnisse verfügt, jedoch entgegenwirken. Mit der Möglichkeit, Insolvenzverfahren auch von Amts wegen zu eröffnen, sollte ausreichend gewährleistet sein, dass bei eingetretener Zahlungsunfähigkeit keine *Sauvegarde*, sondern ein *Redressement judiciaire* oder ein Liquidationsverfahren eröffnet wird. Umgekehrt setzt die *Sauvegarde* voraus, dass die geltend gemachten Schwierigkeiten eine gewisse Ernsthaftigkeit erreicht haben und zum Eintritt der Zahlungsunfähigkeit führen können. Daher sollte das Verfahren nicht eröffnet werden, wenn nach Auffassung des Gerichts die Schwierigkeiten für den Schuldner nicht unüberwindbar sind. Es bleibt, dass diese Abwägung im Einzelfall schwierig sein kann und dass insbesondere im Hinblick auf das Schutzbedürfnis der Gläubiger – die *Sauvegarde* hat für sie grundsätzlich dieselben Folgen wie ein Insolvenzverfahren – möglicherweise unterschiedliche Ansätze von den Gerichten verfolgt werden[1220].

B. Verfahrensrechtliche Ausgestaltung

Die *Sauvegarde* verläuft grundsätzlich wie das *Redressement judiciaire*, da beide Verfahren einer größtenteils gemeinsamen Regelung unterliegen (I). Vereinzelt sind jedoch auch Sonderregelungen vorgesehen, wovon die wichtigsten anschließend vorgestellt werden (II).

I. Gemeinsame Regelungen

Wie einleitend erwähnt, teilt sich die *Sauvegarde* einen Großteil ihrer Regelung mit dem *Redressement judiciaire*. Inhaltlich geht ein Großteil dieser Regelung wiederum auf die des *Redressement judiciaire* in der bis 31.12.2005 geltenden Fassung zurück. Anzumerken ist, dass in der Systematik des *Code*

[1219] Saint-Alary-Houin, Dr. et patr. Januar 2005.133.

[1220] Jeantin/Le Cannu, Entreprises en difficulté, Rn. 244 ff.

de commerce die *Sauvegarde* das Kernverfahren darstellt – sie ist durchgehend normiert[1221] –, während im vergleichsweise kurzen Abschnitt über das *Redressement judiciaire* nur die abweichenden Regelungspunkte ausformuliert sind und ansonsten auf den Abschnitt über die *Sauvegarde* verwiesen wird. Diese Handhabung entspricht der Klassifizierung der Insolvenzvorbeugungs- und -abwicklungsmechanismen im 6. Buch des *Code de commerce*, die sich allgemein nach dem Schweregrad des Krisenstadiums richtet[1222]. Gleichzeitig kommt damit auch der systematisch höhere Stellenwert der *Sauvegarde* zum Ausdruck, die (wie auch die *Conciliation*) im Vergleich zu den Insolvenzabwicklungsmechanismen vom Gesetzgeber die eindeutig bevorzugte Alternative darstellt[1223]. Es bleibt allerdings abzuwarten, inwiefern sich dies in der Praxis bewahrheiten wird und die Schuldner von den neuen Vorbeugungsmechanismen Gebrauch machen werden.

Das Verfahren verläuft somit weitgehend wie das *Redressement judiciaire*. Im Folgenden wird daher lediglich ein Überblick über die wesentlichen Eckpunkte und Etappen des Verfahrens gegeben, im Übrigen wird auf die entsprechenden Ausführungen in Teil 3 der Untersuchung verwiesen.

- Das Eröffnungsurteil: Unter Berücksichtigung der oben in Abschnitt A erläuterten besonderen Eröffnungsvoraussetzungen der *Sauvegarde* erlässt das Gericht ein Eröffnungsurteil. Die sachliche und örtliche Zuständigkeit des Gerichts bestimmt sich dabei in derselben Weise wie im *Redressement judiciaire*, d.h. je nach persönlicher Eigenschaft des Schuldners ist entweder das Großinstanz- oder das Handelsgericht zuständig. Gleich geregelt sind auch die Ermittlungsbefugnisse des Gerichts sowie die verschiedenen Anhörungen, die vom Gericht vor der Verfahrenseröffnung vorgenommen werden – über die Anhörung des Schuldners und der Vertreter der Arbeitnehmer hinaus, die zwingend sind, kann das Gericht jede Person hören sowie einen Ermittlungsrichter benennen. Schließlich kann das Eröffnungsurteil in derselben Weise angefochten werden wie im Fall eines *Redressement judiciaire*, also insbesondere im Weg der Berufung oder der Drittwiderspruchsklage.

[1221] Vgl. Titel II des 6. Buches des *Code de commerce* (Art. L. 620-1 bis L. 627-4 C. com.)

[1222] Der Reihe nach sind geregelt die verschiedenen Frühwarnmechanismen, die *Conciliation*, die *Sauvegarde*, das *Redressement judiciaire* und das Liquidationsverfahren.

[1223] Vgl. Jeantin/Le Cannu, Entreprises en difficulté, Rn. 196.

- Die Beobachtungsphase: Mit dem Eröffnungsurteil beginnt die Beobachtungsphase, die wie im Fall des Insolvenzverfahrens grundsätzlich bis zu sechs, maximal jedoch 18 Monate betragen kann. Während der Beobachtungsphase wird der Betrieb fortgeführt und zugleich der Planentwurf erstellt. Sie endet mit einem Urteil des Gerichts, in dem der Plan festgestellt wird.
- Der Klage- und Vollstreckungsschutz des Schuldners: Das Eröffnungsurteil hat auf die Gläubiger dieselben Wirkungen wie im *Redressement judiciaire*, d.h. laufende Rechtsstreite und Vollstreckungen werden unterbrochen, neue Klagen und Vollstreckungen sind während der Dauer der Beobachtungsphase unzulässig. Gläubiger, deren Forderungen vor der Eröffnung entstanden sind, können ihre Rechte im Verfahren als Insolvenzgläubiger geltend machen, was u.a. voraussetzt, dass sie ihre Forderungen anmelden.
- Die Organe des Verfahrens: Die Organe der *Sauvegarde* sind dieselben wie im *Redressement judiciaire*, d.h. neben einem beauftragten Richter werden auch ein oder mehrere Verwalter bestellt, ferner ein Gläubigervertreter, ein bis fünf Kontrolleure sowie ein Arbeitnehmervertreter. Von der Bestellung eines Verwalters kann unter denselben Bedingungen abgesehen werden wie im *Redressement judiciaire*. Schließlich ist in der *Sauvegarde* auch die Staatsanwaltschaft vertreten.
- Die Erstellung des Plans: Die Modalitäten der Erstellung des Sanierungsplansentwurfs sind in beiden Verfahrensarten gleich geregelt. Auch in der *Sauvegarde* obliegt dem Schuldner oder dem Verwalter die Erstellung des Plans, der dem Gericht nach Erstattung eines Berichts über die wirtschaftliche und soziale Lage des Unternehmens vorgelegt wird.
- Die Annahme und die Umsetzung des Plans: Identisch geregelt sind ferner die Modalitäten der Stellungnahme der Gläubiger zu den im Plan vorgesehenen Maßnahmen, die entweder individuell oder innerhalb der sog. Gläubigerausschüsse stattfindet. Anschließend wird der Plan vom Gericht bestätigt. Im Urteil über den Plan bestellt das Gericht einen Planerfüllungsbeauftragten, der sicherstellt, dass der Plan ordnungsmäßig umgesetzt wird. Die Folgen der Nichterfüllung des Plans sind ebenfalls dieselben wie beim *Plan de redressement*.

Über die zahlreichen Gemeinsamkeiten zwischen der *Sauvegarde* und dem *Redressement judiciaire* hinaus bestehen einige wenige Sonderregelungen, die ausschließlich im Rahmen der *Sauvegarde* zum Tragen kommen. Diese Besonderheiten werden im folgenden Abschnitt näher erläutert.

II. Abweichende Regelungen

1. Die Verwaltung des Unternehmens

Das wesentliche Merkmal der *Sauvegarde* aus verfahrensrechtlicher Sicht ist, dass während der Beobachtungsphase die Verfügungs- und Verwaltungsgewalt über sein Vermögen beim Schuldner verbleibt[1224]. Die Eigenverwaltung, die im *Redressement judiciaire* stets fakultativ ist und die Genehmigung des Gerichts voraussetzt, wird somit erstmals zu einer mit dem *Debtor-in-possession*-Prinzip des US-amerikanischen *Chapter 11*-Verfahrens vergleichbaren Regel erhoben. Die *Sauvegarde* geht in dieser Hinsicht auf das US-amerikanische Recht zurück, auf welches während des Reformprozesses von 2005 unmittelbar Bezug genommen wurde[1225]. Der hauptsächliche Grund für die Einführung der Eigenverwaltung besteht darin, dass man das Verfahren für den Schuldner möglichst attraktiv gestalten wollte, damit dieser möglichst frühzeitig die Eröffnung beantragt. In der Tat kann ein wesentlicher Grund, weshalb von Schuldnerseite nicht oder nicht rechtzeitig Insolvenzantrag gestellt wird, darin gesehen werden, dass mit der Eröffnung des Insolvenzverfahrens für den Schuldner in aller Regel der Verlust über die Unternehmensführung verbunden ist. Die grundsätzliche Eigenverwaltung in der *Sauvegarde* soll dem nun abhelfen und den Schuldner dazu ermutigen, möglichst ohne Bedenken den Weg zum Gericht einzuschlagen[1226].

Über diesen Motivationseffekt hinaus können mit der Eigenverwaltung auch weitere unmittelbare sanierungsfördernde Wirkungen verbunden sein, da es von Vorteil sein kann, die Personen, die das Unternehmen und den Markt am besten kennen, in ihren Funktionen zu belassen, zumindest in den Fällen, in denen die Redlichkeit und fachliche Qualifikation dieser Personen außer Frage stehen. Dies kann u.U. bedeutende Zeit- und Kostenersparnisse

---

[1224] Art. L. 622-1-I C. com.

[1225] »*Le chapitre 11 à la française*« (Saint-Alary-Houin, Dr. et patr. Januar 2005.133). Vgl. Sénat-Gesetzgebungsausschuss, Bericht Nr. 335 vom 11. Mai 2005, S. 55 ff.

[1226] Assemblée Nationale-Gesetzgebungsausschuss, Bericht Nr. 2095 vom 11. Februar 2005, S. 217.

bewirken, da der zusätzliche Einarbeitungsaufwand des Verwalters sowie dessen Kosten entfallen[1227].

Die neue Regelung bewirkt jedoch nicht, dass der Schuldner stets allein und uneingeschränkt seine Verwaltungs- und Verfügungsbefugnisse behält, wie es die äußerst dezidiert formulierte Grundsatzerklärung von Art. L. 622-1-I C. com. vermuten lassen könnte[1228]. Wie auch im *Redressement judiciaire*[1229] ist die Eigenverwaltung durch den Schuldner unter gleichzeitigem Verzicht auf die Bestellung eines Verwalters nur für Unternehmen bis zu einer bestimmten Größe vorgesehen[1230], wobei es selbst in diesen Fällen möglich ist, einen Verwalter zu bestellen. Überschreitet das Unternehmen die gesetzlich vorgesehenen Höchstgrenzen, ist der Verzicht auf einen Verwalter nicht möglich – das Gericht bestellt in diesen Fällen einen oder mehrere Verwalter und setzt dabei den Umfang seiner/ihrer Befugnisse im Eröffnungsurteil fest. Der Unterschied zum *Redressement judiciaire* besteht darin, dass der Verwalter nicht beauftragt werden kann, das Unternehmen anstelle des Schuldners zu leiten. Das Gericht hat die Wahl zwischen einer einfachen Überwachung des Schuldners durch den Verwalter oder einer »Unterstützung« des Schuldners durch den Verwalter[1231]:

- Im ersten Fall obliegt die Verwaltung des Unternehmens dem Schuldner allein, während der Verwalter sicherstellt, dass die Handlungen des Schuldners im gemeinsamen Interesse der Gläubiger sind und die Sanierung nicht gefährden.
- Im zweiten Fall ist für jedes Rechtsgeschäft (oder manche davon) die doppelte Unterschrift des Schuldners und des Verwalters erforderlich[1232].

[1227] Zu den Vorteilen der Eigenverwaltung vgl. bereits oben Kapitel 6, Abschnitt C.I.2.

[1228] »*L'administration de l'entreprise est assurée par son dirigeant.*«

[1229] Vgl. oben Kapitel 6, Abschnitt C.I.1.

[1230] Das Unternehmen muss weniger als drei Millionen Euro Umsatz generieren und weniger als 20 Arbeitnehmer beschäftigen, Art. L. 620-4 Abs. 4 C. com. i.V.m. Art. 53 Abs. 1 der Verordnung Nr. 2005-1677.

[1231] Art. L. 622-1-II C. com.: »*…il les charge ensemble ou séparément de surveiller le débiteur dans sa gestion ou de l'assister pour tous les actes de gestion ou pour certains d'entre eux*«.

[1232] Sénat-Gesetzgebungsausschuss, Bericht Nr. 335 vom 11. Mai 2005, S. 180.

Damit ist gewährleistet, dass mit einem Antrag auf Eröffnung einer *Sauvegarde* für den Schuldner kein Risiko verbunden ist, während des Verfahrens entmündigt zu werden.

2. Arbeitsverhältnisse

Oben wurde gezeigt, dass während der Beobachtungsphase des *Redressement judiciaire* die Arbeitsverträge fortbestehen, gleichzeitig aber ein besonderes Verfahren für betriebsbedingte Kündigungen vorgesehen ist[1233]. In diesem Verfahren, in dem der beauftragte Richter eine Schlüsselfunktion einnimmt, können Kündigungen unter im Vergleich zum regelmäßigen Arbeitsrecht erleichterten Bedingungen vorgenommen werden. Eine vergleichbare Regelung findet sich in der *Sauvegarde* indessen nicht – für Kündigungen, die innerhalb der Beobachtungsphase vorgenommen werden, gilt ausschließlich das arbeitsrechtliche betriebsbedingte Kündigungsverfahren[1234].

Die Frage der Kündigung von Arbeitsverträgen während des *Sauvegarde*-Verfahrens wurde im Lauf des Gesetzgebungsverfahrens heftig debattiert. Bis zuletzt wurde befürchtet, dass die Einführung von Sonderkündigungsregeln zu Missbräuchen führen könnte, insofern dadurch eigentlich solvente Unternehmen im Schutz des Verfahrens unter erleichterten Bedingungen Personalmaßnahmen durchführen könnten[1235]. Diese Bedenken hat der Gesetzgeber mit dem Verzicht auf ein Sonderkündigungsverfahren aufgegriffen, hinsichtlich der Finanzierung der Kündigungen hat er jedoch eine Kompromisslösung getroffen. Dem Gedanken Rechnung tragend, wonach auch im Vorfeld der Insolvenz eine zügige Durchführung von Personalmaßnahmen geboten und in manchen Fällen sogar ausschlaggebend für das Fortbestehen des Unternehmens sein kann, wurde nun auch für die *Sauvegarde* vorgesehen, dass die Kosten von Kündigungen während der Beobachtungsphase von der *AGS* getragen werden[1236]. Hierzu ist jedoch

---

[1233] Art. L. 631-17 C. com. (Vgl. oben Kapitel 6, Abschnitt C.IV.1.)

[1234] Es gibt nur eine Ausnahme, die allerdings erschwerte Voraussetzungen vorschreibt: Wenn dem Arbeitnehmer, der als Arbeitnehmervertreter (*représentant des salariés*) gewählt wurde, gekündigt werden soll, muss zusätzlich der Betriebsrat gehört werden und die staatliche Arbeitsaufsicht (*inspection du travail*) ihre Genehmigung zur Kündigung erteilen, vgl. Art. L. 662-4 C. com.

[1235] Vgl. das Protokoll der Sitzung des *Sénat* vom 13. Juli 2005, JO 2005 Nr. 66 S. 5503.

[1236] Art. L. 143-11-1 Abs. 2 Nr. 2 C. trav.

erforderlich, dass der Gläubigervertreter darlegt, dass der Schuldner über unzureichende Mittel verfügt, um die Kündigungskosten selbst zu tragen[1237].

Enger an das *Redressement judiciaire* angelehnt ist dagegen die Regelung der Kündigungen, die im Sanierungsplan vorgesehen sind. Die formalen Voraussetzungen diesbezüglich sind in der *Sauvegarde* identisch, sodass der Plan insbesondere Angaben zu den erfolgten wie auch geplanten Personalmaßnahmen enthalten muss, ferner muss die künftige Beschäftigungslage im Unternehmen begründet dargelegt werden. Der wesentliche Punkt, der sowohl im *Redressement judiciaire* als auch in der *Sauvegarde* als eine Erleichterung im Vergleich zum arbeitsrechtlichen Kündigungsverfahren angesehen werden kann, ist, dass die gerichtliche Bestätigung des Plans den darin vorgesehenen Kündigungen eine ausreichende betriebsbedingte Begründung verleiht[1238]. Im Übrigen jedoch muss in der *Sauvegarde* das arbeitsrechtliche Kündigungsverfahren eingehalten werden. Anders als im *Redressement judiciaire* ist keine mit Art. L. 631-19 C. com. vergleichbare Vorschrift vorgesehen, wonach die Kündigungen durch einfache Zustellung des Verwalters wirksam sind. Die für den Schuldner entstehenden Kosten schließlich werden von der *AGS* wie für Kündigungen, die während der Beobachtungsphase durchgeführt werden, vorausgezahlt, sofern das Vermögen des Schuldners dazu nicht ausreicht.

3. Der Plan

Der Plan, auf den das *Sauvegarde*-Verfahren abzielt, unterscheidet sich inhaltlich nicht vom Fortführungsplan im *Redressement judiciaire*. Die unterschiedliche Terminologie – *Plan de sauvegarde* in einem Fall, *Plan de redressement* im anderen – dürfte größtenteils auf die unterschiedliche Bezeichnung der Verfahren zurückzuführen sein, da inhaltlich keine grundsätzlichen Unterschiede zwischen den Planvarianten bestehen, die beide auf die Fortführung unter dem bisherigen Rechtsträger abzielen und einer weitgehend gemeinsamen Regelung unterliegen. Der Unterschied zwischen den beiden Verfahren ist, dass im *Redressement judiciaire* auch ein Übertragungsplan über das gesamte Unternehmen beschlossen werden kann, was in der *Sauvegarde* nicht möglich ist. Dieser Ausschluss beruht auf einem ähnlichen Gedanken wie die oben beschriebene Eigenverwaltung: Es soll vermieden werden, dass der Schuldner mit Stellung des Antrags auf Eröffnung des

---

[1237] Art. L. 143-11-7 Abs. 3 Satz 2 C. trav.

[1238] Vgl. hierzu oben Kapitel 7, Abschnitt B.II.3.a.aa.

Verfahrens das Risiko eingeht, die Kontrolle über das (gesamte) Unternehmen zu verlieren[1239].

Dies bedeutet jedoch nicht, dass die *Sauvegarde* stets in eine Fortführung des Gesamtbetriebs mündet – schon allein deshalb nicht, weil in gewissen Fällen ein Fortführungsplan aufgrund der gegebenen betriebswirtschaftlichen Umstände nicht möglich sein wird. Darüber hinaus kann das Gericht selbst dann die Bestätigung versagen, wenn der Plan vom Verwalter und von den Gläubigerausschüssen befürwortet worden, aber nicht im Interesse aller Gläubiger ist[1240]. Zudem kann sowohl während der Beobachtungsphase wie auch am Ende der *Sauvegarde* in ein Insolvenzverfahren – *Redressement judiciaire* oder Liquidationsverfahren – übergegangen werden, wenn die entsprechenden Voraussetzungen (insbesondere die Zahlungsunfähigkeit) vorliegen. Die Einstellung der *Sauvegarde* mit anschließender Eröffnung eines Insolvenzverfahrens kann also insbesondere dann geeignet sein, wenn selbst eine teilweise Eigensanierung nicht in Frage kommt, aber Aussichten auf eine Unternehmensübertragung bestehen.

Die Übertragung von Betriebseinheiten ist hingegen möglich – das Gesetz sieht ausdrücklich vor, dass Geschäftszweige ggf. eingestellt oder übertragen werden können[1241]. Dies ist jedoch an die Bedingung geknüpft, dass mindestens ein anderer Unternehmensteil fortgeführt wird, da nach dem Gesetzeswortlaut diese Maßnahmen im *Plan de sauvegarde* beschlossen werden und dieser die Fortführung mindestens eines Teils des Unternehmens zum Gegenstand hat. Wie diese Teilübertragungen in der *Sauvegarde* ausgestaltet sind, besagt das Gesetz nicht ausdrücklich; es wird lediglich auf die Vorschriften der Unternehmensübertragung im Gesetzesabschnitt über das Liquidationsverfahren verwiesen[1242]. Gegenstand dieser Übertragung können somit wie im Rahmen des *Redressement judiciaire* nur komplette und autonome Geschäftszweige sein. Das relativ formalistische Verfahren läuft dabei wie im Fall eines (Teil-)Übertragungsplans ab. Einzelne Vermögenswerte, die weder für die Fortführung betriebsnotwendig sind noch auf den Übernehmer eines

[1239] Sénat-Gesetzgebungsausschuss, Bericht Nr. 335 vom 11. Mai 2005, S. 250.

[1240] Vgl. Jeantin/Le Cannu, Entreprises en difficulté, Rn. 901.

[1241] Art. L. 626-1 Abs. 2 Satz 1 C. com.

[1242] Art. L. 626-1 Abs. 2 Satz 2 C. com. Vgl. bereits oben Kapitel 7, Abschnitt A.I.1.b.

Teilbetriebs übertragen werden, werden wie im *Redressement judiciaire* im Weg der sog. *Cession partielle d'actifs* einzelverwertet[1243].

Zusammenfassend kann also in der *Sauvegarde* grundsätzlich dasselbe Ergebnis erzielt werden wie im *Redressement judiciaire,* mit Ausnahme einer Gesamtübertragung des Unternehmens.

4. Sonstige Regelungen

Zusätzlich zu den vorstehend dargestellten Abweichungen zwischen *Redressement judiciaire* und *Sauvegarde* bestehen nur wenige weitere Unterschiede und sie sind allgemein auf die unterschiedliche Ausgangslage in beiden Verfahrenskonstellationen zurückzuführen. Ein erster dieser Unterschiede ist, dass die Regeln der Insolvenzanfechtung im *Redressement judiciaire*, nicht aber in der *Sauvegarde* zum Tragen kommen. Dies ergibt sich aus der Systematik der französischen Anfechtungsregelung[1244], in der auf den tatsächlichen Eintritt der Zahlungsunfähigkeit – der, wie oben bereits angemerkt[1245], vom Gericht vor die formelle Eröffnung des Verfahrens festgesetzt werden kann – abgestellt wird. Dieser Zeitpunkt ist für die Anfechtung insoweit ausschlaggebend, als Handlungen, die zwischen dem tatsächlichen Eintritt der Zahlungsunfähigkeit und der Eröffnung des Verfahrens vorgenommen worden sind, rückgängig gemacht werden müssen[1246] bzw. können[1247]. Da die Eröffnung eines *Sauvegarde*-Verfahrens u.a. voraussetzt, dass der Schuldner (noch)

[1243] Vgl. hierzu oben Kapitel 7, Abschnitt A.I.1.c.

[1244] Diese ist in einem gesonderten Unterabschnitt der Regelung des *Redressement judiciaire* verankert, vgl. die Artt. L. 632-1 bis L. 632-4 C. com.

[1245] Vgl. oben Kapitel 4, Abschnitt A.II.1.a.dd.

[1246] Die Liste der zwingend aufzuhebenden Rechtsgeschäfte befindet sich in Art. L. 632-1-I C. com. und umfasst insbesondere Schenkungen, gegenseitige Rechtsgeschäfte bei denen die Leistung des Schuldners wesentlich höher ist als die der anderen Partei, die Tilgung von nicht fälligen Verbindlichkeiten und die Gewährung von dinglichen Sicherheiten.

[1247] Fakultativ ist die Rückabwicklung von Schenkungen, die in einem Zeitraum von sechs Monaten vor dem Eintritt der Zahlungsunfähigkeit getätigt wurden (Art. L. 632-1-II C. com.), sowie – sofern sie nach Eintritt der Zahlungsunfähigkeit vorgenommen worden sind und der Zustand der Zahlungsunfähigkeit dem anderen Teil bekannt war – von Zahlungen bei Fälligkeit, von Verfügungsgeschäften und gewissen Vollstreckungsmaßnahmen (Art. L. 632-2 C. com.).

nicht zahlungsunfähig ist, findet die Anfechtungsregelung sinngemäß dort keine Anwendung.

Ein weiterer Unterschied zwischen *Sauvegarde* und *Redressement judiciaire* schließlich betrifft die Stellung des Bürgen des Schuldners nach Bestätigung des Plans. Letzterer wirkt im *Redressement judiciaire* grundsätzlich gegen alle, man hat jedoch gesehen, dass im Insolvenzverfahren eine Ausnahme für Bürgen und Garanten des Schuldners vorgesehen ist, sodass diese ungeachtet etwaiger im Plan gewährter Erlasse weiterhin vollumfänglich leistungspflichtig sind[1248]. Diese für den Bürgen äußerst strenge Lösung beruht auf der empirischen Feststellung, dass solche Bürgschaften und Garantien oftmals von den geschäftsführenden Organen des Schuldners gewährt werden, d.h. von denjenigen, die mehr oder minder für die Herbeiführung der Insolvenz verantwortlich sind[1249]. Im Kontext der *Sauvegarde*, in dem die Zahlungsunfähigkeit nicht eingetreten sein kann, verliert diese Begründung an Validität; stattdessen stehen Anreize für eine möglichst frühzeitige – und freiwillige – Antragsstellung im Vordergrund. Daher ist in diesem Verfahren vorgesehen, dass sich Bürgen/Garanten, die natürliche Personen sind, auf den Plan, mithin auf die darin vorgesehenen Erlasse, Stundungen und Zahlungsfristen berufen können[1250].

C. Vergleichende Betrachtungen

Ein eigenständiges gerichtliches Verfahren zur Vermeidung der Insolvenz gibt es im deutschen Recht nicht. Stattdessen wurde mit der Insolvenzordnung der neue Verfahrenseröffnungsgrund der drohenden Zahlungsunfähigkeit eingeführt, dessen Tatbestandsmerkmale sehr ähnlich wie die des Eröffnungsgrunds der französischen *Sauvegarde* definiert sind. Dies ist kein Zufall; bei der Gestaltung des Eröffnungsgrunds der *Sauvegarde* wurde unmittelbar u.a. auf das deutsche Recht Bezug genommen[1251]. Gemein ist

---

[1248] Vgl. oben Kapitel 7, Abschnitt B.I.4.a.

[1249] Jeantin/Le Cannu, Entreprises en difficulté, Rn. 981.

[1250] Art. L. 626-11 Abs. 2 C. com.

[1251] Vgl. bereits Assemblée Nationale/Sénat-Office parlementaire d'évaluation de la législation, Bericht Nr. 3451 vom 5. Dez. 2001, S. 51 f: »*On se rapprocherait opportunément des solutions retenues par certains droits étrangers, telles que la notion 'd'insolvabilité imminente' ou 'menaçante' dans le nouveau code allemand ou celle d'entre-*

beiden Regelungen ferner die Freiwilligkeit der Verfahrenseröffnung: Allein der Schuldner ist antragsberechtigt, ohne jedoch dass er dazu verpflichtet wäre, wie im Fall von eingetretener Zahlungsunfähigkeit. Weitere Gemeinsamkeiten zwischen den beiden Verfahren bestehen grundsätzlich jedoch nur in dem vorstehend in Teil 3 gezeigten Maß, in dem das deutsche Insolvenzverfahren mit dem französischen *Redressement judiciaire*, mit dem sich die *Sauvegarde* die meisten Regelungsmerkmale teilt, vergleichbar ist.

Anzumerken ist dabei, dass der französische Gesetzgeber aus der gegebenen Ausgangslage der noch nicht eingetretenen Zahlungsunfähigkeit eine Reihe von verfahrensrechtlichen Besonderheiten im Vergleich zum Insolvenzverfahren abgeleitet hat, wovon insbesondere zwei hervorzuheben sind: die Gestaltung der Verfügungs- und Verwaltungsrechte während des Verfahrens sowie der Ausgang des Verfahrens. Anders als im *Redressement judiciaire* ergibt sich in der *Sauvegarde* aufgrund der beschränkten Befugnisse des Verwalters (sofern ein solcher überhaupt bestellt wird), dass dieser nicht anstelle des Schuldners die Verfügung und Verwaltung von dessen Vermögen übernehmen kann. Dieser bedeutende Unterschied lässt das Verfahren aus Sicht des Schuldners erheblich vorhersehbarer und attraktiver erscheinen. Eine solche Sonderregelung ist in der Insolvenzordnung indessen nicht vorgesehen – auch im Fall eines mit drohender Zahlungsunfähigkeit begründeten Eigenantrags bleibt das Verfahren für den Schuldner mit dem Risiko behaftet, dass das Gericht bzw. die Gläubigerschaft einer Eigenverwaltung nicht zustimmt. Dasselbe gilt am Ende des Verfahrens, wo im Insolvenzverfahren nach der InsO alle Abwicklungsoptionen offen sind, der Schuldner mithin dem Risiko ausgesetzt ist, dass das Unernehmen veräußert oder gar zerschlagen wird. Der französische Gesetzgeber hat versucht, den Verfahrensausgang so weit wie möglich auf die Unternehmensfortführung unter dem bisherigen Rechtsträger zu fokussieren, indem in der *Sauvegarde* zumindest die Gesamtübertragung ausgeschlossen wurde. Im Übrigen jedoch ist der Verfahrensausgang mit denselben Möglichkeiten und – aus Sicht des Schuldners – Risiken behaftet wie ein reguläres Insolvenzverfahren: Beschlossen werden kann sowohl die Übertragung oder Stilllegung ganzer Betriebseinheiten, während das Residualvermögen wie in der Liquidation verwertet wird. Zudem und vor allem kann jederzeit während und am Ende des Verfahrens in ein Insolvenz-

---

prise 'menacée par des difficultés pouvant conduire à plus ou moins bref délai à une cessation des paiements' en droit belge.«

verfahren i.e.S. übergegangen werden, wenn eine Fortführung nicht möglich erscheint.

Letzten Endes wird es für den Erfolg der *Sauvegarde* darauf ankommen, inwieweit die faktischen Voraussetzungen für eine Sanierung im Einzelfall gegeben sind. Dies wiederum ist maßgeblich davon abhängig, ob von Schuldnerseite früh genug gehandelt wird. Die Erfahrungen, die bislang sowohl in Frankreich mit dem früheren *Règlement amiable* als auch in Deutschland mit der Antragstellung wegen drohender Zahlungsunfähigkeit nach § 18 InsO gemacht wurden, zeigen, dass Insolvenzvorbeugungsinstrumente an sich in Unternehmenskreisen eine eher geringe Akzeptanz gefunden haben[1252]. Man darf also abwarten, wie sich die neue Regelung in der Praxis bewähren und ob sie auch tatsächlich zum erhofften Anstieg von Unternehmenssanierungen im Vorfeld der Insolvenz führen wird.

[1252] Vgl. oben Kapitel 3, Abschnitt D.

Zusammenfassung

In den vier Teilen dieser Arbeit wurden sukzessiv erläutert die historischen und dogmatischen Grundlagen des Insolvenzrechts in Frankreich und in Deutschland, die in Frankreich vorhandenen außergerichtlichen Sanierungsinstrumente, das nach Eintritt der Insolvenz greifende Sanierungsplanverfahren in beiden Ländern sowie zuletzt das in Frankreich durch die Reform im Jahr 2005 neueingeführte gerichtliche Planverfahren zur Vermeidung der Insolvenz.

In Kapitel 1 wurde gezeigt, dass die Insolvenzsysteme beider Länder gemeinsame Wurzeln im römischen Recht und im norditalienischen Handelsrecht des Mittelalters haben. Schon früh sind Gesamtexekutionsverfahren entstanden, die in Fällen, in denen ein Schuldner nicht in der Lage war, alle seine Gläubiger vollständig zu befriedigen, zum Tragen kamen. Seit dem römischen Recht liegt jedem Insolvenzsystem der Grundsatz der gleichmäßigen Gläubigerbefriedigung (*par condicio creditorum*) zugrunde. Ebenfalls bis heute erhalten ist die Möglichkeit, die Insolvenz im Weg eines Vergleichs zwischen Schuldner und Gläubigern abzuwickeln. Das Vergleichsverfahren sollte über mehrere Jahrhunderte hinweg in Frankreich und in Deutschland neben dem Konkursverfahren eine alternative, bisweilen gar die bevorzugte Verfahrensart darstellen, wie etwa in den mittelalterlichen deutschen Stadtrechten. Mit dem Vergleich bezweckte man jedoch weniger die Rettung eines Betriebs an sich, vielmehr stellte er eine Rechtswohltat gegenüber einem Schuldner dar, der unverschuldet in die Insolvenz geraten war. Neben diesem moralisch/ethischen Ansatz spielte jedoch auch der Gedanke einer höheren Wertrealisierung für die Gläubiger eine nicht unbeachtliche Rolle, insofern diese sich durch die Fortführung der Aktivität des Schuldners regelmäßig eine höhere Befriedigungsquote als bei einer sofortigen Verwertung seines Vermögens versprechen konnten.

Ab dem 19. Jahrhundert haben sich in Frankreich und in Deutschland Rechtstraditionen herauskristallisiert, die bis heute die jeweiligen Insolvenzsysteme prägen. So wurde das französische Insolvenzrecht durch eine zunehmend stärkere Rolle des Gerichts gekennzeichnet, wohingegen sich in Deutschland seit der Konkursordnung von 1877 national- bzw. bundesweit ein stärker gläubigerorientiertes Insolvenzrecht entwickelt hat. Die Unterschiede zwischen den nationalen Rechtsordnungen in Europa haben es insbesondere bislang unmöglich gemacht, das materielle Insolvenzrecht auf europäischer Ebene zu harmonisieren.

In Kapitel 2 wurden die Insolvenzrechtsreformen der jüngeren Vergangenheit in Frankreich und in Deutschland dargestellt. Spätestens seit der in den siebziger Jahren des vergangenen Jahrhunderts eingetretenen wirtschaftlichen Rezession steht dabei die Frage der Sanierung im Mittelpunkt der Modernisierungsbestrebungen des Insolvenzrechts. Der Vergleich der gesetzlichen Zielsetzung der Insolvenzgesetze zeigt jedoch, dass die Sanierung in Frankreich einen anderen Stellenwert hat als in Deutschland. In Frankreich ist das primäre Ziel der verschiedenen Insolvenzabwicklungs- und -vorbeugungsverfahren der Erhalt des Unternehmens und der Arbeitsplätze; die bestmögliche Tilgung der Verbindlichkeiten erscheint demgegenüber weitgehend als ein untergeordnetes Verfahrensziel. In Deutschland dagegen verfolgt das Insolvenzrecht im Wesentlichen das Ziel einer bestmöglichen Wertrealisierung für die Gläubiger, und dies gilt gleichermaßen für das Regel- wie für das Insolvenzplanverfahren. Die Sanierung des schuldnerischen Unternehmens stellt in Deutschland somit lediglich ein untergeordnetes Verfahrensziel dar. In beiden Ländern ist das Instrument für die Sanierung ein Plan, dessen Rahmen in Deutschland das einheitliche Insolvenzverfahren stellt, wohingegen das französische Insolvenzsystem, das zuletzt mit der Reform im Jahr 2005 um ein neues Insolvenzvorbeugungsverfahren ergänzt wurde, durch eine Mehrzahl gerichtlicher und außergerichtlicher Verfahren gekennzeichnet ist.

*

* *

In Kapitel 3 wurden die außergerichtlichen Instrumente erläutert, die in Frankreich zur Vorbeugung und seit der Reform von 2005 auch zur Bewältigung der Insolvenz genutzt werden können. Der umfangreiche französische Insolvenzvorbeugungsapparat hält neben sog. Frühwarnmechanismen und der sog. *Ad-hoc*-Verwaltung auch ein außergerichtliches Vergleichsverfahren, die *Conciliation*, bereit. Dieses Verfahren, das früher ausschließlich der Vorbeugung der Insolvenz diente und dem insoweit eine ähnliche Funktion zukam wie in Deutschland dem mit der Insolvenzordnung neueingeführten Eröffnungsgrund der drohenden Zahlungsunfähigkeit, kann heute auch nach eingetretener Zahlungsunfähigkeit zum Tragen kommen. Der Anwendungsbereich dieses Vergleichsverfahrens ist somit sehr weit gefasst, da neben der Zahlungsunfähigkeit auch jede Art von finanziellen, rechtlichen oder wirtschaftlichen Schwierigkeiten, ob eingetreten oder nicht, die Bestellung eines Konziliators begründen kann. Demgegenüber erscheint der Anwendungsbereich des deutschen Insolvenzverfahrens bezogen auf den ausschließlich liquiditätsbezogenen Eröffnungsgrund der drohenden Zahlungsunfähigkeit enger. Gemein ist beiden Insolvenzregelungen, dass sowohl mit der drohenden Zahlungsunfähigkeit nach § 18 InsO wie auch mit der *Conciliation* eine möglichst frühzeitige Verfahrenseröffnung bezweckt wird, um eine Sanierung noch vor dem Eintritt einer später u.U. schwer überwindbaren Unternehmenskrise zu ermöglichen. In beiden Ländern unterscheidet sich die Verfahrenseröffnung im vorinsolvenzlichen Stadium von den jeweiligen Insolvenzabwicklungsverfahren dadurch, dass sie ausschließlich auf freiwilliger Initiative des Schuldners erfolgen kann – eine Antragspflicht für den Schuldner gibt es ebenso wenig wie die Möglichkeit eines Fremdantrags oder einer Eröffnung von Amts wegen. Das Gericht hat in beiden Ländern den Antrag zu prüfen. Hierfür verfügt das französische Gericht über äußerst weitreichende Ermittlungsbefugnisse, denen selbst das Bankgeheimnis oder die Verschwiegenheitspflicht eines Wirtschaftsprüfers nicht entgegengehalten werden kann.

Das weitere Verfahren ist in beiden Ländern grundlegend unterschiedlich konzipiert. Die französische *Conciliation* ist von einer weitreichenden Deregulierung gekennzeichnet, die dadurch zum Ausdruck kommt, dass die Verfahrenseröffnung grundsätzlich keine Auswirkungen auf das Unternehmen bzw. den Schuldner hat. Das Gericht ist im Wesentlichen nur zu Beginn und am Ende des Verfahrens tätig, dazwischen behält der Schuldner die Verfügungs- und Verwaltungsmacht über sein Vermögen. Auch die Gläubiger haben kein aktives Mitgestaltungsrecht im Verfahren – ihre Rolle beschränkt sich darauf, sich zum Vergleichsvorschlag zu äußern. Die bis zur Reform von 2005 gegebene Möglichkeit, dem Schuldner während der Dauer des Verfahrens einen zeitweiligen Vollstreckungsschutz zu gewähren, besteht im aktuellen Recht nicht mehr, wodurch die *Conciliation* jeglichen insolvenzrechtlichen Charakter im klassischen Sinn verloren hat. Im Gegensatz hierzu greift nach deutschem Recht auch im Fall eines Antrags wegen drohender Zahlungsunfähigkeit die »normale« Regelung der Insolvenzordnung. Insbesondere in Verbindung mit den Instituten der Eigenverwaltung und des Insolvenzplans kann damit die Abwendung der Insolvenz und die Sanierung des schuldnerischen Unternehmens erreicht werden, aber eben unter denselben Voraussetzungen wie nach eingetretener Insolvenz. Damit verbunden ist das Risiko für den Schuldner, dass ein Insolvenzverwalter eingesetzt wird und er das Verfahren somit nicht mehr in der Hand hat. Da nach deutschem Recht die Gläubiger den Ausgang des Verfahrens weitgehend selbst bestimmen, ist denkbar, dass infolge eines freiwilligen Eröffnungsantrags wegen noch nicht eingetretener Zahlungsunfähigkeit das Unternehmen letztlich zerschlagen wird. Das französische Recht bietet hier sicherlich größere Anreize für den Schuldner, in einem vorinsolvenzlichen Stadium tätig zu werden, auch wenn auf praktischer Ebene festgestellt werden muss, dass die bisherigen Erfahrungen mit dem Vorgängerinstitut der *Conciliation* auf einen eher mäßigen Erfolg der außergerichtlichen Insolvenzabwendung schließen lassen.

*

* *

Im dritten Teil wurde die Sanierung von Unternehmen nach Eintritt der Insolvenz untersucht. In Kapitel 4 wurden zunächst die Anwendungsbereiche der französischen und der deutschen Insolvenzregelung gegenübergestellt. Hierbei wurde festgestellt, dass trotz eines traditionsgemäß unterschiedlichen gesetzlichen Anknüpfungspunkts – Kaufmannsinsolvenz in Frankreich, allgemeine Anwendbarkeit des Insolvenzrechts in Deutschland – aufgrund der stetigen Erweiterung des Anwendungsbereichs des Insolvenzrechts in Frankreich heute keine nennenswerten Unterschiede zwischen beiden Rechtsordnungen mehr bestehen. Unter diesem Gesichtspunkt hat sich das französische Recht faktisch weitestgehend an das deutsche angelehnt und in beiden Ländern sind heute so gut wie alle Akteure des Wirtschaftslebens insolvenzfähig, wohingegen die Verbraucherinsolvenz in beiden Ländern einem besonderen Verfahren unterliegt. In Bezug auf die Verfahrensauslöser hat die Untersuchung ergeben, dass die Zahlungsunfähigkeit in beiden Ländern einen allgemeinen Eröffnungsgrund des Insolvenzverfahrens darstellt. Sie wird in Frankreich und in Deutschland heute gleichermaßen als Zeitpunkt-Illiquidität verstanden, von der heute nicht mehr gefordert wird, dass sie zu einem dauerhaften Unvermögen führt. Gleichwohl ist die Zahlungsunfähigkeit in beiden Ländern von der bloßen Nichtzahlung zu unterscheiden. Darüber hinaus enthalten die französische und die deutsche Regelung auch weitere Eröffnungsgründe. In Frankreich wurden diese mit der Reform von 2005 und der Abschaffung sämtlicher Sanktionsverfahren jedoch erheblich reduziert. Fälle, in denen ein Verfahren ohne Feststellung der Zahlungsunfähigkeit eröffnet werden kann, betreffen somit nur noch Sachverhalte von Vermögensverflechtungen und Scheingesellschaften. In Deutschland bestehen neben der Zahlungsunfähigkeit auch noch die drohende Zahlungsunfähigkeit und die Überschuldung, wobei letztere nicht für jeden Schuldnertyp zum Tragen kommt.

Das Eröffnungsverfahren in Frankreich unterscheidet sich z.T. erheblich von dem deutschen. Dies ist in hohem Maß durch die unterschiedlichen Strukturen der Zivilgerichtsbarkeit bedingt, insbesondere dadurch, dass in Frankreich auf Handelssachen spezialisierte Gerichte existieren. Hervorzuheben ist ferner, dass in Frankreich das Insolvenzgericht stets ein kollegiales Gericht ist, das gemäß dem Grundsatz der *vis attractiva concursus* auch für verschiedene Nebenverfahren zuständig ist. Entsprechendes findet sich im gegenwärtigen deutschen Recht nicht mehr.

Bei der Antragstellung wurden zahlreiche Gemeinsamkeiten zwischen französischem und deutschem Recht festgestellt. So ist der Schuldner in beiden Ländern verpflichtet, nach Eintritt eines Insolvenzgrunds die Eröffnung des Verfahrens innerhalb einer gesetzlich festgelegten Frist zu beantragen. In beiden Ländern wirft diese Pflicht häufig praktische Umsetzungsprobleme auf, zumal sowohl die deutsche als auch die französische Regelung einen komplexen Sanktionierungsapparat bereithalten, wenn der Schuldner seiner Antragspflicht nicht fristgemäß nachkommt. Während die Regelung des Gläubigerantrags in beiden Ländern sehr ähnlich gestaltet ist, kennt das französische Recht zusätzliche Eröffnungsmöglichkeiten auf Antrag der Staatsanwaltschaft und von Amts wegen. Diese sind zwar prinzipiell geeignet, auch bei Untätigkeit des Schuldners und der Gläubiger eine Verfahrenseröffnung zu erzielen, in der Praxis spielen diese zusätzlichen Eröffnungsvarianten jedoch kaum eine Rolle. Der Antrag wird sowohl in Frankreich wie auch in Deutschland vom Gericht geprüft und in beiden Ländern gilt insoweit der Amtsermittlungsgrundsatz. Die Gemeinsamkeiten in der Phase vor der Eröffnung bestehen im Wesentlichen in der Möglichkeit, ein Sachverständigengutachten einzuholen sowie in der zwingenden Anhörung des Schuldners – die zusätzliche Anhörung der Vertreter der Belegschaft ist hingegen nur in Frankreich obligatorisch. Eine deutsche Besonderheit ist das Institut der vorläufigen Insolvenzverwaltung, die der Prüfung des Vorliegens eines Eröffnungsgrunds und der Sicherung der Insolvenzmasse dient. Zudem kann im deutschen Vorverfahren die Personalkostenlast während eines Zeitraums von drei Monaten durch die Agentur für Arbeit übernommen werden, was die Betriebsfortführung während dieses Zeitraums ggf. erheblich erleichtert.

In Kapitel 5 wurden die Organe des Verfahrens und des Gerichts präsentiert, die aufgrund der unterschiedlichen Gewichtung des Verfahrens in beiden Ländern teilweise erhebliche Unterschiede aufweisen: In Frankreich ergibt sich die Vorherrschaft des Gerichts gewissermaßen naturgemäß aus dem erklärten Vorrang der Sanierung; in Deutschland, wo die Gedanken der

Vermögenshaftung des Schuldners und der Wertrealisierung im Vordergrund stehen, ist das Insolvenz- mithin das Insolvenzplanverfahren dagegen wesentlich stärker von Gläubigerautonomie geprägt. Dementsprechend sind in Frankreich die gerichtlichen Organe nicht nur entscheidungsträchtiger sondern auch vielfältiger, da neben dem Gericht insbesondere auch ein sog. beauftragter Richter vorhanden ist und sogar die Staatsanwaltschaft in das Verfahren eingebunden ist. Dagegen sind in Deutschland die Vertretungsorgane der Gläubiger die hauptsächlichen Akteure des Verfahrens: Während in Frankreich lediglich ein Gläubigervertreter vom Gericht zwingend bestellt wird, verfügen die Gläubiger in Deutschland über zwei kollektive Vertretungsorgane (die Gläubigerversammlung und ggf. der Gläubigerausschuss) in denen sie den Ablauf und den Ausgang des Verfahrens im Weg mehrheitlich getroffener Entscheidungen bestimmen. Die Macht der Gläubiger im deutschen Insolvenzverfahren kommt dabei u.a. in der Wahl des Insolvenzverwalters zum Ausdruck, die unmittelbar von der Gläubigerversammlung getroffen wird. Letzterer erscheint in Deutschland somit primär als ein Agent der Gläubiger, während der französische Verwalter von diesen weitgehend unabhängig ist und unter der unmittelbaren Kontrolle des Gerichts steht. Während der Berufsstand der Verwalter in Deutschland und in Frankreich unterschiedlich geregelt ist, sind ihre Aufgaben im Verfahren sehr ähnlich konzipiert – hier wie dort ist der Verwalter die zentrale Figur im Unternehmenssanierungsprozess.

Vor diesem Hintergrund stellt die Einführung kollektiver Vertretungsorgane der Gläubiger in Form sog. Gläubigerausschüsse in Frankreich eine bemerkenswerte Neuerung der Reform von 2005 dar. Unmittelbar beeinflusst durch ausländische Rechtsordnungen ist sie ein Ausdruck des Willens, die Gläubiger stärker an der aktiven Mitgestaltung des Verfahrens zu beteiligen. Eine grundlegende Änderung der allgemeinen Verfahrensausrichtung ist mit der Einführung dieser Ausschüsse jedoch nicht verbunden, wie die in Kapitel 6 gemachten Ausführungen zum Planverfahren gezeigt haben.

Im Planverfahren ergeben sich Unterschiede bereits auf Ebene der Planinitiative. In Frankreich entscheidet der Verwalter selbst aufgrund der während der Beobachtungsphase gewonnenen Erkenntnisse, ob ein Sanierungsplan aufgestellt wird und wie dieser inhaltlich zu gestalten ist. Der Gesetzgeber hat diesbezüglich eine enge Zusammenarbeit mit dem Schuldner angestrebt, dessen aktive Mitwirkung und Unterstützung ohnehin erforderlich ist, zumal das Verfahren seit der Reform von 2005 primär (allerdings nicht ausschließlich) auf einen Eigensanierungsplan abzielt. In Deutschland dagegen dürfte der Insolvenzverwalter spätestens ab der ersten Gläubigerversammlung an deren Weisungen gebunden sein. Die Gläubiger können somit die Planerstellung weitgehend selbst steuern, dies jedoch nur mittelbar innerhalb der Versammlung – ein Planinitiativ- und -vorlagerecht zugunsten einzelner Gläubiger existiert in Deutschland ebenso wenig wie in Frankreich. Darüber hinaus ist in beiden Regelungen ebenfalls die Möglichkeit einer Planerstellung durch den Schuldner vorgesehen. Dies kann aufgrund der oftmals größeren Sachkunde des Schuldners eine zweckmäßige Lösung darstellen. Es kann jedoch beklagt werden, dass das französische Recht im Gegensatz zur Insolvenzordnung eine Verknüpfung der Planvorlage mit der Stellung des Antrags auf Eröffnung des Verfahrens (sog. *Prepackaged*-Plan), durch die der Sanierungsprozess erheblich beschleunigt werden könnte, nicht ausdrücklich vorsieht. Hinsichtlich der Form des Planentwurfs enthalten die Regelungen beider Länder wenig zwingende Vorgaben. Dabei ist in Frankreich die Angebotstellung für eine Unternehmensübertragung besonders ausführlich geregelt. Damit wird der Zweck verfolgt, nicht nur im Hinblick auf die Sicherung der Kaufpreiszahlung, sondern auch auf die darüber hinausgehenden Aspekte der Transaktion (etwa die künftige Beschäftigungslage im Unternehmen) eine möglichst sachgerechte Entscheidungsgrundlage zu schaffen.

Hinsichtlich der Annahme des Plans kommen weitere bedeutende Unterschiede zwischen dem deutschen und dem französischen Recht zu Tage. Das französische System ist dadurch gekennzeichnet, dass in den Fällen, in denen keine Gläubigerausschüsse eingesetzt werden, das Gericht allein über die Annahme des Plans entscheidet. Seine Entscheidung richtet sich dabei nach der allgemeinen gesetzlichen Zielvorgabe unter Berücksichtigung der Umstände des Einzelfalls. Die Gläubiger werden nur im Rahmen eines Fortführungsplans zu den sie betreffenden Stundungen und Erlassen befragt, sie äußern sich aber nicht zum Gesamtsanierungskonzept. Bei einer Unternehmensübertragung werden sie überhaupt nicht konsultiert. Ihre Vertretungsorgane, also der Gläubigervertreter und ggf. die Kontrolleure, werden lediglich gehört, jedoch ohne dass ihre Meinung für das Gericht bindend ist. Dasselbe gilt für den Schuldner und für die Vertreter der Belegschaft. Teilweise anders verläuft die Annahme des Plans, wenn Gläubigerausschüsse vorhanden sind. Diese stellen ihrer Funktion nach Abstimmungsgruppen dar, die jedoch nur in größeren Verfahren zwingend zum Tragen kommen und selbst dann nur bestimmte Kategorien von Gläubigern (die Banken und die hauptsächlichen Lieferanten) umfassen. Anders als im Einzelbefragungsverfahren äußern sich die Ausschüsse zum Gesamtplan und nicht nur zu den einzelnen Stundungs-

und Erlassvorschlägen. Ihre Entscheidung ist für das Gericht jedoch nur insoweit bindend, als beide Ausschüsse den Plan annehmen und dieser dem Gericht im Interesse aller Gläubiger zu sein scheint. Ist dies nicht der Fall, wird fortgefahren, als ob es keine Ausschüsse gäbe, d.h. das Gericht kann u.a. auch dann den Plan bestätigen, wenn beide Ausschüsse ihn abgelehnt haben.

Ein solches Ergebnis wäre nach deutschem Recht nicht möglich. Gemäß der Insolvenzordnung muss der Plan in jedem Fall von den Gläubigern angenommen werden. Dabei greift ein im Vergleich zum französischen Recht komplexeres Abstimmungsverfahren, in dem die Gläubiger vom Planverfasser in Gruppen aufgeteilt werden und dort mehrheitlich über die Planannahme entscheiden. Das Gericht prüft den Plan vorab und bestätigt ihn, nachdem er von den Gläubigern angenommen worden ist. Hierbei kann es sog. Obstruktionsentscheidungen einzelner Gläubigergruppen aufheben. Voraussetzung hierfür ist allerdings, dass mindestens die Hälfte der Gläubigergruppen dem Plan zugestimmt hat. Umgekehrt kann das Gericht unter gewissen Voraussetzungen, etwa wenn die Interessen einer opponierenden Gläubigerminderheit durch den Plan nicht ausreichend gewahrt sind, die Bestätigung des Plans trotz seiner mehrheitlichen Annahme durch die übrigen Gläubiger versagen. Maßgeblich ist nach deutschem Recht, dass kein Gläubiger durch den Plan schlechter gestellt wird, als er ohne ihn stünde. In Frankreich mag dieser Vergleichsgedanke zwischen der Lage der Gläubiger mit und ohne Plan in der gerichtlichen Praxis eine gewisse Rolle spielen, etwa um Unternehmensübertragungen zu einem symbolischen Preis, in denen die Gläubiger völlig leer ausgehen, zu vermeiden. Systematisiert ist dieser Ansatz im Gesetz jedoch nicht.

Während des Planverfahrens obliegt die Unternehmensführung sowohl nach französischem wie auch nach deutschem Recht grundsätzlich dem vom Gericht bestellten Verwalter. Hervorzuheben ist jedoch, dass beide Regelungen auch eine Eigenverwaltung durch den Schuldner zulassen, in welcher der Verwalter (bzw. in Deutschland der sog. Sachwalter) lediglich eine Aufsichtsfunktion innehat. Dies kann dazu beitragen, die Fortführung des Betriebs zu erleichtern und zudem die Verfahrenskosten niedriger zu halten. In Frankreich ist für kleinere Unternehmen zudem die Möglichkeit vorgesehen, auf die Bestellung eines Verwalters ganz zu verzichten. Ähnlich ausgestaltet ist in beiden Ländern das Wahlrecht des Verwalters hinsichtlich der Fortführung bzw. Kündigung der bei Verfahrensbeginn noch nicht oder noch nicht vollständig erfüllten Verträge. Aus rechtstheoretischer Sicht ist anzumerken, dass in Frankreich dem Verwalter ein außerordentliches Kündigungsrecht zusteht, das zu einer vorzeitigen Beendigung des Vertragsverhältnisses führt, während in Deutschland der Verwalter grundsätzlich nur zur Nichterfüllung des Vertrags, der grundsätzlich bestehen bleibt, berechtigt ist. Ein Kündigungsrecht ist nach der Insolvenzordnung nur für bestimmte Kategorien von Verträgen vorgesehen.

Auch dieses Wahlrecht ist im Hinblick auf eine längerfristige Sanierung von besonderer Bedeutung, denn es verhindert, dass unwirtschaftliche Verträge die Masse belasten und umgekehrt, dass betriebsnotwendige Verträge aufgrund der Insolvenz des Schuldners einseitig von dessen Vertragspartnern gekündigt oder nicht mehr erfüllt werden. Sonderregelungen sind jedoch in beiden Ländern für gewisse Verträge vorgesehen. Während bei Miet- und Pachtverträgen in beiden Ländern der Erhalt der Betriebsräume und die Vermeidung einer übermäßigen Massebelastung bei Vertragskündigung im Vordergrund stehen, gilt es, bei Kündigungen von Arbeitsverträgen die Arbeitnehmer des Schuldners angemessen zu schützen. Der Schutz der Arbeitnehmer kommt dadurch zum Ausdruck, dass in beiden Ländern grundsätzlich die ordentlichen arbeitsrechtrechtlichen Kündigungsregelungen Anwendung finden. Das französische Recht ist auch hier durch eine gewisse Einbindung der gerichtlichen Organe des Verfahrens (Insolvenzgericht, beauftragter Richter) sowohl während wie auch nach der Durchführung des Kündigungsverfahrens gekennzeichnet.

Nach der gerichtlichen Bestätigung des Plans beginnt dessen Umsetzung, die in Frankreich und in Deutschland regelmäßig vom Verwalter – in Frankreich in seiner Eigenschaft als sog. Planerfüllungsbeauftragter – überwacht wird. Treten nach Wirksamwerden des Plans Umstände auf, die eine nachträgliche Änderung des Plans erforderlich machen, so kann diese in Frankreich unter Einhaltung gewisser Voraussetzungen erzielt werden. In Deutschland ist kein vergleichbares Änderungsverfahren vorgesehen, sodass potentielle Hindernisse möglichst im Vorfeld der Planannahme vorhergesehen und entsprechend in den Plan aufgenommen werden sollten, um eine potentielle Aufhebung zu vermeiden. Die Aufhebung ist die natürliche Folge einer Nichterfüllung des Plans, doch in beiden Ländern ist erforderlich, dass die üblichen Eröffnungsvoraussetzungen erfüllt sind. Dass also in Frankreich insbesondere die Zahlungsunfähigkeit (erneut) festgestellt werden muss, ist eine Neuerung der Reform von 2005, da zuvor das Anschlussinsolvenzverfahren automatisch erfolgte. Insoweit lässt sich also eine Angleichung des französischen an das deutsche Recht feststellen.

In Kapitel 7 wurden der Inhalt des Plans sowie seine Auswirkungen auf die Rechtsstellung der Beteiligten untersucht. Zunächst wurden die verschiedenen Plantypen verglichen, die in Frankreich und in Deutschland im Rahmen eines Planverfahrens in Frage kommen. Dabei wurde gezeigt, dass die französische Regelung zwei bestimmte Planmodelle fest vorgibt, die auf die Sanierung bzw. übertragende Sanierung des schuldnerischen Unternehmens abzielen, wobei seit der jüngsten Insolvenzrechtsreform der Eigensanierungsplan das erklärte Ziel des *Redressement judiciaire* darstellt. Mischformen sowie gewisse Abwandlungen der beiden Grundplantypen (etwa die Übertragung mit zeitweiliger Verpachtung des Unternehmens) sind ebenfalls vorgesehen. Jede Planvariante unterliegt dabei z.T. spezifischen Verfahrensregeln. Das deutsche Gesetz hingegen folgt einem anderen Ansatz, indem es – dem Grundsatz der privatautonomen Insolvenzbewältigung entsprechend – den Beteiligten völlige Freiheit lässt, jegliche Art von Abwicklung zu beschließen. Somit ist in Deutschland insbesondere auch eine planmäßige Liquidation/ Zerschlagung des schuldnerischen Unternehmens möglich, was sich als sehr hilfreich erweisen kann, etwa um bereits im Vorfeld der Planumsetzung die Folgen einer fehlgeschlagenen Eigen- oder Fremdsanierung zu definieren. Trotz der unterschiedlichen Ausprägung des Insolvenzplanverfahrens in Deutschland und in Frankreich – privatautonome Ausrichtung hier, richterliche Oberhand über das Verfahren dort – stellt sich die Frage nach der Rechtsnatur des Plans in beiden Ländern in ähnlicher Weise. Die Frage der Natur des Plans kann weder in Frankreich noch in Deutschland abschließend beantwortet werden, denn der Plan weist sowohl vertrags- wie auch urteilsähnliche Elemente auf. In Frankreich steht heute zumindest fest, dass die kaufrechtlichen Gewährleistungsregelungen auf den (Übertragungs-)Plan nicht anwendbar sind; in Deutschland dürfte seit Inkrafttreten der Insolvenzordnung im Gegensatz zum abgelösten Konkursrecht weitgehend dasselbe gelten, was aus Gründen der Rechtssicherheit auch wünschenswert erscheint.

In beiden Ländern steht der Sanierungs- bzw. Insolvenzplan im Wettbewerb zu anderen Instituten, mit denen im Rahmen anderer Verfahrensarten vergleichbare Ergebnisse erzielt werden können. So erscheint in Deutschland eine Betriebsübertragung nach den §§ 160 ff. InsO unter praktischen Gesichtspunkten im Regelverfahren um Einiges einfacher durchzuführen als in einem Insolvenzplanverfahren, weshalb letzterer in der Praxis auch kaum eine Rolle spielt. Ähnliches galt in Frankreich bis zur Reform von 2005, wo eine Betriebsübertragung im Liquidationsverfahren im Weg der einfacher gestrickten *Cession d'unités de production* möglich war. Diese Art der

Übertragung wurde jedoch abgeschafft, sodass heute selbst im Liquidationsverfahren die Übertragung des Unternehmens oder selbstständiger Betriebseinheiten nur im Weg eines Plans möglich ist. Dafür kann heute eine Eigensanierung nicht mehr ausschließlich im Weg eines *Plan de redressement* erzielt werden, da mit der Erweiterung des Eröffnungstatbestands der *Conciliation* bei eingetretener Zahlungsunfähigkeit nun auch diese Alternative in Frage kommt. Da jedoch in der *Conciliation* die Anforderungen an den Schuldner, der keinerlei Vollstreckungsschutz genießt, höher sind, erscheint diese Abwicklungsart für Sachverhalte, in denen die Unternehmenskrise ein ernsthafteres Stadium erreicht hat, nicht geeignet.

Durch einen Sanierungsplan wird die Rechtsstellung der Beteiligten – Schuldner und Gläubiger – empfindlich berührt. In Bezug auf den Schuldner ist zumindest im Fall einer Fortführung unter dem alten Rechtsträger die Befreiung von der Altschuldenlast von primärer Bedeutung, um den angestrebten *Fresh start* zu erleichtern. Sowohl das französische als auch das deutsche Recht ermöglichen dies, wenngleich die Regelungen beider Länder unterschiedliche Ansatzpunkte haben: Während in Frankreich von der Restschuldbefreiung des Schuldners ausgegangen wird, die lediglich in gewissen Fällen ausgeschlossen ist, ist diese nach deutschem Recht von vornherein an die Zustimmung der Beteiligten gebunden. Bei einem Insolvenzplan jedoch gilt auch nach deutschem Recht die Zustimmung zur Restschuldbefreiung grundsätzlich als erteilt, sodass man in der Praxis in beiden Ländern weitgehend zum selben Ergebnis kommt. Hinsichtlich der Festsetzung im Plan von sowohl sanierungsdienlichen als auch Gläubigerschutzmaßnahmen wie etwa Kapitaländerungen oder dem Verbot, gewisse Vermögensgegenstände nach Ende des Verfahrens zu veräußern, enthält die französische Regelung eine Reihe von Spezialvorschriften, die vom regelmäßigen Gesellschaftsrecht teilweise erheblich abweichen. Vergleichbare Regelungen existieren im deutschen Insolvenzrecht nicht, sodass auch hier entsprechende Ergebnisse nur in privatautonomer Weise, d.h. mittels ausdrücklicher Vereinbarungen im Plan erreicht werden können. Den Begriff des bedingten Sanierungs- bzw. Insolvenzplans kennen insoweit sowohl das französische wie auch das deutsche Recht.

Weitere insolvenzspezifische Sonderregeln enthält das französische Recht auch hinsichtlich der möglichen Eingriffe in die gesellschaftsrechtliche Stellung der Geschäftsführer, die teilweise vom Gericht unmittelbar beschlossen werden können. Nach deutschem Recht kann auch hier Entsprechendes nur mit Zustimmung der Betroffenen und unter Berücksichtigung der allgemeinen gesellschaftsrechtlichen Regeln bewirkt werden. Die Stellung des Bürgen des Insolvenzschuldners schließlich ist in beiden Ländern ähnlich geregelt, indem er für die Tilgung der Hauptschuld in vollem Umfang herangezogen werden kann, er aber grundsätzlich nur beschränkt gegen den Insolvenzschuldner rückgriffsberechtigt ist. Anzumerken ist, dass die besonderen Schutzvorschriften zugunsten des Bürgen/natürliche Person in Frankreich im Zug der Reform von 2005 im *Redressement judiciaire* abgeschafft wurden und heute allein dem *Sauvegarde*-Verfahren vorbehalten sind.

Diejenigen, deren Rechtsposition in erster Linie durch den Plan berührt wird, sind in Frankreich wie in Deutschland die Gläubiger des Insolvenzschuldners. Ein Fortführungsplan wird typischerweise Stundungen und Erlasse vorsehen, mittels derer die Altschuldenlast gesenkt werden kann und das Unternehmen somit sanierungsfähig wird. In beiden Ländern gilt grundsätzlich, dass die vom Plan betroffenen Gläubiger ihre Zustimmung zu diesen Maßnahmen erteilen müssen. In Frankreich bestätigt das Gericht jedoch nicht nur die Entscheidung der Gläubiger, sondern es entscheidet weitgehend selbst über die Annahme oder Zurückweisung des Plans und kann insbesondere einheitliche Zahlungsfristen für alle Gläubiger verhängen, inklusive jene, die den vorgeschlagenen Maßnahmen ausdrücklich widersprochen haben. Anders als nach Maßgabe von § 245 InsO ist dabei nicht erforderlich, dass eine Vergleichsrechnung auf der Basis einer Zerschlagung des Unternehmens und der in einem Regel- oder Liquidationsverfahren zu erwartenden Quote erstellt wird. Gleiches gilt in Frankreich im Fall eines Übertragungsplans, doch es liegt dann im richterlichen Ermessen, ob eine planmäßige Unternehmensübertragung zu einem Preis, der unter dem Gesamtwert der einzelnen Vermögensbestandteile liegt, bestätigt wird. Daher wird in der gerichtlichen Praxis des Übertragungsplans zumindest ansatzweise eine Vergleichsrechnung durchgeführt, ohne dass es jedoch eine eindeutige gesetzliche Vorgabe gibt für den Fall, dass der Liquidationswert höher ist als der gebotene Übertragungspreis. Bei einem Übertragungsplan ist in Frankreich im Unterschied zum deutschen Recht nicht erforderlich, dass die Gläubiger zu dem Plan oder dem gebotenen Preis Stellung beziehen.

Gesicherte Gläubiger unterliegen nach den Insolvenzregelungen beider Länder unterschiedlich gestalteten und im Allgemeinen relativ komplexen Regeln. Festzuhalten gilt, dass seit Inkrafttreten der Insolvenzordnung nun auch in Deutschland die Absonderungsgläubiger vom Insolvenzverfahren betroffen sind. Im Rahmen eines Planverfahrens kommen erneut die verfahrensrechtlichen Unterschiede zwischen den Regelungen beider Länder zum

Ausdruck: In Frankreich behalten dinglich besicherte Gläubiger im Fall eines Fortführungsplans unter Berücksichtigung etwaiger gerichtlich auferlegter Zahlungsfristen regelmäßig ihren Anspruch auf vollständige Tilgung ihrer Forderungen, während sie im Fall eines Übertragungsplans lediglich auf einen Teil des Erlöses und nach Ausübung des sog. Superprivilegs der Arbeitnehmer aus dem Erlös befriedigt werden. In Deutschland dagegen ergibt sich aus dem Grundsatz der Privatautonomie sowie aus dem Schlechterstellungsverbot der am Plan teilnehmenden Gläubiger, dass auch die Absonderungsberechtigten mit einem Insolvenzplan nicht schlechter dastehen dürfen als ohne diesen.

Besondere Regeln gelten in beiden Ländern für die Arbeitnehmer. Aufgrund ihrer besonderen Schutzwürdigkeit wird sowohl in Frankreich wie in Deutschland sichergestellt, dass sie zumindest einen Teil ihrer bei Verfahrenseröffnung ausstehenden Forderungen von einer staatlichen Stelle – in Deutschland der Agentur für Arbeit, in Frankreich einer speziellen Ersatzkasse – unverzüglich ausbezahlt bekommen. Dabei kann in Deutschland das vorläufige Verfahren in Verbindung mit einer Vorfinanzierung der Löhne und Gehälter bis zu drei Monaten dazu verwendet werden, den Betrieb vor der formalen Eröffnung des Verfahrens teilweise zu finanzieren und während dieses Zeitraums im Vorfeld des eigentlichen Insolvenzverfahrens ein Sanierungskonzept zu entwickeln. Ein solches Vorverfahren existiert in Frankreich nicht. Als ein weiterer grundlegender Unterschied zwischen dem französischen und dem deutschen Recht kann genannt werden, dass in Frankreich die Arbeitnehmerforderungen nicht Gegenstand des Plans sein dürfen. In Deutschland ist dem nicht so, wobei jedoch das Schlechterstellungsverbot im Vergleich zur Regelabwicklung dazu führt, dass auch die Arbeitnehmer durch den Plan nicht benachteiligt werden.

Die Aussonderung von Gegenständen aus der Insolvenzmasse ist in Frankreich und in Deutschland nicht grundlegend anders geregelt. Der häufigste Aussonderungsfall ergibt sich in beiden Ländern aus Eigentumsvorbehaltsklauseln und die Voraussetzungen einer Rückgabe der betreffenden Gegenstände sind weitgehend dieselben. Der bedeutendste Unterschied ist der, dass in Frankreich die Aussonderung innerhalb einer bestimmten Frist geltend gemacht werden muss, nach deren Ablauf der Eigentümer präkludiert ist.

Ebenfalls ähnlich geregelt ist in Frankreich und in Deutschland schließlich die Behandlung von Masseforderungen: In beiden Ländern geben diese Anspruch auf vollständige Zahlung bei Fälligkeit. Die Definition der Masseverbindlichkeiten wurde mit der Reform von 2005 in Frankreich jedoch empfindlich eingeschränkt, da allein Forderungen, die zum Zweck des Verfahrens oder infolge der Betriebsfortführung begründet wurden, bevorrechtigt zu tilgen sind. Reicht hierfür das vorhandene Vermögen nicht aus, werden sie in der gesetzlich vorgeschriebenen Rangfolge getilgt. Diesbezüglich ist festzuhalten, dass das französische Recht vorsieht, dass eine Reihe anderer Forderungen noch vor den Masseforderungen getilgt werden, wie gewisse Ansprüche der staatlichen Ersatzkasse für Arbeitnehmerforderungen, Verfahrenskosten, die vor Verfahrenseröffnung entstanden sind sowie – seit der Reform von 2005 – bevorrechtigte Forderungen aus einer vorangegangenen *Conciliation*. Eine weitere Neuerung der Reform von 2005 ist schließlich, dass nun auch die Massegläubiger ihre Ansprüche innerhalb einer gesetzlich festgelegten Frist geltend machen müssen, da sie ansonsten ihr Vorrecht verlieren.

*

* *

Der letzte Teil der vorliegenden Untersuchung ist den gerichtlichen Sanierungsmechanismen im Vorfeld der Insolvenz gewidmet. So wurde in Kapitel 8 das mit der jüngsten französischen Insolvenzrechtsreform eingeführte *Sauvegarde*-Verfahren vorgestellt. Mit diesem Verfahren, das als ein Kernstück der Reform anzusehen und Namensgeber für das gesamte Reformgesetz ist, wird dem Schuldner ermöglicht, noch vor dem Eintritt der Zahlungsunfähigkeit eine gerichtlich eingerahmte Sanierung in die Wege zu leiten. Praktisch soll dieses neue Verfahren insbesondere dann zum Tragen kommen, wenn eine *Conciliation* nicht geeignet oder durchführbar erscheint. Ein wesentlicher Unterschied zwischen diesen beiden Verfahrensarten ist, dass im Gegensatz zur weitgehend deregulierten *Conciliation* mit der Eröffnung der *Sauvegarde* gewisse insolvenztypische Merkmale verbunden sind, darunter insbesondere die Unzulässigkeit neuer bzw. die Unterbrechung anhängiger Klagen und Vollstreckungen gegen den Schuldner. Es ist damit zu rechnen, dass dieser Aspekt in der Praxis oftmals ausschlaggebend sein wird, wenn der Schuldner in der Phase der Antragsstellung zwischen *Conciliation* und *Sauvegarde* zu wählen hat. Da sowohl die *Conciliation* wie die *Sauvegarde* – und im Übrigen auch in Deutschland die Eröffnung des Insolvenzverfahrens wegen drohender Zahlungsunfähigkeit – ausschließlich auf freiwilliger Basis und auf Schuldnerantrag eröffnet werden können, dürfte solchen »taktischen« Überlegungen in der Praxis eine erhebliche Bedeutung zukommen.

Der Eröffnungsgrund der *Sauvegarde* ist dabei ähnlich weit gefasst wie bei der *Conciliation*, obgleich er einen etwas direkteren Bezug zur Zahlungsunfähigkeit und dem Risiko ihres Eintritts ausweist. Die Ausgestaltung des

Eröffnungstatbestands der *Sauvegarde* geht dabei unmittelbar auf die drohende Zahlungsunfähigkeit nach § 18 InsO zurück, ebenso wie der Grundgedanke des Verfahrens, das als eine Art vorgeschaltetes Insolvenzverfahren konzipiert ist. In der Tat bestehen zahlreiche verfahrensrechtliche Ähnlichkeiten zwischen der *Sauvegarde* und dem *Redressement judiciaire*, da beide Verfahren grundsätzlich derselben Regelung unterliegen. Im Gegensatz zum deutschen Recht, wo eine Verfahrenseröffnung auf der Grundlage von drohender Zahlungsunfähigkeit keinerlei Besonderheiten im weiteren Verlauf des (einheitlichen) Verfahrens mit sich bringt, bestehen zwischen der *Sauvegarde* und dem *Redressement judiciaire* jedoch auch einige – bedeutende – Abweichungen. So wird zwar bei größeren Unternehmen ein Verwalter bestellt, dieser kann aber nicht beauftragt werden, das Vermögen des Schuldners an seiner Stelle zu verwalten. Von dieser Maßnahme, die unmittelbar dem US-amerikanischen *Chapter 11*-Verfahren entstammt, verspricht sich der Gesetzgeber größere Anreize für den Schuldner, rechtzeitig die Eröffnung des Verfahrens zu beantragen. Auf denselben Gedanken zurückzuführen ist die Beschränkung des Ausgangs der *Sauvegarde* auf einen Eigensanierungsplan – der Gesetzgeber geht davon aus, dass, selbst wenn die Übertragung/Verwertung des gesamten Unternehmens beschlossen werden könnte, dies der Logik der Insolvenzvorbeugung nicht entsprechen würde und den Schuldner davon abhalten könnte, das Verfahren in Anspruch zu nehmen.

Weitere Sonderregelungen tragen dem Umstand Rechnung, dass in der Ausgangslage der *Sauvegarde* keine Zahlungsunfähigkeit vorliegt. So kommen Anfechtungsfragen, die in Frankreich auf den tatsächlichen Eintritt der Zahlungsunfähigkeit abstellen, in dieser Situation naturgemäß gar nicht erst auf. Des Weiteren hat die im Vergleich zum *Redressement judiciaire* bessere finanzielle Lage des Unternehmens den Gesetzgeber insbesondere dazu veranlasst, hinsichtlich der Kündigung von Arbeitsverhältnissen, die in der *Sauvegarde* uneingeschränkt dem normalen Arbeitsrecht unterliegen, anderen Lösungsansätzen zu folgen.

Abschließend kann gesagt werden, dass das neue französische Insolvenzsystem mit seiner Vielfalt an Verfahren äußerst differenzierte Möglichkeiten zur Behandlung verschiedener Krisensituationen bietet. In dieser Hinsicht stellt die *Sauvegarde* den vorerst letzten Baustein einer Konstruktion dar, die sowohl vor wie nach Eintritt der Zahlungsunfähigkeit gerichtliche wie auch außergerichtliche Instrumente zur Krisenbewältigung bereithält. Damit einher geht jedoch auch eine zunehmende Komplexität der Regelung, die im Übrigen mit Ausnahme der *Conciliation* auch nach der jüngsten Reform des

Insolvenzrechts von einer vorherrschenden Rolle des Gerichts geprägt bleibt. Es bleibt abzuwarten, inwiefern die mit der Reform von 2005 eingeführten Optimierungsmaßnahmen auch in der Praxis zu den erhofften Ergebnissen führen werden.

Literaturverzeichnis

a) In französischer Sprache

Amalvy, Aimé / Derrida, Fernand, Plan de cession de l'entreprise et vices du consentement, D. 1988. Chr. 207 ff.

Arrighi de Casanova, Carola / Douvreleur, Olivier, La codification par ordonnances – À propos du Code de commerce, JCP vom 10. Januar 2001, S. 61 ff.

Assemblée Nationale, Avis n° 2099 présenté au nom de la commission des finances, de l'économie générale et du plan sur le projet de loi de sauvegarde des entreprises (n° 1596) – 15. Februar 2005

Assemblée Nationale, Rapport n° 2095 fait au nom de la commission des lois constitutionnelles, de la législation et de l'administration générale de la République sur le projet de loi (n° 1596) de sauvegarde des entreprises – 11. Februar 2005

Assemblée Nationale / Sénat, Rapport n° 2459 / n° 476 fait au nom de la commission mixte paritaire chargée de proposer sur les dispositions restant en discussion du projet de loi de sauvegarde des entreprises – 8. Juli 2005

Assemblée Nationale / Sénat – Office parlementaire d'évaluation de la législation, Rapport n° 3451 / n° 120 sur la législation applicable en matière de prévention et de traitement des difficultés des entreprises – 5. Dezember 2001

Bachasson, Gérald, La réforme des procédures collectives, Option Finance 11. Oktober 2004, S. 39 ff.

Bolard, G., Économie du projet de réforme des procédures collectives, Rev. jurispr. com. 2004

Cabrillac, Michel, Le maintien des concours bancaires après l'adoption du plan de continuation, D. 1987. Chr. 261

Chaput, Yves, La réforme de la prévention et du traitement des difficultés des entreprises, JCP 1994. I. Doctr. 3786

Chartier, Yves, Entreprises en difficulté (1989)

Charveriat / Martin, Défaillances d'entreprises – Régime juridique des procédures collectives (1997)

Cordier, Pierre, Le plan de cession devant la Cour de cassation – Panorama de dix années de jurisprudence, RJDA 1999. Doctr. 103 ff.

Crocq, Pierre, Le projet de loi sur la sauvegarde des entreprises et le respect des concepts du droit des sûretés, Dr. et patr. Nr. 133 Januar 2005

David, René / Jauffret-Spinosi, Camille, Les grands systèmes de droit contemporain, 10. Aufl. (1992)

Desurvire, Daniel, Histoire de la banqueroute et faillite contemporaine (1992)

Didier, Paul, Droit commercial, Band 2 – L'entreprise en société, 2. Aufl. (1997)

Feugère, Bernard / Teboul, Georges, À propos de la réforme de la prévention et des procédures collectives – Le document établi par la Chancellerie le 1er décembre 1998, Gaz. Pal. 1999, Doctr. S. 688 ff.

Freyria, Charles, Le prix de vente symbolique, D. 1997. Chr. 51 ff.

Frison-Roche, Marie-Anne, Les difficultés méthodologiques d'une réforme du droit des faillites (1), D. 1994.II. Chron. S. 17 ff.

Frison-Roche, Marie-Anne, Le sort des engagements non financiers dans les plans, Rev. proc. coll. 1994, S. 339 ff.

Frison-Roche, Marie-Anne (Hrsg.), Le nouveau droit des défaillances d'entreprises (1995)

Galimard, Michel, Le projet de plan de redressement judiciaire établi par le chef d'entreprise, Jour. not. 1985. 58185

Guigou, Elisabeth, Réforme des tribunaux de commerce, Gaz. Pal. vom 30. Juli/1. August 2000, S. 23 ff.

Hilaire, Jean, Introduction historique au droit commercial (1986)

INSEE (Hrsg.), Annuaire statistique de la Justice 1996-2000

Jeantin, Michel, La continuation de l'entreprise, Rev. jurispr. com. Feb. 1987, Sonderheft »Le redressement judiciaire de l'entreprise«, S. 37 ff.

Jeantin, Michel / Le Cannu, Paul, Droit commercial - Entreprises en difficulté (2007)

Le Cannu, Paul, L'élaboration et la mise en oeuvre des plans de continuation, PA v. 26. Juli 1991, Nr. 89 S. 3 ff.

Le Nabasque, JCP. E. 1990. II. 15770

Merle, Philippe, Droit commercial – Sociétés commerciales, 6. Aufl. (1998)

Merle, Philippe, Le plan de continuation, in: Frison-Roche, Marie-Anne (Hrsg.), Le nouveau droit des défaillances d'entreprises (1995), S. 219 ff.

Montéran, Thierry, L'état de cessation des paiements, clef de voûte des procédures collectives, Rev. proc. coll., März 2001, S. 1 ff.

Outin-Adam, Anne / Bienvenu, Sandra, Projet de loi de sauvegarde des entreprises – Réaction de la chambre de Commerce et d'Industrie de Paris (CCIP), JCP. E. Nr. 38 vom 16. September 2004

Pérochon, Françoise / Bonhomme, Régine, Entreprises en difficulté – Instruments de crédit et de paiement (1999)

Pételᅟ, Philippe, Procédures collectives (1996)

Peyramaure, Philippe, Le bilan économique et social dans la loi du 25 janvier 1985, JCP. E. 1986. 1567

Pirovano, Antoine, La contestation du plan de cession de l'entreprise, D. 1988. Chr. 273

Ripert, Georges / Roblot, René (Begr.), Traité de droit commercial, Band 2, 16. Aufl. (2000), bearb. von Delebecque, Philippe / Germain, Michel

Rouger, Michel, La prévention des difficultés des entreprises au tribunal de commerce de Paris, in: Frison-Roche, Marie-Anne (Hrsg.), Le nouveau droit des défaillances d'entreprises (1995), S. 61 ff.

Saint-Halary-Houin, Corinne, Droit des entreprises en difficulté, 4. Aufl. (2001)

Saint-Halary-Houin, Corinne, Le projet de loi sur la sauvegarde des entreprises, Dr. et patr. Nr. 133 Januar 2005

Sénat, La sauvegarde des entreprises en difficulté (LC 135) – Juni 2004

Sénat, Rapport n° 178 fait au nom de la commission des Lois constitutionnelles, de législation, du suffrage universel, du Règlement et d'administration générale sur le projet de loi, adopté par l'assemblée nationale après déclaration d'urgence, portant réforme des tribunaux de commerce – 23. Januar 2002

Sénat, Rapport n° 180 fait au nom de la commission des Lois constitutionnelles, de législation, du suffrage universel, du Règlement et d'administration générale sur le projet de loi, adopté par l'Assemblée Nationale après déclaration d'urgence, modifiant la loi n° 85-99 du 25 janvier 1985 relative aux administrateurs judiciaires, mandataires judiciaires à la liquidation des entreprises et experts en diagnostic d'entreprise – 23. Januar 2002

Sénat, Rapport n° 335 fait au nom de la commission des Lois constitutionnelles, de législation, du suffrage universel, du Règlement et d'administration générale sur le projet de loi, adopté par l'Assemblée Nationale après déclaration d'urgence, de sauvegarde des entreprises – 11. Mai 2005

Soinne, Bernard, Traité des procédures collectives, 2. Aufl. (1995)

Soinne, Bernard, L'incompréhension – À propos du vote par l'Assemblée nationale du statut des mandataires de justice, Rev. proc. coll. 2001, S. 117 ff.

Soinne, Bernard, Problématique de la nouvelle loi sur le redressement et la liquidation judiciaire, Gaz. Pal. 1985. II. Doctr. S. 400 ff.

Soinne, Bernard, L'élaboration et la mise en oeuvre des plans de cession, PA vom 26. Juli 1991, Nr. 89, S. 9 ff.

Soinne, Bernard, Réalisme et confusion (à propos du projet de loi réformant le droit des procédures collectives), D. 2004. Doctr. 1506

Szramkiewicz, Romuald, Histoire du droit des affaires (1989)

Teboul, Georges, La réforme de la prévention et des procédures collectives, Gaz. Pal. 2000, Doctr. 2184 ff.

Vallens, Jean-Luc, Le droit européen de la faillite – Premiers commentaires de la convention relative aux procédures d'insolvabilité, D. 1995, 307 ff.

Vincent, Jean / Guinchard, Serge, Procédure civile, 23. Aufl. (1994)

b) In deutscher Sprache

Andersen Freihalter (Hrsg.), Aus- und Absonderungsrechte in der Insolvenz (1999)

Balz, Manfred / Landfermann, Hans-Georg, Die neuen Insolvenzgesetze (1995)

Baumbach / Hopt (Hrsg.), Handelsgesetzbuch Kommentar, 30. Aufl. (2000)

Beck, Siegfried / Depré, Peter, Praxis der Insolvenz – Ein Handbuch für die Beteiligten und ihre Berater (2003)

Bork, Reinhard, Einführung in das neue Insolvenzrecht, 2. Aufl. (1998)

Bork, Reinhard, Der Insolvenzplan, ZZP 109 (1996), 473 ff.

Braun, Eberhard (Hrsg.), Insolvenzordnung – Kommentar (2002)

Braun, Eberhard / Riggert, Rainer / Kind, Thomas, Die Neuregelungen der Insolvenzordnung in der Praxis (1999)

Braun, Eberhard / Uhlenbruck, Wilhelm, Unternehmensinsolvenz (1997)

Braun, Eberhard / Uhlenbruck, Wilhelm, Muster eines Insolvenzplans (1998)

Burger, Anton / Schellberg, Bernhardt, Der Insolvenzplan im neuen Insolvenzrecht, DB 1994, 1833 ff.

Dinstühler, Die Abwicklung massearmer Insolvenzverfahren nach der Insolvenzordnung, ZIP 1998, 1699

Drukarczyk, Jochen / Schüler, Andreas, Zahlungsunfähigkeit, drohende Zahlungsunfähigkeit und Überschuldung als Insolvenzauslöser, in: Kölner Schrift (1997), S. 57 ff.

Eidenmüller, Horst, Der Insolvenzplan als Vertrag, in: Jahrbuch für Neue Politische Ökonomie (1996), Band 15, S. 164 ff.

Endemann, Das deutsche Konkursverfahren (1889)

Ferid, Murad / Sonnenberger, Hans-Jürgen, Das französische Zivilrecht, Band 1/1, 2. Aufl. (1994)

Funke, Rainer, Der Insolvenzplan des Entwurfs der Insolvenzordnung im Lichte der Erfahrungen mit dem amerikanischen Reorganisations- und Schuldenregulierungsrecht, in: Festschrift H. Helmrich (1994), S. 627 ff.

Gravenbrucher Kreis, Stellungnahme zum Diskussionsentwurf eines Insolvenzrechtsreformgesetzes, ZIP 1989, 468 ff.

Gröniger, Eva-Maria, Das französische Insolvenzsystem nach der Reform von 1967 im Vergleich zum deutschen Recht (1984)

Häsemeyer, Ludwig, Insolvenzrecht, 2. Aufl. (1998)

Hattenhauer, Hans, Europäische Rechtsgeschichte, 3. Aufl. (1998)

Heinze, Meinhard, Ein insolvenzspezifisches Arbeitsrecht? in: Festschrift für H.-F. Gaul zum 70. Geburtstag, S. 185 ff.

Hess, Harald, Kommentar zur Insolvenzordnung mit EGInsO – Band 1: Insolvenzordnung (1999)

Hess, Harald / Kranemann, Karl-Robert / Pink, Andreas, InsO'99 – Das neue Insolvenzrecht (1998)

Hess, Harald / Weis, Michaela, Gesellschaftsrechtliche Regelungen im Insolvenzplan, InVo 1996.169

Heyers, Christian Bernhard, Das französische Internationale Insolvenzrecht, 1997

Hofman, Werner, Zur Geschichte der Reform des Insolvenzrechts, DriZ 11/1994, S.411 ff.

Jauernig, Othmar, Zwangsvollstreckungs- und Insolvenzrecht, 20. Aufl. (1996) [einschl. Konkurs- und Vergleichsrecht]

Jauernig, Othmar, Zwangsvollstreckungs- und Insolvenzrecht, 21. Aufl. (1999)

Jauernig, Othmar, Zivilprozessrecht, 27. Aufl. (2002)

Kaser, Das römische Zivilprozessrecht (1966)

Kohler, J., Leitfaden des deutschen Konkursrechts, 2. Aufl. (1903)

Kübler, Bruno / Prütting, Hanns, Kommentar zur Insolvenzordnung

Landfermann, Hans-Georg, Der Ablauf eines künftigen Insolvenzverfahrens, BB 1995, 1649 ff.

Lüer, Hans-Jochen, Deutsches Internationales Insolvenzrecht nach der Insolvenzordnung, in: Kölner Schrift (1997), S. 1217 ff.

Nerlich, Jörg / Römermann, Volker (Hrsg.), Insolvenzordnung (InsO) – Kommentar

Prütting, Hanns, Allgemeine Verfahrensgrundsätze der Insolvenzordnung, in: Kölner Schrift zur Insolvenzordnung (1997), S. 183 ff.

Rivinius, Leo, Der Konzernkonkurs in Frankreich (2000)

Schack, Haimo, Internationales Zivilverfahrensrecht, 2. Aufl. (1996)

Schiessler, Wolfram, Der Insolvenzplan (1997)

Schmidt, Karsten, Handelsrecht, 5. Aufl. (1999)

Schmidt, Karsten, Gesellschaftsrecht, 3. Aufl. (1997)

Seuffert, Lothar, Deutsches Konkursprozessrecht (1899)

Smid, Stefan, Das neue Insolvenzrecht – Probleme, Widersprüche, Chancen, BB 1999. 1 ff.

Smid, Stefan, Zum Recht der Planinitiative gemäß § 218 InsO, WM 1996, 1249

Smid, Stefan, Kontrolle der sachgerechten Abgrenzung von Gläubigergruppen im Insolvenzplanverfahren, InVo 1997, 169

Smid, Stefan, Gerichtliche Bestätigung des Insolvenzplans trotz Versagung seiner Annahme durch Abstimmungsgruppen von Gläubigern, in: Smid (Hrsg.), Recht und Pluralismus – Festschrift Pawlowski (1996)

Smid, Stefan, Zum »Obstruktionsverbot« – § 245 InsO, InVo 1996, 314.

Spies, Jörg, Insolvenzplan und Eigenverwaltung, ZInsO 2006, 1254

Statistisches Bundesamt (Hrsg.), Unternehmen und Arbeitsstätten – Fachserie 2, Reihe 4.1 - 4.2 (1998)

Stürner, Rolf, Aufstellung und Bestätigung des Insolvenzplans, in: Leipold (Hrsg.), Insolvenzrecht im Umbruch (1991), S. 41 ff.

Uhlenbruck, Wilhelm, Gesellschaftsrechtliche Aspekte des neuen Insolvenzrechts, in: Kölner Schrift (1997), S. 879 ff.

Uhlenbruck, Wilhelm / Klasmeyer, Bernd / Kübler, Bruno M. (Hrsg.), Festschrift Einhundert Jahre Konkursordnung 1877-1977 (1977)

Wellensiek, Jobst, Ein Jahr Insolvenzordnung – Erste Praxiserfahrungen mit dem neuen Recht, BB 2000.1

Wesel, Uwe, Geschichte des Rechts – Von den Frühformen bis zur Gegenwart, 2. Aufl. (2000)

Wittig, Arne, Kreditfinanzierung der Unternehmensfortführung im Insolvenzverfahren, DB 1999, 197

Rechtswissenschaften

Herausgegeben von

Dr. Thomas Küffner
Dr. Küffner & Partner, Landshut, München

Band 54: Alain Robbe-Grillet: **Planmäßige Sanierung nach französischem und nach deutschem Insolvenzrecht** · Eine rechtsvergleichende Untersuchung unter Berücksichtigung der französischen Insolvenzrechtsreform von 2005
2007 · 408 Seiten · ISBN 978-3-8316-0721-1

Band 53: Heinz-Gerd Horlemann: **Die Besteuerung von Alterseinkünften in Deutschland – ein Modell für Europa?**
2007 · 180 Seiten · ISBN 978-3-8316-0712-9

Band 52: Nadja Bauer: **Der Gewinnabschöpfungsanspruch der Verbände nach § 10 UWG**
2006 · 280 Seiten · ISBN 978-3-8316-0658-0

Band 51: Sofia Stathouli: **Die Haftung des Verkäufers für Sachmängel und Falschlieferung nach dem Wiener Übereinkommen über den internationalen Warenkauf unter Berücksichtigung des deutschen und griechischen Rechts**
2006 · 448 Seiten · ISBN 978-3-8316-0634-4

Band 50: Monika Ackermann: **Die Rechtsbehelfe des Verletzten gegen die negative Anklageentscheidung des Staatsanwaltes in den USA** · Rechtslage und Reformbestrebungen
2006 · 192 Seiten · ISBN 978-3-8316-0617-7

Band 49: Babette Steinbauer: **Reorganisation in der Energiewirtschaft (»unbundling«) und deren arbeitsrechtliche Folgen**
2006 · 260 Seiten · ISBN 978-3-8316-0606-1

Band 48: Steffen Zimmer: **Ostalpine Bergrechtsaufzeichnungen im Mittelalter** · Ein bergrechtliches Entwicklungsprofil
2006 · 208 Seiten · ISBN 978-3-8316-0579-8

Band 47: Petra Kiel-Junk: **Verfahrenskoordination im Umweltrecht** · Die europäische Verpflichtung zur Koordination umweltrechtlicher Verfahren und ihre Umsetzung in das deutsche immissionsschutzrechtliche Genehmigungsverfahren
2006 · 196 Seiten · ISBN 978-3-8316-0554-5

Band 46: Anke Brodherr: **Alfred Verdross' Theorie des gemäßigten Monismus**
2005 · 264 Seiten · ISBN 978-3-8316-0511-8

Band 44: Thomas Maier: **Beamte als Aufsichtsratsmitglieder der öffentlichen Hand in der Aktiengesellschaft: weisungsgebundene Werkzeuge des öffentlichen Gesellschafters?**
2005 · 240 Seiten · ISBN 978-3-8316-0492-0

Band 43: Michael Rimbeck: **Rechtsfolgen fehlerhafter Ad-hoc Mitteilungen im deutschen und US-amerikanischen Recht**
2005 · 250 Seiten · ISBN 978-3-8316-0487-6

Band 42: Thomas Eisgruber: **Die Zahlungsmittelrechnung nach § 4 Abs. 3 EStG** · Eine Systematik der vereinfachten Gewinnermittlung, verprobt am Beispiel des Tausches
2005 · 175 Seiten · ISBN 978-3-8316-0461-6

Band 41: Stephan Friedrich König: **Die Gefahrenabwehrverordnungen der rheinland-pfälzischen kreisfreien Städte im Spannungsverhältnis zwischen Rechtsverordnung und Allgemeinverfügung**
2004 · 272 Seiten · ISBN 978-3-8316-0433-3

Band 40: Kerstin Wetzel: **Die EG-Richtlinie zu Massenentlassungen RL 98/59/EG und ihre Umsetzung im französischen Recht**
2004 · 200 Seiten · ISBN 978-3-8316-0426-5

Band 39: Patrick Bühring: **Demonstrationsfreiheit für Rechtsextremisten?** · Verfassungsrechtliche Spielräume für eine Verschärfung des Versammlungsgesetzes
2004 · 230 Seiten · ISBN 978-3-8316-0421-0

Band 38: Anna-Maria Savelsberg: **Die Pfändungskonstitution der RKGO 1555, Teil 2, Tit. 22 als ein landesherrliches Mittel zum Ausbau der Territorialstaatlichkeit**
2004 · 143 Seiten · ISBN 978-3-8316-0420-3

Band 37: Friederike Knaupp: **Der Einkommensteuertarif als Ausdruck der Steuergerechtigkeit**
2004 · 240 Seiten · ISBN 978-3-8316-0398-5

Band 36: Sabine Leube: **Die Rolle des Staates im Internet** · Eine Untersuchung der Möglichkeit, Zulässigkeit und Notwendigkeit staatlicher Regulierung
2004 · 347 Seiten · ISBN 978-3-8316-0401-2

Band 35: Natascha Hühnerbein: **Rechtsvergleichende Untersuchung der Miterfinderschaft**
2004 · 261 Seiten · ISBN 978-3-8316-0394-7

Band 34: Christine von Schildt-Lutzenburger: **Der urheberrechtliche Schutz von Gebäuden**
2004 · 236 Seiten · ISBN 978-3-8316-0370-1

Band 33: Ursula Schweßinger: **Der Einfluss der Europäischen Menschenrechtskonvention auf den zivilrechtlichen Persönlichkeitsschutz in Deutschland, Frankreich und England**
2004 · 445 Seiten · ISBN 978-3-8316-0338-1

Band 32: Kilian Friemel: **Die Betriebsvereinbarung über Arbeitnehmererfindungen und technische Verbesserungsvorschläge**
2004 · 260 Seiten · ISBN 978-3-8316-0333-6

Band 31: Michael Luber: **Der mehrseitige Austauschvertrag** · Eine materiellrechtliche und zivilprozessuale Untersuchung
2003 · 265 Seiten · ISBN 978-3-8316-0321-3